APROXIMACIONES
AL ESTUDIO DE LA LITERATURA HISPÁNICA

McGraw-Hill, Inc.

New York St. Louis San Francisco Auckland Bogotá Caracas Lisbon
London Madrid Mexico City Milan Montreal New Delhi San Juan Singapore
Sydney Tokyo Toronto

Tercera edición

APROXIMACIONES

AL ESTUDIO DE LA LITERATURA HISPANICA

CARMELO VIRGILLO
Professor Emeritus
Arizona State University

L. TERESA VALDIVIESO
Arizona State University

EDWARD H. FRIEDMAN
Indiana University

DEDICATION

A nuestros seres queridos—Ana, Susan, Jorge—
   cuya comprensión hizo posible esta obra

This is an ⌐Dl book.
Aproximaciones al estudio de la literatura hispánica, tercera edición

3 4 5 6 7 8 9 0   DOH DOH   9 0 9 8 7 6 5 4

ISBN 0-07-067518-X

Library of Congress Cataloging-in-Publication Data

Virgillo, Carmelo, 1934–
   Aproximaciones al estudio de la literatura hispánica / Carmelo
Virgillo, L. Teresa Valdivieso, Edward H. Friedman. — 3a ed.
     p.   cm.
   Spanish and English.
   ISBN 0-07-067518-X
   1. Spanish literature—History and criticism.   2. Spanish American
literature—History and criticism.   3. Spanish literature.
4. Spanish American literature.   I. Friedman, Edward H.
II. Valdivieso, L. Teresa. III. Title.
PQ6037.V57   1994
860'.9—dc20   93-38319
                                                    CIP

Senior sponsoring editor: Leslie Berriman
Editing supervisor: Jan deProsse
Production supervisors: Pattie Myers and Tanya Nigh
Text designer: Janice Kawamoto
Photo researcher: Stephen Forsling
Production assistant: Kevin Berry
Compositor: G&S Typesetters
Printer and binder: R. R. Donnelley & Sons

Because this page cannot legibly accommodate all acknowledgments for copyrighted material,
credits appear at the end of the book and constitute an extension of this page.

CONTENTS

LA NARRATIVA

Lecturas

LA POESIA

Lecturas

EL DRAMA

Lecturas

EL ENSAYO

PREFACE

Aproximaciones al estudio de la literatura hispánica, third edition, is an introduction to literary analysis. Readings from both Spanish and Spanish American literature are aimed primarily, but not exclusively, at the third-year level of the college curriculum.

The textbook is structured to teach students who possess a relatively limited knowledge of Spanish—as well as the native speaker—the technical vocabulary of the Hispanic literary critic. The text is self-contained and multipurpose in its makeup. It begins with an elementary and concise consideration of art and esthetics. Following this general discussion of the artistic implications of literature, the book presents the four basic genres: narrative, poetry, drama, and essay. Each one of these four sections follows the same internal organization:

• **Introducción.** In an introductory essay on the genre, theoretical concepts are introduced in Spanish, along with numerous examples.

• **Práctica.** To ensure the desired step-by-step understanding of the discussion in the introduction, a practice section furnishes specially designed analytical exercises for the genre under study.

• **Panorama histórico.** A historical introduction to the genre, this section briefly traces its universal origins and, subsequently, its beginnings and development in the Hispanic world. The section begins with a new **Cronología** feature, then continues with an overview of periods, movements, significant figures, and literary currents in both Spain and Spanish America. The **Panorama** section enables students to place the specific selections of the anthology within the overall context of Hispanic literature. This component of the book can be used either as part of the regular assignments or simply as reference.

• **Práctica.** Another set of exercises is provided after every historical introduction to direct the students' attention to the most relevant points.

• **Guía para el lector.** The last of the preparatory materials before the actual readings, this section poses general questions on the various aspects of the genre to further prepare students for what follows.

• **Lecturas.** Each reading is accompanied by a biography of the author, glosses and footnotes explaining difficult, archaic, or dialectal vocabulary, as well as cultural background on names, allusions, and so on. All readings are followed by practice material: **Cuestionario, Identificaciones,** and **Temas.**

In light of the special challenge presented by poetry, a special section that goes beyond the instrumental material shared by the other divisions of the text has been included. **El lenguaje literario** is devoted to a general appraisal of figurative or poetic language. Each figure is defined and then illustrated through examples from selected texts, which are identified by author and title. Instructors should note that this feature has been placed in the poetry section only because it deals most directly with that genre. Since it constitutes a self-contained unit with its own set of exercises, it ought to be regarded as a general tool that can be used at any given point, either for introducing rhetorical figures or for analyzing individual works.

Four appendices are included to make the text relevant to the present and future needs of the student of literature and to enhance the usefulness of the text. **Apéndice 1** deals with critical essays: what they are and how to read them. Summaries of six critical articles are presented. These essays, which cover all genres discussed, can serve as models for written exercises and oral presentations to be done by students. **Apéndice 2** contains examples of verse classified by syllables. **Apéndice 3** is a glossary of literary and paraliterary terms, ranging from a short definition of rhetorical figures to longer discussions of literary movements and philosophical doctrines. **Apéndice 4** is a chronological index—a chart showing the development of Hispanic literature by genre, along with some of the significant historical and cultural events that shaped the times.

This third edition of *Aproximaciones al estudio de la literatura hispánica* contains several revisions. Many of them were suggested by colleagues and students at Arizona State University, Indiana University, and elsewhere, to whom we feel deeply indebted. The book features six new authors, a choice that reflects the relevance and popularity of their works. More women writers in Peninsular and Spanish American literature are also included. The historical introductions (**Panorama histórico**) have been substantially revised and updated to simplify their reading. Further, they provide a better historical and cultural perspective on literature, identifying contemporary trends and highlighting representative authors and works. In each **Panorama histórico** section, a brief chronology (**cronología**) of important authors and works provides a quick overview of the development of Hispanic literature and a better understanding of the position occupied by the figures appearing in the anthology. Finally, we have updated the appendices, which now include a chronological index.

Carmelo Virgillo, the general coordinator of the project, wrote the unit on the essay, all four historical introductions with their exercises and accompanying chronologies, the majority of the author biographies, the glossary entries relating to movements, philosophical doctrines and genres, and the chronology appendix. Edward Friedman composed the unit on the narrative, the anthological section on poetry, the guides to the genres, and the appendix on the critical essay. He also coordinated the footnotes and exercises for the text. Teresa Valdivieso was in charge of the unit on drama, the theoretical introductions to poetry and literary language, and the appendix on poetry. In addition, she was linguistic coordinator for the project.

The authors and publisher would like to thank those instructors who have participated in various reviews of *Aproximaciones* in its three editions, in particular, the following instructors, whose comments were enormously useful in the development of the third edition:

John C. Akers, North Carolina State University, Raleigh

Marta E. Altisent, University of California, Davis

Debra D. Andrist, Baylor University

Melvin S. Arrington, Jr., University of Mississippi

Jorge Ayora, University of Oregon

Whangbai Bahk, Minot State College

Pamela S. Brakhage, Southeast Missouri State University

Lucille V. Braun, University of Illinois, Urbana

Hernán Castellano-Girón, California Polytechnic State University, San Luis Obispo

Judith S. Conde, Asbury College

Catherine Connor, University of Wisconsin, Madison

Beverly Richard Cook, North Central College

John Crispin, Vanderbilt University

Lucía Guerra Cunningham, University of California, Irvine

Agnes Dimitriou, University of California, Berkeley

E. George Erdman, Jr., State University of New York, Binghamton

Virginia Gibbs, Luther College

Cathy L. Grade, Vanderbilt University

Susan Fleming Holm, Monmouth College

Edith M. Jackson, State University of New York, Albany

Barbara Loach, Cedarville College

George P. Mansour, Michigan State University

Gloria S. Meléndez, Brigham Young University

Elizabeth Monasterios, State University of New York, Stony Brook

Antonio Monegal, Cornell University

Carlos Monsanto, University of Houston

Dana A. Nelson, University of Arizona

Beth Pollack, New Mexico State University

Alvin L. Prince, Furman University

Manuel A. Ramos, Hostos Community College

Elizabeth Rhodes, Boston College

Donna Skarr, Concordia College, Moorhead

Irwin Stern, Columbia University

Mario F. Trubiano, University of Rhode Island

Michael Ugarte, University of Missouri

Frederick Viña, University of Texas, Arlington

Phyllis Zatlin, Rutgers University

We would like to express our appreciation to our colleagues and students for their valuable suggestions and encouragement in the preparation of this edition of *Aproximaciones*. Special thanks are due Professors John Polt of the University of California, Berkeley; Luis G. Villaverde of Fordham University; and Michael J. Flys, Angel Sánchez, and Carlos García-Fernández of Arizona State University for their generous assistance. We would also like to thank Laura Chastain for her careful reading of the complete manuscript and Ana Virgillo for the laborious charting and typing of *Apéndice 4*.

We acknowledge with gratitude the support of Leslie Berriman and the McGraw-Hill staff.

ARTE Y ESTETICA

¿Cuál es el mejor método de aproximarse al conocimiento de una obra de arte literario? A fin de poder contestar esa pregunta, no cabe duda que desde un principio, se impone la necesidad de reflexionar sobre el concepto de «arte».

EL ARTE

La palabra «arte» se origina del latín «ars», que significa conjunto de reglas o habilidad para hacer alguna cosa; de ahí se deriva el sentido de la palabra «arte» como trabajo perfectamente realizado.

Sin embargo, en la vida cultural ha adquirido otro sentido; aquí arte es «la actividad espiritual por medio de la cual crea el hombre obras con fin de belleza» (Rafael Lapesa, *Introducción a los estudios literarios,* 1975). Esta definición implica el concepto del artista como individuo que además de poseer imaginación creadora es capaz de expresar sus sentimientos, ideas o fantasías de tal manera que produzca en quienes contemplan su obra una profunda sensación. Entonces, se dice que esa obra tiene «valor estético».

La palabra «estética», en su sentido original, «ciencia de lo bello y de la creación artística», viene del griego αἴσθησις que quiere decir «sensación». Por eso se dice que una obra posee verdadero valor artístico o estético cuando apela a las facultades intuitivas o sensitivas del individuo, procurando satisfacer su inclinación por la búsqueda de la belleza.

LO BELLO

La mayor parte de los sistemas filosóficos, desde Platón (427–347 a.C.) hasta el presente, concuerda en que se considera «bello» no precisamente a lo que es atractivo o agradable, sino más bien a lo que causa una reacción espiritual «inmediata», de efecto «perdurable» y «desinteresada».

Se dice que tal reacción es «inmediata» porque es espontánea, no premeditada, ya que la sensación representa una reacción natural ante un determinado estímulo—en este caso, la creación artística. Es también «perdurable» porque su efecto es permanente. Se puede tomar por ejemplo el caso de Quasimodo, el jorobado (*hunchback*) de *Nuestra Señora de París,* figura diestramente creada por el francés Víctor Hugo (1802–1885). Quasimodo, a pesar de su enorme fealdad, es el personaje que por su valor artístico predomina en toda la obra. De esto se deduce que lo que en su estado natural aparece o «se presenta feo», cuando es elaborado o «representado artísticamente», puede originar una obra de suma belleza. Otro buen ejemplo serían las figuras universales de Don Quijote y Sancho Panza, una creación cómico-burlesca de Miguel de Cervantes. Estos personajes literarios que, formando una pareja, aparecieron en el siglo XVII, continúan vivos en la mente de los lectores de la novela de Cervantes e incluso en la de aquellas personas que, aunque no han leído esa obra, han oído hablar de las aventuras de don Quijote.

Por último, se puede decir que la reacción ante la obra artística es «desinteresada» puesto que no se produce esperando ninguna recompensa material, sino que es simplemente una especie de placer anímico—espiritual—producido por la contemplación del objeto artístico. Esto significa que la obra de arte desempeña una función doble que se resume en la fórmula propuesta por Horacio (65–85 a.C.) en su *Ars poética.* Según este poeta y teórico latino, la obra artística es «dulce et utile» (*dulce y útil*): «dulce» porque produce un placer estético y «útil» porque tiene una función práctica, es instructiva, es una forma de reconocimiento y, por lo tanto, merece que se le dedique seria atención. De tal manera, se podría concluir que la creación artística lleva consigo una nueva visión de la vida y del mundo que nos rodea.

CATEGORIAS ARTISTICAS

Existen categorías de valores estéticos que corresponden a las diversas interpretaciones que hace el artista de la realidad. Entre dichas categorías se destacan: (1) el arte por el arte, (2) el arte con un fin docente y (3) el arte comprometido.

1. *Arte por el arte.* Esta frase resume la teoría de los que creen que el único fin del arte es lo bello y que, por consiguiente, no es necesario que la creación artística tenga ningún propósito didáctico-moral.
2. *Arte con un fin docente.* Es éste el arte que se propone instruir, enseñar. De acuerdo a esta postura, la obra creativa está destinada a mejorar la condición humana mediante una estructura artística. Se incluyen en esta categoría las obras de carácter moral, religioso, etcétera.
3. *Arte comprometido.* Es el arte que implica una actitud crítica, inconformista; ésta es la posición de quienes postulan que el artista debe poner su obra al servicio de una causa social o política.

Si se relacionan estas categorías con la fórmula horaciana del «dulce et utile» se tendría el cuadro siguiente:

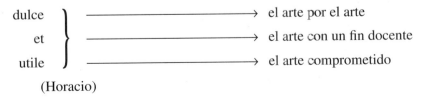

dulce ⎫ ——————→ el arte por el arte

et ⎬ ——————→ el arte con un fin docente

utile ⎭ ——————→ el arte comprometido

(Horacio)

A pesar de la continua evolución de la teoría literaria, las aproximaciones críticas más recientes dependen todavía, de una manera o de otra, de dicha fórmula.

DEDICATION

A nuestros seres queridos—Ana, Susan, Jorge—
cuya comprensión hizo posible esta obra

LA NARRATIVA

INTRODUCCION A LA NARRATIVA ───────

I Las formas narrativas

Según Robert Scholes y Robert Kellogg en *The Nature of Narrative* (1966), la palabra *narrativa* se refiere a todas las obras literarias que satisfagan dos requisitos: la presencia de una historia y la presencia de un narrador. Las formas narrativas existen desde la antigüedad. El grado cero de la narrativa, es decir, el punto de origen, lo constituyen los *mitos;* por ejemplo, el mito de Prometeo, el mito de Sísifo y otros. Los mitos han existido en todas las civilizaciones y son historias inventadas por el hombre para satisfacer su deseo de explicar y dominar el mundo que lo rodea.

La *novela* es la forma narrativa más estudiada, aunque su desarrollo es un fenómeno relativamente reciente. La diferencia principal entre la *novela* y el *cuento* es de extensión y profundidad. El *novelista* tiene mayor libertad en cuanto a la selección de material literario y es fácil notar la gran complejidad de la novela, no sólo respecto al lenguaje, sino también respecto al concepto. En cambio el *cuentista,* como escribe narraciones breves, no tiene la oportunidad ni de ampliar las ideas ni de usar tantos recursos literarios como el novelista. Por lo tanto, el impacto producido por el cuento tiene que ser inmediato y muchas veces el final es inesperado. No obstante, el cuento bien escrito y estructurado puede resultar una obra de arte en miniatura.

II Análisis de la narrativa

EL TEXTO LITERARIO COMO COMUNICACION

El elemento más importante para la lectura de la obra narrativa es el *texto literario.* El texto literario es un compendio de palabras, una fuente de significación o significaciones. Según algunos críticos y teóricos, el *lector* es responsable de buscar la significación formulada por el autor; según otros, es el lector mismo quien da la significación al texto. En el primer caso, el texto es visto como algo misterioso cuyos indicios pueden llevar al lector a una interpretación válida— tiene una vida propia y una estructura preestablecida que el lector tiene que descubrir y analizar. En el segundo caso, el texto existe sólo cuando el lector empieza a leerlo y a comparar su comprensión del mundo con la del autor—hay una interacción entre el texto y el lector. La creación se explica así como una reacción del lector ante el estímulo verbal, o sea, ante el texto.

Las distintas maneras de estudiar un texto producen gran actividad crítica. En cierto sentido, cualquier metodología analítica puede justificarse, con tal que por su medio se explique o se clarifique algún aspecto del texto. A pesar de las múltiples posibilidades metodológicas, la lectura crítica debe evitar dos cosas: el análisis mecánico y la subjetividad absoluta. Entre estos polos opuestos residen los elementos de la investigación literaria, siendo importante reconocer que una obra literaria puede ser estudiada desde muchas perspectivas.

En la comunicación oral, el que habla—el emisor—emite un mensaje dirigido al oyente—al receptor. En una obra literaria, el que escribe comunica un mensaje al lector. Esta división tripartita del lenguaje hablado—emisor/mensaje/receptor—se adapta a la escritura—autor/texto/lector—pero lo más revelador de la analogía no son las semejanzas sino las diferencias entre los dos medios de comunicación.

El emisor = el autor (el narrador)

En el código comunicativo, el emisor se relaciona con el autor y con el narrador. El autor inventa el texto siguiendo las convenciones del arte literario, pero el verdadero emisor del mensaje, el que posee la voz intratextual, es decir, la persona que habla dentro del texto, en un cuento o en una novela, es el *narrador*. La voz narrativa o narrador determina el punto de vista de la obra. A veces se emplea el *yo* de la primera persona, el *yo* de una voz subjetiva que puede pertenecer al protagonista, a un personaje secundario o a un testigo de la acción. La voz narrativa puede ser un narrador *omnisciente* que nos puede contar todo, incluso los pensamientos de los personajes. También puede hacer el oficio de narrador un observador externo o testigo, el cual, por ver los acontecimientos desde afuera, presenta una visión limitada. En algunos casos el narrador tiene una personalidad definida; en otros, no se manifiestan rasgos individuales. De todos modos, hay que distinguir muy claramente entre el *autor*, que es la persona que controla la narración desde afuera, y el *narrador*, que es quien la controla desde adentro. Por ejemplo, la novela picaresca *Lazarillo de Tormes* (1554) es el relato autobiográfico del protagonista, en este caso Lazarillo, contado por él mismo: «Pues sepa Vuestra Merced ante todas cosas, que a mí llaman Lázaro de Tormes... ». De este modo el narrador se convierte en emisor del mensaje, controlando a la vez, la narración desde adentro. El autor, por su parte, por ser el inventor del texto, la controla desde afuera.

El narrador no tiene la obligación de decir la verdad, ni siquiera de intentar decirla. Por eso, al analizar un texto, debe analizarse a la vez el papel del narrador y la relación que existe entre lo que se dice y lo que se muestra. Wayne C. Booth, en *The Rhetoric of Fiction* (1961), habla de dos clases de narradores ficticios: el narrador *fidedigno* (the reliable narrator) y el narrador *no digno de confianza* (the unreliable narrator). La acción, el diálogo y otros elementos textuales suelen enfatizar lo contado por un narrador fidedigno, mientras que el narrador indigno de confianza—con intención o sin ella—desconcierta al lector con una representación falsa de la materia. Si un narrador le dice al lector, «Juan López es bueno, en toda la extensión de la palabra», es posible que sea la verdad o que no lo sea. Si dentro de la narración Juan ayuda a los pobres y se sacrifica por su familia, se puede decir que el narrador ha sido fidedigno. Sin embargo, si Juan, sin justificación mata a seres inocentes, el narrador sería indigno de confianza, pues no estaría de acuerdo lo dicho por éste con lo mostrado por Juan. Si la actitud del narrador va en contra de la norma, puede ser indigno de confianza sin intención de serlo. Por ejemplo, los prejuicios de un narrador racista, aunque intentara decir la verdad, podrían inspirar desconfianza en el lector.

El mensaje = el texto

El segundo elemento literario del código comunicativo es el texto, el cual equivale al mensaje de la comunicación oral. Por lo general, el mensaje oral se presenta de una manera directa: «Cómete la naranja», «Está lloviendo», «Acabo de comprar un condominio». El mensaje de una obra de ficción puede ser directo o indirecto, presentado en términos literales o en sentido figurado. El escritor busca con frecuencia modos de presentar lo común como algo nuevo y original, y por eso, el lector tiene que buscar el mensaje a través de una interpretación de las múltiples facetas de la narrativa.

El receptor = el lector

El que oye el mensaje comunicado por un hablante es el receptor. En muchas obras narrativas hay un narratario (*narratee*) además de un lector real. Tomando de nuevo como ejemplo la obra *Lazarillo de Tormes,* esta narración va dirigida a «Vuestra Merced», persona conocida por el protagonista, Lázaro, y quien ha exigido a éste que dé una explicación de su condición social. Dice Lázaro en el prólogo:

> Y pues Vuestra Merced escribe [que] se le escriba y relate el caso muy por extenso, parecióme[1] no tomalle[2] por el medio, sino del principio, porque[3] se tenga entera noticia de mi persona...

[1] me pareció
[2] tomarle
[3] para que

Lo que motiva la novela es la petición de «Vuestra Merced», quien por ser el receptor del mensaje se convierte en narratario. Como resultado, podemos distinguir en el *Lazarillo de Tormes* dos receptores: un narratario, situado dentro de la novela, y un lector real, fuera de ella. Todos nosotros seremos lectores reales de las obras que leamos. Nostros somos los lectores del texto escrito por el autor, mientras que en el mundo ficticio el narratario es el lector de lo «escrito» por el narrador.

ELEMENTOS PRINCIPALES DEL TEXTO LITERARIO

En toda obra narrativa, el autor se sirve de ciertas convenciones literarias para comunicar su mensaje; éstos son los recursos literarios que forman parte del mundo ficticio. Tanto el cuento como la novela, ambos derivados de formas antiguas, están constituidos por tres componentes: la *historia,* el *discurso* y el *tema.* La historia trata de lo que pasa en una obra; el discurso se refiere a la manera de narrarlo; y el tema es la significación de lo que pasa.

La historia

La historia, llamada también *fábula* o *argumento,* tiene varios elementos constitutivos, típicos de la narrativa en general, que forman la *trama* (*plot*) u organización de la materia. Estos elementos son: la *exposición,* el *desarrollo,* el *suspenso,* el *punto decisivo,* el *clímax* y el *desenlace.*

El código comunicativo:
La comunicación oral frente al texto literario

LA COMUNICACION ORAL		
El emisor (El hablante)	**El mensaje** (lo que se transmite, por lo general, de forma directa)	**El receptor (El oyente)**

EL TEXTO LITERARIO		
El autor	*El texto*	*El lector*
El autor	**El discurso** (lenguaje)	**El lector real**
El narrador		**El narratario** (el lector ficticio)
Los personajes (diálogo)	**La historia** (lo que se cuenta)	
Los pensamientos (monólogo interior)	**El tema** (significación y mensaje de lo que se cuenta)	

La exposición o planteamiento del asunto. Son los datos necesarios para entender la acción de la obra; por ejemplo, la descripción del ambiente, una explicación de la circunstancia inicial, las relaciones entre los personajes, el tiempo y el lugar.

El desarrollo. Representa la introducción del asunto mismo de la obra, es decir, las acciones de los personajes y sus motivos.

El suspenso. Se manifiesta en la tensión dramática y es una especie de anticipación de lo que va a pasar.

El punto decisivo (turning point). Puede ser una acción, una decisión o la revelación de algo que cambia la dirección de la obra.

El clímax. Es el momento culminante, el resultado del punto decisivo.

El desenlace (*denouement*). Es la parte que presenta las consecuencias finales del clímax.

Una obra narrativa puede tener un *final cerrado* o un *final abierto*. En el caso de un final cerrado, se ve la solución o resolución del hilo argumental; por ejemplo, la muerte del protagonista en *Don Quijote* o el descubrimiento del asesino en una novela policíaca. Si la acción queda incompleta o sin resolución fija, el final se considera abierto; por ejemplo, el grito de esperanza de Scarlett O'Hara en *Lo que el viento se llevó* (*Gone with the Wind*): «Mañana será otro día» (*"Tomorrow is another day"*) lleva implícita la idea de un desarrollo posterior. Asimismo, el desenlace sorpresivo de una obra, como por ejemplo, la revelación de que todo ha sido un sueño, podría clasificarse como un *final irónico*.

Si en el desenlace hay correspondencia entre los buenos motivos de los personajes y un final feliz—o entre los malos motivos y un final trágico—se podría hablar de la *justicia poética* (*poetic justice*). O sea, que si en la obra los buenos son premiados y los malos castigados, se puede decir que hay un caso de justicia poética. A veces en la literatura, al igual que en la vida, no reina la justicia poética.

El discurso

La historia representa el contenido de la obra narrativa. El *discurso* representa la expresión misma de esa historia, o sea, el conjunto de elementos lingüísticos y formales que la constituyen. En términos generales, el lenguaje narrativo comprende las partes siguientes: la *descripción*, el *diálogo*, la *narración*, el *comentario del narrador*, la *organización* y *presentación de la materia*, la *creación del ambiente* y el *tono*.

La descripción. Sirve para crear el marco escénico (*setting*): tiempo y lugar.

El diálogo. Refleja la interacción verbal entre los personajes, mientras que el narrador omnisciente puede presentar los pensamientos de éstos, a veces en forma de monólogo interior (*stream of consciousness*).

La narración. Presenta la acción o los eventos del texto.

Los comentarios del narrador. Ofrecen datos—y muy a menudo, juicios—sobre la situación narrativa o sobre los personajes.

La organización y presentación de la materia. Es la forma en que el autor ha organizado los elementos que componen la obra.

La creación del ambiente. Es la manera cómo usa el *autor* los elementos de la obra para producir efectos emotivos y cómo el *lector* reacciona ante dichos elementos.

El tono. Es la actitud que adopta el *narrador* ante los asuntos textuales, es decir, ante lo que está narrando.

Todas estas partes del discurso, denominadas funciones discursivas, contribuyen, a la vez, a la presentación de los personajes literarios. Generalmente, un personaje puede ser descrito por el narrador o por otro personaje. Sin embargo, hay que tener presente que las descripciones pueden ser acertadas o no; por eso hay que fijarse en el tono de las mismas. El diálogo también es importante para conocer a los personajes porque por medio de sus propias palabras a veces podemos descubrir sus pensamientos. A pesar de todo, no se puede juzgar a un personaje sólo por lo que él dice o por lo que los otros opinan de él, sino que es necesario juzgarlo por sus acciones. La interacción de un personaje con los demás y con su medio puede ser reveladora y debe analizarse detenidamente.

Discurso literal y discurso figurado. El discurso literario puede ser directo o indirecto, literal o figurado. Por ejemplo, el escritor puede utilizar la palabra *rosa* para referirse a la flor misma, es decir, a la cosa; en este caso, hay correspondencia directa entre el *significante* (*signifier,* el signo lingüístico) y el *significado* (*signified,* el objeto representado por el signo lingüístico). Pero el escritor también puede utilizar la palabra *rosa* no para referirse a la flor, sino a la *belleza* (porque la rosa es bella), o para presentar una imagen de la *brevedad de la vida* (porque la rosa se marchita pronto). En ambos casos la correspondencia entre el *significante* y el *significado* es indirecta—simbólica—y la palabra se convierte así en *símbolo.* Otros ejemplos de correspondencia indirecta serían: el *camino* como símbolo de la progresión de la vida; el color rojo que simboliza la pasión o el sacrificio.

Cualquier palabra puede tener una significación simbólica, pero si el símbolo tiene aceptación universal, es decir, si es una especie de modelo original que sirve como ejemplar, se llama *arquetipo.* Un ejemplo de arquetipo sería, como la rosa, la figura mítica de Venus porque representa la imagen de la belleza y de la perfección física de la mujer.

A veces el sentido figurado no está representado por una sola palabra sino por un conjunto de palabras o yuxtaposición verbal. Las yuxtaposiciones verbales forman *imágenes* y *figuras retóricas;* estos elementos están presentes en la narrativa y son fundamentales para la creación artística poética. Por ejemplo, en «El incendio», un cuento de Ana María Matute, el protagonista prende fuego a un carro para que la mujer que él ama no se vaya. Antes de describir el acto mismo, la narradora dice: «Algo como un incendio se le subió dentro. Un infierno de rencor». La imagen del incendio tiene valor literal porque representa la acción del fuego, pero también tiene valor figurado al referirse al estado emotivo del joven. Así se establece un equilibrio entre los puntos de referencia internos y externos de la obra. La palabra *infierno* sirve para complementar la significación. Es decir que la angustia mental del protagonista se compara con un incendio; a esta comparación entre dos cosas usando la partícula *como* o *cual* se le llama en literatura *símil.* De la misma manera se podría asociar el rencor que el joven siente con la discordia y con el fuego del infierno; esta asociación de significados se denomina *metáfora.*

Cada autor se vale de las convenciones literarias para crear un estilo propio. La originalidad de una obra no se manifiesta en usar formas exóticas, sino más bien en crear nuevas combinaciones de las formas tradicionales o en la manera distinta de ver las cosas cotidianas. Véase, por ejemplo, la introducción de don

Francisco Torquemada, en *Torquemada en la hoguera* (1889) de Benito Pérez Galdós:

> Voy a contar cómo fue al quemadero el inhumano que tantas vidas infelices consumió en llamas; que a unos les traspasó los hígados[1] con un hierro candente,[2] a otros les puso en cazuela bien mechados,[3] y a los demás los achicharró[4] por partes, a fuego lento, con rebuscada y metódica saña.[5] Voy a contar cómo vino el fiero sayón[6] a ser víctima; cómo los odios que provocó se le volvieron lástima, y las nubes de maldiciones arrojaron sobre él lluvia de piedad; caso patético, caso muy ejemplar, señores, digno de contarse para enseñanza de todos, aviso de condenados y escarmiento[7] de inquisidores. Mis amigos conocen ya, por lo que de él se me antojó[8] referirles, a don Francisco Torquemada, a quien algunos historiadores inéditos de estos tiempos llaman *Torquemada el Peor*.

[1] (*fig.*) entrañas
[2] ardiente
[3] *ready for roasting*
[4] *scorched*
[5] furor
[6] *executioner*
[7] advertencia
[8] ocurrió

Galdós traza en esta novela el sufrimiento del usurero del siglo XIX, don Francisco Torquemada, por la enfermedad de su hijo y su fracasado esfuerzo por salvarle de la muerte. En el fragmento citado, hay una analogía implícita, tanto al nivel lingüístico como al nivel conceptual. El apellido del protagonista ficticio, Torquemada, lo relaciona con el Inquisidor Tomás de Torquemada, figura de la Inquisición española. Las imágenes de este fragmento se refieren a don Francisco, pero en forma figurada, pues son alusiones al fuego inquisitorial del otro Torquemada. El mensaje es: don Francisco, el usurero, había hecho sufrir a todos los que le debían dinero, de la misma manera que el Inquisidor hizo sufrir a los acusados por la Inquisición, pero ahora es el mismo don Francisco quien sufre. Para enfatizar la maldad del usurero, le llaman *el Peor* para demostrar que fue *peor* que el históricamente cruel Inquisidor. Aquí el discurso galdosiano funciona como transmisor de un mensaje y como artífice creador: se relata algo y este relato se hace de manera original y artística.

El tema

El tema marca la base ideológica del texto; es, pues, una síntesis o punto de contacto entre la historia y la forma lingüística de una obra literaria. Por *tema* se entiende la idea central o la unidad de los conceptos del texto, tanto como el *valor significativo*—el mensaje fundamental—de estos conceptos. El ejemplo siguiente ilustra este doble sentido. En *Doña Perfecta* (1876), otra novela de Galdós, se presenta el conflicto entre la protagonista, Doña Perfecta, encarnación de un conservadurismo antiprogresista e intolerante, y su sobrino Pepe Rey, representante de un antitradicionalismo científico. Dispuesta a sacrificarlo todo por su causa, Doña Perfecta es moralmente culpable de la muerte de Pepe Rey. Puede decirse que el tema de esta novela, en su primer sentido, como unidad de conceptos, como idea central del texto, es la intolerancia, o, quizá, el triunfo de la intolerancia.

Ahora bien, cuando se aplica el tema a la experiencia humana y se dice, en el caso de *Doña Perfecta*, que no se debe soportar una actitud intolerante, o que hay que aceptar la posibilidad de modificar la tradición mediante nuevas ideas progresistas, se tiene el valor del tema en su segundo sentido, *valor normativo* o *axiomático*. Es importante reconocer que en *Doña Perfecta* se refleja una visión de la España de la época, un país que vacilaba entre el sueño dorado de un imperio católico y la revolución industrial y científica europea. Al plantear el problema, Galdós reacciona en contra del *status quo,* pero sin defender en términos absolutos las tendencias progresistas.

El tema de una obra literaria puede ser *explícito* (expresado de una manera directa) o *implícito* (expresado de una manera indirecta o sutil). En *El conde Lucanor,* una colección de cuentos del siglo XIV, Don Juan Manuel escribe al final de cada cuento una moraleja, la cual de forma explícita revela el tema del cuento. Por ejemplo: «No aventures nunca tu riqueza / por consejo del que vive en pobreza» (Cuento XX) y «Mal acabará el que suele mentir / por eso debemos la mentira huir» (Cuento XXIV).

En «La conciencia», otro cuento de Ana María Matute, se presenta el caso de un vagabundo que llega a controlar los actos de la protagonista y su marido, asegurándoles que sabe algo que la protagonista quiere ocultar porque, como él afirma, «lo vi todo». En realidad, no ha visto nada, pero con tal amenaza puede dominarlos hasta el extremo de aprovecharse de ellos, asegurando así lo que se dice en el cuento, «Nadie hay en el mundo con la conciencia pura, ni siquiera los niños». Este cuento es, por consiguiente, un buen ejemplo de tema explícito.

Sin embargo, en la mayor parte de las obras narrativas, el tema está implícito. Se puede formular el tema según el efecto creado por el texto: el énfasis conceptual del autor, la significación de las acciones, lo que pasa con los personajes, los comentarios de los personajes y del narrador. Por ejemplo, volviendo a la obra *Doña Perfecta,* se ve que al hacer triunfar la intolerancia de la protagonista mediante la presentación de los resultados trágicos de la falta de comprensión, Galdós no necesita ofrecer moralejas; el lector puede intuir el tema que se está presentando—la intolerancia. Por eso en el capítulo final de la novela, sólo se necesitan dos frases: «Esto se acabó. Es cuanto por ahora podemos decir de las personas que parecen buenas y no lo son».

Ironía dramática e ironía circunstancial. En el tema del cuento «La conciencia» y en el de la novela *Doña Perfecta* se ve cierta *ironía,* pues el cuento se basa en *lo no visto* y la novela en el *triunfo del personaje hipócrita.* A continuación, se analizarán otros ejemplos de *ironía.* En el cuento «El ausente», también de Ana María Matute, la protagonista se da cuenta del amor de su marido, no cuando éste está presente, sino cuando está ausente. Esta inversión de los conceptos de la ausencia y de la presencia—la creación de una situación inesperada—además de ser irónica, es paradójica porque en la *paradoja,* la verdad parece contradecir las leyes de la lógica. Un ejemplo por excelencia de ironía es el mito de Edipo, base de la tragedia de Sófocles, *Edipo Rey.* Edipo se casa con la reina viuda Yocasta y se propone descubrir al asesino del rey, quien es a la vez el ex-esposo de ésta. Irónicamente, el resultado de su búsqueda revela que es Edipo mismo quien ha matado al rey, el cual a su vez era su padre y, por lo tanto, la reina con quien está casado es su madre. De esta forma, el detective y el asesino son la misma persona. Intensifica la ironía de la obra la presencia de un público teatral tan familiarizado con el mito de Edipo como lo estaba el público de Sófocles, pues el espectador, o lector, que sabe más que el personaje, puede seguir la progresión dramática con plena conciencia del desenlace. Por eso la ironía se llama *dramática.* Pero hay también otra clase de ironía, la ironía *circunstancial* que tiene lugar cuando el lector no se entera de la situación irónica hasta el momento de la culminación de los hechos. El lector del cuento «El ausente», por ejemplo, no llega a entender la ironía de la ausencia hasta el cambio de actitud de la protagonista.

Leitmotivo. Es común notar ciertas variaciones sobre un mismo tema literario dentro de un texto. Los temas (o situaciones o ideas) que recurren o que se repiten de forma variada se llaman *leitmotivos.* Por ejemplo, en *The Canterbury Tales* de Geoffrey Chaucer (¿1340?–1400) todos los caminantes narran una historia y el proceso de narrar se convierte en el leitmotivo central de la obra. Un mismo leitmotivo puede presentarse en obras diferentes. Como ejemplo se puede citar el del protagonista que deja que el curso de su vida sea determinado por influencia de las novelas que lee, como es el caso de Don Quijote y el de Madame Bovary en la novela de ese nombre de Gustave Flaubert (1821–1880). De igual modo, se puede señalar como leitmotivo la convención de un personaje literario que pone en duda—dentro del marco de la obra—la superioridad de su creador. Entre los ejemplos de este tipo figuran *Niebla* de Miguel de Unamuno (1864–1936) y *Sei personaggi in cerca d'autore* (*Seis personajes en busca de un autor*) del dramaturgo italiano Luigi Pirandello (1867–1936). En la novela *Niebla* de Unamuno, por ejemplo, hay un debate entre el personaje principal (Augusto Pérez) y el autor (transformado aquí en personaje novelesco, personaje ficticio) para probar quién de los dos es más real. Según algunos críticos, el que triunfa en el debate es Augusto Pérez. Un tema musical también puede servir de leitmotivo. La conocida «Obertura de Guillermo Tell» se ha utilizado en el cine y en la televisión para señalar la llegada del Vaquero solitario (*The Lone Ranger*).

Cosmovisión (*Weltanschauung*). Después de haber leído varias obras de un mismo autor, es posible que el lector perciba una relación definida entre sus temas y note que a través de la escritura se revela cierta uniformidad en el pensamiento del autor. Este modo sostenido de concebir la interacción entre los hombres o entre el hombre y el universo se llama *cosmovisión* (*worldview,* o *Weltanschauung* en alemán). Por ejemplo, en casi toda la obra de Miguel de Unamuno se ve la preocupación del escritor con el concepto de la muerte y, sobre todo, un intento de resolver su angustia ante el problema de la inmortalidad. Unamuno confronta esta problemática desde múltiples perspectivas tanto literarias como conceptuales y sentimentales.

APROXIMACIONES CRITICAS AL ANALISIS DEL TEXTO

Se llama *estructura* de un texto a la combinación de todos los elementos literarios, al resultado final. Los críticos emplean varias *metodologías* y *aproximaciones críticas* para analizarla. Las aproximaciones que dependen exclusivamente de la materia textual se llaman *formalistas,* pues se basan en un examen de los aspectos formales de la obra. Otras tienen un punto de enfoque *extratextual* y provienen de una consideración de la obra en función de otro sistema: biográfico, socio-histórico, filosófico, psicológico, lingüístico, etcétera. Un estudio del desarrollo de la trama de una obra o de la perspectiva narrativa o de la creación de imágenes, tendría una base *formalista.* Al contrario, una comparación entre la temática filosófica de una obra y sus antecedentes teóricos o el análisis de un personaje literario según las teorías psicoanalíticas de Sigmund

Freud (1856–1939) o arquetípicas de Carl Jung (1875–1961) o también el análisis de un texto como documento biográfico sobre el autor, tendrían una base *extratextual*. Las aproximaciones más modernas, tales como el estructuralismo, la semiótica, la fenomenología, se basan en investigaciones lingüísticas y filosóficas. Al analizar los textos literarios ponen énfasis ya sea en la producción de estructuras y significaciones (estructuralismo), en los complejos signos que forman un texto (la semiótica), o en la revelación de la conciencia autorial (la fenomenología) en la revelación de la significación a través del juego de presencia y ausencia (la desconstrucción) y, en términos generales, en el acto complejo y agradable de leer un texto.

PRACTICA

1. Analice el *punto de vista* de cada uno de los fragmentos siguientes. ¿Qué tipo de narrador se presenta? ¿primera o tercera persona? ¿Quién habla? ¿el protagonista? ¿un personaje secundario? ¿un testigo u observador externo?

   a. Call me Ishmael. Some years ago—never mind how long precisely—having little or no money in my purse, and nothing particular to interest me on shore, I thought I would sail about a little and see the watery part of the world. It is a way I have of driving off the spleen, and regulating the circulation. Whenever I find myself growing grim about the mouth; whenever it is a damp, drizzly November in my soul; whenever I find myself involuntarily pausing before coffin warehouses, and bringing up the rear of every funeral I meet; and especially whenever my hypos get such an upper hand of me, that it requires a strong moral principle to prevent me from deliberately stepping into the street, and methodically knocking people's hats off— then I account it high time to get to sea as soon as I can.

   (Herman Melville, *Moby Dick,* 1851)

   b. Aquella noche Laura no podía dormir. Pensaba una vez y otra en la modista, en su traje, en el bolso, que había que limpiar para que disimulara un poco las señales del mucho uso, pero sobre todo en el sombrero.
   ...Don Manuel, mientras tanto, pensaba: «Estos subalternos, estos subalternos... Fue una debilidad mía invitarle».

   (Felicidad Blanc, «El cock-tail», 1947)

   c. (Habla el Dr. Watson, compañero del famoso detective Sherlock Holmes.)
   I had seen little of Holmes lately. My marriage had drifted us away from each other. My own complete happiness, and the home-centered interests which rise up around the man who first finds himself master of his own establishment, were sufficient to absorb all my attention; while Holmes, who loathed every form of society with his whole Bohemian soul, remained in our lodgings in Baker Street, buried among his old books, and alternating from week to week between cocaine and ambition, the drowsiness of the drug, and the fierce energy of his own keen nature. He was still, as ever, deeply attracted by the study of crime, and occupied his immense faculties and extraordinary powers of observation in following out those clues, and clearing up those mysteries, which had been abandoned as hopeless by the official police.

   (Sir Arthur Conan Doyle, "A Scandal in Bohemia,"
   The Adventures of Sherlock Holmes, c. 1900)

d. Martina, la criada, era una muchacha alta y robusta, con una gruesa trenza, negra y
luciente, arrollada en la nuca. Martina tenía los modales bruscos y la voz áspera.
También tenía fama de mal genio, y en la cocina del abuelo [el abuelo de la mujer
que habla] todos sabían que no se le podía gastar bromas ni burlas... Yo la recuerdo
cargando grandes baldes de ropa sobre sus ancas de yegua, y dirigiéndose al río
descalza, con las desnudas piernas, gruesas y morenas, brillando al sol. Martina
tenía la fuerza de dos hombres, según decía Marta la cocinera, y el genio de cuatro
sargentos.

(Ana María Matute, «Envidia», *Historias de la Artámila,* 1961)

e. Billy Tully was a fry cook in a Main Street lunchroom. His face, a youthful pink,
was lined around the mouth. There was a dent in the middle of his nose. Thin scars
lay one above another at the outer edges of his brows. Crew-cut on top and combed
back long on the sides, his rust-colored hair was abundant. He was short, deep-
chested, compact, neither heavy or thin nor very muscular, his bones thick, his flesh
spare. It was the size of his neck that gave his clothed figure its look of strength. The
result of years of exercise, of lifting ten- and twenty-pound weights with a head-
strap, it had been developed for a single purpose—to absorb the shock of blows.

Tully had not had a bout since his wife had left him, but last night he had hit a
man in the Ofis Inn. What the argument involved he could no longer clearly recall,
and he gave it little thought. What concerned him was what had been revealed
about himself. He had thrown one punch and the man had dropped. Tully now be-
lieved he had given up his career too soon. He was still only twenty-nine.

(Leonard Gardner, *Fat City,* 1969)

f. La mujer de Demetrio Macías, loca de alegría, salió a encontrarlo por la vereda de
la sierra, llevando de la mano al niño.

¡Casi dos años de ausencia!

Se abrazaron y permanecieron mudos; ella embargada por los sollozos y las lágrimas.

Demetrio, pasmado, veía a su mujer envejecida, como si diez o veinte años hubieran transcurrido ya. Luego miró al niño, que clavaba en él sus ojos con azoro. Y
su corazón dio un vuelco cuando reparó en la reproducción de las mismas líneas de
acero de su rostro y el brillo flamante de sus ojos. Y quiso atraerlo y abrazarlo; pero
el chiquillo, muy asustado, se refugió en el regazo de la madre.

—¡Es tu padre, hijo! ...¡Es tu padre!

(Mariano Azuela, *Los de abajo,* 1916)

2. ¿Cómo se puede clasificar el narrador de cada uno de los trozos siguientes? ¿Es fidedigno o indigno de confianza?

a. (Aquí se presenta a la protagonista Benina, una mujer dispuesta a ayudar a los
demás a toda costa. Por sus actos benéficos, llega a ser considerada como una verdadera santa.)
La mujer de negro vestida, más que vieja, envejecida prematuramente, era, además
de *nueva* [entre los mendigos], temporera, porque acudía a la mendicidad por lapsos
de tiempo más o menos largos, y a lo mejor desaparecía, sin duda por encontrar un
buen acomodo o almas caritativas que la socorrieran. Respondía al nombre de la
señá Benina (de lo cual se infiere que Benigna se llamaba), y era la más callada y
humilde de la comunidad, si así puede decirse; bien criada, modosa y con todas las
trazas de perfecta sumisión a la divina voluntad. ...Con todas y con todos hablaba el
mismo lenguaje afable y comedido. [Sigue una descripción física.] Con este perge-

nio y la expresión sentimental y dulce de su rostro, todavía bien compuesto de
líneas, parecía una Santa Rita de Casia que andaba por el mundo en penitencia.

(Benito Pérez Galdós, Misericordia, 1897)

b. (Se presenta a «Timoteo el incomprendido» en relación con su devoción al arte
puro.)
Timoteo Moragona y Juarrucho era un artista incomprendido. Las vecinas se ca-
chondeaban de él y le decían:
   —¿Qué, Timoteo, le han encargado a usted algún San Roque?[1]
   —¡No señor! ¡No me han encargado ningún San Roque! ¡Yo no soy un artista de
encargos! [La vecina más atrevida continúa burlándose de él.]
   Y entonces, Timoteo le pegó una patada en el vientre y la tiró por encima del
puestecillo de una vieja que vendía chufas y cacahuetes.
   —¡Tome usted! ¡Para que escarmiente y no se vuelva a meter con los artistas!

(Camilo José Cela, «Timoteo el incomprendido», 1952)

c. (El narrador es un personaje sin nombre, un inglés—según le llama la gente—que
narra la historia del traidor John Vincent Moon, quien denunció a un amigo suyo en
la época de la lucha por la independencia irlandesa. La narración termina así:)
   —Yo soy Vincent Moon. Ahora desprécieme.

(Jorge Luis Borges, «La forma de la espada», Ficciones, 1944)

3. ¿Cuál es el término que señala el papel de los «señores» que aparecen en
   los pasajes siguientes y a quienes va dirigida la narrativa?

a. Yo, señor, soy de Segovia. Mi padre se llamó Clemente, natural del mismo pueblo;
Dios le tenga en el cielo.

(Francisco de Quevedo, El Buscón, 1626)

b. Yo, señor, no soy malo, aunque no me faltarían motivos para serlo.

(Camilo José Cela, La familia de Pascual Duarte, 1942)

4. Indique qué clase de final (cerrado, abierto o irónico) es cada uno de los
   siguientes. ¿En cuál de ellos se ve un caso de la justicia poética?

a. (En la novela se presenta una modernización del mito de Caín y Abel. Abel
Sánchez ya ha muerto. El sujeto del párrafo final es Joaquín Monegro, figura de
Caín.)
Calló. No quiso o no pudo proseguir. Besó a los suyos. Horas después rendía su úl-
timo cansado suspiro.

(Miguel de Unamuno, Abel Sánchez, 1917)

b. (Al protagonista Gold le han encargado un libro sobre sus experiencias familiares;
éste es el asunto principal de la novela misma.)
Gold continued to Esther's for Belle and drove home. He owed Pomoroy a book.
Where could he begin?

(Joseph Heller, Good as Gold, 1979)

c. (La joven Tristana, víctima de Don Lope Garrido y de una enfermedad cruel, acaba
casándose con el viejo Don Lope. Inexplicablemente, los dos parecen haberse
adaptado a la nueva vida.)
¿Eran felices una y otro?... Tal vez.

(Benito Pérez Galdós, Tristana, 1892)

d. (El médico Don Amador, invitado a cenar en casa del abuelo de la narradora, muy a disgusto sale a visitar a un enfermo pobre. Antes del tratamiento, el médico exige que la familia le pague la cuenta, y se jacta de eso al volver a la casa.)
Era muy tarde cuando el médico se fue. Se había emborrachado a conciencia y al cruzar el puente, sobre el río crecido, se tambaleó y cayó al agua. Nadie se enteró ni oyó sus gritos. Amaneció ahogado, más allá de Valle Tinto, como un tronco derribado, preso entre unas rocas, bajo las aguas negruzcas y viscosas del [río] Agaro.

(Ana María Matute, «La chusma», *Historias de la Artámila,* 1961)

5. En «La conciencia» de Ana María Matute, un vagabundo llega a la posada de Mariana, y al decirle que ha visto algo que Mariana no quiere que se sepa, logra aprovecharse de ella (y luego de su marido). Por fin, Mariana no puede soportar más la situación y le pide al vagabundo que se vaya. Al marcharse, éste le confiesa que no ha visto nada y le da un consejo: «Vigila a tu Antonio».

En el esquema que sigue, ¿cómo se clasifican los diversos elementos de la trama, según las categorías de *exposición, desarrollo, suspenso, punto decisivo, clímax y desenlace?*

a. Hacía muy mal tiempo. El vagabundo le pidió a la posadera hospedaje por una noche.
b. El vagabundo se niega a marcharse. Amenaza a la posadera, diciéndole que lo ha visto todo. La mujer teme que la haya visto con su amante. Vuelve el marido. El vagabundo se queda.
c. Mariana está cada vez más desesperada. El lector no sabe cómo va a resultar todo eso.
d. Mariana decide echar al vagabundo de la casa, pase lo que pase.
e. Ella echa al vagabundo, quien le dice que no ha visto nada, pero que sabe que nadie tiene la conciencia pura.
f. Al marcharse, el vagabundo le advierte a Mariana: «Vigila a tu Antonio».

6. Analice el discurso (la narración, el lenguaje y la relación entre lenguaje y concepto, el tono) de cada uno de los fragmentos siguientes:

a. FOETEO ERGO SUM.
I stink, therefore I am.
Descartes had to be French, right? That's the problem with the French. Always putting Descartes before the horse.
I thought I'd open with a joke. Loosen things up a bit, if you know what I mean. You see, I'm not a writer. I'm an accountant. It's my brother who's the writer. He's Jack. I'm Jerry. He's the one who should be writing this book. But he's not here right now.

(Gerald Rosen, *The Carmen Miranda Memorial Flagpole,* 1977)

b. Was every day of life to be as busy a day as this,—and to take up,——truce——
I will not finish that sentence till I have made an observation upon the strange state of affairs between the reader and myself, just as things stand at present——an observation never applicable before to any one biographical writer since the creation of the world but to myself . . .
I am this month one whole year older than I was this time twelve-month; and having got, as you perceive, almost into the middle of my fourth volume——and

no farther than to my first day's life——'tis demonstrative that I have three hundred and sixty-four days more life to write just now, than when I first set out; so that instead of advancing, as a common writer. in my work with what I have been doing at it——on the contrary, I am just thrown so many volumes back——was every day of my life to be as busy a day as this——And why not?——and the transactions and opinions of it to take up as much description——And for what reason should they be cut short? as at this rate I should just live 364 times faster than I should write——It must follow, an' please your Worships, that the more I write, the more I shall have to write——and consequently, the more your Worships will have to read.

(Laurence Sterne, Tristram Shandy, 1760)

c. (Sigue una descripción del exageradamente erudito Antolín S. Paparrigópulos.) Preparaba una edición popular de los apólogos de *Calila y Dimna* [una colección medieval de cuentos] con una introducción acerca de la influencia de la literatura índica en la Edad Media española, y ojalá hubiese llegado a publicarla, porque su lectura habría apartado, de seguro, al pueblo de la taberna y de perniciosas doctrinas de imposibles redenciones económicas. Pero las dos obras magnas que preparaba Paparrigópulos eran una historia de los escritores oscuros españoles, es decir, de aquellos que no figuran en las historias literarias corrientes o figuran sólo en rápida mención por la supuesta insignificación de sus obras, corrigiendo así la injusticia de los tiempos, injusticia que tanto deploraba y aun temía, y era otra su obra acerca de aquellos cuyas obras se han perdido sin que nos quede más que la mención de sus nombres y a lo sumo de los títulos de las que escribieron. Y estaba a punto de acometer la historia de aquellos otros que habiendo pensado escribir no llegaron a hacerlo.

(Miguel de Unamuno, Niebla, 1914)

d. Lees ese anuncio: una oferta de esa naturaleza no se hace todos los días. Lees y relees el aviso. Parece dirigido a ti, a nadie más. Distraído, dejas que la ceniza del cigarro caiga dentro de la taza de té que has estado bebiendo en este cafetín sucio y barato. Tú releerás. Se solicita historiador joven. Ordenado. Escrupuloso. Conocedor de la lengua francesa. Conocimiento perfecto, coloquial. Capaz de desempeñar labores de secretario. Juventud, conocimiento del francés, preferible si ha vivido en Francia algún tiempo. Tres mil pesos mensuales, comida y recámara cómoda, asoleada, apropiada estudio. Sólo falta tu nombre. Sólo falta que las letras más negras y llamativas del aviso informen: Felipe Montero. Se solicita Felipe Montero, antiguo becario [estudiante que tiene beca] en la Sorbona, historiador cargado de datos inútiles, acostumbrado a exhumar papeles amarillentos, profesor auxiliar en escuelas particulares, novecientos pesos mensuales. Pero si leyeras eso, sospecharías, lo tomarías a broma. Donceles 815 [la dirección]. Acuda en persona. No hay teléfono.

(Carlos Fuentes, Aura, 1962)

7. Comente la presentación de Augusto Pérez, protagonista de *Niebla,* en los primeros párrafos de la novela. ¿De qué recursos hace uso, o sea, qué técnica emplea el narrador para presentar a Augusto Pérez? ¿Cómo está caracterizado Augusto?

    Al aparecer Augusto a la puerta de su casa extendió el brazo derecho, con la mano palma abajo y abierta, y dirigiendo los ojos al cielo quedóse[1] un momento parado en esta actitud estatuaria y augusta. No era que tomaba posesión del mundo

[1] se quedó

exterior, sino era que observaba si llovía. Y al recibir en el dorso de la mano el frescor del lento orvallo[2] frunció el entrecejo.[3] Y no era tampoco que le molestase la llovizna, sino el tener que abrir el paraguas. ¡Estaba tan elegante, tan esbelto, plegado y dentro de su funda[4]! Un paraguas cerrado es tan elegante como es feo un paraguas abierto.

«Es una desgracia esto de tener que servirse uno de las cosas —pensó Augusto—; tener que usarlas. El uso estropea y hasta destruye toda belleza. La función más noble de los objetos es la de ser contemplados. ¡Qué bella es una naranja antes de comida! Esto cambiará en el cielo cuando todo nuestro oficio se reduzca, o más bien se ensanche,[5] a contemplar a Dios y todas las cosas en El. Aquí, en esta pobre vida, no nos cuidamos sino de servirnos de Dios; pretendemos abrirlo, como a un paraguas, para que nos proteja de toda suerte de males».

Díjose así y se agachó[6] a recojerse[7] los pantalones. Abrió el paraguas por fin y se quedó un momento suspenso y pensando: «Y ahora, ¿hacia dónde voy?, ¿tiro[8] a la derecha o a la izquierda?» Porque Augusto no era un caminante, sino un paseante de la vida. «Esperaré a que pase un perro —se dijo— y tomaré la dirección inicial que él tome».

2 lluvia menuda
3 frunció... *frowned*
4 cubierta
5 amplíe
6 inclinó
7 *to roll up*
8 voy

PANORAMA HISTORICO Y CATEGORIAS FUNDAMENTALES

Cronología de obras narrativas españolas e hispanoamericanas

Siglo XIV

Anónimo, *Historia del caballero Cifar* (1300)

Don Juan Manuel, «Lo que sucedió a un mozo que casó con una muchacha de muy mal carácter» (*El conde Lucanor*, c. 1335)*

Siglo XVI

Anónimo, *Amadís de Gaula*

Anónimo, *Vida de Lazarillo de Tormes* (1554)

Jorge de Montemayor, *Diana* (1559)

Anónimo, *Historia del Abencerraje y de la hermosa Jarifa* (1565)

Siglo XVII

Miguel de Cervantes, *Novelas ejemplares* (1613)
    El ingenioso hidalgo Don Quijote de la Mancha (1605, 1615)
    Los trabajos de Persiles y Sigismunda (obra póstuma, 1617)

Francisco de Quevedo, *Vida del Buscón* (1626)

Baltasar Gracián, *El criticón* (1651–1657)

Carlos de Sigüenza y Góngora, *Los infortunios de Alonso Ramírez* (1690)

Siglo XVIII

Francisco de Isla, *Historia del famoso predicador Fray Gerundio de Campazas, alias Zotes* (1758)

---

* obras que aparecen en la antología

Calixto Bustamante Carlos Inca, alias «Concolorcorvo», *El Lazarillo de ciegos caminantes* (1773)

Siglo XIX

José Joaquín Fernández de Lizardi, *El periquillo sarniento* (1816)

Fernán Caballero (Cecilia Böhl de Faber), *La Gaviota* (1849)

José Mármol, *Amalia* (1851)

Alberto Blest Gana, *Martín Rivas* (1862)

José María de Pereda, *Escenas montañesas* (1864)

Jorge Isaacs, *María* (1867)

Juan Valera, *Pepita Jiménez* (1874)

Benito Pérez Galdós, *Doña Perfecta* (1876)
    Gloria (1877)
    Marianela (1878)
    Fortunata y Jacinta (1886–1887)

Juan León Mera, *Cumandá o Un drama entre salvajes* (1879)

José María de Pereda, *Peñas arriba* (1895)

Ricardo Palma, «La camisa de Margarita» (*Tradiciones peruanas*, 1875–1883)

Manuel Jesús Galván, *Enriquillo* (1878–1882)

Leopoldo Alas («Clarín»), *La Regenta* (1884–1885)

Emilia Pardo Bazán, *Los Pazos de Ulloa* (1886)
    La Madre Naturaleza (1887)

Rubén Darío, *Azul* (1888)

José Martí, *La edad de oro* (1889)

Clorinda Matto de Turner, *Aves sin nido* (1889)

Manuel Gutiérrez Nájera, *Cuentos de humo* (1890–1894)

Cirilo Villaverde, *Cecilia Valdés* (1892)

Javier de Viana, *Escenas de la vida del campo* (1896)

Benito Pérez Galdós, *Misericordia* (1897)

Vicente Blasco Ibáñez, *La barraca* (1898)

Siglo XX

José Martínez Ruiz («Azorín»), *La voluntad* (1902)
    Antonio Azorín (1903)
    Las confesiones de un pequeño filósofo (1904)

Baldomero Lillo, *Sub terra* (1904)

Ramón del Valle Inclán, *Sonatas* (1902–1905)

Leopoldo Lugones, *Las fuerzas extrañas* (1906)

Baldomero Lillo, *Sub sole* (1907)

Enrique Larreta, *La gloria de don Ramiro* (1908)

Jorge Payró, *Pago chico* (1908)

Pío Baroja, *Zalacaín el aventurero* (1909)
    El árbol de la ciencia (1911)

Benito Pérez Galdós, *Episodios nacionales* (1873–1912)

Miguel de Unamuno, *Niebla* (1914)*

Federico Gamboa, *La maestra normal* (1914)

Juan Ramón Jiménez, *Platero y yo* (1914)

Mariano Azuela, *Los de abajo* (1916)

Miguel de Unamuno, *Abel Sánchez* (1917)
                La tía Tula (1921)

Emilia Pardo Bazán, «Las medias rojas» (*Cuentos de la tierra,* 1923)*

Rómulo Gallegos, *Doña Bárbara* (1924)

Eustasio Rivera, *La vorágine* (1924)

Pío Baroja, *Memorias de un hombre de acción* (1913–1928)

Arturo Uslar Pietri, *Barrabás y otros cuentos* (1928)

Gregorio López y Fuentes, *El indio* (1931)

Miguel de Unamuno, *San Manuel Bueno, mártir* (1933)*

María Luisa Bombal, *La amortajada* (1938)

Ciro Alegría, *El mundo es ancho y ajeno* (1941)

Ramón Sender, *Crónica del alba* (1942)

Camilo José Cela, *La familia de Pascual Duarte* (1942)

Jorge Luis Borges, *Ficciones* (1944)

Carmen Laforet, *Nada* (1944)

Miguel Angel Asturias, *El señor Presidente* (1946)

Adalberto Ortiz, *Juyungo* (1946)

Juan Antonio Zunzunegui, *La quiebra* (1947)

Ernesto Sábato, *El túnel* (1948)

Jorge Luis Borges, *El Aleph* (1949)

Julio Cortázar, *Bestiario* (1951)

Camilo José Cela, *La colmena* (1951)

José María Gironella, *Los cipreses creen en Dios* (1953)

Alejo Carpentier, *Los pasos perdidos* (1954)

Juan Rulfo, «No oyes ladrar los perros» (*El llano en llamas,* 1953)
                Pedro Páramo (1955)*

Julio Cortázar, «La noche boca arriba» (*Final del juego,* 1956)*

Rosario Castellanos, *Balún-Canán* (1957)

Ana María Matute, *Los hijos muertos* (1957)

Ramón Sender, *Réquiem por un campesino español* (1960)

Ana María Matute, «Pecado de omisión» (*Historias de la Artámila,* 1961)*

Gabriel García Márquez, *El coronel no tiene quien le escriba* (1961)
                Los funerales de la Mamá Grande (1962)

Rosario Castellanos, *Oficio de tinieblas* (1962)

Julio Cortázar, *Rayuela* (1963)

Elena Garro, *Los recuerdos del porvenir* (1963)

Gabriel García Márquez, *Cien años de soledad* (1967)

Juan Benet, *Volverás a región* (1967)

Elena Poniatowska, *Hasta no verte, Jesus mío* (1969)

Juan Goytisolo, *Reivindicación del Conde don Julián* (1970)

Rosario Ferré, *Papeles de Pandora* (1970)

Rosario Castellanos, *Album de familia* (1971)

Elena Poniatowska, «El recado» (*De noche vienes,* 1979)*

Elena Garro, *Andamos huyendo Lola* (1980)

Rima de Vallbona, «En el reino de la basura» (*Mujeres y agonías,* 1982)*

José María Merino, *La orilla oscura* (1985)

Mercedes Ballesteros, «Angelita, o el gozo de vivir» (*Pasaron por aquí,* 1985)*

Rosario Ferré, *Maldito amor* (1986)

Antonio Muñoz Molina, *Beltenebros* (1989)

Javier Marías, *Corazón tan blanco* (1992)

EL GENERO NARRATIVO: DEFINICION Y ORIGENES

En un sentido amplio, a la narrativa se le ha dado el nombre de ficción. La razón es que toda historia inventada o imaginada representa efectivamente una ficción. La palabra «fingir»—de la cual se deriva «ficción»—viene del latín *fingere.* Por eso, al referirse a ficción, se piensa en algo fabricado, artificial, simulado. Esto puede ayudar a comprender el carácter fundamental de la narrativa y la relación que existe entre el concepto de «vida» y el de «arte» (literario en este caso). Pero ¿por qué la realidad ficticia del cuento o de la novela causa la impresión de ser tan «verdadera» que capta la atención del lector? La respuesta a esta pregunta la proporcionaría el término «historia», que reúne en sí dos conceptos: el de «vida», representado por los hechos reales (*history*), y el de «imitación de la vida» o «mimesis», que corresponde a la ficción en particular y al arte en general (*story*). Se podría decir entonces que la obra de ficción, u obra narrativa, quiere ser una imagen de la vida y del mundo en donde el autor representa su cosmovisión, o sea, su actitud ante la vida.

El género narrativo existe, de una forma u otra, desde hace mucho tiempo. Los antiguos egipcios han dejado relatos que se remontan a los años 4000 antes de Cristo. Asimismo, la Biblia contiene historias que preceden a la literatura clásica. Por su parte, los griegos y los romanos han dejado como legado sus epopeyas o poemas épicos—*La Ilíada* y *La Odisea* de Homero y *La Eneida* de Virgilio.

La Ilíada (siglo IX a.C.) es el primer ejemplo que se conserva de la literatura narrativa occidental. Según la leyenda, el poeta griego Homero reunió en este poema épico los mitos y leyendas populares acerca de la guerra de Troya, inmortalizando así los actos heroicos de los guerreros que con su victoria contribuyeron a la fundación de la civilización occidental. Aunque la existencia de tales hechos ha sido probada arqueológicamente, nada sabríamos de los participantes y de sus móviles si no fuera por *La Ilíada,* ya que los hechos y los seres humanos se olvidan pronto y su verdadera existencia comienza sólo cuando sus hazañas se convierten en ficción y el lector, con su imaginación, participa en ellas a través del texto.

EL CID, EL CONDE LUCANOR Y LA NARRATIVA MEDIEVAL EN ESPAÑA

La influencia de las epopeyas grecorromanas produce más tarde, en la Edad Media, el romance (*ballad*) (ver p. 128) y la épica, del griego *épicos* (ἐπικός), que quiere decir relato o canción. Este tipo de poesía narrativa y heroica, estructurada en forma episódica, relata las proezas de héroes que simbolizan el carácter nacional—carácter en el que se reflejan los valores religiosos y culturales de la época. En España, los temas del romance y de la épica giran en torno a la historia y tradición de la Península Ibérica. El canto épico nacional es el *Poema del Cid* o *Cantar de Mio Cid* (c. 1140). En él se narran las hazañas, extraordinarias y a la vez humanas, de Rodrigo Díaz de Vivar, «El Cid», héroe nacional de España. En este personaje, que lucha contra los infieles por su propia honra y por el amor de su familia, se unen el *realismo práctico y el noble idealismo* que ejemplifican el espíritu español.

Es el siglo XIV el que marca el florecimiento de la narrativa. Con el intento de entretener, aparece en la literatura castellana el libro de caballerías *Historia del caballero Cifar* (1300), donde figuran varios relatos en los que se combinan muchos elementos que caracterizarán a las futuras novelas de caballerías: leyendas fantásticas, batallas y milagros. Pero la obra maestra de la prosa de ficción española de ese siglo es *El Conde Lucanor* o *Libro de Patronio* (1335) (p. 34), obra de fin didáctico escrita por Don Juan Manuel (1282–¿1349?). Tal obra presenta un verdadero adelanto en el desarrollo de la narrativa por ser, junto con el *Decamerone* (1352) del italiano Giovanni Boccaccio (1313–1375) y los *Canterbury Tales* (1387–1400) del inglés Geoffrey Chaucer (¿1340?–1400), una de las primeras fuentes de la narrativa europea. La importancia de *El Conde Lucanor,* obra estructurada en forma de breves relatos que imparten una lección moral, estriba no sólo en el carácter entretenido de las narraciones y en la gracia de su lenguaje, sino en la cantidad de problemas humanos y universales que el libro aborda con singular agudeza.

LA PROSA NARRATIVA RENACENTISTA

Debido a la entusiasta valoración del mundo y del hombre, la época del *Renacimiento* (ver Apéndice 3) engendra una narrativa destinada a entretener y a concientizar. En ella se destacan dos vertientes: la idealista y la realista. La primera exalta los ideales de la época—el valor, la lealtad y el amor—a través de historias llenas de fantásticas aventuras y de episodios extraordinarios. La segunda corriente retrata la realidad viva y satiriza una sociedad injusta y cruel.

Siguiendo la vertiente idealista, aparece alrededor de 1508 la obra caballeresca más notable, el *Amadís de Gaula,* novela en la que se ensalza la vida del caballero andante y que servirá de modelo para los numerosos *libros de caballerías* que se compondrán en el siglo XVI.

Dentro de esta misma corriente idealista aparece en 1559 la *Diana* de Jorge Montemayor, modelo de la *novela pastoril* que celebra la vida bucólica, o sea la vida campestre de sus personajes—los pastores—y sus amores.

En la novela morisca se refleja la influencia de la cultura de los moros (*Moors*). En este tipo de narrativa se idealiza el amor del galán árabe por su dama. Típica de este género es la anónima *Historia del Abencerraje y de la hermosa Jarifa* (1565).

Otra categoría de narrativa extensa es la *novela dramática* o *dialogada,* cuya obra maestra es la *Comedia de Calisto y Melibea,* de Fernando de Rojas. Conocida mejor como *La Celestina* (1499), esta obra combina el drama—escrito para ser leído, no representado—y la novela. Uno de los muchos méritos literarios de esta obra clásica de la literatura hispánica es la perfecta fusión del idealismo más puro y del más crudo realismo.

Dentro de la vertiente realista es imprescindible señalar la obra *Vida de Lazarillo de Tormes* (1554). Esta novela ocupa un lugar de suma importancia en el desarrollo de la narrativa. Es el primer ejemplo de la «novela» en el sentido moderno de la palabra y a la vez prototipo del *género picaresco.* Dicha clase de obra es estructurada como el relato de una serie de episodios independientes entre sí unidos por la presencia del protagonista o personaje central—el pícaro (*rogue*). Este es un individuo de bajo origen, cuya mala suerte le ha hecho nacer en un ambiente hostil contra el cual está obligado a luchar para sobrevivir. Irónicamente, lejos de satisfacer el hambre que le persigue sin descanso y que motiva sus acciones, el pícaro no recibe más que golpes. El humor y la sátira social se mezclan en la narración, que, en forma autobiográfica y con deslumbrante realismo, presenta el protagonista.

CERVANTES Y EL APOGEO DE LA NOVELA EN EL «SIGLO DE ORO»

Uno de los más celebrados prosistas de todos los tiempos, y el mayor del «Siglo de Oro»—nombre que se le ha dado en España a la época que se extiende desde principios del siglo XVI hasta fines del XVII—es Miguel de Cervantes Saavedra (p. 234). Siguiendo la corriente idealista del Renacimiento, escribe dos novelas: *La Galatea* (1585) de tipo pastoril y *Los trabajos de Persiles y Sigismunda* (obra póstuma, 1617) que por tratarse de las aventuras y peripecias de dos amantes se cataloga como poético-fantástica. Las *Novelas ejemplares* (1613) siguen la corriente realista.

La obra maestra de Cervantes es, sin duda, *El ingenioso hidalgo Don Quijote de la Mancha,* cuyas dos partes aparecen entre 1605 y 1615. Traducida a casi todos los idiomas principales del mundo, es tal vez la novela más popular de la historia. En ella se relatan las aventuras, cómicas y a la vez patéticas, de Alonso Quijano, un anciano señor que pierde la razón a fuerza de tanto leer novelas caballerescas. En este estado se convierte en Don Quijote de la Mancha, caballero andante, quien sale al mundo resuelto a luchar contra la injusticia hasta acabar con ella. Aunque tales aventuras deleitan por lo divertido de las situaciones en las que irónicamente el protagonista paga caro sus nobles intenciones, el valor de la obra radica, a la postre, en su capacidad de conmover con su visión tragicómica de la vida. Concebida por su autor como parodia de los libros de caballerías de la época, el *Quijote* ha llegado a ser una especie de comedia humana universal en la que Don Quijote y su tosco escudero, Sancho Panza, simbolizan la antítesis humana del idealismo y del realismo y la interrelación entre los dos polos. Su elaborada estructura integra magistralmente un gran número de géneros y modos narrativos—lo caballeresco, lo pastoril, lo sentimental, lo picaresco y lo psicológico. Por todo esto, así como por su impecable caracterización y cuidado estilístico, *Don Quijote* ha de considerarse el primer modelo o prototipo para la teoría del arte novelístico.

LA NARRATIVA DEL BARROCO

Al momento renacentista que exaltaba al mundo y al hombre—momento en que se estudiaba y admiraba la antigüedad clásica—sigue una época en la que el individuo pierde su desenfrenado optimismo y se convierte en un ser pesimista, introspectivo y escéptico. Contra esta actitud de amargura y desengaño, y ante la Reforma Protestante, la Iglesia Católica reacciona con un movimiento de renovación espiritual denominado Contrarreforma. Surge por lo tanto el estilo barroco (ver Apéndice 3) como expresión de la desvalorización de la vida terrenal y de la naturaleza humana así como manifestación del rechazo de los principios estéticos del clasicismo renacentista. En España, el período barroco, que abarca el siglo XVII, coincide con la decadencia política, social y económica del país ocasionada por la conquista y colonización de América, la expulsión de judíos y moriscos, las incesantes guerras en Europa y la aversión del pueblo español a los trabajos manuales. La novela picaresca refleja como ninguna otra modalidad la visión caótica, amarga y pesimista de un pueblo que presenciaba el deterioro de la grandeza española. Como ejemplo de la cosmovisión del barroco español cabe señalar *La vida del Buscón* (1626) de Francisco de Quevedo. Aunque los episodios son muy parecidos a los de otras novelas picarescas, en el sentido de que muestran al protagonista en lucha continua contra el hambre y la mala suerte, ya no se encuentra la risueña ironía del *Lazarillo* ante el desengaño. Al contrario, en la obra de Quevedo se nota un humorismo crudo, unas bufonadas groseras y una fuerza sarcástica que hiere con frecuencia.

Una de las grandes obras de la narrativa del Barroco y de la literatura universal es *El criticón,* de Baltasar Gracián, novela filosófica dividida y publicada en tres partes (*En la primavera de la niñez y en el estío de la juventud,* 1651; *En el otoño de la edad varonil,* 1653; y *En el invierno de la vejez,* 1657). La obra, que por su marcado pesimismo influyó mucho en pensadores y escritores europeos como La Rochefoucauld, Schopenhauer, Hartman y Nietzsche, representa en términos alegóricos o simbólicos la deplorable condición humana. Según Gracián las acciones del hombre son motivadas por el egoísmo. De ahí, la vida no es otra cosa sino una guerra constante y fútil contra una humanidad esencialmente perversa.

LA NOVELA DEL «SIGLO DE LAS LUCES»
O «ILUSTRACION»

La decadencia del imperio español, a principios del siglo XVII, hace que
Inglaterra y Francia sustituyan a España como superpotencias políticas y culturales. De este modo, las doctrinas de filósofos como Bacon, Locke, Diderot y
Descartes que proponían una aproximación experimental al estudio de las ciencias y de las humanidades, se difunden por toda Europa incluyendo a España.
Por lo tanto, durante casi todo el siglo XVIII—época conocida como el «*Siglo
de las Luces*» (*The Age of Enlightenment*)—se producen aquí más que nada
obras de tipo crítico y didáctico, muchas de ellas compuestas al estilo neoclásico
francés. Ningún género decayó tanto en la literatura como la novela. En España
la única obra que merece la atención del lector moderno es *Fray Gerundio de
Campazas* (1758), del jesuita Francisco de Isla. En esta obra, que satiriza los excesos del lenguaje barroco, se nota el espíritu analítico y reformista de la *Ilustración* (ver Apéndice 3), así como ciertas características de la narrativa del siglo
anterior. Estas son (1) la narración episódica de la infancia y de la temprana educación del rústico y grotesco héroe, (2) la ironía socarrona y (3) la gracia natural—
rasgos típicos del género picaresco.

LA NARRATIVA DE LA CONQUISTA Y DE LA EPOCA
COLONIAL EN AMERICA

Se ofrecen dos posibles razones para explicar la falta de una verdadera narrativa
hispanoamericana hasta principios del siglo XIX. La una atribuye el fenómeno al
hecho de que las autoridades españolas prohibieron la difusión de toda obra de
ficción en América por considerarse este género ocioso y peligroso. La otra tiene
que ver con la actitud misma de los escritores de la Conquista y Colonia. Estos,
en su mayor parte soldados, aventureros y clérigos, encontraron que el Nuevo
Mundo en sí mismo era una maravilla y, en cuanto a aventuras, no necesitaban
imaginárselas. De modo que los escritores hispanoamericanos de los siglos XVI
y XVII consideraron su actividad literaria como una misión personal con un fin
más bien didáctico que consistía en informar a Europa de los distintos aspectos
de América, convertir a los indios y educar a la sociedad colonial. Para ello se
valieron de la *crónica* y de la *épica* (ver Apéndice 3).

Además de la prosa histórica y de la poesía épica, también se compusieron
desde muy temprano, escritos que contienen rasgos narrativos. Entre los principales se encuentran crónicas como la *Verdadera historia de la conquista de la
Nueva España* (1568) de Bernal Díaz del Castillo; los *Naufragios* (1541–1555)
de Alvar Núñez Cabeza de Vaca; y los *Comentarios reales* (1609–1617) y *La
Florida del Inca* (1605) del Inca Garcilaso de la Vega. La importancia del Inca
Garcilaso consiste en que este mestizo, hijo de un hidalgo español y una princesa
india, se sirvió de la educación humanística (ver Apéndice 3) adquirida en España y de los testimonios de parientes y amigos de su madre para investigar y
luego producir, con los *Comentarios,* el primer tratado sobre los orígenes, la historia, la forma de gobierno, las costumbres y la cultura de los Incas. Otro escrito
de tipo documental y narrativo es *Los infortunios de Alonso Ramírez* (1690) del

mexicano Carlos de Sigüenza y Góngora. Este relato, que narra, al estilo pica-resco y en un lenguaje algo barroco, las desaventuras de un joven puertorriqueño que viaja alrededor del mundo, reúne elementos reales y ficticios que anticipan la prosa novelística del neoclasicismo (ver Apéndice 3).

LA PROSA HISPANOAMERICANA DE LA ILUSTRACION Y DEL NEOCLASICISMO

El hispanoamericano se ha sentido siempre obligado a hacer de su obra un espejo de la realidad geográfica, histórica, política y social de su tierra. El primer ejem-plo de este tipo de narrativa posiblemente sea *El Lazarillo de ciegos caminantes* (1773) del peruano Calixto Bustamante Carlos Inca, alias «Concolorcorvo»— o según las especulaciones más recientes, del español Alonso Carrió de la Van-dera (¿1715?–1758). Al igual que el relato de Sigüenza y Góngora, *El Lazarillo* abunda en elementos picarescos, en el sentido de que no hay una verdadera trama, sino una serie de episodios sueltos, a los cuales el protagonista confiere unidad. En ambas novelas, el narrador es una especie de vagabundo que relata, en la primera persona y en un tono muy humorístico, sus peripecias y un sinfín de lances.

Sin embargo, la primera obra narrativa de Hispanoamérica, en sí misma con-siderada, es la novela *El periquillo sarniento* (1816) del mexicano José Fernán-dez de Lizardi. Sirviéndose del personaje picaresco de Periquillo, Lizardi critica las instituciones políticas, sociales y religiosas de su país, en vísperas de la Inde-pendencia. Trátase de un país agobiado por el conservadurismo, la apatía social y un sistema de educación intolerable. Lizardi, al redimir a su anti-héroe al final de la obra, muestra su fe en la humanidad, en la razón y en el propio futuro de Mé-xico—actitud optimista, típica del iluminismo. Cabe señalar asimismo que ya en esta novela se nota una tendencia que se manifiesta en las letras hispanoameri-canas: el conflicto interior del escritor dividido entre sus dos herencias—la euro-pea y la americana.

EL ESPIRITU LIBERAL Y EL ROMANTICISMO EN ESPAÑA

Se ha dicho, y con razón, que la literatura romántica de principios del siglo XIX intentó imitar en el plano artístico lo que habían logrado a nivel político las varias y distintas luchas por las reformas sociales y por la independencia na-cional. De hecho, los postulados de la Revolución Francesa—«libertad, igualdad y fraternidad»—se convirtieron en el lema del artista romántico quien abogaba por el reconocimiento de la libertad individual y de la libre expresión de la emo-ción. En España el romanticismo (ver Apéndice 3) coincide con tres eventos políticos. El primero y, tal vez el más importante, fue la Guerra de la Independ-encia (1808–1813), que expulsó a las tropas invasoras de Napoleón juntando así a todos los españoles y eliminando las diferencias de clase. El segundo fue sin duda la Constitución de 1812, que abolió el absolutismo e impuso reformas democráticas. Por fin, la vuelta a España de muchos liberales, por la mayor parte intelectuales y artistas que se habían refugiado en el extranjero durante el gobierno tiránico de Fernando VII (1814–1833), trajo al país la influencia del romanticismo inglés, francés y alemán.

Aunque la corriente romántica española dejó en la poesía y en el drama algunas de las páginas más originales y bellas de la literatura universal, en la novela no produjo nada de verdadero mérito literario. Dejó sí el caudal de sus *cuadros de costumbres*—retratos de la vida del pueblo con todos sus detalles, así como pinturas de tipos y personajes populares.

EL ROMANTICISMO EN LA NARRATIVA HISPANOAMERICANA

El romanticismo hispanoamericano ha de entenderse como fenómeno que ocurre paralelamente al proceso de independencia política (1810–1824) y al subsecuente período de luchas entre los liberales, que exigían reformas democráticas, y los conservadores—partidarios de los *caudillajes* o dictaduras que surgieron tras la independencia. El movimiento romántico en Hispanoamérica coincide asimismo con el momento fundamental de definición de nacionalidad de las nuevas repúblicas y con la valorización del suelo americano, del indígena, del pasado histórico, así como de las leyendas y tradiciones populares.

No ha de sorprender, por consiguiente, que la novela sea el género que predomina en casi toda la literatura romántica del Nuevo Mundo hispánico. Esta refleja una narrativa en formación que si en sus temas se esfuerza por reflejar la realidad americana, en su técnica se ve ligada a la tradición idealizadora forjada por el romanticismo europeo. Dentro del género novelesco hay varias categorías, como se verá a continuación.

En el ámbito de la *novela política,* la obra principal es *Amalia* (1851) del argentino José Mármol, que trata de la persecución de los intelectuales por el dictador Juan Manuel Rosas en la Argentina. *María* (1867), del colombiano Jorge Isaacs, es sin duda la obra cumbre de la *novela sentimental*. El mejor modelo de la *novela indianista o de idealización del indio* es *Cumandá o Un drama entre salvajes* (1879), del ecuatoriano Juan León Mera. *Cecilia Valdés* (1892), de Cirilo Villaverde, cubano, representa la *novela abolicionista o de defensa del esclavo negro*. La *novela histórica* de mayor relieve es *Enriquillo* (1878–1882), del dominicano Manuel Jesús Galván—documento vívido de la exterminación de los indígenas en Santo Domingo.

DOS GENEROS AMERICANOS: LO «GAUCHESCO» Y LA «TRADICION»

La narrativa romántica de sello nítidamente americano cuenta ante todo con el poema narrativo *Martín Fierro* (1872–1879) del argentino José Hernández, obra maestra del género gauchesco—versos relacionados con el legendario vaquero de la pampa, el *gaucho*—y uno de los clásicos de la literatura hispánica.

En las *Tradiciones peruanas* de Ricardo Palma (ver p. 38), se ve el proceso evolutivo de esta prosa americana netamente autóctona. Estos relatos son una feliz combinación de documento histórico, tradiciones y ficción anecdótica.

EL REALISMO Y EL NATURALISMO EN LA NOVELA COSTUMBRISTA ESPAÑOLA

Si en la primera mitad del siglo XIX la visión subjetiva, espiritualista, de la realidad había creado el romanticismo que idealizaba al mundo, en la segunda, el énfasis en el progreso científico y económico engendra una concepción *objetiva, materialista,* de la vida. De ahí, el artista se siente obligado a retratar la realidad—invariablemente su propio medio ambiente—con la mayor fidelidad. Nace así el estilo de época denominado *Realismo* (ver Apéndice 3).

En la literatura española el realismo usó como materia prima el *cuadro de costumbres,* de cuño romántico, para elaborar una obra realmente nacional basada en las tradiciones regionales. Dicha obra es la *novela regional o costumbrista.* Como ejemplo de ésta cabe señalar *Escenas montañesas* (1864) y *Peñas arriba* (1895) de José María de Pereda. Sin embargo, es Fernán Caballero (seudónimo de Cecilia Böhl de Faber) quien inaugura el género con *La Gaviota* (1849). De notable valor literario son también *Pepita Jiménez* (1874) de Juan Valera y *El sombrero de tres picos* (1874) de Pedro Antonio de Alarcón.

La novelista Emilia Pardo Bazán (p. 42) fue quien intentó introducir el naturalismo en España. El naturalismo, influido por el determinismo positivista (ver Apéndice 3) que explica la degradación del individuo como resultado de la herencia y del ambiente, no echó raíces en un país católico como España. En la novela *Los Pazos de Ulloa* (1886) y en su segunda parte, *La Madre Naturaleza* (1887) de la mencionada novelista, se encuentran detalles naturalistas, aunque las obras que más se adhieren a esta tendencia son *La Regenta* (1884–1885) de Leopoldo Alas («Clarín») y *La barraca* (1898) de Vicente Blasco Ibáñez.

GALDOS Y EL FLORECIMIENTO DE LA MODERNA NOVELA ESPAÑOLA

Al seguir la orientación realista, la novela española experimenta su propio Siglo de Oro. Benito Pérez Galdós, maestro del Realismo, cultivó y perfeccionó en el siglo XIX los múltiples géneros novelísticos, así como Cervantes lo había hecho en su época. Con Cervantes comparte también el papel de padre de la novela española. Galdós estudia la sociedad de su país mediante el contacto personal con el pueblo—el resultado es una obra que refleja un profundo conocimiento de la naturaleza humana en general y del carácter español en particular. Galdós cultiva todo género novelístico. En la *novela histórica* mezcla la realidad con la ficción para analizar los orígenes de la revolución española del siglo XIX; el mejor ejemplo de tal tipo de novela son los *Episodios nacionales* (1873–1912). La *novela de tesis* encierra la denuncia de ciertos males sociales, especialmente el fanatismo religioso. Aquí es preciso mencionar *Doña Perfecta* (1876), *Gloria* (1877) y *Fortunata y Jacinta* (1886–1887). En *Misericordia* (1897), novela de *contenido idealista,* Galdós se concentra en las implicaciones psicológicas de la miseria y de la mendicidad con las que se enfrentan diariamente sus personajes.

LA NARRATIVA REALISTA Y NATURALISTA EN HISPANOAMERICA

El Realismo y el Naturalismo en la literatura hispanoamericana tratan, como en Europa, de retratar al ser humano en lucha contra el medio ambiente que necesita reforma. La narrativa del realismo urbano y del realismo regional se desarrolla contra el trasfondo de la injusticia social y de la explotación del indio o del minero. *Martín Rivas* (1862) del chileno Alberto Blest Gana inaugura el movimiento realista con sus cuadros de costumbres y el relato de las luchas políticas del Chile de la época. En las novelas *Santa* (1903) del mexicano Federico Gamboa y en *La maestra normal* (1914) del argentino Manuel Gálvez se nota la influencia del Naturalismo en el «determinismo» que destruye la vida de los protagonistas. Ambas obras son representativas del realismo urbano en el que están presentes los temas del alcoholismo, la prostitución y el crimen.

Entre las obras del realismo regional se destaca *Aves sin nido* (1889) de la peruana Clorinda Matto de Turner, la primera obra narrativa *indigenista o de reivindicación del indio*. Los cuentos naturalistas de Baldomero Lillo, *Sub terra* (1904) y *Sub sole* (1907), representan una protesta contra las lamentables condiciones sociales de los mineros de Chile. En los relatos del uruguayo Javier de Viana (*Escenas de la vida del campo,* 1896) y del argentino Roberto Jorge Payró (*Pago chico,* 1908) se hace patente el *criollismo*—tendencia propia del regionalismo hispanoamericano y que consiste en describir detalladamente el campo y sus distintos tipos de habitantes (ver Apéndice 3).

DARIO Y EL MODERNISMO: INAUGURACION DE UN GENERO GENUINAMENTE HISPANOAMERICANO

Como reacción contra la literatura realista y naturalista, destinada más que nada a concientizar al lector con respecto a los problemas sociales de su tierra, surge el primer movimiento literario de origen hispanoamericano. Trátase del Modernismo (ver Apéndice 3). Es ésta una corriente renovadora que proclama la independencia del artista, exhortándole a rechazar el provincialismo y el activismo social. Según los modernistas, los jóvenes escritores americanos tendrían como misión modernizar el lenguaje literario importando nuevas palabras—*neologismos*—de otros idiomas, preferiblemente del francés y de las lenguas clásicas. Los temas serían universales ya que la literatura volvía a ser independiente, «cosmopolita». El nicaragüense Rubén Darío (p. 159), el portavoz más autorizado del Modernismo, inaugura oficialmente este movimiento con su colección de relatos y poemas titulada *Azul* (1888). Rasgos del nuevo movimiento se notan en la prosa poética del cubano José Martí (p. 157) (*La edad de oro,* 1889), posiblemente el primer modernista, y también en los *Cuentos de humo* (1890–1894) del mexicano Manuel Gutiérrez Nájera. Representan la narrativa modernista los cuentos *Las fuerzas extrañas* (1906) del argentino Leopoldo Lugones y la novela *La gloria de don Ramiro* (1908) del también argentino Enrique Larreta.

LA GENERACION DEL 98 EN ESPAÑA: RENOVACION ESPIRITUAL Y ARTISTICA

Ante la falta de voluntad individual y colectiva ocasionada en España por su desastrosa guerra contra los Estados Unidos (Guerra hispanoamericana, 1898), un grupo de escritores—la llamada Generación del 98—proclama el fracaso de la España tradicional y aboga por la creación de una política nueva y un nuevo espíritu nacional que sustituya los antiguos valores. En la prosa narrativa, las figuras más representativas de esta regeneración ideológica y estética que coincide cronológicamente con el Modernismo son Ramón del Valle Inclán, Miguel de Unamuno (p. 74), Pío Baroja y José Martínez Ruiz («Azorín»). Valle Inclán es quien más se adhiere al esteticismo modernista («arte por el arte»)—una exquisita sensualidad y el culto supremo de la forma se manifiestan en sus novelas líricas (las *Sonatas*, 1902–1905). En los llamados por él *esperpentos* Valle Inclán introduce un nuevo género de tipo satírico. Se trata de novelas dramáticas llenas de personajes e incidentes grotescos que dan forma estética al desasosiego del pueblo español, deformando, por otro lado, la realidad objetiva y convencional. En contraste, la narrativa de Unamuno, figura cumbre de la Generación del 98, revela explícitamente la crisis espiritual del país—crisis con la cual el propio escritor se identifica. Esto se nota en su producción novelística, en la que figuran *Niebla* (1914), *Abel Sánchez* (1917), *La tía Tula* (1921) y *San Manuel Bueno, mártir* (1933). Tal vez sea en esta última obra, como en ninguna otra, donde Unamuno pone de manifiesto su postura existencialista. Otra figura, José Martínez Ruiz («Azorín»), se distingue por novelas de tipo autobiográfico, como *La voluntad* (1902), *Antonio Azorín* (1903) y *Las confesiones de un pequeño filósofo* (1904). Lo más valioso de tales obras no es la intriga sino la descripción detallada, eminentemente poética, del ambiente, de los tipos y del paisaje español. El gran maestro de la narrativa de la Generación del 98 es sin duda Pío Baroja. Hábil narrador de aventuras, refleja en sus escritos su visión pesimista del hombre y de la sociedad (*Zalacaín el aventurero*, 1909; *El árbol de la ciencia*, 1911; *Memorias de un hombre de acción*, 1913–1928).

La narrativa más destacada del Postmodernismo español está representada por la prosa poética de *Platero y yo* (1914) de Juan Ramón Jiménez, ganador del Premio Nobel de Literatura en 1956.

EL VANGUARDISMO EN LATINOAMERICA: BUSQUEDA DE UNA IDENTIDAD

La desorientación moral y espiritual ocasionada en Europa por la Primera Guerra Mundial (1914–1918)—guerra cuya brutalidad minó la fe en todos los valores tradicionales—fue la última de varias etapas que pusieron seriamente en peligro la cultura occidental. Mientras que el europeo busca afanosamente cualquier manera de salir de su crisis material, moral y espiritual, el hispanoamericano vuelve la mirada hacia dentro. Busca en sus elementos nativos una identidad propia. En la narrativa esa búsqueda sigue dos corrientes—la *criollista* o regional, y la europea. Por un lado, el escritor americano teje su obra alrededor de lo local—paisajes, habitantes, sucesos. Por otro, se une a los vanguardistas europeos—cubistas, dadaístas y superrealistas (ver Apéndice 3)—en reinterpretar y de ahí, revolucionar la expresión artística.

LA NARRATIVA HISPANOAMERICANA DE AFILIACION CRIOLLISTA

Pertenecen a la corriente criollista o regional *las narrativas telúricas* o de la tierra. Aquí hay que destacar *Doña Bárbara* (1924) del venezolano Rómulo Gallegos, *La vorágine* (1924) del colombiano José Eustasio Rivera, y *Los pasos perdidos* (1954) del cubano Alejo Carpentier. En dichas obras el suelo americano en general y la selva en particular ya han perdido el carácter puramente descriptivo del realismo regional para convertirse en personajes míticos—en representaciones marcadamente metafóricas. Caben en esta misma categoría obras de tema indigenista como *El indio* (1931) del mexicano Gregorio López y Fuentes y *El mundo es ancho y ajeno* (1941) del peruano Ciro Alegría. Cabe señalar asimismo, dentro de la categoría de narrativas telúricas, obras de otros tres tipos: las *afro-antillanas,* las *histórico-políticas* y las *comprometidas.* En estas clases se inscriben, respectivamente, la novela *Jujungo* del ecuatoriano Adalberto Ortiz (1943), *Los de abajo* (1916) del mexicano Mariano Azuela, y *El señor Presidente* (1946) del guatemalteco Miguel Angel Asturias.

LA NARRATIVA HISPANOAMERICANA LIGADA A LA VANGUARDIA EUROPEA

Este tipo de ficción muestra características de índole psicológica y filosófica. El artista, al romper con la visión racional de la realidad, produce obras que giran en torno a lo absurdo. *Barrabás y otros cuentos* (1928) del venezolano Arturo Uslar Pietri introduce la corriente literaria denominada *realismo mágico.* Esta concibe la realidad a base de una representación *onírica,* o sea a base de una imagen del mundo parecida a la que se concebiría en los sueños.

La misma visión fragmentada de la realidad constituye la esencia de muchas obras maestras. Entre ellas se destacan, ya sea por la originalidad de sus temas o por sus novedosas técnicas narrativas, *La amortajada* (1938) de la chilena María Luisa Bombal, *Ficciones* (1944) del renombrado argentino Jorge Luis Borges, *Pedro Páramo* (1955) del mexicano Juan Rulfo y, del argentino Julio Cortázar, *Bestiario* (1951) y *Rayuela* (1963).

LA NARRATIVA EXISTENCIALISTA Y PSICOLOGICA EN HISPANOAMERICA

La prosa narrativa hispanoamericana a partir de los años cuarenta refleja la influencia de la literatura europea y de la norteamericana. Esto se hace patente en *El túnel* (1948) del argentino Ernesto Sábato, obra existencialista al estilo de los franceses Jean Paul Sartre y Albert Camus (ver Apéndice 3). En otras narrativas, como las del colombiano Gabriel García Márquez (Premio Nobel de Literatura en 1982)—hoy día el prosista hispánico más popular del mundo—se perfila la influencia del irlandés James Joyce, de la inglesa Virginia Woolf y de los estadounidenses William Faulkner y Ernest Hemingway. Los cuentos de *Los funerales de la Mamá Grande* (1962), así como las novelas—sobretodo la popularísima *Cien años de soledad* (1967)—relatan, a través del retrato psicológico de los personajes, las «sagas» o crónicas de enteras generaciones de colombianos agobiados, como la familia del propio autor, por las sangrientas revoluciones, la corrupción política, la injusticia social y el hambre.

LA NOVELA ESPAÑOLA DE LA POSGUERRA Y DE LA ACTUALIDAD

En la misma vertiente psicológica y existencialista se inscriben los narradores españoles que presencian la barbarie de la Guerra Civil (1936–1939) en su tierra y de la Segunda Guerra Mundial (1939–1945) en el resto de Europa. Influidos por la Guerra Civil, los escritores que salen al exilio (Ramón Sender, *Crónica del alba,* 1942; *Réquiem por un campesino español,* 1960), tanto como los que permanecieron en España (Juan Antonio Zunzunegui, *La quiebra,* 1947), recogen impresiones de la guerra y de la sociedad desmoralizada, en plena crisis espiritual. Pero es la siguiente generación de prosistas la que asume una conciencia ética y moral durante la posguerra. Se destacan en este grupo Camilo José Cela, ganador del Premio Nobel de Literatura en 1991 (*La familia de Pascual Duarte,* 1942; *La colmena,* 1951), Carmen Laforet (*Nada,* 1944), José María Gironella (*Los árboles creen en Dios,* 1953), Ana María Matute (p. 66) (*Los hijos muertos,* 1957), Juan Benet (*Volverás a región,* 1967) y Juan Goytisolo (*Reivindicación del conde don Julián,* 1970).

La novela peninsular de los últimos años se caracteriza por la aparición de numerosos escritores jóvenes en busca de nuevas formas expresivas, sin que se pueda discernir aún la dirección definitiva que tomará la prosa actual. Con todo, entre los más distinguidos cabe señalar a José María Merino (*La orilla oscura,* 1985), a Antonio Muñoz Molina (*Beltenebros,* 1989) y a Javier Marías (*Corazón tan blanco,* 1992). Lo que configura la obra de esta nueva generación de prosistas es el mundo de los sueños y los claroscuros de la memoria. Por consiguiente, tales relatos, igual que la narrativa de Benet, representan un verdadero desafío, debido a su espesura narrativa que reclama la máxima atención del lector.

LA MUJER LATINOAMERICANA DE HOY Y LA NARRATIVA CONTEMPORANEA

El movimiento de liberación de la mujer, principiado en Francia en los años cuarenta por Simone de Beauvoir, influye sobremanera en las letras hispánicas. Escritoras costarricenses como Rima de Vallbona (*Mujeres y agonías,* 1982) y Carmen Naranjo (*Sobrepunto,* 1985) reconocen en la mujer a la víctima y producto del abandono y de la marginalización. En Puerto Rico el activismo social en pro de la mujer, de los pobres y de la gente de color, encuentra en Rosario Ferré (*Papeles de Pandora,* 1970; *Maldito amor,* 1986) (p. 357) a una de sus defensoras más ardientes. En México surge toda una generación de brillantes prosistas cuyas obras, además de poner en tela de juicio los tradicionales problemas políticos y sociales del país fundamentados en el machismo, destacan el genio intelectual y artístico de las propias autoras, así como su versatilidad y postura militante. Tal es el caso de Rosario Castellanos (p. 353) (*Balún-Canán*, 1957; *Oficio de Tinieblas*, 1962; *Album de familia*, 1971); Elena Garro (*Los recuerdos del porvenir*, 1963; *Andamos huyendo Lola*, 1980); y Elena Poniatowska (p. 72) (*Hasta no verte, Jesús Mío*, 1969; *De noche vienes*, 1979). Según lo manifiesta «El recado», relato incluido en el presente libro, Poniatowska se sirve del monólogo interior de la protagonista para comunicar al lector la problemática esencial de la «nueva mujer» latinoamericana. Trátase del angustioso y profundo conflicto entre el papel tradicional de un ser pasivo, dócil, al que ha sido acostumbrada, y el nuevo compromiso de mujer que añora asumir otro papel—un papel activo, productivo, como compañera y co-partícipe en la vida del hombre.

PRACTICA

Cuestionario

1. Si se piensa en el concepto de *vida* y en el de *arte,* ¿qué representa la *ficción?* ¿Qué se entiende por *mimesis* y de qué manera figura dentro de la narrativa?
2. En la Edad Media, ¿cuáles son las dos primeras manifestaciones de una literatura nacional española?
3. ¿A qué siglo pertenece *El conde Lucanor* y qué importancia tiene dentro del desarrollo de la narrativa española y europea?
4. ¿En qué sentido se puede decir que con el *Lazarillo de Tormes* (1554) estableció España dos grandes precedentes en la evolución de la literatura mundial?
5. ¿Cuál es la obra maestra de Miguel de Cervantes? ¿A qué factores debe el libro su éxito entre los críticos y entre el público general?
6. ¿Cómo se explicaría el hecho de que la narrativa hispanoamericana propiamente dicha no se realiza sino hasta principios del siglo XIX? Mencione dos explicaciones dadas por algunos historiadores literarios.
7. Benito Pérez Galdós es considerado el padre de la novela española. ¿A qué se debe su papel? ¿Qué tiene en común Galdós con Cervantes?
8. ¿Qué representa el género «gauchesco»? ¿Cuál es la obra maestra de ese género y quién es su autor?
9. ¿Qué diferencia hay entre el Realismo y el Naturalismo? ¿Dónde colocaría usted a Emilia Pardo Bazán? ¿Qué características de su obra revelan su afiliación a cierta corriente o a un determinado movimiento literario?
10. ¿Dónde nació el movimiento modernista? ¿Cuáles son sus principales características y sus exponentes más notables? ¿Qué lugar ocupa el cubano José Martí dentro del Modernismo?
11. ¿Qué importancia tienen, dentro de la actual literatura hispanoamericana, Jorge Luis Borges y Gabriel García Márquez? ¿Cuáles son sus obras maestras?

Identificaciones

1. Homero
2. «El Cid»
3. *La Celestina*
4. *La vida del Buscón*
5. el Inca Garcilaso de la Vega
6. *El periquillo sarniento*
7. la novela regional o costumbrista
8. la novela de tesis
9. Jorge Isaacs
10. las *Tradiciones peruanas*
11. 1888
12. la Generación del 98
13. Unamuno
14. las «narrativas telúricas»
15. Elena Poniatowska

EL CUENTO: GUIA GENERAL PARA EL LECTOR

1. ¿Quién es el autor del cuento, y a qué época (y movimiento o tradición literaria) pertenece?
2. ¿Quién narra el cuento? ¿Es el narrador fidedigno o por el contrario, es un narrador indigno de confianza? ¿Hay un narratario?
3. ¿Cuál es el marco escénico?
4. ¿Se pueden aplicar los seis elementos generales de la trama a este texto?
5. ¿Cómo se presentan los personajes del cuento?
6. ¿Cuáles son las características principales del lenguaje del cuento? ¿Hay descripciones? ¿narración de acciones? ¿diálogo? ¿Se emplea el lenguaje figurado? ¿Cuáles son los leitmotivos más importantes?
7. ¿Cuál es el tema del cuento? ¿Está explícito o implícito?
8. ¿Qué relación existe entre fondo (mensaje) y forma en el cuento?
9. ¿Qué elementos se destacan más en el estilo del cuentista?
10. ¿Qué impresión le causa a usted como lector este cuento?
11. ¿Qué maneras hay de aproximarse críticamente al texto?

LA NOVELA: GUIA PARA EL LECTOR DE *SAN MANUEL BUENO, MARTIR*

1. ¿Quién narra la novela?
2. ¿Cuál es el pretexto de la composición? ¿A quién está dirigida?
3. ¿Cuál es el marco escénico de la novela? ¿Tiene algún valor simbólico el marco escénico?
4. ¿Cómo se marca el paso del tiempo narrativo?
5. ¿Qué tipo de progresión se nota en los personajes de la novela?
6. ¿Qué técnicas narrativas y descriptivas se utilizan para presentar al protagonista de la novela?
7. ¿Qué elementos lingüísticos sobresalen?
8. ¿Cuál es el tema de la obra, y de qué manera se presenta?
9. ¿Qué relación existe entre las conclusiones de la narradora y las de usted como lector del texto?

10. ¿Qué papel desempeña Unamuno en su novela (*nivola*)?
11. ¿Cuáles son los elementos más característicos del estilo de Unamuno?
12. ¿Qué efecto(s) produce la lectura de *San Manuel Bueno, mártir?*
13. ¿Qué aproximaciones críticas serían las más apropiadas para el estudio de esta novela?

LECTURAS

DON JUAN MANUEL

Don Juan Manuel (1282–¿1349?), sobrino del rey Alfonso X el Sabio, terminó de escribir en 1335 la gran colección de cuentos que lleva por título *El conde Lucanor* (o *Libro de Patronio*). De base ecléctica, la obra de Don Juan Manuel anticipa las obras maestras de Giovanni Boccaccio (*Il Decamerone,* Italia) y de Geoffrey Chaucer (*The Canterbury Tales,* Inglaterra), también del siglo XIV. Don Juan Manuel emplea un formato uniforme en los cincuenta y un cuentos de *El conde Lucanor:* (1) al conde se le presenta un problema; (2) en vez de aconsejarle de manera directa, su ayo Patronio le narra un ejemplo; (3) de este ejemplo se saca una moraleja.

Lo que sucedió a un mozo que casó con una muchacha de muy mal carácter

Otra vez, hablando el conde Lucanor con Patronio, su consejero, díjole[1] así:

—Patronio, uno de mis deudos[2] me ha dicho que le están tratando de casar con una mujer muy rica y más noble que él, y que este casamiento le convendría mucho si no fuera porque le aseguran que es la mujer de peor carácter que hay en
5 el mundo. Os[3] ruego que me digáis si he de aconsejarle que se case con ella, conociendo su genio,[4] o si habré de aconsejarle que no lo haga.

—Señor conde —respondió Patronio—, si él es capaz de hacer lo que hizo un mancebo[5] moro, aconsejadle[6] que se case con ella; si no lo es, no se lo aconsejéis.

El conde le rogó que le refiriera qué había hecho aquel moro.
10 Patronio le dijo que en un pueblo había un hombre honrado que tenía un hijo que era muy bueno, pero que no tenía dinero para vivir como él deseaba. Por ello andaba el mancebo muy preocupado, pues tenía el querer, pero no el poder.

En aquel mismo pueblo había otro vecino más importante y rico que su padre, que tenía una sola hija, que era muy contraria del mozo, pues todo lo que éste
15 tenía de buen carácter, lo tenía ella de malo, por lo que nadie quería casarse con aquel demonio. Aquel mozo tan bueno vino un día a su padre y le dijo que bien sabía que él no era tan rico que pudiera dejarle con qué vivir decentemente, y que, pues tenía que pasar miserias o irse de allí, había pensado, con su beneplácito,[7]

Notas al margen:

1 le dijo (forma arcaica)
2 familiares
3 objeto indirecto de **vosotros,** utilizado aquí como forma singular cortés
4 carácter
5 joven
6 forma imperativa de **vosotros (vos)**
7 aprobación

8 mando rico
9 rechazaros
10 insistís
11 furiosamente
12 discutes
13 cara
14 amenazadora

buscarse algún partido[8] con que poder salir de pobreza. El padre le respondió que
le agradaría mucho que pudiera hallar algún partido que le conviniera. Entonces le
dijo el mancebo que, si él quería, podría pedirle a aquel honrado vecino su hija.
Cuando el padre lo oyó se asombró mucho y le preguntó que cómo se le había
ocurrido una cosa así, que no había nadie que la conociera que, por pobre que
fuese, se quisiera casar con ella. Pidióle el hijo, como un favor, que le tratara aquel
casamiento. Tanto le rogó que, aunque el padre lo encontraba muy raro, le dijo lo
haría.

Fuese en seguida a ver a su vecino, que era muy amigo suyo, y le dijo lo que
el mancebo le había pedido, y le rogó que, pues se atrevía a casar con su hija, ac-
cediera a ello. Cuando el otro oyó la petición le contestó diciéndole:

—Por Dios, amigo, que si yo hiciera esto os haría a vos muy flaco servicio,
pues vos tenéis un hijo muy bueno y yo cometería una maldad muy grande si per-
mitiera su desgracia o su muerte, pues estoy seguro que si se casa con mi hija, ésta
le matará o le hará pasar una vida mucho peor que la muerte. Y no creáis que os
digo esto por desairaros,[9] pues, si os empeñáis,[10] yo tendré mucho gusto en darla
a vuestro hijo o a cualquier otro que la saque de casa.

El padre del mancebo le dijo que le agradecía mucho lo que le decía y que,
pues su hijo quería casarse con ella, le tomaba la palabra.

Se celebró la boda y llevaron a la novia a casa del marido. Los moros tienen la
costumbre de prepararles la cena a los novios, ponerles la mesa y dejarlos solos en
su casa hasta el día siguiente. Así lo hicieron, pero estaban los padres y parientes
de los novios con mucho miedo, temiendo que al otro día le encontrarían a él
muerto o malherido.

En cuanto se quedaron solos en su casa se sentaron a la mesa, más antes que
ella abriera la boca miró el novio alrededor de sí, vio un perro y le dijo muy
airadamente:[11]

—¡Perro, danos agua a las manos!

El perro no lo hizo. El mancebo comenzó a enfadarse y a decirle aún con más
enojo que les diese agua a las manos. El perro no lo hizo. Al ver el mancebo que
no lo hacía, se levantó de la mesa muy enfadado, sacó la espada y se dirigió al
perro. Cuando el perro le vio venir empezó a huir y el mozo a perseguirle,
saltando ambos sobre los muebles y el fuego, hasta que lo alcanzó y le cortó la
cabeza y las patas y lo hizo pedazos, ensangrentando toda la casa.

Muy enojado y lleno de sangre se volvió a sentar y miró alrededor. Vio entonces un gato, al cual le dijo que les diese agua a las manos. Como no lo hizo,
volvió a decirle:

—¿Cómo, traidor, no has visto lo que hice con el perro porque no quiso obe-
decerme? Te aseguro que, si un poco o más conmigo porfías,[12] lo mismo haré contigo que hice con el perro.

El gato no lo hizo, pues tiene tan poca costumbre de dar agua a las manos
como el perro. Viendo que no lo hacía, se levantó el mancebo, lo cogió por las
patas, dio con él en la pared y lo hizo pedazos con mucha más rabia que al perro.
Muy indignado y con la faz[13] torva[14] se volvió a la mesa y miró a todas partes. La
mujer, que le veía hacer esto, creía que estaba loco y no le decía nada.

Cuando hubo mirado por todas partes vio un caballo que tenía en su casa, que
era el único que poseía, y le dijo lleno de furor que les diese agua a las manos. El
caballo no lo hizo. Al ver el mancebo que no lo hacía, le dijo al caballo:

—¿Cómo, don caballo? ¿Pensáis que porque no tengo otro caballo os dejaré hacer lo que queráis? Desengañaos,[15] que si por vuestra mala ventura no hacéis lo que os mando, juro a Dios que os he de dar tan mala muerte como a los otros; y no hay en el mundo nadie que a mí me desobedezca con el que yo no haga otro tanto.[16]

El caballo se quedó quieto. Cuando vio el mancebo que no le obedecía, se fue a él y le cortó la cabeza y lo hizo pedazos. Al ver la mujer que mataba el caballo, aunque no tenía otro, y que decía que lo mismo haría con todo el que le desobedeciera, comprendió que no era una broma, y le entró tanto miedo que ya no sabía si estaba muerta o viva.

Bravo, furioso y ensangrentado se volvió el marido a la mesa, jurando[17] que si hubiera en casa más caballos, hombres o mujeres que le desobedecieran, los mataría a todos. Se sentó y miró a todas partes, teniendo la espada llena de sangre entre las rodillas.

Cuando hubo mirado a un lado y a otro sin ver a ninguna otra criatura viviente, volvió los ojos muy airadamente hacia su mujer y le dijo con furia, la espada en la mano:

—Levántate y dame agua a las manos.

La mujer, que esperaba de un momento a otro ser despedazada, se levantó muy de prisa y le dio agua a las manos.

Díjole el marido:

—¡Ah, cómo agradezco a Dios el que hayas hecho lo que te mandé! Si no, por el enojo que me han causado esos majaderos,[18] hubiera hecho contigo lo mismo.

Después le mandó que le diese de comer. Hízolo[19] la mujer. Cada vez que le mandaba una cosa, lo hacía con tanto enfado y tal tono de voz que ella creía que su cabeza andaba por el suelo. Así pasaron la noche los dos, sin hablar la mujer, pero haciendo siempre lo que él mandaba. Se pusieron a dormir y, cuando ya habían dormido un rato, le dijo el mancebo:

—Con la ira que tengo no he podido dormir bien esta noche; ten cuidado de que no me despierte nadie mañana y de prepararme un buen desayuno.

A media mañana los padres y parientes de los dos fueron a la casa, y, al no oír a nadie, temieron que el novio estuviera muerto o herido. Viendo por entre las puertas a ella y no a él, se alarmaron más. Pero cuando la novia les vio a la puerta se les acercó silenciosamente y les dijo con mucho miedo:

—Pillos, granujas,[20] ¿qué hacéis ahí? ¿Cómo os atrevéis a llegar a esta puerta ni a rechistar[21]? Callad, que si no, todos seremos muertos.

Cuando oyeron esto se llenaron de asombro. Al enterarse de cómo habían pasado la noche, estimaron en mucho al mancebo, que sí había sabido, desde el principio, gobernar su casa. Desde aquel día en adelante fue la muchacha muy obediente y vivieron juntos con mucha paz. A los pocos días el suegro[22] quiso hacer lo mismo que el yerno[23] y mató un gallo que no obedecía. Su mujer le dijo:

—La verdad, don Fulano, que te has acordado tarde, pues ya de nada te valdrá matar cien caballos; antes tendrías que haber empezado, que ahora te conozco.

Vos, señor conde, si ese deudo vuestro quiere casarse con esa mujer y es capaz de hacer lo que hizo este mancebo, aconsejadle que se case, que él sabrá cómo gobernar su casa, pero si no fuere capaz de hacerlo, dejadle que sufra su pobreza sin querer salir de ella. Y aun os aconsejo que a todos los que hubieren de tratar con vos les deis a entender desde el principio cómo han de portarse.

15 *Realize the truth*
16 otro... lo mismo
17 amenazando
18 necios
19 Lo hizo
20 Pillos... (*fig.*) Maliciosos
21 intentar hablar
22 padre de la mujer
23 marido de la hija

El conde tuvo este consejo por bueno, obró según él y le salió muy bien. Como don Juan vio que este cuento era bueno, lo hizo escribir en este libro y compuso unos versos que dicen así:

Si al principio no te muestras cómo eres,
no podrás hacerlo cuando tú quisieres.[24]

[24] futuro de subjuntivo (forma arcaica) de **querer**

Cuestionario

1. ¿Cuál es el formato de los cuentos de *El conde Lucanor?*
2. ¿Cuál es el problema que tiene el conde Lucanor en este cuento?
3. ¿Por qué quiere el mozo casarse con la mujer brava?
4. ¿Cómo se crea el suspenso en el ejemplo?
5. ¿Cómo se emplea el paralelismo en la estructura del ejemplo?
6. ¿Cuál es el desenlace del ejemplo?
7. ¿En qué sentido es didáctico el cuento, o sea, qué nos enseña?
8. ¿Quién es el narratario del cuento?

Identificaciones

1. Patronio
2. ejemplo
3. «Danos agua a las manos»
4. Don Juan
5. la moraleja

Temas

1. El caso de la mujer brava es una convención literaria común. ¿Qué otros ejemplos de esta clase hay en la literatura mundial?
2. La ironía en el ejemplo (entendiendo por ironía la inversión de lo esperado o previsto)
3. La importancia del diálogo en el cuento
4. La presentación de los personajes

RICARDO PALMA

Ricardo Palma (1833–1919) nació en Lima, Perú, y fue director de la Biblioteca Nacional que él hizo reconstruir tras la guerra entre su país y Chile—la llamada Guerra del Pacífico (1879–1883). Durante el período en que desempeñó ese cargo, Palma logró recobrar muchos de los manuscritos que se habían librado del fuego y del saqueo de las tropas chilenas y los coleccionó, conservando así el pasado histórico y cultural de su tierra. El renombre de Palma en las letras hispánicas se debe especialmente a sus *Tradiciones peruanas* (1875–1883) en las que se notan elementos de la sátira social. Con la *tradición,* relato en que se funden anécdota, documento histórico, cuadro de costumbres y pura ficción, inaugura Palma un nuevo género narrativo. Sus características incluyen una estructura que varía mucho en la extensión de las obras, así como en el asunto tratado, pero que depende del humorismo, de un suspenso sostenido y de un desenlace sorpresivo. Los personajes comprenden la gama entera de tipos sociales y, en cuanto a temas, las fuentes pueden ser tanto un acontecimiento histórico, como un simple refrán popular, según lo demuestra *«La camisa de Margarita».*

La camisa de Margarita

Probable es que algunos de mis lectores hayan oído decir a las viejas de Lima, cuando quieren ponderar lo subido de precio de un artículo:

—¡Qué! Si esto es más caro que la camisa de Margarita Pareja.

Habríame quedado con la curiosidad de saber quién fue esa Margarita, cuya
5 camisa anda en lenguas, si en *La América,* de Madrid, no hubiera tropezado con[1] un artículo firmado por don Ildefonso Antonio Bermejo (autor de un notable libro sobre el Paraguay), quien, aunque muy a la ligera,[2] habla de la niña y de su camisa, me puso en vía de desenredar el ovillo,[3] alcanzando a sacar en limpio la historia que van ustedes a leer.

I

10 Margarita Pareja era (por los años de 1765) la hija más mimada[4] de don Raimundo Pareja, caballero de Santiago y colector general del Callao.

La muchacha era una de esas limeñitas[5] que, por su belleza, cautivan al mismo diablo y lo hacen persignarse[6] y tirar piedras. Lucía un par de ojos negros que eran como dos torpedos cargados con dinamita y que hacían explosión sobre
15 las entretelas[7] del alma de los galanes[8] limeños.

Llegó por entonces de España un arrogante mancebo, hijo de la coronada villa del oso y del madroño,[9] llamado don Luis Alcázar. Tenía éste en Lima un tío solterón y acaudalado,[10] aragonés[11] rancio[12] y linajudo,[13] y que gastaba más orgullo que los hijos del rey Fruela.[14]

1 tropezado... hallado por casualidad
2 a... sin profundizar
3 (*fig.*) cosa compleja
4 tratada con cuidado excesivo
5 señoritas de la ciudad de Lima
6 hacerse la señal de la cruz
7 las... (*fig.*) lo íntimo de corazón
8 señores jóvenes y elegantes
9 la... Madrid, ciudad en cuyo escudo se ve un oso al lado de un árbol llamado madroño
10 rico
11 de Aragón, región de España
12 de familia antigua
13 aristócrata
14 antiguo rey de Asturias, región del norte de España caracterizada por el orgullo de sus habitantes

Por supuesto que, mientras le llegaba la ocasión de heredar al tío, vivía nuestro don Luis tan pelado[15] como una rata y pasando la pena negra. Con decir que hasta sus trapicheos[16] eran al fiado y para pagar cuando mejorase de fortuna, creo que digo lo preciso.

En la procesión de Santa Rosa conoció Alcázar a la linda Margarita. La muchacha le llenó el ojo y le flechó el corazón. La echó flores,[17] y aunque ella no le contestó ni sí ni no, dio a entender con sonrisitas y demás armas del arsenal femenino que el galán era plato muy de su gusto. La verdad, como si me estuviera confesando, es que se enamoraron hasta la raíz pelo.

Como los amantes olvidan que existe la aritmética, creyó don Luis que para el logro de sus amores no sería obstáculo su presente pobreza, y fue al padre de Margarita y, sin muchos perfiles,[18] le pidió la mano de su hija.

A don Raimundo no le cayó en gracia la petición, y cortésmente despidió al postulante, diciéndole que Margarita era aún muy niña para tomar marido, pues, a pesar de sus diez y ocho mayos, todavía jugaba a las muñecas.

Pero no era ésta la verdadera madre del ternero.[19] La negativa nacía de que don Raimundo no quería ser suegro de un pobretón; y así hubo de decirlo en confianza a sus amigos, uno de los que fue con el chisme a don Honorato, que así se llamaba el tío aragonés. Este, que era más altivo que el Cid,[20] trinó[21] de rabia y dijo:

—¡Cómo se entiende! ¡Desairar[22] a mi sobrino! Muchos se darían con un canto en el pecho[23] por emparentar con el muchacho, que no le hay más gallardo en todo Lima. ¡Habráse visto insolencia de la laya[24]! Pero ¿adónde ha de ir conmigo ese colectorcito de mala muerte?

Margarita, que se anticipaba a su siglo, pues era nerviosa como una damisela de hoy, gimoteó,[25] y se arrancó el pelo, y tuvo pataleta,[26] y si no amenazó con envenenarse fue porque todavía no se habían inventado los fósforos.

Margarita perdía colores y carnes, se desmejoraba a vista de ojos, hablaba de meterse monja y no hacía nada en concierto.

15 (fig.) pobre
16 medios de buscar recursos
17 flattering compliments
18 sin... without beating around the bush
19 la... the true mother of the calf; (fig.) la verdadera razón de la decisión
20 Rodrigo Díaz de Vivar (siglo XI), héroe nacional de España y protagonista del poema épico nacional, el Poema del Cid
21 se enfureció
22 Despreciar
23 se... harían cualquier cosa
24 de... de este tipo
25 gimió, lloró
26 convulsión (por lo general fingida)

—¡O de Luis o de Dios! —gritaba cada vez que los nervios se le sublevaban, lo que acontecía una hora sí y otra también.

Alarmóse el caballero santiagués,[27] llamó físicos y curanderas, y todos declararon que la niña tiraba a tísica[28] y que la única melecina[29] salvadora no se vendía en la botica.

O casarla con el varón de su gusto, o encerrarla en el cajón de palma y corona.[30] Tal fue el *ultimátum* médico.

Don Raimundo (¡al fin padre!), olvidándose de coger capa y bastón, se encaminó como loco a casa de don Honorato, y le dijo:

—Vengo a que consienta usted en que mañana mismo se case su sobrino con Margarita, porque si no la muchacha se nos va por la posta.[31]

—No puede ser —contestó con desabrimiento[32] el tío—. Mi sobrino es un *pobretón,* y lo que usted debe buscar para su hija es un hombre que varee[33] la plata.

El diálogo fue borrascoso.[34] Mientras más rogaba don Raimundo, más se subía el aragonés a la parra,[35] y ya aquél iba a retirarse desahuciado,[36] cuando don Luis, terciando[37] en la cuestión, dijo:

—Pero, tío, no es de cristianos que matemos a quien no tiene la culpa.

—¿Tú te das por satisfecho?

—De todo corazón, tío y señor.

—Pues bien, muchacho, consiento en darte gusto; pero con una condición, y es ésta: don Raimundo me ha de jurar ante la Hostia[38] consagrada que no regalará un ochavo[39] a su hija ni la dejará un real[40] en la herencia.

Aquí se entabló[41] nuevo y más agitado litigio.

—Pero, hombre —arguyó don Raimundo—, mi hija tiene veinte mil duros[42] de dote.[43]

—Renunciamos a la dote. La niña vendrá a casa de su marido nada más que con lo encapillado.[44]

—Concédame usted entonces obsequiarla los muebles y el ajuar[45] de novia.

—Ni un alfiler. Si no acomoda,[46] dejarlo y que se muera la chica.

—Sea usted razonable, don Honorato. Mi hija necesita llevar siquiera una camisa para reemplazar la puesta.

—Bien; paso por esa funda para que no me acuse de obstinado. Consiento en que le regale la camisa de novia, y san se acabó.[47]

Al día siguiente don Raimundo y don Honorato se dirigieron muy de mañana a San Francisco, arrodillándose para oír misa, y, según lo pactado, en el momento en que el sacerdote elevaba la Hostia divina, dijo el padre de Margarita:

—Juro no dar a mi hija más que la camisa de novia. Así Dios me condene si perjurare.

II

Y don Raimundo Pareja cumplió *ad pedem litterae*[48] su juramento, porque ni en vida ni en muerte dio después a su hija cosa que valiera un maravedí.

Los encajes[49] de Flandes que adornaban la camisa de la novia costaron dos mil setecientos duros, según lo afirma Bermejo, quien parece copió este dato de las *Relaciones secretas* de Ulloa y don Jorge Juan.[50]

Item, el cordoncillo que ajustaba al cuello era una cadeneta de brillantes, valorizada en treinta mil morlacos.[51]

27 de la orden militar de Santiago, fundada en el siglo XII
28 tiraba... tenía propensión a la tuberculosis
29 forma vulgar de **medicina**
30 cajón... *coffin*
31 se... se nos muere
32 falta de interés
33 (*inf.*: **varear**) *measures out*
34 violento
35 se... se obstinaba
36 sin esperanza
37 metiéndose
38 *Eucharistic bread*
39 moneda antigua
40 moneda española equivalente a 25 centavos
41 se... empezó
42 monedas españolas equivalentes a cinco pesetas
43 *dowry*
44 lo... la ropa que lleva puesta
45 conjunto de joyas, ropa, etcétera, que lleva la novia al matrimonio
46 Si... Si no está de acuerdo
47 san... eso es todo
48 *ad*... al pie de la letra (latín)
49 *lace*
50 Relaciones... dos comentarios sobre la América del siglo XVIII
51 monedas de plata

Los recién casados hicieron creer al tío aragonés que la camisa a lo más valdría una onza;[52] porque don Honorato era tan testarudo,[53] que, a saber lo cierto, habría forzado al sobrino a divorciarse.

Convengamos en que fue muy merecida la fama que alcanzó la camisa nupcial de Margarita Pareja.

52 moneda antigua
53 terco, obstinado

Cuestionario

1. ¿Cuál es el pretexto del cuento, o sea, qué se va a explicar?
2. ¿Quién es Margarita Pareja? ¿Cómo es?
3. ¿Quién es don Luis Alcázar?
4. ¿Con qué propósito va don Luis a la casa de don Raimundo?
5. ¿Cómo reacciona don Raimundo? ¿y el tío de don Luis?
6. ¿Qué pasa con Margarita?
7. ¿Qué hace el padre de Margarita para remediar la situación?
8. ¿Qué condiciones impone el tío de don Luis?
9. ¿Cuál es el clímax del cuento?

Identificaciones

1. limeño
2. «la villa del oso y del madroño»
3. «más orgulloso que los hijos del rey Fruela»
4. don Honorato
5. dote

Temas

1. La presentación de los personajes del cuento
2. El tema del amor frente al orgullo
3. La ironía del cuento
4. Los elementos socio-históricos de este ejemplo de las *Tradiciones peruanas*

EMILIA PARDO BAZAN

Emilia Pardo Bazán (1851–1921), nacida en La Coruña (Galicia) de familia aristocrática, se asocia con el movimiento naturalista en España. En 1883 publicó *La cuestión palpitante,* ensayo con el cual introdujo en España el Naturalismo francés de Emile Zola. Pardo Bazán sacó del naturalismo zolesco un énfasis en la representación minuciosa y científica—casi fotográfica—de la realidad y en los aspectos más feos y negativos de la existencia humana, sintetizándolo todo con la fuerte fe católica y el conservadurismo propios de ella. Se puede observar la expresión literaria de los conceptos naturalistas en *Los Pazos de Ulloa* (1886), obra maestra de la Pardo Bazán, y en la secuela, *La Madre Naturaleza* (1887). La prodigiosa obra crítica, ensayística y cuentística de Emilia Pardo Bazán, al igual que la novelística, representa un impresionante logro artístico, tanto por su variedad como por su temática. Entre sus colecciones de cuentos figuran los *Cuentos de la tierra,* de los que forma parte «Las medias rojas».

Las medias rojas

Cuando la rapaza[1] entró, cargada con el haz de leña[2] que acababa de merodear[3] en el monte del señor amo, el tío Clodio no levantó la cabeza, entregado a la ocupación de picar[4] un cigarro, sirviéndose, en vez de navaja, de una uña córnea[5] color de ámbar oscuro, porque la había tostado el fuego de las apuradas colillas.[6]

5 Ildara soltó el peso en tierra y se atusó[7] el cabello, peinado a la moda «de las señoritas» y revuelto por los enganchones[8] de las ramillas que se agarraban[9] a él. Después, con la lentitud de las faenas[10] aldeanas, preparó el fuego, lo prendió, desgarró[11] las berzas,[12] las echó en el pote[13] negro, en compañía de unas patatas mal troceadas[14] y de unas judías[15] asaz[16] secas, de la cosecha anterior, sin remojar.

10 Al cabo de estas operaciones, tenía el tío Clodio liado[17] su cigarrillo, y lo chupaba[18] desgarbadamente,[19] haciendo en los carrillos[20] dos hoyos[21] como sumideros,[22] grises, entre lo azuloso de la descuidada barba.

Sin duda la leña estaba húmeda de tanto llover la semana entera, y ardía mal, soltando una humareda acre;[23] pero el labriego[24] no reparaba: al humo, ¡bah!, es-
15 taba él bien hecho desde niño. Como Ildara se inclinase para soplar y activar la llama, observó el viejo cosa más insólita:[25] algo de color vivo, que emergía de las remendadas y encharcadas[26] sayas[27] de la moza... Una pierna robusta, aprisionada en una media roja, de algodón...

—¡Ey! ¡Ildara!

20 —¡Señor padre!

—¿Qué novidá[28] es ésa?

1 muchacha
2 haz... *bundle of brushwood or kindling*
3 recoger
4 cortar
5 dura y curvada
6 extremo que queda de los cigarros
7 se... se alisó el pelo con la mano
8 efecto de prenderse accidentalmente la cabellera en un gancho (*hook*)
9 se... *were held together*
10 trabajos
11 separó en pedazos
12 verduras
13 *pot*
14 divididas en pedazos
15 *beans*
16 bastante
17 *rolled up*
18 *sucked*
19 *ungainly*
20 mejillas
21 *dimples*
22 *sewers*
23 humareda... humo fuerte que hace toser
24 labrador
25 extraordinaria
26 mojadas
27 faldas
28 forma vulgar de **novedad**

—¿Cuál novidá?

—¿Ahora me gastas medias, como la hirmán[29] del abade?

Incorporóse[30] la muchacha, y la llama, que empezaba a alzarse,[31] dorada, lamedora[32] de la negra panza del pote,[33] alumbró su cara redonda, bonita, de facciones pequeñas, de boca apetecible, de pupilas claras, golosas de vivir.

—Gasto medias, gasto medias —repitió, sin amilanarse.[34]— Y si las gasto, no se las debo a ninguén.[35]

—Luego nacen los cuartos[36] en el monte —insistió el tío Clodio con amenazadora sorna.[37]

—¡No nacen!... Vendí al abade unos huevos, que no dirá menos él... Y con eso merqué[38] las medias.

Una luz de ira cruzó por los ojos pequeños, engarzados[39] en duros párpados, bajo cejas hirsutas, del labrador... Saltó del banco donde estaba escarranchado,[40] y agarrando a su hija por los hombros, la zarandeó[41] brutalmente, arrojándola contra la pared, mientras barbotaba:[42]

—¡Engañosa! ¡Engañosa! ¡Cluecas[43] andan las gallinas que no ponen!

Ildara, apretando los dientes por no gritar de dolor, se defendía la cara con las manos. Era siempre su temor de mociña[44] guapa y requebrada,[45] que el padre la mancase,[46] como le había sucedido a la Mariola, su prima, señalada por su propia madre en la frente con el aro de la criba,[47] que le desgarró los tejidos. Y tanto más defendía su belleza, hoy que se acercaba el momento de fundar en ella un sueño de porvenir. Cumplida la mayor edad, libre de la autoridad paterna, la esperaba el barco, en cuyas entrañas[48] tantos de su parroquia y de las parroquias circunvecinas se habían ido hacia la suerte, hacia lo desconocido de los lejanos países donde el oro rueda por las calles y no hay sino bajarse para cogerlo. El padre no quería emigrar, cansado de una vida de labor, indiferente a la esperanza tardía: pues que se quedase él... Ella iría sin falta; ya estaba de acuerdo con el gancho,[49] que le adelantaba los pesos para el viaje, y hasta le había dado cinco de señal,[50] de los cuales habían salido las famosas medias... Y el tío Clodio, ladino,[51] sagaz, adivinador o sabedor, sin dejar de tener acorralada[52] y acosada[53] a la moza, repetía:

—Ya te cansaste de andar descalza[54] de pie y pierna, como las mujeres de bien, ¿eh, condenada? ¿Llevó medias alguna vez tu madre? ¿Peinóse como tú, que siempre estás dale que tienes con el cacho de espejo[55]? Toma, para que te acuerdes...

Y con el cerrado puño hirió primero la cabeza, luego el rostro, apartando las medrosas manecitas, de forma no alterada aún por el trabajo, con que se escudaba[56] Ildara, trémula. El cachete más violento cayó sobre un ojo, y la rapaza vió, como un cielo estrellado, miles de puntos brillantes envueltos en una radiación de intensos coloridos sobre un negro terciopeloso.[57] Luego, el labrador aporreó[58] la nariz, los carillos. Fué un instante de furor, en que sin escrúpulo la hubiese matado, antes que verla marchar, dejándole a él solo, viudo, casi imposibilitado de cultivar la tierra que llevaba en arriendo,[59] que fecundó con sudores tantos años, a la cual profesaba un cariño maquinal, absurdo. Cesó al fin de pegar; Ildara, aturdida de espanto, ya no chillaba[60] siquiera.

Salió fuera, silenciosa, y en el regato próximo se lavó la sangre. Un diente bonito, juvenil, le quedó en la mano. Del ojo lastimado, no veía.

Como que el médico, consultado tarde y de mala gana, según es uso de labriegos, habló de un desprendimiento[61] de la retina, cosa que no entendió la muchacha, pero

29	hermana
30	Se levantó
31	subir
32	*licking*
33	panza... parte más ancha del recipiente
34	asustarse
35	forma vulgar de **nadie**
36	dinero
37	malicia
38	(*inf.*: **mercar**) compré
39	fijados
40	*with legs spread apart*
41	sacudió con violencia
42	decía entre dientes
43	*Broody*
44	muchacha
45	cortejada
46	la... la hiriera dejándole una marca permanente
47	aro... *ring of a sieve*
48	en... en cuyo interior
49	*middleman*
50	de... *as honest money*
51	(*fig.*) astuto
52	*cornered*
53	atacada
54	sin zapatos
55	estás... estás peinándote una y otra vez delante de un pedazo de espejo
56	protegía
57	*velvety*
58	golpeó
59	en... alquilada
60	gritaba
61	*detachment*

que consistía... en quedarse tuerta.[62]

Y nunca más el barco la recibió en sus concavidades para llevarla hacia nuevos horizontes de holganza[63] y lujo. Los que allá vayan, han de ir sanos, válidos, y las mujeres, con sus ojos alumbrando y su dentadura completa...

[62] sin vista en un ojo
[63] placer

Cuestionario

1. ¿Qué está haciendo Ildara al comienzo del cuento?
2. ¿Cómo se presenta al tío Clodio en la primera parte del cuento?
3. ¿En qué se fija el tío Clodio? ¿Cómo reacciona éste?
4. ¿De qué tiene miedo Ildara?
5. ¿Qué planes tiene Ildara para el futuro?
6. ¿Qué le hace el padre a su hija?
7. ¿Cómo afecta eso los planes de Ildara?

Identificaciones

1. «la hirmán del Abade»
2. la Mariola
3. el médico

Temas

1. Los motivos de los dos personajes
2. La presentación de la situación y su significación temática
3. La ironía trágica del cuento

JORGE LUIS BORGES

Jorge Luis Borges (1899–1986) nació en Buenos Aires y continuó su educación en Suiza e Inglaterra. Poeta, ensayista, cuentista y crítico, es considerado uno de los mayores escritores y eruditos del mundo. Tras la dictadura de Juan Perón desempeñó los cargos de profesor de literatura inglesa en la Universidad de Buenos Aires y el de director de la Biblioteca Nacional. La fama internacional de Borges ha de atribuirse principalmente al éxito de sus colecciones de cuentos: *Historia universal de la infamia* (1935), *El jardín de los senderos que se bifurcan* (1941), *Ficciones* (1944) y *El Aleph* (1949). La cosmovisión de Borges muestra a un escritor escéptico que se niega a aceptar la verdad absoluta. Por lo tanto, usa su propia inmensa cultura y una mente extraordinariamente lógica e incisiva para burlarse de la humanidad que depende demasiado de sistemas filosóficos, científicos y matemáticos para explicarse algo tan autónomo e inexplicable como la realidad. Para articular esas ideas, Borges utiliza, tanto en sus ensayos como en sus cuentos, los mismos temas, símbolos y metáforas: el universo como un laberinto caótico o una biblioteca de Babel en donde resulta absurdo encontrar una salida sola o un libro único; la exactitud de los números que acaba por decepcionar y matar al matemático mismo; la biografía de un hombre que coincide con la historia de la humanidad entera y así sucesivamente.

El etnógrafo

El caso me lo refirieron en Texas, pero había acontecido en otro estado. Cuenta con un solo protagonista, salvo que en toda historia los protagonistas son miles, visibles e invisibles, vivos y muertos. Se llamaba, creo, Fred Murdock. Era alto a la manera americana, ni rubio ni moreno, de perfil de hacha,[1] de muy pocas pala-
5 bras. Nada singular había en él, ni siquiera esa fingida singularidad que es propia de los jóvenes. Naturalmente respetuoso, no descreía de los libros ni de quienes escriben los libros. Era suya esa edad en que el hombre no sabe aún quién es y está listo a entregarse a lo que le propone el azar:[2] la mística del persa o el desconocido origen del húngaro, las aventuras de la guerra o del álgebra, el puritanismo o la
10 orgía. En la universidad le aconsejaron el estudio de las lenguas indígenas. Hay ritos esotéricos que perduran en ciertas tribus del oeste; su profesor, un hombre entrado en años, le propuso que hiciera su habitación en una toldería,[3] que observara los ritos y que descubriera el secreto que los brujos revelan al iniciado. A su vuelta, redactaría una tesis que las autoridades del instituto darían a la imprenta.
15 Murdock aceptó con alacridad.[4] Uno de sus mayores había muerto en las guerras de la frontera; esa antigua discordia de sus estirpes[5] era un vínculo[6] ahora. Previó,

1 de... *of sharp profile*
2 casualidad
3 campamento indio
4 alegría
5 linajes
6 punto de unión

7 *meadowland*
8 *a... al aire libre*
9 *palate*
10 *secretas*
11 *tipo, carácter*
12 *Lo... Se lo impide*

sin duda, las dificultades que lo aguardaban; tenía que lograr que los hombres rojos lo aceptaran como uno de los suyos. Emprendió la larga aventura. Más de dos años habitó en la pradera,[7] bajo toldos de cuero o a la intemperie.[8] Se levantaba antes del alba, se acostaba al anochecer, llegó a soñar en un idioma que no era el de sus padres. Acostumbró su paladar[9] a sabores ásperos, se cubrió con ropas extrañas, olvidó los amigos y la ciudad, llegó a pensar de una manera que su lógica rechazaba. Durante los primeros meses de aprendizaje tomaba notas sigilosas,[10] que rompería después, acaso para no despertar la suspicacia de los otros, acaso porque ya no las precisaba. Al término de un plazo prefijado por ciertos ejercicios, de índole[11] moral y de índole física, el sacerdote le ordenó que fuera recordando sus sueños y que se los confiara al clarear el día. Comprobó que en las noches de luna llena soñaba con bisontes. Confió estos sueños repetidos a su maestro; éste acabó por revelarle su doctrina secreta. Una mañana, sin haberse despedido de nadie, Murdock se fue.

En la ciudad, sintió la nostalgia de aquellas tardes iniciales de la pradera en que había sentido, hace tiempo, la nostalgia de la ciudad. Se encaminó al despacho del profesor y le dijo que sabía el secreto y que había resuelto no publicarlo.

—¿Lo ata[12] su juramento? —preguntó el otro.

—No es ésa mi razón —dijo Murdock—. En esas lejanías aprendí algo que no puedo decir.

—¿Acaso el idioma inglés es insuficiente? —observaría el otro.

—Nada de eso, señor. Ahora que poseo el secreto, podría enunciarlo de cien modos distintos y aun contradictorios. No sé muy bien cómo decirle que el secreto es precioso y que ahora la ciencia, nuestra ciencia, me parece una mera frivolidad.

Agregó al cabo de una pausa:

—El secreto, por lo demás, no vale lo que valen los caminos que me condujeron a él. Esos caminos hay que andarlos.

El profesor le dijo con frialdad:

—Comunicaré su decisión al Concejo. ¿Usted piensa vivir entre los indios?

Murdock le contestó:

—No. Tal vez no vuelva a la pradera. Lo que me enseñaron sus hombres vale para cualquier lugar y para cualquier circunstancia.

Tal fue, en esencia, el diálogo.

Fred se casó, se divorció y es ahora uno de los bibliotecarios de Yale.

Cuestionario

1. Según el texto, ¿cómo llega el narrador a enterarse de la historia de Fred Murdock?
2. ¿Qué tipo de persona es Murdock?
3. ¿Qué le propone el profesor a Murdock?
4. ¿Cómo vive Murdock durante los dos años de su estancia en la pradera?
5. ¿Qué le ordena el sacerdote a Murdock?
6. ¿Por qué razón se niega Murdock a revelar el secreto?
7. ¿Qué es ahora Fred Murdock?

Identificaciones

1. toldería
2. el aprendizaje
3. «El secreto, por lo demás, no vale lo que valen los caminos que me condujeron a él».

Temas

1. El papel del narrador en «El etnógrafo»
2. La presentación de los sucesos de la vida de Fred Murdock
3. La ironía del cuento
4. Hacia una interpretación del secreto de Murdock

MERCEDES BALLESTEROS

Nació en Madrid (1913), donde estudió Filosofía y Letras. Casada con el escritor y director Claudio de la Torre, se ha distinguido como dramaturga, novelista, cuentista y ensayista. La base de su producción literaria radica en las obras narrativas y en los ensayos humorísticos, que en ocasiones ha firmado con el seudónimo de «Baronesa de Alberta». Ha obtenido asimismo varios premios por sus piezas de teatro. Lo mejor de su novelística lo constituye posiblemente *Eclipse de tierra,* según lo atestiguan el Premio Novela del Sábado y las traducciones de esta obra al inglés y al alemán. La autora también ha sido finalista en el prestigioso concurso Premio Eugenio Nadal de 1959, por otra de sus novelas, *Taller.* Entre los demás logros figuran *Así es la vida* (1953), colección de ensayos que tratan de la vida diaria con buen humor y simpatía, y la novela *La cometa y el eco* (1956, 1967). En esta obra la autora se sirve del punto de vista de la joven protagonista, Augusta, para examinar la vida española en víspera de la Guerra Civil y en los años posteriores a la misma. La obra literaria de Ballesteros se caracteriza por un gran poder de observación y por el habilidoso trazo de caracteres—muchos de ellos, niños. Los personajes que desfilan ante el lector son por la mayor parte individuos marginales que la autora ha encontrado de paso y que ella, con admirable memoria, sensibilidad y arte, rescata de la anonimidad y del olvido. Esto es lo que pone de manifiesto el relato «Angelita, o el gozo de vivir» que aparece a continuación.

Angelita, o el gozo de vivir

«¡Banderita, tú eres roja,
banderita, tú eres gualda,
llevas sangre, llevas oro[1]...!»

[1] Banderita... versos de una canción patriótica sobre la bandera española, roja y amarilla

¡**C**ómo nos gustaba, a mi hermano y a mí, interrumpir el estudio de la Trigo-
nometría para oír cantar a Angelita por el patio de atrás! Todas sus canciones eran
por lo general patrióticas, con mucho legionario y mucho soldadito español.

Era Angelita niñera en el piso de arriba. Había venido de su pueblo de la
provincia de Guadalajara a rastras[2] de una tía suya, pantalonera, que tuvo empeño
en que[3] la sobrina se dedicara a «artista». Pero sus aspiraciones se quedaron en
agua de borrajas[4] porque la tal Angelita, aunque era graciosa de cara y no cantaba
mal, resultaba algo canijilla[5] de porte. En aquella época muchas mozas que bien
pudieron haber rematado en criadas de servir, subían a las tablas[6] sólo por el
hecho de poseer lo que los gacetilleros llamaban «formas esculturales». Pero Angelita, de escultural, nada. Por más que su tía le cosiera vestidos de mucho peri-
follo[7] no lograba otra cosa que aquel despiadado: «la mona aunque se vista de
seda...»[a], comentario de la cocinera de la casa que la pobre muchacha escuchó sin
enojarse. Porque Angelita era mansa de genio y estaba hecha a aguantar lo que le
echaran. Y bien que lo demostraba dejándose potrear[8] por el niño que estaba a su
cuidado, al cual le habían prohibido «ponerle la mano encima».[9] Hijo único, muy
mimado, imponía su despotismo a los padres, a la tía solterona, al pobre de Don
Ambrosio, que le daba clases particulares y, sobre todo, como digo, a la infeliz de
la niñera. El tal Enriquito, que así se llamaba, no acudía al colegio porque se rece-
laba[10] que podrían contagiarle todas las enfermedades y no salía de casa sino envuelto en bufandas y camisetas.

Un día le tiró a Angelita un juguete a la cabeza y le hizo un buen chirlo,[11] que
le dejó señal.

—Hazte cargo de que es una criatura que no sabe lo que hace.

Pero el angelito, que ya andaba por los nueve años, con tanta Emulsión Scott[b]
y con tanta sobrealimentación tenía las fuerzas de un osezno.[12]

—Buena tonta eres tú, que te dejas dar de patadas por el crío —le decía la
cocinera.

—Una, ¿qué va a hacer?

Sabía que si marchaba de la casa la que iba a pegarle era su tía; y si se volvía
al pueblo las palizas se las daría su padre, así que tanto le daba.

Se desahogaba cantando:

—«¡Soldado de Nápoles, / que vas a la guerra!»

Naturalmente que en la casa le estaba prohibido cantar, pero en los ratos que
se quedaba sola hacía partícipes de su arte a toda la vecindad.

Cada domingo, día de asueto[13] de las criadas, rondaban la casa sus novios.
Había quintos,[14] obreros de la construcción—entonces llamados albañiles—,
aprendices de fontaneros,[15] de ebanistas,[16] etc. Todos ellos endomingados[17]: los
unos con su quepis militar, otros con boina, alguno de gorrilla; destocado[18] sólo
«Pepe el de la utógena»,[19] el guapo del barrio (al que por cierto se le atribuía la pa-
ternidad de los cuatro hijos de Eulogia, la pescadera, que fueron a parar a la In-
clusa[20] y ella acabó «echándose a la vida».[21] Una tarde entró a formar parte del
«cortege» criadil[22] un tal Faustino, mozo de más años que sus congéneres y de
mejor aliño indumentario. Se notaba que había subido el peldaño social que se-

[a] referencia al refrán: «La mona aunque se vista de seda, mona se queda», de significado claro
[b] nombre de una medicina popular destinada a fortalecer el organismo

[2] a... obligada
[3] tuvo... quería que, in- sistía en que
[4] se... no se cumplieron
[5] enfermiza
[6] subían... llegaban a ser artistas
[7] adornos
[8] dejándose... *letting herself be teased, annoyed*
[9] ponerle... castigarle
[10] temía
[11] *gash*
[12] *bear cub*
[13] descanso
[14] soldados
[15] plomeros
[16] carpinteros
[17] vestidos con su mejor ropa (*in their Sunday best*)
[18] sin sombrero
[19] eutógena (*place where welding is performed*)
[20] home for foundlings
[21] echándose... dedicán- dose a la prostitución
[22] de las criadas

para al abrero del empleado, en que usaba sombrero, un sombrero de esos que se llamaron «fregoli».

El tal Faustino era bajo, rechoncho, con gran cabeza como de emperador romano y un andar petulante de mayoral[23] de reses bravas. Tanta apostura[24] a Angelita la dejó deslumbrada. No era artesano, ni labriego, ni albañil—que era el tipo de sociedad masculina frecuentado por ella hasta la fecha—, era «muy señorito». Su trabajo consistía en llevar cuentas en algunos comercios. ¡Y aquella perla varonil iba a quedar prendado de los encantos de Angelita, precisamente de la más deslucida de todo el gremio eril[25] de los contornos!

Los preparativos de la boda la traían de coronilla.[26] Mi hermano y yo vimos por el patio de atrás cómo mostraba a las vecinas la colcha de damasco color jacinto que era la joya más preciada de su ajuar. Para la boda le cosió su tía un vestido lujosísimo, lleno de encajes[27] y abalorios,[28] en el que se notaban nostalgias del frustrado destino de «artista».

Pasaron varios años sin que volviésemos a ver a Angelita ni supiéramos nada de ella.

Una tarde de domingo bajábamos la cuesta de San Vicente camino de la verbena.[29] Delante nuestro iba una pareja con un niño de la mano: un niño de unos cinco años, algo canijillo y cabezón.

El chico, desde que vio de lejos las centelleantes bombillas[30] de la verbena, quiso echar a correr tirando de los padres, que apretaron el paso. Ella se volvió un momento y le vimos la cara. «¡Pero si es Angelita!» Los abordamos. Al pronto no nos reconoció.

—Somos los niños de abajo.

Tuvimos un rato de charla. El tenía el habla campanuda y redicha.[31]

—Son los niños del piso de abajo de en casa de mis señores —informó Angelita.

—Aquí mi señora me los tiene nombrados.

Ella nos pareció más bajita y feúcha que cuando la conocimos. Tenía el cuerpo deformado por el embarazo.

Nos preguntaron por la familia y por los estudios y ella, muy ufana,[32] nos contó algo de su vida.

—Pepito, dale un beso a estos niños.

Pepito se escondió detrás de su madre.

—Es muy vergonzoso.

Le elogiamos al chico con la natural desmaña[33] de los niños para ponderar las gracias de otro niño.

—Se nos cría muy bien —comentó el padre.

—Está hecho una alhaja.[34]

La mencionada alhaja daba tirones de la mano de su madre rabiando y pataleando porque no le llevaban de una vez a la verbena.

Nos despedimos. Ellos siguieron cuesta abajo, tan llenos de gozo que daba gloria[35] verlos. ¿Por qué? ¿Por qué eran tan felices? ¿Qué tenían para que Angelita nos comentara: «La verdad es que no me puedo quejar, mejor no pueden irnos las cosas»? ¡Pero si no tenían nada!

La jornada[36] de él era de lo más aburrida, de lo más monótona y gris. Echar cuentas de la mañana a la noche, primero en una fábrica de refrescos, lejísimos de su casa, allá por Ventas, para lo que tenía que empalmar un metro y un tranvía,

23 *top (ranch) hand*
24 *bearing, grace*
25 *gremio... grupo de criadas*
26 *la... la tenían muy ocupada*
27 *lace*
28 *beads*
29 *summer fair*
30 *centelleantes... sparkling lights*
31 *campanuda... afectada y pedante*
32 *orgullosa*
33 *torpeza (awkwardness)*
34 *joya*
35 *gusto*
36 *workday*

siempre abarrotados.[37] Y luego, por la tarde, más cuentas en una tienda de gorros de la Plaza Major. Volver a casa ya de noche donde le esperaría una cena frugal, el olor a guisos desde que abría la puerta del piso que compartía con sus cuñados, y las palabras de siempre: «Entretenme al crío mientras avío[38] la cena». Y el niño cabezón treparía a sus rodillas y lo miraría. Y el hombre miraría a su hijo notando que se le parecía y que el día de mañana sería un hombre como él y eso le daba gozo. Un hombre como él tomando su tranvía y su metro, y echando sus cuentas, y subiendo la escalera cada noche para llegar a una casa que olía a sopa.

La mujer se movería torpemente, pero a veces se quedaría ensimismada, de bruces en el fregadero, pensando en el hijo que iba a tener. «Si es niña le pondremos Angelita, como yo.» Y pensaría en Angelita niña, moza, espigada[39] a sus quince años, parecida a ella que no valía nada, y le daría gozo.

Bajaban la cuesta de San Vicente, camino de la verbena, y él palpaba[40] el dinero en el bolsillo del pantalón. Podría el niño subir al tiovivo,[41] y tirar pelotas de trapo en el *pin pan pun*. Y luego, cansados, se sentarían en un aguaducho[42] a beber gaseosa.

Subió el niño a los caballitos y los padres lo miraban sin quitarle ojo: una, dos, tres, cuatro vueltas... El niñito cabezón, de piernecillas flacas, bajo de color y con el pelo cortado a lo paje. Tan feúcho, pero a ellos les parecía un arcángel.

¡Cuánta luz, cuánta luz, Dios mío, despedían esos tres seres insignificantes en la verbena! ¡Y eran sus vidas tan pequeñitas y tan poca cosa!

Ni que decir tiene que todo esto lo pienso ahora, al rememorar aquellas pequeñas vidas entrevistas al final de mi niñez. Han pasado muchos años, he conocido personas alegres y tristes, pobres y opulentas; pero nadie, nadie como aquella insignificante pareja me ha hecho percibir, ni antes ni después, el suave perfume del gozo de vivir.

37 lleno de gente
38 preparo
39 alta y delgada
40 tocaba
41 merry-go-round
42 refreshment area

Cuestionario

1. ¿Quién narra el cuento?
2. ¿Qué sabemos de la historia de Angelita?
3. ¿Cómo llega Angelita a conocer a Faustino, y cómo es éste?
4. ¿En qué circunstancias ve de nuevo la narradora a Angelita?
5. ¿Cuáles son las reflexiones de la narradora ante el contento de Angelita?

Identificaciones

1. «artista»
2. los días de asueto
3. la verbena
4. Pepito
5. «una casa que olía a sopa»

Temas

1. El uso de punto de vista en «Angelita, o el gozo de vivir»
2. Las clases sociales en el cuento y en la sociedad moderna
3. La felicidad: ¿fenómeno absoluto o relativo?

Julio Cortazar

Julio Cortázar (1914–1984), nació en Bruselas de padres argentinos. Cursó estudios en la Argentina donde fue profesor de enseñanza secundaria y universitaria. En 1951 se trasladó a París y allí trabajó como traductor independiente. Ensayista, cuentista y novelista de fama internacional, Cortázar se destaca por su rol de innovador de la narrativa argentina e hispanoamericana. Influenciada por la literatura de lo absurdo y por la fantástica, incorporada máximamente en el superrealismo, su obra está compuesta en una forma superficialmente disparatada. Sin embargo, debajo de esa forma hay una profunda inquietud existencial y la búsqueda de nuevas relaciones entre los seres y las cosas. En su ensayística sobresale *La vuelta al día en ochenta mundos* (1967). Sus cuentos se encuentran en *Bestiario* (1951), *Final del juego* (1956) y *Las armas secretas* (1959). Entre las novelas figuran *Rayuela* (1963), *62: Modelo para armar* (1968) y el *Libro de Manuel* (1973). *Rayuela,* la más conocida, basándose en la convención del juego de la rayuela (*hopscotch*), le ofrece al lector varias posibilidades de lectura.

La noche boca arriba

Y salían en ciertas épocas a cazar enemigos;
le llamaban la guerra florida.[1]

A mitad del largo zaguán[2] del hotel pensó que debía ser tarde, y se apuró[3] a salir a la calle y sacar la motocicleta del rincón donde el portero de al lado le permitía
5 guardarla. En la joyería de la esquina vio que eran las nueve menos diez; llegaría con tiempo sobrado[4] adonde iba. El sol se filtraba entre los altos edificios del centro, y él—porque para sí mismo, para ir pensando, no tenía nombre—montó en la máquina saboreando el paseo. La moto ronroneaba entre sus piernas, y un viento fresco le chicoteaba[5] los pantalones.
10 Dejó pasar los ministerios (el rosa, el blanco) y la serie de comercios con brillantes vitrinas[6] de la calle Central. Ahora entraba en la parte más agradable del trayecto, el verdadero paseo: una calle larga, bordeada de árboles, con poco tráfico y amplias villas que dejaban venir los jardines hasta las aceras, apenas demarcadas por setos[7] bajos. Quizá algo distraído, pero corriendo sobre la derecha como
15 correspondía, se dejó llevar por la tersura,[8] por la leve crispación[9] de ese día apenas empezado. Tal vez su involuntario relajamiento le impidió prevenir el accidente. Cuando vio que la mujer parada en la esquina se lanzaba a la calzada a pesar de las luces verdes, ya era tarde para las soluciones fáciles. Frenó con el pie y la mano, desviándose a la izquierda; oyó el grito de la mujer, y junto con el
20 choque perdió la visión. Fue como dormirse de golpe.
Volvió bruscamente del desmayo. Cuatro o cinco hombres jóvenes lo estaban

[1] guerra… guerra ritual en la que los aztecas buscaban víctimas para sus sacrificios
[2] vestíbulo, pasillo
[3] dio prisa
[4] tiempo… más tiempo de lo que se necesita
[5] *whipped*
[6] *display windows*
[7] *hedges*
[8] transparencia
[9] *edginess*

sacando de debajo de la moto. Sentía gusto a sal y sangre, le dolía una rodilla, y cuando lo alzaron gritó, porque no podía soportar la presión en el brazo derecho. Voces que no parecían pertenecer a las caras supendidas sobre él, lo alentaban[10]
25 con bromas y seguridades. Su único alivio fue oír la confirmación de que había estado en su derecho al cruzar la esquina. Preguntó por la mujer, tratando de dominar la náusea que le ganaba la garganta. Mientras lo llevaban boca arriba hasta una farmacia próxima, supo que la causante del accidente no tenía más que rasguños[11] en las piernas. «Usté la agarró apenas, pero el golpe le hizo saltar la máquina de
30 costado...» Opiniones, recuerdos, despacio, éntrenlo de espaldas, así va bien, y alguien con guardapolvo[12] dándole a beber un trago que lo alivió, en la penumbra de una pequeña farmacia de barrio.

La ambulancia policial llegó a los cinco minutos, y lo subieron a una camilla blanda donde pudo tenderse a gusto. Con toda lucidez, pero sabiendo que estaba
35 bajo los efectos de un shock terrible, dio sus señas al policía que lo acompañaba. El brazo casi no le dolía; de una cortadura en la ceja goteaba sangre por toda la cara. Una o dos veces se lamió los labios para beberla. Se sentía bien, era un accidente, mala suerte; unas semanas quieto y nada más. El vigilante le dijo que la motocicleta no parecía muy estropeada. «Natural», dijo él. «Como que me la ligué
40 encima...» Los dos se rieron, y el vigilante le dio la mano al llegar al hospital y le deseó buena suerte. Ya la náusea volvía poco a poco; mientras lo llevaban en una camilla de ruedas hasta un pabellón del fondo, pasando bajo árboles llenos de pájaros, cerró los ojos y deseó estar dormido o cloroformado. Pero lo tuvieron largo rato en una pieza con olor a hospital, llenando una ficha, quitándole la ropa y vis-
45 tiéndolo con una camisa grisácea y dura. Le movían cuidadosamente el brazo, sin que le doliera. Las enfermeras bromeaban todo el tiempo, y si no hubiera sido por las contracciones del estómago se habría sentido muy bien, casi contento.

Lo llevaron a la sala de radio, y veinte minutos después, con la placa todavía húmeda puesta sobre el pecho como una lápida[13] negra, pasó a la sala de opera-
50 ciones. Alguien de blanco, alto y delgado, se le acercó y se puso a mirar la radiografía. Manos de mujer le acomodaban la cabeza, sintió que lo pasaban de una camilla a otra. El hombre de blanco se le acercó otra vez, sonriendo, con algo que le brillaba en la mano derecha. Le palmeó la mejilla e hizo una señal a alguien parado atrás.

55 Como sueño era curioso porque estaba lleno de olores y él nunca soñaba olores. Primero un olor a pantano, ya que a la izquierda de la calzada empezaban las marismas,[14] los tembladerales[15] de donde no volvía nadie. Pero el olor cesó, y en cambio vino una fragancia compuesta y oscura como la noche en que se movía huyendo de los aztecas. Y todo era tan natural, tenía que huir de los aztecas que
60 andaban a caza de hombre, y su única probabilidad era la de esconderse en lo más denso de la selva, cuidando de no apartarse de la estrecha calzada que sólo ellos, los motecas,[16] conocían.

Lo que más le torturaba era el olor, como si aun en la absoluta aceptación del sueño algo se rebelara contra eso que no era habitual, que hasta entonces no había
65 participado del juego. «Huele a guerra», pensó, tocando instintivamente el puñal de piedra atravesado en su ceñidor[17] de lana tejida. Un sonido inesperado lo hizo agacharse[18] y quedar inmóvil, temblando. Tener miedo no era extraño, en sus sueños abundaba el miedo. Esperó, tapado por las ramas de un arbusto y la noche sin estrellas. Muy lejos, probablemente del otro lado del gran lago, debían estar

10 animaban
11 scratches
12 dustcoat
13 tombstone
14 marshes
15 quagmires
16 neologismo derivado de la combinación de **motocicleta** con la terminación **-eca,** propia de palabras indígenas de México, tal como **azteca** y **tolteca**
17 cinturón
18 squat

ardiendo fuegos de vivac;[19] un resplandor rojizo teñía esa parte del cielo. El
sonido no se repitió. Había sido como una rama quebrada. Tal vez un animal que
escapaba como él del olor de la guerra. Se enderezó despacio, venteando. No se
oía nada, pero el miedo seguía allí como el olor, ese incienso dulzón de la guerra
florida. Había que seguir, llegar al corazón de la selva evitando las ciénagas.[20] A
tientas,[21] agachándose a cada instante para tocar el suelo más duro de la calzada,
dio algunos pasos. Hubiera querido echar a correr, pero los tembladerales palpita-
ban a su lado. Siguiendo el sendero en tinieblas, reanudó lentamente la fuga. Entonces sintió una bocanada horrible del olor que más temía, y saltó desesperado
hacia adelante.

—Se va a caer de la cama —dijo el enfermo de al lado—. No brinque tanto,
amigazo.

Abrió los ojos y era de tarde, con el sol ya bajo en los ventanales de la larga
sala. Mientras trataba de sonreír a su vecino, se despegó casi físicamente de la última visión de la pesadilla. El brazo, enyesado,[22] colgaba de un aparato con
pesas[23] y poleas.[24] Sintió sed, como si hubiera estado corriendo kilómetros, pero
no querían darle mucha agua, apenas para mojarse los labios y hacer un buche.[25]
La fiebre lo iba ganando despacio y hubiera podido dormirse otra vez, pero sa-
boreaba el placer de quedarse despierto, entornados los ojos, escuchando el diálogo de los otros enfermos, respondiendo de cuando en cuando a alguna pregunta.
Vio llegar un carrito blanco que pusieron al lado de su cama, una enfermera rubia
le frotó con alcohol la cara anterior del muslo y le clavó una gruesa aguja conec-
tada con un tubo que subía hasta un frasco lleno de líquido opalino. Un médico
joven vino con un aparato de metal y cuero que le ajustó al brazo sano para veri-
ficar alguna cosa. Caía la noche, y la fiebre lo iba arrastrando blandamente a un
estado donde las cosas tenían un relieve como de gemelos de teatro,[26] eran reales
y dulces y a la vez ligeramente repugnantes; como estar viendo una película aburrida y pensar que sin embargo en la calle es peor; y quedarse.

Vino una taza de maravilloso caldo de oro oliendo a puerro, a apio, a pere-
jil. Un trocito de pan, más precioso que todo un banquete, se fue desmigajando
poco a poco. El brazo no le dolía nada, y solamente en la ceja, donde lo habían
suturado, chirriaba[27] a veces una punzada[28] caliente y rápida. Cuando los ventanales de enfrente viraron[29] a manchas de un azul oscuro, pensó que no le iba a
ser difícil dormirse. Un poco incómodo, de espaldas. Pero al pasarse la lengua
por los labios resecos y calientes sintió el sabor del caldo, y suspiró de felicidad,
abandonándose.

Primero fue una confusión, un atraer hacia sí todas las sensaciones por un instante embotadas o confundidas. Comprendía que estaba corriendo en plena oscuridad, aunque arriba del cielo cruzado de copas de árboles era menos negro que
el resto. «La calzada», pensó. «Me salí de la calzada». Sus pies se hundían en un
colchón de hojas y barro, y ya no podía dar un paso sin que las ramas de los ar-
bustos le azotaran el torso y las piernas. Jadeante,[30] sabiéndose acorralado a pesar
de la oscuridad y el silencio, se agachó para escuchar. Tal vez la calzada estaba
cerca, con la primera luz del día iba a verla otra vez. Nada podía ayudarlo ahora a
encontrarla. La mano que sin saberlo él aferraba[31] el mango del puñal, subió como
el escorpión de los pantanos hasta su cuello, donde colgaba el amuleto protector.
Moviendo apenas los labios musitó[32] la plegaria[33] del maíz que trae las lunas felices, y la súplica a la Muy Alta, a la dispensadora de los bienes motecas. Pero

19   *bivouac*
20   *swamps*
21   A... Vacilantemente
22   *cast in plaster*
23   *weights*
24   *pulleys*
25   porción de líquido que
     cabe en la boca
26   gemelos... *opera
     glasses*
27   *sizzled*
28   *shooting pain*
29   cambiaron
30   Respirando fuerte-
     mente
31   agarraba
32   *he mumbled*
33   oración

sentía al mismo tiempo que los tobillos se le estaban hundiendo despacio en el barro, y la espera en la oscuridad del chaparral desconocido se le hacía inso-
120 portable. La guerra florida había empezado con la luna y llevaba ya tres días y tres noches. Si conseguía refugiarse en el profundo de la selva, abandonando la calzada más allá de la región de las ciénagas, quizá los guerreros no le siguieran el rastro. Pensó en los muchos prisioneros que ya habrían hecho. Pero la cantidad no contaba, sino el tiempo sagrado. La caza continuaría hasta que los sacerdotes
125 dieran la señal del regreso. Todo tenía su número y su fin, y él estaba dentro del tiempo sagrado, del otro lado de los cazadores.

Oyó los gritos y se enderezó de un salto, puñal en mano. Como si el cielo se incendiara en el horizonte, vio antorchas moviéndose entre las ramas, muy cerca. El olor a guerra era insoportable, y cuando el primer enemigo le saltó al cuello
130 casi sintió placer en hundirle la hoja de piedra en pleno pecho. Ya lo rodeaban las luces, los gritos alegres. Alcanzó a cortar el aire una o dos veces, y entonces una soga lo atrapó desde atrás.

—Es la fiebre —dijo el de la cama de al lado—. A mí me pasaba igual cuando me operé del duodeno.[34] Tome agua y va a ver que duerme bien.
135 Al lado de la noche de donde volvía, la penumbra tibia de la sala le pareció deliciosa. Una lámpara violeta velaba en lo alto de la pared del fondo como un ojo protector. Se oía toser, respirar fuerte, a veces un diálogo en voz baja. Todo era grato y seguro, sin ese acoso, sin... Pero no debía seguir pensando en la pesadilla. Había tantas cosas en qué entretenerse. Se puso a mirar el yeso del brazo, las
140 poleas que tan cómodamente se lo sostenían en el aire. Le habían puesto una botella de agua mineral en la mesa de noche. Bebió del gollete,[35] golosamente. Distinguía ahora las formas de la sala, las treinta camas, los armarios con vitrinas. Ya no debía tener tanta fiebre, sentía fresca la cara. La ceja le dolía apenas, como un recuerdo. Se vio otra vez saliendo del hotel, sacando la moto. ¿Quién hubiera
145 pensado que la cosa iba a acabar así? Trataba de fijar el momento del accidente, y le dio rabia advertir que había ahí como un hueco, un vacío que no alcanzaba a rellenar. Entre el choque y el momento en que lo habían levantado del suelo, un desmayo o lo que fuera no le dejaba ver nada. Y al mismo tiempo tenía la sensación de que ese hueco, esa nada, había durado una eternidad. No, ni siquiera
150 tiempo, más bien como si en ese hueco él hubiera pasado a través de algo o reco-rrido distancias inmensas. El shock, el golpe brutal contra el pavimento. De todas maneras al salir del pozo negro había sentido casi un alivio mientras los hombres lo alzaban del suelo. Con el dolor del brazo roto, la sangre de la ceja partida, la contusión en la rodilla; con todo eso, un alivio al volver al día y sentirse sostenido
155 y auxiliado. Y era raro. Le preguntaría alguna vez al médico de la oficina. Ahora volvía a ganarlo el sueño, a tirarlo despacio hacia abajo. La almohada era tan blanda, y en su garganta afiebrada la frescura del agua mineral. Quizá pudiera des-cansar de veras, sin las malditas pesadillas. La luz violeta de la lámpara en lo alto se iba apagando poco a poco.
160 Como dormía de espaldas, no lo sorprendió la posición en que volvía a re-conocerse, pero en cambio el olor a humedad, a piedra rezumante de filtraciones, le cerró la garganta y lo obligó a darse cuenta. Inútil abrir los ojos y mirar en todas direcciones; lo envolvía una oscuridad absoluta. Quiso enderezarse y sintió las sogas en las muñecas y los tobillos. Estaba estaqueado[36] en el suelo, en un piso de
165 lajas helado y húmedo. El frío le ganaba la espalda desnuda, las piernas. Con el

34 sección del intestino delgado
35 cuello de la botella
36 (fig.) fastened down with stakes

mentón[37] buscó torpemente el contacto con su amuleto, y supo que se lo habían arrancado. Ahora estaba perdido, ninguna plegaria podía salvarlo del final. Lejanamente, como filtrándose entre las piedras del calabozo, oyó los atabales de la fiesta. Lo habían traído al teocalli,[38] estaba en las mazmorras del templo a la espera de su turno.

Oyó gritar, un grito ronco que rebotaba en las paredes. Otro grito, acabando en un quejido.[39] Era él que gritaba en las tinieblas, gritaba porque estaba vivo, todo su cuerpo se defendía con el grito de lo que iba a venir, del final inevitable. Pensó en sus compañeros que llenarían otras mazmorras, y en los que ascendían ya los peldaños[40] del sacrificio. Gritó de nuevo, sofocadamente, casi no podía abrir la boca, tenía las mandíbulas agarrotadas[41] y a la vez como si fueran de goma y se abrieran lentamente, con un esfuerzo interminable. El chirriar de los cerrojos lo sacudió como un látigo. Convulso, retorciéndose, luchó por zafarse[42] de las cuerdas que se le hundían en la carne. Su brazo derecho, el más fuerte, tiraba hasta que el dolor se hizo intolerable y tuvo que ceder. Vio abrirse la doble puerta, y el olor de las antorchas le llegó antes que la luz. Apenas ceñidos con el taparrabos[43] de la ceremonia, los acólitos de los sacerdotes se le acercaron mirándolo con desprecio. Las luces se reflejaban en los torsos sudados, en el pelo negro lleno de plumas. Cedieron las sogas, y en su lugar lo aferraron manos calientes, duras como bronce; se sintió alzado, siempre boca arriba, tironeado[44] por los cuatro acólitos que lo llevaban por el pasadizo. Los portadores de antorchas iban adelante, alumbrando vagamente el corredor de paredes mojadas y techo tan bajo que los acólitos debían agachar[45] la cabeza. Ahora lo llevaban, lo llevaban, era el final. Boca arriba, a un metro del techo de roca viva que por momentos se iluminaba con un reflejo de antorcha. Cuando en vez del techo nacieran las estrellas, y se alzara frente a él la escalinata[46] incendiada de gritos y danzas, sería el fin. El pasadizo no acababa nunca, pero ya iba a acabar, de repente olería el aire libre lleno de estrellas, pero todavía no, andaban llevándolo sin fin en la penumbra roja, tironeándolo brutalmente; y él no quería, pero cómo impedirlo si le habían arrancado el amuleto que era su verdadero corazón, el centro de la vida.

Salió de un brinco a la noche del hospital, al alto cielorraso dulce, a la sombra blanda que lo rodeaba. Pensó que debía haber gritado, pero sus vecinos dormían callados. En la mesa de noche, la botella de agua tenía algo de burbuja, de imagen traslúcida contra la sombra azulada de los ventanales. Jadeó, buscando el alivio de los pulmones, el olvido de esas imágenes que seguían pegadas a sus párpados. Cada vez que cerraba los ojos las veía formarse instantáneamente, y se enderezaba aterrado[47] pero gozando a la vez de saber que ahora estaba despierto, que la vigilia lo protegía, que pronto iba a amanecer, con el buen sueño profundo que se tiene a esa hora, sin imágenes, sin nada... Le costaba mantener los ojos abiertos, la modorra[48] era más fuerte que él. Hizo un último esfuerzo, con la mano sana esbozó un gesto hacia la botella de agua; no llegó a tomarla, sus dedos se cerraron en un vacío otra vez negro, y el pasadizo seguía inacabable, roca tras roca, con súbitas fulguraciones rojizas, y él boca arriba gimió apagadamente porque el techo iba a acabarse, subía, abriéndose como una boca de sombra, y los acólitos se enderezaban y de la altura una luna menguante[49] le cayó en la cara donde los ojos no querían verla, desesperadamente se cerraban y abrían buscando pasar al otro lado, descubrir otra vez el cielorraso protector de la sala. Y cada vez que se abrían era otra vez la noche y la luna mientras lo subían por la escalinata, ahora con la

37 *chin*
38 *templo de los aztecas*
39 *groan*
40 *steps*
41 *stiff*
42 *librarse*
43 *loincloth*
44 *dragged*
45 *bajar*
46 *gran escalera*
47 *lleno de terror*
48 *sueño pesado*
49 *waning*

cabeza colgando hacia abajo, y en lo alto estaban las hogueras, las rojas columnas
de humo perfumado, y de golpe vio la piedra roja, brillante de sangre que cho-
rreaba, y el vaivén de los pies del sacrificado que arrastraban para tirarlo rodando
por las escalinatas del norte. Con una última esperanza apretó los párpados,
gimiendo por despertar. Durante un segundo creyó que lo lograría, porque otra
vez estaba inmóvil en la cama, a salvo del balanceo cabeza abajo. Pero olía la
muerte, y cuando abrió los ojos vio la figura ensangrentada del sacrificador que
venía hacia él con el cuchillo de piedra en la mano. Alcanzó a cerrar otra vez los
párpados, aunque ahora sabía que no iba a despertarse, que estaba despierto, que
el sueño maravilloso había sido el otro, absurdo como todos los sueños; un sueño
en el que había andado por extrañas avenidas de una ciudad asombrosa, con luces
verdes y rojas que ardían sin llama ni humo, con un enorme insecto de metal que
zumbaba bajo sus piernas. En la mentira infinita de ese sueño también lo habían
alzado del suelo, también alguien se le había acercado con un cuchillo en la mano,
a él tendido boca arriba, a él boca arriba con los ojos cerrados entre las hogueras.

Cuestionario

1. ¿Qué suceso pone en marcha la acción de «La noche boca arriba»?
2. ¿Adónde es llevado el motociclista?
3. ¿Cuál es el carácter de los sueños del motociclista?
4. ¿Qué le pasa al protagonista de los sueños?
5. ¿Cuál es el elemento paradójico del desenlace de «La noche boca arriba»?

Identificaciones

1. «un olor a pantano»
2. «la calzada»
3. los motecas
4. «boca arriba»

Temas

1. La estructura de «La noche boca arriba»
2. La creación del suspenso en este cuento
3. La realidad frente al sueño en «La noche boca arriba»
4. Hacia una interpretación del desenlace de «La noche boca arriba»
5. Las características principales del arte narrativo de Julio Cortázar, según una lectura de este cuento

Luis Romero

Luis Romero (1916–), nació en Barcelona. Luchó en la Guerra Civil española (1936–1939), y formó parte de la División Azul Española en el frente soviético durante la Segunda Guerra Mundial. Luego, volvió a España y empezó a trabajar en una agencia de seguros, dedicándose también a la literatura, en la que ha cultivado la novela, el cuento y la poesía. De las novelas de Romero, las más conocidas son *La noria* (Premio Nadal, 1951) y *El cacique* (Premio Planeta, 1963). El cuento «Aniversario» es de la colección titulada *Esas sombras de trasmundo*.

Aniversario

Papá preside la mesa; al otro extremo, como siempre, está mamá, Lola y Joaquín se sientan del lado del balcón. Ninguno ha cambiado de lugar. En el centro humea la sopera.[1] Fuera, en la calle, hace frío y a través de los cristales[2] se adivina el triste mediodía de invierno.

5   Joaquín tiene prisa; esta tarde se celebra un partido de fútbol importante. Continúa tan aficionado al fútbol como de costumbre. Pero físicamente ha cambiado mucho en estos años; ha crecido, ha ensanchado. Se ha convertido en un hombre. Papá está silencioso, las arrugas[3] alrededor de la boca se le han acentuado hasta lo increíble.

10   —¿Queréis alguno un poco más de sopa?

Mamá tiene ya el cabello completamente blanco. Lola está distraída; a media tarde va a ir al cine con su novio. Me resulta extraño que Lola pueda ya tener novio; si apenas era una niña... Lola come poco, pues no quiere engordar. Mamá le ha servido otro cazo[4] de sopa en el plato, y ella ha iniciado una protesta.

15   —Cada día estás más flaca. Vas a terminar por enfermar.

La criada viene y se lleva la sopera. Esta chica se llama Jacinta; no llegué a conocerla. La anterior, Teresa, se casó, y ésta es del mismo pueblo. Es una vieja historia familiar; las chicas sirven unos cuantos años, y cuando se casan, viene para sustituirlas una prima, la hermana pequeña, o una moza cualquiera del 20   mismo pueblo. Esta no tiene novio todavía. Por la tarde irá a reunirse con otras sirvientas a casa de unos paisanos que son porteros.[5]

Por el balcón penetra una luz blanquecina que empalidece los rostros.

—Todavía no se sabe bien quién es el asesino; pero parece ser que la Policía ya tiene una pista.[6]

25   A mi hermano Joaquín, además del fútbol le interesan los sucesos.[7] No hace muchos días han cometido un crimen en la ciudad; una muchacha ha aparecido estrangulada. Mi madre también lee la página de los sucesos.

1   recipiente en el que se sirve la sopa
2   ventanas
3   *wrinkles*
4   *ladle*
5   personas encargadas de guardar las puertas
6   indicio
7   aquí, se refiere a la sección del periódico que trata de crímenes, accidentes, etcétera

—Seguramente ha sido ese novio que tenía...

Papá calla. En su oficina, una diferencia ha perturbado la exactitud de la con-
tabilidad,[8] y hasta que dé con el error, estará muy preocupado.

—Otra vez merluza,[9] mamá. Siempre comemos lo mismo.

A Lola no le gusta la merluza; no le gusta casi nada. Pero desde que era pequeña, papá le impuso la obligación de comer cuanto le sirvieran.

—Todo estaba carísimo ayer en la plaza. Los sábados no se puede comprar.

Papá levanta los ojos del mantel, y exclama:

—¡Así se hacen ricos los sinvergüenzas!

Joaquín se sirve una copa de vino; un vino rojo que nos traían de un pueblo de
la provincia en unas grandes garrafas.[10] Este debe ser todavía el mismo vino de
entonces.

Lola está con mucho cuidado separando las espinas del pescado; siempre ha
tenido miedo a que se la atragantaran las espinas.

—¿Qué pensáis hacer esta tarde? ¿Por qué no os vais al cine? En el *Príncipe*
proyectan una película muy bonita; yo la vi cuando la estrenaron...

Mamá suspira; después sirve a Joaquín otro trozo de merluza. Vuelve a suspirar.

—No, hija, tu padre y yo nos quedaremos en casa.

Lola se mira en el espejo del aparador[11] y se compone el peinado. Mi hermana
es una muchacha muy hermosa y hace unos años era delgaducha y poco agraciada;
nadie hubiese podido prever entonces que se convertiría en lo que es ahora. Lola
se parece al retrato de mamá que hay en la sala, pero se la ve más ágil, más joven,
aunque mamá, cuando se retrató, era todavía soltera y debía tener la misma edad
que ahora tiene mi hermana.

—Mamá, no sé cómo no os aburrís los dos toda la santa tarde en casa.

Papá calla y mira hacia el balcón; luego exclama de forma casi impersonal.

—Vais a tener frío en el fútbol.

Mamá en seguida piensa que Joaquín se va a resfriar, que tal vez atrapará una
pulmonía, que puede incluso morirse.

—Joaquín, llévate la bufanda[12] gris.

El se ríe mientras se frota[13] las manos.

—Pero si apenas hace frío, y estar al aire libre es sano.

De la pared ya no cuelga aquel cuadro enmarcado por falso bambú que representaba el morral[14] de un cazador, dos perdices[15] y un conejo, colocados sobre una
mesa. En su lugar hay una copia de la Cena,[16] de Leonardo, con marco dorado.

Jacinta entra con una fuente[17] de carne y la deja sobre el mantel. Se ha derramado un poco de salsa.

—¡Jacinta...!

Ha dicho mamá en tono de reconvención.[18] Joaquín está impaciente.

—Mamá, sírveme pronto, que si no voy a llegar tarde.

Papá le contempla con cierta extrañeza, como si no acabara de compren-
derle bien.

Lola dice de pronto:

—He pensado que no pudo ser el novio el que mató a esa chica. Al fin y al
cabo, ¿para qué iba a matarla, si no la quería, si la acababa de abandonar?

Joaquín contesta con la boca llena:

—Tú eres tonta. ¿Qué sabes si la quería o no?

Mis hermanos nunca se llevaron bien. Acostumbraban a aliarse conmigo por

19 (*inf.*: **erguir**) levanta
20 nada... nada especial
21 quitándose

turnos para atacarse. Una vez, Joaquín pegó a Lola con un cinturón, y mamá le castigó un mes seguido sin postre. Pero entonces eran todavía unos niños.

—Yo sé lo mismo que tú; lo que dicen los periódicos.

Papá levanta los ojos del plato.

80 —¿No os habéis enterado aún de que los periódicos no dicen más que tonterías?

Ayer, a pesar de ser sábado, por la tarde acudió a la oficina. Estuvo repasando todas las sumas con su ayudante. No pudieron hallar el error, y papá se puso tan nervioso, que apenas ha podido dormir en toda la noche. Mamá hace años que casi
85 no duerme por las noches.

—¡Jacinta, traiga el postre en seguida! El señorito tiene prisa. Va a llegar tarde al partido.

Jacinta estaba hablando por la ventana de la cocina con la criada del primero, que es de un pueblo de la misma provincia.

90 —Manuel quiere establecerse por su cuenta. Va a despedirse del empleo a fin de este mes.

Manuel es el novio de mi hermana Lola.

—¡Hija! ¿Qué dices? Es muy arriesgado hacer semejante cosa en estos tiempos. Un sueldo, grande o pequeño, siempre es un ingreso seguro.

95 Lola yergue[19] el busto.

—Pero ya sabéis que gana una miseria; con eso nunca podríamos casarnos.

—Con mucho menos nos casamos tu padre y yo, y bien hemos vivido.

Mi hermano tiene la boca llena. Al salir de casa ha de ir a tomar el autobús, que le deja todavía bastante lejos del campo de fútbol; y sólo falta media hora para
100 que comience el partido. A él, Manuel no le es antipático, pero tampoco le parece nada del otro jueves.[20] Lleva gafas y es de esos que leen libros de los que enseñan a triunfar en la vida.

Joaquín se pasa la servilleta por los labios, y se levanta sacudiéndose[21] las migas del regazo. Luego dice:

105 —Lola tenía razón. ¿Por qué no os vais esta tarde al cine? Con el frío que hace parece que da gusto ir al cine. Además, no es cuestión de que os paséis la vida encerrados.

A mamá se le entristece el rostro; por un momento he temido que se pusiera a llorar.

110 —¿Es que no os acordáis de qué día es hoy? Hoy precisamente hace cinco años de que vuestro pobre hermano...

Se le han saltado las lágrimas, pero se domina. Papá se mira las uñas obstinadamente. Lola juguetea nerviosa con el tenedor. Joaquín se ha quedado serio...

—Perdón, mamá; no me había acordado... Hace ya cinco años. ¡Cómo ha co-
115 rrido el tiempo!

Mamá suspira:

—¡Pobre hijo mío!

Joaquín se acerca y la besa en la frente. Lola se levanta y apoya una mano en el hombro de mamá.

120 —Bueno; no te entristezcas ahora. Tú misma acabas de decirlo: hace ya cinco años.

En la cocina, Jacinta está canturreando una canción de moda al compás de una radio que se oye por el patio. Papá continúa mirándose obstinadamente las uñas.

LUIS ROMERO   59

Cuestionario

1. ¿Qué está haciendo la familia al comienzo de «Aniversario»?
2. ¿Por qué tiene prisa Joaquín?
3. ¿Cuál es la preocupación del padre?
4. ¿Qué tipo de persona es Lola?
5. ¿Cómo se presentan las relaciones entre Lola y Joaquín?
6. ¿A qué aniversario se refiere el título?
7. ¿Quién es el narrador del cuento?

Identificaciones

1. Jacinta
2. «el crimen»
3. Manuel

Temas

1. El punto de vista: la narración de «Aniversario»
2. La función de lo cotidiano (lo de todos los días) en «Aniversario»
3. La perspectiva temporal de «Aniversario»
4. El papel de la madre en el cuento
5. El tema del cuento: ¿está explícito o implícito?

JUAN RULFO

Juan Rulfo (1918–1986), novelista, cuentista, guionista, nació en Jalisco, México. En 1970 se le otorgó en México el prestigioso Premio Nacional de Letras. El fondo de la obra de Rulfo es la Revolución Mexicana y la vida del campesino. De la empresa literaria hispanoamericana ha comentado Rulfo: «La gran novela de acá no podría hablar de otra cosa que no sean la miseria y la ignorancia». (*Prensa de Reynosa*, 1964). La novela *Pedro Páramo* (1955), una narrativa breve y extraordinariamente compleja, se considera la obra maestra de Rulfo. El cuento «No oyes ladrar los perros» es de la colección *El llano en llamas*.

No oyes ladrar los perros

Tú que vas allá arriba, Ignacio, dime si no oyes alguna señal de algo o si ves alguna luz en alguna parte.

—No se ve nada.

—Ya debemos estar cerca.

5 —Sí, pero no se oye nada.

—Mira bien.

—No se ve nada.

—Pobre de ti, Ignacio.

La sombra larga y negra de los hombres siguió moviéndose de arriba abajo,
10 trepándose[1] a las piedras, disminuyendo y creciendo según avanzaba por la orilla del arroyo. Era una sola sombra, tambaleante.[2]

La luna venía saliendo de la tierra, como una llamarada[3] redonda.

—Ya debemos estar llegando a ese pueblo, Ignacio. Tú que llevas las orejas de fuera, fíjate a ver si no oyes ladrar los perros. Acuérdate que nos dijeron que
15 Tonaya estaba detrasito[4] del monte. Y desde qué horas que hemos dejado el monte. Acuérdate, Ignacio.

—Sí, pero no veo rastro[5] de nada.

—Me estoy cansando.

—Bájame.

20 El viejo se fue reculando[6] hasta encontrarse con el paredón[7] y se recargó allí,[8] sin soltar la carga de sus hombros. Aunque se le doblaban las piernas, no quería sentarse, porque después no hubiera podido levantar el cuerpo de su hijo, al que allá atrás, horas antes, le habían ayudado a echárselo a la espalda. Y así lo había traído desde entonces.

25 —¿Cómo te sientes?

1 subiéndose
2 *swaying*
3 llama grande, fuego
4 detrás mismo
5 señal
6 retrocediendo
7 pared grande, alta
8 se... *leaned against it*

—Mal.

Hablaba poco. Cada vez menos. En ratos parecía dormir. En ratos parecía tener frío. Temblaba. Sabía cuándo le agarraba[9] a su hijo el temblor por las sacudidas[10] que le daba, y porque los pies se le encajaban[11] en los ijares[12] como espuelas.[13] Luego las manos del hijo, que traía trabadas[14] en su pescuezo,[15] le zarandeaban[16] la cabeza como si fuera una sonaja.[17]

El apretaba los dientes[18] para no morderse la lengua y cuando acababa aquello le preguntaba:

—¿Te duele mucho?

—Algo —contestaba él.

Primero le había dicho: «Apéame[19] aquí... Déjame aquí... Vete tú solo. Yo te alcanzaré mañana o en cuanto me reponga un poco». Se lo había dicho como cincuenta veces. Ahora ni siquiera eso decía.

Allí estaba la luna. Enfrente de ellos. Una luna grande y colorada que les llenaba de luz los ojos y que estiraba[20] y oscurecía más su sombra sobre la tierra.

—No veo ya por dónde voy —decía él.

Pero nadie le contestaba.

El otro iba allá arriba, todo iluminado por la luna, con su cara descolorida, sin sangre, reflejando una luz opaca. Y él acá abajo.

—¿Me oíste, Ignacio? Te digo que no veo bien.

Y el otro se quedaba callado.

Siguió caminando, a tropezones.[21] Encogía[22] el cuerpo y luego se enderezaba[23] para volver a tropezar de nuevo.

—Este no es ningún camino. Nos dijeron que detrás del cerro estaba Tonaya. Ya hemos pasado el cerro. Y Tonaya no se ve, ni se oye ningún ruido que nos diga que está cerca. ¿Por qué no quieres decirme qué ves, tú que vas allá arriba, Ignacio?

—Bájame, padre.

—¿Te sientes mal?

—Sí.

—Te llevaré a Tonaya a como dé lugar. Allí encontraré quien te cuide. Dicen que allí hay un doctor. Yo te llevaré con él. Te he traído cargando desde hace horas y no te dejaré tirado aquí para que acaben contigo quienes sean.

Se tambaleó[24] un poco. Dio dos o tres pasos de lado y volvió a enderezarse.

—Te llevaré a Tonaya.

—Bájame.

Su voz se hizo quedita, apenas murmurada:

—Quiero acostarme un rato.

—Duérmete allí arriba. Al cabo te llevo bien agarrado.

La luna iba subiendo, casi azul, sobre un cielo claro. La cara del viejo, mojada en sudor, se llenó de luz. Escondió los ojos para no mirar de frente, ya que no podía agachar[25] la cabeza agarrotada[26] entre las manos de su hijo.

—Todo esto que hago, no lo hago por usted. Lo hago por su difunta madre. Porque usted fue su hijo. Por eso lo hago. Ella me reconvendría[27] si yo lo hubiera dejado tirado allí, donde lo encontré, y no lo hubiera recogido para llevarlo a que lo curen, como estoy haciéndolo. Es ella la que me da ánimos, no usted. Comenzando porque a usted no le debo más que puras dificultades, puras mortificaciones, puras vergüenzas.

9 *held*
10 *shaking*
11 *metían*
12 *sides*
13 *spurs*
14 *agarradas*
15 *cuello*
16 *sacudían*
17 *una... jingling chaps*
18 *apretaba... gnashed his teeth*
19 *Bájame*
20 *extendía*
21 *a... tropezando, andando con dificultad*
22 *Contraía*
23 *ponía derecho*
24 *Se... Vaciló*
25 *bajar*
26 *garroted*
27 *reprocharía*

Sudaba al hablar. Pero el viento de la noche le secaba el sudor. Y sobre el sudor seco, volvía a sudar.

75 —Me derrengaré,[28] pero llegaré con usted a Tonaya, para que le alivien esas heridas que le han hecho. Y estoy seguro de que, en cuanto se sienta usted bien, volverá a sus malos pasos. Eso ya no me importa. Con tal que se vaya lejos, donde yo no vuelva a saber de usted. Con tal de eso... Porque para mí usted ya no es mi hijo. He maldecido la sangre que usted tiene de mí. La parte que a mí me tocaba
80 la he maldecido. He dicho: «¡Que se le pudra[29] en los riñones[30] la sangre que yo le di!» Lo dije desde que supe que usted andaba trajinando[31] por los caminos, viviendo del robo y matando gente... Y gente buena. Y si no, allí está mi compadre Tranquilino. El que lo bautizó a usted. El que le dio su nombre. A él también le tocó la mala suerte de encontrarse con usted. Desde entonces dije: «Ese no
85 puede ser mi hijo».

—Mira a ver si ya ves algo. O si oyes algo. Tú que puedes hacerlo desde allá arriba, porque yo me siento sordo.

—No veo nada.

—Peor para ti, Ignacio.

90 —Tengo sed.

—¡Aguántate[32]! Ya debemos estar cerca. Lo que pasa es que ya es muy noche y han de haber apagado la luz en el pueblo. Pero al menos debías de oír si ladran los perros. Haz[33] por oír.

—Dame agua.

95 —Aquí no hay agua. No hay más que piedras. Aguántate. Y aunque la hubiera, no te bajaría a tomar agua. Nadie me ayudaría a subirte otra vez y yo solo no puedo.

—Tengo mucha sed y mucho sueño.

—Me acuerdo cuando naciste. Así eras entonces. Despertabas con hambre y
100 comías para volver a dormirte. Y tu madre te daba agua, porque ya te habías acabado la leche de ella. No tenías llenadero.[34] Y eras muy rabioso.[35] Nunca pensé que con el tiempo se te fuera a subir aquella rabia a la cabeza... Pero así fue. Tu madre, que descanse en paz, quería que te criaras fuerte. Creía que cuando tú crecieras irías a ser su sostén.[36] No te tuvo más que a ti. El otro hijo que iba a tener
105 la mató. Y tú la hubieras matado otra vez si ella estuviera viva a estas alturas.[37]

Sintió que el hombre aquel que llevaba sobre sus hombros dejó de apretar las rodillas y comenzó a soltar[38] los pies, balanceándolos de un lado para otro. Y le pareció que la cabeza, allá arriba, se sacudía como si sollozara.[39]

Sobre su cabello sintió que caían gruesas gotas, como de lágrimas.

110 —¿Lloras, Ignacio? Lo hace llorar a usted el recuerdo de su madre, ¿verdad? Pero nunca hizo usted nada por ella. Nos pagó siempre mal. Parece que, en lugar de cariño, le hubiéramos retacado[40] el cuerpo de maldad. ¿Y ya ve? Ahora lo han herido. ¿Qué pasó con sus amigos? Los mataron a todos. Pero ellos no tenían a nadie. Ellos bien hubieran podido decir: «No tenemos a quién darle nuestra lás-
115 tima». ¿Pero usted, Ignacio?

Allí estaba ya el pueblo. Vio brillar los tejados bajo la luz de la luna. Tuvo la impresión de que lo aplastaba el peso de su hijo al sentir que las corvas[41] se le doblaban en el último esfuerzo. Al llegar al primer tejabán,[42] se recostó[43] sobre el pretil[44] de la acera y soltó el cuerpo, flojo, como si lo hubieran descoyuntado.[45]

28 Me... I'll break my back
29 (inf.: **pudrir**) rot
30 kidneys
31 andando de un sitio a otro
32 Ten paciencia
33 Esfuérzate
34 No... You couldn't get enough.
35 furioso
36 apoyo, protección
37 a... ahora, todavía
38 aflojar, dejar libres
39 he were sobbing
40 (fig.) llenado repetidamente
41 parte de la pierna opuesta a la rodilla
42 casa rústica con techo de tejas
43 reclinó
44 railing
45 dislocado

Destrabó[46] difícilmente los dedos con que su hijo había venido sosteniéndose   [46] Separó
de su cuello y, al quedar libre, oyó cómo por todas partes ladraban los perros.

—¿Y tú no los oías, Ignacio? —dijo—. No me ayudaste ni siquiera con esta
esperanza.

Cuestionario

1. ¿Cuál es la circunstancia de los dos hombres al comienzo del cuento?
2. ¿Cuál es el parentesco entre estos dos hombres?
3. ¿Adónde se dirigen?
4. ¿Qué recuerda el padre del pasado?
5. ¿Cuáles son los elementos más destacados del final de «No oyes ladrar los perros»?

Identificaciones

1. Tonaya
2. Ignacio
3. «No me ayudaste ni siquiera con esta esperanza».

Temas

1. La función del diálogo en «No oyes ladrar los perros»
2. La interacción entre los dos hombres
3. El ambiente del cuento
4. El viaje es un leitmotivo de la literatura universal. ¿Cómo se emplea en este cuento?
5. Hacia una interpretación del desenlace del cuento

MARCO DENEVI

Marco Denevi (1922–) nació en la Argentina de padre italiano y madre argentina. Con la novela policial *Rosaura a las diez* (1955) ganó el Premio de la Editorial Kraft, y en 1960 le fue otorgado el Primer Premio de la revista *Life en Español* por el cuento «Ceremonia secreta». Más tarde recibió otras distinciones por las obras de teatro *El emperador de la China* y *Los expedientes*. A pesar de tales honores, Denevi ha publicado relativamente poco. Entre lo más destacado de su producción literaria quedan sus singulares *fábulas* que se han publicado mayormente en revistas y suplementos literarios. La característica sobresaliente de la narrativa de Denevi consiste en ver en la realidad humana dimensiones inusitadas, mágicas, que el autor revela al lector sorprendiéndole constantemente. Como se nota en *Falsificaciones* (1966), Denevi asume el papel de moralista satírico, se sirve de la fórmula clásica de la fábula y la cambia de acuerdo con su visión irónica del mundo moderno. La locura de tal mundo y la originalidad del autor se reflejan en la nueva estructura y en la temática, así como en la caracterización de sus relatos.

El dios de las moscas

Las moscas imaginaron a su dios. Era otra mosca. El dios de las moscas era una mosca, ya verde, ya negra y dorada, ya rosa, ya blanca, ya purpúrea, una mosca inverosímil, una mosca bellísima, una mosca monstruosa, una mosca terrible, una mosca benévola, una mosca vengativa, una mosca justiciera, una mosca joven,
5 una mosca vieja, pero siempre una mosca. Algunos aumentaban su tamaño hasta volverla enorme como un buey,[1] otros la ideaban tan microscópica que no se la veía. En algunas religiones carecía de alas («Vuela, sostenían, pero no necesita alas»), en otras tenía infinitas alas. Aquí disponía de antenas como cuernos, allá los ojos le comían toda la cabeza. Para unos zumbaba[2] constantemente, para otros
10 era muda pero se hacía entender lo mismo. Y para todos, cuando las moscas morían, los conducía en un vuelo arrebatado[3] hasta el paraíso. Y el paraíso era un trozo de carroña,[4] hediondo[5] y putrefacto, que las almas de las moscas muertas devoraban por toda la eternidad y que no se consumía nunca, pues aquella celestial bazofia[6] continuamente renacía y se renovaba bajo el enjambre[7] de las moscas. De
15 las buenas. Porque también había moscas malas y para éstas había un infierno. El infierno de las moscas condenadas era un sitio sin excrementos, sin desperdicios, sin basura, sin hedor,[8] sin nada de nada, un sitio limpio y reluciente y para colmo iluminado por una luz deslumbradora, es decir, un lugar abominable.

1 ox
2 *it buzzed*
3 rápido
4 carne corrompida
5 de mal olor
6 inmundicia, basura
7 muchedumbre
8 mal olor

Cuestionario

1. ¿Cómo imaginaron las moscas a su dios?
2. ¿Cómo es el paraíso de las moscas?
3. ¿Cómo es el infierno de las moscas?

Identificaciones

1. «una mosca benévola, una mosca vengativa»
2. carroña
3. «un lugar abominable»

Temas

1. El motivo del multiperspectivismo en «El dios de las moscas»
2. Hacia una interpretación del paraíso de las moscas
3. El estilo cuentístico de Denevi según este ejemplo de *Falsificaciones*

ANA MARIA MATUTE

Ana María Matute (1926–   ), nació en Barcelona y experimentó de cerca las consecuencias de la Guerra Civil española. Las experiencias de esta época se reflejan en sus obras: varias novelas (entre ellas, *Los hijos muertos* y la trilogía *Los mercaderes*) y colecciones de cuentos (incluso *Historias de la Artámila,* 1961). Matute pone gran énfasis en la representación—y en la profundidad—del mundo infantil. En la introducción de las *Historias de la Artámila*—«Pecado de omisión» es de esa colección—escribe la cuentista: «La Artámila existe. No con este nombre, del mismo modo que otro nombre di, también, a sus criaturas. Yo les conocí en las montañas, durante los cálidos veranos de mi infancia. En octubre, en invierno, durante algún tiempo en que estuve enferma y viví junto a ellos. Otras veces, sus historias llegaron a mí a través de comentarios de pastores, de criados, de campesinos y de labios de mi madre, o de mi abuela».

Pecado de omisión

A los trece años se le murió la madre,[1] que era lo último que le quedaba. Al quedar huérfano[2] ya hacía lo menos tres años que no acudía[3] a la escuela, pues tenía que buscarse el jornal[4] de un lado para otro. Su único pariente era un primo

1 se... se murió la madre de él
2 sin padres
3 asistía
4 buscarse... buscar cómo ganarse la vida

de su padre, llamado Emeterio Ruiz Heredia. Emeterio era el alcalde[5] y tenía una

5 casa de dos pisos asomada a la plaza del pueblo, redonda y rojiza bajo el sol de agosto. Emeterio tenía doscientas cabezas de ganado[6] paciendo[7] por las laderas[8] de Sagrado, y una hija moza,[9] bordeando los veinte, morena, robusta, riente y algo necia. Su mujer, flaca y dura como un chopo,[10] no era de buena lengua y sabía mandar. Emeterio Ruiz no se llevaba bien con aquel primo lejano, y a su viuda,

10 por cumplir,[11] la ayudó buscándole jornales extraordinarios. Luego, al chico, aunque lo recogió una vez huérfano, sin herencia ni oficio, no le miró a derechas.[12] Y como él los de su casa.

La primera noche que Lope durmió en casa de Emeterio, lo hizo debajo del granero.[13] Se le dio cena y un vaso de vino. Al otro día,[14] mientras Emeterio se

15 metía la camisa dentro del pantalón, apenas apuntando el sol en el canto de los gallos, le llamó por el hueco de la escalera, espantando a las gallinas que dormían entre los huecos:

—¡Lope!

Lope bajó descalzo,[15] con los ojos pegados de legañas.[16] Estaba poco crecido

20 para sus trece años y tenía la cabeza grande, rapada.[17]

—Te vas de pastor a Sagrado.

Lope buscó las botas y se las calzó. En la cocina, Francisca, la hija, había calentado patatas con pimentón. Lope las engulló[18] de prisa, con la cuchara de aluminio goteando a cada bocado.

25 —Tú ya conoces el oficio. Creo que anduviste una primavera por las lomas de Santa Aurea, con las cabras del Aurelio Bernal.

—Sí, señor.

—No, irás solo. Por allí anda Roque el Mediano. Iréis juntos.

—Sí, señor.

30 Francisca le metió una hogaza[19] en el zurrón,[20] un cuartillo de aluminio, sebo[21] de cabra y cecina.[22]

—Andando —dijo Emeterio Ruiz Heredia.

Lope le miró. Lope tenía los ojos negros y redondos, brillantes.

—¿Qué miras? ¡Arreando[23]!

35 Lope salió, zurrón al hombro. Antes, recogió el cayado,[24] grueso y brillante por el uso, que aguardaba, como un perro, apoyado en la pared.

Cuando iba ya trepando[25] por la loma de Sagrado, lo vio don Lorenzo, el maestro. A la tarde, en la taberna, don Lorenzo lio un cigarrillo junto a Emeterio, que fue a echarse una copa de anís.[26]

40 —He visto al Lope —dijo—. Subía para Sagrado. Lástima de chico.

—Sí —dijo Emeterio, limpiándose los labios con el dorso de la mano—. Va de pastor. Ya sabe: hay que ganarse el currusco.[27] La vida está mala. El «esgraciao»[28] del Pericote no le dejó ni una tapia[29] en que apoyarse y reventar.[30]

—Lo malo —dijo don Lorenzo, rascándose la oreja con su uña larga y ama-

45 rillenta— es que el chico vale. Si tuviera medios podría sacarse partido de él. Es listo. Muy listo. En la escuela...

Emeterio le cortó, con la mano frente a los ojos:

—¡Bueno, bueno! Yo no digo que no. Pero hay que ganarse el currusco. La vida está peor cada día que pasa.

50 Pidió otra de anís. El maestro dijo que sí, con la cabeza.

Lope llegó a Sagrado, y voceando encontró a Roque el Mediano. Roque era

fig.

5 mayor
6 cattle
7 comiendo yerba
8 slopes
9 joven
10 black poplar
11 hacer lo correcto
12 a... con simpatía
13 cornloft
14 Al... Al día siguiente
15 sin zapatos
16 con... _with sleep in his eyes_
17 close-cropped
18 devoró
19 pan de más de dos libras
20 knapsack
21 grasa
22 carne seca
23 Date prisa
24 bastón que usan los pastores
25 subiendo
26 _licorice-flavored liqueur_
27 ganarse... ganarse la vida
28 forma vulgar de **desgraciado**
29 pared
30 (_fig._) drop dead

algo retrasado y hacía unos quince años que pastoreaba para Emeterio. Tendría cerca de cincuenta años y no hablaba casi nunca. Durmieron en el mismo chozo[31] de barro, bajo los robles,[32] aprovechando el abrazo de las raíces. En el chozo sólo cabían echados[33] y tenían que entrar a gatas,[34] medio arrastrándose.[35] Pero se estaba fresco en el verano y bastante abrigado en el invierno.

El verano pasó. Luego el otoño y el invierno. Los pastores no bajaban al pueblo, excepto el día de la fiesta. Cada quince días un zagal[36] les subía la «collera[37]»: Pan, cecina, sebo, ajos. A veces, una bota[38] de vino. Las cumbres de Sagrado eran hermosas, de un azul profundo, terrible, ciego. El sol, alto y redondo, como una pupila impertérrita,[39] reinaba allí. En la neblina del amanecer, cuando aún no se oía el zumbar de las moscas ni crujido alguno, Lope solía despertar, con la techumbre de barro encima de los ojos. Se quedaba quieto un rato, sintiendo en el costado el cuerpo de Roque el Mediano, como un bulto alentante.[40] Luego, arrastrándose, salía para el cerradero.[41] En el cielo, cruzados como estrellas fugitivas, los gritos se perdían, inútiles y grandes. Sabía Dios hacia qué parte caerían. Como las piedras. Como los años. Un año, dos, cinco.

Cinco años más tarde, una vez, Emeterio le mandó llamar, por el zagal. Hizo reconocer a Lope por el médico, y vio que estaba sano y fuerte, crecido como un árbol.

¡Vaya roble! —dijo el médico, que era nuevo. Lope enrojeció y no supo qué contestar.

Francisca se había casado y tenía tres hijos pequeños, que jugaban en el portal de la plaza. Un perro se le acercó, con la lengua colgando. Tal vez le recordaba. Entonces vio a Manuel Enríquez, el compañero de la escuela que siempre le iba a la zaga.[42] Manuel vestía un traje gris y llevaba corbata. Pasó a su lado y les saludó con la mano.

Francisca comentó:

—Buena carrera, ése. Su padre lo mandó estudiar y ya va para abogado.

Al llegar a la fuente volvió a encontrarlo. De pronto, quiso llamarle. Pero se le quedó el grito detenido, como una bola, en la garganta.

—¡Eh! —dijo solamente. O algo parecido.

Manuel se volvió a mirarle, y lo conoció. Parecía mentira: le conoció. Sonreía.

—¡Lope! ¡Hombre, Lope...!

¿Quién podía entender lo que decía? ¡Qué acento tan extraño tienen los hombres, qué raras palabras salen por los oscuros agujeros de sus bocas! Una sangre espesa iba llenándole las venas, mientras oía a Manuel Enríquez.

Manuel abrió una cajita plana,[43] de color de plata, con los cigarrillos más blancos, más perfectos que vio en su vida. Manuel se la tendió, sonriendo.

Lope avanzó su mano. Entonces se dio cuenta de que era áspera, gruesa. Como un trozo de cecina. Los dedos no tenían flexibilidad, no hacían el juego. Qué rara mano la de aquel otro: una mano fina, con dedos como gusanos[44] grandes, ágiles, blancos, flexibles. Qué mano aquélla, de color de cera, con las uñas brillantes, pulidas. Qué mano extraña: ni las mujeres la tenían igual. La mano de Lope rebuscó, torpe. Al fin, cogió el cigarrillo, blanco y frágil, extraño, en sus dedos amazacotados:[45] inútil, absurdo, en sus dedos. La sangre de Lope se le detuvo entre las cejas. Tenía una bola de sangre agolpada, quieta, fermentando entre las cejas. Aplastó el cigarrillo con los dedos y se dio media vuelta. No podía detenerse, ni ante la sorpresa de Manuelito, que seguía llamándole:

31 cabaña, barraca
32 oaks
33 recostados
34 a... on all fours
35 crawling
36 joven
37 forma coloquial de **«ración»**
38 recipiente de cuero para vino
39 inmóvil
40 que respira; con vida
41 corral
42 le... le seguía detrás
43 flat
44 worms
45 pesados y duros

46 mangas… *shirt sleeves*
47 *torn down*
48 *sash*
49 *splattering*
50 *handcuffed*
51 en… *in mourning*

100 —¡Lope! ¡Lope!

Emeterio estaba sentado en el porche, en mangas de camisa,[46] mirando a sus nietos. Sonreía viendo a su nieto mayor, y descansando de la labor, con la bota de vino al alcance de la mano. Lope fue directo a Emeterio y vio sus ojos interrogantes y grises.

105 —Anda, muchacho, vuelve a Sagrado, que ya es hora...

En la plaza había una piedra cuadrada, rojiza. Una de esas piedras grandes como melones que los muchachos transportan desde alguna pared derruida.[47] Lentamente, Lope la cogió entre sus manos. Emeterio le miraba, reposado, con una leve curiosidad. Tenía la mano derecha metida entre la faja[48] y el estómago. 110 Ni siquiera le dio tiempo de sacarla: el golpe sordo, el salpicar[49] de su propia sangre en el pecho, la muerte y la sorpresa, como dos hermanas, subieron hasta él, así, sin más.

Cuando se lo llevaron esposado,[50] Lope lloraba. Y cuando las mujeres, aullando como lobas, le querían pegar e iban tras él, con los mantos alzados sobre las cabezas, 115 en señal de duelo,[51] de indignación «Dios mío, él, que le había recogido. Dios mío, él, que le hizo hombre. Dios mío, se habría muerto de hambre si él no le recoge...» Lope sólo lloraba y decía:

—Sí, sí, sí...

Cuestionario

1. ¿Por qué recogió Emeterio Ruiz a Lope?
2. ¿A qué categoría social pertenece don Emeterio?
3. ¿Cómo trata don Emeterio a Lope?
4. ¿Adónde manda don Emeterio a Lope?
5. ¿Cuántos años pasa Lope fuera del pueblo?
6. ¿Por qué vuelve Lope al pueblo?
7. ¿Cómo se siente Lope al encontrarse con Manuel Enríquez?
8. ¿Cuál es el clímax del cuento?
9. ¿Qué pasa con Lope al final del cuento?

Identificaciones

1. don Lorenzo
2. Francisca
3. Roque el Mediano
4. «Dios mío, él, que le hizo hombre».

Temas

1. La presentación de los personajes
2. La significación de (a) la estancia de Lope en Sagrado con Roque el Mediano; (b) la opinión de don Lorenzo («el chico vale...»); (c) la reunión de Lope con Manuel Enríquez; (d) el acto violento de Lope; (e) la reacción de la gente ante este acto
3. La relación entre el tema de «Pecado de omisión» y la perspectiva (el punto de vista) del narrador, entre *lo que pasa* y *cómo se presenta*

Rima De Vallbona

Rima de Vallbona nació en Costa Rica. Actualmente desempeña el cargo de profesora de literatura hispanoamericana en la Universidad de Santo Tomás en Houston, Texas. Su actividad literaria abarca la prosa narrativa y la ensayística. Ha publicado las novelas *Noche en vela* (1968), *Las sombras que perseguimos* (1983), *Mundo, demonio y mujer* (1991) y siete libros de relatos. Entre éstos cabe señalar *Polvo del camino* (1971), *Mujeres y agonías* (1982), *Cosecha de pecadores* (1988) y *Los infiernos de la mujer y algo más* (1992). Lo que caracteriza dichas obras, que le han valido varios premios y fama internacional, es ante todo un lenguaje «sabroso y plástico» que refleja el habla centroamericana en general y la costarricense en particular. Temáticamente, la narrativa de Vallbona oscila entre lo real y lo fantástico, entre el «infierno» en que está condenado a vivir hoy día el latinoamericano, y el mundo de los sueños— el «paraíso»—al que el pobre y el oprimido tienen que acudir obligatoria y frecuentemente para escaparse de una existencia cotidiana intolerable. Esto es lo que pone de manifiesto con agobiante ironía el cuento «En el reino de la basura», incluido en esta antología. Desde un punto de vista femenino, la prosa narrativa de Vallbona destaca otro conflicto: por un lado el ansia de la mujer moderna que sueña con liberarse de su peso ancestral y, por otro, su angustia ante la continua decepción. Sus otras obras incluyen el ensayo literario *Yolanda Oreamuno* (1971) y la edición crítica de *Vida y sucesos de la Monja Alférez* (1992).

En el reino de la basura

Fea, horrible, hedionda,[1] ojoslegañosos,[2] chorreamocos,[3] hedés[4] a orines y a pan mojado. Las costras[5] te hacen mapas oscuros en los brazos, en las piernas, en la cara. Piojosa,[6] pulguienta,[7] todo el polvo de la calle apestosa a boñiga,[8] lo llevás[9] en las greñas[10] y en lo opaco de los ojos. ¿Cómo cabe tanto polvo en el ojal[11] de tus ojos y en el montoncillo de tu carne[12]? ¡Inútil, no sabés ni apañar[13] la bola, ni hacer jugadas con los chumicos,[14] ni bailar el trompo[15] de guachipelín![16] ¡Inútil! ¿Para qué servís? ¿Servís de algo acaso? Pertenecés al rincón de los chunches[17] viejos donde te podés confundir con las cosas inservibles. No, mejor a la basura, entre las cáscaras de plátano y chayote,[18] entre la broza[19] de café, los jugos pútridos de las frutas a medio comer y la hediondez de la carroña.[20] En el hueco del excusado[21] estarías mejor, diluidas tus costras y fetidez en los excrementos y la hedentina,[22] para que no molestés a nadie... en el hueco del excusado... en el fondo de la basura...

Desde el rincón de su soledad, la niña contempla el juego bullanguero[23] de los chiquillos lavados, peinaditos y con zapatos. Mira el suelo y se pregunta por

1 maloliente, apestosa (*stinky*)
2 con los ojos llenos de legañas (*eyes full of secretions*)
3 con los mocos (*snot*) saliéndote constantemente
4 hueles mal, apestas (forma dialectal de «hiedes»).
5 suciedad acumulada en la piel
6 Llena de piojos (*lice*)
7 llena de pulgas (*fleas*)
8 apestosa... apestas a excremento de vaca
9 (forma dialectal) llevas
10 cabello revuelto y enredado (*entangled*)
11 apertura, orificio
12 el... tu cuerpo pequeño y flaco
13 recoger, agarrar

qué—millones de por-qués le pululan[24] por dentro—... Se pregunta por qué a sus piececillos desnudos les tocó endurecerse con la grava[25] y la tierra áspera.

Los otros niños levantan una algarabía[26] de gritos en la ronda,[27] para hacer más vistosa su presencia limpia y aliñada,[28] su tez blanca. La pequeña, muy sola 20 se aovilla[29] en la pelotita insignificante de su alma y desaparece suprimida por el ansia de ser nada.

Fea-horrible-mocosa. No nos mirés, que nos van a caer mal[30] los confites[31] y los mangos de puro asco que nos das.[32] No te arrimés,[33] tu olor a orines y a trapos empapados de sudores nos marea. Andate[34] a llevar el portaviandas[35] a tu tata[36] 25 que trabaja en nuestros cafetales,[37] y no volvás por aquí.

¡Inútil! ¡Inútil! ¿Para qué servís? ¿Para qué estás en el mundo con nosotros?

Las lágrimas de la niña son también oscuras al abrir surcos en el mapa terroso de las mejillas. ¿Por qué? ¿Por qué? ¿Por qué?...

Tonta, zopenca.[38] No hablás como nosotros. No sabés ni hablar. No decís 30 nunca nada.

En la casa, la madre le da un empujón, un pellizco, «vagabunda, dejá de perecear[39] y loquear».[40]

En la calle es tanto lo que quiere hacerse invisible, que tropieza con todo.

Un día la chiquillada[41] bullanguera pega[42] un grito en medio del juego y 35 señala con horror el basural del baldío:[43] entre cáscaras de plátano y de chayote, entre broza de café y jugos pútridos, entre sobras de comida, escombros[44] y papeles rotos, la niña fea, sucia, apestosa, está muerta.

—¡Pobrecita!

—¿Qué feo morir así!

40 —Alguien la mató. ¡Tan buena que era!

—¿Quién la mató? Si no molestaba... siempre en el mismo rincón...

En el reino de la basura, la niña fea y repugnante por primera vez tiene una plácida sonrisa de satisfacción. En el reino de la basura...

Houston, noviembre de 1971

Cuestionario

1. ¿Quién está hablando al principio del cuento?
2. ¿Cómo es la niña y qué cosas no sabe hacer?
3. ¿Qué se pregunta ésta al observar a los otros niños jugando?
4. ¿Por qué los chiquillos hacen tanto alboroto con sus juegos?
5. ¿Qué piensa la niña de sí misma y cómo se comporta?
6. ¿Por qué los chiquillos no quieren a la niña cerca de ellos?
7. ¿Cuál es la actitud de su madre? ¿Cómo trata a su hijita?
8. ¿Qué acontecimiento horroroso presencian un día los niños?
9. ¿Cómo reaccionan ante lo que ven? ¿Se nota algún cambio en su actitud?
10. ¿Cuál es el tema del cuento, a juzgar por el final irónico?

Identificaciones

1. el trompo de guachipelín
2. presencia limpia... y tez blanca

[14] hacer... *play marbles with hardened peas from the chumico plant*
[15] bailar... *spin the top*
[16] madera finísima del árbol de ese nombre
[17] muebles y otras cosas inútiles (*whatchamacallit*)
[18] verdura de corteza rugosa algo parecida al pepino
[19] desecho (*waste*)
[20] carne podrida
[21] *outhouse*
[22] olor malo y penetrante (*stench*)
[23] alborotador, ruidoso
[24] nacen y se multiplican
[25] *gravel*
[26] ruido producido por muchas voces y gritos confusos
[27] grupo de niños que juegan formando un círculo cogidos de las manos
[28] bien arreglada y atractiva
[29] hace un ovillo (*curls up*)
[30] caer... hacer mal efecto
[31] *candies*
[32] de... por la gran repugnancia que nos ocasiona tu persona
[33] te... te acerques a nosotros
[34] Vete
[35] recipiente que sirve para llevar comida
[36] forma despectiva (*derogatory*) de referirse a su padre
[37] fincas de café
[38] estúpida
[39] hacerte la perezosa, ser floja
[40] hacer locuras
[41] multitud de niños
[42] da
[43] terreno vacío (*vacant lot*)
[44] los desechos de algo derribado o destruido (*rubble*)

3. «nos van a caer mal los confites y los mangos»
4. el tata
5. «¡Inútil! ¡Inútil!»
6. el reino de la basura

Temas

1. La perspectiva del narrador en el cuento
2. La estructura antitética o contrastiva del cuento
3. Las imágenes simbólicas de «En el reino de la basura»
4. El lenguaje del cuento en relación a la temática
5. Protesta social en «El reino de la basura»

ELENA PONIATOWSKA

Elena Poniatowska (1933–   ), nacida en París, Francia, está considerada entre los mejores escritores de México. Se inició como periodista a los veinte años, destacándose en el género de la entrevista—modalidad que en su obra adquiere la forma del ensayo creativo, con la autora desempeñando el múltiple rol de persona narrativa, dramática y poética. Por su papel de innovadora, Poniatowska recibió en 1978 el Premio Nacional de Periodismo, siendo la primera mujer en obtener tan alta distinción en ese campo. Sus escritos abarcan varios géneros—el ensayo, la crónica, el cuento y la novela, en los cuales manifiesta un interés vitalicio por los problemas de México y pone de relieve su compromiso social y político. La figura central o dominante en sus escritos es sin duda la nueva mujer mexicana que pone en tela de juicio, implícita o explícitamente, el tradicionalismo machista. Esto es lo que se percibe en *Los cuentos de Lilus Kinkus* (1950), en donde la protagonista es una niña solitaria, de formación semejante a la de la propia autora, que medita sobre sus expectativas de mujer católica. De gran éxito han sido la novela *Hasta no verte, Jesús mío* (1969), obra novedosa de tipo autobiográfico escrita en colaboración con la heroína, y *La noche de Tlatelolco* (1971). Este libro, parte reportaje, parte ficción, describe la masacre estudiantil perpetrada en la Ciudad de México por las autoridades militares el dos de octubre de 1968 y se ha convertido en uno de los clásicos de ese movimiento. Otras obras narrativas de gran trascendencia son la novela epistolar *Querido Diego, te abraza Quiela* (1978), los relatos cortos que componen *De noche vienes* (1979) y la novela de educación y desarrollo *La flor de lis* (1988). Dichas obras, que denuncian tanto los símbolos del patriarcado mexicano como a la propia mujer que se ha dejado subyugar por ellos, se caracterizan por técnicas eminentemente novedosas y eficaces. Trátase del uso frecuente de material autobiográfico y documental y de la perspectiva narrativa del testigo ocular o del «yo protagonista».

El recado

Vine Martín, y no estás. Me he sentado en el peldaño[1] de tu casa, recargada[2] en tu puerta y pienso que en algún lugar de la ciudad, por una onda que cruza el aire, debes intuir que aquí estoy. Es este tu pedacito de jardín; tu mimosa se inclina hacia afuera y los niños al pasar le arrancan[3] las ramas más accesibles... En la tierra,
5 sembradas alrededor del muro, muy rectilíneas y serias veo unas flores que tienen hojas como espadas. Son azul marino, parecen soldados. Son muy graves, muy honestas. Tú también eres un soldado. Marchas por la vida, uno, dos, uno, dos... Todo tu jardín es sólido, es como tú, tiene una reciedumbre[4] que inspira confianza.

Aquí estoy contra el muro de tu casa, así como estoy a veces contra el muro
10 de tu espalda. El sol da también contra el vidrio de tus ventanas y poco a poco se debilita porque ya es tarde. El cielo enrojecido ha calentado tu madreselva[5] y su olor se vuelve aún más penetrante. Es el atardecer. El día va a decaer. Tu vecina pasa. No sé si me habrá visto. Va a regar su pedazo de jardín. Recuerdo que ella te trae una sopa de pasta cuando estás enfermo y que su hija te pone inyecciones...
15 Pienso en ti muy despacito, como si te dibujara dentro de mí y quedaras allí grabado. Quisiera tener la certeza de que te voy a ver mañana y pasado mañana y siempre en una cadena ininterrumpida de días; que podré mirarte lentamente aunque ya me sé cada rinconcito de tu rostro; que nada entre nosotros ha sido provisional o un accidente.

20 Estoy inclinada ante una hoja de papel y te escribo todo esto y pienso que ahora, en alguna cuadra donde camines apresurado, decidido como sueles hacerlo, en alguna de esas calles por donde te imagino siempre: Donceles y Cinco de Febrero o Venustiano Carranza, en alguna de esas banquetas[6] grises y monocordes rotas sólo por el remolino de gente[7] que va a tomar el camión, has de saber dentro
25 de ti que te espero. Vine nada más a decirte que te quiero y como no estás te lo escribo. Ya casi no puedo escribir porque ya se fue el sol y no sé bien a bien lo que te pongo. Afuera pasan más niños, corriendo. Y una señora con una olla advierte irritada: «No me sacudas[8] la mano porque voy a tirar la leche... » Y dejo este lápiz, Martín, y dejo la hoja rayada y dejo que mis brazos cuelguen inútilmente a lo
30 largo de mi cuerpo y te espero. Pienso que te hubiera querido abrazar. A veces quisiera ser más vieja porque la juventud lleva en sí, la imperiosa, la implacable necesidad de relacionarlo todo al amor.

Ladra un perro; ladra agresivamente. Creo que es hora de irme. Dentro de poco vendrá la vecina a prender la luz de tu casa; ella tiene llave y encenderá el
35 foco[9] de la recámara[10] que da hacia afuera porque en esta colonia[11] asaltan mucho, roban mucho. A los pobres les roban mucho; los pobres se roban entre sí... Sabes, desde mi infancia me he sentado así a esperar, siempre fui dócil, porque te esperaba. Te esperaba a ti. Sé que todas las mujeres aguardan. Aguardan la vida futura, todas esas imágenes forjadas en la soledad, todo ese bosque que camina hacia
40 ellas; toda esa inmensa promesa que es el hombre; una granada[12] que de pronto se abre y muestra sus granos rojos, lustrosos; una granada como una boca pulposa de mil gajos.[13] Más tarde esas horas vividas en la imaginación, hechas horas reales, tendrán que cobrar peso y tamaño y crudeza. Todos estamos—oh mi amor—tan llenos de retratos interiores, tan llenos de paisajes no vividos.

45 Ha caído la noche y ya casi no veo lo que estoy borroneando[14] en la hoja rayada. Ya no percibo las letras. Allí donde no le entiendas en los espacios blancos, en los

1 step (of stairway)
2 dumped
3 quitan con fuerza
4 vigor
5 honeysuckle
6 aceras (sidewalks)
7 remolino... muchedumbre
8 muevas
9 bombilla de la luz eléctrica
10 dormitorio
11 barrio, vecindad
12 pomegranate
13 partes
14 scrawling

huecos, pon: «Te quiero»... No sé si voy a echar esta hoja debajo de la puerta, no sé. Me has dado un tal respeto de ti mismo... Quizá ahora que me vaya, sólo pase a pedirle a la vecina que te dé el recado; que te diga que vine.

Cuestionario

1. ¿Cuál es la forma narrativa de este cuento?
2. ¿Quién habla? ¿A quién se dirige?
3. ¿Qué significación tiene el título del cuento?
4. ¿Cuál es el desenlace del cuento?

MIGUEL DE UNAMUNO

Miguel de Unamuno (1864–1936) nació en Bilbao, ciudad industrial del País Vasco de España. Fue profesor de griego y rector de la Universidad de Salamanca. Se asocia con el grupo de escritores llamado la Generación del 98, todos preocupados por el futuro de España ante el mundo moderno. Hombre de fuertes contradicciones, obsesionado por la muerte y por la inmortalidad, Unamuno cultivó todos los géneros literarios: la novela, el cuento, el drama, la poesía, el ensayo. Entre las novelas unamunianas figuran *Paz en la guerra* (1897), *Amor y pedagogía* (1902), *Niebla* (1914), *Abel Sánchez* (1917), una versión contemporánea del mito bíblico de Caín y Abel, y *San Manuel Bueno, mártir* (1931). De gran influencia en el pensamiento de Unamuno fue la filosofía del pensador danés, Søren Kierkegaard. En su tratado ideológico *Del sentimiento trágico de la vida* (1913), Unamuno presenta el conflicto entre la razón y la fe frente a la cuestión de la mortalidad humana. Por consiguiente, destaca la postura religiosa de España ante lo que él considera el racionalismo europeo. En este sentido, en *San Manuel Bueno, mártir* el autor alude a sus propias crisis religiosas. Se encuentra en la novela un fuerte simbolismo cristiano que incluye citas y nombres bíblicos, episodios de la vida de Cristo y referencias a las distintas partes de la misa católica. A lo largo de la producción literaria de Unamuno la lucha entre el anhelo de inmortalidad y el escepticiscmo racional constituye el núcleo ideológico de su obra.

San Manuel Bueno, mártir

Si sólo en esta vida esperamos en Cristo, somos los más miserables de los hombres todos.
(San Pablo. I, *Corintios*, XV, 19)

Ahora que el obispo de la diócesis de Renada,[a] a la que pertenece esta mi querida aldea de Valverde de Lucerna,[b] anda, a lo que se dice, promoviendo el

---

[a] El nombre ficticio de la ciudad tiene cierto valor simbólico, pues hace pensar en las palabras (1) **renada,** forma arcaica de **renacida,** del verbo **renacer,** y (2) **re-nada,** la intensificación de la nada. Se puede relacionar este doble sentido con la problemática expuesta por la novela misma a través del «secreto» de Don Manuel.

[b] El nombre del pueblo alude a una aldea legendaria (Villaverde de Lucerna) sumergida en el lago de San Martín de Castañeda, en la provincia de Zamora

proceso para la beatificación[c] de nuestro Don Manuel, o mejor San Manuel Bueno, que fue en ésta párroco,[1] quiero dejar aquí consignado,[2] a modo de confesión y sólo Dios sabe, que no yo, con qué destino, todo lo que sé y recuerdo de aquel varón matriarcal que llenó toda la más entrañada[3] vida de mi alma, que fue mi verdadero padre espiritual, el padre de mi espíritu, del mío, el de Angela Carballino.

Al otro, a mi padre carnal y temporal, apenas si le conocí, pues se me murió siendo yo muy niña. Sé que había llegado de forastero a nuestra Valverde de Lucerna, que aquí arraigó[4] al casarse aquí con mi madre. Trajo consigo unos cuantos libros, el *Quijote,* obras de teatro clásico, algunas novelas, historias, el *Bertoldo,*[d] todo revuelto, y de esos libros, los únicos casi que había en toda la aldea, devoré yo ensueños[5] siendo niña. Mi buena madre apenas si me contaba hechos o dichos de mi padre. Los de Don Manuel, a quien, como todo el pueblo, adoraba, de quien estaba enamorada—claro que castísimamente[6]—, le habían borrado el recuerdo de los de su marido. A quien encomendaba a Dios, y fervorosamente, cada día al rezar el rosario.

De nuestro Don Manuel me acuerdo como si fuese de cosa de ayer, siendo yo niña, a mis diez años, antes de que me llevaran al Colegio de Religiosas de la ciudad catedralicia[7] de Renada. Tendría él, nuestro santo, entonces unos treinta y siete años. Era alto, delgado, erguido,[8] llevaba la cabeza como nuestra Peña del Buitre[9] lleva su cresta, y había en sus ojos toda la hondura azul de nuestro lago. Se llevaba las miradas de todos y tras ellas, los corazones, y él, al mirarnos, parecía, traspasando la carne como un cristal, mirarnos al corazón. Todos le queríamos, pero sobre todo los niños. ¡Qué cosas nos decía! Eran cosas, no palabras. Empezaba el pueblo a olerle[10] la santidad; se sentía lleno y embriagado[11] de su aroma.

Entonces fue cuando mi hermano Lázaro,[e] que estaba en América, de donde nos mandaba regularmente dinero con que vivíamos en decorosa holgura,[12] hizo que mi madre me mandase al Colegio de Religiosas, a que se completara fuera de la aldea mi educación, y esto aunque a él, a Lázaro, no le hiciesen mucha gracia las monjas. «Pero como ahí —nos escribía— no hay hasta ahora, que yo sepa, colegios laicos[13] y progresivos, y menos para señoritas, hay que atenerse a lo que haya. Lo importante es que Angelita se pula[14] y que no siga entre esas zafias[15] aldeanas». Y entré en el colegio, pensando en un principio hacerme en él maestra, pero luego se me atragantó[16] la pedagogía.

En el colegio conocí a niñas de la ciudad e intimé[17] con algunas de ellas. Pero seguía atenta a las cosas y a la gente de nuestra aldea, de la que recibía frecuentes noticias y tal vez alguna visita. Y hasta al colegio llegaba la fama de nuestro párroco, de quien empezaba a hablarse en la ciudad episcopal. Las monjas no hacían sino interrogarme respecto a él.

Desde muy niña alimenté, no sé bien cómo, curiosidades, preocupaciones e inquietudes, debidas, en parte al menos, a aquel revoltijo[18] de libros de mi padre, y todo ello se me medró[19] en el colegio, en el trato, sobre todo, con una compañera que se me aficionó[20] desmedidamente y que unas veces me proponía que entrásemos juntas a la vez en un mismo convento, jurándonos, y hasta firmando el

1. parish priest
2. puesto por escrito
3. íntima
4. se estableció
5. ilusiones
6. virtuosamente
7. forma adjetival de **catedral**
8. recto
9. Peña... nombre de un pico del lugar
10. percibir
11. intoxicated
12. bienestar
13. sin base religiosa
14. se... se quite la rusticidad
15. incultas
16. se... me atrajo cada vez menos
17. me hice amiga
18. mezcla, desorden
19. se... se aumentó
20. se... *became fond of me*

---

[c] parte del proceso eclesiástico de reconocer como santo a alguien
[d] colección de cuentos del italiano Giulio Cesare Croce (1550–1609), muy popular en España
[e] Cuatro días después de morir el Lázaro bíblico es resucitado por Jesucristo (San Juan 11:1–44).

juramento con nuestra sangre, hermandad perpetua, y otras veces me hablaba, con
los ojos semicerrados, de novios y de aventuras matrimoniales. Por cierto que no
he vuelto a saber de ella ni de su suerte. Y eso que cuando se hablaba de nuestro
Don Manuel, o cuando mi madre me decía algo de él en sus cartas—y era en casi
todas—, que yo leía a mi amiga, ésta exclamaba como en arrobo:[21] «¡Qué suerte,
chica, la de poder vivir cerca de un santo así, de un santo vivo, de carne y hueso,
y poder besarle la mano! Cuando vuelvas a tu pueblo escríbeme mucho, mucho y
cuéntame de él».

Pasé en el colegio unos cinco años, que ahora se me pierden como un sueño
de madrugada[22] en la lejanía del recuerdo, y a los quince volví a mi Valverde de
Lucerna. Ya toda ella era Don Manuel; Don Manuel con el lago y con la montaña.
Llegué ansiosa de conocerle, de ponerme bajo su protección, de que él me mar-
cara el sendero[23] de mi vida.

Decíase[24] que había entrado en el Seminario para hacerse cura, con el fin de
atender a los hijos de una su hermana recién viuda, de servirles de padre; que en el
Seminario se había distinguido por su agudeza mental[25] y su talento y que había
rechazado ofertas de brillante carrera eclesiástica porque él no quería ser sino de
su Valverde de Lucerna, de su aldea prendida[26] como un broche entre el lago y la
montaña que se mira en él.

¡Y cómo quería a los suyos! Su vida era arreglar matrimonios desavenidos,[27]
reducir[28] a sus padres hijos indómitos[29] o reducir los padres a sus hijos, y, sobre
todo, consolar a los amargados y atediados[30] y ayudar a todos a bien morir.[31]

Me acuerdo, entre otras cosas, de que al volver de la ciudad la desgraciada
hija de la tía Rabona, que se había perdido y volvió, soltera y desahuciada,[32]
trayendo un hijito consigo, Don Manuel no paró hasta que hizo que se casase con
ella su antiguo novio Perote y reconociese como suya a la criaturita, diciéndole:

—Mira, da padre a este pobre crío que no le tiene más que en el cielo.

—¡Pero, Don Manuel, si no es mía la culpa...!

—¡Quién lo sabe, hijo, quién lo sabe...!, y sobre todo, no se trata de culpa.

Y hoy el pobre Perote, inválido, paralítico, tiene como báculo[33] y consuelo de
su vida al hijo aquel que, contagiado por la santidad de Don Manuel, reconoció
por suyo no siéndolo.

En la noche de San Juan, la más breve del año, solían y suelen acudir a nuestro lago todas las pobres mujerucas, y no pocos hombrecillos, que se creen poseí-
dos, endemoniados,[34] y que parece no son sino histéricos y a las veces epilépticos,
y Don Manuel emprendió la tarea de hacer él de lago, de piscina probática,[35] y de
tratar de aliviarles y si era posible de curarles. Y era tal la acción de su presencia,
de sus miradas, y tal sobre todo la dulcísima autoridad de sus palabras y sobre
todo de su voz—¡qué milagro de voz!—, que consiguió curaciones sorpren-
dentes. Con lo que creció su fama, que atraía a nuestro lago y a él a todos los enfermos del contorno.[36] Y alguna vez llegó una madre pidiéndole que hiciese un
milagro en su hijo, a lo que contestó sonriendo tristemente:

—No tengo licencia del señor obispo para hacer milagros.

Le preocupaba, sobre todo, que anduviesen todos limpios. Si alguno llevaba
un roto en su vestidura, le decía: «Anda a ver al sacristán, y que te remiende eso».
El sacristán era sastre. Y cuando el día primero de año iban a felicitarle por ser el

21 éxtasis
22 primeras horas de la mañana
23 camino
24 Se decía
25 agudeza... inteligencia
26 *stuck*
27 incompatibles
28 dominar
29 indomables
30 aburridos
31 bien... morir cristianamente
32 sin esperanza
33 bastón; (*fig.*) ayuda
34 possessed by the devil
35 piscina... piscina donde se lavan los enfermos
36 los alrededores

de su santo[f]—su santo patrono era el mismo Jesús Nuestro Señor[g] —, quería Don Manuel que todos se le presentasen con camisa nueva, y al que no la tenía se la regalaba él mismo.

Por todos mostraba el mismo afecto, y si a algunos distinguía más con él era a los más desgraciados y a los que aparecían como más díscolos.[37] Y como hubiera en el pueblo un pobre idiota de nacimiento, Blasillo el bobo, a éste es a quien más acariciaba y hasta llegó a enseñarle cosas que parecía milagro que las hubiese podido aprender. Y es que el pequeño rescoldo[38] de inteligencia que aún quedaba en el bobo se le encendía en imitar, como un pobre mono, a su Don Manuel.

Su maravilla era la voz, una voz divina que hacía llorar. Cuando al oficiar en misa mayor o solemne entonaba el prefacio, estremecíase[39] la iglesia y todos los que le oían sentíanse conmovidos en sus entrañas. Su canto, saliendo del templo, iba a quedarse dormido sobre el lago y al pie de la montaña. Y cuando en el sermón de Viernes Santo clamaba aquello de: «¡Dios mío, Dios mío!, ¿por qué me has abandonado?»[h] pasaba por el pueblo todo un temblor hondo como por sobre las aguas del lago en días de cierzo de hostigo.[40] Y era como si oyesen a Nuestro Señor Jesucristo mismo, como si la voz brotara de aquel viejo crucifijo a cuyos pies tantas generaciones de madres habían depositado sus congojas.[41] Como que una vez, al oírlo su madre, la de Don Manuel, no pudo contenerse, y desde el suelo del templo, en que se sentaba, gritó: «¡Hijo mío!» Y fue un chaparrón[42] de lágrimas entre todos. Creeríase que el grito maternal había brotado de la boca entreabierta de aquella Dolorosa[i]—el corazón traspasado por siete espadas—que había en una de las capillas del templo. Luego Blasillo el tonto iba repitiendo en tono patético por las callejas, y como un eco el «¡Dios mío, Dios mío!, ¿por qué me has abandonado?», y de tal manera que al oírselo se les saltaban a todos las lágrimas, con gran regocijo[43] del bobo por su triunfo imitativo.

Su acción sobre las gentes era tal, que nadie se atrevía a mentir ante él, y todos, sin tener que ir al confesonario, se le confesaban. A tal punto que como hubiese una vez ocurrido un repugnante crimen en una aldea próxima, el juez, un insensato que conocía mal a Don Manuel, le llamó y le dijo:

—A ver si usted, Don Manuel, consigue que este bandido declare la verdad.

—¿Para que luego pueda castigársele? —replicó el santo varón—. No, señor juez, no; yo no saco a nadie una verdad que le lleve acaso a la muerte. Allá entre él y Dios... La justicia humana no me concierne. «No juzguéis para no ser juzgados»,[j] dijo Nuestro Señor...

—Pero es que yo señor cura...

—Comprendido; dé usted, señor juez, al César lo que es del César, que yo daré a Dios lo que es de Dios.[k]

Y al salir, mirando fijamente al presunto reo,[44] le dijo:

—Mira bien si Dios te ha perdonado, que es lo único que importa.

37 rebeldes
38 *embers*
39 se estremecía, temblaba
40 cierzo... viento del norte
41 angustias
42 lluvia breve que cae en grandes cantidades
43 alegría
44 acusado

---

[f] Muchos católicos son bautizados con nombres de santos y en algunos países se celebra el día del santo de una persona como su cumpleaños.

[g] Emmanuel es otro nombre de Jesucristo. Quiere decir «Dios con nosotros» (San Mateo 1:23).

[h] palabras de Jesucristo antes de morir en la cruz (San Mateo 27:46)

[i] imagen de la Virgen María representada con siete espadas que simbolizan los siete dolores que sufrió por su hijo Jesucristo

[j] uno de los preceptos de la doctrina enseñada por Jesus (San Mateo 7:1)

[k] Jesucristo dio la misma respuesta al ser interrogado (por quienes dudaban de sus intenciones respecto a la autoridad) acerca de si era justo dar tributo al César. (San Lucas 20:25).

En el pueblo todos acudían a misa, aunque sólo fuese por oírle y por verle en el altar, donde parecía transfigurarse, encendiéndosele el rostro. Había un santo ejercicio que introdujo en el culto popular y es que, reuniendo en el templo a todo el pueblo, hombres y mujeres, viejos y niños, unas mil personas, recitábamos al 140 unísono, en una sola voz, el Credo: «Creo en Dios Padre Todopoderoso, Creador del Cielo y de la Tierra...» y lo que sigue. Y no era un coro, sino una sola voz, una voz simple y unida, fundidas[45] todas en una y haciendo como una montaña, cuya cumbre, perdida a las veces en nubes, era Don Manuel. Y al llegar a lo de «creo en la resurrección de la carne y la vida perdurable[46]», la voz de Don Manuel se zam-145 bullía,[47] como en un lago, en la del pueblo todo, y era que él se callaba. Y yo oía las campanadas de la villa que se dice aquí está sumergida en el lecho del lago— campanadas que se dice también se oyen la noche de San Juan—y eran las de la villa sumergida en el lago espiritual de nuestro pueblo; oía la voz de nuestros muertos que en nosotros resucitaban en la comunión de los santos. Después, al 150 llegar a conocer el secreto de nuestro santo, he comprendido que era como si una caravana en marcha por el desierto, desfallecido[48] el caudillo[49] al acercarse al tér-mino de su carrera, le tomaran en hombros los suyos para meter su cuerpo sin vida en la tierra de promisión.

Los más no querían morirse sino cojidos de su mano como de un ancla.

155 Jamás en sus sermones se ponía a declamar contra impíos,[50] masones, libe-rales o herejes. ¿Para qué, si no los había en la aldea? Ni menos contra la mala prensa. En cambio, uno de los más frecuentes temas de sus sermones era contra la mala lengua.[51] Porque él lo disculpaba todo y a todos disculpaba. No quería creer en la mala intención de nadie.

160 —La envidia —gustaba repetir— la mantienen los que se empeñan en[52] creerse envidiados, y las más de las persecuciones son efecto más de la manía per-secutoria que no de la perseguidora.

—Pero fíjese, Don Manuel, en lo que me ha querido decir... —Y él:

—No debe importarnos tanto lo que uno quiera decir como lo que diga sin 165 querer...

Su vida era activa y no contemplativa, huyendo cuanto podía de no tener nada que hacer. Cuando oía eso de que la ociosidad[53] es la madre de todos los vicios, contestaba: «Y del peor de todos, que es el pensar ocioso». Y como yo le pregun-tara una vez qué es lo que con eso quería decir, me contestó: «Pensar ocioso es 170 pensar para no hacer nada o pensar demasiado en lo que se ha hecho y no en lo que hay que hacer. A lo hecho pecho,[54] y a otra cosa, que no hay peor que re-mordimiento sin enmienda[55]». ¡Hacer!, ¡hacer! Bien comprendí yo ya desde en-tonces que Don Manuel huía de pensar ocioso y a solas, que algún pensamiento le perseguía.

175 Así es que estaba siempre ocupado, y no pocas veces en inventar ocupa-ciones. Escribía muy poco para sí, de tal modo que apenas nos ha dejado escritos o notas; mas, en cambio, hacía de memorialista para los demás, y a las madres, sobre todo, les redactaba[56] las cartas para sus hijos ausentes.

Trabajaba también manualmente, ayudando con sus brazos a ciertas labores 180 del pueblo. En la temporada de trilla[57] íbase a la era a trillar y aventar,[58] y en tanto les aleccionaba[59] o les distraía. Sustituía a las veces a algún enfermo en su tarea. Un día del más crudo invierno se encontró con un niño, muertito de frío, a quien su padre le enviaba a recoger una res[60] a larga distancia, en e! monte.

45 unidas
46 eterna
47 sumergía
48 debilitado
49 líder
50 gente que no tiene fe religiosa
51 mala... *evil tongue*
52 se... insisten en
53 la... no trabajar o gastar mal el tiempo
54 A... *What's done is done*
55 corregir la falta
56 escribía
57 *threshing*
58 trillar... *thresh and winnow*
59 enseñaba
60 vaca

—Mira —le dijo al niño—, vuélvete a casa, a calentarte, y dile a tu padre que
185 yo voy a hacer el encargo.

Y al volver con la res se encontró con el padre, todo confuso, que iba a su encuentro. En invierno partía leña[61] para los pobres. Cuando se secó aquel magnífico
nogal[62] —«un nogal matriarcal» le llamaba—, a cuya sombra había jugado de
niño y con cuyas nueces se había durante tantos años regalado, pidió el tronco, se
190 lo llevó a su casa y después de labrar en él seis tablas, que guardaba al pie de su
lecho, hizo del resto leña para calentar a los pobres. Solía hacer también las
pelotas para que jugaran los mozos y no pocos juguetes para los niños.

Solía acompañar al médico en su visita, y recalcaba[63] las prescripciones de
195 éste. Se interesaba sobre todo en los embarazos[64] y en la crianza[65] de los niños, y
estimaba como una de las mayores blasfemias aquello de: «¡teta y gloria!», y lo
otro de: «angelitos al cielo».[l] Le conmovía profundamente la muerte de los niños.

—Un niño que nace muerto o que se muere recién nacido y un suicidio —me
dijo una vez— son para mí de los más terribles misterios: ¡un niño en cruz!
200 Y como una vez, por haberse quitado uno la vida le preguntara el padre del
suicida, un forastero, si le daría tierra sagrada,[m] le contestó:

—Seguramente, pues en el último momento, en el segundo de la agonía, se
arrepintió sin duda alguna.

Iba también a menudo a la escuela a ayudar al maestro, a enseñar con él, y no
205 sólo el catecismo. Y es que huía de la ociosidad y de la soledad. De tal modo que
por estar con el pueblo, y sobre todo con el mocerío[66] y la chiquillería,[67] solía ir al
baile. Y más de una vez se puso en él a tocar el tamboril para que los mozos y las
mozas bailasen, y esto, que en otro hubiera parecido grotesca profanación del sacerdocio, en él tomaba un sagrado carácter y como de rito religioso. Sonaba el
210 Angelus,[n] dejaba el tamboril y el palillo, se descubría, y todos con él, y rezaba:
«El ángel del Señor anunció a María: Ave María... » Y luego:

—Y ahora, a descansar para mañana.

—Lo primero —decía— es que el pueblo esté contento, que estén todos contentos de vivir. El contentamiento de vivir es lo primero de todo. Nadie debe
215 querer morirse hasta que Dios quiera.

—Pues yo sí —le dijo una vez una recién viuda—, yo quiero seguir a mi
marido...

—¿Y para qué? —le respondió—. Quédate aquí para encomendar su alma a
Dios.

220 En una boda dijo una vez: «¡Ay, si pudiese cambiar el agua toda de nuestro
lago en vino, en un vinillo que por mucho que de él se bebiera alegrara sin em-
borrachar nunca... o por lo menos con una borrachera alegre[o]!»

Una vez pasó por el pueblo una banda de pobres titiriteros.[68] El jefe de ella,
que llegó con la mujer gravemente enferma y embarazada, y con tres hijos que le
225 ayudaban, hacía de payaso.[69] Mientras él estaba, en la plaza del pueblo, haciendo

61 madera para el fuego
62 *walnut tree*
63 enfatizaba
64 estado de la mujer que espera un hijo
65 acción de criar, alimentar o educar a los niños
66 jóvenes
67 niños
68 *puppeteers*
69 *clown*

---

l ¡teta... dos refranes que se refieren a la idea de que los recién nacidos al morir van al cielo
m Según la tradición católica, a los suicidas no se les da cristiana sepultura porque el suicidio es considerado
un pecado mortal.
n toque de campana que invita a orar en honor del momento en que un ángel anunció a la Virgen María que
Jesucristo tomaría forma humana en su seno
o alusión al milagro de Jesús en las bodas de Caná en las que convierte el agua en vino (San Juan 2:1–11)

reír a los niños y aun a los grandes, ella, sintiéndose de pronto gravemente indispuesta, se tuvo que retirar y se retiró escoltada[70] por una mirada de congoja[71] del payaso y una risotada[72] de los niños. Y escoltada por Don Manuel, que luego, en un rincón de la cuadra de la posada, le ayudó a bien morir. Y cuando, acabada la fiesta, supo el pueblo y supo el payaso la tragedia, fuéronse todos a la posada y el pobre hombre, diciendo con llanto en la voz: «Bien se dice, señor cura, que es usted todo un santo», se acercó a éste queriendo tomarle la mano para besársela, pero Don Manuel se adelantó y tomándosela al payaso pronunció ante todos:

—El santo eres tú, honrado payaso; te vi trabajar y comprendí que no sólo lo haces para dar pan a tus hijos, sino también para dar alegría a los de los otros, y yo te digo que tu mujer, la madre de tus hijos, a quien he despedido a Dios mientras trabajabas y alegrabas, descansa en el Señor, y que tú irás a juntarte con ella y a que te paguen riendo los ángeles a los que haces reír en el cielo de contento.

Y todos, niños y grandes, lloraban y lloraban tanto de pena como de un misterioso contento en que la pena se ahogaba. Y más tarde, recordando aquel solemne rato, he comprendido que la alegría imperturbable de Don Manuel era la forma temporal y terrena de una infinita tristeza que con heroica santidad recataba[73] a los ojos y los oídos de los demás.

Con aquella su constante actividad, con aquel mezclarse en las tareas y las diversiones de todos, parecía querer huir de sí mismo, querer huir de su soledad. «Le temo a la soledad», repetía. Mas, aun así, de vez en cuando se iba solo, orilla del lago, a las ruinas de aquella vieja abadía[74] donde aún parecen reposar las almas de los piadosos cistercienses[75] a quienes ha sepultado en el olvido la Historia. Allí está la celda del llamado Padre Capitán, y en sus paredes se dice que aún quedan señales de las gotas de sangre con que las salpicó[76] al mortificarse.[77] ¿Qué pensaría allí nuestro Don Manuel? Lo que sí recuerdo es que como una vez, hablando de la abadía, le preguntase yo cómo era que no se le había ocurrido ir al claustro,[78] me contestó:

—No es sobre todo porque tenga, como tengo, mi hermana viuda y mis sobrinos a quienes sostener, que Dios ayuda a sus pobres, sino porque yo no nací para ermitaño,[79] para anacoreta;[80] la soledad me mataría el alma, y en cuanto a un monasterio, mi monasterio es Valverde de Lucerna. Yo no debo vivir solo; yo no debo morir solo. Debo vivir para mi pueblo, morir para mi pueblo. ¿Cómo voy a salvar mi alma si no salvo la de mi pueblo?

—Pero es que ha habido santos ermitaños, solitarios... —le dije.

—Sí, a ellos les dio el Señor la gracia de soledad que a mí me ha negado, y tengo que resignarme. Yo no puedo perder a mi pueblo para ganarme el alma. Así me ha hecho Dios. Yo no podría soportar las tentaciones del desierto. Yo no podría llevar solo la cruz del nacimiento.

He querido con estos recuerdos, de los que vive mi fe, retratar a nuestro Don Manuel tal como era cuando yo, mocita de cerca de dieciséis años, volví del colegio de religiosas de Renada a nuestro monasterio de Valverde de Lucerna. Y volví a ponerme a los pies de su abad.

—¡Hola, la hija de la Simona —me dijo en cuanto me vio—, y hecha ya toda una moza, y sabiendo francés y bordar[81] y tocar el piano y qué sé yo qué más! Ahora a prepararte para darnos otra familia. Y tu hermano Lázaro, ¿cuándo vuelve? Sigue en el Nuevo Mundo, ¿no es así?

70 acompañada
71 preocupación
72 risa ruidosa
73 escondía
74 *abbey*
75 monjes de la orden benedictina
76 *splattered*
77 castigarse
78 monasterio
79 *a hermit*
80 religioso que vive en un lugar solitario, dedicado a la contemplación
81 *how to embroider*

—Sí, señor, sigue en América...

275 —¡El Nuevo Mundo! Y nosotros en el Viejo. Pues bueno, cuando le escribas, dile de mi parte, de parte del cura, que estoy deseando saber cuándo vuelve del Nuevo Mundo a este Viejo, trayéndonos las novedades de por allá. Y dile que encontrará al lago y a la montaña como les dejó.

Cuando me fui a confesar con él, mi turbación era tanta que no acertaba[82] a
280 articular palabra. Recé el «yo pecadora» balbuciendo[83] casi sollozando.[84] Y él, que lo observó, me dijo:

—Pero ¿qué te pasa, corderilla[85]? ¿De qué o de quién tienes miedo? Porque tú no tiemblas ahora al peso de tus pecados ni por temor de Dios, no; tú tiemblas de mí, ¿no es eso?

285 Me eché a llorar.

—Pero ¿qué es lo que te han dicho de mí? ¿Qué leyendas son ésas? ¿Acaso tu madre? Vamos, vamos, cálmate y haz cuenta que estás hablando con tu hermano...

Me animé y empecé a confiarle mis inquietudes, mis dudas, mis tristezas.

—¡Bah, bah, bah! ¿Y dónde has leído eso, marisabidilla[86]? Todo eso es lite-
290 ratura. No te des demasiado a ella, ni siquiera a Santa Teresa. Y si quieres distraerte, lee al *Bertoldo,* que leía tu padre.

Salí de aquella mi primera confesión con el santo hombre profundamente consolada. Y aquel mi temor primero, aquel más que respeto miedo, con que me acerqué a él trocóse[87] en una lástima profunda. Era yo entonces una mocita, una
295 niña casi; pero empezaba a ser mujer, sentía en mis entrañas[88] el jugo de la maternidad, y al encontrarme en el confesonario junto al santo varón, sentí como una callada confesión suya en el susurro[89] sumiso de su voz y recordé cómo cuando, al clamar él en la iglesia las palabras de Jesucristo: «¡Dios mío, Dios mío!, ¿por qué me has abandonado?», su madre, la de Don Manuel respondió desde el suelo:
300 «¡Hijo mío!», y oí este grito que desgarraba[90] la quietud del templo. Y volví a confesarme con él para consolarle.

Una vez que en el confesonario le expuse una de aquellas dudas, me contestó:

—A eso, ya sabes, lo del Catecismo: «eso no me lo preguntéis a mí, que soy
305 ignorante; doctores tiene la Santa Madre Iglesia que os sabrán responder».

—¡Pero si el doctor aquí es usted, Don Manuel...!

—¿Yo, yo doctor?, ¿doctor yo? ¡Ni por pienso! Yo, doctorcilla, no soy más que un pobre cura de aldea. Y esas preguntas, ¿sabes quién te las insinúa, quién te las dirige? Pues... ¡el Demonio!

310 Y entonces, envalentonándome,[91] le espeté a boca de jarro:[92]

—¿Y si se las dirigiese a usted, Don Manuel?

—¿A quién? ¿A mí? ¿Y el Demonio? No nos conocemos, hija, no nos conocemos.

—¿Y si se las dirigiera?

315 —No le haría caso. Y basta, ¿eh?, despachemos,[93] que me están esperando unos enfermos de verdad.

Me retiré, pensando, no sé por qué que nuestro Don Manuel, tan afamado curandero de endemoniados, no creía en el Demonio. Y al irme hacia mi casa topé con Blasillo el bobo, que acaso rondaba el templo, y al verme, para agasajarme[94]
320 con sus habilidades, repitió:—¡y de qué modo!—lo de «¡Dios mío, Dios mío!, ¿por qué me has abandonado?» Llegué a casa acongojadísima[95] y me encerré en

82 lograba
83 *stammering*
84 *sobbing*
85 *little lamb*
86 mujer que presume de sabia
87 se trocó, se convirtió
88 interior
89 *whisper*
90 rompía
91 animándome
92 espeté... dije abruptamente
93 démonos prisa
94 entretenerme
95 muy afligida

mi cuarto para llorar, hasta que llegó mi madre.

—Me parece, Angelita, con tantas confesiones, que tú te me vas a ir monja.

—No lo tema, madre —le contesté—, pues tengo harto[96] que hacer aquí, en el pueblo, que es mi convento.

—Hasta que te cases.

—No pienso en ello —le repliqué.

Y otra vez que me encontré con Don Manuel, le pregunté, mirándole derechamente a los ojos:

—¿Es que hay Infierno, Don Manuel?

Y él, sin inmutarse:

—¿Para ti, hija? No.

—¿Y para los otros, le hay?

—¿Y a ti qué te importa, si no has de ir a él?

—Me importa por los otros. ¿Le hay?

—Cree en el cielo, en el cielo que vemos. Míralo —y me lo mostraba sobre la montaña y abajo, reflejado en el lago.

—Pero hay que creer en el Infierno, como en el cielo —le repliqué.

—Sí, hay que creer todo lo que cree y enseña a creer la Santa Madre Iglesia Católica, Apostólica, Romana. ¡Y basta!

Leí no sé qué honda tristeza en sus ojos, azules como las aguas del lago.

Aquellos años pasaron como un sueño. La imagen de Don Manuel iba creciendo en mí sin que yo de ello me diese cuenta, pues era un varón tan cotidiano, tan de cada día como el pan que a diario pedimos en el padrenuestro. Yo le ayudaba cuando podía en sus menesteres,[97] visitaba a sus enfermos, a nuestros enfermos, a las niñas de la escuela, arreglaba el ropero de la iglesia, le hacía, como me llamaba él, de diaconisa.[98] Fui unos días invitada por una compañera de colegio a la ciudad, y tuve que volverme, pues en la ciudad me ahogaba,[99] me faltaba algo, sentía sed de la vista de las aguas del lago, hambre de la vista de las peñas de la montaña; sentía, sobre todo, la falta de mi Don Manuel y como si su ausencia me llamara, como si corriese un peligro lejos de mí, como si me necesitara. Empezaba yo a sentir una especie de afecto maternal hacia mi padre espiritual; quería aliviarle del peso de su cruz del nacimiento.

Así fui llegando a mis veinticuatro años, que es cuando volvió de América, con un caudalillo[100] ahorrado, mi hermano Lázaro. Llegó acá, a Valverde de Lucerna, con el propósito de llevarnos a mí y a nuestra madre a vivir a la ciudad, acaso a Madrid.

—En la aldea —decía— se entontece, se embrutece y se empobrece uno.

Y añadía:

—Civilización es lo contrario de ruralización; ¡aldeanerías, no!, que no hice que fueras al colegio para que te pudras[101] luego aquí, entre estos zafios patanes.[102]

Yo callaba, aun dispuesta a resistir la emigración; pero nuestra madre, que pasaba ya de la sesentena, se opuso desde un principio. «¡A mi edad, cambiar de aguas!», dijo primero; mas luego dio a conocer claramente que ella no podría vivir fuera de la vista de su lago, de su montaña y sobre todo de su Don Manuel.

—¡Sois como las gatas, que os apegáis[103] a la casa! —repetía mi hermano.

Cuando se percató[104] de todo el imperio que sobre el pueblo todo y en especial sobre nosotros, sobre mi madre y sobre mí, ejercía el santo varón evangélico,

96 bastante
97 deberes
98 *deaconess*
99 me... (*fig.*) no podía respirar
100 pequeña fortuna
101 te... *you would rot*
102 zafios... *country bumpkins*
103 os... os gusta estar
104 dio cuenta

se irritó contra éste. Le pareció un ejemplo de la oscura teocracia en que él suponía hundida a España. Y empezó a barbotar[105] sin descanso todos los viejos lugares comunes anticlericales y hasta antirreligiosos y progresistas que había traído renovados del Nuevo Mundo.

375 —En esta España de calzonazos[106] —decía— los curas manejan a las mujeres y las mujeres a los hombres... ¡y luego el campo!, ¡el campo!, este campo feudal...

Para él feudal era un término pavoroso;[107] feudal y medieval eran los dos calificativos que prodigaba cuando quería condenar algo.ᴾ

Le desconcertaba el ningún efecto que sobre nosotras hacían sus diatribas[108] y el casi ningún efecto que hacían en el pueblo, donde se le oía con respetuosa in-380 diferencia. «A estos patanes no hay quien les conmueva». Pero como era bueno por ser inteligente, pronto se dio cuenta de la clase de imperio que Don Manuel ejercía sobre el pueblo, pronto se enteró de la obra del cura de su aldea.

—¡No, no es como los otros —decía—, es un santo!

—¿Pero tú sabes cómo son los otros curas? —le decía yo, y él:

385 —Me lo figuro.

Mas aun así ni entraba en la iglesia ni dejaba de hacer alarde[109] en todas partes de su incredulidad, aunque procurando siempre dejar a salvo a Don Manuel. Y ya en el pueblo se fue formando, no sé cómo, una expectativa, la de una especie de duelo[110] entre mi hermano Lázaro y Don Manuel, o más bien se esperaba la con-390 versión de aquél por éste. Nadie dudaba de que al cabo el párroco le llevaría a su parroquia. Lázaro, por su parte, ardía en deseos—me lo dijo luego—de oír a Don Manuel, de verle y oírle en la iglesia, de acercarse a él y con él conversar, de conocer el secreto de aquel su imperio espiritual sobre las almas. Y se hacía rogar para ello hasta que al fin, por curiosidad—decía—, fue a oírle.

395 —Sí, esto es otra cosa —me dijo luego de haberle oído—; no es como los otros, pero a mí no me la da; es demasiado inteligente para creer todo lo que tiene que enseñar.

—¿Pero es que le crees un hipócrita? —le dije.

—¡Hipócrita... no!, pero es el oficio del que tiene que vivir.

400 En cuanto a mí, mi hermano se empeñaba en[111] que yo leyese de libros que él trajo y de otros que me incitaba a comprar.

—Conque, ¿tu hermano Lázaro —me decía Don Manuel— se empeña en que leas? Pues lee, hija mía, lee y dale así gusto. Sé que no has de leer sino cosa buena; lee aunque sea novelas. No son mejores las historias que llaman ver-405 daderas. Vale más que leas que no el que te alimentes de chismes[112] y comadrerías[113] del pueblo. Pero lee sobre todo libros de piedad que te den contento de vivir, un contento apacible y silencioso.

¿Le tenía él?

Por entonces enfermó de muerte y se nos murió nuestra madre, y en sus últi-410 mos días todo su hipo[114] era que Don Manuel convirtiese a Lázaro, a quien esperaba volver a ver un día en el cielo, en un rincón de las estrellas desde donde se viese el lago y la montaña de Valverde de Lucerna. Ella se iba ya, a ver a Dios.

—Usted no se va —le decía Don Manuel—, usted se queda. Su cuerpo aquí,

105 recitar rápidamente de memoria
106 personas débiles
107 espantoso
108 discursos violentos
109 hacer... poner en evidencia
110 desafío
111 se... insistía en
112 *gossip*
113 *old wives' tales*
114 *hiccough:* en este caso se refiere al repetido deseo de la madre

ᴾ En su colección de ensayos, *En torno al casticismo* (1895), Unamuno, como Lázaro, afirma que España tiene que abrirse a lo moderno europeo sin perder el momento presente por las glorias del pasado. Poco después Unamuno abandona esta postura y empieza a desarrollar una ideología que afirma la superioridad del espíritu español frente a la sociedad europea.

en esta tierra, y su alma también aquí, en esta casa viendo y oyendo a sus hijos,
aunque éstos ni le vean ni le oigan.

—Pero yo, padre —dijo—, voy a ver a Dios.

—Dios, hija mía, está aquí como en todas partes, y le verá usted desde aquí, desde aquí. Y a todos nosotros en El, y a El en nosotros.

—Dios se lo pague —le dije.

—El contento con que tu madre se muera —me dijo— será su eterna vida.

Y volviéndose a mi hermano Lázaro:

—Su cielo es seguir viéndote, y ahora es cuando hay que salvarla. Dile que rezarás por ella.

—Pero...

—¿Pero...? Dile que rezarás por ella, a quien debes la vida, y sé que una vez que se lo prometas rezarás y sé que luego que reces...

Mi hermano, acercándose, arrasados[115] sus ojos en lágrimas, a nuestra madre agonizante, le prometió solemnemente rezar por ella.

—Y yo en el cielo por ti, por vosotros —respondió mi madre, y besando el crucifijo y puestos sus ojos en los de Don Manuel, entregó su alma a Dios.

—«¡En tus manos encomiendo mi espíritu!»[q] —rezó el santo varón.

Quedamos mi hermano y yo solos en la casa. Lo que pasó en la muerte de nuestra madre puso a Lázaro en relación con Don Manuel, que pareció descuidar algo a sus demás pacientes, a sus demás menesterosos, para atender a mi hermano. Ibanse por las tardes de paseo, orilla del lago, o hacia las ruinas, vestidas de hiedra,[116] de la vieja abadía de cistercienses.

—Es un hombre maravilloso —me decía Lázaro—. Ya sabes que dicen que en el fondo de este lago hay una villa sumergida y que en la noche de San Juan, a las doce, se oyen las campanadas de su iglesia.

—Sí —le contestaba yo—, una villa feudal y medieval...

—Y creo —añadía él— que en el fondo del alma de nuestro Don Manuel hay también sumergida, ahogada, una villa y que alguna vez se oyen sus campanadas.

—Sí —le dije—, esa villa sumergida en el alma de Don Manuel, ¿y por qué no también en la tuya?, es el cementerio de las almas de nuestros abuelos, los de esta nuestra Valverde de Lucerna... ¡feudal y medieval!

Acabó mi hermano por ir a misa siempre, a oír a Don Manuel, y cuando se dijo que cumpliría con la parroquia, que comulgaría cuando los demás comulgasen, recorrió un íntimo regocijo al pueblo todo, que creyó haberle recobrado. Pero fue un regocijo tal, tan limpio, que Lázaro no se sintió ni vencido ni disminuido.[117]

Y llegó el día de su comunión, ante el pueblo todo, con el pueblo todo. Cuando llegó la vez a mi hermano pude ver que Don Manuel, tan blanco como la nieve de enero en la montaña y temblando como tiembla el lago cuando le hostiga el cierzo,[118] se le acercó con la sagrada forma[119] en la mano, y de tal modo le temblaba ésta al arrimarla[120] a la boca de Lázaro, que se le cayó la forma a tiempo que le daba un vahído.[121] Y fue mi hermano mismo quien recogió la hostia[122] y se la llevó a la boca. Y el pueblo al ver llorar a Don Manuel, lloró diciéndose: «¡Cómo

q últimas palabras de Jesucristo al morir en la cruz (San Lucas 23:46)

115 llenos
116 *ivy*
117 reducido
118 cuando... *when the wind presses against it*
119 sagrada... *host, holy wafer*
120 acercarla
121 mareo
122 *host*

le quiere[123]!» Y entonces, pues era la madrugada, cantó un gallo.[r]

Al volver a casa y encerrarme en ella con mi hermano, le eché los brazos al
460 cuello y besándole, le dije:

—Ay, Lázaro, Lázaro, qué alegría nos has dado a todos, a todos, a todo el
pueblo, a todo, a los vivos y a los muertos, y sobre todo a mamá, a nuestra madre.
¿Viste? El pobre Don Manuel lloraba de alegría. ¡Qué alegría nos has dado a
todos!

465 —Por eso lo he hecho —me contestó.

—¿Por eso? ¿Por darnos alegría? Lo habrás hecho ante todo por ti mismo, por
conversión.

Y entonces Lázaro, mi hermano, tan pálido y tan tembloroso como Don
Manuel cuando le dio la comunión, me hizo sentarme, en el sillón mismo donde
470 solía sentarse nuestra madre, tomó huelgo,[124] y luego, como en íntima confesión
doméstica y familiar, me dijo:

—Mira, Angelita, ha llegado la hora de decirte la verdad, toda la verdad, y te
la voy a decir, porque debo decírtela, porque a ti no puedo, no debo callártela y
porque además habrías de adivinarla y a medias, que es lo peor, más tarde o más
475 temprano.

Y entonces, serena y tranquilamente, a media voz, me contó una historia que
me sumergió en un lago de tristeza. Cómo Don Manuel le había venido trabajando, sobre todo en aquellos paseos a las ruinas de la vieja abadía cisterciense,
para que no escandalizase, para que diese buen ejemplo, para que se incorporase a
480 la vida religiosa del pueblo, para que fingiese creer si no creía, para que ocultase
sus ideas al respecto, más sin intentar siquiera catequizarle, convertirle de otra
manera.

—¿Pero es eso posible? —exclamé, consternada.

—¡Y tan posible, hermana, y tan posible! Y cuando yo le decía: «¿Pero es
485 usted, usted, el sacerdote el que me aconseja que finja?», él, balbuciente:[125] «¿Fingir?, ¡fingir no!, ¡eso no es fingir! Toma agua bendita, que dijo alguien, y acabarás
creyendo». Y como yo, mirándole a los ojos, le dijese: «¿Y usted celebrando misa
ha acabado por creer?», él bajó la mirada al lago y se le llenaron los ojos de lágrimas. Y así es cómo le arranqué[126] su secreto.

490 —¡Lázaro! —gemí.[127]

Y en aquel momento pasó por la calle Blasillo el bobo, clamando su: «¡Dios
mío, Dios mío!, ¿por qué me has abandonado?» Y Lázaro se estremeció[128]
creyendo oír la voz de Don Manuel, acaso la de Nuestro Señor Jesucristo.

—Entonces —prosiguió mi hermano— comprendí sus móviles[129] y con esto
495 comprendí su santidad; porque es un santo, hermana, todo un santo. No trataba al
emprender ganarme para su santa causa—porque es una causa—porque es una
causa santa, santísima—, arrogarse un triunfo,[130] sino que lo hacía por la paz, por
la felicidad, por la ilusión si quieres, de los que le están encomendados; comprendí que si les engaña así—si es que esto es engaño—no es por medrar.[131] Me
500 rendí a sus razones, y he aquí mi conversión. Y no me olvidaré jamás del día en
que diciéndole yo: «Pero, Don Manuel, la verdad, la verdad ante todo», él, temblando, me susurró al oído—y eso que estábamos solos en medio del campo—:

---

[r] alusión al momento en que San Pedro niega ser uno de los discípulos de Jesucristo, y por consiguiente, símbolo de la falta de fe y de lealtad (San Mateo 26:34–35 y 74–75)

«¿La verdad? La verdad, Lázaro, es acaso algo terrible, algo intolerable, algo mortal; la gente sencilla no podría vivir con ella». «¿Y por qué me la deja entrever[132] ahora aquí, como en confesión?», le dije. Y él: «Porque si no, me atormentaría tanto, tanto, que acabaría gritándola en medio de la plaza, y eso jamás, jamás, jamás. Yo estoy para hacer vivir a las almas de mis feligreses,[133] para hacerles felices, para hacerles que se sueñen inmortales y no para matarles. Lo que aquí hace falta es que vivan sanamente, que vivan en unanimidad de sentido, y con la verdad, con mi verdad, no vivirían. Que vivan. Y esto hace la Iglesia, hacerles vivir. ¿Religión verdadera? Todas las religiones son verdaderas, en cuanto hacen vivir espiritualmente a los pueblos que las profesan, en cuanto les consuelan de haber tenido que nacer para morir, y para cada pueblo la religión más verdadera es la suya, la que le ha hecho. ¿Y la mía? La mía es consolarme en consolar a los demás, aunque el consuelo que les doy no sea el mío». Jamás olvidaré estas sus palabras.

—¡Pero esa comunión tuya ha sido un sacrilegio! —me atreví a insinuar, arrepintiéndome al punto de haberlo insinuado.

—¿Sacrilegio? ¿Y él que me la dio? ¿Y sus misas?

—¡Qué martirio! —exclamé.

—Y ahora —añadió mi hermano— hay otro más para consolar al pueblo.

—¿Para engañarle? —dije.

—Para engañarle, no —me replicó—, sino para corroborarle en su fe.

—Y él, el pueblo —dije—, ¿cree de veras?

—¡Qué sé yo...! Cree sin querer, por hábito, por tradición. Y lo que hace falta es no despertarle. Y que viva en su pobreza de sentimientos para que no adquiera torturas de lujo. ¡Bienaventurados los pobres de espíritu![s]

—Eso, hermano, lo has aprendido de Don Manuel. Y ahora, dime, ¿has cumplido aquello que le prometiste a nuestra madre cuando ella se nos iba a morir, aquello de que rezarías por ella?

—¡Pues no se lo había de cumplir! Pero, ¿por quién me has tomado, hermana? ¿Me crees capaz de faltar a mi palabra, a una promesa solemne, y a una promesa hecha, y en el lecho de muerte, a una madre?

—¡Qué sé yo...! Pudiste querer engañarla para que muriese consolada.

—Es que si yo no hubiese cumplido la promesa viviría sin consuelo.

—¿Entonces?

—Cumplí la promesa y no he dejado de rezar ni un solo día por ella.

—¿Sólo por ella?

—Pues, ¿por quién más?

—¡Por ti mismo! Y de ahora en adelante, por Don Manuel.

Nos separamos para irnos cada uno a su cuarto, yo a llorar toda la noche, a pedir por la conversión de mi hermano y de Don Manuel, y él, Lázaro, no sé bien a qué.

Después de aquel día temblaba yo de encontrarme a solas con Don Manuel, a quien seguía asistiendo en sus piadosos menesteres. Y él pareció percatarse[134] de mi estado íntimo y adivinar su causa. Y cuando al fin me acerqué a él en el tribunal de la penitencia—¿quién era el juez y quién el reo[135]?—, los dos, él y yo, doblamos en silencio la cabeza y nos pusimos a llorar. Y fue él, Don Manuel, quien rompió

132 *get a glimpse of*
133 gente del pueblo que pertenece a la parroquia
134 darse cuenta
135 acusado

---

s Jesus se refiere a los que tendrán la suerte de ver a Dios después de morir. (San Mateo 5:3–5).

el tremendo silencio para decirme con voz que parecía salir de una huesa:[136]

550   —Pero tú, Angelina, tú crees como a los diez años, ¿no es así? ¿Tú crees?

—Sí creo, padre.

—Pues sigue creyendo. Y si se te ocurren dudas, cállatelas a ti misma. Hay que vivir.

Me atreví, y toda temblorosa le dije:

555   —Pero usted, padre, ¿cree usted?

Vaciló un momento y reponiéndose me dijo:

—¡Creo!

—¿Pero en qué, padre, en qué? ¿Cree usted en la otra vida?, ¿cree usted que al morir no nos morimos del todo?, ¿cree que volveremos a vernos, a querernos en 560 otro mundo venidero[137]?, ¿cree en la otra vida?

El pobre santo sollozaba.

—¡Mira, hija, dejemos eso!

Y ahora, al escribir esta memoria, me digo: ¿Por qué no me engañó?, ¿por qué no me engañó entonces como engañaba a los demás? ¿Por qué se acongojó[138]?, 565 ¿porque no podía engañarse a sí mismo, o porque no podía engañarse para engañarme? Y quiero creer que se acongojaba porque no podía engañarse para engañarme.

—Y ahora —añadió—, reza por mí, por tu hermano, por ti misma, por todos. Hay que vivir. Y hay que dar vida.

570   Y después de una pausa:

—¿Y por qué no te casas, Angelina?

—Ya sabe usted, padre mío, por qué.

—Pero no, no; tienes que casarte. Entre Lázaro y yo te buscaremos un novio. Porque a ti te conviene casarte para que se te curen esas preocupaciones.

575   —¿Preocupaciones, Don Manuel?

—Yo sé bien lo que me digo. Y no te acongojes demasiado por los demás, que harto tiene cada cual con tener que responder de sí mismo.

—¡Y que sea usted, don Manuel, el que me diga eso!, ¡que sea usted el que me aconseje que me case para responder de mí y no acuitarme[139] por los demás!, 580 ¡que sea usted!

—Tienes razón, Angelina, no sé ya lo que me digo; no sé ya lo que me digo desde que estoy confesándome contigo. Y sí, sí hay que vivir, hay que vivir.

Y cuando yo iba a levantarme para salir del templo, me dijo:

—Y ahora, Angelina, en nombre del pueblo, ¿me absuelves?

585   Me sentí como penetrada de un misterioso sacerdocio y le dije:

—En nombre de Dios Padre, Hijo y Espíritu Santo, le absuelvo, padre.

Y salimos de la iglesia, y al salir se me estremecían[140] las entrañas maternales.

Mi hermano, puesto ya del todo al servicio de la obra de Don Manuel, era su más asiduo colaborador y compañero. Les anudaba,[141] además, el común secreto. 590 Le acompañaba en sus visitas a los enfermos, a las escuelas, y ponía su dinero a disposición del santo varón. Y poco faltó para que no aprendiera a ayudarle a misa. E iba entrando cada vez más en el alma insondable[142] de Don Manuel.

—¡Qué hombre! —me decía—. Mira, ayer, paseando a orillas del lago, me dijo: «He aquí mi tentación mayor». Y como yo le interrogase con la mirada, 595 añadió: «Mi pobre padre, que murió de cerca de noventa años, se pasó la vida, según me lo confesó él mismo, torturado por la tentación del suicidio, que le venía

136 sepultura
137 por venir
138 afligió
139 preocuparme
140 se... me temblaban
141 unía
142 impenetrable

no recordaba desde cuándo, de nación,[143] decía y defendiéndose de ella. Y esa defensa fue su vida. Para no sucumbir a tal tentación extremaba los cuidados por conservar la vida. Me contó escenas terribles. Me parecía como una locura. Y yo la he heredado. ¡Y cómo me llama esa agua que con su aparente quietud—la corriente va por dentro—espeja al cielo! ¡Mi vida, Lázaro, es una especie de suicidio continuo, un combate contra el suicidio, que es igual; pero que vivan ellos, que vivan los nuestros!» Y luego añadió: «Aquí se remansa[144] el río en lago, para luego, bajando a la meseta, precipitarse en cascadas, saltos y torrenteras por las hoces[145] y encañadas,[146] junto a la ciudad, y así se remansa la vida, aquí, en la aldea. Pero la tentación del suicidio es mayor aquí, junto al remanso que espeja de noche las estrellas, que no junto a las cascadas que dan miedo. Mira, Lázaro, he asistido a bien morir a pobres aldeanos, ignorantes, analfabetos, que apenas si habían salido de la aldea, y he podido saber de sus labios, y cuando no adivinarlo, la verdadera causa de su enfermedad de muerte, y he podido mirar, allí, a la cabecera de su lecho de muerte, toda la negrura de la sima[147] del tedio de vivir. ¡Mil veces peor que el hambre! Sigamos, pues, Lázaro, suicidándonos en nuestra obra y en nuestro pueblo, y que sueñe éste su vida como el lago sueña el cielo».

—Otra vez —me decía también mi hermano—, cuando volvíamos acá vimos a una zagala,[148] una cabrera,[149] que enhiesta[150] sobre un picacho[151] de la falda[152] de la montaña, a la vista del lago, estaba cantando con una voz más fresca que las aguas de éste. Don Manuel me detuvo, y señalándomela, dijo: «Mira, parece como si se hubiera acabado el tiempo, como si esa zagala hubiese estado ahí siempre, y como está, y cantando como está, y como si hubiera de seguir estando así siempre, como estuvo cuando no empezó mi conciencia, como estará cuando se me acabe. Esa zagala forma parte, con las rocas, las nubes, los árboles, las aguas, de la naturaleza y no de la historia». ¡Cómo siente, cómo anima Don Manuel a la naturaleza! Nunca olvidaré el día de la nevada en que me dijo: «¿Has visto, Lázaro, misterio mayor que el de la nieve cayendo en el lago y muriendo en él mientras cubre con su toca[153] a la montaña?»

Don Manuel tenía que contener a mi hermano en su celo[154] y en su inexperiencia de neófito. Y como supiese que éste andaba predicando contra ciertas supersticiones populares, hubo de decirle:

—¡Déjalos! ¡Es tan difícil hacerles comprender dónde acaba la creencia ortodoxa y dónde empieza la superstición! Y más para nosotros. Déjalos, pues, mientras se consuelen. Vale más que lo crean todo, aun cosas contradictorias entre sí, a no que no crean nada. Eso de que el que cree demasiado acaba por no creer nada, es cosa de protestantes. No protestemos. La protesta mata el contento.

Una noche de plenilunio[155]—me contaba también mi hermano—volvían a la aldea por la orilla del lago, a cuyo sobrehaz[156] rizaba entonces la brisa montañesa y en el rizo cabrilleaban[157] las razas[158] de la luna llena, y Don Manuel le dijo a Lázaro:

—¡Mira, el agua está rezando la letanía y ahora dice: *ianua caeli, ora pro nobis,* «puerta del cielo, ruega por nosotros»!

Y cayeron temblando de sus pestañas a la yerba del suelo dos huideras lágrimas en que también, como en rocío, se bañó temblorosa la lumbre de la luna llena.

E iba corriendo el tiempo y observábamos mi hermano y yo que las fuerzas de Don Manuel empezaban a decaer, que ya no lograba contener del todo la insondable[159] tristeza que le consumía, que acaso una enfermedad traidora le iba minando[160] el cuerpo y el alma. Y Lázaro, acaso para distraerle más, le propuso si no

143 nacimiento
144 se... *eddies*
145 *ravines*
146 *gorges*
147 profundidad (En este caso se refiere al profundo aburrimiento de la vida.)
148 muchacha
149 *goatherd*
150 erecta
151 pico agudo
152 *slope*
153 (*fig.*) velo
154 entusiasmo
155 luna llena
156 *surface*
157 resplandecían
158 rayos de luz
159 sin fondo
160 consumiendo

161	union
162	vestigio
163	líderes
164	disminuían
165	Se... He burst into tears
166	(fig.) fuerza
167	ladrón

645 estaría bien que fundasen en la iglesia algo así como un sindicato[161] católico agrario.

—¿Sindicato? —respondió tristemente Don Manuel—. ¿Sindicato? ¿Y qué es eso? Yo no conozco más sindicato que la Iglesia, y ya sabes aquello de «mi reino no es de este mundo».[t] Nuestro reino, Lázaro, no es de este mundo...

650 —¿Y del otro?

Don Manuel bajó la cabeza:

—El otro, Lázaro, está aquí también, porque hay dos reinos en este mundo. O mejor, el otro mundo... vamos, que no sé lo que me digo. Y en cuanto a eso del sindicato es en ti un resabio[162] de tu época de progresismo. No, Lázaro, no; la re-
655 ligión no es para resolver los conflictos económicos o políticos de este mundo que Dios entregó a las disputas de los hombres. Piensen los hombres y obren los hombres como pensaren y como obraren, que se consuelen de haber nacido, que vivan lo más contentos que puedan en la ilusión de que todo esto tiene una finalidad. Yo no he venido a someter los pobres a los ricos, ni a predicar a éstos que se sometan
660 a aquéllos. Resignación y caridad en todos y para todos. Porque también el rico tiene que resignarse a su riqueza, y a la vida, y también el pobre tiene que tener caridad para con el rico. ¿Cuestión social? Deja eso, eso no nos concierne. Que traen una nueva sociedad, en que no haya ya ricos ni pobres, en que esté justamente repartida la riqueza, en que todo sea de todos, ¿y qué? ¿Y no crees que del
665 bienestar general surgirá más fuerte el tedio a la vida? Sí, ya sé que uno de esos caudillos[163] de la que llaman la revolución social ha dicho que la religión es el opio del pueblo.[u] Opio... Opio... Opio, sí. Démosle opio, y que duerma y que sueñe. Yo mismo con esta mi loca actividad me estoy administrando opio. Y no logro dormir bien y menos soñar bien... ¡Esta terrible pesadilla! Y yo también
670 puedo decir con el Divino Maestro: «Mi alma está triste hasta la muerte».[v] No, Lázaro, no; nada de sindicatos por nuestra parte. Si lo forman ellos me parecerá bien, pues que así se distraen. Que jueguen al sindicato, si eso les contenta.

El pueblo todo observó que a Don Manuel le menguaban[164] las fuerzas, que se fatigaba. Su voz misma, aquella voz que era un milagro, adquirió un cierto tem-
675 blor íntimo. Se le asomaban las lágrimas[165] con cualquier motivo. Y sobre todo cuando hablaba al pueblo del otro mundo, de la otra vida, tenía que detenerse a ratos cerrando los ojos. «Es que lo está viendo», decían. Y en aquellos momentos era Blasillo el bobo el que con más cuajo[166] lloraba. Porque ya Blasillo lloraba más que reía, y hasta sus risas sonaban a lloros.

680 Al llegar la última Semana de Pasión que con nosotros, en nuestro mundo, en nuestra aldea, celebró Don Manuel, el pueblo todo presintió el fin de la tragedia. ¡Y cómo sonó entonces aquel: «¡Dios mío, Dios mío!, ¿por qué me has abandonado?», el último que en público sollozó Don Manuel! Y cuando dijo lo del Divino Maestro al buen bandolero[167]—«todos los bandoleros son buenos», solía decir
685 nuestro Don Manuel—, aquello de: «mañana estarás conmigo en el paraíso».[w] ¡Y

---

[t] respuesta de Jesucristo al preguntársele si era Rey de los Judíos (San Juan 18:36)

[u] Alude Don Manuel a lo dicho por Karl Marx, proponente de la «revolución social»: «*Religion is the opiate of the people*».

[v] Jesucristo, consciente de su cercana muerte, pronuncia esas palabras. Horas después, su discípulo Judas lo vende por treinta monedas de plata. (San Mateo 26:38)

[w] respuesta de Jesucristo al buen ladrón quien, crucificado a su lado, le pide que se acuerde de él cuando esté en el cielo (San Lucas 23:43)

la última comunión general que repartió nuestro santo! Cuando llegó a dársela a mi hermano, esta vez con mano segura, después del litúrgico: «... *in vitam aeternam*», se le inclinó al oído y le dijo: «No hay más vida eterna que ésta... que la sueñen eterna... eterna de unos pocos años...» Y cuando me la dio a mí me dijo:
690 «Reza, hija mía, reza por nosotros». Y luego, algo tan extraordinario que lo llevo en el corazón como el más grande misterio, y fue que me dijo con voz que parecía de otro mundo: «y reza también por Nuestro Señor Jesucristo...».

Me levanté sin fuerzas y como sonámbula. Y todo en torno me pareció un sueño. Y pensé: «Habré de rezar también por el lago y por la montaña». Y luego:
695 «¿Es que estaré endemoniada?» Y en casa ya, cojí el crucifijo con el cual en las manos había entregado a Dios su alma mi madre, y mirándolo a través de mis lágrimas y recordando el: «¡Dios mío, Dios mío!, ¿por qué me has abandonado?» de nuestros dos Cristos, el de esta tierra y el de esta aldea, recé: «hágase tu voluntad así en la tierra como en el cielo», primero, y después: «y no nos dejes caer en
700 la tentación, amén».[x] Luego me volví a aquella imagen de la Dolorosa, con su corazón traspasado por siete espadas, que había sido el más doloroso consuelo de mi pobre madre, y recé: «Santa María, madre de Dios, ruega por nosotros pecadores, ahora y en la hora de nuestra muerte, amén». Y apenas lo había rezado cuando me dije: «¿pecadores?, ¿nosotros pecadores?, ¿y cuál es nuestro pecado,
705 cuál?» Y anduve todo el día acongojada por esta pregunta.

Al día siguiente acudí a Don Manuel, que iba adquiriendo una solemnidad de religioso ocaso,[168] y le dije:

—¿Recuerda, padre mío, cuando hace ya años, al dirigirle yo una pregunta me contestó: «Eso no me lo preguntéis a mí, que soy ignorante; doctores tiene la
710 Santa Madre Iglesia que os sabrán responder»?

—¡Que si me acuerdo!... y me acuerdo que te dije que ésas eran preguntas que te dictaba el Demonio.

—Pues bien, padre, hoy vuelvo yo, la endemoniada a dirigirle otra pregunta que me dicta mi demonio de la guarda.[y]

715 —Pregunta.

—Ayer, al darme de comulgar, me pidió que rezara por todos nosotros y hasta por...

—Bien, cállalo y sigue.

—Llegué a casa y me puse a rezar, y al llegar a aquello de «ruega por
720 nosotros, pecadores, ahora y en la hora de nuestra muerte», una voz íntima me dijo: «¿pecadores nosotros?, ¿y cuál es nuestro pecado?» ¿Cuál es nuestro pecado, padre?

—¿Cuál? —me respondió—. Ya lo dijo un gran doctor de la Iglesia Católica Apostólica Española, ya lo dijo el gran doctor[z] de *La vida es sueño,* ya dijo que
725 «el delito[169] mayor del hombre es haber nacido». Ese es, hija, nuestro pecado: el de haber nacido.

168 final
169 crimen, pecado

---

[x] fragmento del Padre Nuestro (*Our Father*), oración enseñada por Jesucristo a sus discípulos y que comprende algunas de sus enseñanzas (San Mateo 6:9–13)

[y] De acuerdo con la tradición religiosa, Dios le señala a cada persona un ángel bueno, el ángel de la guarda, para que la proteja y la guíe. Angela hace alusión a su ángel, a quien ella llama irónicamente «demonio de la guarda», haciendo eco de las palabras de Don Manuel.

[z] Pedro Calderón de la Barca (1600–1681), gran dramaturgo español del Siglo de Oro y autor de *La vida es sueño*. Las citas siguientes se basan en esta obra: «El delito mayor del hombre es haber nacido» (I, ii) y «No se pierde obrar bien, aun en sueños» (III, iv).

—¿Y se cura, padre?

—¡Vete y vuelve a rezar! Vuelve a rezar por nosotros, pecadores, ahora y en la hora de nuestra muerte... Sí, al fin se cura el sueño... al fin se cura la vida... al fin
730 se acaba la cruz del nacimiento... Y como dijo Calderón, el hacer bien, y el engañar bien, ni aun en sueños se pierde...

Y la hora de su muerte llegó por fin. Todo el pueblo la veía llegar. Y fue su más grande lección. No quiso morirse ni solo ni ocioso.[170] Se murió predicando al pueblo, en el templo. Primero, antes de mandar que le llevasen a él, pues no podía
735 ya moverse por la perlesía,[171] nos llamó a su casa a Lázaro y a mí. Y allí, los tres a solas, nos dijo:

—Oíd: cuidad de estas pobres ovejas, que se consuelen de vivir, que crean lo que yo no he podido creer. Y tú, Lázaro, cuando hayas de morir, muere como yo, como morirá nuestra Angela, en el seno de la Santa Madre Católica Apostólica
740 Romana, de la Santa Madre Iglesia de Valverde de Lucerna, bien entendido. Y hasta nunca más ver, pues se acaba este sueño de la vida...

—¡Padre, padre! —gemí yo.

—No te aflijas, Angela, y sigue rezando por todos los pecadores, por todos los nacidos. Y que sueñen, que sueñen. ¡Qué ganas tengo de dormir, dormir, dormir
745 sin fin, dormir por toda una eternidad y sin soñar!, ¡olvidando el sueño! Cuando me entierren, que sea en una caja hecha con aquellas seis tablas que tallé[172] del viejo nogal, ¡pobrecito!, a cuya sombra jugué de niño, cuando empezaba a soñar... ¡Y entonces sí que creía en la vida perdurable[173]! Es decir, me figuro ahora que creía entonces. Para un niño creer no es más que soñar. Y para un pueblo. Esas
750 seis tablas que tallé con mis propias manos, las encontraréis al pie de mi cama.

Le dio un ahogo y, repuesto de él, prosiguió:

—Recordaréis que cuando rezábamos todos en uno, en unanimidad de sentido, hechos pueblo, el Credo, al llegar al final yo me callaba. Cuando los israelitas iban llegando al fin de su peregrinación[174] por el desierto, el Señor les dijo a
755 Aarón y a Moisés que por no haberle creído no meterían a su pueblo en la tierra prometida, y les hizo subir al monte de Hor, donde Moisés hizo desnudar a Aarón, que allí murió, y luego subió Moisés desde las llanuras de Moab al monte Nebo, a la cumbre del Fasga, enfrente de Jericó, y el Señor le mostró toda la tierra prometida a su pueblo, pero diciéndole a él: «¡No pasarás allá!», y allí murió
760 Moisés y nadie supo su sepultura. Y dejó por caudillo a Josué. Sé, tú, Lázaro, mi Josué, y si puedes detener al sol detenle y no te importe del progreso. Como Moisés, he conocido al Señor, nuestro supremo ensueño, cara a cara y ya sabes que dice la Escritura que el que le ve la cara a Dios, que el que le ve al sueño los ojos de la cara con que nos mira, se muere sin remedio y para siempre.[aa] Que no le
765 vea, pues, la cara a Dios este nuestro pueblo mientras viva, que después de muerto ya no hay cuidado, pues no verá nada...

—¡Padre, padre, padre! —volví a gemir.

Y él:

—Tú, Angela, reza siempre, sigue rezando para que los pecadores todos
770 sueñen hasta morir la resurrección de la carne y la vida perdurable...

Yo esperaba un «¿y quién sabe...?» cuando le dio otro ahogo a Don Manuel.

[aa] alusión a Moisés, profeta de Israel, a quien Dios conoció cara a cara (Deuteronomio 34)

—Y ahora —añadió—, ahora, en la hora de mi muerte, es hora de que hagáis que se me lleve, en este mismo sillón, a la iglesia, para despedirme allí de mi pueblo, que me espera.

775 Se le llevó a la iglesia y se le puso, en el sillón, en el presbiterio, al pie del altar. Tenía entre sus manos un crucifijo. Mi hermano y yo nos pusimos junto a él, pero fue Blasillo el bobo quien más se arrimó.[175] Quería cojer de la mano a Don Manuel, besársela. Y como algunos trataran de impedírselo, Don Manuel les reprendió[176] diciéndoles:

780 —Dejadle que se me acerque. Ven, Blasillo, dame la mano.

El bobo lloraba de alegría. Y luego Don Manuel dijo:

—Muy pocas palabras, hijos míos, pues apenas me siento con fuerzas sino para morir. Y nada nuevo tengo que deciros. Ya os lo dije todo. Vivid en paz y contentos y esperando que todos nos veamos un día, en la Valverde de Lucerna
785 que hay allí, entre las estrellas de la noche que se reflejan en el lago, sobre la montaña. Y rezad, rezad a María Santísima, rezad a Nuestro Señor. Sed buenos, que esto basta. Perdonadme el mal que haya podido haceros sin quererlo y sin saberlo. Y ahora, después de que os dé mi bendición, rezad todos a una el Padrenuestro, el Avemaría, la Salve y por último el Credo.

790 Luego, con el crucifijo que tenía en la mano dio la bendición al pueblo, llorando las mujeres y los niños y no pocos hombres, y en seguida empezaron las oraciones, que Don Manuel oía en silencio y cojido de la mano por Blasillo, que al son del ruego se iba durmiendo. Primero el Padrenuestro con su «hágase tu voluntad así en la tierra como en el cielo», luego el Santa María con su «ruega por nosotros, peca-
795 dores, ahora y en la hora de nuestra muerte», a seguida la Salve con su «gimiendo y llorando en este valle de lágrimas», y por último el Credo. Y al llegar a la «resurrección de la carne y la vida perdurable», todo el pueblo sintió que su santo había entregado su alma a Dios. Y no hubo que cerrarle los ojos, porque se murió con ellos cerrados. Y al ir a despertar a Blasillo nos encontramos con que se había
800 dormido en el Señor para siempre. Así que hubo luego que enterrar dos cuerpos.

El pueblo todo se fue en seguida a la casa del santo a recojer reliquias,[177] a repartirse retazos[178] de sus vestiduras, a llevarse lo que pudieran como reliquia y recuerdo del bendito mártir. Mi hermano guardó su breviario,[179] entre cuyas hojas encontró, desecada y como en un herbario,[180] una clavellina[181] pegada a un papel
805 y en éste una cruz con una fecha.

Nadie en el pueblo quiso creer en la muerte de Don Manuel; todos esperaban verle a diario, y acaso le veían, pasar a lo largo del lago y espejado en él o teniendo por fondo la montaña; todos seguían oyendo su voz, y todos acudían a su sepultura, en torno a la cual surgió todo un culto. Las endemoniadas venían ahora
810 a tocar la cruz de nogal, hecha también por sus manos y sacada del mismo árbol de donde sacó las seis tablas en que fue enterrado. Y los que menos queríamos creer que se hubiese muerto éramos mi hermano y yo.

El, Lázaro, continuaba la tradición del santo y empezó a redactar lo que le había oído, notas de que me he servido para esta mi memoria.

815 —El me hizo un hombre nuevo, un verdadero Lázaro,[bb] un resucitado —me decía—. El me dio fe.

[bb]referencia a Lázaro, amigo de Jesucristo, a quien éste devolvió la vida después de cuatro días de muerto (San Juan 11:1–45)

—¿Fe? —le interrumpía yo.

—Sí, fe, fe en el consuelo de la vida, fe en el contento de la vida. El me curó de mi progresismo. Porque hay, Angela, dos clases de hombres peligrosos y nocivos:[182] los que convencidos de la vida de ultratumba, de la resurrección de la carne, atormentan, como inquisidores que son, a los demás para que, despreciando[183] esta vida como transitoria, se ganen la otra, y los que no creyendo más que en este...

—Como acaso tú... —le decía yo.

—Y sí, y como Don Manuel. Pero no creyendo más que en este mundo esperan no sé qué sociedad futura y se esfuerzan en negarle al pueblo el consuelo de creer en otro...

—De modo que...

—De modo que hay que hacer que vivan de la ilusión.

El pobre cura que llegó a sustituir a Don Manuel en el curato entró en Valverde de Lucerna abrumado[184] por el recuerdo del santo y se entregó a mi hermano y a mí para que le guiásemos. No quería sino seguir las huellas del santo. Y mi hermano le decía: «Poca teología, ¿eh?, poca teología; religión, religión». Y yo al oírselo me sonreía pensando si es que no era también teología lo nuestro.

Yo empecé entonces a temer por mi pobre hermano. Desde que se nos murió Don Manuel no cabía decir que viviese. Visitaba a diario su tumba y se pasaba horas muertas contemplando el lago. Sentía morriña[185] de la paz verdadera.

—No mires tanto al lago —le decía yo.

—No, hermana, no temas. Es otro el lago que me llama; es otra la montaña. No puedo vivir sin él.

—¿Y el contento de vivir, Lázaro, el contento de vivir?

—Eso para otros pecadores, no para nosotros, que le hemos visto la cara a Dios, a quienes nos ha mirado con sus ojos el sueño de la vida.

—Qué, ¿te preparas a ir a ver a Don Manuel?

—No, hermana, no; ahora y aquí en casa, entre nosotros solos, toda la verdad, por amarga que sea, amarga como el mar a que van a parar las aguas de este dulce lago, toda la verdad para ti, que estás abroquelada[186] contra ella...

—¡No, no, Lázaro; ésa no es la verdad!

—La mía, sí.

—La tuya, ¿pero y la de...?

—También la de él.

—¡Ahora, no, Lázaro; ahora, no! Ahora cree otra cosa, ahora cree...

—Mira, Angela, una de las veces en que al decirme Don Manuel que hay cosas que aunque se las diga uno a sí mismo debe callárselas a los demás, le repliqué que me decía eso por decírselas a él, esas mismas, a sí mismo, acabó confesándome que creía que más de uno de los más grandes santos, acaso el mayor, había muerto sin creer en la otra vida.

—¿Es posible?

—¡Y tan posible! Y ahora, hermana, cuida que no sospechen siquiera aquí en el pueblo, nuestro secreto...

—¿Sospecharlo? —le dije—. Si intentase, por locura, explicárselo, no lo entenderían. El pueblo no entiende de palabras; el pueblo no ha entendido más que vuestras obras. Querer exponerles eso sería como leer a unos niños de ocho años unas páginas de Santo Tomás de Aquino... en latín.

182 malos
183 no haciendo caso de
184 *overwhelmed*
185 melancolía
186 *shielded*

—Bueno, pues cuando yo me vaya, reza por mí y por él y por todos.

Y por fin le llegó también su hora. Una enfermedad que iba minando[187] su robusta naturaleza pareció exacerbársele[188] con la muerte de Don Manuel.

—No siento tanto tener que morir —me decía en sus últimos días—, como que conmigo se muere otro pedazo del alma de Don Manuel. Pero lo demás de él vivirá contigo. Hasta que un día hasta los muertos nos moriremos del todo.

Cuando se hallaba agonizando[189] entraron, como se acostumbra en nuestras aldeas, los del pueblo a verle agonizar, y encomendaban su alma a Don Manuel, a San Manuel Bueno, el mártir. Mi hermano no les dijo nada, no tenía ya nada que decirles; les dejaba dicho todo, todo lo que queda dicho. Era otra laña[190] más entre las dos Valverdes de Lucerna, la del fondo del lago y la que en su sobrehaz se mira; era ya uno de nuestros muertos de vida, uno también, a su modo, de nuestros santos.

Quedé más que desolada,[191] pero en mi pueblo, y con mi pueblo. Y ahora, al haber perdido a mi San Manuel, al padre de mi alma, y a mi Lázaro, mi hermano aún más que carnal,[192] espiritual, ahora es cuando me doy cuenta de que he envejecido y de cómo he envejecido. Pero ¿es que los he perdido?, ¿es que he envejecido?, ¿es que me acerco a mi muerte?

—¡Hay que vivir! Y él me enseñó a vivir, él nos enseñó a vivir, a sentir la vida, a sentir el sentido de la vida, a sumergirnos en el alma de la montaña, en el alma del lago, en el alma del pueblo de la aldea, a perdernos en ellas para quedar en ellas. El me enseñó con su vida a perderme en la vida del pueblo de mi aldea, y no sentía yo más pasar las horas, y los días y los años, que no sentía pasar el agua del lago. Me parecía como si mi vida hubiese de ser siempre igual. No me sentía envejecer. No vivía yo ya en mí, sino que vivía en mi pueblo y mi pueblo vivía en mí. Yo quería decir lo que ellos, los míos, me decían sin querer. Salía a la calle, que era la carretera, y como conocía a todos, vivía en ellos y me olvidaba de mí, mientras que en Madrid, donde estuve alguna vez con mi hermano, como a nadie conocía, sentíame en terrible soledad y torturada por tantos desconocidos.

Y ahora, al escribir esta memoria, esta confesión íntima de mi experiencia de la santidad ajena, creo que Don Manuel Bueno, que mi San Manuel, y que mi hermano Lázaro se murieron creyendo no creer lo que más nos interesa, pero sin creer creerlo, creyéndolo en una desolación activa y resignada.[cc]

Pero ¿por qué—me he preguntado muchas veces—no trató Don Manuel de convertir a mi hermano también con un engaño, con una mentira, fingiéndose creyente sin serlo? Y he comprendido que fue porque comprendió que no le engañaría, que para con él no le serviría el engaño, que sólo con la verdad, con su verdad, le convertiría; que no habría conseguido nada si hubiese pretendido representar para con él una comedia—tragedia más bien—, la que representaba para salvar al pueblo. Y así le ganó, en efecto, para su piadoso fraude; así le ganó con la verdad de muerte a la razón de vida. Y así me ganó a mí, que nunca dejé

[187] destruyendo poco a poco

[188] *to flare up*

[189] muriendo

[190] *clamp*

[191] triste

[192] del mismo padre y madre

[cc] Lo que hace Angela aquí es presentar una perspectiva sobre la lucha eterna entre la fe y la razón; paradójicamente, se utiliza la razón para mostrar la superioridad de la fe. Este tipo de racionalización espiritual forma la base de la obra filosófica más conocida de Unamuno, *Del sentimiento trágico de la vida*. Véase, por ejemplo, el siguiente trozo de esa obra: «Creer en Dios es anhelar que le haya y es además conducirse como si le hubiera; es vivir de ese anhelo y hacer de él nuestro íntimo resorte de acción. De este anhelo o hambre de divinidad surge la esperanza; de ésta, la fe, y de la fe y la esperanza, la caridad; de ese anhelo arrancan los sentimientos de belleza, de finalidad, de bondad» (Capítulo 8).

trasparentar a los otros su divino, su santísimo juego. Y es que creía y creo que Dios Nuestro Señor, por no sé qué sagrados y no escudriñaderos[193] designios, les hizo creerse incrédulos. Y que acaso en el acabamiento de su tránsito se les cayó la venda.[194] ¿Y yo, creo?

193 fathomable
194 se... (fig.) pudieron
   ver la verdad
195 ayude
196 ilumina
197 invadida
198 He... Behold

910   Y al escribir esto ahora, aquí, en mi vieja casa materna, a mis más que cincuenta años, cuando empiezan a blanquear con mi cabeza mis recuerdos, está nevando, nevando sobre el lago, nevando sobre la montaña, nevando sobre las memorias de mi padre, el forastero; de mi madre, de mi hermano Lázaro, de mi pueblo, de mi San Manuel, y también sobre la memoria del pobre Blasillo, de mi
915 San Blasillo, y que él me ampare[195] desde el cielo. Y esta nieve borra esquinas y borra sombras, pues hasta de noche la nieve alumbra.[196] Y yo no sé lo que es verdad y lo que es mentira, ni lo que vi y lo que soñé—o mejor lo que soñé y lo que sólo vi—, ni lo que supe ni lo que creí. Ni sé si estoy traspasando a este papel, tan blanco como la nieve, mi conciencia que en él se ha de quedar, quedándome yo
920 sin ella. ¿Para qué tenerla ya...?

¿Es que sé algo?, ¿es que creo algo? ¿Es que esto que estoy aquí contando ha pasado y ha pasado tal y como lo cuento? ¿Es que pueden pasar estas cosas? ¿Es que todo esto es más que un sueño soñado dentro de otro sueño? ¿Seré yo, Angela Carballino, hoy cincuentona, la única persona que en esta aldea se ve acometida[197]
925 de estos pensamientos extraños para los demás? ¿Y éstos, los otros, los que me rodean, creen? ¿Qué es eso de creer? Por lo menos, viven. Y ahora creen en San Manuel Bueno, mártir, que sin esperar inmortalidad les mantuvo en la esperanza de ella.

Parece que el ilustrísimo señor obispo, el que ha promovido el proceso de be-
930 atificación de nuestro santo de Valverde de Lucerna, se propone escribir su vida, una especie de manual del perfecto párroco, y recoje para ello toda clase de noticias. A mí me las ha pedido con insistencia, ha tenido entrevistas conmigo, le he dado toda clase de datos, pero me he callado siempre el secreto trágico de Don Manuel y de mi hermano. Y es curioso que él no lo haya sospechado. Y confío en
935 que no llegue a su conocimiento todo lo que en esta memoria dejo consignado. Les temo a las autoridades de la tierra, a las autoridades temporales aunque sean las de la Iglesia.

Pero aquí queda esto, y sea de su suerte lo que fuere.

¿Cómo vino a parar a mis manos este documento, esta memoria de Angela
940 Carballino? He aquí[198] algo, lector, algo que debo guardar en secreto. Te la doy tal y como a mí ha llegado, sin más que corregir pocas, muy pocas particularidades de redacción. ¿Que se parece mucho a otras cosas que yo he escrito? Esto nada prueba contra su objetividad, su originalidad. ¿Y sé yo, además, si no he creado fuera de mí seres reales y efectivos, de *alma inmortalidad?* ¿Sé yo si aquel Au-
945 gusto Pérez,[dd] el de mi novela *Niebla,* no tenía razón al pretender ser más real, más objetivo que yo mismo, que creía haberle inventado? De la realidad de este San Manuel Bueno, mártir, tal como me le ha revelado su discípula e hija espiritual Angela Carballino, de esta realidad no se me ocurre dudar. Creo en ella más que creía el mismo santo; creo en ella más que creo en mi propia realidad.

[dd]Augusto Pérez, protagonista de *Niebla,* sufre una crisis de identidad parecida a la de Unamuno mismo, paradójicamente convertido éste en personaje de su propia novela y obligado a defenderse del personaje creado por él mismo.

199 *prosecuting attorney*
200 (*inf.*: **caber**) *may fit*
201 *refugiaron*

Y ahora, antes de cerrar este epílogo, quiero recordarte, lector paciente, el versillo noveno de la Epístola del olvidado apóstol San Judas—¡lo que hace un nombre!—, donde se nos dice cómo mi celestial patrono, San Miguel Arcángel—Miguel quiere decir «¿Quién como Dios?», y arcángel archimensajero—, disputó con el Diablo—Diablo quiere decir acusador, fiscal[199]—, por el cuerpo de Moisés y no toleró que se lo llevase en juicio de maldición, sino que le dijo al Diablo: «El Señor te reprenda». Y el que quiera entender, que entienda.

Quiero también, ya que Angela Carballino mezcló a su relato sus propios sentimientos, ni sé que otra cosa quepa,[200] comentar yo aquí lo que ella dejó dicho de que si Don Manuel y su discípulo Lázaro hubiesen confesado al pueblo su estado de creencia, éste, el pueblo, no les habría entendido. Ni les habría creído, añado yo. Habrían creído a sus obras y no a sus palabras, porque las palabras no sirven para apoyar las obras, sino que las obras se bastan. Y para un pueblo como el de Valverde de Lucerna no hay más confesión que la conducta. Ni sabe el pueblo qué cosa es fe, ni acaso le importa mucho.

Bien sé que en lo que se cuenta en este relato, si se quiere novelesco—y la novela es la más íntima historia, la más verdadera, por lo que no me explico que haya quien se indigne de que se llame novela al Evangelio, lo que es elevarle, en realidad, sobre un cronicón cualquiera—, bien sé que en lo que se cuenta en este relato no pasa nada; mas espero que sea porque en ello todo se queda, como se quedan los lagos y las montañas, y las santas almas sencillas asentadas más allá de la fe y de la desesperación, que en ellos, en los lagos y las montañas, fuera de la historia, en divina novela, se cobijaron.[201]

Cuestionario

1. ¿Cómo se caracteriza Angela Carballino a sí misma?
2. Según Angela, ¿cuál es el poder que ejerce Don Manuel sobre los del pueblo?
3. ¿Qué simbolizan el lago y la montaña de Valverde de Lucerna?
4. ¿Quién es Blasillo?
5. ¿Cuál es el valor simbólico de la escena del Viernes Santo?
6. ¿Cuál es la primera señal del secreto de Don Manuel?
7. ¿Qué quiere Don Manuel para la gente del pueblo?
8. ¿Por qué no había entrado Don Manuel en un claustro?
9. Al volver Lázaro de América, ¿cómo reacciona frente a la influencia que tiene Don Manuel en la aldea?
10. ¿Qué ideas expresa Lázaro sobre la ciudad y la aldea?
11. ¿Por qué no se mudan Lázaro, Angela y su madre a la ciudad?
12. ¿Cómo se presenta la primera comunión de Lázaro?
13. Según Lázaro (después de convertirse en amigo íntimo del cura), ¿cuál es el móvil de Don Manuel?
14. ¿Cuál es la actitud de Don Manuel con respecto a la religión y la revolución social?
15. Según Don Manuel, ¿cuál es la religión verdadera?
16. ¿Qué representa Angela para Don Manuel?
17. ¿Cuál es la «tentación mayor» de Don Manuel?

18. ¿Qué tipo de fe le dio Don Manuel a Lázaro?
19. ¿Por qué dice Lázaro que Don Manuel le curó de su progresismo?
20. ¿Qué aspecto simbólico tiene la escena de la muerte de Don Manuel?
21. ¿Cuál es la base de la analogía entre Don Manuel y Moisés?
22. ¿Cómo reacciona el pueblo ante la muerte de Don Manuel?
23. Según Lázaro, ¿cuáles son los dos tipos de hombres peligrosos?
24. ¿Qué consejo le da Lázaro al nuevo cura?
25. ¿Cuál es el juicio que hace Angela sobre la incredulidad de Don Manuel y de Lázaro?
26. ¿Cuál es la frase con que termina la narración de Angela?
27. ¿Quién es el narrador del último párrafo de la novela?

Identificaciones

1. Renada
2. «un nogal matriarcal»
3. «¡Dios mío, Dios mío!, ¿por qué me has abandonado?»
4. la Simona
5. *La vida es sueño*
6. Augusto Pérez

Temas

1. La importancia de Angela como narradora
2. La función de las historias intercaladas (de la hija de la tía Rabona, del payaso, del reo, etcétera) en *San Manuel Bueno, mártir*
3. La función simbólica de los nombres
4. La presentación de una crisis religiosa
5. El manuscrito de Angela y la intervención del novelista al final: la estructura de *San Manuel Bueno, mártir*
6. Hacia una aproximación biográfica a *San Manuel Bueno, mártir:* al consultarse una biografía de Miguel de Unamuno, se puede buscar una relación entre la crisis religiosa de San Manuel y la de Unamuno mismo

LA POESIA

INTRODUCCION A LA POESIA ══════════

I La poesía

Hasta ahora, nadie ha podido dar una definición acertada de la poesía. ¿Qué es lo que hace que un escrito sea poesía y no prosa? Desafortunadamente no hay una respuesta satisfactoria para esta pregunta. Aristóteles (384–322 a.C.) explicaba la poesía como la *imitación de la naturaleza* (*mimesis*); Platón (¿427?–347 a.C.) la fundaba en el *entusiasmo;* el Marqués de Santillana (1398–1458) decía que es «fingimiento de cosas útiles, cubiertas o veladas con muy fermosa cobertura». Otros escritores identifican la poesía con elementos tales como ideas e imágenes bellas, sentimientos profundos, etcétera; pero en la prosa también aparecen esos elementos. Frente a este tipo de prosa, que bien pudiéramos llamar «poética», existe una poesía que en vez de cantar narra, que parece prosa y por eso se llama *poesía narrativa.* Un buen ejemplo de ésta sería el poema «El momento más grave de la vida» del peruano César Vallejo (p. 169).

¿Dónde estará, entonces, la diferencia entre la prosa y la poesía? Se podría decir que lo que establece la diferencia es el *ritmo.* Cuando se cuenta algo, se puede añadir a lo que se cuenta un ritmo musical y entonces surge el *verso* como contrario de la *prosa.*

Ningún tema es en sí mismo poético, porque lo que hace que un texto sea prosa o poesía no tiene nada que ver con el tema que se transmite sino con el modo de transmitirlo, es decir, con el arte que utiliza el poeta para transmitirlo. Por lo contrario, se podría decir que cualquier tema puede ser objeto de un poema, incluso la misma definición de poesía se ha convertido en tema poético, tal como se puede comprobar al leer el poema del chileno Vicente Huidobro, «Arte poética», que figura en la sección antológica (p. 171).

La poesía, del griego *poiesis* [ποίησις] que significa *creación, fabricación, construcción,* es la expresión artística de la belleza por medio de la palabra sometida a un cierto ritmo y a una cierta medida; esto quiere decir que la poesía da al lenguaje musicalidad, sonoridad y armonía.

Platón y Aristóteles señalaron tres clases de poesía: poesía *lírica,* poesía *épica* y poesía *dramática.* La poesía lírica es *subjetiva* y, generalmente, el poeta o el hablante poético, la utiliza para comunicar al lector sus sentimientos. La poesía épica es más *objetiva* ya que el poeta es una especie de narrador que cuenta hechos o hazañas; estas composiciones poéticas, cuando expresan grandes valores nacionales o universales, reciben el nombre de *epopeyas* o poemas épicos (p. 128). La poesía dramática es *subjetivo-objetiva* ya que, aunque se cuenten sentimientos íntimos, el poeta desaparece detrás de los personajes que representan el drama. En este capítulo se tratará de la poesía lírica y épica, dejando la poesía dramática para ser estudiada en el capítulo correspondiente al drama.

Es interesante notar que en la poesía, a fin de dar al lenguaje esa musicalidad de que antes se habló, las palabras se combinan siguiendo las reglas de la *Poética* (conjunto de normas relacionadas con la poesía) y forman unas estructuras fijas denominadas *estrofas* (*stanzas*). Las estrofas, a su vez, están formadas por *versos* (generalmente cada línea es un verso); el verso es la unidad de la versificación y cada verso tiene su medida particular o *metro.*

Por consiguiente, se llamará versificación al estudio del *verso;* y verso, siguiendo a Wolfgang Kayser en *Interpretación y análisis de la obra literaria* (1961), a la articulación de un grupo de unidades menores (sílabas) en una unidad ordenada. Esto quiere decir que esa unidad superior, a la que se llama *verso,* exige un orden que en español consiste en un *número determinado de sílabas* y en un cierto *ritmo.*

Antiguamente en las lenguas clásicas, latín y griego, el verso no se estructuraba como los versos en español y en otras lenguas románicas, sino que su versificación se fundaba en unidades de tiempo, es decir, en la medida del tiempo necesario para recitar los versos, clasificando con exactitud las sílabas en largas y breves. En chino, lo importante para la estructuración del verso es el timbre de la voz (*pitch*). En alemán, lo que se considera es el peso de las sílabas y éste se mide por el grado de acentuación. La poesía inglesa, basada también en la acentuación, tiene como unidad básica para medir el verso el *pie,* en lugar de la sílaba; generalmente un pie consiste de dos o tres sílabas una de las cuales es tónica (*stressed*). El siguiente ejemplo tendría cinco pies:

> Shall Í | compáre | thee tó | a súm | mer's dáy?
> (Shakespeare, «Sonnet XVIII»)

Elementos de la versificación española

Al analizar un poema en español se nota que los elementos más importantes de la versificación son dos: el *cómputo silábico* (número de sílabas) y el *ritmo* (la colocación del acento). Además hay otros elementos que también serán estudiados, tales como la *rima,* la *pausa,* el *encabalgamiento* y la *estrofa.*

COMPUTO SILABICO: FENOMENOS QUE AFECTAN EL METRO DE UN VERSO

Clasificación de los versos

Al contar las sílabas de un verso, lo primero que hay que tener en cuenta es que no es lo mismo contar sílabas *comunes* o gramaticales que contar sílabas *poéticas,* ya que existen diversos fenómenos que afectan el cómputo silábico. En primer lugar hay que saber que en español cada verso puede ser de tres clases: verso *llano* (o *paroxítono*), verso *agudo* (u *oxítono*) y verso *esdrújulo* (o *proparoxítono*).

Para determinar cuándo un verso es llano, agudo o esdrújulo hay que considerar si el verso termina en palabra llana, aguda o esdrújula. A este respecto, se debe recordar que una palabra es llana cuando lleva la fuerza de la voz en la penúltima sílaba: *ca*sa, ven*ta*na, etcétera; es aguda cuando dicha fuerza cae en la última sílaba: cora*zón,* ciu*dad,* doc*tor,* etcétera; y es esdrújula cuando la fuerza de la voz recae en la antepenúltima sílaba: *pú*blico, *pá*jaro, etcétera.

1. *Verso llano.* El verso llano se toma como norma para el cómputo de sílabas del verso porque la lengua española es fundamentalmente paroxítona; es decir, lo que más abunda son las palabras llanas. Cuando un verso es llano o paroxítono el número de sílabas gramaticales o comunes y el número de sílabas poéticas será el mismo. Por ejemplo, en el verso siguiente hay catorce sílabas comunes y catorce sílabas poéticas:

> 1 2 3 4 5 6 7 8 9 10 11 12 13 14
> ¡Po-bre-ci-ta prin-ce-sa de los o-jos a-zu-les!

No sucede lo mismo cuando el verso es agudo o esdrújulo.

2. *Verso agudo.* Al contar las sílabas de un verso agudo, se añade una sílaba al número de sílabas gramaticales o comunes. La razón es que la palabra aguda, por tener el acento en la última sílaba, suena con mayor intensidad y requiere más espacio de tiempo; por eso se cuenta una sílaba más.

> | | 1 2 3 4 5 6 7 8 9 | |
> |---|---|---|
> | (verso llano) | Ju-ven-tud di-vi-no te-so-ro | = 9 |
> | | 1 2 3 4 5 6 7 8 | |
> | (verso agudo) | ¡ya te vas pa-ra no vol-ver! (8 + 1) | = 9 |

3. *Verso esdrújulo.* Si el verso es esdrújulo, se cuenta una sílaba menos porque al poner la fuerza de la voz en la antepenúltima sílaba se pronuncia más rápidamente; por esa razón se suprime una sílaba.

> | | 1 2 3 4 5 6 7 8 9 10 11 12 | |
> |---|---|---|
> | (verso llano) | Mi-rad có-mo los ga-jos de las mag-no-lias | = 12 |
> | | 1 2 3 4 5 6 7 8 9 10 11 12 13 | |
> | (verso esdrújulo) | a-gi-tan dul-ce-men-te las bri-sas cá-li-das (13 – 1) | = 12 |

La sinalefa

Otro fenómeno que afecta al cómputo silábico es la *sinalefa.* La sinalefa no es un fenómeno exclusivamente poético. Se observa fácilmente en el lenguaje hablado; no se dice, por ejemplo:

> 1 2 3 4 5 6
> ¿Có-mo-es-tá-us-ted?

sino:

> 1   2   3   4
> ¿Có-mo es-tá us-ted?

En el ejemplo hay seis sílabas según la división gramatical, pero sólo cuatro sílabas fonológicas (la sílaba fonológica es la unidad de pronunciación de una lengua). Lo mismo ocurre en la poesía; cuando una palabra termina en vocal y la siguiente empieza también con una vocal se cuenta una sola sílaba. A veces, esta unión, a la que se ha llamado *sinalefa,* puede reunir más de dos vocales.

> 1   2   3 4
> Vol-vió a Eu-ro-pa

En la estrofa siguiente, se ven otros cinco ejemplos de sinalefa:

```
    1   2  3   4   5  6 7  8 9 10 11
Mien-tras por com-pe-tir con tu ca-be-llo
```

```
1 2 3  4    5   6 7 8     9  10 11
o-ro bru-ñi-do al sol re-lum-bra en va-no,
```

```
 1    2   3    4   5  6    7   8    9   10 11
mien-tras con me-nos-pre-cio en me-dio el lla-no
```

```
 1  2  3    4   5   6    7  8 9 10 11
mi-ra tu blan-ca fren-te el li-rio be-llo.
```

Otros fenómenos que afectan el cómputo silábico: licencias poéticas

A veces, el poeta, a fin de conservar el número de sílabas del verso, no sigue las normas establecidas del lenguaje; esto es lo que se entiende por licencia poética o licencia métrica. Así por ejemplo, en el primer verso de su «Soneto XI» (p. 140), el poeta Garcilaso de la Vega hizo uso de una licencia poética ya que dicho verso tiene doce sílabas gramaticales, pero el poeta, apartándose de la norma del lenguaje que establece que la palabra *río* tiene dos sílabas, *rí-o,* las redujo a una sola sílaba poética.

Her-mo-sas nin-fas que, en el río me-ti-das

Respecto a las licencias poéticas hay que considerar tres clases de fenómenos: (1) *sinéresis,* (2) *diéresis* y (3) *hiato.*

1. *Sinéresis.* Es el fenómeno que se produce cuando en el interior de una palabra se unen dos vocales que generalmente no forman diptongo: poe-ta, leal-tad.
2. *Diéresis.* Es el fenómeno contrario de la sinéresis porque consiste en separar dos vocales que generalmente forman diptongo: sü-a-ve, ru-ï-do.
3. *Hiato.* Es el fenómeno contrario a la sinalefa porque consiste en pronunciar separadamente dos vocales que, aunque perteneciendo a palabras diferentes, deberían pronunciarse juntas por sinalefa: *mú-si-cas de a-las.* Normalmente en este ejemplo habría cinco sílabas poéticas, debido a la sinalefa de las palabras *de alas;* sin embargo el poeta se vale del *hiato* para obtener las seis sílabas que el ritmo de su verso necesita.

RITMO

Como ya se ha dicho, el verso es la unidad más pequeña de la estructura del poema. Su ritmo se determina por la distribución de los acentos principales que son: (1) *acento estrófico,* (2) *acento rítmico* y (3) *acento extrarrítmico.*

1. *Acento estrófico.* Este es el acento más importante y corresponde siempre a la penúltima sílaba del verso; es decir, que si el verso tuviera *once* sílabas, el acento estrófico estaría en la *décima* sílaba; si tuviera *nueve,* estaría en la *octava* sílaba, y así sucesivamente. Por ejemplo, en el verso

```
 1  2  3    4    5   6 7 8
Yo soy un hom-bre sin-ce-ro
```

como tiene ocho sílabas, el acento estrófico está en la séptima sílaba la cual aparece subrayada.

2. *Acentos rítmicos.* Son los acentos en el interior del verso que coinciden con el acento estrófico en el sentido de que, si el acento estrófico corresponde a una sílaba impar, los acentos rítmicos estarán también en las sílabas impares. Por ejemplo, en el verso anterior, como el acento estrófico está en la séptima sílaba que es impar, los acentos rítmicos estarán en las sílabas impares, es decir, en las sílabas *primera, tercera* y *quinta.* Si, por el contrario, el acento estrófico correspondiera a una sílaba par, los acentos rítmicos estarían en las sílabas pares. Así tenemos que, en un verso de once sílabas, como el acento estrófico estaría en la *décima* sílaba, la cual es sílaba par, los acentos rítmicos corresponderían a las sílabas pares: *segunda, cuarta, sexta* y *octava.*

3. *Acentos extrarrítmicos.* Son los demás acentos que no coinciden con el acento estrófico en el hecho de hallarse en las sílabas pares o impares.

III Clasificación de los versos según el número de sílabas

En cuanto al número de sílabas, hay versos desde dos hasta catorce sílabas inclusive. Si el verso tiene dos sílabas, se llama *bisílabo;* si tiene tres, *trisílabo;* si tiene cuatro, *tetrasílabo,* y así sucesivamente. En el Apéndice 2 hay una clasificación muy detallada de los versos en cuanto al número de sílabas así como numerosos ejemplos que facilitan la comprensión.

En español los versos más importantes son el *heptasílabo* (verso de siete sílabas), el *octosílabo* (verso de ocho sílabas), el *endecasílabo* (verso de once sílabas) y el *alejandrino* (verso de catorce sílabas).

1. *Verso heptasílabo.* El heptasílabo se emplea principalmente en combinación con el endecasílabo para formar estrofas como la *lira* y la *silva* compuestas de versos combinados de siete y de once sílabas. El ejemplo siguiente corresponde a una *lira.*

Si de mi baja lira	7
tanto pudiese el son, que en un momento	11
aplacase la ira	7
del animoso viento,	7
y la furia del mar y el movimiento.	11
(Garcilaso de la Vega, «Canción V»)	

También se emplea el verso heptasílabo en la composición del alejandrino, el cual está formado por dos versos heptasílabos tal como se ve en el ejemplo siguiente.

La princesa está triste. I ¿Qué tendrá la princesa?	7 + 7
Los suspiros se escapan I de su boca de fresa	7 + 7
que ha perdido la risa, I que ha perdido el color	7 + 7
(Rubén Darío, «Sonatina»)	

2. *Verso octosílabo.* El octosílabo es la medida más popular; se ha utilizado para

los *romances,* los *corridos mexicanos,* la *canción,* etcétera. El ejemplo siguiente corresponde a *Martín Fierro,* obra escrita también en versos octosílabos por el poeta argentino José Hernández.

> Aquí me pongo a cantar
> al compás de la vigüela,
> que el hombre que lo desvela
> una pena extraordinaria,
> como la ave solitaria
> con el cantar se consuela.

A continuación sigue el ejemplo de un corrido mexicano dedicado a Emiliano Zapata.

> Voy a cantar el corrido
> de la traición insensata
> en que perdió el caudillo
> don Emiliano Zapata.
> Fue en el año diecinueve
> mismo de mil novecientos
> y era en el nueve de abril
> cuando sucedió el suceso.

3. *Verso endecasílabo.* El endecasílabo es el verso más rico, flexible y armonioso. De origen italiano fue ensayado por el Marqués de Santillana y alcanzó su mayor perfección con Garcilaso de la Vega.

4. *Verso alejandrino.* El verso alejandrino fue usado en las canciones épicas medievales sobre Alejandro Magno, de ahí su nombre «alejandrino». Ya en el siglo XIII, el poeta Gonzalo de Berceo lo adoptó para expresar su poesía.

Versos de arte mayor y de arte menor

Los versos comprendidos entre dos y ocho sílabas, se llaman tradicionalmente de *arte menor* y los versos de nueve sílabas en adelante se denominan de *arte mayor.*

Muchas veces los versos de arte mayor son el resultado de la combinación de versos de arte menor. Así, por ejemplo, el poeta colombiano José Asunción Silva en el poema titulado *Nocturno* ha usado versos de veinticuatro sílabas, aunque en realidad son seis grupos de versos de cuatro sílabas escritos consecutivamente.

> por los cielos | azulosos | infinitos | y profundos | esparcía | su luz blanca
>   4   +   4 + 4 +   4   +   4   +   4

IV Otros elementos importantes de la versificación española

RIMA

Otro elemento de la versificación española es la *rima.* Aunque la poesía moderna se caracterice por la falta de rima, no se puede negar que la rima sirve para fijar con mayor precisión el ritmo.

La rima, según Antonio Quilis en su estudio *Métrica española* (1969), es la total o parcial identidad acústica entre dos o más versos, de los fonemas situados a partir de la última vocal tónica, entendiendo por vocal tónica la que recibe la fuerza de la voz y por *fonema* la más pequeña unidad fonológica de la lengua. En inglés, por ejemplo, las palabras *pin* y *bin* se diferencian en un solo fonema, así como se diferencian en un solo fonema las palabras españolas *cara* y *cada*. La rima puede ser *consonante* o *asonante*.

1. *Rima consonante.* Hay rima consonante cuando existe identidad fonética o sea igualdad de todos los sonidos, vocálicos y consonánticos, entre dos o más versos, a partir de la última vocal tónica.

Yo no sé si eres muerte o eres v<u>ida</u>,	A
si toco rosa en ti, si toco estr<u>ella</u>,	B
si llamo a Dios o a ti cuando te ll<u>amo</u>.	C
Junco en el agua o sorda piedra her<u>ida</u>	A
sólo sé que la tarde es ancha y b<u>ella</u>,	B
sólo sé que soy hombre y que te <u>amo</u>.	C
(Dámaso Alonso, «Ciencia de amor»)	

Ya viene el cort<u>ejo</u>!	a
¡Ya viene el cortejo! Ya se oyen los claros clar<u>ines</u>.	B
La espada se anuncia con vivo refl<u>ejo</u>;	A
ya viene, oro y hierro, el cortejo de los palad<u>ines</u>.	B
(Rubén Darío, «Marcha triunfal»)	

Allí la pobre cay<u>ó</u>	a
de rodillas sobre el su<u>elo</u>,	b
alzó los ojos al ci<u>elo</u>	b
y cuatro credos rez<u>ó</u>.	a
(Estanislao del Campo, *Fausto*)	

Para marcar la rima se usan las letras mayúsculas y minúsculas del alfabeto. Las mayúsculas representan versos de arte mayor y las minúsculas de arte menor; ø significa que el verso es blanco, es decir, sin rima. Así en los versos del primer ejemplo, se ha marcado la terminación *-ida* con una A, la terminación *-ella* con una B y la terminación *-amo* con una C, dando como resultado el esquema, ABC, ABC. En el segundo ejemplo, los versos primero y tercero tienen la misma rima, pero el primero ha sido marcado con una *a* minúscula porque, por tratarse de un verso de seis sílabas, es de arte menor. En el tercer ejemplo el esquema de la rima aparece con letras minúsculas porque se trata de versos octosílabos o sea de arte menor.

2. *Rima asonante.* Existe rima asonante cuando la identidad fonética ocurre solamente en las vocales, específicamente a partir de la última vocal tónica.

1er ejemplo: La más bella niña
de nuestro lug<u>ar</u>,
hoy viuda y sola
y ayer por cas<u>ar</u>,
viendo que sus ojos
a la guerra v<u>an</u>
a su madre dice

que escucha su mal:
dejadme llorar
orillas del mar.
(Luis de Góngora, «Romancillo»)

En este ejemplo, el poeta ha empleado la rima asonante en a en los versos pares y en los dos últimos que forman estribillo (*refrain*). Los versos impares no tienen rima; este tipo de verso se llama *verso suelto* o *blanco* (*blank verse* en la poética inglesa). No se debe confundir el verso blanco con el verso libre; el verso libre no solamente no tiene rima sino que también carece de medida precisa, de ahí su nombre de *verso libre*.

2do ejemplo: La luna vino a la fragua
con su polisón de nardos.
El niño la mira, mira.
El niño la está mirando.
En el aire conmovido
mueve la luna sus brazos
y enseña, lúbrica y pura,
sus senos de duro estaño.
(Federico García Lorca,
«Romance de la luna, luna»)

En este segundo ejemplo también tenemos rima asonante en a-o en los versos pares.

La observación más importante respecto a la rima asonante es que si alguna de las sílabas que la forman fuera una sílaba con diptongo, la vocal débil que forma el diptongo no se tomaría en cuenta para la rima. Así, hay rima asonante entre palabras como *lluvia* (u-a) y *tumba* (u-a).

Otras clases de rima

Según la ordenación de las rimas, éstas se clasifican en *rima abrazada, rima encadenada* o *cruzada, rima gemela* y *rima continua*.

1. *Rima abrazada.* Sucede cuando el esquema de la rima es del tipo abba, cddc, ... o ABBA, CDDC, ... , etcétera.

   Hombres necios que acusáis   a
   a la mujer sin razón,   b
   sin ver que sois la ocasión   b
   de lo mismo que culpáis.   a
   (Sor Juana Inés de la Cruz,
   «Redondillas»)

2. *Rima encadenada o cruzada.* Se produce esta rima cuando el orden es del tipo abab..., cdcd... o ABAB..., CDCD..., etcétera.

   Dichoso el árbol, que es apenas sensitivo,   A
   y más la piedra dura porque ésa ya no siente,   B
   pues no hay dolor más grande que el dolor de ser vivo A
   ni mayor pesadumbre que la vida consciente.   B
   (Rubén Darío, «Lo fatal»)

3. *Rima gemela.* Ocurre este tipo de rima cuando el esquema es del tipo aa, bb, cc, dd, ... o AA, BB, CC, DD, ... , es decir, una serie de pareados o estrofa de dos versos.

¡Por qué tú te rebelas! ¡Por qué tu ánimo agitas!	A
¡Tonto! ¡Si comprendieras las dichas infinitas	A
de plegarse a los fines del Señor que nos rige!	B
¿Qué quieres? ¿Por qué sufres? ¿qué sueñas? ¿qué te aflige?	B
¡Imaginaciones que se extinguen en cuanto	C
aparecen... En cambio, yo canto, canto, canto!	C
Canto, mientras tú penas, la voluntad ignota;	D
canto, cuando soy chorro; canto cuando soy gota,	D
y al ir, Proteo extraño, de mi destino en pos,	E
murmuro: —¡Que se cumpla la santa ley de Dios!	E

(Amado Nervo, «La hermana agua»)

4. *Rima continua.* Se produce esta rima cuando todos los versos de una estrofa riman entre sí; en este caso se llama *estrofa monorrima*:

Como dice Salamo y dice la verdad:	A
Que las cosas del mundo todas son vanidad,	A
Todas las pasaderas vanse con la edad,	A
Salvo amor de Dios, todas son liviandad.	A

(Arcipreste de Hita, *Libro de buen amor*)

PAUSAS

Anteriormente se ha mencionado la combinación de versos de arte menor para formar versos de arte mayor. Así, por ejemplo, el verso alejandrino (catorce sílabas) que aparece en el *Cantar de Mío Cid* es una combinación de dos grupos de versos heptasílabos o dos *hemistiquios* (*hemistich*)—se llama hemistiquio a la mitad de un verso—separados por una pausa que en este caso recibe el nombre de *cesura* (*caesura* o *cut*). Por consiguiente, se puede definir la cesura como la pausa que divide el verso en dos hemistiquios iguales o desiguales.

Estas palabras dichas—la tienda recogida
1er hemistiquio   2do hemistiquio
(7 sílabas)   (7 sílabas)

Para el cómputo silábico del verso, cada hemistiquio es una unidad independiente: no admite sinalefa y hay que tener en cuenta si el verso es agudo, llano o esdrújulo.

Las pausas son importantes y todavía hay otros dos tipos que deben ser considerados: la *pausa estrófica* y la *pausa versal*. Llamamos pausa *estrófica* a la que tiene lugar al final de cada estrofa. Es pausa *versal* la que se produce al final de cada verso; ambas son indispensables.

ENCABALGAMIENTO

Es interesante notar que a veces existe un desequilibrio entre la pausa versal y la sintaxis del verso, es decir, la pausa versal se reduce al mínimo porque la oración que comenzó en un verso continúa en el verso siguiente; este fenómeno recibe el nombre de *encabalgamiento (enjambment)* ya que el sentido del verso cabalga sobre el verso siguiente.

> Cerrar podrá mis ojos la postrera
> sombra, que me llevare el blanco día.
> (Francisco de Quevedo,
> «Soneto 471»)

> Rodado por las ruedas
> de los relojes.
> (Leopoldo Lugones,
> «La blanca soledad»)

LA ESTROFA

De la misma manera que antes se dijo que las palabras se ordenan en una unidad superior que se denomina *verso,* ahora se puede decir que los versos se ordenan en unidades superiores denominadas *estrofas.* La estrofa es, pues, una unidad estructural mayor que el verso y menor que el poema. Generalmente cada estrofa se compone de dos o más versos que forman cualquiera de las partes o divisiones de una composición poética.

Tipos de estrofa

Los principales tipos de estrofa, teniendo en cuenta el número de versos, son los siguientes:

DOS VERSOS:

Pareado: AA; aa; aA; Aa.

> Si al principio no te muestras cómo eres,   A
> no podrás hacerlo cuando tú quisieres.   A
> (Don Juan Manuel, *El conde Lucanor*)

TRES VERSOS:

Terceto: AØA

> Y en este titubeo de aliento y agonía,   A
> cargo lleno de penas lo que apenas soporto.   Ø
> ¿No oyes caer las gotas de mi melancolía?   A
> (Rubén Darío, «Melancolía»)

Terceto encadenado: ABA BCB CDC...

> No he de callar, por más que con el dedo,   A
> ya tocando la boca y ya la frente,   B
> silencio avises o amenaces miedo.   A
> ¿No ha de haber un espíritu valiente?   B
> ¿Siempre se ha de sentir lo que se dice?   C
> ¿Nunca se ha de decir lo que se siente?   B
> (Francisco de Quevedo,
> «Epístola censoria»)

CUATRO VERSOS:

Cuarteto o copla de arte mayor: ABBA

Vuelve hacia atrás la vista, caminante,	A
verás lo que te queda de camino;	B
desde el oriente de tu cuna, el sino	B
ilumina tu marcha hacia adelante.	A

> (Miguel de Unamuno,
> «De Fuerteventura a París»)

Serventesio: ABAB

Mi infancia son recuerdos de un patio de Sevilla,	A
y un huerto claro donde madura el limonero;	B
mi juventud, veinte años en tierras de Castilla;	A
mi historia, algunos casos que recordar no quiero.	B

> (Antonio Machado, *Campos de Castilla*)

Redondilla o copla de arte menor: abba

Cultivo una rosa blanca	a
en julio como en enero,	b
para el amigo sincero	b
que me da su mano franca.	a

> (José Martí, *Versos sencillos*)

Cuarteta: abab

En el corazón tenía	a
la espina de una pasión,	b
logré arrancármela un día:	a
ya no siento el corazón.	b

> (Antonio Machado, *Soledades*)

CINCO VERSOS:

Lira: aBabB (combinación de versos heptasílabos y endecasílabos)

¡Qué descansada vida	a
la del que huye del mundanal ruido	B
y sigue la escondida	a
senda, por donde han ido	b
los pocos sabios que en el mundo han sido!	B

> (Fray Luis de León, «Vida retirada»)

OCHO VERSOS:

Octava real: ABABABCC

La furia del herirse y golpearse,	A
andaba igual, y en duda la fortuna,	B
sin muestra ni señal de declararse	A
mínima de ventaja en parte alguna:	B
ya parecían aquéllos mejorarse;	A
ya ganában aquéstos la laguna;	B
y la sangre de todos derramada	C
tornaba la agua turbia, colorada.	C

> (Alonso de Ercilla, *La Araucana*)

V El poema

El poema es una unidad estructural superior a la estrofa. Un poema puede estar constituido por una o por varias estrofas. Hay *poemas estróficos* o divididos en estrofas y *poemas no estróficos*.

POEMAS ESTROFICOS

Los poemas estróficos más importantes son el *soneto* y la *letrilla*.

1. *El soneto.* Es una combinación de catorce versos los cuales están estructurados en dos cuartetos seguidos por dos tercetos. El esquema de la rima más general es ABBA, ABBA, CDC, DCD, aunque son posibles otros esquemas. El ejemplo de *soneto* que a continuación se da sirve para recordar la estructura del soneto mismo; su autor es Lope de Vega:

Un soneto me manda hacer Violante,	A
que en mi vida me he visto en tanto aprieto;[1]	B
catorce versos dicen que es soneto,	B
burla burlando van los tres delante.	A
Yo pensé que no hallara consonante	A
y estoy a la mitad de otro cuarteto,	B
mas si me veo en el primer terceto,	B
no hay cosa en los cuartetos que me espante.[2]	A
Por el primer terceto voy entrando,	C
y parece que entré con pie derecho	D
pues fin con este verso le voy dando.	C
Ya estoy en el segundo y aun sospecho	D
que voy los trece versos acabando:	C
contad si son catorce y está hecho.	D

[1] dificultad
[2] dé miedo

Es muy común encontrar en la poesía hispanoamericana sonetos formados con serventesios ABAB, ABAB.

Como viejos curacas[1] van los bueyes[2]
camino de Trujillo, meditando...
Y al hierro de la tarde, fingen reyes
que por muertos dominios van llorando.

En el muro de pie, pienso en las leyes
que la dicha y la angustia van trocando:
ya en las viudas pupilas de los bueyes
se pudren sueños que no tienen cuándo.

La aldea, ante su paso, se reviste
de un rudo gris, en que un mugir[3] de vaca
se aceita en sueño y emoción de huaca.[4]

Y en el festín del cielo azul yodado
gime en el cáliz de la esquila triste
un viejo coraquenque[5] desterrado.
    (César Vallejo, «Nostalgias imperiales»)

[1] jefe de un conglomerado de indios del imperio inca
[2] oxen
[3] sonido vocal que emiten las vacas
[4] tesoro enterrado
[5] persona nacida en Coracora, ciudad del Perú

2. *La letrilla.* Es una composición poética de versos cortos con un *estribillo* (*refrain*) de uno o más versos repetidos a intervalos iguales. Son famosas las letrillas de Góngora «Andeme yo caliente, y ríase la gente» y la de Quevedo «Poderoso caballero es don Dinero».

> *Andeme yo caliente,*
> *y ríase la gente.*
>
> Traten otros del gobierno
> del mundo y sus monarquías,
> mientras gobiernan mis días
> mantequillas y pan tierno,
> y las mañanas de invierno
> naranjada y aguardiente,
> *y ríase la gente.*

POEMAS NO ESTROFICOS

Entre los poemas no estróficos se estudiarán el *romance,* la *silva* y el *poema de versos libres.*

1. *Romance.* El romance tiene un número indeterminado de versos octosílabos (de ocho sílabas) con rima asonante en los versos pares, quedando sin rimas los impares. El esquema de rima sería ØaØaØaØaØa... Como ejemplo se puede ver el romance de «El conde Arnaldos» en la sección antológica (p. 138).

2. *La silva.* Es un poema formado por versos endecasílabos y heptasílabos que alternan en diferentes formas. Es famosa la silva «A la agricultura de la zona tórrida» del poeta venezolano Andrés Bello.

> ¡Salve, fecunda zona,
> que al sol enamorado circunscribes
> el vago curso, y cuanto ser se anima
> en cada vario clima,
> acariciada de su luz, concibes!

Otro buen ejemplo de silva lo encontramos en la *Egloga I* de Garcilaso de la Vega:

> Saliendo de las ondas encendido,
> rayaba de los montes el altura[1]
> el sol, cuando Salicio, recostado
> al pie de un alta haya,[2] en la verdura,
> por donde un agua clara con sonido
> atravesaba el fresco y verde prado,
> él, con canto acordado[3]
> al rumor que sonaba,
> del agua que pasaba,
> se quejaba tan dulce y blandamente
> como si no estuviera de allí ausente
> la que de su dolor culpa tenía;
> y así, como presente,
> razonando con ella, le decía.

[1] el... la altura
[2] tipo de árbol
[3] en armonía

3. *El poema de versos libres.* Es un poema que puede no tener estrofas, ni rima, ni medida de versos, pero que conserva los otros elementos que hacen posible la función poética. Sirva como ejemplo «El momento más grave de la vida» de César Vallejo que aparece en la sección antológica (p. 169).

OTRAS FORMAS DE POESIA: POESIA CONCRETA

Como ya se ha dicho, el elemento básico de la poesía es la palabra. Pero, ¿qué son las palabras? Se podría decir que son simplemente un conjunto de signos lingüísticos (significante) que tienen un significado convencional que da el diccionario—denotación—y otro significado emotivo, sugerido—connotación. Así, por ejemplo, la palabra *perro* según la *referencia de objeto* que da el diccionario se refiere a un animal carnívoro y doméstico de la clase de los mamíferos; pero, según la *referencia de interpretante,* la palabra *perro* sugiere, entre otras, la idea de fidelidad, de lealtad. Este poder sugeridor de la palabra hace que un poema no se componga sólo de palabras, sino de intenciones, de significaciones profundas.

Así nacieron los llamados *ideogramas* que son una representación de ideas por medio de imágenes gráficas; los *caligramas* que vienen a ser un dibujo compuesto de palabras y los *topoemas,* de Octavio Paz. En estos últimos, el poema deja de ser una alineación sintáctica de palabras, para convertirse en un espacio, es decir, en un lugar en donde se mezclan los elementos lingüísticos y los elementos visuales—círculos, líneas, palabras invertidas, diferentes tipos de letras, etcétera. Al unirse los dos sistemas el lingüístico y el gráfico, la poesía es más emotiva, más sugeridora y se multiplican las significaciones simbólicas.

Esta es la base de la *poesía concreta* o *espacial* en donde el lenguaje es considerado desde el punto de vista fonético y visual. Esta dualidad de elementos hace que el poema se transforme en un enigma y que el lector sea el único que pueda desentrañar o descifrar los significados que encierra. Además de la muy conocida poesía concreta del norteamericano e.e. cummings, el chileno Vicente Huidobro, nos ofrece un buen ejemplo en «La capilla aldeana» que figura en la sección antológica (p. 172). El poema del mexicano Octavio Paz, «Cifra» (p. 188), es también un ejemplo excelente de este tipo de poesía.

PRACTICA

Conteste estas preguntas sobre los cuatro poemas que siguen.

1. ¿Cuál es el cómputo silábico de cada poema?
2. ¿Hay ejemplos de versos a) heptasílabos, b) octosílabos, c) endecasílabos o d) alejandrinos?
3. ¿Cuáles poemas son ejemplos de arte mayor y cuáles de arte menor?
4. ¿Qué tipo de rima se emplea en cada poema?
5. ¿Cuáles son poemas estróficos? En los poemas estróficos, ¿qué tipo de estrofa se emplea?

6. ¿Qué forma poética tiene la obra de Quevedo? ¿Qué elemento extraordinario se ve en ese poema?

a. «El que espera desespera»,
dice la voz popular,
¡Qué verdad tan verdadera!

La verdad es lo que es,
y sigue siendo verdad
aunque se piense al revés.
(Antonio Machado,
Campos de Castilla, «XXX»)

b. Bueno es saber que los vasos
nos sirven para beber;
lo malo es que no sabemos
para qué sirve la sed.
(Antonio Machado,
Campos de Castilla, «XLI»)

c. CANSANCIO

Está cansada ya de gritar mi laringe,[1]
interrogando a cada mundo del firmamento;
está cansado ya mi pobre pensamiento
de proponer enigmas a la inmutable Esfinge[2]...

¡A qué pensar, a qué lanzar nuestro reproche
a lo desconocido!

¡Comamos y bebamos!
¡Quizás es preferible que nunca comprendamos
el enorme secreto que palpita en la noche!
(Amado Nervo, *Serenidad*)

[1] *larynx*
[2] *Sphinx*

d. CELEBRA A UNA DAMA POETA,
LLAMADA ANTONIA

Antes alegre andaba; agora apenas
alcanzo alivio, ardiendo aprisionado;
armas a Antandra aumento acobardado;
aire abrazo, agua aprieto, aplico arenas.

Al áspid adormido, a las amenas
ascuas acerco atrevimiento alado;
alabanzas acuerdo al aclamado
aspecto, a quien admira antigua Atenas.

Agora, amenazándome atrevido,
Amor aprieta aprisa arcos, aljaba;
aguardo al arrogante agradecido.

Apunta airado; al fin, amando, acaba
aqueste amante al árbol alto asido,
adonde alegre, ardiendo, antes amaba.
(Francisco de Quevedo,
El Parnaso Español)

EL LENGUAJE LITERARIO

I El lenguaje literario

El lenguaje es el elemento esencial de la literatura, pero ésta es a la vez una creación lingüística y una creación artística. Para hacer de la literatura una creación artística, el escritor se vale de ciertos recursos, entre ellos las *figuras estilísticas* o *retóricas* y los *tropos*. El lenguaje literario se utiliza en todos los géneros, pero sobre todo en la poesía.

II Figuras retóricas

Existen dos clases de figuras retóricas: (1) las figuras llamadas de *pensamiento* que, como su nombre lo indica, no dependen tanto de la forma lingüística como del asunto, de la idea, del pensamiento, y que subsisten aunque se altere el orden de las palabras; y (2) las figuras llamadas de *lenguaje* o de *dicción* que se basan en la colocación especial de las palabras en la oración, de tal modo que, si se cambiara su orden, desaparecería la figura.

FIGURAS DE PENSAMIENTO

Las figuras de pensamiento se pueden clasificar en tres grupos, teniendo en cuenta el efecto que producen en la obra literaria:

1. *Figuras patéticas* cuyo efecto es despertar emociones; se debe destacar la *hipérbole,* la *prosopopeya* o *personificación* y el *apóstrofe.*
2. *Figuras lógicas* cuyo efecto es poner de relieve una idea. Entre ellas tenemos el *símil,* la *antítesis,* la *paradoja,* la *sinestesia* y el *clímax.*
3. *Figuras oblicuas* o *intencionales* cuyo efecto es expresar los pensamientos de un modo indirecto de acuerdo con la intención del autor; entre ellas podemos citar la *perífrasis.*

1. Figuras patéticas

   a. *Hipérbole.* Consiste en exagerar las cosas aumentando o disminuyendo la verdad de lo que se dice (se usa también en el lenguaje ordinario, por ejemplo, «tengo un sueño que me muero»). Veamos otro ejemplo en el soneto «A una nariz», de Francisco de Quevedo:

> Erase un naricísimo infinito,
> muchísimo nariz, nariz tan fiera,
> que en la cara de Anás fuera delito.

   b. *Prosopopeya o personificación.* Consiste en atribuir cualidades propias de los seres animados y corpóreos a los inanimados y, en particular, atributos humanos a otros seres animados o inanimados.

> Empieza el llanto
> de la guitarra.
> ....
> Llora monótona
> como llora el agua,
> como llora el viento
> sobre la nevada.
> (Federico García Lorca,
> *Poema del cante jondo*)

c. *Apóstrofe.* Es una especie de invocación que el escritor dirige a una determinada persona o a otros seres ya sean animados o inanimados.

> Río verde, río verde,
> más negro vas que la tinta
> entre ti y Sierra Bermeja
> murió gran caballería.
> (de *Romances fronterizos*)

2. Figuras lógicas

a. *Símil o comparación.* Expresa de una manera explícita la semejanza entre dos ideas valiéndose de las partículas *como* y *cual.*

> ... y le hice sentir el fierro
> y ya salió *como el perro*
> cuando le pisan la cola.
> (José Hernández,
> *Martín Fierro*)

b. *Antítesis o contraste.* Es una contraposición de conceptos, es decir, una asociación de conceptos por contraste.

> ... que ya tengo
> *blanca* mi color *morena.*
> (Rafael Alberti,
> «Joselito en su gloria»)

> ... se *apagaron* los faroles
> y se *encendieron* los grillos.
> (Federico García Lorca,
> «La casada infiel»)

c. *Paradoja.* Como dice Pelayo H. Fernández (*Estilística,* 1975), «la paradoja es una antítesis superada» porque une ideas, contradictorias por naturaleza, en un mismo pensamiento el cual generalmente encierra una verdad profunda.

> ...este vivir que es el vivir desnudo
> ¿no es acaso *la vida de la muerte?*
> (Miguel de Unamuno,
> «La vida de la muerte»)

d. *Sinestesia.* Es la descripción de una experiencia sensorial en términos de otra; los modernistas usaron mucho esta figura.

> Bajo la sensación del cloroformo
> me hacen temblar con alarido interno
> la luz de acuario de un jardín moderno,
> y el *amarillo olor* del cloroformo.
> (Ramón del Valle-Inclán,
> «Rosa del sanatorio»)

En el lenguaje ordinario también se usa la sinestesia, por ejemplo, «colores chillones (*shocking*)».

e. *Clímax.* Se llama también *gradación* porque expresa una cadena o serie de pensamientos que siguen una progresión ascendente o descendente.

> ...no sólo en plata o viola truncada
> se vuelva, mas tú y ello juntamente
> *en tierra, en humo, en polvo, en sombra, en nada.*
> (Luis de Góngora, «Soneto»)

3. Figuras oblicuas

Perífrasis o circunlocución. Se llama también «rodeo de palabras». Resulta de mencionar una persona o cosa cualquiera no dándole su propio nombre, sino el de alguna cualidad o circunstancia suya a fin de que podamos reconocerla. A veces puede ser extensa y suele guardar relación con otros recursos estilísticos como la hipérbole y la metáfora. «El ciego dios del amor» sería una manera perifrástica de referirse a Cupido, por ejemplo.

> Las piquetas de los gallos
> cavan buscando la aurora. } Significa el *amanecer*.
> (Federico García Lorca,
> «Romance de la
> pena negra»)

FIGURAS DE LENGUAJE O DE DICCION

Estas figuras se pueden producir de cuatro maneras. A continuación se mencionan las figuras principales:

1. Añadiendo palabras resulta el *epíteto.*
2. Suprimiendo palabras tenemos el *asíndeton.*
3. Repitiendo palabras se originan la *anáfora* y el *polisíndeton.*
4. Combinando las palabras resultan la *aliteración,* la *onomatopeya* y el *hipérbaton.*

1. Añadiendo palabras

Epíteto. Es el adjetivo que, colocado delante del sustantivo, expresa una cualidad de alguna persona o cosa. Hay que tener presente que este adjetivo no es indispensable para el sentido de la frase. Por ejemplo, en «el *terrible* Caín», *terrible* es el adjetivo que modifica a Caín innecesariamente porque ya se sabe que Caín era terrible. Otro ejemplo sería «la *blanca* nieve». Son epítetos las frases asociadas con ciertos personajes célebres—reyes, héroes—como, por ejemplo, Pedro el Cruel.

2. Suprimiendo palabras

Asíndeton. Consiste en omitir las conjunciones para dar a la frase mayor dinamismo. Ejemplo: «*Veni, vidi, vici*» («Vine, vi, vencí») de Julio César. Otro buen ejemplo se encuentra en los versos de Federico García Lorca:

> Verte desnuda es recordar la tierra,
> la tierra lisa, limpia de caballos,
> la tierra sin mi junco, forma pura,
> cerrada al porvenir, confín de plata.

3. Repitiendo palabras

a. *Anáfora.* Es una repetición de palabras al principio de un verso o al principio de frases semejantes.

> *Aquí tengo* una voz decidida,
> *aquí tengo* una vida combatida y airada,
> *aquí tengo* un rumor, *aquí tengo* una vida.
> (Miguel Hernández, «Recoged esta voz»)

b. *Polisíndeton.* Consiste en usar más conjunciones de las necesarias para dar a la frase una mayor solemnidad.

> ... se queda, como se quedan los lagos y las montañas y las santas almas sencillas.
> (Miguel de Unamuno, *San Manuel Bueno, mártir*)

4. Combinando las palabras

a. *Aliteración.* Es una repetición del sonido inicial en varias palabras de un mismo verso, estrofa o frase.

> Si piensas que no soy su dueño, Alcino,
> suelta y verás si a mi choza viene
> que aún tienen sal las manos de su dueño.
> (Lope de Vega, *Rimas humanas*)

b. *Onomatopeya.* Consiste en imitar sonidos reales por medio del ritmo de las palabras.

> vuela la sensación, que al fin se borra
> verde mosca, *zumbándome* en la frente.
> (Ramón del Valle-Inclán,
> «Rosa del sanatorio»)

c. *Hipérbaton.* Consiste en invertir el orden acostumbrado de las palabras en la oración.

2   3   6
Abanicos de aplausos, en bandadas,

4   1   5
descienden, giradores, del tendido,

8   7   9
la ronda a coronar de los espadas.[1]
          (Rafael Alberti,
        «Corrida de toros»)

III *Tropos*

Existen dos tipos de lenguaje: lenguaje directo y lenguaje figurado (*figurative language*). Por ejemplo, si a un león se le llama *león,* se usa la palabra en sentido directo; pero si a un hombre se le llama *león,* la usamos en sentido figurado. Por lo tanto, hay que tener en cuenta que las palabras pueden usarse en sentido directo o literal, pero también pueden implicar otro sentido, el *sentido figurado.* Esta manera de expresión figurada es lo que se llama «tropo» (*trope*), que significa en griego *cambio, vuelta, rodeo,* es decir, un cambio de significado. Los tropos principales son: la *metonimia,* la *sinécdoque,* la *metáfora,* la *alegoría,* la *parábola* y el *símbolo.*

1. *Metonimia.* Consiste en dar a un objeto el nombre de otro por una relación de causa u origen. Ejemplos: «compró un *Picasso*» (Picasso es el origen del cuadro); «vive de su *trabajo*» (el trabajo origina el dinero que se necesita para vivir); «le gusta leer a *Chaucer*» (Chaucer es quien ha originado las obras). En general se puede decir que la metonimia consiste en designar una cosa con el nombre de otra en virtud de una relación real entre ambas.

      Aquel país fue su *cuna* y su *sepulcro*
            ↓   ↓
        nacimiento   muerte

2. *Sinécdoque.* Es una especie de metonimia que consiste en designar un objeto con el nombre de otro debido a que hay una relación de coexistencia. La sinécdoque más usada es la que designa el todo por la parte. Ejemplos: «Hay que ganar el *pan* de cada día» (se refiere a todas las cosas necesarias para el diario vivir porque el pan coexiste con las demás cosas); «sólo asistieron diez *almas* al concierto» (se refiere a diez personas porque el alma coexiste con la persona). La sinécdoque es, por lo tanto, una especie de metonimia.

3. *Metáfora.* Es el tropo más común. La metáfora es una identificación de un objeto con otro en virtud de una relación de semejanza que hay entre ellos, es decir, una comparación. Ejemplos: «sus dientes son perlas» (la semejanza se encuentra en el brillo y la blancura); «aquel chico es un tesoro» (la semejanza está en lo valioso); «la vida es un sueño» (la semejanza está en la brevedad de la vida que se considera que sólo dura un instante como un sueño).

4. *Alegoría.* Es una metáfora continuada a lo largo de una composición literaria o parte de ella. Ejemplo: la obra de teatro, *El gran teatro del mundo* de Pedro

Calderón de la Barca es una alegoría porque la vida es vista como un teatro y los seres humanos como los actores.

5. *Parábola.* Es una alegoría que tiene intención didáctica (una enseñanza o lección moral). Ejemplo: la parábola bíblica del hijo pródigo (*the prodigal son*). La alegoría y la parábola facilitan la comprensión de los conceptos abstractos.

6. *Símbolo.* Es una relación entre dos elementos, uno concreto, sensorial, y el otro abstracto, de tal manera que el elemento concreto revele lo abstracto. Teniendo en cuenta que la realidad expresada por el símbolo es abstracta, su naturaleza es necesariamente difusa, lo cual quiere decir que el símbolo no representa una identificación perfecta. Ciertos símbolos usados con frecuencia se convierten en *emblemas* fácilmente reconocibles (la *cruz* como símbolo del cristianismo, la *rosa* como símbolo del amor, y otros más). Un buen ejemplo de símbolo se encuentra en el siguiente soneto de Unamuno en el cual, según algunos críticos, se utiliza el *buitre* (*vulture*) como símbolo de la *muerte.* Sin embargo, podría dársele otras interpretaciones, tales como: «la angustia ante la idea de la muerte», «algo que va destruyendo a alguien poco a poco», porque precisamente la naturaleza del símbolo es su carácter indefinible.

> Este *buitre* voraz de ceño torvo
> que me devora las entrañas fiero
> y es mi único constante compañero
> labra mis penas con su pico corvo.
>
> El día en que le toque el postrer sorbo
> apurar de mi negra sangre, quiero
> que me dejéis con él solo y señero
> un momento, sin nadie como estorbo.
>
> Pues quiero, triunfo haciendo mi agonía,
> mientras él mi último despojo traga
> sorprender en sus ojos la sombría
>
> mirada al ver la suerte que le amaga
> sin esta presa en que satisfacía
> el hambre atroz que nunca se le apaga.

Es importante hacer notar que los *tropos* no pertenecen exclusivamente al lenguaje literario ya que en el lenguaje corriente aparecen expresiones tropológicas, como por ejemplo, «mi hermana es una joya».

PRACTICA

Señale las *figuras retóricas* y los *tropos* en los ejemplos siguientes:

A. 1. I'm so hungry I could eat a horse.
2. «*Veni, vidi, vici.*» («Vine, vi, vencí.» / «I came, I saw, I conquered.») (Julius Caesar)
3. All hands on deck!
4. «Jack of all trades and master of none.»

5. «All the world's a stage,
   And all the men and women merely players.» (Shakespeare)
6. «I want a girl just like the girl that married dear old Dad.»
7. «She sells seashells by the seashore.»
8. They have a Van Gogh in their home.
9. Have a heart!
10. «We must all hang together, or assuredly we shall all hang separately.»
    (Benjamin Franklin)
11. «My country, 'tis of thee, sweet land of liberty, of thee I sing.»
12. «I must be cruel only to be kind.» (Shakespeare)
13. «When the cat's away the mice will play.»
14. «Uneasy lies the head that wears a crown.» (Shakespeare)
15. «The pen is mightier than the sword.»
16. She's wearing a shocking pink dress.
17. «Man does not live by bread alone.»
18. «My country, right or wrong.»
19. «Make love, not war.»
20. «My love is like a red, red rose.» (Robert Burns)

B.
1. «Para y óyeme ¡oh sol! yo te saludo
   Y extático ante ti me atrevo a hablarte»
         (José de Espronceda, «Al sol»)

2. «Lo han dicho el pinar y el viento,
   lo ha dicho la luna de oro,
   «lo han dicho el humo y el eco».
         (Juan Ramón Jiménez,
         «Ya están allí las carretas»)

3. (Los versos nos presentan una definición del amor.)
   «En vano, descuidado pensamiento,
   una loca, altanera fantasía,
   un no sé qué que la memoria cría,
   sin ser, sin calidad, sin fundamento»
   (Miguel de Cervantes, «Poema III»)

4. «Volví, halléme solo y entre abrojos,[1]
   y en vez de luz, cercado de tiniebla,[2]
   y en lágrimas ardientes convertido».
   (Fernando de Herrera, «Soneto XIV»)

   [1] thorns
   [2] cercado... rodeado de sombras

5. (El verso se refiere a la barba del cíclope Polifemo.)
   «un torrente es su barba impetüoso»
         (Luis de Góngora,
         Fábula de Polifemo y Galatea)

6. «Perdí media vida mía
   por cierto placer fatal,
   y la otra media daría
   por otro placer igual».
      (Ramón de Campoamor,
      Cantares)

7. «La cuchilla de los dientes
   corta el canto en dos pedazos».
   (I. Pereda Valdés,
   «La guitarra de los negros»)

8. «Feliciano me adora y le aborrezco;
   Lisardo me aborrece y yo le adoro;
   por quien no me apetece ingrato, lloro,
   y al que me llora tierno, no apetezco».
   (Sor Juana Inés de la Cruz,
   «Soneto CLXVII»)

9. «Caballo y jinete partieron como un huracán».
   (Gustavo Adolfo Bécquer, «Los ojos verdes»)

10. «¿Dijiste media verdad?
    Dirán que mientes dos veces
    si dices la otra mitad».
    (Antonio Machado,
    Proverbios y cantares, «XLIX»)

11. «Nuestras vidas son los ríos
    que van a dar en la mar,
    que es el morir».
    (Jorge Manrique,
    *Coplas por la muerte
    de su padre*)

12. «Volver a verte en el reposo quieta,
    soñar contigo el sueño de la vida,
    soñar la vida que perdura siempre
    sin morir nunca».
    (Miguel de Unamuno,
    «Salamanca»)

13. (El personaje Segismundo describe el arroyo como si fuera una serpiente.)
    «Nace el arroyo, culebra
    que entre flores se desata»
    (Pedro Calderón de la Barca, *La vida es sueño*)

14. «Mientras las ondas de la luz al beso
    Palpiten encendidas;
    Mientras el sol las desgarradas nubes
    De fuego y oro vista;
    Mientras...»
    (Gustavo Adolfo Bécquer,
    «Rima IV»)

15. «el ciego dios se enoja»
    (Luis de Góngora,
    *Fábula de Polifemo y
    Galatea*)

16. «Cual suele el ruiseñor con triste canto
    quejarse, entre las hojas escondido,
    del duro labrador que cautamente

le despojó[1] su caro y dulce nido
de los tiernos hijuelos, entre tanto
que del amado ramo estaba ausente,
y aquel dolor que siente
con diferencia tanta
por la dulce garganta
despide, y a su canto el aire suena,
y la callada noche no refrena
su lamentable oficio y sus querellas,
trayendo de su pena
al cielo por testigo y las estrellas;
desta manera suelto yo la rienda
a mi dolor, y así me quejo en vano
de la dureza de la muerte airada»[2]
(Garcilaso de la Vega, «Egloga I»)

17. «Tú eres el tiempo que mis horas guía,
tú eres la idea que mi mente asiste,
porque en ti se concentra cuanto existe,
mi pasión, mi esperanza, mi poesía».
(Carolina Coronado,
«¡Oh, cuál te adoro!»)

18. «Tengo a mis amigos
en mi soledad;
cuando estoy con ellos
¡qué lejos están!»
(Antonio Machado,
Proverbios y cantares, «LXXXVI»)

19. (El sentido es: Aprovecha la juventud, antes que el
pelo se te vuelva blanco.)
«Coged de vuestra alegre primavera
el dulce fruto, antes que el tiempo airado
cubra de nieve la hermosa cumbre».
(Garcilaso de la Vega, «Soneto XXIII»)

20. «¡Oh más dura que mármol a mis quejas,
y al encendido fuego en que me quemo
más helada que nieve, Galatea!
Estoy muriendo, y aun la vida temo;
témola con razón, pues tú me dejas,
que no hay, sin ti, el vivir para que sea».[1]
(Garcilaso de la Vega, «Egloga I»)

C. 1. (El poema trata de los efectos del amor.)
«Desmayarse, atreverse, estar furioso,
áspero, tierno, liberal, esquivo,
alentado, mortal, difunto, vivo,
leal, traidor, cobarde y animoso;
no hallar fuera del bien centro y reposo,
mostrarse alegre, triste, humilde, altivo,
enojado, valiente, fugitivo,
satisfecho, ofendido, receloso;

[1] robó
[2] enojada

[1] el.... *anything worth living for*

huir el rostro al claro desengaño,
beber veneno por licor suave,
olvidar el provecho, amar el daño;
   creer que un cielo en un infierno cabe,
dar la vida y el alma a un desengaño:
esto es amor, quien lo probó lo sabe».

        (Lope de Vega, *Rimas humanas*)

2. «En mi cielo al crepúsculo eres como una nube
y tu color y forma son como yo los quiero.
Eres mía, eres mía, mujer de labios dulces,
y viven en tu vida mis infinitos sueños.

La lámpara de mi alma te sonrosa los pies,
el agrio vino mío es más dulce en tus labios:
oh segadora de mi canción de atardecer,
cómo te sienten mía mis sueños solitarios!

Eres mía, eres mía, voy gritando en la brisa
de la tarde, y el viento arrastra mi voz viuda.
Cazadora del fondo de mis ojos, tu robo
estanca como el agua tu mirada nocturna.

En la red de mi música estás presa, amor mío,
y mis redes de música son anchas como el cielo.
Mi alma nace a la orilla de tus ojos de luto.
En tus ojos de luto comienza el país del sueño».

  (Pablo Neruda, *Veinte poemas de amor*, «16»)

PANORAMA HISTORICO Y CATEGORIAS FUNDAMENTALES ━━━━━

Cronología de obras poeticas españolas e hispanoamericanas

SIGLOS X–XI

Jarchas

SIGLO XII

Anónimo, *Cantar de Mío Cid* (1140)

SIGLO XIII

Gonzalo de Berceo, *Milagros de Nuestra Señora*

SIGLO XIV

Juan Ruiz, Arcipreste de Hita, *El libro de buen amor* (1343)

SIGLO XV

Anónimo, «Doña Alda» (*Romances novelescos*)*
      «Romance del conde Arnaldos» (*Romances novelescos*)*
Jorge Manrique, *Coplas por la muerte de su padre* (c. 1476)
Iñigo López de Mendoza, Marqués de Santillana, *Sonetos*

---

*obras que aparecen en esta antología

SIGLO XVI

Garcilaso de la Vega, «Sonetos XI y XIV» (*Sonetos*, 1543)*
        Eglogas
        Canciones
        Epístola (dirigida a Juan Boscán)

San Juan de la Cruz, «Noche oscura» (*Noche oscura del alma*)
        «Que muero porque no muero» (*Llama de amor viva*)
        Cántico espiritual (1584)

Santa Teresa de Jesús, «Vivo sin vivir en mí», «Nada te turbe» (*Poesías*)

Fray Luis de León, «Qué descansada vida», *Odas* (¿1557?), «Noche serena»,
        (¿1571?)

Alonso de Ercilla y Zúñiga, *La Araucana* (1569–1589)

SIGLO XVII

Luis de Góngora, «Sonetos CIII y CLXVI» (*Sonetos*)
        Las soledades (c. 1612)

Francisco de Quevedo, *El parnaso español* (1648)
        Las últimas tres musas (1670)

Sor Juana Inés de la Cruz, «A su retrato», «A una rosa» (*Sonetos*)*

SIGLO XVIII

Tomás de Iriarte, *Fábulas literarias* (1782)

Félix María Samaniego, *Fábulas morales* (1781–1784)

SIGLO XIX

José María Heredia, «En el Teocalli de Cholula» (1820)
        «Niágara» (1825)

José Joaquín Olmedo, «La victoria de Junín: canto a Bolívar», *Odas* (1824)

Andrés Bello, «Silva a la agricultura de la Zona Tórrida» (*Repertorio Americano*, 1826)

Esteban Echeverría, *La cautiva* (1837)

José de Espronceda, «Soledad del alma», «Canción del pirata» (*Poesías líricas*)*
        El estudiante de Salamanca (1840)
        «Canto a Teresa» (*El diablo mundo*, 1840)

Angel de Saavedra, Duque de Rivas, *Romances históricos* (1841)

José Zorrilla, *Los cantos del trovador*, (*Leyendas y tradiciones históricas*, 1842)
        La leyenda del Cid (1882)

Rosalía de Castro, *En las orillas del Sar* (1884)

Estanislao del Campo, *Fausto* (1886)

José Hernández, *Martín Fierro* (1886)

Esteban Echeverría, *Tabaré* (1888)

Gertrudis Gómez de Avellaneda, «Al partir», «A El» (*Poesías*, 1841–1871)*

Gustavo Adolfo Bécquer, «Rimas XXI y LIII» (*Rimas*, 1871)*

José Martí, «Sobre mi hombro» (*Ismaelillo*, 1882)*
        «Dos patrias» (*Flores del destierro*, 1885–1887)*

Rubén Darío, *Azul* (1888)
        «El cisne» (*Prosas profanas*; 1896)*

Manuel Gutiérrez Nájera, *Poesías* (1896)

José Asunción Silva, *El libro de versos* (1891–1896)

SIGLO XX

Antonio Machado, *Soledades* (1903)

Juan Ramón Jiménez, *Jardines lejanos* (1904)

Rubén Darío, «Canción de otoño en primavera» (*Cantos de vida y esperanza*, 1905)*

Miguel de Unamuno, *Poesías* (1907)

Ramón del Valle Inclán (*Aromas de leyenda*, 1907)

Antonio Machado, *Campos de Castilla* (1912)

Delmira Agustini, *Los cálices vacíos* (1913)

Gabriela Mistral, *Los sonetos de la muerte* (1915)

Juan Ramón Jiménez, *Diario de un poeta recién casado* (1916)

Vicente Huidobro, «Arte poética», «La capilla aldeana» (*El espejo de agua*, 1916)*

Juan Ramón Jiménez, «Inteligencia, dame», «Vino, primero, pura» (*Eternidades*, 1916)*

Antonio Machado, «Proverbios y cantares, XXIX», «La saeta» (*Poesías completas*, 1917)*

Amado Nervo, «La pregunta», «Si tú me dices "Ven"» (*Elevación*, 1917)*

Juana de Ibarbourou, «La higuera», «Rebelde» (*Las lenguas de diamante*, 1919)*

Alfonsina Storni, *Irremediablemente* (1919)

Federico García Lorca, «Canción del jinete» (*Canciones*, 1922)*

Gabriela Mistral, *Desolación* (1922)

Pablo Neruda, *Crepusculario* (1923)

«Me gustas cuando callas» (*Veinte poemas de amor y una canción desesperada*, 1924)*

Tentativa de un hombre infinito (1925)

Gabriela Mistral, «Meciendo», «Yo no tengo soledad» (*Ternura*, 1925)*

Federico García Lorca, «Romance sonámbulo» (*Romancero gitano*, 1932)*

Nicolás Guillén, «Sensemayá» (*West Indies Ltd.*, 1934)

Pablo Neruda, *Residencia en la tierra* (1935)

Nicolás Guillén, «No sé lo que piensas tú» (*Cantos para soldados y sones para turistas*, 1937)*

Pablo Neruda, *España en el corazón* (1937)

Luis Palés Matos, «Danza negra», «El gallo» (*Tuntún de pasa y grifería*, 1937)*

Gabriela Mistral, *Tala* (1938)

Federico García Lorca, *Poema del cante jondo* (1931)

El poeta en Nueva York (1935)

César Vallejo, «Yuntas», «El momento más grave de la vida» (*Poemas humanos*, 1939)*

Dámaso Alonso, «Insomnio», «Vida del hombre» (*Hijos de la ira*, 1944)*

Pablo Neruda, *Tercera residencia en la tierra* (1947)

Canto general (1950)

Vicente Aleixandre, *Historia del corazón* (1954)

Gabriela Mistral, *Lagar* (1954)

Octavio Paz, «El sediento» (*Libertad bajo palabra*, 1935–1958)*

Ernesto Cardenal, *Epigramas: poemas* (1961)*

Pablo Neruda, «Verbo» (*Poeta de guardia,* 1962)*

Bertalicia Peralta, «La libertad», «El silencio» (*Sendas fugitivas,* 1962)*

Vicente Aleixandre, *En un vasto dominio* (1962)
Poemas de la consumación (1968)

Gloria Fuertes, «Sale caro ser poeta», «Mis mejores poemas» (*Como atar los bigotes al tigre,* 1969)

Octavio Paz, *Ladera este* (1969)
«Cifra» (*Topoemas,* 1971)*

Ana María Fagundo, «Casi un poema», «Trinos» (*Como quien no dice voz alguna al viento,* 1984)*

Nancy Morejón, *Piedra pulida* (1986)

Octavio Paz, *Arbol adentro* (1987)

LA POESIA: ORIGENES Y PRIMEROS OBJETIVOS

No se puede afirmar cuándo nació la poesía. Su origen ha de estar en lo más remoto de la historia humana. Esto lo comprobaría el hecho de que ciertos pueblos que carecen de una historia *escrita,* utilizan en sus ceremonias la expresión poética y la danza para relatar los hechos memorables de la tribu—guerras, migraciones, desastres naturales, etcétera. Debido a eso, puede decirse que la poesía nació de la exigencia innata en el ser humano de preservar su pasado.

LA POESIA NARRATIVA Y LIRICA DE LA EDAD MEDIA

La Edad Media se caracteriza por el teocentrismo o sea por la idea de que Dios es el centro del universo y que la Providencia divina rige el orden social, político y religioso. Por lo tanto, considerando el mundo como obra de Dios, el hombre medieval obedece a una jerarquía inflexible que coloca a la clerecía y a la nobleza en cargo de la humanidad—la primera para divulgar la fe cristiana, la segunda para servir como modelo de integridad personal y de valor. En cuanto a la vasta mayoría de la gente—el pueblo—, se pensaba que éste había sido creado por Dios con el único fin de trabajar y servirle. Lógicamente, el *clérigo* pasa a ser respetado como autoridad religiosa y persona culta, mientras que el *guerrero*— normalmente de noble casta—es idolatrado por su rectitud ante el rey y ante la familia así como por sus hazañas en defensa del cristianismo y de la patria.

En la introducción histórica al género narrativo se mencionó cómo los grandes guerreros y sus proezas habían sido inmortalizados en la poesía épica grecolatina por Homero y Virgilio (p. 130). A lo largo de la Edad Media, es el juglar (*minstrel*), especie de poeta ambulante, anónimo, quien va por plazas y castillos recitando composiciones *líricas,* es decir, llenas de sentimiento, y hechos heroicos, acompañado de instrumentos musicales. Esta poesía tenía el mismo propósito de la épica clásica—exaltar las hazañas de héroes nacionales—según se ve en las *sagas* de Escandinavia y en los *cantares* de gesta de Inglaterra (*Beowulf,* c. siglo VIII) y de Alemania (*Nibelungenlied,* c. 1200). Estas obras inspiraron sin duda los primeros poemas épicos o narrativos escritos en romance, es decir, compuestos en los varios idiomas derivados del latín. Tales son la *Chanson de Roland* (c. 1070) en Francia y el *Cantar de Mío Cid* (c. 1140) en España.

LA POESIA MEDIEVAL ESPAÑOLA

En España, país en donde con más fervor se propagó la fe cristiana, hubo originalmente dos tipos de composiciones poéticas: los poemas populares de fondo histórico, de los juglares, asociados con el «mester de juglaría» (*art of minstrelsy*), y los cultos, de propósito literario, que los clérigos componían de acuerdo con el «mester de clerecía» (*clerics' mode*). El mejor ejemplo del mester de juglaría es el *Cantar de Mío Cid.* Como se constató previamente en la historia de la narrativa, este poema presenta ciertas características de la epopeya nacional española: el elogio del valor y del carácter humano del héroe y la sobriedad y sencillez del lenguaje.

Gonzalo de Berceo es el primer poeta español del cual se tiene conocimiento. Su obra principal, los *Milagros de Nuestra Señora* (siglo XIII), es un ejemplo típico del mester de clerecía, categoría a la que pertenecen las obras de tipo didáctico o moralizador. Sin embargo, el mayor exponente de este género es *El libro de buen amor* (1343) de Juan Ruiz, Arcipreste de Hita, obra en que éste contrasta los goces del amor divino con los peligros del amor humano.

En la poesía del siglo XV se ve la transformación del juglar callejero en *trovador* (*troubadour*) cortesano. Poeta oficial de las cortes feudales, el trovador refina tanto sus composiciones hasta convertir la poesía en un género artificioso, es decir, ingenioso. Varios nombres ilustres se inscriben en esta tradición: entre ellos cabe mencionar a Jorge Manrique, famoso por las *Coplas por la muerte de su padre* (c. 1476), y a Iñigo López de Mendoza, Marqués de Santillana. Este es conocido por sus *sonetos* al estilo italiano, composiciones de versos endecasílabos, que siguen el modelo del *Canzoniere* (*Cancionero*) de Francesco Petrarca (1304–1374).

EL HUMANISMO Y LA POESIA DE TRANSICION: EL «ROMANCE»

En el siglo XV, período de transición entre la Edad Media y el Renacimiento, Europa se beneficia de la influencia del *humanismo italiano* (ver Apéndice 3). Petrarca inicia una afanosa búsqueda de manuscritos grecorromanos que conduce al redescubrimiento de la antigüedad clásica y a una nueva cosmovisión o manera de concebir el mundo. Las investigaciones paleográficas de Petrarca y de sus seguidores, la invención de la imprenta que difunde esos manuscritos, y los varios descubrimientos científicos y geográficos—entre ellos los del astrónomo polaco Copérnico (1473–1543), y la invención de la brújula (*compass*) que posibilita el descubrimiento de América y de otras tierras—hacen que el hombre se sienta orgulloso de sí mismo y reclame su independencia. Por consiguiente, se rechazan las concepciones tradicionales y el hombre pasa a considerarse a sí mismo como el centro del universo (*antropocentrismo*).

En España, como en el resto de Europa, el espíritu humanístico inspira el afán de buscar y propagar el caudal de tesoros culturales de su pasado. Ocurre de este modo un fenómeno de suma importancia para las letras españolas: el florecimiento de la lírica popular—el *romance*. A ello contribuyen la compilación y difusión del *Romancero viejo* (siglos XIV–XV), colección de poemas cortos y populares, posiblemente fragmentos de poemas épicos que, por ser favoritos del público, el juglar repetía. Es probable también que muchos de dichos romances hayan sido composiciones originales.

EL SIGLO DE ORO Y EL APOGEO DE LA POESIA ESPAÑOLA

El humanismo italiano, con su énfasis en el individuo, en la naturaleza y en el pasado clásico, influye sobremanera en la vida y en el arte renacentistas. Inspirándose en la poesía de Petrarca, la lírica española de principios del Siglo de Oro retrata el amor humano como un penoso conflicto entre la razón y los sentidos. Contra el trasfondo de una naturaleza complaciente, el atormentado poeta medita sobre sus sentimientos amorosos y analiza su estado de ánimo.

El máximo exponente de esta postura y el más famoso poeta de la primera mitad del Renacimiento es Garcilaso de la Vega (p. 140). Este cultiva y perfecciona en lengua española el soneto endecasílabo italiano que ha de servir de modelo para todos los poetas del siglo XVI.

LOS GRANDES MISTICOS Y EL CRISTIANISMO HUMANISTICO

Si por un lado la cosmovisión del Renacimiento disminuye el fervor religioso, por otro celebra un *cristianismo humanístico* basado—según lo propone el holandés Erasmo (1469–1536)—en la religiosidad íntima y no en la pompa y ceremonias del culto externo. Las manifestaciones más significativas de esta corriente son el *ascetismo* (*asceticism*), que implica un rechazo del mundo material en favor de una vida austera, y el *misticismo* (*mysticism*), que conduce a la unión del alma con Dios por medio de la contemplación pura y la oración. En España, las figuras sobresalientes de la lírica religiosa son Santa Teresa de Jesús (p. 141), San Juan de la Cruz (*Noche oscura del alma, Llama de amora viva, Cántico espiritual,* 1584) y Fray Luis de León (*Odas* «Qué descansada vida», c. 1557, «Noche serena», c. 1571).

LA EPICA RENACENTISTA: EXORDIO DE LA LITERATURA HISPANOAMERICANA

La poesía épica renacentista escrita en español viene de América, lo cual no es sorprendente, ya que allí había tantas hazañas que contar y *cantar.* La epopeya es la forma que da principio a la literatura del Nuevo Mundo hispanohablante. El más famoso poema épico es *La Araucana* (1569–1589) del español Alonso de Ercilla y Zúñiga, cuyo tema son las luchas de los valientes indios araucos de Chile.

LA LIRICA DEL BARROCO EN ESPAÑA Y EN AMERICA

Ante el desequilibrio espiritual que caracteriza la época del barroco, el escritor busca la evasión en un arte que le proporcione autonomía y originalidad. En

consecuencia, los escritores utilizan las estructuras gramaticales más compli-
cadas y el lenguaje más rebuscado. Tales tendencias afectan de modo especial la
poesía. Esta es atravesada por dos corrientes: el *culteranismo* y el *conceptismo.*
Luis de Góngora, autor de las *Soledades,* es el líder de la corriente culterana
que consiste en el refinamiento de la palabra mediante la asimilación de términos
clásicos y la distorsión de la sintaxis. El *conceptismo* da importancia sobre todo
a la agudeza y originalidad de ideas y conceptos y es más característico de la
prosa que de la poesía. Sin embargo, hay obras poéticas, como las de Francisco
de Quevedo (*El Parnaso español,* 1648; *Las tres últimas musas,* 1648), que se
distinguen por sus rasgos conceptistas.

En Hispanoamérica, la figura cumbre de la poesía lírica del Renacimiento y
del Barroco es Sor Juana Inés de la Cruz (p. 147). La contribución de esta monja
mexicana a las letras hispanoamericanas no se limita solamente a su trabajo sobresaliente como escritora, sino también a su papel de defensora de los derechos
de la mujer y de la intelectualidad.

LA ILUSTRACION Y EL NEOCLASICISMO EN LA POESIA HISPANICA

Durante el siglo XVIII—el Siglo de las Luces o Ilustración (*Enlightenment*) (ver
Apéndice 3)—la poesía, género creativo por excelencia, sufre de modo particular a causa del espíritu racionalista y analítico de la época. Por eso, excluyendo
imitaciones de obras neoclásicas francesas, lo más destacado de la poética española son las *Fábulas literarias* (1782) de Tomás de Iriarte y las *Fábulas
morales* (1781–1784) de Félix María Samaniego.

Lo contrario sucede en el Nuevo Mundo, donde se produce en este período
una poesía significativa, mientras las colonias viven el momento histórico de su
pre-Independencia. Dos son los autores que se destacan en el neoclasicismo hispanoamericano: el ecuatoriano José Joaquín Olmedo y el venezolano Andrés
Bello. Olmedo, en su *oda* (*ode*) «La victoria de Junín: canto a Bolívar»—el
mejor ejemplo de épica clásica compuesta en América—toma al superhéroe de
la Independencia, el general Simón Bolívar, como símbolo de la grandeza del
hombre latinoamericano. Bello, en cambio, en su *silva* «A la agricultura de la
zona tórrida»—obra que evoca la poética de los latinos Virgilio y Horacio—ex-
horta a sus compatriotas a abandonar las armas y a cultivar la tierra.

TIERRA, INDIGENA Y GAUCHO EN LA POESIA ROMANTICA AMERICANA

El anhelo de algunos románticos europeos de descubrir la naturaleza en su forma
primitiva, como América la ofrecía, es sentido por el hispanoamericano mismo,
dando origen al romanticismo autóctono o local. Así como lo había hecho el prosista, el poeta romántico latinoamericano también vuelve la mirada hacia atrás
buscando su identidad nacional en la naturaleza virgen, en el indígena y en el
enigmático hijo de la pampa—el gaucho.

Inspirado por el francés Chateaubriand (1768–1848) que había idealizado el
suelo americano y al indígena, proponiéndolos como modelo de un mundo ideal
(*Viaje a América,* 1828), el cubano José María de Heredia compone versos que

son un verdadero tributo al continente americano. Esto se nota particularmente en los poemas «Al Niágara» y «En el Teocalli de Cholula». Ese mismo interés por el suelo y el indígena se encuentra en dos poemas marcadamente románticos *La cautiva* (1837) del argentino Esteban Echeverría, y *Tabaré* (1888) del uruguayo Juan Zorrilla de San Martín. Esta última obra, de carácter indianista, dramatiza el conflicto del nativo de América frente a la civilización europea.

Al igual que el indio, el gaucho aparece estilizado en la poesía del siglo XIX, constituyendo otra vertiente mitificadora del romanticismo americano: el género gauchesco. Las obras más valiosas de dicho género son los poemas narrativos de dos argentinos: *Fausto* (1886) de Estanislao del Campo, y *Martín Fierro* (1886) de José Hernández,—siendo esta última la obra maestra del género.

En el desarrollo de la poesía romántica hispánica hay que reservar un eminente lugar a la cubana Gertrudis Gómez de Avellaneda (p. 152). Sus escritos, que oscilan entre lo íntimamente personal y la temática nacional y universal, evidencian su papel de defensora, como Sor Juana Inés de la Cruz, de la integridad y autonomía femeninas.

EL ROMANTICISMO Y EL POSTROMANTICISMO EN LA POESIA PENINSULAR

Según se observó anteriormente, el Romanticismo en España va ligado sobretodo a dos circunstancias históricas: la invasión napoleónica (1808) y el absolutismo del rey Fernando VII. Los dos acontecimientos oponen dos tendencias ideológicas muy distintas: el *liberalismo* y el *conservadurismo*. Al partido liberal pertenecen los jóvenes revolucionarios que habían buscado refugio en el extranjero, trayendo luego a España el espíritu progresista europeo que predicaba la iniciativa individual—el llamado culto al «yo». En cambio, junto a dichos liberales, hay en la Península una clase de conservadores que rechaza las tendencias filosóficas y artísticas extranjeras. Estas dos vertientes se combinan para dar un carácter inconfundible al movimiento romántico español.

Angel de Saavedra, Duque de Rivas (*Romances históricos,* 1841), es el primer romántico en cultivar la poesía tradicional; sin embargo, la obra más representativa de esta vertiente es la de José Zorrilla, renombrado por su poesía narrativa de leyendas y tradiciones históricas (*Los cantos del trovador,* 1840–1841; *La leyenda del Cid,* 1882). El poeta de mayor importancia de la vertiente liberal es José de Espronceda (p. 149), activista político, cuyos versos lanzan una protesta social que rompe con toda tradición artística.

Los últimos románticos, o postrománticos, españoles, son el andaluz Gustavo Adolfo Bécquer y Rosalía de Castro (1837–1885), quien escribió casi exclusivamente en el gallego, su idioma nativo. El lirismo puro de las *Rimas* (1871), su intimidad, su lenguaje sencillo, la tenue musicalidad del verso, su mundo de ensueño y fantasía, hacen de Bécquer (p. 156) el precursor indiscutible de la poesía modernista. *En las orillas del Sar* (1884), la única obra de Rosalía de Castro escrita en castellano, destaca la pureza y la sonoridad del verso, así como la vaguedad—trazos que la aproximan a Bécquer. Con todo, lo que distingue inconfudiblemente a la poeta gallega es el tono casi «elegíaco» de sus composiciones, en las que translucen una tristeza indecible y la resignación cristiana.

LA POETICA MODERNISTA: COSMOPOLITISMO Y MUNDONOVISMO

Si el Modernismo hispanoamericano, a fines del siglo XIX, fue un movimiento destinado a renovar la expresión artística en general, su influencia afectó en especial a la poesía. Esta se beneficia de cambios radicales en la temática y en la técnica para reaccionar contra la objetividad del Realismo y del Naturalismo y para rechazar el excesivo sentimentalismo de los románticos. De esto resulta una poesía ecléctica o sea una poesía que combina lo mejor de las tres corrientes artísticas francesas de la época. Del Romanticismo los modernistas asimilan la intimidad y sonoridad del verso; del Parnasianismo (ver Apéndice 3) derivan una poesía impersonal, objetiva, dedicada a enfatizar casi exclusivamente la forma; y del Simbolismo heredan los elementos de la vaguedad, del color, de la musicalidad, del ritmo y del *versolibrismo* que consiste en usar versos libres, es decir, sin rima ni medida.

La primera manifestación de un arte nuevo—el llamado «Primer Modernismo»—cuenta con cuatro representantes: el cubano José Martí (p. 157); el mexicano Manuel Gutiérrez Nájera,—quien utilizó el seudónimo «Duque Job»— («Para entonces», «Non omnis moriar»); el colombiano José Asunción Silva («Los maderos de San Juan», «Nocturno III», «Ars»); y el nicaragüense Rubén Darío (p. 159).

LOS PRIMEROS MODERNISTAS

Las figuras cumbres de este primer grupo de modernistas son Martí, cuyo libro *Ismaelillo* (1882) inaugura el movimiento, y Darío. La obra de éste es especialmente importante por sintetizar el Modernismo, ya que atraviesa y demarca sus tres fases. Se alude aquí a (1) la fase *esteticista* que enfatiza los valores estéticos y universales o sea el *arte por el arte* y el *cosmopolitismo* (2) la *plenitud* o punto culminante del movimiento, y (3) el *momento mundonovista* y *metafísico* que da preferencia a los temas americanos y a la introspección.

La primera fase de la obra de Darío y, por lo tanto, del propio movimiento modernista, puede apreciarse en *Azul* (1888), libro en verso y en prosa, en donde el escritor, adscribiéndose al *esteticismo* (ver Apéndice 3) persigue la belleza ideal a través de la forma de sus composiciones. La plenitud del Modernismo o segunda fase coincide con otra publicación de Darío, *Prosas profanas* (1896) (título que corresponde a «poemas no sagrados, escritos en el vernáculo o idioma popular»). Las «prosas» revelan innovaciones lingüísticas y métricas que dan al verso nuevos ritmos. La tercera etapa del Modernismo, de carácter mundonovista y metafísico—fase en la que el artista expresa su preocupación por los problemas de su tierra y por el propio dilema existencial—encuentra su momento más alto en otra obra trascendente de este escritor nicaragüense, *Cantos de vida y esperanza* (1905). Aquí se perfila un Darío que traza la evolución de su arte, llegando a la conclusión de que ya no le basta vivir en la torre de marfil que se había construido en la juventud («*Yo soy aquél que ayer no más decía / el verso azul y la canción profana*»). Preocupado por la presencia de los Estados Unidos en el Caribe y por la intervención de los yanquis en Panamá, a raíz de la Guerra Hispanoamericana (1898), Darío deja de perseguir el cisne—símbolo de la previa indiferencia del artista a la realidad externa. Ahora cuestiona proféticamente, al igual que Martí y otros modernistas, esa misma realidad—el destino colectivo e individual de la raza hispanoamericana «¿*Seremos entregados a los bárbaros fieros? / ¿Tantos millones de hombres hablaremos inglés? / ¿Ya no hay nobles hidalgos ni bravos caballeros? / ¿Callaremos ahora para llorar después?*»

LA GENERACION DEL 98: RENOVACION ESPIRITUAL Y ARTISTICA EN ESPAÑA

Preocupaciones parecidas figuran en la temática de la poesía española de la Generación del 98. Frente a su propia crisis espiritual ocasionada por la misma guerra contra los Estados Unidos y por la consecuente pérdida de sus últimas colonias ultramarinas, poetas como Miguel de Unamuno (*Poesías,* 1907; *Romances del destierro,* 1928) vuelven la mirada hacia dentro, refugiándose en el sentimiento religioso, familiar, y en la contemplación del suelo nativo. Los escritores de la Generación sintieron asimismo la influencia del Modernismo americano. Esto lo demuestran Ramón del Valle Inclán, cuya poesía (*Aromas de leyenda,* 1907) representa una visión mítica de Galicia, y Antonio Machado (p. 164), el poeta más destacado de la Generación. Su obra maestra, *Campos de Castilla* (1912), indica que la poesía tiene una misión: eternizar el momento.

LA LIRICA POSTMODERNISTA Y VANGUARDISTA EN ESPAÑA Y EN AMERICA

Al declinar el Modernismo, la poesía hispánica sigue dos rumbos: el Postmodernismo y el Vanguardismo. En la Península, la obra de Juan Ramón Jiménez (p. 165) figura cumbre de la poesía de la segunda década del siglo XX, representa una especie de puente entre ambas corrientes. En realidad, *Jardines lejanos* (1904) poesía conservadora al estilo postmodernista, muestra una forma sencilla, rítmica y sensual. En cambio, los versos revolucionarios, vanguardistas, de *Diario de un poeta recién casado* (1916) destacan una poesía pura, «desnuda», que busca la esencia de las cosas.

En Hispanoamérica, el Postmodernismo indica que aunque se había rechazado el concepto esteticista del «arte por el arte», el espíritu modernista proporcionaba ahora al poeta el modo de expresar las emociones humanas de acuerdo con los más altos valores estéticos. Varias escritoras ilustres se adhieren a esta tendencia, entre ellas la chilena Gabriela Mistral (p. 167), (Premio Nobel de Literatura en 1945), autora de *Los sonetos de la muerte* (1915), *Desolación* (1922), *Ternura* (1925), *Tala* (1938) y *Lagar* (1954). En sus versos, como en los de Delmira Agustini (*Los cálices vacíos,* 1913), Alfonsina Storni (*Irremediablemente,* 1919) y Juana de Ibarbourou (p. 172) se perfila la escritora moderna que reclama sus derechos de mujer y de ser humano.

LA GENERACION DEL 27 Y LA VANGUARDIA ESPAÑOLA

En la poética vanguardista peninsular figura la llamada Generación del 27 que incluye a Federico García Lorca (p. 174), Rafael Alberti, Jorge Guillén, Pedro Salinas, Luis Cernuda, Dámaso Alonso (p. 179) y Vicente Aleixandre. Une a estos poetas tanto su amistad personal como la influencia del Ultraísmo—reacción artística de carácter anárquico y subversivo (Ver Apéndice 3). De ahí que la obra de los poetas de este grupo presente tal característica. La figura más renombrada de la Generación es García Lorca y entre sus obras resaltan el *Romancero gitano* (1928), *Poema del cante jondo* (1931) y *El poeta en Nueva York* (1935) (p. 174).

Además de García Lorca, también Aleixandre (*Historia del corazón,* 1954; *En un vasto dominio,* 1962; *Poemas de la consumación,* 1968) se ha distinguido en su tierra así como en el extranjero. Ganador del Premio Nóbel de Literatura en 1977, es tal vez el portavoz más elocuente de una nueva generación de poetas españoles que progresivamente tienden a expresar las realidades de la sociedad contemporánea.

HUIDOBRO, VALLEJO, NERUDA Y EL VANGUARDISMO AMERICANO

En Hispanoamérica es Vicente Huidobro (p. 170) quien abre las puertas a la poesía contemporánea de vanguardia con el Creacionismo. Esta tendencia artística consiste en suprimir lo emocional, lo ornamental y los nexos lógicos en el verso. (Ver Apéndice 3 y también el poema «Arte poética», p. 171). Con todo, más representativos del panorama poético moderno son el peruano César Vallejo (p. 168) y el chileno Pablo Neruda (p. 183), (Premio Nobel de Literatura en 1971). Impresionado por la Guerra Civil Española, Neruda abandona su antigua temática modernista (*Crepusculario,* 1923) y vanguardista (*Tentativa de un hombre infinito,* 1925; *Residencia en la tierra,* 1935) para escribir obras como *España en el corazón* (1937), la *Tercera residencia* (1947), y particularmente *Canto general* (1950) y *Poeta de guardia* (1962) donde asume la postura de poeta comprometido y de marxista (ver Apéndice 3).

LA POESIA ESPAÑOLA CONTEMPORANEA

La poesía hispánica de las últimas dos décadas está representada por escritores comprometidos cuyas obras abrazan numerosas causas políticas, sociales o simplemente humanitarias. En España la promoción de poetas más representativos es aquella en que se inscriben los que comenzaron a publicar sus obras en los años comprendidos entre 1950 y 1960. Este grupo se distingue por la gran variedad de temperamentos y estilos o sea por el marcado individualismo de los poetas y por sus distintas técnicas.

Hay posiblemente dos denominadores comunes dentro de tanta diversidad. Uno es, sin duda, la preocupación de cada miembro por acudir a la realidad circunstante e inmediata. Por eso su temática enfoca todo aspecto de la existencia cotidiana, desde los problemas urbanos, hasta la búsqueda de una razón de ser. Otro factor que aúna a dichos poetas es su convicción de que el camino más indicado para descubrir la verdad hay que buscarlo en el propio acto de la creación artística. Por consiguiente, su búsqueda de una realidad trascendente en un mundo inestable e incomprensible se transmuta en definiciones individuales de lo que es poesía y en subsecuentes postulados de nuevas teorías sobre el lenguaje. Se deduce de eso que las múltiples ambigüedades y transgresiones lingüísticas que caracterizan las distintas obras corresponden a los enigmas que confunden diariamente al artista y al resto de la humanidad con la que éste se identifica.

La contribución de poetas como Angel González, José Angel Valente, Claudio Rodríguez, Carlos Sahagún, Gloria Fuertes (p. 185) y Ana María Fagundo (p. 193) radica en el hecho de que, en reacción contra la dictadura de Francisco Franco (1939–1975), epitomada por la censura y la represión, todos ellos celebran la poesía como una forma de liberación. Todos concuerdan en considerar sus creaciones poéticas antes que nada como un acto de comunicación y como libre expresión de su integridad personal.

LA METAPOESIA: DESAFIO A LA TEMATICA TRADICIONAL

Habiendo cimentado la autonomía de la obra literaria al romper con las convenciones lingüísticas, el artista ya no confía en el valor activo de la palabra poética. Nace entoces el llamado *metapoema*—composición volcada sobre sí misma, que habla de sí misma y que reconoce sólo la realidad expresada en el propio lenguaje. En España este fenómeno cuenta con figuras como Pedro Gimferrer, Jenaro Talens y Guillermo Carnero.

ULTIMAS PROMOCIONES DE LA POESIA HISPANOAMERICANA

En las últimas dos décadas, Hispanoamérica se ha distinguido por la poesía comprometida del nicaragüense Ernesto Cardenal (p. 189); por los versos negroides del cubano Nicolás Guillén (p. 181) y del portorriqueño Luis Palés Matos (p. 177), y por las obras de contenido social de un creciente número de mujeres. En dichas obras, poetas como la mexicana Rosarios Castellanos (p. 353), la portorriqueña Rosario Ferré (p. 357) y la cubana Nancy Morejón (*Piedra pulida,* 1986) abrazan la causa de las clases minoritarias—la mujer, el indígena y el negro.

Finalmente, hay que indicar la extraordinaria contribución del mexicano Octavio Paz (p. 187), quien obtuvo el Premio Nobel de Literatura en 1990. Su experimentación en la búsqueda de nuevas formas poéticas, entre ellas el «topoema»—poema *concreto* o espacial—y su singular combinación de filosofías occidentales, orientales e indígenas, dan a este escritor e intelectual un lugar preponderante en la literatura universal de la actualidad.

PRACTICA

Cuestionario

1. ¿Cuáles son los orígenes de la poesía? ¿Cuándo y cómo nació?
2. ¿Qué se entiende por «épica clásica»? ¿De qué manera se parece ésta a la épica medieval europea? ¿Cuál es el propósito de ambas?

3. ¿Qué epopeya produce en España el mester de juglaría? ¿Qué características colectivas del pueblo español ejemplifica y exalta esa obra en su contenido y estilo?

4. ¿A qué tipo de composición poética pertenece el *Libro de buen amor?* ¿Quién es su autor y de qué trata la obra?

5. ¿En qué consiste el *Romancero viejo?* ¿En qué época se produjo? ¿A qué fenómeno importante contribuyó dicha obra?

6. ¿Qué le debe la literatura española a Garcilaso de la Vega?

7. ¿Qué diferencias básicas existen entre el *culteranismo* y el *conceptismo?* ¿Quiénes son sus mayores exponentes? ¿En qué movimiento cultural se inscriben las dos corrientes?

8. ¿Qué representa Sor Juana Inés de la Cruz en Hispanoamérica? ¿Por qué?

9. Al siglo XVIII suelen asociarse dos corrientes. ¿Cuáles son? ¿Cuál de ellas afecta el pensamiento y cuál la expresión artística de la época?

10. ¿Qué características autóctonas o locales evidencia el Romanticismo hispanoamericano? ¿Qué rasgos independientes, propios, exhibe el movimiento romántico español?

11. ¿Por qué razones hay que separar a Gustavo Adolfo Bécquer de los demás románticos españoles? ¿Qué papel desempeña su obra en la evolución de la poesía española?

12. ¿De qué elementos o aspectos de la poesía romántica, simbolista y parnasiana francesa se vale el poeta modernista hispánico?

13. ¿A quién se le considera como la figura más típica e importante de la poesía modernista y por qué?

14. ¿Qué lugar se reserva a la obra poética de Juan Ramón Jiménez?

15. ¿A qué movimiento pertenecen Gabriela Mistral, Alfonsina Storni y Juana de Ibarbourou? ¿Qué rasgos manifiesta dicho movimiento o corriente? ¿Qué característica general se perfila en las obras de las tres poetas hispanoamericanas?

16. ¿Dentro de qué corriente poética peninsular o española figuran Federico García Lorca y Dámaso Alonso?

17. ¿En qué consiste el Creacionismo? ¿Quién es su creador y qué impacto ha tenido en la evolución de la poesía hispánica?

18. ¿Qué se entiende por «poeta comprometido»? ¿Qué compromiso asumen los siguientes autores: Pablo Neruda, Ernesto Cardenal, Nicolás Guillén, Rosario Castellanos y Gloria Fuertes?

19. ¿Por qué ocupa Octavio Paz un lugar importante en la literatura contemporánea? ¿Cuáles han sido sus contribuciones a esa literatura?

Identificaciones

1. los *Milagros de Nuestra Señora*
2. juglar y trovador
3. *La Araucana*
4. el Marqués de Santillana
5. el ascetismo y el misticismo

6. la Ilustración
7. *Tabaré*
8. José Hernández
9. Gertrudis Gómez de Avellaneda
10. 1808
11. José Zorrilla y José de Espronceda
12. las *Rimas*
13. *Azul*
14. «poesía desnuda»
15. la Generación del 27

LA POESIA: GUIA GENERAL PARA EL LECTOR

Aspectos formales

1. ¿Qué tipo de poema es éste? ¿Se trata de un soneto, romance, poema de versos libres o de otra forma?
2. ¿Cuál es el cómputo silábico de los versos? ¿Son versos de arte mayor o de arte menor?
3. ¿Qué clase de *rima* emplea el poeta?
4. ¿Cuál es el *ritmo* del poema? O sea, ¿cuáles son las sílabas del verso que llevan el acento rítmico?
5. De acuerdo con su estructura, ¿es un poema narrativo, lírico o dramático? ¿Es dialogado o se trata de un monólogo?
6. ¿Quién habla en el poema? ¿Hay algún cambio de voz? ¿A quién se dirige el poeta? ¿a sí mismo? ¿a un lector general o particular, etcétera?
7. Teniendo en cuenta el lenguaje empleado, ¿cuál es el tono del poema? ¿serio, humorístico, irónico, etcétera? Responda dando una explicación.
8. ¿Qué figuras retóricas y tropos se utilizan? ¿metáforas, símiles, anáforas, onomatopeyas, retruécanos (*puns*), prosopopeyas, etcétera?

Aspectos conceptuales

1. Resuma brevemente el asunto del poema.
2. ¿Cuál es el tema o idea central de esta composición poética? ¿Hay algún subtema o idea secundaria?
3. ¿Cómo revelan el tema (a) el título, (b) las imágenes, (c) los símbolos y (d) las figuras retóricas?
4. Según su opinión, ¿cuál es el mensaje del poema?

LECTURAS

ANÓNIMO

Los romances (*ballads*) son composiciones en verso que aparecieron en colecciones (los romanceros) a partir del siglo XVI, pero que habrían circulado por España durante el siglo anterior. El romance tradicional está compuesto de un número indefinido de versos octosílabos con rima asonante en los pares. Los romances son de varios tipos: históricos, épicos, novelescos, religiosos, líricos. El anónimo «El conde Arnaldos», ejemplo del romance novelesco, manifiesta la técnica fragmentarista típica del género: en la parte final del poema se ve lo que el gran investigador del romancero, Ramón Menéndez Pidal (1869–1968), ha llamado «saber callar a tiempo». «Doña Alda», un romance del ciclo carolingio, se basa en la epopeya francesa, la *Chanson de Roland* (Cantar de Roldán).

Romance del conde Arnaldos

¡Quién hubiese tal ventura[1]
sobre las aguas del mar,
como hubo el conde Arnaldos
la mañana de San Juan[2]!
5 Con un falcón en la mano
la caza iba a cazar,
vio venir una galera
que a tierra quiere llegar.[3]
Las velas traía de seda,
10 la jarcia[4] de un cendal,[5]
marinero que la manda
diciendo viene un cantar[6]
que la mar facía[7] en calma,

los vientos hace amainar,[8]
15 los peces que andan en el hondo
arriba los hace andar,
las aves que andan volando
en el mástil las hace posar.
Allí fabló el conde Arnaldos,
20 bien oiréis lo que dirá:
—Por Dios te ruego, marinero,
dígasme ora[9] ese cantar—
Respondióle el marinero,
tal respuesta le fue a dar:[10]
25 —Yo no digo esta canción
sino a quien conmigo va.

1 ¡Quién…. Quién pudiera tener tanta fortuna
2 la… el solsticio de verano, día que evoca la alegría y la magia
3 quiere… se acerca lentamente
4 *rigging and cordage*
5 gasa (*gauze*) o seda
6 diciendo… viene cantando
7 ponía
8 disminuir
9 ahora
10 le… le dio

Cuestionario

1. ¿Qué está haciendo el conde Arnaldos al comienzo del poema?
2. ¿Qué ve el conde?

3. ¿Qué efecto le produce el cantar del marinero?
4. ¿Qué le pide el conde al marinero?
5. ¿Cuál es la contestación del marinero, y cómo se puede interpretar dicha contestación?

Doña Alda

En París está doña Alda
la esposa[1] de don Roldán;
trescientas damas con ella
para la acompañar;
5 todas visten un vestido,[2]
todas calzan un calzar,[3]
todas comen a una mesa,
todas comían de un pan,
si no era doña Alda,
10 que era la mayoral.[4]
Las ciento hilaban[5] oro,
las ciento tejen[6] cendal,
las ciento tañen[7] instrumentos
para doña Alda holgar.[8]
15 Al son de los instrumentos,
doña Alda adormido se ha;
ensoñado había un sueño,
un sueño de gran pesar.
Recordó despavorida[9]
20 y con un pavor muy grande,
los gritos daba tan grandes,
que se oían en la ciudad.
Allí hablaron sus doncellas,
bien oiréis lo que dirán:[10]
25 —¿Qué es aquesto,[11] mi señora?
¿Quién es el que os hizo mal?
—Un sueño soñé, doncellas,
que me ha dado gran pesar:
que me veía en un monte,

30 en un desierto lugar;
de so[12] los montes muy altos
un azor[13] vide[14] volar;
tras dél[15] viene una aguililla
que lo ahínca[16] muy mal.
35 El azor, con grande cuita[17]
metióse so mi brial;[18]
el aguililla, con grande ira,
de allí lo iba a sacar;
con las uñas lo despluma,
40 con el pico lo deshace—.
Allí habló la camarera,
bien oiréis lo que dirá;
—Aquese sueño, señora,
bien os lo entiendo soltar;[19]
45 el azor es vuestro esposo,
que viene de allén[20] la mar;
el águila sedes[21] vos,
con la cual ha de casar,
y aquel monte es la iglesia
50 donde os han de velar.[22]
—Si así es, mi camarera,
bien te lo entiendo pagar—.
Otro día de mañana
cartas de fuera le traen;
55 tintas venían de dentro,
de fuera escritas con sangre,
que su Roldán era muerto
en la caza de Roncesvalles.[23]

[1] prometida
[2] visten… llevan vestidos parecidos
[3] calzan… llevan zapatos iguales
[4] principal
[5] *were spinning*
[6] *weave*
[7] tocan
[8] divertir
[9] Recordó… Se despertó espantada
[10] dijeron
[11] forma arcaica de **esto**
[12] bajo
[13] *hawk*
[14] forma antigua de **vi**
[15] tras… detrás de él
[16] persigue
[17] preocupación
[18] vestido o falda de seda
[19] entiendo… puedo interpretar
[20] allende; de la parte de allá de
[21] forma antigua de **sois**
[22] casar
[23] paso de los Pirineos y sitio de la derrota de Roldán

Cuestionario

1. ¿Qué tipo de descripción se presenta en la primera parte del poema?
2. ¿Cómo reacciona Doña Alda ante el sueño que tuvo?
3. ¿Qué es lo que soñó?
4. ¿Cómo interpreta la camarera el sueño de Doña Alda?
5. ¿Acertó la camarera? ¿Cuál es el desenlace de la historia?

Garcilaso de la Vega

Garcilaso de la Vega (c. 1501–1536) nació en Toledo, de familia noble. Soldado y cortesano, pasó cerca de cinco años en Italia y cultivó las formas poéticas italianas. Valiente guerrero, inspirado artista, profundo conocedor de la cultura clásica y hombre de intensa vida sentimental, Garcilaso es considerado como el hombre renacentista ejemplar. Es también el más celebrado exponente del Renacimiento español. La producción poética de Garcilaso consiste en una *epístola,* dos *elegías,* cinco *canciones* y treinta y ocho *sonetos.* Un tema presente en varias obras garcilasianas es el de su amor trágico por Isabel Freyre, dama portuguesa. En términos generales, se manifiesta la tristeza del poeta a través de los lamentos del amante desconsolado.

Soneto XI

Hermosas ninfas que en el río metidas,
contentas habitáis en las moradas[1]
de relucientes piedras fabricadas
y en colunas[2] de vidrio sostenidas;

5   agora[3] estéis labrando embebecidas,[4]
o tejiendo las telas delicadas;
agora unas con otras apartadas,
contándoos los amores y las vidas;
dejad un rato la labor, alzando
10   vuestras rubias cabezas a mirarme,
y no os detendréis mucho según ando;[5]
que o no podréis de lástima escucharme,
o convertido en agua aquí llorando,
podréis allá de espacio[6] consolarme.

[1] habitaciones
[2] columnas
[3] ahora (en el sentido de *whether you may be*)
[4] muy ocupadas
[5] según... debido a mi presente estado
[6] de... durante mucho tiempo

Cuestionario

1. ¿A quiénes se dirige el poeta?
2. ¿Qué están haciendo las ninfas?
3. ¿Por qué no se detendrán mucho las ninfas, o sea, cómo se explican las cláusulas del segundo terceto (versos 12–14)?

Soneto XIV

Como la tierna madre que el doliente[1]
hijo le está con lágrimas pidiendo
alguna cosa, de la cual comiendo,
sabe que ha de doblarse el mal que siente,
5   y aquel piadoso amor no le consiente
que considere el daño que haciendo
lo que le pide hace, va corriendo,
y doble el mal, y aplaca[2] el accidente,[3]
    así a mi esfuerzo y loco pensamiento,
10 que en su daño os me pide, yo querría
quitar este mortal mantenimiento.[4]
    Mas pídemelo,[5] y llora cada día
tanto, que cuanto quiere le consiento,
olvidando su muerte y aun la mía.

[1] enfermo
[2] mitiga, suaviza
[3] síntoma de una enfermedad
[4] sustento, alimento
[5] me lo pide

Cuestionario

1. ¿Qué figura retórica predomina en la primera parte del poema (versos 1–8)?
2. ¿Cuál es la situación de la madre?
3. ¿Qué relación tiene la situación del «yo» poético con la de la madre?

SANTA TERESA DE JESUS

Teresa de Cepeda y Ahumada (1515–1582) nació en Avila de familia noble. Fue monja, activista eclesiástica y escritora de sobresaliente originalidad. Su santidad fue reconocida póstumamente, en 1620. Fervorosa partidaria de la Contrarreforma en España, Santa Teresa aprovechó el apoyo del Papa Pío IV para restituir la órden del Carmelo a su antigua austeridad. Fundó en 1562 la nueva orden de carmelitas descalzos, colaborando luego con San Juan de la Cruz en fundar los monasterios de varones de la orden reformada. Dichos logros le trajeron las calumnias, las burlas y el desprecio de superiores y colegas, obstáculos que superó con energía y valentía. Sus obras, casi todas escritas a pedido de su confesor y otras personas, comienzan con su autobiografía, o sea con el relato de su «vida externa» (el *Libro de su vida,* 1588; el *Libro de las fundaciones*). El mismo enfoque autobiográfico se nota en las más de 400 Cartas, que dan a conocer el carácter de la Santa así como sus luchas por reformar la Orden. Lo mejor de su obra, sin embargo, lo constituyen los escritos místicos, donde se perfilan sus experiencias espirituales—su «vida interna». Trátase de *Las moradas* o *Castillo* interior (1588). En ésta, su obra capital, el alma es transmutada alegóricamente en un castillo de diamantes, cuyas numerosas habitaciones conducen a Dios. La poesía de la Santa—usualmente glosas (ver apéndice 3) de estribillo o villancicos octosílabos—no alcanza la calidad de su prosa. La temática mística de las poesías gira en torno a la salvación mediante la fe y al deseo del alma por unirse con Dios. Con todo, según se puede apreciar en los dos poemas de esta antología, lo que hace agradable leer a Santa Teresa son, de modo particular, la espontaneidad, la viveza, la soltura y la gracia típicas del lenguaje hablado en su época.

Vivo sin vivir en mí

Vivo sin vivir en mí,
y de tal manera espero,
que muero porque no muero.

Vivo ya fuera de mí,
5 después que muero de amor;
porque vivo en el Señor,
que me quiso para sí.
Cuando el corazón le di
puse en él nuestro letrero:
10 *que muero porque no muero.*

Esta divina prisión
del amor con que yo vivo
ha hecho a Dios mi cautivo,
y libre mi corazón;
15 y causa en mí tal pasión
ver a Dios mi prisionero,
que muero porque no muero.

¡Ay, qué larga es esta vida!
¡Qué duros estos destierros[1]!
20 Esta cárcel, estos hierros[2]
en que el alma está metida.
Sólo esperar la salida
me causa dolor tan fiero,[3]
que muero porque no muero.

25 ¡Ay, qué vida tan amarga
do[4] no se goza el Señor!
Porque si es dulce el amor,
no lo es la esperanza larga;
quíteme Dios esta carga,[5]
30 más pesada que el acero,[6]
que muero porque no muero.

Sólo con la confianza
vivo de que he de morir,
porque muriendo el vivir
35 me asegura mi esperanza;
muerte do el vivir se alcanza,
no te tardes, que te espero,
que muero porque no muero.

Mira que el amor es fuerte;
40 vida, no me seas molesta,
mira que sólo te resta,[7]
para ganarte, perderte;
venga ya la dulce muerte,
el morir venga ligero,
45 *que muero porque no muero.*

Aquella vida de arriba,
que es la vida verdadera,
hasta que esta vida muera,
no se goza estando viva;
50 muerte, no me seas esquiva;[8]
viva muriendo primero,
que muero porque no muero.

Vida, ¿qué puedo yo darte
a mi Dios, que vive en mí,
55 si no es el perderte a ti
para merecer ganarte?
Quiero muriendo alcanzarte,
pues tanto a mi Amado[9] quiero,
que muero porque no muero.

[1] exilios
[2] rejas (*bars*)
[3] grande
[4] donde
[5] peso (*burden*)
[6] *steel*
[7] queda
[8] desdeñosa
[9] ser querido

Cuestionario

1. ¿Cuál es la base de la paradoja central de «muero porque no muero»?
2. ¿Cuál es la actitud del «yo» poético ante la vida de este mundo, y cómo se refleja esta actitud a través de las imágenes del poema?
3. ¿Qué ejemplos hay de oxímoron y de antítesis en el poema? ¿Por qué habrá utilizado estas figuras la poeta?
4. ¿Por qué quiere el «yo» poético que Dios le quite «esta carga» (v. 29)?
5. ¿Cómo explica el apóstrofe en la última estrofa el dilema existencial o vital de la poeta?

Nada te turbe...

Nada te turbe,[1]
nada te espante,[2]
todo se pasa,
Dios no se muda.[3]
5 La paciencia
todo lo alcanza,
quien a Dios tiene
nada le falta:
sólo Dios basta.

[1] Nada... No permitas que nada te perturbe o inquiete
[2] asuste
[3] no... no cambia

Cuestionario

1. ¿Cuál es el mensaje de este poema?
2. Según su lectura del poema, ¿de quién será la voz poética? ¿A quién dirige sus palabras?
3. ¿Qué valor tienen las palabras «La paciencia / todo lo alcanza»?
4. En el verso 7, ¿qué figura retórica se ejemplifica en la palabra «Dios»?

LUIS DE GÓNGORA

Luis de Góngora (1561–1627), nacido en Córdoba y educado en Salamanca, llegó a ser capellán real en Madrid. Hombre ingenioso y algo excéntrico, entró en animadas polémicas literarias con sus rivales Lope de Vega y Francisco de Quevedo. Góngora es el exponente máximo de la poesía barroca española y de un estilo culto—culteranista—que a veces se designa con el nombre de *gongorismo,* marcado por la ampliación e intensificación de todos los recursos poéticos y retóricos, con énfasis especial en la metáfora. Para Pedro Salinas, poeta y crítico del siglo XX, la poesía gongorina presupone la exaltación del poder de la palabra escrita, que puede igualar y aun superar la realidad objetiva. Entre las composiciones poéticas de Góngora figuran poemas extensos como la *Fábula de Polifemo* y *Galatea* y las *Soledades,* unos cien romances y doscientos sonetos. La tradición crítica de la poesía gongorina oscila entre dos puntos extremos: la alabanza inequívoca o la condenación de las formas de barroca expresión.

Soneto CIII

Descaminado, enfermo, peregrino
   en tenebrosa noche, con pie incierto
   la confusión pisando[1] del desierto,
   voces en vano dio, pasos sin tino.[2]

5 Repetido latir, si no vecino,
   distinto oyó de can[3] siempre despierto,
   y en pastoral albergue[4] mal cubierto
   piedad halló, si no halló camino.

Salió el sol, y entre armiños[5] escondida,
10   soñolienta[6] beldad con dulce saña[7]
   salteó[8] al no bien sano pasajero.

Pagará el hospedaje con la vida;
   más le valiera errar en la montaña,
   que morir de la suerte que yo muero.

[1] *treading on*
[2] sin... sin saber por dónde va
[3] perro
[4] hospedaje
[5] *ermine*
[6] *sleepy*
[7] crueldad
[8] asaltó

Cuestionario

1. ¿En qué situación se encuentra el caminante?
2. ¿Qué significa «piedad halló, si no halló camino» (verso 8)?
3. ¿Por qué el caminante «Pagará el hospedaje con la vida» (verso 12)?
4. ¿Cómo se relaciona el «yo» poético con el caminante?

Soneto CLXVI

Mientras por competir con tu cabello
    oro bruñido[1] al sol relumbra[2] en vano;
    mientras con menosprecio en medio el llano[3]
    mira tu blanca frente el lilio bello;

5 mientras a cada labio, por cogello,[4]
    siguen más ojos que al clavel[5] temprano,
    y mientras triunfa con desdén lozano[6]
    del luciente cristal tu gentil cuello,

goza cuello, cabello, labio y frente,
10 antes que lo que fue en tu edad dorada
    oro, lilio, clavel, cristal luciente,

no sólo en plata o viola[7] troncada
    se vuelva, mas tú y ello juntamente
    en tierra, en humo, en polvo, en sombra, en nada.

Cuestionario

1. ¿Qué elementos sirven de base a la serie de comparaciones?
2. ¿De qué manera se hacen estas comparaciones? ¿De quién es el triunfo?
3. Según el que habla, ¿por qué debe la mujer gozar de su belleza durante la juventud?
4. ¿Qué efecto poético produce el segundo terceto (versos 12–14)?

LOPE DE VEGA

Lope Félix de Vega Carpio (1562–1635) nació en Madrid, de familia humilde. Tuvo una vida tumultuosa, llena de crisis sentimentales y espirituales. Cultivó todos los géneros literarios y se considera una de las grandes figuras de la literatura universal. Lope de Vega es el fundador del teatro nacional (la *comedia* del Siglo de Oro), autor de centenares de obras de teatro y, junto con Pedro Calderón de la Barca (1600–1681), representa la culminación del arte dramático español. Lope expone los principios de la comedia en *El arte nuevo de hacer comedias en este tiempo* (1609). Entre sus obras dramáticas más conocidas figuran *Fuenteovejuna, La dama boba, El caballero de Olmedo, Peribáñez y el comendador de Ocaña, El villano en su rincón* y *El castigo sin venganza*. Como poeta lírico, su obra sigue las formas tradicionales y renacentistas y se basa en temas religiosos y profanos. Entre las obras religiosas se destacan los *Soliloquios,* las *Rimas sacras,* el *Romancero espiritual* y los *Triunfos divinos,* y entre las profanas las *Rimas humanas, La hermosura de Angélica* y la satírica *Gatomaquia.* El soneto «CXCI» forma parte de las *Rimas humanas* y el «XVIII», de las *Rimas sacras.* Al igual que el total de su producción y que su vida misma, la poesía lírica lopesca mezcla elementos antitéticos y contradictorios, alcanzando en todas sus manifestaciones una gran brillantez de estilo.

Rimas sacras, XVIII

¿Qué tengo yo, que mi amistad procuras[1]?
¿Qué interés se te sigue, Jesús mío,
que a mi puerta cubierto de rocío
pasas las noches del invierno oscuras?

5 ¡Oh cuánto fueron mis entrañas duras,
pues no te abrí! ¡Qué extraño desvarío,[2]
si de mi ingratitud el hielo frío
secó las llagas[3] de tus plantas[4] puras!

¡Cuántas veces el Angel me decía:
10 «Alma, asómate agora[5] a la ventana,
verás con cuánto amor llamar porfía»!

Y ¡cuántas, «Hermosura soberana,[6]
«mañana le abriremos», respondía,
para lo mismo responder mañana!

[1] buscas
[2] cosa fuera de la razón; locura
[3] heridas
[4] pies
[5] asómate... sal ahora
[6] suprema

Cuestionario

1. ¿Cómo presenta el poeta a Jesucristo en este poema?
2. ¿Cómo trata el poeta a Jesucristo?
3. ¿Qué significan las palabras del ángel en el primer terceto (versos 9–11)?
4. ¿Cuál es la significación de los dos versos finales?

Rimas humanas, CXCI

Es la mujer del hombre lo más bueno,
y locura decir que lo más malo,
su vida suele ser y su regalo,
su muerte suele ser y su veneno.

⁵ Cielo a los ojos cándido y sereno,
que muchas veces al infierno igualo,
por raro al mundo su valor señalo,
por falso al hombre su rigor condeno.

Ella nos da su sangre, ella nos cría,
¹⁰ no ha hecho el cielo cosa más ingrata;
es un ángel, y a veces una arpía.[1]

Quiere, aborrece, trata bien, maltrata,
y es la mujer, al fin, como sangría,[2]
que a veces da salud y a veces mata.

¹ monstruo fabuloso con cara de mujer y cuerpo de ave de rapiña (*harpy*)
² *bloodletting*

Cuestionario

1. ¿Cómo es la mujer, según Lope?
2. ¿Qué tipo de lenguaje utiliza el poeta para describir a la mujer?
3. ¿Por qué es la mujer «como sangría» (verso 13)?
4. ¿Cuál es el tono del soneto?

SOR JUANA INES DE LA CRUZ

Nacida en México, Sor Juana Inés de la Cruz (Juana de Asbaje y Ramírez, 1651–1695) mostró durante toda su vida precocidad y afán intelectuales. Prodigio de la corte del Virrey en la ciudad de México, rechazó la vida seglar para ingresar en un convento (1669). Aun dentro del claustro, se mantuvo como centro intelectual—igual que religioso—de la vida mexicana. En 1694, Sor Juana renunció a los estudios para dedicarse al servicio exclusivo de Dios. Las obras poéticas de Sor Juana representan una extraordinaria síntesis del estilo gongorino, de la profundidad filosófica, de la ternura sentimental y de la visión mística. Se destacan los sonetos y el *Primero sueño,* poema filosófico al estilo de las *Soledades* de Góngora.

A su retrato

(*Procura desmentir los elogios que a un retrato de la poetisa inscribió la verdad, que llama pasión.*)

Este que ves, engaño colorido,
que del arte ostentando[1] los primores,[2]
con falsos silogismos[3] de colores

¹ mostrando
² belleza
³ tipo de razonamiento filosófico

es cauteloso[4] engaño del sentido;
5   éste, en quien la lisonja[5] ha pretendido
excusar de los años los horrores,
y venciendo del tiempo los rigores
triunfar de la vejez y del olvido,
     es un vano artificio del cuidado,
10   es una flor al viento delicada,
es un resguardo[6] inútil para el hado:[7]
     es una necia diligencia[8] errada,
es un afán[9] caduco[10] y, bien mirado,
es cadáver, es polvo, es sombra, es nada.

4 cauto
5 adulación
6 defensa
7 destino
8 esfuerzo
9 deseo
10 poco durable

Cuestionario

1. ¿Por qué el retrato es «engaño» (verso 4)?
2. ¿Con qué se compara el retrato?
3. ¿Qué técnica utiliza la poeta para intensificar el tema del poema?

A una rosa

(*En que da moral censura a una rosa, y en ella a sus semejantes.*)

Rosa divina que en gentil cultura
eres, con tu fragante sutileza,
magisterio purpúreo en la belleza,
enseñanza nevada a la hermosura.
5   Amago[1] de la humana arquitectura,
ejemplo de la vana gentileza,
en cuyo ser unió naturaleza
la cuna alegre y triste sepultura.
     ¡Cuán altiva[2] en tu pompa, presumida,
10 soberbia, el riesgo de morir desdeñas,
y luego desmayada y encogida[3]
     de tu caduco[4] ser das mustias[5] señas,[6]
con que con docta[7] muerte y necia vida,
viviendo engañas y muriendo enseñas!

1 Imitación
2 orgullosa
3 *shrunk*
4 perecedero, mortal
5 marchitas
6 pruebas
7 sabia

Cuestionario

1. ¿De qué es símbolo la rosa?
2. ¿Qué quiere decir «la humana arquitectura» en el verso 5?
3. ¿Por qué se habla de una unión entre *cuna* y *sepultura* (versos 7–8)?
4. ¿Cómo se puede interpretar el verso final?

José de Espronceda

José de Espronceda (1808–1842) es ejemplo vital de la doctrina romántica practicada en sus obras. Pasó la mayor parte de su juventud en Madrid, en donde compuso sus primeras poesías, luchó contra el absolutismo del rey Fernando VII y fue encarcelado por sus actividades políticas. En 1826, para cumplir con su deseo de «ver mundo», hizo un viaje a Lisboa, donde se enamoró locamente de Teresa Mancha, hija de un coronel español. Trasladado el coronel a Londres, Espronceda persiguió a Teresa, ya casada con un comerciante rico. Luego sucedió lo que la historia llama el «rapto» de Teresa, aunque en realidad fue ella quien abandonó a su marido y huyó con el poeta a París. Tras una serie de aventuras, abandonos y reconciliaciones, vino la ruptura definitiva y la muerte de la amante, tema del famoso *Canto a Teresa*. En Madrid, Espronceda se dedicó de nuevo a la política, al periodismo y a la composición poética. Sus poemas más conocidos reflejan las características principales del romanticismo: énfasis en el individuo, presentación negativa de la sociedad, exotismo y predominio de la sensibilidad y de la imaginación sobre la razón. Entre estos poemas figuran el «Himno al Sol», «A Jarifa en una orgía», el «Canto del cosaco», «El mendigo», «El reo», la «Canción del pirata» y la obra maestra de Espronceda, *El estudiante de Salamanca*.

VI

Soledad del alma

Mi alma yace en soledad profunda,
árida, ardiente, en inquietud continua
cual la abrasada[1] arena del desierto
que el seco viento de la Libia agita.
5 Eterno sol sus encendidas llamas
doquier[2] sin sombra fatigoso vibra,
y aire de fuego en el quemado yermo[3]
bebe mi pecho y con afán respira,
cual si compuesto de inflamadas ascuas
10 mi corazón hirviéndome palpita,
y mi sangre agolpada por mis venas
con seco ardor calenturienta gira.
En vano busco la floresta[4] umbrosa[5]
o el manantial[6] del agua cristalina,
15 el bosque umbrío, la apacible fuente
lejos de mí, burlando mi fatiga,
huyen y aumentan mi fatal tormento

1 *burning*
2 *dondequiera*
3 *terreno estéril, desolado*
4 *lugar agradable poblado de plantas y flores*
5 *llena de sombra*
6 *fuente*

falaces[7] presentándose a mi vista.
¡Triste de mí! de regalada sombra,
20 de dulces aguas, de templada brisa,
en fértil campo de verdura y flores
con grata calma disfruté yo un día,
cual abre el cáliz[8] de fragancia lleno
cándida rosa en la estación florida
25 fresco rocío regaló mi alma
abierta a la esperanza y las delicias.

7 engañosas
8 *calyx*

Cuestionario

1. ¿Cuál es el estado del alma del «yo» poético?
2. ¿Qué tipo de imágenes usa el poeta para hacer más vívida la descripción de ese estado?
3. ¿Hasta qué punto ha cambiado la situación del que habla?

Canción del pirata

Con diez cañones por banda,[1]
viento en popa, a toda vela,[2]
no corta el mar, sino vuela
un velero bergantín.[3]
5 Bajel[4] pirata que llaman,
por su bravura, el *Temido,*
en todo mar conocido
del uno al otro confín.[5]

La luna en el mar riela,[6]
10 en la lona[7] gime[8] el viento,
y alza[9] en blando movimiento
olas de plata y azul;
y ve el capitán pirata,
cantando alegre en la popa,
15 Asia a un lado, al otro Europa,
y allá a su frente Stambul.

«Navega, velero mío,
sin temor,
que ni enemigo navío,[10]
20 ni tormenta, ni bonanza[11]
tu rumbo a torcer[12] alcanza,
ni a sujetar tu valor.

Veinte presas[13]
hemos hecho
25 a despecho
del[14] inglés,
y han rendido[15]
sus pendones[16]
cien naciones
30 a mis pies.

Que es mi barco mi tesoro,
que es mi dios la libertad,
mi ley, la fuerza y el viento,
mi única patria, la mar.

35 Allá muevan feroz guerra
ciegos reyes
por un palmo[17] más de tierra;
que yo aquí tengo por mío
cuanto abarca el mar bravío,
40 a quien nadie impuso leyes.

1 por... a cada lado
2 a... a toda velocidad
3 velero... barco de velas
4 Barco
5 límite
6 brilla
7 en... (*fig.*) en las velas
8 (inf.: gemir) (*fig.*) se lamenta
9 levanta
10 nave, barco
11 mar tranquilo
12 cambiar
13 barcos capturados
14 a... a pesar del
15 entregado
16 banderas o estandartes
17 (*fig.*) cantidad insignificante

Y no hay playa,
sea cualquiera,
ni bandera
de esplendor,[18]
45 que no sienta
mi derecho
y dé pecho[19]
a mi valor.

Que es mi barco, *etcétera*

50 A la voz de «¡barco viene!»
es de ver
cómo vira[20] y se previene
a todo trapo[21] a escapar.
Que yo soy el rey del mar,
55 y mi furia es de temer.

En las presas
yo divido
lo cogido
por igual.
60 Sólo quiero
por riqueza
la belleza
sin rival.

Que es mi barco, *etcétera*

65 Sentenciado estoy a muerte.
Yo me río;
no me abandone la suerte,
y al mismo que me condena
colgaré de alguna entena[22]
70 quizá en su propio navío.

Y si caigo,
¿qué es la vida?
Por perdida
ya la di,
75 cuando el yugo[23]
del esclavo,
como un bravo
sacudí.[24]

Que es mi barco, *etcétera*

80 Son mi música mejor
aquilones,[25]
el estrépito[26] y temblor
de los cables sacudidos,
del negro mar los bramidos[27]
85 y el rugir[28] de mis cañones.

Y del trueno
al son violento,
y del viento
al rebramar,[29]
90 yo me duermo
sosegado,[30]
arrullado[31]
por el mar.

Que es mi barco mi tesoro,
95 que es mi dios la libertad,
mi ley, la fuerza y el viento,
mi única patria, la mar».

18 de... lustre
19 dé... (*fig.*) pague tributo
20 muda de dirección
21 a... a toda velocidad
22 mástil
23 *yoke*
24 (me) quité
25 vientos del norte
26 estruendo, gran ruido
27 ruidos del mar furioso
28 ruido, estruendo
29 bramar o soplar violentamente
30 sereno
31 adormecido

Cuestionario

1. ¿Cómo presenta el poeta el carácter del capitán pirata?
2. ¿Qué valores pone de manifiesto el estribillo «Que es mi barco mi tesoro...»?
3. ¿Qué dice el pirata acerca de los reyes (versos 35–40)?
4. ¿Cómo reacciona el pirata ante la muerte?
5. ¿Cuál es el efecto poético producido por la penúltima estrofa (versos 83–90)?
6. ¿Cuál es la visión social del poema?

GERTRUDIS GOMEZ DE AVELLANEDA

Gertrudis Gómez de Avellaneda (1814–1873) nació en Cuba pero a la edad de veintidós años se trasladó a España, experiencia triste que la poeta inmortalizó en el soneto «Al partir». Vivió en Madrid y Andalucía donde se enamoró de cierto Ignacio de Cepeda cuyo amor no correspondido inspiró el poema «A El». La producción literaria de la Avellaneda, de carácter nítidamente romántico, incluye poesía, teatro, novela y prosa epistolar. Fue también una de las precursoras del feminismo literario. La temática de su poesía versa sobre el amor desdoblado en el amor por el hombre, por Dios y por el arte. Otras características de su lírica son el elemento pasional, las innovaciones métricas—particularmente el uso de la polimetría, versificación que contiene desde dos hasta diecisiete sílabas—y la capacidad de la poetisa de adaptar la forma a sus sentimientos.

Al partir

¡Perla del mar! ¡Estrella de Occidente!
¡Hermosa Cuba! tu brillante cielo
la noche cubre con su opaco velo
como cubre el dolor mi triste frente.

5 ¡Voy a partir!... La chusma[1] diligente
para arrancarme[2] del nativo suelo
las velas iza[3] y pronta a su desvelo[4]
la brisa acude de tu zona ardiente.

¡Adiós, patria feliz, Edén querido!
10 ¡Doquier[5] que el hado[6] en su furor me impela,
tu dulce nombre halagará[7] mi oído!

¡Adiós!... ¡Ya cruje[8] la turgente[9] vela...
el ancla[10] se alza,[11]... el buque,[12] estremecido,[13]
las olas corta y silencioso vuela!

1 crew
2 alejarme
3 levanta
4 acción de extender las velas
5 Dondequiera
6 destino
7 alegrará
8 rustles
9 abultada, hinchada
10 áncora
11 levanta
12 barco
13 agitado

Cuestionario

1. ¿Qué describe la poeta en «Al partir»?
2. ¿Qué es lo que siente ella?
3. ¿Qué imágenes utiliza para describir a Cuba? ¿y para describir sus sentimientos?

Era la edad lisonjera[1]
en que es un sueño la vida,
era la aurora hechicera[2]
de mi juventud florida
5 en su sonrisa primera

cuando contenta vagaba
por el campo, silenciosa,
y en escuchar me gozaba
la tórtola[3] que entonaba
10 su querella[4] lastimosa.

Melancólico fulgor[5]
blanca luna repartía,
y el aura leve mecía[6]
con soplo murmurador
15 la tierna flor que se abría.

¡Y yo gozaba! El rocío,
nocturno llanto del cielo,
el bosque espeso[7] y umbrío,[8]
la dulce quietud del suelo,
20 el manso correr del río,

y de la luna el albor,[9]
y el aura que murmuraba
acariciando[10] a la flor,
y el pájaro que cantaba...
25 todo me hablaba de amor.

Y trémula, palpitante,
en mi delirio extasiada,
miré una visión brillante,
como el aire perfumada
30 como las nubes flotante.

Ante mí resplandecía
como un astro brillador,
y mi loca fantasía
al fantasma seductor
35 tributaba idolatría.

1 agradable
2 encantadora
3 *turtledove*
4 lamento
5 brillo, resplandor
6 (inf.: mecer) *was
  rocking*
7 denso
8 cubierto de sombra
9 luz, como la del alba
10 tocando suavemente

Escuchar pensé su acento
en el canto de las aves;
eran las auras su aliento
cargadas de aromas suaves,
40 y su estancia el firmamento.

¿Qué ser divino era aquél?
¿Era un ángel o era un hombre?
¿Era un Dios o era Luzbel?
¿Mi visión no tiene nombre?
45 ¡Ah! nombre tiene... ¡Era El!

El alma guardaba su imagen divina
y en ella reinabas, ignoto[11] señor,
que instinto secreto tal vez ilumina
la vida futura que espera el amor.

50 Al sol que en el cielo de Cuba destella[12]
del trópico ardiente brillante fanal[13]
tus ojos eclipsan, tu frente descuella,[14]
cual se alza[15] en la selva la palma real.

Del genio la aureola radiante sublime,
55 ciñendo[16] contemplo tu pálida sien,[17]
y al verte mi pecho palpita y se oprime
dudando si formas mi mal o mi bien.

Que tú eres, no hay duda, mi sueño adorado,
el ser que vagando mi mente buscó;
60 mas ¡ay! que mil veces el hombre arrastrado
por fuerza enemiga, su mal anheló.

Así vi a la mariposa
inocente, fascinada,
en torno a la luz amada
65 revolotear con placer.

Insensata se aproxima
y la acaricia insensata,
hasta que la luz ingrata
devora su frágil ser.

70 Y es fama que allá en los bosques
que adornan mi patria ardiente,
nace y crece una serpiente de prodigioso poder.

11 desconocido
12 relumbra, brilla
13 farol grande (*beacon*)
14 (inf.: descollar)
   sobresale
15 levanta
16 (inf.: ceñir) rodeando
17 *temple*

Que exhala en torno su aliento
y la ardilla[18] palpitante,
75 fascinada, delirante,
corre... ¡Y corre a perecer![19]

¿Hay una mano de bronce,
fuerza, poder o destino,
que nos impele al camino
80 que a nuestra tumba trazó?...

¿Dónde van, dónde, esas nubes
por el viento compelidas?...
¿Dónde esas hojas perdidas
que del árbol arrancó?...

85 Vuelan, vuelan resignadas,
y no saben dónde van,
pero siguen el camino
que les traza el huracán.

Vuelan, vuelan en sus alas
90 nubes y hojas a la par,
ya a los cielos las levante,
ya las sumerja en el mar.

¡Pobres nubes! ¡pobres hojas
que no saben dónde van!...
95 Pero siguen el camino
que les traza el huracán.

18   *squirrel*
19   morir

Cuestionario

1. ¿Cómo describe la poeta «la edad lisonjera» (verso 1) de su vida?
2. ¿Cómo describe al hombre que ha llegado a su vida?
3. ¿Qué valor tiene la «mariposa» del verso 62?
4. ¿Cuáles han sido las consecuencias del amor para la poetisa?
5. ¿Qué importancia tiene el cambio de formas métricas (a partir de los versos 45 y 61) en cuanto a la interpretación del poema?

Gustavo Adolfo Becquer

Gustavo Adolfo Bécquer (1836–1870) nació en Sevilla y luego se trasladó a Madrid, sin lograr ni éxito económico ni popularidad artística. Enfermizo durante toda la vida, Bécquer fue pintor además de escritor. Sus obras literarias abarcan la prosa y el verso. Sus *Leyendas* (veinte historias de tipo variado) y *Rimas* (setenta y seis composiciones poéticas) reflejan una sensibilidad romántica en cuanto a la selección de temas y a la subjetividad emotiva. Bécquer es reconocido como uno de los grandes maestros de la lírica española, tanto por la originalidad de sus versos como por la síntesis exquisita de métrica y contenido.

Rima XXI

¿Qué es poesía? —dices mientras clavas[1]
   en mi pupila tu pupila azul.
¿Qué es poesía? ¿Y tú me lo preguntas?
   Poesía... eres tú.

[1] fijas

Cuestionario

1. ¿En qué términos define Bécquer la poesía?
2. ¿Cómo se explica el verso final?

Rima LIII

Volverán las oscuras golondrinas[1]
en tu balcón sus nidos a colgar,[2]
y otra vez con el ala a sus cristales,[3]
   jugando llamarán;

5   pero aquellas que el vuelo refrenaban
tu hermosura y mi dicha[4] a contemplar;
aquellas que aprendieron nuestros nombres,
   ésas... ¡no volverán!

Volverán las tupidas[5] madreselvas[6]
10 de tu jardín las tapias[7] a escalar,

[1] swallows
[2] Volverán... hipérbaton: el orden natural sería **Las oscuras golondrinas volverán a colgar sus nidos en tu balcón.** Hay varios ejemplos de hipérbaton en el poema.
[3] ventanas
[4] felicidad
[5] espesas
[6] honeysuckle
[7] muros (*walls*)

y otra vez a la tarde, aun más hermosas,
    sus flores se abrirán;

8 llenas
9 *dew*
10 no te engañes

pero aquellas cuajadas[8] de rocío,[9]
cuyas gotas mirábamos temblar
15 y caer, como lágrimas del día...
    ésas... ¡no volverán!

Volverán del amor en tus oídos
las palabras ardientes a sonar;
tu corazón de su profundo sueño
20   tal vez despertará;

pero mudo y absorto y de rodillas,
como se adora a Dios ante su altar,
como yo te he querido... desengáñate:[10]
    ¡así no te querrán!

Cuestionario

1. ¿Qué significación tienen los versos que repiten la palabra «Volverán»?
   ¿y los que repiten la palabra «pero»?
2. ¿Qué tipo de imágenes predominan en el poema?
3. ¿Cómo se puede interpretar la estrofa final?

JOSE MARTI

José Martí (1835–1895), político y hombre de letras, nació en Cuba de padres españoles. Cursó Derecho en España, sirvió de cónsul en Nueva York, colaboró en varios periódicos y fundó el partido revolucionario cubano. Gozó de gran fama como orador y traductor, y escribió numerosas obras innovadoras en prosa y verso, por las cuales se le conoce casi unánimemente como iniciador o «padre» del Modernismo. Se involucró en la lucha por la independencia de su patria, por la que al fin sacrificó su vida luchando valientemente contra las tropas españolas. Los versos de Martí resaltan por su caudal ideológico, simbólico y metafórico. Por lo tanto, aunque el poeta se mantiene dentro de los patrones técnicos de la lírica tradicional española, sobre todo en lo que concierne a la métrica, lo novedoso consiste en su voluntad de estilo—en el sello personal que Martí le impone a su poesía. Esta se distingue por el carácter sincero, pasional y romántico. En Martí se ve también al reformador social que batalla en pro de una humanidad sufrida, así como al artista atormentado por el conflicto entre su anhelo de perfección estética y su compromiso moral. Tales divergencias convergen en *Ismaelillo* (1882), *Versos sencillos* (1891), *Versos libres* (1913) y *Flores del destierro* (1932), traduciéndose en versos breves, de rimas inesperadas y de sintaxis compleja. En la prosa, así como en la lírica, la gran meta de Martí fue buscar nuevas formas de expresión dentro del sistema lingüístico tradicional, según lo muestran ciertos escritos clásicos como el cuento «La muñeca negra» y el célebre ensayo «Nuestra América».

Sobre mi hombro

Ved: sentado lo llevo
Sobre mi hombro:
¡Oculto va, y visible
Para mí solo!
5 El me ciñe[1] las sienes[2]
Con su redondo
Brazo, cuando a las fieras
Penas me postro:—
Cuando el cabello hirsuto
10 Yérguese[3] y hosco,[4]
Cual[5] de interna tormenta
Símbolo torvo,[6]
Como un beso que vuela
Siento en el tosco[7]
15 Cráneo: ¡su mano amansa[8]
El bridón loco[9]!—
Cuando en medio del recio[10]
Camino lóbrego,[11]
Sonrío, y desmayado
20 Del raro gozo,
La mano tiendo en busca
De amigo apoyo,—
Es que un beso invisible
Me da el hermoso
25 Niño que va sentado
Sobre mi hombro.

1 (inf.: ceñir) *encircles*
2 *temples*
3 (inf.: erguirse) *Stands up (on end)*
4 *sullen, gloomy*
5 *Como*
6 *stern, grim*
7 *rough, coarse*
8 *pacifica, tranquiliza*
9 *bridón... spirited horse*
10 *rigorous*
11 *oscuro y triste*

Cuestionario

1. ¿Qué se aprende del hablante poético a través del poema?
2. ¿Qué tipo de imágenes se emplean en el poema?
3. ¿Qué valor tiene la frase «un beso invisible» (verso 23)?

Dos patrias

Dos patrias tengo yo: Cuba y la noche.
¿O son una las dos? No bien retira

Su majestad el sol, con largos velos[1]
Y un clavel[2] en la mano, silenciosa
5 Cuba cual[3] viuda triste me aparece.
¡Yo sé cuál es ese clavel sangriento
Que en la mano le tiembla! Está vacío
Mi pecho, destrozado está y vacío
En donde estaba el corazón. Ya es hora
10 De empezar a morir. La noche es buena
Para decir adiós. La luz estorba
Y la palabra humana. El universo
Habla mejor que el hombre.
    Cual bandera
15 Que invita a batallar, la llama roja
De la vela[4] flamea.[5] Las ventanas
Abro, ya estrecho en mí. Muda, rompiendo
Las hojas del clavel, como una nube
Que enturbia[6] el cielo, Cuba, viuda, pasa...

1 veils
2 carnation
3 como
4 candle
5 blazes
6 oscurece

Cuestionario

1. ¿Cómo se puede explicar el primer verso del poema?
2. ¿Cómo se puede interpretar la frase «El universo / Habla mejor que el hombre» (versos 12–13)?
3. ¿Qué significación tiene la palabra «viuda» en el último verso?

RUBEN DARIO

Rubén Darío (1867–1916), cuyo verdadero nombre era Félix Rubén García Sarmiento, fue poeta y prosista. De humilde origen provincial—nació en Metapa, pequeño pueblo de Nicaragua—Darío llegó a ser el máximo exponente del cosmopolitismo latinoamericano y el líder indiscutible del movimiento modernista que tanto influyó sobre toda la literatura de habla española. Viajó extensamente por América y Europa en calidad de diplomático y periodista. Sus obras reflejan su vida turbulenta y peripatética en la que se entregó con igual abandono al placer sensual, a las amistades intelectuales, a la lectura de los principales románticos, parnasianos y simbolistas de la época—particularmente los franceses y españoles—y, finalmente, a la meditación. Sus libros más decisivos—*Azul* (1888), *Prosas profanas* (1896), *Cantos de vida y esperanza* (1905) y *Canto errante* (1907)—reúnen en sí todos los valores caros a los varios representantes del modernismo en sus distintas etapas. Por lo tanto, en éstos se hace evidente la búsqueda de una nueva estética que, valiéndose de lo mejor de las corrientes literarias extranjeras y de la propia tradición española, y que convirtiendo el arte en el único fin del escritor, habría de devolver al poeta la dignidad perdida a causa del materialismo del fin del siglo. En esas mismas obras está presente también la desilusión del modernista que insatisfecho con la persecución de un ideal artístico inalcanzable—la meta del esteticismo o «el arte por el arte»—se interioriza y busca la dimensión espiritual que le falta para finalizar su noble tarea.

El cisne[1]

Fue en una hora divina para el género humano.
El cisne antes cantaba sólo para morir.
Cuando se oyó el acento del Cisne wagneriano[2]
fue en medio de una aurora,[3] fue para revivir.

5   Sobre las tempestades del humano oceano
se oye el canto del Cisne; no se cesa de oír,
dominando el martillo[4] del viejo Thor[5] germano
o las trompas que cantan la espada de Argantir.[6]

¡Oh Cisne! ¡Oh sacro pájaro! Si antes la blanca Helena[7]
10 del huevo azul de Leda[8] brotó de gracia llena,
siendo de la Hermosura la princesa inmortal,

bajo tus blancas alas la nueva Poesía
concibe en una gloria de luz y de armonía
la Helena eterna y pura que encarna el ideal.

[1] swan (símbolo del modernismo)
[2] se refiere al compositor alemán Richard Wagner (1813–1883), en cuya ópera *Lohengrin* aparece la imagen del cisne
[3] (*fig.*) nacimiento de una cosa
[4] *hammer*
[5] dios mitológico escandinavo del trueno y de la agricultura cuyo símbolo es el martillo
[6] figura legendaria islandesa asociada con la lucha
[7] Helena de Troya, símbolo de la belleza femenina
[8] madre de Helena y amante de Júpiter (quien tomó forma de cisne para poseer a Leda)

Cuestionario

1. ¿Cómo ha cambiado la situación del cisne, según el primer cuarteto (versos 1–4)?
2. ¿Qué representan Thor y Argantir? ¿Qué representa Helena? ¿Por qué alude el poeta a estos seres mitológicos legendarios?
3. ¿Cómo será la «nueva Poesía»?

Canción de otoño en primavera

Juventud, divino tesoro,
¡ya te vas para no volver!
Cuando quiero llorar, no lloro...
y a veces lloro sin querer.

5   Plural ha sido la celeste
historia de mi corazón.

Era una dulce niña, en este
mundo de duelo y aflicción.

Miraba como el alba pura;
10 sonreía como una flor.
Era su cabellera[1] oscura
hecha de noche y de dolor.

[1] pelo largo

Yo era tímido como un niño.
Ella, naturalmente, fue,
15 para mi amor hecho de armiño,[2]
Herodías y Salomé[3]...

Juventud, divino tesoro,
¡ya te vas para no volver...!
Cuando quiero llorar, no lloro,
20 y a veces lloro sin querer.

La otra fue más sensitiva,
y más consoladora y más
halagadora[4] y expresiva,
cual no pensé encontrar jamás.

25 Pues a su continua ternura
una pasión violenta unía.
En un peplo[5] de gasa pura
una bacante[6] se envolvía...

En sus brazos tomó mi ensueño[7]
30 y lo arrulló[8] como a un bebé...
Y lo mató, triste y pequeño,
falto de luz, falto de fe...

Juventud, divino tesoro,
¡te fuiste para no volver!
35 Cuando quiero llorar, no lloro,
y a veces lloro sin querer...

Otra juzgó que era mi boca
el estuche[9] de su pasión
y que me roería,[10] loca,
40 con sus dientes el corazón,

poniendo en un amor de exceso
la mira de su voluntad,
mientras eran abrazo y beso
síntesis[11] de la eternidad:

45 y de nuestra carne[12] ligera
imaginar siempre un Edén,
sin pensar que la Primavera
y la carne acaban también...

Juventud, divino tesoro,
50 ¡ya te vas para no volver!
Cuando quiero llorar, no lloro,
¡y a veces lloro sin querer!

¡Y las demás!, en tantos climas,
en tantas tierras, siempre son,
55 si no pretexto de mis rimas,
fantasmas de mi corazón.

En vano busqué a la princesa
que estaba triste de esperar.
La vida es dura. Amarga y pesa.
60 ¡Ya no hay princesa que cantar!

Mas a pesar del tiempo terco,[13]
mi sed de amor no tiene fin;
con el cabello gris me acerco
a los rosales del jardín...

65 Juventud, divino tesoro,
¡ya te vas para no volver!...
Cuando quiero llorar, no lloro,
y a veces lloro sin querer...

¡Mas es mía el Alba[14] de oro!

2 ermine
3 Herodías... Herodías, mujer de Herodes, hizo que su hija Salomé pidiera la cabeza de San Juan Bautista en pago de sus danzas.
4 placentera
5 túnica usada por las mujeres en la antigua Grecia
6 (fig.) mujer licenciosa
7 sueño, fantasía
8 lulled to sleep
9 caja para guardar algo valioso
10 cortar poco a poco
11 suma y compendio
12 flesh
13 obstinado
14 primera luz del día

Cuestionario

1. ¿Cuál es la significación del estribillo «Juventud, divino tesoro...»?
2. ¿Cómo han sido las aventuras amorosas del poeta?
3. ¿Cómo se puede interpretar «si no pretexto de mis rimas,/fantasmas de mi corazón» (versos 55–56)?
4. ¿Qué significación tiene el verso final?
5. ¿Es éste un poema lírico o un poema narrativo? Responda dando una explicación.

AMADO NERVO

Amado Nervo (1870–1919), prolífico y versátil escritor mexicano, es uno de los representantes más populares del Modernismo hispanoamericano. En la temática de su poesía, género en que se distinguió de modo particular, sobresalen el misticismo y el amor. Hombre humilde, de convicciones religiosas que oscilan entre el cristianismo y el panteísmo (*pantheism*), Nervo glorificó y ennobleció en sus versos el amor físico, considerando ese amor como una de las vías que conducen a Dios y, de ahí, al descubrimiento de lo eterno. Aunque resultaría difícil encontrar en sus escritos más representativos—*Serenidad* (1914), *La amada inmóvil* (1915), *Elevación* (1917), *Místicas* (1898), *La hermana agua* (1901) y *El estanque de lotos* (1919)—la excentricidad que caracteriza gran parte del Modernismo, Nervo cabe, sin embargo, dentro del marco modernista por dos razones fundamentales. La primera es que, al igual que muchos de los modernistas, vivió en su propia «torre de marfil», prefiriendo la vida de meditación en Madrid, donde sirvió de embajador, a la de escritor comprometido en su país durante la Revolución Mexicana (1910–1917). La segunda es que la estética de Nervo revela el constante cuidado por experimentar con varios géneros y nuevas formas poéticas capaces de expresar la inquietud de su espíritu. Sus cuentos más representativos se encuentran en *Cuentos de juventud* (1898), *Almas que pasan* (1906) y *Cuentos misteriosos* (1921).

La pregunta

      ¡Y qué quieres ser tú? —dijo el Destino.
Respondí: —Yo, ser santo;
y repuso el Destino:
«Habrá que contentarse
5 con menos... »
      Pesaroso,[1]
aguardé[2] en mi rincón una pregunta
nueva:
      «¿Qué quieres ser?» —dijo el Destino
10 otra vez: —Yo, ser genio respondíle;
y él irónico: «Habrá que contentarse
con menos...»
      Mudo y triste
en mi rincón de sombra, ya no espero
15 la pregunta postrer,[3] a la que sólo
responderá mi trágico silencio...

1 dolorido, triste
2 esperé
3 postrera, última

Cuestionario

1. ¿De qué manera se presenta «el Destino» en este poema?
2. ¿Cómo responde «el Destino» a las palabras del poeta?
3. ¿Cuál será «la pregunta postrer» (verso 15)?

Si Tú me dices «¡Ven!»

Si Tú me dices: «¡Ven!», lo dejo todo...
No volveré siquiera la mirada
para mirar a la mujer amada...
Pero dímelo fuerte, de tal modo

5   que tu voz, como toque de llamada,[1]
vibre hasta en el más íntimo recodo[2]
del ser, levante el alma de su lodo[3]
y hiera el corazón como una espada.

Si Tú me dices: «¡Ven!», todo lo dejo.
10 Llegaré a tu santuario casi viejo,
y al fulgor[4] de la luz crepuscular;

mas he de compensarte mi retardo,[5]
difundiéndome,[6] ¡oh Cristo!, como un nardo[7]
de perfume sutil, ante tu altar.

[1] toque... señal para llamar
[2] rincón
[3] *mud*
[4] resplandor, brillo
[5] retraso, tardanza
[6] *diffusing myself*
[7] tipo de flor (*spikenard*)

Cuestionario

1. ¿A quién va dirigido el poema?
2. Según el que habla, ¿qué características debe reunir la llamada para que él la obedezca?
3. ¿Cómo se puede interpretar «mas he de compensarte mi retardo» (verso 12)?

ANTONIO MACHADO

Antonio Machado (1875–1939) nació en Sevilla, y a los ocho años se trasladó con su familia a Madrid. Cursó estudios en la Universidad de Madrid y residió tres años en París. Nombrado catedrático de francés en la ciudad de Soria, se casó en 1909 con Leonor, de dieciséis años. Los dos viajaron a París, donde Machado siguió clases de filosofía con Henri Bergson. De vuelta a Soria, muere Leonor en 1912. Víctima de una tristeza profunda, Machado aceptó varios cargos académicos, incluso un puesto en el Instituto Calderón de Madrid (1931). En el último año de la Guerra Civil española, salió el poeta de España y murió poco después en el sur de Francia. Creador de una poesía a la vez sencilla y profunda, de índole patriótica y espiritual, Machado publicó las siguientes colecciones: *Soledades* (1903), *Soledades, galerías y otros poemas* (1907), *Campos de Castilla* (1912) y *Nuevas canciones* (1925).

Proverbios y cantares, XXIX

    Caminante, son tus huellas[1]
el camino, y nada más;
caminante, no hay camino:
se hace camino al andar.
5 Al andar se hace camino,
y al volver la vista atrás
se ve la senda que nunca
se ha de volver a pisar.[2]
Caminante, no hay camino,
10 sino estelas[3] en la mar.

[1] *tracks*
[2] *caminar*
[3] *wake*

Cuestionario

1. Simbólicamente, ¿qué representa «el camino» en este poema? ¿Qué representa «la mar»?
2. ¿Qué efecto logra el poeta al repetir diversas formas del verbo *caminar*?
3. ¿Qué significa «se hace camino al andar» (verso 4)?
4. ¿Cómo se pueden interpretar los dos últimos versos?

La saeta[1]

¿Quien me presta una escalera
para subir al madero,
para quitarle los clavos
a Jesús el Nazareno?

⁵   Saeta popular

¡Oh la saeta, el cantar
al Cristo de los gitanos,
siempre con sangre en las manos,
siempre por desenclavar[2]!

¹⁰ ¡Cantar del pueblo andaluz[3]
que todas las primaveras
anda pidiendo escaleras
para subir a la cruz!
¡Cantar de la tierra mía,
¹⁵ que echa flores
al Jesús de la agonía,
y es la fe de mis mayores!
¡Oh, no eres tú mi cantar!
¡No puedo cantar, ni quiero,
²⁰ a ese Jesús del madero,[4]
sino al que anduvo en el mar!

1 canción devota de Andalucía, España, que se canta en la iglesia o en la calle durante ciertas ceremonias religiosas, especialmente en Semana Santa
2 por... que se le quiten los clavos
3 de Andalucía
4 del... de la cruz de madera

Cuestionario

1. ¿Cómo es el Cristo de los gitanos?
2. ¿Cuáles son los sentimientos del poeta ante esta imagen de Cristo?
3. ¿Qué distinción se hace entre el «Jesús del madero» (verso 15) y el «que anduvo en el mar» (verso 16)?

JUAN RAMON JIMENEZ

Juan Ramón Jiménez (1881–1958) nació en Moguer, Andalucía. Publicó más de veinte libros de poesía, desde *Almas de violeta* (1900) hasta *Animal de fondo* (1949). Enfermizo y obsesionado por la idea de la muerte, Jiménez se retiró de los asuntos políticos y sociales de su época para dedicarse a la creación artística. Después de terminar los estudios universitarios en Sevilla, el poeta viajó a Madrid, donde entró en contacto con el gran poeta modernista Rubén Darío y con otras figuras literarias. También viajó al exterior, pero siempre volvió a buscar la soledad creadora de su pueblo natal. Viajó por los Estados Unidos en 1916; se casó con Zenobia Camprubí Ayamar, traductora del poeta indio Rabindranath Tagore, la cual fue, desde entonces, colaboradora de su esposo. Jiménez volvió varias veces a España, y pasó los últimos años de su vida en Puerto Rico. En 1956 recibió el Premio Nobel de Literatura. De la trayectoria poética de Juan Ramón Jiménez puede decirse que fue como un proceso continuo hacia la desnudez o pureza poética, una búsqueda caracterizada por una revisión constante de la materia previa y recogida nuevamente en sus *Antolojías*. Este título refleja el deseo del autor de romper con las normas convencionales de la escritura.

Intelijencia, dame

¡Intelijencia, dame
el nombre exacto de las cosas!
... Que mi palabra sea
la cosa misma,
5 creada por mi alma nuevamente.
Que por mí vayan todos
los que no las conocen, a las cosas;
que por mí vayan todos
los que ya las olvidan, a las cosas;
10 que por mí vayan todos
los mismos que las aman, a las cosas...
¡Intelijencia, dame
el nombre exacto, y tuyo,
y suyo, y mío, de las cosas!

Cuestionario

1. ¿A quién o a qué se dirige el poeta en este poema?
2. ¿Cuál es el deseo del poeta?
3. ¿Cómo se puede interpretar «creada por mi alma nuevamente» (verso 5)?
4. ¿Qué significa la frase «el nombre exacto de las cosas»?

Vino, primero, pura

Vino, primero, pura,
vestida de inocencia.
Y la amé como un niño.

Luego se fue vistiendo
5 de no sé qué ropajes.
Y la fui odiando, sin saberlo.

Llegó a ser una reina,
fastuosa[1] de tesoros...
¡Qué iracundia de yel[2] y sin sentido!

10 ... Mas se fue desnudando.
Y yo le sonreía.

Se quedó con la túnica
de su inocencia antigua.
Creí de nuevo en ella.

15 Y se quitó la túnica.
y apareció desnuda toda...
¡Oh pasión de mi vida, poesía
desnuda, mía para siempre!

[1] ostentosa
[2] iracundia... ira amarga

Cuestionario

1. ¿Cuál es el sujeto del poema?
2. ¿Qué técnica emplea el poeta para presentar ese sujeto? O sea, ¿qué tipo de comparación se introduce?
3. ¿Cuál es el proceso descrito en el poema?

GABRIELA MISTRAL

Gabriela Mistral (1885–1957), poeta y prosista chilena, postmodernista, es sin duda la escritora latinoamericana más renombrada del siglo veinte. Lucila Godoy Alcaya— su verdadero nombre—nació en Vicuña, pueblecito rural y pobre. Allí principió, a la edad de trece años, su carrera de educadora y humanista que la llevaría a recorrer Latinoamérica, Estados Unidos y Europa, por cuenta de su país y como delegada de la Liga de Naciones. A temprana edad, la muerte trágica de su primero y único novio imprimió en Mistral el sello de la desolación, de la tristeza y, finalmente, de la fe en Dios que caracteriza su vida y su obra artística. Su poesía, de claro timbre femenino, por la que ganaría en 1945 el Premio Nobel de Literatura, refleja el papel, que desempeñó hasta la muerte, de amiga de los desvalidos y madre de todo niño desamparado. El tema favorito de sus principales obras— *Desolación* (1922), *Ternura* (1925), *Tala* (1938) y *Lagar* (1954)—es por lo tanto, su amor apasionado, tierno, de mujer frustrada que se convierte a la larga en amor materno, amor a Dios, a la humanidad y a la naturaleza.

Meciendo[1]

[1] *Rocking*
[2] errante

El mar sus millares de olas
   mece, divino.
Oyendo a los mares amantes,
   mezo a mi niño.

5 El viento errabundo[2] en la noche
   mece los trigos.
Oyendo a los vientos amantes,
   mezo a mi niño.

Dios padre sus miles de mundos
10   mece sin ruido.
Sintiendo su mano en la sombra
   mezo a mi niño.

Cuestionario

1. ¿Cómo se emplea el verbo *mecer* en este poema?
2. ¿Qué semejanzas hay entre el contenido y la forma de las distintas estrofas?
3. ¿Cuáles son los sentimientos de la poetisa al mecer a su niño?

Yo no tengo soledad

Es la noche desamparo[1]
de las sierras hasta el mar.
Pero yo, la que te mece,
¡yo no tengo soledad!

5 Es el cielo desamparo
si la luna cae al mar.

Pero yo, la que te estrecha,
¡yo no tengo soledad!

  Es el mundo desamparo
10 y la carne triste va.
Pero yo, la que te oprime,
¡yo no tengo soledad!

[1] desolación

Cuestionario

1. ¿Qué tipo de contraste se presenta en este poema?
2. ¿Cómo se puede interpretar el verso 10 «y la carne triste va»?
3. ¿Por qué no tiene soledad el «yo» poético?

CESAR VALLEJO

César Vallejo (1892–1938), poeta y prosista peruano, vanguardista, se distingue por sus tendencias existencialistas. Nacido de familia pobre, hispano-india, resintió de modo particular la injusticia política y social de su país. Encarcelado por su activismo político de raíces marxistas, eligió, al salir de la prisión, la vía del destierro. Murió en París. Su primer libro de versos, *Los heraldos negros* (1918), deja percibir rasgos modernistas en la imaginería y en la visión—algo romántica—de la tierra peruana y del indígena. Sin embargo, las notas dominantes son el tono personal, íntimo, y la temática de la solidaridad humana. Los poemas de su segunda obra, *Trilce* (1922), compuestos en la cárcel, muestran a un Vallejo más rebelde y audaz. En éstos rompe con la retórica y el metro, crea nuevas palabras o altera las convencionales—todo con el fin de poner en libertad el lenguaje y producir un verso flexible, totalmente autónomo. No obstante el haber caído en pleno Vanguardismo, Vallejo sigue preocupándose por los mismos temas: el dolor, la soledad, la agonía del hombre contemporáneo agobiado por la incoherencia de su existencia. Entre otras colecciones de poesías hay que mencionar, por su importancia universal, *Poemas humanos* (1939), tipo de diario personal inspirado por la crisis económica de 1930, y *España, aparta de mí este cáliz* (1939), la más alta expresión de humanitarismo frente al holocausto que fue, para el poeta, la Guerra Civil española.

Yuntas[1]

[1] (fig.) Parejas

Completamente. Además, ¡vida!
Completamente. Además, ¡muerte!

Completamente. Además, ¡todo!
Completamente. Además, ¡nada!

5 Completamente. Además, ¡mundo!
Completamente. Además, ¡polvo!

Completamente. Además, ¡Dios!
Completamente. Además, ¡nadie!

Completamente. Además, ¡nunca!
10 Completamente. Además, ¡siempre!

Completamente. Además, ¡oro!
Completamente. Además, ¡humo!

Completamente. Además, ¡lágrimas!
Completamente. Además, ¡risas!...

15 ¡Completamente!

Cuestionario

1. ¿Cómo se puede interpretar el juego de oposiciones en el poema?
2. ¿Qué valor tiene la yuxtaposición *lágrimas/risas* al final del poema?
3. ¿Qué significa la palabra *completamente* en el poema?

El momento más grave de la vida

Un hombre dijo:

—El momento más grave de mi vida estuvo en la batalla del Marne,[1] cuando fui herido en el pecho.

Otro hombre dijo:

5 —El momento más grave de mi vida, ocurrió en un maremoto de Yokohama,[2] del cual salvé milagrosamente, refugiado bajo el alero[3] de una tienda de lacas.[4]

Y otro hombre dijo:

[1] río de Francia, escenario de varias batallas de la Primera Guerra Mundial
[2] puerto japonés, escenario de un maremoto (*seaquake*)
[3] *eaves*
[4] *lacquer*

—El momento más grave de mi vida acontece cuando duermo de día.

10 Y otro dijo:

—El momento más grave de mi vida ha estado en mi mayor soledad.

Y otro dijo:

—El momento más grave de mi vida fue mi prisión en una cárcel del Perú.

Y otro dijo:

15 —El momento más grave de mi vida es el haber sorprendido de perfil[5] a
mi padre.

Y el último hombre dijo:

—El momento más grave de mi vida no ha llegado todavía.

Cuestionario

1. ¿Qué tipo de paralelismo se ve en el poema?
2. ¿Cómo se pueden interpretar los versos 18 y 19 «El momento más grave
   de mi vida es el haber sorprendido de perfil a mi padre»?
3. ¿Qué elemento distingue este poema de la prosa?

VICENTE HUIDOBRO

Vicente Huidobro (1893–1948), poeta, prosista y dramaturgo chileno, es conocido principalmente por su papel de teórico de la nueva poesía hispánica y por ser el fundador del Creacionismo. De acuerdo con la doctrina creacionista, cimentada en las escuelas de vanguardia europeas—el futurismo, el cubismo y el dadaísmo en particular—la obra poética había de dejar de imitar la naturaleza o el llamado «mundo real». En cambio el poeta, convertido por su poder creativo en un «pequeño dios», había de originar nuevas realidades. Esta teoría implicó para la nueva estética, tanto en Hispanoamérica como en España, la completa autonomía del arte y, para el poema, su independencia radical del autor o circunstancia. Para obtener estos resultados el creacionismo se vale de cualquier recurso capaz de producir una comunicación antilógica, o sea, contraria a las normas del discurso convencional. De ahí surge la experimentación con palabras inventadas (neologismos), juegos onomatopéyicos y fonémicos de palabras o frases (jitanjáforas), falta de puntuación y de coherencia verbal y otros tantos artificios novedosos. El eje de la técnica creacionista es, en todo caso, la metáfora, especialmente aquella que asombra por su atrevimiento y originalidad. Entre los muchos libros de Huidobro hay que destacar *El espejo de agua* (1916), que contiene «Arte poética», poema sumamente significativo por contener la síntesis de la teoría creacionista, y *Altazor, o el viaje en paracaídas* (1931), obra en siete cantos de carácter autobiográfico y existencial en la que se funden las técnicas más logradas del autor.

Arte poética[1]

Que el verso sea como una llave
Que abra mil puertas.
Una hoja cae; algo pasa volando;
Cuanto miren los ojos creado sea,
5 Y el alma del oyente quede temblando.

Inventa mundos nuevos y cuida tu palabra;
El adjetivo, cuando no da vida, mata.

Estamos en el ciclo de los nervios.
El músculo cuelga,[2]
10 Como recuerdo, en los museos;
Mas no por eso tenemos menos fuerza:
El vigor verdadero
Reside en la cabeza.

Por qué cantáis la rosa, ¡oh Poetas!
15 Hacedla florecer en el poema;

Sólo para nosotros
Viven todas las cosas bajo el Sol.

El poeta es un pequeño Dios.

[1] Arte... doctrina o teoría literaria (del latín: «ars poetica»)
[2] hangs

Cuestionario

1. Según el poeta, ¿cómo debe ser la poesía?
2. ¿Cómo se puede interpretar el verso 7, «El adjetivo, cuando no da vida, mata»?
3. ¿A qué podría referirse «el ciclo de los nervios» (verso 8)?
4. ¿Qué significación tiene la «rosa» de los versos 14 y 15?
5. ¿Por qué es el poeta «un pequeño Dios» (verso 18)?

La capilla aldeana[a]

Ave
canta
suáve
que tu canto encanta
5 sobre el campo inerte
sones
vierte[1]
y ora-
ciones
10 llora.
Desde
la cruz santa
el triunfo del sol canta
y bajo el palio[2] azul del cielo
15 deshoja tus cantares sobre el suelo.

[1] emite
[2] (Aquí, la palabra tiene una implicación religiosa.) (fig.) baldachin, canopy

Cuestionario

1. ¿De qué clase de poesía es ejemplo este poema?
2. ¿Qué tipo de imágenes emplea el poeta?
3. Señale los casos de encabalgamiento en este poema.

JUANA DE IBARBOUROU

Juana de Ibarbourou (1895–1979) no pone de manifiesto en su obra la angustia y desesperación como otras poetas postmodernistas hispanoamericanas. Lo que caracteriza la lírica temprana de esta uruguaya plenamente realizada como esposa, madre y escritora es, sobre todo, la alegría de vivir. En su primera y mejor obra, *Las lenguas de diamante* (1918), Ibarbourou expone su manifiesto humano y artístico: el deseo de amar y de ser amada, libre de restricciones morales o religiosas, y su percepción de la vida como algo bello, puro y real que la poeta identifica con las formas sensuales e íntimas de la naturaleza—el agua del arroyo, la flor, el campo oloroso. El culto a los placeres de la vida se contrasta en su poesía con la obstinación de no aceptar la muerte como una realidad definitiva. Por consiguiente, uno de sus temas favoritos es el de la transmigración del cuerpo. A través de dicho tema Ibarbourou expresa la esperanza de triunfar sobre la muerte—representada por la sombra, el frío, la noche—y de volver a vivir asumiendo alguna forma bella, como la luz, simbolizada a menudo en sus poemas por la imagen de la llama. Aunque en sus obras posteriores—*La rosa de los vientos* (1930), *Perdida* (1950) y *Romances del destino* (1955)—asome el pesimismo de la mujer que contempla ya de cerca la muerte, no faltan todavía aquellas notas de amor a la vida y las imágenes expresivas con las que siempre se ha identificado en el mundo hispánico a esta poeta.

[a] fragmento

La higuera[1]

Porque es áspera y fea;
Porque todas sus ramas son grises,
Yo le tengo piedad a la higuera.

En mi quinta[2] hay cien árboles bellos:
5   Ciruelos[3] redondos,
      Limoneros rectos
Y naranjos de brotes[4] lustrosos.

      En las primaveras,
Todos ellos se cubren de flores
10   En torno a la higuera.

Y la pobre parece tan triste
Con sus gajos[5] torcidos que nunca
De apretados capullos[6] se visten...

      Por eso,
15 Cada vez que yo paso a su lado
Digo, procurando
Hacer dulce y alegre mi acento:
—Es la higuera el más bello
De los árboles todos del huerto.

20   Si ella escucha,
Si comprende el idioma en que hablo,
¡Qué dulzura tan honda hará nido[7]
En su alma sensible de árbol!

      Y tal vez, a la noche,
25 Cuando el viento abanique[8] su copa,[9]
Embriagada[10] de gozo le cuente:
—Hoy a mí me dijeron hermosa.

1 fig tree
2 casa de campo
3 *Plum trees*
4 *shoots*
5 *ramas*
6 *buds*
7 hará... (*fig.*) habitará
8 (inf.: abanicar) *fans*
9 ramaje que forma la parte superior de un árbol
10 (*fig.*) Llena

Cuestionario

1. ¿Por qué siente la poeta piedad por la higuera?
2. ¿Cómo está descrita la higuera?
3. ¿Qué dice la voz poética a la higuera y por qué se lo dice?
4. ¿Cómo se puede interpretar la estrofa final?

Caronte:[1] yo seré un escándalo en tu barca.
Mientras las otras sombras recen, giman,[2] o lloren,
y bajo tus miradas de siniestro patriarca
las tímidas y tristes, en bajo acento, oren,

5   yo iré como una alondra[3] cantando por el río
y llevaré a tu barca mi perfume salvaje,
e irradiaré en las ondas del arroyo sombrío
como una azul linterna que alumbrará en el viaje.

Por más que tú no quieras, por más guiños[4] siniestros
10   que me hagan tus dos ojos, en el terror maestros,
Caronte, yo en tu barca seré como un escándalo.

Y extenuada[5] de sombra, de valor y de frío,
cuando quieras dejarme a la orilla del río
me bajarán tus brazos cual conquista de vándalo.[6]

1   barquero mitológico
    que llevaba las almas
    de los muertos a
    través del río Estigia
    (*Styx*)
2   (inf.: gemir) se quejen
    de dolor
3   *lark*
4   *winks*
5   debilitada
6   conquista... prisionera
    de los bárbaros
    vándalos

Cuestionario

1. ¿Por qué será «un escándalo» en la barca de Caronte la que habla?
2. En la segunda estrofa, ¿con qué se compara la hablante?
3. ¿Qué valor dramático tiene la frase «cual conquista de vándalo» (verso 14)?
4. ¿Qué tipo de rebeldía se presenta en el poema?

FEDERICO GARCIA LORCA

Federico García Lorca (1898–1936) nació en un pueblo de Granada, España. Cursó Derecho y Filosofía y Letras en las Universidades de Granada y de Madrid. En la capital, llegó a conocer—y a encantar—a muchas figuras literarias y artísticas de primer orden. Pintor, pianista, poeta y dramaturgo, Lorca viajó por España al frente del teatro universitario La Barraca. Luego, dio conferencias sobre arte y literatura. Viajó por Europa y por parte de los Estados Unidos, cursando estudios en este país en Columbia University. Gozó de gran éxito con las obras dramáticas *Bodas de sangre, Yerma* y *La casa de Bernarda Alba*. Publicó varios libros de poesía, entre ellos *Libro de poemas, Poema del Cante Jondo, Canciones, Romancero gitano* y *El Poeta en Nueva York*. Se juntan en la poesía lorquiana la atracción por el ambiente andaluz, el interés por el folklore y la creación de imágenes fuertes y apasionadas. Lorca fue asesinado al principio de la Guerra Civil española; este hecho le convirtió en símbolo de las víctimas del barbarismo fascista.

Canción de jinete[1]

Córdoba.
Lejana y sola.

Jaca[2] negra, luna grande,
y aceitunas en mi alforja.[3]
5 Aunque sepa los caminos
yo nunca llegaré a Córdoba.

Por el llano, por el viento,
jaca negra, luna roja.

La muerte me está mirando
10 desde las torres de Córdoba.

¡Ay qué camino tan largo!
¡Ay mi jaca valerosa[4]!
¡Ay que la muerte me espera,
antes de llegar a Córdoba!

15 Córdoba.
Lejana y sola.

[1] persona que monta a caballo
[2] Caballo
[3] bolsa con provisiones para el camino
[4] valiente

Cuestionario

1. ¿Cuál es el tono del poema?
2. ¿Cómo se presenta la muerte en este poema?
3. ¿Qué función tiene la repetición, al final, de los primeros versos del poema?

Romance sonámbulo

Verde que te quiero verde.
Verde viento. Verdes ramas.
El barco sobre la mar
y el caballo en la montaña.
5 Con la sombra en la cintura,
ella sueña en su baranda,[1]
verde carne,[2] pelo verde,
con ojos de fría plata.
Verde que te quiero verde.
10 Bajo la luna gitana,
las cosas la están mirando
y ella no puede mirarlas.

Verde que te quiero verde.
Grandes estrellas de escarcha,[3]
15 vienen con el pez de sombra
que abre el camino del alba.[4]
La higuera[5] frota su viento
con la lija[6] de sus ramas,
y el monte, gato garduño,
20 eriza sus pitas agrias.[7]
¿Pero quién vendrá? ¿Y por dónde...
Ella sigue en su baranda,
verde carne, pelo verde,
soñando en la mar amarga.

[1] railing
[2] piel
[3] frost
[4] la primera luz del día
[5] fig tree
[6] sandpaper
[7] monte... (Se compara el monte, con sus cactos, a un gato con el pelo erizado.)

25 Compadre, quiero cambiar
mi caballo por su casa,
mi montura[8] por su espejo,
mi cuchillo por su manta.
Compadre, vengo sangrando,
30 desde los puertos de Cabra.
Si yo pudiera, mocito,
ese trato se cerraba.
Pero yo ya no soy yo,
ni mi casa es ya mi casa.
35 Compadre, quiero morir
decentemente en mi cama.
De acero,[9] si puede ser,
con las sábanas de holanda.
¿No ves la herida que tengo
40 desde el pecho a la garganta?
Trescientas rosas morenas
lleva tu pechera[10] blanca.
Tu sangre rezuma[11] y huele
alrededor de tu faja.[12]

45 Pero yo ya no soy yo,
ni mi casa es ya mi casa.
Dejadme subir al menos
hasta las altas barandas,
¡dejadme subir!, dejadme
50 hasta las verdes barandas.
Barandales de la luna
por donde retumba[13] el agua.

Ya suben los dos compadres
hacia las altas barandas.
55 Dejando un rastro de sangre.
Dejando un rastro de lágrimas.

Temblaban en los tejados
farolillos[14] de hojalata.[15]
Mil panderos[16] de cristal,
60 herían la madrugada.

Verde que te quiero verde,
verde viento, verdes ramas.
Los dos compadres subieron.
El largo viento dejaba
65 en la boca un raro gusto
de hiel,[17] de menta y de albahaca.[18]
¡Compadre! ¿Dónde está, dime?
¿Dónde está tu niña amarga?
¡Cuántas veces te esperó!
70 ¡Cuántas veces te esperara,
cara fresca, negro pelo,
en esta verde baranda!

Sobre el rostro del aljibe[19]
se mecía[20] la gitana.
75 Verde carne, pelo verde,
con ojos de fría plata.
Un carámbano[21] de luna
la sostiene sobre el agua.
La noche se puso íntima
80 como una pequeña plaza.
Guardias civiles[22] borrachos
en la puerta golpeaban.
Verde que te quiero verde.
Verde viento. Verdes ramas.
85 El barco sobre la mar.
Y el caballo en la montaña.

8 silla de montar
9 steel
10 shirt front
11 oozes
12 sash, belt
13 resuena
14 small lanterns
15 tin
16 (fig.) tambourines
17 bile
18 sweet basil
19 cistern
20 se... was rocking
21 icicle
22 Guardias... Policías

Cuestionario

1. En la primera estrofa del poema se habla de una mujer. ¿Qué se dice de ella?
2. ¿Qué le pide el «mocito» al «compadre»? ¿Qué le contesta éste?
3. ¿Qué le ha pasado al «mocito»?
4. ¿Adónde se dirigen los dos compadres?
5. ¿A quién busca el «mocito»?
6. ¿Cómo se puede interpretar la última estrofa del poema?
7. ¿Qué tipo de imágenes emplea Lorca en este poema?
8. ¿Cómo se puede entender la frase «Verde que te quiero verde»?
9. ¿Cuáles son los elementos lingüísticos más significativos del «Romance sonámbulo»?

LUIS PALES MATOS

Luis Palés Matos (1899–1959), nacido de padres de raza blanca en Puerto Rico, posee la distinción de haber introducido la poesía negra en la literatura contemporánea de Hispanoamérica, al mismo tiempo que inauguraba el movimiento vanguardista en su país. Palés Matos sintió la influencia del Modernismo como muchos otros escritores de su generación. Sin embargo, a partir de *Tuntún de pasa y grifería* (1937), el poeta se une definitivamente al Vanguardismo. El resultado es una poesía que a través de su temática y técnica muestra un profundo conocimiento del negro y de su cultura. A saber, *Tuntún* contiene temas populares afroantillanos expresados con cierta ironía. En estos temas, la negritud del puertorriqueño o del cubano es tratada más como toda una serie de características humanas—la alegría ante la angustia, ante la pobreza y el dolor, la sencillez, etcétera—que como un factor racial. No obstante eso, según se puede ver en el poema «Danza negra», Palés Matos se sirve del habla local y hasta de palabras inventadas por él mismo para captar el colorido, el ritmo y los efectos musicales o sonoros que son típicos de la raza negra de las Antillas.

Danza negra

Calabó y bambú.
Bambú y calabó.
El Gran Cocoroco[1] dice: tu–cu–tú.
La Gran Cocoroca dice: to–co–tó.
5 Es el sol de hierro que arde en Tombuctú.[2]

Es la danza negra de Fernando Póo.[3]
El cerdo[4] en el fango[5] gruñe: pru–pru–prú.
El sapo en la charca[6] sueña: cro–cro–cró.
Calabó y bambú.
10 Bambú y calabó.

Rompen los junjunes[7] en furiosa ú.
Los gongos[8] trepidan[9] con profunda ó.
Es la raza negra que ondulando va
en el ritmo gordo del mariyandá.[10]
15 Llegan los botucos[11] a la fiesta ya.
Danza que te danza la negra se da.

Calabó y bambú.
Bambú y calabó.

[1] Gran... jefe de algunas tribus africanas
[2] ciudad de la República de Mali (Sahara Meridional)
[3] Fernando... isla del Golfo de Guinea
[4] puerco
[5] mud
[6] agua detenida en los hoyos del suelo
[7] instrumentos musicales, semejantes al violín, de ciertas tribus negras
[8] instrumentos musicales de percusión
[9] tiemblan, vibran
[10] baile de los negros puertorriqueños
[11] jefes de las tribus negras de Fernando Póo

El Gran Cocoroco dice: tu−cu−tú.
20 La Gran Cocoroca dice: to−co−tó.

Pasan tierras rojas, islas de betún:[12]
Haití, Martinica, Congo, Camerún,[13]
las papiamentosas[14] antillas[15] del ron[16]
y las patualesas[17] islas del volcán,
25 que en el grave son
del canto se dan.

Calabó y bambú.
Bambú y calabó.
Es el sol de hierro que arde en Tombuctú.
30 Es la danza negra de Fernando Póo.
El alma africana que vibrando está
en el ritmo gordo del mariyandá.

Calabó y bambú.
Bambú y calabó.
35 El Gran Cocoroco dice: tu−cu−tú.
La Gran Cocoroca dice: to−co−tó.

12 *mineral tar*
13 Haití... países de donde han venido los esclavos negros
14 *gibberish, slang*
15 *Antilles, West Indies*
16 *rum*
17 Se refiere al *patois*, tipo de dialecto de las Antillas francesas.

Cuestionario

1. En el poema se menciona varias veces la palabra *ritmo*. ¿Qué tipo de ritmo tiene la «danza negra»?
2. ¿Qué clase de palabras predominan en el poema?
3. ¿Cómo reacciona usted como lector ante este poema?

El gallo

Un botonazo[1] de luz,
luz amarilla, luz roja.
En la contienda,[2] disparo
de plumas luminosas.
5 Energía engalanada[3]
de la cresta a la cola
—ambar, oro, terciopelo[4]—
lujo que se deshoja
con heroico silencio
10 en la gallera estentórea.[5]

Rueda de luz trazada
ante la clueca[6] remolona,[7]
la capa del ala abierta
y tendida en ronda...

15 Gallo, gallo del trópico.
Pico que destila auroras.
Relámpago congelado.
Paleta[8] luminosa.
¡Ron de plumas que bebe
20 la Antilla[9] brava y tórrida!

1 golpe dado con el botón de una espada
2 pelea
3 adornada
4 *velvet*
5 ruidosa
6 gallina que empolla huevos
7 perezosa
8 tabla de colores del pintor
9 isla del archipiélago de las Antillas (*West Indies*)

Cuestionario

1. ¿Cómo está descrito el gallo de este poema?
2. ¿Qué tipo de imágenes emplea el poeta?
3. ¿Cómo se puede interpretar «¡Ron de plumas que bebe la Antilla brava y tórrida!» (versos 19–20)?

DAMASO ALONSO

Dámaso Alonso (1898–1990), catedrático de literatura española en la Universidad de Madrid y profesor visitante en numerosas universidades europeas y norteamericanas, ha efectuado durante muchos años una síntesis entre la creación poética y la crítica literaria. Conocido por sus investigaciones filológicas y analíticas (entre ellas, estudios sobre la poesía de Góngora), publicó en 1944 *Hijos de la ira,* una colección poética que refleja los temas y la angustia de la España de la posguerra. Se juntan en esta obra una subjetividad desesperada y un espíritu universalista. Entre sus otras colecciones poéticas figura *Hombre y Dios* (1955), también de honda base conceptual. Por mucho tiempo, fue director de la Real Academia Española de la Lengua.

Insomnio

Madrid es una ciudad de más de un millón de cadáveres[1]
    (según las últimas estadísticas).
A veces en la noche yo me revuelvo y me incorporo en
    este nicho en el que hace 45 años que me pudro,[2]
5 y paso largas horas oyendo gemir[3] al huracán, o ladrar los
    perros, o fluir blandamente la luz de la luna.
Y paso largas horas gimiendo como el huracán, ladrando
    como un perro enfurecido, fluyendo como la leche
    de la ubre caliente de una gran vaca amarilla.
10 Y paso largas horas preguntándole a Dios, preguntándole
    por qué se pudre lentamente mi alma,
por qué se pudren más de un millón de cadáveres en esta
    ciudad de Madrid,
por qué mil millones de cadáveres se pudren lentamente
15   en el mundo.
Dime, ¿qué huerto[4] quieres abonar[5] con nuestra podredumbre?
¿Temes que se te sequen[6] los grandes rosales del día,
las tristes azucenas[7] letales de tus noches?

[1] Madrid... (el número de habitantes de Madrid en el año 1940)
[2] me... *I rot;* en este caso, *I have been rotting*
[3] lamentarse
[4] *orchard*
[5] fertilizar
[6] marchiten
[7] *lilies*

Cuestionario

1. ¿Qué indican las «estadísticas» de la primera estrofa?
2. ¿Qué representan los «45 años que me pudro» (verso 4)?
3. ¿Cuál es la relación entre las imágenes de las estrofas 3 y 4?
4. ¿A quién dirige el poeta las preguntas de las estrofas finales?
5. ¿Cómo se pueden interpretar estas preguntas?

Vida del hombre

Oh niño mío, niño mío,
¡cómo se abrían tus ojos
contra la gran rosa del mundo!

Sí,
5 tú eras ya una voluntad.
Y alargabas la manecita
por un cristal transparente
que no ofrecía resistencia:
el aire,
10 ese dulce cristal
transfundido por el sol.

Querías coger la rosa.
Tú no sabías
que ese cristal encendido
15 no es cristal, que es un agua verde,
agua salobre[1] de lágrimas,
mar alta y honda.

Y muy pronto,
ya alargabas tras la mano
20 de niño, tu hombro ligero,
tus alas de adolescente.

¡Y allá se fue el corazón
viril!
Y ahora,
25 ay, no mires,
no mires, porque verás
que estás solo,
entre el viento y la marea.[2]
(Pero ¡la rosa, la rosa!)

30 Y una tarde
(¡olas inmensas del mar, olas que ruedan los vientos!)
se te han de cerrar los ojos contra la rosa lejana,
¡tus mismos ojos de niño!

[1] con sabor a sal
[2] tide

Cuestionario

1. ¿Qué tipo de comentarios hace el padre sobre el niño?
2. ¿Cómo se emplea la imagen de la rosa en este poema?
3. ¿Qué representa la «tarde» de la última estrofa?

NICOLAS GUILLEN

Nicolás Guillén (1902–1989) nació en Cuba de sangre española y africana. Comunista desde temprana edad, pertenece a la élite de activistas latinoamericanos que incluye a renombrados poetas como César Vallejo, Pablo Neruda y Ernesto Cardenal. Habiéndose establecido en París, volvió a Cuba sólo tras el triunfo de Fidel Castro cuya causa revolucionaria siempre apoyó. Es quizás el representante más lúcido de la poesía popular de las Antillas—poesía en la que coexisten el amor a la lírica tradicional de España y el elemento folklórico afroantillano. Su obra poética suele dividirse en tres categorías. A la primera pertenece *Motivos de son* (1930), obra en que se funden el romance castellano y lo folklórico y pintoresco de la raza negra. Son notables aquí la imitación del habla dialectal, graciosa, de los barrios pobres de La Habana, captada a través de las onomatopeyas propias del lenguaje negroide, y el ritmo sensual y musical de uno de los bailes típicos de Cuba, el son. La segunda categoría, sin descuidar la atención al folklore, al ritmo de canto popular, ni a los juegos onomatopéyicos (las jitanjáforas que suenan a voces negras), introduce motivos de poeta comprometido: preocupaciones sociales, raciales y humanas. La nota de mayor resonancia es la protesta contra la explotación socio-económica del negro y del mulato por parte del imperialismo yanqui. La tercera vertiente de la poética de Guillén es aquélla donde se sintetiza su arte. Influenciado más que nunca por la poesía de su amigo e ídolo Federico García Lorca y por los viajes por Latinoamérica y los países comunistas, el poeta mulato intensifica su lirismo militante, universalizando su temática.

Sensemayá (Canto para matar a una culebra[1])

1 serpiente
2 enrolla
3 dale un golpe con el hacha

¡Mayombe–bombe–mayombé!
¡Mayombe–bombe–mayombé!
¡Mayombe–bombe–mayombé!

La culebra tiene los ojos de vidrio;
5 la culebra viene, y se enreda[2] en un palo;
con sus ojos de vidrio en un palo,
con sus ojos de vidrio.
La culebra camina sin patas;
la culebra se esconde en la yerba;
10 caminando se esconde en la yerba;
¡caminando sin patas!

¡Mayombe–bombe–mayombé!
¡Mayombe–bombe–mayombé!
¡Mayombe–bombe–mayombé!

15 Tú le das con el hacha, y se muere:
¡dale[3] ya!
¡No le des con el pie, que te muerde,
no le des con el pie, que se va!

Sensemayá, la culebra,
20 sensemayá.
Sensemayá, con sus ojos,
sensemayá.
Sensemayá con su lengua,
sensemayá.
25 Sensemayá con su boca,
sensemayá!

La culebra muerta no puede comer;
la culebra muerta no puede silbar:[4]
no puede caminar,
30 no puede correr!
La culebra muerta no puede mirar;
la culebra muerta no puede beber,
no puede respirar,
no puede morder!

35 ¡Mayombe – bombe – mayombé!
Sensemayá, la culebra...
¡Mayombe – bombe – mayombé!
Sensemayá, no se mueve...
¡Mayombe – bombe – mayombé!
40 *Sensemayá, la culebra...*
¡Mayombe – bombe – mayombé!
¡Sensemayá, se murió!

[4] hiss

Cuestionario

1. ¿Cómo describe el poeta a la culebra?
2. ¿Cómo se presenta el acto de matar a la culebra?
3. ¿Cuáles son los recursos lingüísticos más significativos del poema?

No sé por qué piensas tú

No sé por qué piensas tú,
soldado, que te odio yo,
si somos la misma cosa
yo,
5 tú.

Tú eres pobre, lo soy yo;
soy de abajo,[1] lo eres tú;
¿de dónde has sacado tú,
soldado, que te odio yo?

10 Me duele que a veces tú
te olvides de quién soy yo;
caramba,[2] si yo soy tú,
lo mismo que tú eres yo.

Pero no por eso yo
15 he de malquererte,[3] tú;
si somos la misma cosa,
yo,
tú,
no sé por qué piensas tú,
20 soldado, que te odio yo.

Ya nos veremos yo y tú,
juntos en la misma calle,
hombro con hombro,[4] tú y yo,
sin odios ni yo ni tú,
25 pero sabiendo tú y yo,
a dónde vamos yo y tú...
¡No sé por qué piensas tú,
soldado, que te odio yo!

[1] de... del pueblo, humilde
[2] (exclamación)
[3] odiarte
[4] hombro... luchando juntos

Cuestionario

1. ¿Cuál es la actitud del que habla hacia el soldado a quien se dirige?
2. ¿En qué sentido son los dos «la misma cosa» (verso 16)?
3. ¿Cuál será el futuro de los dos?

PABLO NERUDA

Pablo Neruda (1904–1973), cuyo nombre original era Neftalí Ricardo Reyes, nació en Chile. Es tal vez el poeta más prestigioso de Hispanoamérica en el siglo XX y uno de los grandes valores de la poesía mundial. Lo comprueban los muchos honores que recibió—entre ellos el Premio Nobel de Literatura (1971). Viajó extensamente por Latinoamérica, Europa y el Oriente en calidad de diplomático y, como su compatriota Gabriela Mistral, se identificó con las víctimas de la guerra, la injusticia social y la tiranía. Político de convicciones marxistas, falleció poco después del golpe de estado militar que puso fin al gobierno social-demócrata de Salvador Allende. Su obra poética se caracteriza por una constante evolución temática y técnica que ha llevado a algunos críticos a dividirla en cuatro distintas etapas. En las primeras dos, que incluyen *Crepusculario* (1923) y *Veinte poemas de amor y una canción desesperada* (1924), Neruda se mantiene dentro del Modernismo, con su temática amorosa de tono romántico y lenguaje tradicional. A partir de *Residencia en la tierra* (1925–1947)—influenciada por el espectáculo de la Guerra Civil española—la lírica nerudiana entra en la tercera fase, la surrealista. Su poesía pasa a ser hermética—lingüísticamente caótica—introspectiva, de tendencias filosóficas e ideológicas que manifiestan la inquietud espiritual del poeta y su visión apocalíptica del mundo. La cuarta y última etapa, en la que figuran *Canto general* (1950), *Odas elementales* (1954) y *Navegaciones y regresos* (1959), destaca una poesía comprometida, a veces política, más sencilla que la anterior y de fácil acceso a las masas a quienes el poeta se dirige y con quienes quiere compartir el amor que siente por el suelo, por la naturaleza y por el hombre de América.

Me gustas cuando callas

Me gustas cuando callas porque estás como ausente,
y me oyes desde lejos, y mi voz no te toca.
Parece que los ojos se te hubieran volado
y parece que un beso te cerrara la boca.

5 Como todas las cosas están llenas de mi alma
emerges de las cosas, llena del alma mía.
Mariposa de sueño, te pareces a mi alma,
y te pareces a la palabra melancolía.

Me gustas cuando callas y estás como distante.
10 Y estás como quejándote, mariposa en arrullo.[1]
Y me oyes desde lejos, y mi voz no te alcanza:[2]
déjame que me calle con el silencio tuyo.

[1] sonido que acaricia
[2] no... no la puedes oír

Déjame que te hable también con tu silencio
claro como una lámpara, simple como un anillo.
15 Eres como la noche, callada y constelada.[3]
Tu silencio es de estrella, tan lejano y sencillo.

Me gustas cuando callas porque estás como ausente.
Distante y dolorosa como si hubieras muerto.
Una palabra entonces, una sonrisa bastan.
20 Y estoy alegre, alegre de que no sea cierto.

[3] llena de estrellas

Cuestionario

1. ¿Qué representa el silencio para el poeta?
2. ¿Cómo describe el poeta a la amada?
3. ¿De qué se alegra el poeta, según los últimos versos?

Verbo

Voy a arrugar[1] esta palabra,
voy a torcerla,[2]
sí,
es demasiado lisa,[3]
5 es como si un gran perro o un gran río
le hubiera repasado lengua o agua
durante muchos años.

Quiero que en la palabra
se vea la aspereza,
10 la sal ferruginosa,[4]
la fuerza desdentada[5]
de la tierra,
la sangre
de los que hablaron y de los que no hablaron.

15 Quiero ver la sed
adentro de las sílabas:
quiero tocar el fuego
en el sonido:
quiero sentir la oscuridad
20 del grito. Quiero
palabras ásperas
como piedras vírgenes.

[1] wrinkle
[2] twist it
[3] plana
[4] que contiene hierro
[5] sin dientes

Cuestionario

1. ¿Qué significa «Verbo» y qué representa a lo largo del poema?
2. ¿En qué sentido se emplean las palabras *aspereza* (verso 9) y *ásperas* (verso 21)?
3. ¿Qué significa «la sed adentro de las sílabas» (versos 15–16)?

GLORIA FUERTES

Gloria Fuertes (1918–) nació en Madrid de una familia muy humilde. Superando serios obstáculos como la pobreza y su condición de mujer en los años sombríos de la Guerra Civil y de la dictadura de Francisco Franco, Fuertes ha logrado alcanzar una posición destacada entre los escritores e intelectuales españoles de la actualidad. Su carrera principió con la publicación de cuentos y poemas infantiles en revistas en las que trabajaba de redactora. Más tarde fundó la revista poética *Arquero*. En 1961 Fuertes consiguió una beca Fulbright y viajó a los Estados Unidos con el cargo de profesora visitante en Bucknell University. Fuertes pertenece a la segunda generación de poetas españoles de la posguerra que florecieron en las décadas de los años cincuenta y sesenta. Lo que caracteriza y agrupa a dichos poetas es su notorio anticonformismo patente en la originalidad de su lenguaje y en su visión conciliadora de la poesía. La lírica de Fuertes se distingue por un lenguaje directo, coloquial y espontáneo. Otro aspecto fundamental de dicha poesía es un humorismo de doble impacto e intención. A nivel lingüístico, tal humorismo, engendrado por juegos de palabras, errores gramaticales intencionales, elipsis y otras estratagemas similares, provoca la risa espontánea en el lector. En un segundo plano, en el semiótico, ese humorismo distancia al lector del asunto inmediato del poema, induciéndole a descubrir intelectual y objetivamente toda una serie de significaciones extratextuales. Dentro del proceso evolutivo de las obras de Fuertes figuran: *Canciones para niños* (1950), *Antología y poemas del suburbio* (1954), *Poeta de guardia* (1968), *Cómo atar los bigotes al tigre* (1969) e *Historia de Gloria (Amor, humor y desamor)* (1980).

Sale caro[1] ser poeta

Sale caro, señores, ser poeta.
La gente va y se acuesta tan tranquila
—que después del trabajo da buen sueño—.
Trabajo como esclavo llego a casa,
5 me siento ante la mesa sin cocina,
me pongo a meditar lo que sucede.
La duda me acribilla[2] toda espanta;[3]
comienzo a ser comida por las sombras
las horas se me pasan sin bostezo[4]
10 el dormir se me asusta se me huye
—escribiendo me da la madrugada[5]—.
Y luego los amigos me organizan recitales,
a los que acudo[6] y leo como tonta,
y la gente no sabe de esto nada.

[1] Sale... Cuesta mucho, es difícil
[2] molesta grandemente
[3] inspira miedo
[4] *a yawn*
[5] la... las primeras horas de la mañana
[6] asisto

₁₅ Que me dejo la linfa[7] en lo que escribo,
me caigo de la rama de la rima
asalto las trincheras[8] de la angustia
me nombran su héroe los fantasmas,
me cuesta respirar cuando termino.
₂₀ Sale caro señores ser poeta.

[7] (fig.) toda mi energía
[8] trenches

Cuestionario

1. Según el poema, ¿por qué «sale caro ser poeta»?
2. ¿Qué valor tiene el verso 8, «comienzo a ser comida por las sombras»?
3. ¿Cuál es el tono del poema?

Mis mejores poemas

Mis mejores poemas,
sólo los lee una persona;
son unas cartas tontas
con mucho amor por dentro
₅ faltas[1] de ortografía
y agonía precoz.[2]

Mis mejores poemas
no son tales, son cartas,
que escribo porque eso,
₁₀ porque no puedo hablar,
porque siempre está lejos...
como todo lo bueno,
—que todo lo que vale nunca está—
como Dios
₁₅ como el mar.
Soy de Castilla y tengo
un cardo[3] por el alma,
pero quiero tener un olivo en la voz,
soy de Castilla seca,
₂₀ soy tierra castellana,
pero quiero tener a mi amor en mi amor.
Da risa decir eso, AMOR, a estas horas,
AMOR a estas alturas de inmobiliaria[4] y comité,
pero yo digo AMOR AMOR sé lo que digo.
₂₅ —Mis mejores poemas son cartas que lloré—.
Un poema se escribe

[1] errores
[2] prematura
[3] thistle
[4] compañía, empresa

una carta se llora,
una noche se puede parir[5] o desnacer,
Yo parí y he robado
30 —he hecho de todo un poco—
pero mi mejor verso...
un Telegrama es.

Cuestionario

1. ¿A quién se refiere el segundo verso «sólo los lee una persona»?
2. ¿Por qué compara la poeta sus versos con las cartas?
3. ¿Cómo se pueden interpretar las palabras finales del poema «mi mejor verso.../un Telegrama es»?

OCTAVIO PAZ

Octavio Paz (1914–) es posiblemente el principal escritor contemporáneo de México y uno de los más sobresalientes de la literatura universal, ganador del Premio Nobel de Literatura en 1990. Aunque su producción literaria abarca poesía, ensayo, cuento, teatro, crítica y traducción, el renombre de Paz radica en sus obras poéticas y ensayísticas. De su poesía cabe mencionar *Libertad bajo palabra* (1949), *Piedra de sol* (1958), *La estación violenta* (1958), *Viento entero* (1962), *Ladera este* (1969), *Topoemas* (1971), *Renga* (1971), *Vuelta* (1976), *Prueba del nueve* (1985), y *Arbol adentro* (1987). La temática de Paz incluye la soledad, la inquietud existencial, la falta de comunicación entre los hombres y la búsqueda de la identidad. Para Paz, cuyas bases filosóficas se fundan ya sea en las creencias occidentales, en las orientales, o en las de su propia cultura azteca, esa búsqueda ha de conducir al reencuentro con el amor universal. Puesto que la poesía ofrece, según Paz, la posibilidad de superar la soledad y comunicarse con los otros, la misión del poeta es cambiar al hombre y a su sociedad. Este mismo anhelo de libertad y solidaridad incondicional que caracteriza el pensamiento revolucionario de Paz, es patente en la total autonomía que el poeta concede a la palabra. De acuerdo con ese pensamiento, el poema, igual que el mundo o la sociedad, es esencialmente un espacio. Actuando autónomamente como los individuos en su estructura social, una vez colocadas dentro de un cierto espacio, que es la escritura, las palabras dejan de ser controladas por su creador, el poeta, cobran vida propia y acaban por efectuar cambios en el artista mismo. Esto explica el interés de Paz por la poesía concreta o espacial, que se ilustra en esta antología con el topoema «Cifra».

El sediento[1]

Por buscarme, Poesía,
en ti me busqué:
deshecha[2] estrella de agua,
se anegó[3] en mi ser.
5 Por buscarte, Poesía,
en mí naufragué.[4]

Después sólo te buscaba
por huir de mí:

¡espesura[5] de reflejos
10 en que me perdí!
Mas luego de tanta vuelta
otra vez me vi:

el mismo rostro anegado
en la misma desnudez;
15 las mismas aguas de espejo
en las que no he de beber;
y en el borde del espejo,
el mismo muerto de sed.

[1] que tiene sed; (*fig.*) que desea algo ansiosamente
[2] destruida
[3] sumergió
[4] me perdí como en un naufragio (*shipwreck*)
[5] condición de denso, tupido

Cuestionario

1. ¿Cómo se presenta la relación entre el poeta y la poesía en cada una de las estrofas?
2. ¿Cómo se podrían interpretar los versos «las mismas aguas de espejo en las que no he de beber» (versos 15–16)?
3. ¿Qué valor tiene el uso de las palabras *sediento* en el título del poema y *sed* en el último verso?

Cifra[1]

[1] número, signo

Cuestionario

1. ¿Qué figura representa el poema?
2. ¿Qué relación existe entre las distintas palabras del poema?
3. ¿Qué significa el título del poema?

ERNESTO CARDENAL

Ernesto Cardenal (1925–), poeta, crítico, escultor, revolucionario y político, nació en Granada, Nicaragua. A los dieciocho años Cardenal emprendió en México los estudios universitarios que terminaría a los veinticuatro en Columbia University de Nueva York, doctorándose en filosofía. De vuelta a Nicaragua se involucró en la política, participando en cierta ocasión en un atentado contra el entonces dictador Anastasio Somoza. Este incidente, junto con un disgusto amoroso, contribuyeron a que tuviera una crisis espiritual que le indujo a dedicarse a la vida religiosa. Actualmente se dedica en especial a actividades religiosas, humanitarias, artísticas y literarias que desempeña en la comuna católica fundada por él en la remota Isla de Mancarrón situada en el Gran Lago de Nicaragua. La obra poética de Cardenal suele dividirse en dos fases: el período que precede a su conversión espiritual en 1956 y la época que le sigue. Típico de la primera fase es el largo poema «La ciudad desheredada», de carácter pasional, en el que crítica con amargura a Granada, la ciudad natal que pasa a simbolizar para el poeta la traición de la mujer amada y el fin de sus sueños románticos. La segunda fase produce la poesía *exteriorista*. Esta se desliga del verbalismo surrealista de la fase inicial, cediendo el paso a una poesía testimonial, comprometida, que revela la postura de un nuevo catolicismo latinoamericano luchando valientemente en pro de los derechos humanos. Entre las obras de Cardenal cabe mencionar *Gethsemani, Ky* (1960), *Epigramas: poemas* (1961), *Salmos* (1967), *Oración por Marilyn Monroe y otros poemas* (1965) y *Poemas* (1971).

Epigramas[1]

Te doy, Claudia, estos versos, porque tú eres su dueña.
Los he escrito sencillos para que tú los entiendas.
Son para ti solamente, pero si a ti no te interesan,
un día se divulgarán[2] tal vez por toda Hispanoamérica...
5 Y si al amor que los dictó, tú también lo desprecias,
otras soñarán con este amor que no fue para ellas.
Y tal vez verás, Claudia, que estos poemas,
(escritos para conquistarte a ti) despiertan
en otras parejas enamoradas que los lean
10 los besos que en ti no despertó el poeta.

*

Cuídate, Claudia, cuando estés conmigo,
porque el gesto más leve, cualquier palabra, un suspiro
de Claudia, el menor descuido,

[1] poemas breves y satíricos a imitación de los epigramas de la antigüedad clásica
[2] se... serán difundidos

tal vez un día lo examinen eruditos,
15 y este baile de Claudia se recuerde por siglos.
Claudia, ya te lo aviso.

*

De estos cines, Claudia, de estas fiestas,
de estas carreras de caballos,
no quedará nada para la posteridad
20 sino los versos de Ernesto Cardenal para Claudia
      (si acaso)
y el nombre de Claudia que yo puse en esos versos
y los de mis rivales, si es que yo decido rescatarlos
del olvido, y los incluyo también en mis versos
25 para ridiculizarlos.

*

Esta será mi venganza:
Que un día llegue a tus manos el libro de un poeta famoso
y leas estas líneas que el autor escribió para ti
y tú no lo sepas.

*

30 Me contaron que estabas enamorada de otro
y entonces me fui a mi cuarto
y escribí ese artículo contra el Gobierno
por el que estoy preso.[3]

*

De pronto suena en la noche una sirena
35 de alarma, larga, larga,
el aullido[4] lúgubre[5] de la sirena
de incendio o de la ambulancia blanca de la muerte,
como el grito de la cegua[6] en la noche,
que se acerca y se acerca sobre las calles
40 y las casas y sube, sube, y baja
y crece, crece, baja y se aleja
creciendo y bajando. No es incendio ni muerte:
                    Es Somoza[7] que pasa.

*

Yo he repartido papeletas clandestinas,
45 gritado: ¡VIVA LA LIBERTAD! en plena calle
desafiando[8] a los guardias armados.
Yo participé en la rebelión de abril:
pero palidezco[9] cuando paso por tu casa
y tu sola mirada me hace temblar.

3 en la cárcel
4 grito quejumbroso
  como el de una fiera
5 triste, fúnebre
6 fantasma
7 Anastasio Somoza,
  ex-dictador de
  Nicaragua
  (1932 – 1956)
8 provocando
9 me pongo pálido

SOMOZA DESVELIZA LA ESTATUA DE SOMOZA
EN EL ESTADIO SOMOZA

No es que yo crea que el pueblo me erigió[10] esta estatua
porque yo sé mejor que vosotros que la ordené yo mismo.
Ni tampoco que pretenda pasar con ella a la posteridad
55 porque yo sé que el pueblo la derribará[11] un día.
Ni que haya querido erigirme a mí mismo en vida
el monumento que muerto no me erigiréis vosotros:
sino que erigí esta estatua porque sé que la odiáis.

*

Nuestros poemas no se pueden publicar todavía.
60 Circulan de mano en mano, manuscritos,
o copiados en mimeógrafo. Pero un día
se olvidará el nombre del dictador
contra el que fueron escritos,
y seguirán siendo leídos.

*

65 Al perderte yo a ti tú y yo hemos perdido:
yo porque tú eras lo que yo más amaba
y tú porque yo era el que te amaba más.
Pero de nosotros dos tú pierdes más que yo:
porque yo podré amar a otras como te amaba a ti
70 pero a ti no te amarán como te amaba yo.

*

Muchachas que algún día leáis emocionadas estos versos
y soñéis con un poeta:
sabed que yo los hice para una como vosotras
y que fue en vano.

Cuestionario

1. ¿Cuál es la actitud del hablante poético hacia Claudia?
2. Según el primer poema, ¿por qué se han escrito los versos?
3. Según el cuarto poema, ¿cuál será «la venganza» del poeta?
4. En el quinto poema, el poeta dice que está preso. ¿Por qué?
5. ¿Cuál es la actitud del poeta hacia Somoza?
6. ¿Cuál es la paradoja del amor en los dos últimos poemas?

BERTALICIA PERALTA

Bertalicia Peralta (1939–) nació en la Ciudad de Panamá, Panamá. Poeta, prosista, periodista y profesora de música, Peralta es una de las voces más resonantes del feminismo literario latinoamericano. Ha mostrado sencillamente suficiente valor para hacer escuchar su voz ante los problemas que enfrenta hoy la mujer. Sus obras, en las que se nota cierta afinidad con la postura filosófica y la irreverente ironía de la mexicana Rosario Castellanos, han sido justamente aclamadas en su tierra y en el extranjero. El mérito artístico de dichos escritos se explica por las traducciones que de ellos se han hecho al inglés, polaco, italiano, alemán y portugués, por los premios nacionales e internacionales que han ganado, así como por la creciente presencia de la escritora en las antologías literarias. Uno de sus cuentos para niños, «Historia de la nube blanca y la semilla de mango», alcanzó tanta popularidad que de él se ha hecho una adaptación para la televisión educativa. Fundadora y co-editora de la revista literaria *El Pez Original* (1961–1968) dedicada a la nueva literatura panameña, Peralta organiza y anima anualmente un concurso nacional de literatura infantil a través de una de sus columnas en el diario *Crítica*. Entre su mejor poesía cabe señalar *Sendas fugitivas* (1962) y *Piel de gallina* (1982). De sus obras narrativas, las más notables son *Casa partida* (1971), *Barcarola y otras fantasías incorregibles* (1973) y *Muerte en enero* (1974).

La libertad

Andaba persiguiendo la libertad
como quien persigue taxis
en la tarde

la libertad que es sólo ésta
5 de quedarme a solas
con mi cruz y mi enjarme[1]
de ilusiones gigantes

libertad que es la de sentarme
frente al escritorio vital
10 de la esperanza cada día

la libertad ahora comprendo
huele
como un montón de flores invisibles

[1] grupo grande, confuso, caótico (de cosas)

Cuestionario

1. ¿Qué valor tiene el símil «como quien persigue taxis / en la tarde» (versos 2–3)?
2. ¿Cuál es la actitud de la poeta hacia la libertad?
3. ¿Cómo se puede interpretar la estrofa final?

El silencio

El silencio es la masa de una gota
      de agua que no cae
se produce o no se produce

el silencio puede también permanecer
5   en el tiempo sin permanecer
el silencio es finalmente
objeto de sutilezas
como la luz / auténtico
como el agua / rígido
10 como la certeza / inencontrado

la flaqueza[1] de la mente
el estruendo[2] de la noche
     el vaho[3] de un ojo luminoso

el silencio como la muerte
15   como el amor
        es todo
o no es

[1] debilidad
[2] ruido muy grande, estridente
[3] aliento

Cuestionario

1. ¿Qué figura utiliza la poeta para describir el silencio?
2. Para la poeta, ¿cómo es el silencio?

ANA MARIA FAGUNDO

Natural de Santa Cruz de Tenerife, España, Ana María Fagundo (1938–) obtuvo el título de profesora mercantil en 1957 en la Escuela Profesional de Comercio de la capital tenerifeña. Más tarde se trasladaría a los Estados Unidos, donde obtendría en 1967 el doctorado en Literatura comparada. En 1967 comenzó a enseñar en la Universidad de California en Riverside en donde ejerce actualmente la cátedra de Literatura española contemporánea. La obra poética de Fagundo, publicada casi exclusivamente en España, le ha valido el premio Carabela de Oro (1977) así como el reconocimiento de un creciente número de críticos nacionales e internacionales. Sus poemarios incluyen *Diario de una muerte* (1970), *Configurado tiempo* (1974), *Invención de la luz* (1978), *Desde Chantel, el canto* (1982), y *Como quien no dice voz alguna al viento* (1984). Fagundo se inscribe en la generación de poetas nacidos durante o pocos años después de la Guerra Civil (1936–39). El principio subyacente de dicha generación es la convicción de que la poesía es, ante todo y sobre todo, una manera específica, particular, de utilizar la palabra. Por consiguiente, sin consideración al asunto del que trata, el poeta se compromete a defender la dignidad del lenguaje. De acuerdo con tal principio, la lírica «inquieta e investigadora» de Fagundo funciona como una ventana al mundo. A través de ésta el lector observa su propio mundo y reflexiona sobre el misterio de su propia existencia guiado por el diálogo personal—a veces realista, a veces hedonista e idealista—del poeta con su tiempo. Ese mismo concepto de la poesía como universo autónomo y de la palabra como fuente de revelación y conocimiento queda patente en los versos de «Casi un poema» y «Trinos» que aparecen en esta antología.

Casi un poema

Acosar[1] a la palabra no quire decir poema
sino necesidad de que se remonte[2]
toda el ansia en cumbre[3] sobre la vida
y se diga un «sí» rotundo[4] a la marcha
5 y vayamos haciendo camino
o creyendo que lo hacemos desde dentro
para no morir,
para no dejarse vencer[5] por el tiempo
que pone arrugas de horas a nuestra piel,
10 fragilidad a nuestros huesos
y niebla de espera a la fatiga.

[1] Perseguir
[2] eleve
[3] clímax
[4] enfático
[5] *overcome*

Por eso la palabra como única mariposa
en el interior de la camisa
y un calor más entre los pechos
15 para seguir sin que se note el frío;
porque hay frío en las rendijas[6] de las ventanas íntimas
y suena a dios ido entre los pliegues[7]
de las faldas y el crujir[8] de los zapatos
sobre el asfalto.

20 Aunque apretados en sazonado racimo[9]
vamos todos por las aceras de la vida,
sentimos los espacios separándonos,
llenándonos de huecos[10] los tibiores[11] del contacto
y nadie sabe decir porqué el calor del otro
25 no le llega
o le llega como un frío.

Sí, convocamos[12] a la palabra a la cita de hoy,
a la de siempre,
para que ella intente decirnos algo
30 que llene los huecos de algún calor
que sepa a lumbre[13] de permanencia.

La convocamos por si pudiera llegar a ser
fuego confortador de poema.

6 *cracks*
7 *plaits*
8 *crackle*
9 en... (*fig.*) como conjunto de seres adultos
10 *agujeros*
11 los... lo íntimo
12 *llamamos*
13 *fuego*

Cuestionario

1. ¿Por qué tenemos que ir «haciendo camino» en la vida?
2. ¿Qué significa la frase: «el tiempo que pone arrugas de horas a nuestra piel»?
3. ¿Cuál es el papel de la palabra, según la poeta?
4. ¿Se podría considerar este poema como existencialista? ¿Por qué? Exprese su opinión.

Trinos[1]

(*Para Sebastián de la Nuez y Luisa Ayala*)

Contra tu ventana trinan los pájaros
un canto perfumado de azahares[2]
esta mañana tímida[3] de marzo,
esta mañana llena de verdades,

1 Cantos de pájaros
2 flores de naranjo
3 suave

5 Y recoges[4] sus trinos desde el viento
que brota[5] la primavera en tus manos
este marzo que trae de sustento[6]
cuarenta y cuatro inviernos entrecanos[7]

Sientes que tu apagado hogar se alumbra,[8]
10 que trinan tus silencios por la casa;
que hay niños que alborean tu penumbra;[9]
que suena a[10] isla, a mar, a lava;
que irrumpe[11] la alegría con su jungla
de amor que te persigue enamorada.

4 percibes
5 sale, nace
6 de... consigo
7 *with graying hair*
8 tu... tu casa triste se alegra
9 alborean... dan luz a tu oscuridad
10 suena... hay sonido de
11 entra impetuosamente

Cuestionario

1. ¿A qué se refiere el verso «cuarenta y cuatro inviernos entrecanos»?
2. ¿Cuál es el significado de la paradoja que aparece en el segundo verso de la última estrofa?
3. ¿Qué referencias a accidentes geográficos hay en el poema?
4. ¿Cuál es el motivo de este poema?
5. ¿Por qué cree usted que Ana María Fagundo ha dedicado este poema a Sebastián de la Nuez y Luisa Ayala?

EL DRAMA

INTRODUCCION AL DRAMA ───────

I El teatro

Al comenzar el estudio del drama, la primera pregunta que hay que hacerse es ¿qué es el teatro? Generalmente, se asocia el concepto de teatro con algo que no es verdadero sino simulado, imitado. Lo demuestra la frase común **está haciendo teatro** que es tanto como decir que una persona no está actuando de una manera espontánea, sino fingida. Según Aristóteles (384–322 a. C.), filósofo griego y autor de la *Poética*, donde se estudian los distintos géneros poéticos, el origen de la poesía dramática radica en la tendencia innata en el hombre de imitar, lo cual establece una de las diferencias entre él y los animales. El hombre aprende a través de la imitación; por eso el niño actúa de manera simulada para adaptarse al modelo presentado por los mayores, por ejemplo, cuando él está sentado y quieto durante una visita. Más tarde, cuando crece, se da cuenta de que ésa no era la realidad sino una mimesis, o *imitación de la realidad*. El hombre también lucha por adaptarse a una realidad modélica, y a través de ese proceso se da cuenta de que toda acción humana es, de una u otra manera, una manifestación teatral. Podría decirse entonces que el drama toma de la vida diaria los elementos que lo integran y los coloca en un esquema determinado que constituye el teatro. Aunque existen muchas maneras de aproximarse al teatro, la consideración anterior parece la más simple: es decir, la obra dramática sería como una extensión de la vida diaria sometida a un esquema determinado, con sus fluctuaciones entre risas y lágrimas—comedia o tragedia—tal como lo concibió Aristóteles.

La diferencia entre la vida y el teatro es que en el teatro, el autor—el dramaturgo—controla la situación dramática desde afuera; mientras que en la vida práctica, las personas involucradas en una situación generalmente no pueden manejar dicha situación desde adentro.

La perspectiva dramática carece de narrador—esa voz que contaba la historia en la narrativa—y el autor es solamente una persona que observa las situaciones propias de la vida de cada día y las ordena dando forma a esos pedazos de vida a los que se llama *drama*. No se puede negar que esos fragmentos de la vida diaria no son realidad, sino una imitación de la realidad basada en la visión o interpretación del dramaturgo. Por eso se dice que el teatro es «mimesis», es decir, imitación de un aspecto de la vida real. Por consiguiente se podría decir que el propósito del dramaturgo es seleccionar el material de su drama de tal manera que el espectador pueda encontrar a través de la experiencia dramática un orden, una iluminación del caos de su diaria existencia o quizás un reflejo escénico del caos mundial.

II Análisis del teatro: Partes integrantes

Algunas veces se hace la distinción entre drama y teatro, diciendo que el drama es el texto escrito, y teatro, la representación de dicho texto. Lo que sí se puede afirmar es que el texto dramático es un texto doble: por una parte se caracteriza y se estructura a través del diálogo de los personajes; por otra, ese texto contiene muchas indicaciones para su representación. A éstas se les llama *acotaciones* o *direcciones de escena*, y también se denominan con la palabra griega *didascalia* (διδασκαλία). Sin embargo, hay que tener en cuenta que se llama acotaciones no sólo a las indicaciones escénicas—ya que hay textos que no las tienen (véase *El nietecito*, p. 243)—sino a todo elemento que indique algo referente a la teatralidad del texto.

Por consiguiente, se puede decir que aunque el texto dramático está formado sólo por palabras escritas, éstas tienen un doble destino. Unas se destinan a su realización oral en la representación por medio del diálogo; otras tienen una función imperativa y sirven para configurar el escenario. En el texto escrito alternan los diálogos y las acotaciones de escena, pero sólo aparecen simultáneamente en la representación. Teniendo esto presente, se puede decir que el texto dramático se compone de dos planos: uno *textual* y otro *escénico*, de tal manera, que la articulación de estos dos planos forme una estructura coherente.

I. Plano textual (literario)
   texto principal—texto dicho por los personajes (el diálogo)
   texto secundario—acotaciones de escena

II. Plano espectacular (extraliterario) → espacio escénico—formado por los personajes, decorados, luces, música, etcétera

Estas tres categorías, texto principal, texto secundario y espacio escénico, definen el texto dramático. Por lo tanto, es necesario considerar el estudio del género dramático en su doble aspecto de *texto literario*, que se realiza mediante la *lectura*, y *texto espectacular*, que se realiza a través de la representación. El elemento literario se dirige a la mente, el elemento extraliterario, a los sentidos; pero ambos se cruzan en la representación. Por lo tanto, aunque la lectura individual de una obra de teatro sea posible y válida, ésta siempre será diferente de una representación, y todavía más importante es el hecho de que así como no hay dos representaciones exactamente iguales—varían los actores, el director, el espacio, etcétera—tampoco hay dos lecturas idénticas. De aquí se deduce la necesidad de aprender a re-crear la obra dramática durante la lectura, valiéndose de la imaginación por medio de la cual se puede visualizar las acotaciones de escena.

III Plano textual o literario

Teniendo en cuenta que el propósito de este libro es un acercamiento a la literatura, el análisis del teatro se centrará en el estudio del texto dramático o literario. Lo primero que hay que hacer notar es que el código comunicativo, emisor-mensaje-receptor, queda definido en el teatro a dos niveles.

CODIGO COMUNICATIVO TEATRAL

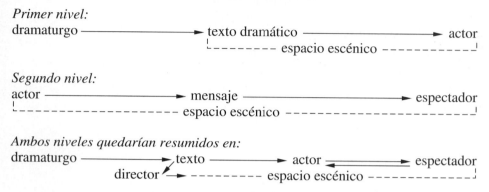

Primer nivel:
dramaturgo ————————→ texto dramático ————————→ actor
⌐――――――― espacio escénico ――――――⌐

Segundo nivel:
actor ————————→ mensaje ————————→ espectador
⌐――――――――― espacio escénico ―――――――――⌐

Ambos niveles quedarían resumidos en:
dramaturgo ————————→ texto ————→ actor ⇄ espectador
director ↗——→ ――――――― espacio escénico ―――――⌐

Al analizar este código hay que considerar que la relación entre el espectador y el actor es recíproca, no sólo en el teatro contemporáneo en el cual el actor incita al espectador a participar en el drama, sino también en el sentido, más general, de involucrarlo en el proceso dramático. Es decir, un texto dramático se presenta como una «conversación»; es un diálogo entre dos personajes (*yo /tú―tú / yo*). Esta conversación está compuesta no sólo de elementos verbales sino también de elementos mímicos (gestos, ademanes, posturas, etcétera). A la escenificación de esta conversación asiste el espectador: sabe que los personajes le «están diciendo algo» y, aunque él no participe en la conversación, todo lo que se hace en el espacio escénico tiene una significación, sirve para comunicar un mensaje. Por lo tanto, la función del espectador consiste en descubrir y dar significación a esa conversación que se le entrega por partes a través de la interacción de los actores en el espacio escénico. El espectador es, pues, un creador de significados.

Así como al hablar de la narrativa se podía decir que toda lectura es incompleta ya que el texto admite varias lecturas—por ser literario—también se puede afirmar que el texto dramático admite diversas puestas en escena—por ser artístico—y el espectador puede realizar diversas *interpretaciones* buscando siempre relaciones nuevas. Esto significa que cuando el dramaturgo escribe una obra dramática, tiene presente no sólo que ésta va a ser leída—como sucede en la narrativa—sino también que va a ser representada ante un público por medio de unos actores guiados por un director. Teniendo en cuenta todo lo dicho, se puede deducir que el teatro implica un «proceso dialógico» a cinco niveles de comunicación: (1) comunicación entre el dramaturgo y el actor, (2) comunicación entre los diversos actores ya que cada uno es a la vez destinatario y emisor—es decir, recibe mensajes y responde a ellos, (3) comunicación recíproca entre el actor y el espectador, (4) comunicación entre el dramaturgo y el espectador a través del actor (y del director) y (5) comunicación de los espectadores entre sí y de cada espectador consigo mismo. De ahí que se pueda decir que la tensión dramática supone una tensión de la comunicación.

EL DIALOGO

El diálogo es uno de los componentes fundamentales del discurso teatral: es la lengua puesta en acción. Sin diálogo no hay teatro, teniendo a la vez muy en cuenta que incluso los silencios—como ausencia de lenguaje o antilenguaje— dicen algo, comunican algo y, por lo tanto, son parte del discurso. Se puede decir, pues, que la obra dramática es un conjunto de diálogos presentados por unos personajes que se van construyendo a través de esos mismos diálogos. Los personajes quedan caracterizados por la forma cómo intervienen en el diálogo así como por su descripción física y por sus acciones.

Si comparamos el diálogo de la narrativa con el de la obra dramática, podemos ver el contraste siguiente:

NARRATIVA	DRAMA
diálogo escrito	diálogo oral
diálogo referido	diálogo directo
diálogo aprehendido en la lectura	diálogo aprehendido en la representación

Por consiguiente, se puede afirmar que el diálogo dramático es un diálogo oral, actuado, en lugar de ser un diálogo escrito como el de la narrativa. El teatro, como «mimesis»—imitación de la realidad—es y no es el mundo en que vivimos. En la actuación de los personajes, todas las manifestaciones orales, tales como hablar, cantar, reír, llorar, se presentan directamente sin intermediario escrito. Esto significa que el texto dramático pierde su valor como texto descriptivo-narrativo y se transforma en elemento motor de la «mimesis», la cual da existencia escénica a los personajes. No hay necesidad de insistir en establecer la diferencia entre el texto narrativo y el texto dramático, pero sí conviene señalar que en el texto narrativo la primera persona *yo* está subordinada a la tercera *él* porque el narrador, generalmente, se refiere a los personajes en tercera persona. Sin embargo, en el texto teatral, es la tercera persona *él* la que está subordinada al *yo* porque los personajes presentan en primera persona la situación. Tomando en cuenta el juego dramático vemos que se distinguen dos tipos de diálogo: uno a través de la participación directa de los personajes, otro como participación indirecta; este segundo tipo lo constituyen los llamados *apartes*.

La obra dramática puede presentar el diálogo en verso, en prosa o en una combinación de verso y prosa, pero en cualquier caso, el diálogo es el instrumento del cual se sirve el actor para dar vida a la obra. De la selección de las palabras que componen el diálogo depende el que éste tenga un tono serio o humorístico, elevado o común.

Además del diálogo propiamente dicho, hay que considerar el *monólogo* o *soliloquio* que generalmente se desarrolla cuando el personaje está solo en escena, es pues un diálogo con un sólo emisor. Por consiguiente, el monólogo consiste en las reflexiones que éste se hace en voz alta sobre la situación específica en que se encuentra. Es célebre el monólogo de Hamlet «*To be or not to be*» así como el monólogo de Segismundo «¿Qué es la vida?» en la obra de Calderón de la Barca, *La vida es sueño*.

También son importantes los *apartes*, que son frases que dice un personaje y que se supone que los demás personajes no oyen, pero que sirven para dar a conocer al público los pensamientos de quien las dice o ciertas intenciones secretas. Los apartes tienen una función parecida a la que tenía el coro griego del teatro antiguo: sirven de intermediarios entre el espectador y la obra.

Al considerar el diálogo de las obras que figuran en la sección antológica, vemos que en *El nietecito* (p. 243), Benavente usa un diálogo flexible, ingenioso y un lenguaje fluido; es un diálogo lleno de ideas más que de acción. Los personajes, de acuerdo con su medio social, usan muchas expresiones populares: ***too, na, comío*** y otras más.

El lenguaje de *Historia del hombre que se convirtió en perro* (p. 249) es diferente del lenguaje convencional; no se trata solamente del uso del *voseo—divertite, podés*, etcétera—sino que se trata de dar fuerza a la expresión para poner de relieve las ideas fundamentales que se agitan en el drama. Esto, según Pedro Bravo-Elizondo en *Teatro hispano-americano de crítica social* (1975), conduce a un lenguaje casi telegráfico derivado del fluir de la conciencia (*stream of consciousness*) y de la irrupción de la tensión interna producida por el choque del individuo con su medio ambiente; es decir, que la sintaxis oracional se sustituye por palabras aisladas. Por ejemplo, en la página 251 se ve la elipsis de los elementos sintácticos quedando solamente, primero la palabra aislada y luego sólo las letras iniciales: «Tornero... ¡NO! Mecánico... ¡NO! S... N... R... N... F... N...». Por otra parte, el lenguaje de la obra *Remedios* se caracteriza por su carácter confesional que se manifiesta en un largo monólogo o soliloquio. Hay que destacar que en el monólogo de Remedios hay implícita una dimensión de abandono social; Remedios representa el caso de una mujer solitaria, que ahora, cuando ya no hay necesidad de sus servicios, se ve aislada, casi abandonada.

LOS PERSONAJES O DRAMATIS PERSONAE

Así como la obra dramática no existiría sin el autor, tampoco podría existir sin el actor, aunque aquél hubiera creado el texto dramático, porque el teatro es representación y, por lo tanto, el actor nace de la necesidad de *re-crear*, de *re-presentar* la obra del autor. El actor es una persona que habla y que se mueve en el escenario, pero su esencia consiste en que *represente* a alguien, que *signifique* a una persona; de ahí su nombre de *personaje*. Es por eso un cuerpo vivo, un ser humano que se convierte en personaje a través de una mimesis, es decir, imitando a otra persona, sintiéndose otra persona impuesta por el texto. De ahí que podríamos usar la siguiente fórmula para representar a un personaje:

actor + texto = personaje

Los personajes del teatro, aunque tienen cierta semejanza con las personas reales, difieren de éstas en algunos aspectos: primero, porque se mueven en un mundo imaginario, y segundo, porque han sido creados por el autor para transmitirnos su mensaje y generalmente sólo presentan unas cuantas características predominantes que sirven para definirlos.

Un personaje está constituido por frases pronunciadas por él y frases pronunciadas sobre él; esto significa que el personaje puede constituirse de dos maneras: directa e indirectamente. Un personaje está directamente constituido cuando le conocemos a través de lo que él mismo dice y hace; y está indirectamente constituido si le conocemos a través de lo que nos dicen los otros acerca de él. Los personajes, además de hablar, se mueven en el escenario (*stage*), hacen gestos, van vestidos de una manera determinada y todo esto es también *lenguaje* que tiene su propia significación para entender el drama. De ahí que se pueda decir que los personajes tienen un valor *sintáctico* porque desempeñan una función en el desarrollo de la acción comparable a la función de las palabras en el desarrollo de la frase.

Es necesario notar que los personajes están ordenados para el desarrollo de la acción dramática, es decir, que desempeñan una función determinada. Teniendo en cuenta su función, los personajes se clasifican en *actantes* y *actores*. Son actantes los que de cualquier manera, aunque sea de un modo pasivo, contribuyen al progreso de la acción. Actante es un término más inclusivo que personaje ya que los animales y los objetos y hasta los conceptos pueden ser actantes. Por ejemplo, la llave maestra en *El viejo celoso* (p. 234) tiene la función de actante.

Los actores son aquéllos que no sólo contribuyen a que avance la acción sino que son portadores de las ideas, es decir, de la significación temática del drama; por lo tanto, además de un valor sintáctico tienen un valor *semántico*.

Otra consideración acerca de los personajes es su relación con la escenografía o ambientación (*setting*) ya que los personajes son producto de su medio ambiente y éste influye en su carácter.

Al igual que en la narrativa, el teatro necesita de la figura de un protagonista que represente el interés principal de la acción. Las características del protagonista varían según el esquema de la representación, o sea, según se trate de la tragedia o de la comedia. La tragedia como forma estética teatral celebra el hecho de que aunque el ser humano tenga que aceptar lo que no tiene solución, su *espíritu* triunfa sobre su destino. Paradójicamente, la muerte del héroe es común; pero es el espíritu del héroe, quien supo luchar a pesar de sus limitaciones, lo que constituye el drama trágico.

La comedia, sin embargo, se basa en el sentido cómico de la vida; es decir que, a pesar de los fracasos, a pesar de los golpes de la vida, el individuo se levanta y sigue viviendo porque la vida continúa. Es como el mecanismo de esos muñecos llamados «tentempié» («*roly-poly» toy*) que llevan un peso en la base y que, aunque movidos en cualquier dirección, siempre vuelven a quedar derechos. La comedia se caracteriza por el *humor* el cual se define como una buena disposición para afrontar la vida. Relacionada con la comedia se debe mencionar la *risa* ya que ésta es consecuencia lógica de lo cómico.

Según Aristóteles, el héroe trágico es un hombre que sin ser eminentemente virtuoso ni justo, viene a caer en desgracia, no por su maldad o perversidad, sino como consecuencia de alguna debilidad, de algún error cometido; este error, denominado *falla trágica*, es lo que le conduce a la catástrofe—catástrofe que es más impresionante mientras más elevada sea la imagen que se tiene del héroe.

Cuando empieza la representación se establece una relación entre el héroe y el público. El público se identifica con el personaje y vive los acontecimientos que está viviendo el protagonista, o sea, que se crea un sentimiento de *empatía*. El público acompaña al héroe en su **vía dolorosa** y cuando se produce la catástrofe, el espectador experimenta grandes emociones.

La pregunta que aquí se hace necesaria es, ¿qué emociones eran las que Aristóteles quería que conmovieran al público? Son dos: la *compasión* y el *miedo*—compasión al ver que el héroe trágico pasa tantos sufrimientos, y *miedo* o *temor* porque, siendo él un ser humano como todos, despierta en el espectador la conciencia de su propia vulnerabilidad. La tragedia griega no constituía una diversión, sino una *purificación* que se producía por medio de esas dos emociones que se acaban de mencionar; a esta purificación los griegos la denominaron «*catarsis*» (κάθαρσις). Por consiguiente, la base del análisis de la tragedia consiste en presentar el fenómeno trágico como la imitación (mimesis) de una acción grave que provoca *compasión* y *temor* y que opera una catarsis o purificación por medio de las emociones producidas.

Se podría concluir que la tragedia encarna la jornada simbólica del héroe desde la ignorancia hasta la percepción; el héroe trágico actúa, sufre y, a través de su sufrimiento, aprende; esto es lo que se entiende por percepción o «*anagnórisis*» (ἀναγνώρισις). Aristóteles limita la tragedia a la presentación de héroes de gran estatura moral, como antes se ha mencionado, mientras que la comedia se preocupa del hombre común con sus problemas personales.

En la comedia moderna predomina un tipo de humor nacido de la crueldad de la vida—el *humor negro*—que a veces se asocia con lo grotesco. Desde el siglo XVIII se considera lo grotesco como concepto estético; hoy día nace de la visión de un mundo caótico, deformado por la ruptura de formas y leyes tradicionales. La obra *Historia del hombre que se convirtió en perro* (p. 249) ofrece un ejemplo de lo grotesco al mezclar lo humano con lo animal en el hombre convertido en perro.

El reconocimiento de lo cómico y lo trágico es útil como análisis preliminar de una obra dramática; pero, es importante señalar que la mejor distinción es la que se hace teniendo como base la obra misma. Por ejemplo, decir que la comedia tiene un final feliz o que la muerte y la tragedia son inseparables no es analizar una obra dramática, ni tampoco lo es el repetir lo que los personajes *dicen* y *hacen*; lo importante es preguntarse ***por qué, cómo, dónde*** y ***cuándo*** lo dicho ha sido dicho y lo hecho ha sido hecho.

EL ESPECTADOR

No hay teatro sin público ya que el signo teatral está constituido por la conexión entre actor y espectador. En realidad, el público—los espectadores—es siempre el que da sentido a la acción teatral que de lo contrario sería una cadena de palabras sin sentido. La división tradicional entre espacio escénico y espacio del espectador desaparece a veces en el teatro contemporáneo porque el espectador se integra al espectáculo como un observador participante (véase el «Código comunicativo teatral», p. 200). Si se observa con cuidado la representación de una obra dramática se puede ver la importancia del espectador especialmente en los *monólogos* y en los *apartes*.

El monólogo es una forma de incorporar estructuralmente al público como personaje invisible de la acción, ya que si no existiera el espectador, el personaje no tendría ningún oyente/receptor del mensaje implícito en el monólogo. Del mismo modo, los apartes no son otra cosa que una manera sutil de hacer al espectador cómplice de la acción dramática. El espectador debe evitar la adopción de una distancia crítica: debe ser parte integrante y penetrar en la acción llevado por el ritmo de la obra. La respuesta del espectador consiste en deconstruir el drama de tal manera que los fragmentos que lo integran se relacionen con su mundo y le hagan sentir una especie de iluminación a través de la experiencia dramática. Por consiguiente, entre el actor y el espectador existen dos relaciones importantes: una relación física y otra intelectual que tiene lugar cuando el espectador percibe el mensaje de la obra.

EL TEXTO SECUNDARIO: LAS ACOTACIONES DE ESCENA

Una vez estudiados la organización y funcionamiento del texto en su dimensión de diálogo actualizado por los personajes, se tiene que pasar a considerar la otra dimensión, o sea, la dimensión escénica. A este respecto hay que considerar que en el texto dramático existen unas normas de representación que hacen posible la teatralidad de dicho texto, o sea, su escenificación. Estas normas, de carácter imperativo, son las referidas anteriormente con el nombre de acotaciones escénicas o didascalia. Las acotaciones escénicas son de dos clases: escritas y habladas. Las acotaciones habladas forman parte del texto principal y se hallan integradas en el diálogo de los personajes. Por ejemplo, muchas veces se anuncia por medio del diálogo que alguien va a llegar o se informa de algo que tiene lugar fuera del escenario. Las acotaciones escénicas escritas aparecen formando parte del texto dramático, generalmente con caracteres en letra cursiva o itálica y contienen información relacionada con la puesta en escena de la obra.

Por medio del análisis de las acotaciones o direcciones de escena se puede averiguar el uso que de ellas hace el dramaturgo para efectuar los cambios de escena, prefigurar (*to foreshadow*) los acontecimientos, caracterizar a los personajes, dar unidad a la acción, etcétera. Lo importante es saber que en la obra dramática nada es gratuito y que cualquier indicación es significante.

IV *Plano espectacular*

El espectáculo es la representación teatral en su conjunto—el texto puesto en escena, la experiencia estética gozada por el espectador. Ya se ha comentado al hablar de «arte y estética» la capacidad que tiene el arte de producir placer estético, por un lado, y de provocar una respuesta inteligente ante la situación que se presenta, por el otro. En el caso de la narrativa y de la poesía, el elemento central de la experiencia estética es la palabra; pero en el teatro no se puede dejar de tomar en cuenta su fin último, o sea, la representación teatral.

Así como en el plano literario, por ser forma escrita, se utilizan los signos del sistema lingüístico, en el plano espectacular se utilizan objetos, los cuales, por el hecho de estar en el escenario, es decir en un espacio escénico, tienen una significación especial. Se podría decir que si el teatro tiene una gran capacidad de comunicación es precisamente por esa capacidad del escenario de transformar en algo significativo todo lo que aparece en el espacio escénico. Aquí conviene mencionar las distintas posibilidades del teatro como lugar de acción. En primer lugar, las luces, los espacios físicos, los decorados, la música, la yuxtaposición de los objetos en el escenario, los diversos estilos de actuación y el maquillaje se convierten en recursos tan válidos como el diálogo hablado, es decir, significan algo, transmiten un mensaje. En segundo lugar, el espacio escénico comprende tanto el espacio representado en la obra—el espacio visible, interior—como el espacio no representado, sino *referido* en la obra—el espacio exterior. Por ejemplo en *La casa de Bernarda Alba* se puede ver, por un lado, que el espacio representado, el espacio interior, no cambia, es uno solo, y de esta manera se logra transmitir al espectador la idea de encierro, de un espacio sin salida. Por otra lado, los acontecimientos que llevan el drama a su final ocurren en el espacio exterior, el espacio referido, de ahí su gran importancia. El espacio escénico está definido por dos puntos: el concepto mismo de escenario, en donde tienen lugar las relaciones actor/espectador, y el contenido visual de dicho escenario. En el teatro contemporáneo tiene gran importancia el espacio escénico y algunas obras tienen lugar en una habitación cualquiera, una cárcel, la calle, una estación del metro, un viejo mercado, etcétera, como espacio escénico. Por ejemplo, para representar una obra relacionada con la guerra civil española y a fin de crear la atmósfera del exilio, se utilizó como espacio escénico una estación de ferrocarril llena de viajeros ansiosos y de maletas.

ESTRUCTURA DE LA OBRA DRAMATICA

El término estructura viene de la arquitectura y en literatura adquiere el significado de *organización*. En cuanto a la obra dramática hay que distinguir entre la *estructura externa* de la obra y la *estructura de la acción dramática*.

1. *Estructura externa*. La unidad básica de la estructura dramática es la *escena*. Se puede definir la escena como una parte de la obra durante la cual el escenario está ocupado por los mismos personajes. Si entra o sale un nuevo personaje, se produce otra escena. De este modo se pueden distinguir fácilmente las partes integrantes de una obra. Hay otras unidades mayores como los *actos* o las *jornadas*—usadas en el Siglo de Oro—pero éstas son divisiones convencionales. En general, los actos constituyen una especie de interrupción que proporciona un descanso a los actores y a los espectadores.

2. *Estructura de la acción dramática*. Se entiende por acción dramática el conjunto de elementos que contribuyen al desarrollo de la trama de la obra dramática. Al considerar la acción de un drama hay que tener presente no sólo lo que ocurre en la obra sino también el orden en el que los acontecimientos o eventos ocurren. Por eso, el momento en el cual se levanta el telón es trascendente para la obra porque ahí empieza a desarrollarse la acción. Para Aristóteles la acción era la parte más importante, era el alma de la tragedia, mucho más importante que la historia que se contaba y que los personajes; de ahí que poco importara el hecho de que en el teatro griego el espectador conociera la historia que se iba a representar de antemano porque lo que importaba era la manera cómo se desarrollaban los acontecimientos ya fuera para enfatizar el suspenso o la ironía. Los componentes de la estructura de la acción se relacionan con los diferentes grados de emotividad o de percepción que despierta la obra y corresponden a los momentos de menor o mayor in-

tensidad. Estos elementos constitutivos se ordenan en forma de pirámide y son: (a) *exposición*; (b) *incidente* o *complicación* (*rising action*); (c) *nudo* o *clímax* y (d) *desenlace* (*falling action*).

a. *Exposición*. Es la presentación de la información necesaria acerca de los personajes o de la historia para que el espectador pueda entender la obra dramática.

b. *Incidente* o *complicación*. Son ciertas palabras o acciones que provocan el conflicto o lucha entre fuerzas opuestas que pueden ser protagonista y antagonista o el protagonista consigo mismo. El incidente produce una tensión dramática que va creciendo hasta el clímax.

c. *Nudo* o *clímax*. Es el punto de máxima tensión y constituye definitivamente un punto decisivo. Este cambio radical en el destino del personaje fue llamado por Aristóteles «peripecia».

d. *Desenlace*. El desenlace representa un descenso del movimiento dramático desde el punto culminante que es el clímax, hacia la conclusión o *resolución*.

 # Otras formas y técnicas dramáticas

EL ENTREMES

La palabra *entremés* viene del latín *inter-medium* y es precisamente eso, un intermedio. A mediados del siglo XVI, la palabra *entremés* pasó a significar una obra de teatro corta, de carácter cómico, que se representaba en el intermedio (*intermission*) de las obras serias para aligerar la gravedad de la acción.

Los entremeses anteriores a Cervantes eran por lo general de tono grosero y de mal gusto; fue Cervantes el que dio a esta forma dramática un nuevo impulso estético. Uno de los mejores entremeses de Cervantes es *El viejo celoso* (p. 234). Además de Cervantes cultivaron este género autores como Lope de Vega y Francisco de Quevedo, pero el más importante es Luis Quiñones de Benavente.

EL SAINETE

En el siglo XVIII surgió otra forma dramática denominada *sainete*, muy similar al entremés excepto que éste se representaba después del segundo acto de la obra principal. El autor más famoso de sainetes fue Ramón de la Cruz.

EL METATEATRO

El metateatro es el «teatro dentro del teatro» (*play-within-a-play*). Según Lionel Abel en *Metatheatre* (1963), esta técnica sirve para expresar dos ideas principales: la primera, que el mundo es un escenario, un teatro, y los seres humanos unos simples personajes que cubiertos con la máscara deben desempeñar su papel; y la segunda, que la vida es un sueño y que, por consiguiente, las reacciones y expresiones de los hombres no son verdaderas, sino ilusorias, ficticias.

El metateatro en sí mismo no es una invención contemporánea; se sabe que Shakespeare lo experimentó en su obra *Hamlet*. Sin embargo, lo que sí es contemporáneo es el uso que los dramaturgos hacen de esa técnica actualmente.

VI Formas dramáticas contemporáneas

Frente al teatro proclamado por Aristóteles cuyo centro es la *acción* estructurada de acuerdo con una secuencia ordenada de partes, aparece modernamente otro teatro hecho de símbolos, de fragmentos que funcionan como episodios, es decir, como unidades independientes. Este es el teatro de la *crueldad* de Artaud, el teatro *épico* de Brecht y el teatro del *absurdo* de Ionesco.

Las primeras manifestaciones del teatro episódico se ven en el teatro de Esquilo (*Aeschylus*, 525–456 a.C.). Este tipo de teatro permite una sobreacumulación de materiales dramáticos ya que representa historias enteras a lo largo de los episodios; esto hace que casi no necesite exposición porque todo acontecimiento forma parte del drama. Sin embargo, en el teatro aristotélico como la obra principia cerca del clímax, es necesario que haya una exposición que explique los acontecimientos que tuvieron lugar antes del principio de la obra.

Resumiendo, se podría decir que el teatro aristotélico produce una *catarsis*—purificación; que el teatro de ideas, o de tesis, como el de Benavente, pide una respuesta; pero que el teatro episódico es inocente, no pide nada. Por ejemplo en *Historia del hombre que se convirtió en perro* (p. 249), lo que el espectador percibe es una serie de episodios, material casi sin desarrollar, pero organizado de tal manera que el espectador lo puede relacionar con su propio e íntimo caos. En otras palabras, se establece una relación estrecha entre el teatro y lo que preocupa y obsesiona al espectador, el cual se convierte así en participante de la acción. La obra no ofrece soluciones; el final representa una supresión de la progresión episódica dejando al espectador con un sentimiento ambivalente porque aunque el drama técnicamente haya terminado, la problemática que él se ha planteado no termina.

EL TEATRO DE LA CRUELDAD

El francés Antonin Artaud (1896–1948), en *El teatro y su doble*, vuelve al teatro primitivo, a lo que éste tenía de ceremonial dionisíaco. Es un teatro total en donde caben todas las manifestaciones humanas tales como el humor, el delirio, la violencia; y además, es también un espectáculo total ya que Artaud quería que el teatro pudiera competir con el circo, con el cine, con el *music-hall*, etcétera. Es de señalar que las manifestaciones de violencia y erotismo propias de este teatro tienen como objetivo despertar a los espectadores pasivos y obligarlos a tomar conciencia de las distintas problemáticas que rodean hoy al ser humano.

EL TEATRO ÉPICO

El alemán Bertolt Brecht (1898–1956), el hombre de teatro más importante y el teórico teatral más riguroso del siglo XX, fue el iniciador del teatro épico. Sus obras *Madre coraje* y *El círculo de tiza caucasiano* le dieron gran renombre. Brecht define el teatro no por su estructura, sino por el papel que desempeña en la vida de los hombres. Es decir, el dramaturgo debe presentar en el drama aquellas ideas que ayuden a cambiar el mundo—de ahí que su teatro tenga una función humana y social.

Podría decirse entonces que la estética de Brecht es ética, no aristotélica. Conviene aquí recordar los principios de la estética aristotélica, que consistía en producir un *acercamiento* de las situaciones dramáticas y de los personajes al espectador a fin de que tuviera lugar la *empatía* primero y, más tarde, la *catarsis*. (Es importante notar que Aristóteles no habla en su *Poética* de teatro épico, sino de poesía épica, de tragedia y de comedia.)

Sin embargo, en el teatro épico lo que se trata de producir es un *distanciamiento* entre la acción y el espectador. Este distanciamiento se ha denominado en español *efecto V*, expresión que se origina en la palabra alemana «*Verfremdung*» (*alienation*). Brecht logra ese alejamiento mediante diversas técnicas entre las que se puede señalar dos: (1) el uso de la narración—por eso se llama épico, y (2) la utilización de marionetas, o sea, personajes que actúan como si fueran muñecos. Estos personajes-muñeco son en sí mismos seres alejados de nosotros y ajenos también a nuestro mundo emotivo. Precisamente este *distanciamiento sentimental* es la condición que Brecht cree necesaria para que se produzca el *acercamiento intelectual*. Es decir que lo que Brecht se propone es que se originen ideas que puedan cambiar el mundo.

EL TEATRO DEL ABSURDO

Eugène Ionesco (1912–1994), rumano de nacimiento, es el iniciador del teatro del absurdo. Dicho teatro se emparenta con el del gran maestro del absurdo Alfred Jarry, entre otros. La obra que le dio gran fama a Ionesco es *La cantante calva*. La literatura del absurdo surge a raíz de la Segunda Guerra mundial. Se proponía destacar el absurdo de la vida del hombre contemporáneo. El hombre se ha convertido en un robot, una marioneta, en un ser conformista, a causa de una estructura social que lo deshumaniza. Ionesco, obsesionado por estas ideas, experimentó ese sentimiento de impotencia, tan común en la Europa de la posguerra. Es la angustia que se siente ante un mundo que se va deshumanizando, en el que el ser humano, despojado de sus valores más importantes, es solamente un ente abstracto, una cifra, un elemento más en la gran colmena del universo.

Teniendo esta filosofía de lo absurdo de la vida como base, elabora Ionesco su teatro del absurdo que es un nuevo tipo de drama que está cerca de la tragedia. Sin embargo, y a diferencia de otras formas dramáticas, en el teatro del absurdo no suele producirse desenlace alguno; el desenlace lo tiene que construir el espectador ante ese ejemplo de la frustración humana que le ofrece el dramaturgo en la obra dramática. No falta en el teatro del absurdo la nota de humor, pero es un humor negro de cuyas situaciones el espectador se ríe por no ponerse a llorar.

A. En una obra dramática no hay un narrador que comente, como en el caso de la novela y del cuento. El dramaturgo depende del diálogo para crear una situación dramática y para revelar el carácter de los personajes. Lea los fragmentos siguientes y conteste las preguntas:

1. ¿Cómo se presenta la interacción entre los personajes, en términos del ambiente general de la obra y en términos de la creación de tipos individuales?
2. ¿Cuáles son los elementos lingüísticos más significativos del fragmento? ¿Cuáles son las peculiaridades más pronunciadas del lenguaje de cada personaje? (O sea, ¿sirve el lenguaje para identificar al personaje?)
3. ¿Qué objetos y símbolos se ven en estos fragmentos y qué importancia tienen?
4. ¿Cuáles son los aspectos visuales más sobresalientes de cada escena?
5. Si hay acotaciones, ¿cuál es su función?

   a. (Este fragmento corresponde al primer acto de *Death of a Salesman*, 1949, de Arthur Miller. Biff, el hijo mayor del protagonista Willy Loman, discute con su madre el estado físico y mental del padre.)

   BIFF: Why didn't you ever write me about this, Mom?

   LINDA: How would I write to you? For over three months you had no address.

   BIFF: I was on the move. But you know I thought of you all the time. You know that, don't you, pal?

   LINDA: I know, dear, I know. But he likes to have a letter. Just to know that there's still a possibility for better things.

   BIFF: He's not like this all the time, is he?

   LINDA: It's when you come home he's always the worst.

   BIFF: When I come home?

   LINDA: When you write you're coming, he's all smiles, and talks about the future, and—he's just wonderful. And then the closer you seem to come, the more shaky he gets, and then, by the time you get here, he's arguing, and he seems angry at you. I think it's just that maybe he can't bring himself to—open up to you. Why are you so hateful to each other? Why is that?

   BIFF: (*evasively*) I'm not hateful, Mom.

   LINDA: But you no sooner come in the door than you're fighting!

   BIFF: I don't know why, I mean to change. I'm tryin', Mom, you understand?

   LINDA: Are you home to stay now?

   BIFF: I don't know. I want to look around, see what's doin'.

   LINDA: Biff, you can't look around all your life, can you?

   BIFF: I just can't take hold, Mom. I can't take hold of some kind of a life.

   LINDA: Biff, a man is not a bird, to come and go with the springtime.

   BIFF: Your hair . . . (*He touches her hair.*) Your hair got so gray.

   LINDA: Oh, it's been gray since you were in high school. I just stopped dyeing it, that's all.

   BIFF: Dye it again, will ya? I don't want my pal looking old. (*He smiles.*)

   LINDA: You're such a boy! You think you can go away for a year and . . . You've got to get it into your head now that one day you'll knock on this door and there'll be strange people here—

BIFF: What are you talking about? You're not even sixty, Mom.

LINDA: But what about your father?

BIFF: (*lamely*). Well, I meant him too.

. . .

LINDA: Biff, dear, if you don't have any feeling for him, then you can't have any feeling for me.

BIFF: Sure I can, Mom.

LINDA: No. You can't just come to see me, because I love him. (*With a threat, but only a threat, of tears*) He's the dearest man in the world to me, and I won't have anyone making him feel unwanted and low and blue. You've got to make up your mind now, darling, there's no leeway any more. Either he's your father and you pay him that respect, or else you're not to come here. I know he's not easy to get along with—nobody knows that better than me—but . . .

. . .

BIFF: Stop making excuses for him! He always, always wiped the floor with you! Never had an ounce of respect for you.

. . .

LINDA: I don't say he's a great man. Willy Loman never made a lot of money. His name was never in the paper. He's not the finest character that ever lived. But he's a human being, and a terrible thing is happening to him. So attention must be paid. He's not to be allowed to fall into his grave like an old dog. Attention, attention must be finally paid to such a person.

b. (En la segunda escena de *A Streetcar Named Desire*, 1947, de Tennessee Williams, Stanley Kowalski aparece discutiendo con su esposa Stella a causa de la hermana de ésta—Blanche DuBois—quien los visita temporalmente.)

> *It is six o'clock the following evening. Blanche is bathing. Stella is completing her toilette. Blanche's dress, a flowered print, is laid out on Stella's bed.*
> *Stanley enters the kitchen from outside, leaving the door open on the perpetual "blue piano" around the corner.*

STANLEY: What's all this monkey doings?

STELLA: Oh, Stan! (*She jumps up and kisses him, which he accepts with lordly composure.*) I'm taking Blanche to Galatoire's for supper and then to a show, because it's your poker night.

STANLEY: How about my supper, huh? I'm not going to no Galatoire's for supper!

STELLA: I put you a cold plate on ice.

STANLEY: Well, isn't that just dandy!

STELLA: I'm going to try to keep Blanche out till the party breaks up because I don't know how she would take it. So we'll go to one of the little places in the Quarter afterwards and you'd better give me some money.

STANLEY: Where is she?

STELLA: She's soaking in a hot tub to quiet her nerves. She's terribly upset.

STANLEY: Over what?

STELLA: She's been through such an ordeal.

STANLEY: Yeah?

STELLA: Stan, we've—lost Belle Reve!

STANLEY: The place in the country?

STELLA: Yes.

STANLEY: How?

STELLA: (*vaguely*) Oh, it had to be—sacrificed or something. (*There is a pause while Stanley considers. Stella is changing into her dress.*) When she comes in be sure to say something nice about her appearance. And, oh! Don't mention the baby. I haven't said anything yet, I'm waiting until she gets in a quieter condition.

STANLEY: (*ominously*) So?

STELLA: And try to understand her and be nice to her, Stan.

BLANCHE: (*singing in the bathroom*) "From the land of the sky blue water, they brought a captive maid!"

STELLA: She wasn't expecting to find us in such a small place. You see I'd tried to gloss things over a little in my letters.

STANLEY: So?

STELLA: And admire her dress and tell her she's looking wonderful. That's important with Blanche. Her little weakness!

STANLEY: Yeah. I get the idea. Now let's skip back a little to where you said the country place was disposed of.

STELLA: Oh!—yes . . .

STANLEY: How about that? Let's have a few more details on that subject.

STELLA: It's best not to talk much about it until she's calmed down.

STANLEY: So that's the deal, huh? Sister Blanche cannot be annoyed with business details right now!

STELLA: You saw how she was last night.

STANLEY: Uh-hum, I saw how she was. Now let's have a gander at the bill of sale.

STELLA: I haven't seen any.

STANLEY: She didn't show you no papers, no deed of sale or nothing like that, huh?

STELLA: It seems like it wasn't sold.

STANLEY: Well, what in hell was it then, give away? To charity?

STELLA: Shhh! She'll hear you.

STANLEY: I don't care if she hears me. Let's see the papers!

STELLA: There weren't any papers, she didn't show any papers, I don't care about papers.

STANLEY: Have you ever heard of the Napoleonic code?

STELLA: No, Stanley, I haven't heard of the Napoleonic code and if I have, I don't see what it—

STANLEY: Let me enlighten you on a point or two, baby.

STELLA: Yes?

STANLEY: In the state of Louisiana we have the Napoleonic code according to which what belongs to the wife belongs to the husband and vice versa. For instance if I had a piece of property, or you had a piece of property—

STELLA: My head is swimming!

STANLEY: All right. I'll wait till she gets through soaking in a hot tub and then I'll inquire if *she* is acquainted with the Napoleonic code. It looks to me like you have been swindled, baby, and if you're swindled under the Napoleonic code I'm swindled *too*. And I don't like to be *swindled*.

c.   (La siguiente escena de *En la ardiente oscuridad*, 1950, del dramaturgo español Antonio Buero Vallejo, ocurre en un instituto para ciegos. Los estudiantes del instituto viven cómoda y confiadamente hasta la llegada de Carlos, un ciego poco dispuesto a aislarse del mundo de los videntes. Se nota cierta competencia entre Carlos e Ignacio, otro estudiante, quien representa el *status quo*. Todos los que hablan en esta parte del segundo acto son estudiantes ciegos.)

ANDRES: (*Reservado*.) Yo he pensado también mucho en esas cosas. Y creo que con la ceguera no sólo carecemos de un poder a distancia, sino de un placer también. Un placer maravilloso, seguramente. ¿Cómo supones tú que será?

. . .

IGNACIO: (*Accionando para él solo con sus manos llenas de anhelo y violencia, subraya inconscientemente la calidad táctil que sus presunciones ofrecen.*) Pienso que es como si por los ojos entrase continuamente un cosquilleo[1] que fuese removiendo nuestros nervios y nuestras vísceras... y haciéndonos sentir más tranquilos y mejores.

ANDRES: (*Con un suspiro.*) Así debe ser.

MIGUEL: ¡Hola, chicos!

PEDRO: Hola, Miguelín.

ANDRES: Llegas a tiempo para decirnos cómo crees tú que es el placer de ver.

MIGUEL: ¡Ah! Pues de un modo muy distinto a como lo ha explicado Ignacio. Pero nada de eso importa, porque a mí se me ha ocurrido hoy una idea genial—¡no os riáis!—, y es la siguiente: Nosotros no vemos. Bien. ¿Concebimos la vista? No. Luego la vista es inconcebible. Luego los videntes no ven tampoco.

(*Salvo* IGNACIO, *el grupo ríe a carcajadas.*)

PEDRO: ¿Pues qué hacen, si no ven?

MIGUEL: No os riáis, idiotas. ¿Qué hacen? Padecen una alucinación colectiva. ¡La locura de la visión! Los únicos seres normales en este mundo de locos somos nosotros.

(*Estallan otra vez las risas.* MIGUEL *ríe también.*)

IGNACIO: (*Cuya voz profunda y melancólica acalla las risas de los otros.*) Miguelín ha encontrado una solución, pero absurda. Nos permitiría vivir tranquilos si no supiéramos demasiado bien que la vista existe. (*Suspira.*) Por eso tu hallazgo no nos sirve.

MIGUEL: (*Con repentina melancolía en la voz.*) Pero, ¿verdad que es gracioso?

IGNACIO: (*Sonriente.*) Sí. Tú has sabido ocultar entre risas, como siempre, lo irreparable de tu desgracia.

. . .

CARLOS: (*Con tono mesurado.*) No entiendo bien algunas cosas. Sabéis que soy un hombre práctico. ¿A qué fin razonable os llevaban vuestras palabras? Eso es lo que no comprendo. Sobre todo cuando no encuentro en ellas otra cosa que inquietud y tristeza.

MIGUEL: ¡Alto! También había risas... (*De nuevo con involuntaria melancolía.*) provocadas por la irreparable desgracia de este humilde servidor.

(*Risas.*)

CARLOS: (*Con tono de creciente decisión.*) Siento decirte, Miguelín, que a veces no eres nada divertido. Pero dejemos eso. (*Vibrante.*) A ti, Ignacio (*Este se estremece ante el tono de* CARLOS), a ti, es a quien quiero preguntar algo: ¿Quieres decir con lo que nos has dicho que los invidentes formamos un mundo aparte de los videntes?

IGNACIO: (*Que parece asustado, carraspea.*[2]) Pues... yo he querido decir...

CARLOS: (*Tajante.*[3]) No, por favor. ¿Lo has querido decir, sí o no?

IGNACIO: Pues..., sí. Un mundo aparte... y más desgraciado.

CARLOS: ¡Pues no es cierto! Nuestro mundo y el de ellos es el mismo. ¿Acaso no estudiamos como ellos? ¿Es que no somos socialmente útiles como ellos? ¿No tenemos también nuestras distracciones? ¿No hacemos deportes? (*Pausa breve.*) ¿No amamos, no nos casamos?

IGNACIO: (*Suave.*) ¿No vemos?

CARLOS: (*Violento.*) ¡No, no vemos! Pero ellos son mancos, cojos, paralíticos; están enfermos de los nervios, del corazón o del riñón; se mueren a los veinte años de tuberculosis o los asesinan en las guerras... O se mueren de hambre.

ALBERTO: Eso es cierto.

CARLOS: ¡Claro que es cierto! La desgracia está muy repartida entre los hombres, pero nosotros no formamos rancho[4] aparte en el mundo. ¿Quieres una prueba definitiva? Los matrimonios entre nosotros y los videntes. Hoy son muchos; mañana serán la regla... Hace tiempo que habríamos conseguido mejores resultados si nos hubiésemos atrevido a pensar así en lugar de salmodiar[5] lloronamente el «no hay prenda como la vista», de que hablabas antes. (*Severo, a los otros.*) Y me extraña mucho que vosotros, viejos ya en la institución, podáis dudarlo ni por un momento. (*Pausa breve.*) Se comprende que dude Ignacio... No sabe aún lo grande, lo libre y hermosa que es nuestra vida. No ha adquirido confianza; tiene miedo a dejar su bastón... ¡Sois vosotros quienes debéis ayudarle a confiar!

4 *a gang*
5 *singsong*

B. Analice los fragmentos siguientes, tomando en cuenta:

1. La revelación del carácter del que habla
2. Los elementos lingüísticos
3. Los elementos temáticos
4. Los aspectos emotivos o intelectuales (pensando en la presencia de un público)

a. GEORGE: When I was sixteen and going to prep school, during the Punic Wars, a bunch of us used to go into New York on the first day of vacations, before we fanned out to our homes, and in the evening this bunch of us used to go to this gin mill owned by the gangster-father of one of us—for this was during the Great Experiment, or Prohibition, as it is more frequently called, and it was a bad time for the liquor lobby, but a fine time for the crooks and the cops—and we would go to this gin mill, and we would drink with the grown-ups and listen to the jazz. And one time, in the bunch of us, there was this boy who was fifteen, and he had killed his mother with a shotgun some years before—accidentally, completely accidentally, without even an unconscious motivation, I have no doubt, no doubt at all—and this one evening this boy went with us, and we ordered our drinks, and when it came his turn he said, I'll have bergin . . . give me some bergin, please . . . bergin and water. Well, we all laughed . . . he was blond and he had the face of a cherub, and we all laughed, and his cheeks went red and the color rose in his neck, and the assistant cook who had taken our order told people at the next table what the boy had said, and then they laughed, and then more people were told and the laughter grew, and more people and more laughter, and no one was laughing more than us, and none of us more than the boy who had shot his mother. And soon, everyone in the gin mill knew what the laughter was about, and everyone started ordering bergin, and laughing when they ordered it. And soon, of course, the laughter became less general, but it did not subside, entirely, for a very long time, for always at this table or that someone would order bergin and a new area of laughter would rise. We drank free that night, and we were bought champagne by the management, by the gangster-father of one of us. And, of course, we suffered the next day, each of us, alone, on his train, away from New York, each of us with a grown-up's hangover . . . but it was the grandest day of my . . . youth.

(Edward Albee, *Who's Afraid of Virginia Woolf?* 1962)

b. (Este es un fragmento de la versión romántica de *Don Juan Tenorio*—el famoso seductor de mujeres—en donde él mismo expone el programa típico de sus conquistas amorosas.)

D. JUAN: Partid los días del año
entre las que ahí encontráis.
Uno para enamorarlas,
otro para conseguirlas,
otro para abandonarlas,
dos para sustituirlas
y una hora para olvidarlas.

(José Zorrilla,
Don Juan Tenorio, 1844)

c. (Isabel—protagonista de *Rosas de otoño*—reacciona aquí frente a la desigualdad de la mujer ante el hombre.)

ISABEL: ...es mi orgullo de mujer, que en nuestra desigual condición ante el hombre admite todas las desigualdades, todas las humillaciones, menos la de que nunca tengan el derecho de decirnos: «¿Con qué razón me acusas?» ¡Ah! Eso no; son más penosos nuestros deberes, pues más fuertes nosotras para cumplirlos... Y así no podrán decir que somos iguales; pero nosotras también podemos decirles: «¿Iguales no? Decís bien, somos mejores».

(Jacinto Benavente, *Rosas de otoño*, 1905)

d. (Un padre habla con su hijo, que todavía está en la cuna.)

PADRE: (*Al* HIJO *en la cuna.*) Sí, serás feliz. Tendrás que serlo. Así mi sacrificio no será en vano. Por ahora no comprendes lo que es la vida, ni las humillaciones por las que tiene que pasar un padre para sacar los suyos adelante. Pero no importa. Al final veré en ti lo que yo no he podido ser. ¡Lo que no me han dejado ser!... Sí, yo las he pasado negras, todavía las estoy pasando. Pero tendré la recompensa algún día. Tú serás mi sueño, mi inalcanzable sueño hecho realidad en ti... Serás mi prolongación ideal. Yo no he podido ser lo que he querido, sino lo que me han dejado ser. Para mí fueron los restos, los desperdicios de la vida. ¡Un asco! Bueno, de todos modos he llegado a ser alguien. Otros son todavía menos que yo, pese a que tu madre no lo quiere reconocer. Ella dice que soy un fracasado. Dice que la cacé[1] dormida. Que ella no se ha separado de mí por compasión. Constantemente me dice que no me quiere. Que yo soy un peso muerto en su vida. Cuando se pone a decir esas cosas me dan ganas de matarla, pero pienso en ti, hijo mío. Si ella no te cuida mientras voy al trabajo, ¿quién va a cuidarte? Yo, pese a mis esfuerzos, gano escasamente lo indispensable para ir tirando.[2] No he tenido suerte. Siempre otros más fuertes que yo me han echado a la cuneta. ¡Así! (*Hace un gesto y se cae, pero no quiere enterarse que se ha caído.*) No he tenido suerte. ¡La suerte no se puede fabricar! Tu madre dice que soy tonto. Yo no digo tanto. Simplemente (*justificándose*) creo que soy demasiado bueno. Eso debió ser. Un hombre demasiado bueno que se ha dejado pisar.[3] Te pisan una vez y después ya se establece la costumbre. Te usan de estribo o de peldaño para otros trepar. Eso es lo que pasa. Cuando te das cuenta y quieres reaccionar, ya es tarde. (*Como guiando al* HIJO.) ¡Cuidado! ¡No te dejes pisotear! ¡Dale, dale un codazo! ¡Que se te adelanta aquel otro! ¡Venga, hazle la zancadilla[4]! ¿Es que no me oyes? ¡Eso, eso! ¡Muy bien! (*Estrepitosas carcajadas.*) Ser bueno es peligroso. Tu madre hubiera preferido que yo fuera un caníbal, pero que supiera buscarme la suerte. Yo tengo que callarme cuando ella me dice esas cosas. Pienso en ti y me río por dentro. Algún día sé que vengarás las ofensas y las humillaciones que tu padre ha sufrido para sacarte adelante. Por ahora eres muy pequeño y de todo esto que te digo no comprendes ni una palabra.

(José Ruibal, «El padre», 1969)

[1] *I caught*
[2] *sobreviviendo*
[3] *se... has let himself get walked on*
[4] *hazle... trip him up*

¹ hija... hija de buena familia

² un... una ciudad como Madrid

e. (Don Diego—un caballero de unos sesenta años—piensa casarse con una jovencita, doña Paquita. En este trozo, habla con ella y con su madre.)

DON DIEGO: ¡Mandar, hija mía!... En estas materias tan delicadas los padres que tienen juicio no mandan. Insinúan, proponen, aconsejan; eso, sí; todo eso sí; ¡pero mandar!... ¿Y quién ha de evitar después las resultas funestas de lo que mandaron?... Pues ¿cuántas veces vemos matrimonios infelices, uniones monstruosas verificadas solamente porque un padre tonto se metió a mandar lo que no debiera?... ¡Eh! No, señor; eso no va bien... Mire usted, doña Paquita, yo no soy de aquellos hombres que se disimulan los defectos. Yo sé que ni mi figura ni mi edad son para enamorar perdidamente a nadie, pero tampoco he creído imposible que una muchacha de juicio y bien criada llegase a quererme con aquel amor tranquilo y constante que tanto se parece a la amistad, y es el único que puede hacer los matrimonios felices. Para conseguirlo no he ido a buscar a ninguna hija de familia[1] de estas que viven en una decente libertad... Decente, que yo no culpo lo que no se opone al ejercicio de la virtud. Pero ¿cuál sería entre todas ellas la que no estuviese ya prevenida en favor de otro amante más apetecible que yo? Y en Madrid. ¡Figúrese usted en un Madrid!...[2] Lleno de estas ideas, me pareció que tal vez hallaría en usted todo cuanto deseaba. Yo soy ingenuo; mi corazón y mi lengua no se contradicen jamás. Esto mismo le pido a usted, Paquita: sinceridad. El cariño que a usted la tengo no la debe hacer infeliz... Su madre de usted no es capaz de querer una injusticia, y sabe muy bien que a nadie se le hace dichoso por fuerza. Si usted no halla en mí prendas que la inclinen, si siente algún otro cuidadillo en su corazón, créame usted, la menor disimulación en esto nos daría a todos muchísimo que sentir.

(Leandro Fernández de Moratín, *El sí de las niñas*, 1801)

(Este es el famoso soliloquio de Segismundo en el segundo acto de *La vida es sueño*. El protagonista se refiere a la imposibilidad de distinguir entre realidad y sueño. El trozo tiene que ver con la acción misma de la obra y con el concepto metafórico de la vida como sueño. En términos teológicos, el ***despertar*** representa la entrada a la vida eterna.)

SEGISMUNDO: ...pues estamos
en mundo tan singular,
que el vivir sólo es soñar;
y la experiencia me enseña
que el hombre que vive, sueña
lo que es, hasta despertar.

Sueña el rey que es rey, y vive
con este engaño mandando,
disponiendo y gobernando;
y este aplauso, que recibe
prestado, en el viento escribe,
y en cenizas le convierte
la muerte (¡desdicha fuerte!):
¿que hay quien intente reinar,
viendo que ha de despertar
en el sueño de la muerte?

Sueña el rico en su riqueza,
que más cuidados le ofrece;
sueña el pobre que padece
su miseria y su pobreza;
sueña el que a medrar empieza,
sueña el que afana y pretende,
sueña el que agravia y ofende,
y en el mundo, en conclusión,
todos sueñan lo que son,
aunque ninguno lo entiende.

Yo sueño que estoy aquí
destas prisiones cargado,
y soñé que en otro estado
más lisonjero me vi.
¿Qué es la vida?, un frenesí;
¿qué es la vida?, una ilusión,
una sombra, una ficción,
y el mayor bien es pequeño;
que toda la vida es sueño,
y los sueños, sueños son.

(Pedro Calderón de la Barca,
La vida es sueño, 1635)

PANORAMA HISTORICO Y CATEGORIAS FUNDAMENTALES

Cronología de obras dramáticas españolas e hispanoamericanas

Siglos XII–XIII

Anónimo *Auto de los Reyes Magos*

Siglo XV

Gómez Manrique, *Representación del nacimiento de Nuestro Señor*

Juan del Encina, *Églogas*
             Autos

Fernando de Rojas, *La Celestina o Tragicomedia de Calisto y Melibea* (1499)

Siglo XVII

Lope de Vega, *Peribáñez y el comendador de Ocaña* (1613)
             El mejor alcalde el Rey (1614)

Miguel de Cervantes Saavedra, *El viejo celoso (Ocho comedias y ocho*
             entremeses, 1615)*

Lope de Vega, *Fuenteovejuna* (1619)
             Amar sin saber a quien (1630)

Juan Ruiz de Alarcón, *La verdad sospechosa* (1630)

Tirso de Molina, *El burlador de Sevilla* (1630)

Pedro Calderón de la Barca, *La vida es sueño* (1635)
             El alcalde de Zalamea (c. 1642)

Siglo XVIII

Vicente García de la Huerta, *Raquel* (1778)

Ramón de la Cruz, *Sainetes* (1786–1791)

Siglo XIX

Leandro Fernández de Moratín, *El sí de las niñas* (1806)

Angel de Saavedra, Duque de Rivas, *Don Alvaro o la fuerza del sino* (1813)

Antonio Valdez (¿?), *Ollántay* (1827)

Antonio García Gutiérrez, *El trovador* (1836)

José Zorrilla, *Don Juan Tenorio* (1844)

Manuel de Ascencio Segura, *Ñã Catita* (1856)

Manuel Tamayo y Baus, *Un drama nuevo* (1867)

Hilario Ascasubi, *Santos Vega* (1872)

José Echegaray, *El gran galeoto* (1881)

Siglo XX

Florencio Sánchez, *La gringa* (1904)

Benito Pérez Galdós, *El abuelo* (1904)

---

*obras que aparecen en la antología

Jacinto Benavente, *Los intereses creados* (1907)
        El nietecito (1908)*
        La malquerida (1913)

Ramón del Valle Inclán, *Los cuernos de Don Friolera* (1921)
        La cabeza del Bautista (1924)

Armando Discépolo, *Stéfano* (1928)

Federico García Lorca, *La zapatera prodigiosa* (1930)
        Amor de don Perlimplín con Belisa en su jardín (1931)
        Bodas de sangre (1933)
        Yerma (1934)
        La casa de Bernarda Alba (1936)*

Roberto Arlt, *El desierto* (1942)

Samuel Eichenbaum, *Un tal Servando Díaz* (1942)

Xavier Villaurrutia, *Invitación a la muerte* (1944)

Alejandro Casona, *La dama del alba* (1944)
        La barca sin pescador (1945)

Rodolfo Usigli, *El gesticulador* (1947)
        Corona de sombra (1947)

Antonio Buero Vallejo, *En la ardiente oscuridad* (1950)

Rodolfo Usigli, *El niño y la niebla* (1951)

Alfonso Sastre, *Escuadra hacia la muerte* (1953)

Osvaldo Dragún, *Tupac Amarú* (1957)
        Historia del hombre que se convirtió en perro (1957)*

Carlos Solórzano, *Las manos de Dios* (1957)
        Los fantoches (1958)

Emilio Carballido, *Medusa* (1958)

Alfonso Sastre, *La cornada* (1960)

Sabastián Salazar Bondy, *El fabricante de deudas* (1962)

Griselda Gambaro, *Viejo matrimonio* (1965)

Lucía Quintero, *1 × 1 = 1, pero 1 + 1 = 2 (Verde angustiario*, 1968)*

Jaime Salom, *La piel del limón* (1976)

Roberto Cossa, *La nona* (1977)

Rodolf Sirera, *El veneno del teatro* (1978)

Fernando Fernán Gómez, *Las bicicletas son para el verano* (1978)

Carlos Gorostiza, *Papi* (1983)

José Luis Alonso de Santos, *Bajarse al moro* (1985)

Paloma Pedrero, *La llamada de Lauren* (1985)

Pilar Pombo, *Remedios* (1986)*

Antonio Buero Vallejo, *Lázaro en el laberinto* (1986)

Griselda Gámbaro, *Antígona furiosa* (1986)

Carlos Gorostiza, *Aeroplanos* (1990)

EL DRAMA: DEFINICION Y ORIGENES DEL GENERO

La palabra *drama* se deriva del griego *drao* (δραω) que quiere decir *hacer*, así que *drama* (δραμα) viene a significar *acción*. Por lo tanto, se podría definir el drama como «la representación artística de una acción interesante de la vida humana». Sin embargo, en contraste con la narrativa que relata esa acción o la poesía lírica que expresa los sentimientos del autor, la obra dramática coloca en un espacio determinado a unos *actores* que presentan de nuevo o *representan* la acción que el dramaturgo ha creado. El teatro, pues, es arte y como toda obra de arte es comunicación. La historia del género dramático comienza con sus dos formas principales: la *tragedia* y la *comedia* cuyas raíces se examinarán a continuación.

LA TRAGEDIA GRECOLATINA: CULTOS A DIONISOS Y A BACO

La tragedia es la forma más antigua del teatro y es de origen griego. No nació de una manera espontánea, sino como resultado de una evolución. La tragedia griega se originó de la lírica coral de carácter sagrado. Entre las múltiples ceremonias del pueblo griego estaban los cultos a Dionisos, dios del vino—el dios Baco de los romanos—símbolo de la alegría y de la fertilidad, pero también representación del ciclo *nacimiento, muerte* y *regeneración* de la naturaleza. En estas fiestas, mientras que el coro cantaba en honor de su dios, se sacrificaba un macho cabrío (*male goat*). De ahí que se denominara «canto del macho cabrío» (*goat song*) a este aspecto de la ceremonia que celebraba el lado más serio de Dionisos, que es lo que significa la palabra *tragedia* (τραγῳδία).

EVOLUCION DE LA TRAGEDIA: EL PROTAGONISTA Y EL DIALOGO

Con el tiempo, se fueron introduciendo algunos cambios. Primero se dividió el coro en dos partes, una formada por el coro mismo y la otra por un solo cantante que respondía al coro, quedando así constituido el personaje principal, el héroe, que más tarde se denominaría *protagonista* (πρωταγωνιστής). Esta división dio lugar al paso más importante, pues así surgió el *diálogo* que es el elemento esencial de la poesía dramática. Luego se introdujo un segundo actor y más tarde un tercero. En realidad, con excepción del protagonista, el teatro griego no necesitaba más personajes. Los otros podían representar varios papeles simplemente cambiándose de «persona» palabra que originariamente significaba *máscara* o personaje anónimo y múltiple. Hoy día el teatro ha vuelto a emplear la técnica del personaje múltiple—el llamado *personaje comodín*. Según se observará en la pieza de Osvaldo Dragún que aparece en la antología (p. 249), el *comodín* funciona algo así como el *joker*, carta que en el juego de naipes se usa para realizar varias jugadas.

EL CORO Y EL PUBLICO EN LA ESTRUCTURA DE LA TRAGEDIA CLASICA

Es preciso recordar que en Grecia el teatro no era pura diversión en esa época, sino un acto patriótico-cultural. Sólo había teatro en las fiestas dionisíacas. El coro, que se refería al pueblo, conservó en las representaciones dramáticas griegas un papel importante porque era un intermediario entre los actores y los espectadores y al mismo tiempo representaba el punto de vista del dramaturgo quien a través del coro maniobraba las emociones del público. Las interpretaciones del coro habían de ser, por consiguiente, muy poéticas o líricas—es decir *emocionantes*. Hay que tener en cuenta aquí que el contenido de la obra no era lo que atraía al espectador, puesto que lo que se representaba era leyendas o mitos de todos conocidos. Lo importante era el arte de que se valía el autor—el dramaturgo—para presentar una historia determinada. O sea, el público sabía más que el protagonista y esta ironía dramática o trágica causaba una gran emoción en el auditorio al ver cómo el héroe se encaminaba ciegamente hacia la catástrofe.

Los mayores dramaturgos clásicos son los griegos Esquilo, Eurípides, Sófocles y el romano Séneca. *Edipo Rey* de Sófocles ofrece un gran ejemplo de tragedia; sin embargo, Shakespeare compuso obras a las que muy bien se pudiera llamar tragedias al estilo clásico: *Julius Caesar, Macbeth, Othello*. En este siglo se han escrito dramas que también podrían alcanzar la altura de la tragedia, piezas como *Death of a Salesman* de Arthur Miller o *Bodas de sangre* de García Lorca.

A saber, lo que tienen en común todas esas obras—tanto las antiguas como las modernas—es la presencia de un protagonista que lucha valientemente contra un destino que lo persigue implacablemente hasta destruirlo.

LA COMEDIA Y LA FARSA: LA OTRA CARA DE LA MASCARA

Si la tragedia proviene de una ceremonia de carácter sagrado, austero, la comedia nació de las alegres canciones que el pueblo griego cantaba en las fiestas y orgías que se celebraban durante la vendimia (*grape harvest*). La palabra *comedia* viene del griego «comos» (κῶμος) que quiere decir **festín**. El carácter sexual y grosero de las primeras representaciones, cuyos temas giraban en torno a los ritos dionisíacos de la fertilidad, se perdió en gran parte al crearse la *comedia antigua*. Aquí el elemento que vino a predominar fue la *sátira*. Esta condujo con el tiempo a un nuevo y refinado tipo de representación, la *comedia nueva*, forma más convencional que fue luego imitada y perfeccionada por los grandes comediógrafos romanos Plauto (*Anfitrión, El soldado fanfarrón*) y Terencio (*El castigador de sí mismo, El eunuco*).

Mientras la comedia tiene un propósito ético o político, la *farsa* carece de todo mensaje. Su único propósito es hacer reír. Por otra parte, la diferencia entre la comedia y la farsa está en el tipo de cosa que motiva la risa. En la comedia, el humorismo se debe al carácter y comportamiento de los personajes que el lector o espectador *juzga* extraños y de ahí cómicos. Por eso, la risa es *reflexiva*. Al contrario, en la farsa, el humorismo radica en situaciones que son ridículas por ser absurdas, y de ahí que la risa sea *espontánea* y resulte *explosiva*.

Pero, ¿qué se entiende por **tono cómico**, tanto en las representaciones clásicas como en las contemporáneas? Se podría afirmar que se refiere a la manera alegre y divertida de presentar situaciones de la vida real, mostrando cuánto hay de ridículo en los seres humanos y en la vida misma. En consecuencia, así como la tragedia presenta la parte trágica de la condición humana, la comedia muestra el lado ligero de la vida.

EL TEATRO MEDIEVAL: LAS REPRESENTACIONES SAGRADAS Y LAS PROFANAS

En la Europa medieval, dominada por el fervor religioso, las primeras obras dramáticas se elaboraron alrededor de temas litúrgicos, o sea, relativos a los ritos católicos, como por ejemplo el nacimiento y la resurrección de Cristo. En España, además de estas piezas de tipo religioso o *sagrado*, en la Edad Media se produjeron otra de carácter *burlesco*, profano o secular.

LA REPRESENTACION DRAMATICA DE TIPO RELIGIOSO

Dentro del teatro sagrado se encuentran los *autos o misterios*, breves piezas que se representaron, primero en latín, luego en lenguaje popular, en las iglesias. La más antigua obra dramática de que se tiene conocimiento es el anónimo *Auto de los Reyes Magos* que data, aproximadamente, de fines del siglo XII o principios del XIII. Compuesta para celebrar la fiesta de la Epifanía (6 de enero), es decir, la adoración de Jesús por los Reyes Magos (the *Three Wise Men* or *Magi*) el fragmento que se conserva dramatiza en verso el dilema de los Reyes quienes discuten la alternativa que tienen de seguir o no la estrella de Belén. Si dichos fragmentos testimonian la existencia de un temprano teatro sagrado en España, la primera noticia histórica que se tiene de la representación de una pieza la proporciona el estreno (*first performance*) de la *Representación del Nacimiento de Nuestro Señor* de Gómez Manrique (¿1412–1490?) a mediados del siglo XV.

EL TEATRO SECULAR O DE CARACTER NO SAGRADO

De las primitivas representaciones burlescas poco se sabe, excepto que se llamaban farsas o juegos de escarnio (*scurrilous skits*)—piezas cómicas con fin paródico, en idioma vulgar que se representaban tanto dentro como fuera de las iglesias. Su importancia consiste en que iniciaron el drama secular destinado simplemente a entretener.

JUAN DEL ENCINA Y EL DRAMA SECULAR ESPAÑOL

El primer secularizador del drama español es Juan del Encina (¿1469–1529?). En sus piezas se notan las dos vertientes del teatro tradicional: la religiosa

(*Representaciones sagradas*) y la profana (*Auto del Repelón*). Las obras más representativas de Encina son sus *Eglogas*, composiciones dramáticas en verso de tipo pastoril o bucólico, en las que se representan los conflictos amorosos de los protagonistas, que son pastores. En estas composiciones se nota por lo tanto la evolución del drama litúrgico medieval hacia la nueva actitud humanística del Renacimiento que valoriza al hombre y su mundo.

LA CELESTINA Y EL PRINCIPIO DE UN NUEVO ARTE DRAMATICO

Como era de esperarse, la cosmovisión renacentista trajo a la escena un drama que enfocaba las pasiones humanas. A este respecto, la obra que más influyó en el desarrollo del teatro español es sin duda la *Celestina o Comedia de Calisto y Melibea* de Fernando de Rojas—entendiéndose originalmente por «comedia» cualquier obra dramática. La acción, a la vez poética y violenta, versa sobre los desdichados amores de dos jóvenes de noble familia, Calisto y Melibea, que se conocen por casualidad en la huerta de ésta. Mediante la intervención de Celestina, vieja alcahueta (*go-between*) contratada por los criados de Calisto, este joven ingenuo logra subir por medio de una escalera de cuerda a las habitaciones de su amada. La obra termina trágicamente con la caída accidental y fatal de Calisto, seguida a continuación por el suicidio de Melibea, quien se arroja desde lo alto de una torre, el asesinato de Celestina y la pena de muerte a que están sometidos los criados culpables del homicidio de ésta.

A pesar de no ser representable por su extensión, esta obra ha sido denominada también novela dramática, pues contiene varios elementos que la colocan dentro del género teatral. En verdad, su estructura es la de una obra de teatro. Lo confirman principalmente su forma dialogada, su división en actos (veintiuno) y el título que se le dio en la edición definitiva de Sevilla: *Tragicomedia de Calisto y Melibea* (1502). Literariamente, la *Celestina*, por su espíritu humanístico evidente en la autonomía o libre albedrío concedido a los personajes y en la fusión de risa y llanto, de amor y odio, de ternura y extremada violencia, abre caminos para la *comedia* o drama español del Siglo de Oro y, a la postre, para el drama romántico del siglo XIX.

LOPE DE VEGA Y LAS DOS ETAPAS DEL TEATRO ESPAÑOL DEL SIGLO DE ORO

El teatro renacentista peninsular se desarrolla a lo largo de dos fases o etapas. La una precede al dramaturgo Lope de Vega, la otra comienza con su producción dramática. A la fase anterior a Lope corresponden aquellas obras que ponen las bases para un teatro nacional. La segunda, dominada cualitativa y cuantitativamente por este gran dramaturgo, representa la plenitud o el punto más alto de la *comedia* del Siglo de Oro. Dentro del drama anterior a Lope se encuentran los dramaturgos: Gil Vicente que escribió tanto en castellano como en portugués; Bartolomé de Torres Naharro, el primer escritor que propuso reglas sobre la composición de las obras de teatro; Lope de Rueda, creador de los *pasos* o breves escenas de la vida diaria que consolidaron el teatro popular, y Juan de la Cueva, quien enfatizó la tradición épica con sus piezas de temas nacionales, que será una de las fuentes más ricas del teatro a partir de Lope de Vega.

EL TEATRO DE MIGUEL DE CERVANTES

Además de predominar en el campo de la narrativa, Cervantes no deja de contribuir al género dramático donde destacan sus *Ocho comedias y ocho entremeses* (1615) nunca representadas. En los *entremeses*—breves cuadros populares al estilo de los *pasos*, que se solían representar entre uno y otro acto o «jornada» de una *comedia*—Cervantes satiriza las malas costumbres y los vicios de su tiempo. Por ejemplo, en *El viejo celoso*, obra que se incluye en esta antología (p. 234), Cervantes se ríe de uno de los tipos sociales más vulnerables: el marido burlado.

FLORECIMIENTO Y APOGEO DEL TEATRO NACIONAL: LOPE Y CALDERON

El drama español del siglo XVII coincide con la postrera fase del Renacimiento y con el principio y fin de la época barroca. Dicho teatro se agrupa en torno a dos *figuras cumbres*: Lope de Vega y Calderón de la Barca. La importancia de Lope radica en el hecho de que fue él quien formuló las normas para todas las producciones dramáticas del siglo. Calderón, por otra parte, añadió a la fórmula de Lope los novedosos recursos que caracterizarían el teatro barroco.

EL DRAMA DE LOPE DE VEGA

Así como Cervantes es considerado el padre de la narrativa, tal como se pone de manifiesto en el *Quijote*, así también se puede decir que la comedia o drama español del Siglo de Oro—la época más fértil de la literatura peninsular—debe su mayor tributo a Lope de Vega. En su *Arte nuevo de hacer comedias* (1609), Lope sugiere una serie de medidas destinadas a acentuar la autonomía y el individualismo del dramaturgo español. Sus fórmulas teatrales están magistralmente aplicadas a sus propias comedias, las más destacadas y típicas de la época. Rompiendo con la tradición clásica y volviendo la mirada hacia la Edad Media, pero sin olvidar las tendencias humanísticas, Lope propuso un teatro original, popular, basado en la tradición ideológica y artística de su país. Ante todo, para Lope, el drama debía satisfacer totalmente al público que pagaba para ser entretenido. Por lo tanto, las nuevas normas favorecen la espontaneidad en el lenguaje. Este debía reproducir el habla de las distintas clases sociales. Luego, para mantener viva la atención del auditorio, Lope optaba por prolongar el suspenso de la comedia hasta mediados del último acto—el tercero. Lope también sugiere que se alterne regularmente lo trágico con lo cómico, una convención manifestada asimismo en la representación de una pieza corta y liviana—el entremés (*interlude*)—colocada entre una acción dramática y otra. Queda consolidado así el papel del *gracioso*, personaje cuya función era la de representar el elemento cómico y contrastante (*comic relief*) dentro de la estructura total de la obra. Las comedias más conocidas de Lope son las que tratan del tema de la *honra* o del honor. En esta categoría figuran obras como *Peribáñez y el comendador de Ocaña* (1613), *El mejor alcalde el Rey* (1614) y *Fuenteovejuna* (1619). También de gran éxito e influencia en la dramaturgia del siglo XVII son las *comedias de capa y espada* (*cloak-and-dagger plays*). En éstas, miembros de las altas clases sociales luchan por conquistar el amor o defender el honor de una dama, casi siempre con la complicidad de sus fieles servidores, los *graciosos*. Típica de este tipo de comedia es *Amar sin saber a quién* que Lope compuso en 1630.

PEDRO CALDERON DE LA BARCA Y EL DRAMA BARROCO

Es importantísimo el papel de Calderón en el desarrollo del arte dramático hispánico. Para evaluar su obra hay que tener presente que por su formación jesuita, siente de modo especial la inquietud espiritual y el ambiente de introspección que predomina en España como consecuencia de la Contrarreforma. Como artista, Calderón sigue dos caminos: uno le lleva a enriquecer con efectos escénicos, simbolismo y poesía, la forma dramática tradicional—el *auto sacramental*. El otro conduce a Calderón a abandonar o a alterar los temas nacionales y populares observando el mundo subjetivamente, desde adentro. El resultado es un teatro eminentemente barroco, que se desvía de la simplicidad y espontaneidad tradicionales y pone su énfasis en la profundidad de las ideas y la perfecta composición y forma del drama. Estos cambios son evidentes en ciertas piezas históricas como *El alcalde de Zalamea* (c. 1642), en donde el dramaturgo usa marginalmente los eventos sobre los cuales gira el drama, para crear en cambio, una serie de personajes verosímiles y complejos. En tragedias como *El médico de su honra* (1635), en que se plantea el tema del honor conyugal, Calderón defiende el derecho del marido de matar a su esposa tras la menor sospecha de infidelidad. En *La vida es sueño* (1635), su obra maestra, es evidente el énfasis que pone el autor en la educación moral y el uso que hace de efectos sensoriales y llamativos. Esto muestra la distancia que separa el arte dramático barroco del teatro realista anterior cuyo único fin era entretener. De hecho, Calderón crea aquí una pieza filosófica y al mismo tiempo de innegable timbre poético. En ella el dramaturgo, utilizando una compleja abstracción, propone que la vida no es más que un gran sueño que puede acabar en cualquier momento. Por esta razón, el ser humano es exhortado a dominar sus pasiones, sus instintos, para cumplir un destino superior—el de alcanzar la salvación eterna.

LOS HEREDEROS DE LA TRADICION DE LOPE DE VEGA

Entre los seguidores más distinguidos de la tradición dramática de Lope, aparte de Calderón, se encuentran en primer término Tirso de Molina y Juan Ruiz de Alarcón. Cada uno aportó recursos ideológicos y estilísticos propios del arte teatral del Siglo de Oro. Tirso contribuyó con *El burlador de Sevilla* (1630), no sólo a las letras españolas sino a la literatura universal, creando el famoso personaje de Don Juan Tenorio, el legendario libertino y seductor de mujeres. En cuanto a Juan Ruiz de Alarcón, resulta algo singular su papel: aunque nacido y educado en México, éste se radicó en Madrid y allí cultivó las letras, lo que hizo que se le considerara ante todo español. Con razón, el teatro de Ruiz de Alarcón retrata fielmente y con fuerte espíritu moralizador a ciertos *tipos* de la sociedad peninsular de la época. Los valores de su teatro son más de tipo moral que de tipo estético. Su mejor comedia es *La verdad sospechosa* (1630), en la que se estudia con destreza al personaje del mentiroso.

EL TEATRO EN LAS COLONIAS ESPAÑOLAS ULTRAMARINAS

El arte dramático colonial cuenta en la América Hispana con dos figuras de relieve. La primera es el español Fernán González de Eslava, cuyos *entremeses* de carácter picaresco y popular son lo mejor que hay en la dramaturgia del siglo XVI. No se sabe que existan comediógrafos nativos de América hasta la época barroca, en la que aparece la mexicana Sor Juana Inés de la Cruz. Inspirada por el drama de Calderón, Sor Juana introduce en su teatro (*Los empeños de una casa, El Divino Narciso*, 1689) elementos locales, tales como un *gracioso* mexicano, bailes y canciones folklóricos y hasta algunas referencias a ritos aztecas.

LA DRAMATURGIA DEL VIEJO Y DEL NUEVO MUNDO EN EL SIGLO XVIII

En en llamado Siglo de las Luces atraviesan el teatro español dos corrientes distintas: el Neoclasicismo y la tradición dramática del Siglo de Oro. La primera, el Neoclasicismo francés representado por Vicente García de la Huerta (*Raquel*, 1778), y Leandro Fernández Moratín (*El sí de las niñas*, 1806), tuvo poco éxito. En cambio, el teatro tradicional de Ramón de la Cruz con sus *Sainetes* (1786–1791), algo parecidos a los pasos y los entremeses, pero en verso, resultó muy popular. Estas breves piezas, son cuadros satíricos llenos de realismo que retratan las clases media y baja—su lenguaje, sus costumbres y el comportamiento de los varios y distintos tipos sociales.

El teatro hispanoamericano de la época produce una sola obra de mérito artístico. Se trata de *Ollántay*, pieza auténticamente indígena que contiene valiosos elementos históricos y artísticos, por lo cual se han hecho de ella traducciones y adaptaciones en varios idiomas. Dicha obra, que trata del amor de Ollántay, jefe indio de orígenes humildes, por la princesa incaica Cusi Coyllur, fue descubierta—o posiblemente escrita—por el padre Antonio Valdez en el Perú y difundida en 1827.

EL ROMANTICISMO EN EL TEATRO ESPAÑOL DECIMONONICO

Era lógico que el Romanticismo, caracterizado por el espíritu de renovación artística, por el énfasis en la autonomía del escritor y por su predilección por el pasado histórico, afectara de modo particular el arte teatral. A saber, el dramaturgo español no tiene que ir a buscar el ambiente romántico fuera de su casa, sino que siguiendo el camino trazado por los comediantes del Siglo de Oro y luego por Ramón de la Cruz, vuelve con renovado ardor a su propia tradición y se inspira en sus ricos antecedentes literarios. Sobresale entre los comediógrafos españoles Angel de Saavedra, Duque de Rivas, cuyo drama *Don Alvaro o la fuerza del sino* (1813) inspiró la ópera *La forza del destino* (1862) del italiano Giuseppe Verdi (1813–1901). La pieza del Duque de Rivas ejemplifica el melodrama romántico con sus amantes virtuosos, víctimas de un fatal destino. Otras características del drama romántico presentes en *La fuerza del sino* son (1) la unión de la prosa con el verso (2) la fusión de lo trágico con lo cómico (3) el abundante color local (4) los vistosos efectos escénicos (5) el gran número de personajes (6) los protagonistas estereotipados (7) la acción dinámica—todo esto comprimido en cinco actos que pueden abarcar muchos años y ocurrir en distintos lugares.

Otros logros del teatro romántico español son *El trovador* (1836) de Antonio García Gutiérrez, fuente de otra gran ópera de Verdi (*Il trovatore*, 1853), y *Don Juan Tenorio* (1844) de José Zorrilla. Esta obra, basada en *El burlador de Sevilla* de Tirso de Molina, resultó aún más popular que la comedia original y fue fuente de inspiración de muchos escritos y composiciones musicales.

EL TEATRO ROMANTICO HISPANOAMERICANO

Si en España la dramaturgia romántica produjo obras de gran valor, en las colonias no fue así. El dramaturgo más importante del Romanticismo hispanoamericano es Manuel de Ascencio Segura y su obra de mayor relieve es *Ña Catita* (1856), comedia reconocida como obra clásica del teatro peruano. El mérito de la pieza se deriva de la diestra caracterización de Ña (Doña) Catita, especie de *Celestina*, y de los pintorescos cuadros de costumbres limeñas.

LA PRODUCCION DRAMATICA DE SELLO REALISTA: EL TEATRO SOCIAL

Como ya se ha dicho, la obra realista sirvió en la segunda mitad del siglo XIX como un instrumento de concientización, denuncia y combate. Así como en la narrativa, también en el drama el autor asume el papel de artista «comprometido», siendo su causa la lucha contra el desequilibrio social y los males que de él se derivan. En esa época la influencia del teatro social con fin reformista del dramaturgo noruego Henrik Ibsen (1828–1906) se hace sentir por toda Europa. En contraste con los efectos emotivos que buscaba el teatro romántico, las piezas de carácter social o realista contienen una *tesis* que es su razón de ser. Como tal, el propósito del drama ya no es simplemente entretener. El dramaturgo, igual que el novelista o el cuentista, siente la necesidad de retratar con fidelidad la realidad física y sicológica de la sociedad para concientizar al público y despertar la esperanza de lograr una vida mejor. Es lo que se proponen hacer en España autores como Manuel Tamayo y Baus (*Un drama nuevo*, 1867) y José Echegaray (*El gran galeoto*, 1881). El éxito de la misión artística y humanitaria de Echegaray es atestiguada por el Premio Nóbel de Literatura que se le otorgó en 1904—la primera vez que se le concedía tal honor a un escritor hispánico.

EL TEATRO DE GALDOS: UN REALISMO PARTICULAR

Así como en la narrativa, también en el género dramático hay que reservar a Benito Pérez Galdós un lugar especial. Sus piezas, que representan el llamado *teatro de ideas y realista*, le ubican entre los grandes dramaturgos de España. Varias de sus comedias y dramas son apenas arreglos escénicos de novelas (*Doña Perfecta*, 1876; *La loca de la casa*, 1892) o piezas en las que el autor sostiene una tesis que exalta por lo regular la voluntad, el estoicismo y el trabajo frente a los prejuicios que frustran la iniciativa individual. Sin embargo, sus mejores obras son aquellas en donde se realiza la perfecta fusión del realismo social con la postura filosófica del autor. Este es el caso de *El abuelo* (1904), drama que en sí reúne armoniosamente *ideas* y *emoción*. Aquí un viejo conde tiene que adivinar cuál de sus dos nietas, muy parecidas físicamente, es su legítima heredera. Al final, el anciano, al descubrir que la verdadera nieta no es la que parecía serlo exteriormente, sino la otra, la bastarda, aprende una lección muy importante: que la única nobleza es la que proviene del corazón y no la que se hereda mediante la sangre.

EL CRIOLLISMO EN EL TEATRO REALISTA HISPANOAMERICANO

El Realismo de Hispanoamérica tenía sus propios motivos para poner sus obras al servicio de una causa social, según se observó al hablar de la narrativa. Asimismo, el dramaturgo hispanoamericano encontró que su modalidad artística presentaba una excelente oportunidad de crear un teatro auténtico en el que figuraran temas americanos, un lenguaje genuino y técnicas creadas para un tipo novedoso de obra: el teatro *criollista*.

Los primeros intentos dramáticos son de tipo gauchesco, en su mayor parte refundiciones y adaptaciones de obras maestras como *Santos Vega* (1872) de Hilario Ascasubi y *Martín Fierro* de José Hernández. A pesar de otras tentativas por originar un teatro realista fuera de la Argentina, el único comediógrafo criollista de fama internacional es el uruguayo Florencio Sánchez. En su teatro Sánchez abandona la fórmula gauchesca de tipo sentimentalista y costumbrista para examinar no tanto los problemas sociales de un Río de la Plata en transición, sino los hondos conflictos sicológicos y morales de sus habitantes. Esto es lo que se percibe en *La gringa* (1904), la obra más celebrada de este escritor uruguayo. Aquí se dramatiza simbólicamente la problemática social y humana con la que se enfrentan el emigrante europeo y el descendiente del gaucho—conflicto del cual surgirán un nuevo país y un nuevo tipo de gente.

LA DRAMATURGIA DE LA GENERACION DEL 98 EN ESPAÑA

Lo que aúna más que nada a los dramaturgos de la Generación del 98, como se observó que ocurre entre los narradores y los poetas, es su fervor regenerativo. Por otra parte, se diferencian el uno del otro en virtud de su función dentro del desarrollo de un nuevo teatro—función a la que contribuyen el temperamento, la cosmovisión y el arte de los distintos escritores. Jacinto Benavente desempeña un papel fundamental: renueva el teatro nacional modernizándolo y acercándolo así al teatro de otros países europeos. Su producción, que ganaría para España el segundo Premio Nóbel de Literatura (1922), podría dividirse en varias clases: (1) las piezas cosmopolitas (*La noche del sábado*, 1903); (2) los dramas pasionales y trágicos (*Más fuerte que el amor*, 1906); (3) la comedia al estilo de la farsa italiana de la *commedia dell'arte* (*Los intereses creados*, 1907); (4) los dramas negros (*El nietecito*, 1909); y (5) los dramas rurales (*La malquerida*, 1913).

En *El nietecito* (1909), que aparece en la sección antológica de este libro (p. 243), Benavente se vale de su profundo conocimiento de la sicología humana para dar un toque moderno a una antigua anécdota popular. En su versión, el autor hace que un niño, inocente, pero poseedor de una sabiduría instintiva, insospechada por sus padres, dé a éstos una lección moral humillante, pero valiosísima.

Otra gran figura del teatro de la Generación del 98 es Ramón del Valle Inclán. Sus farsas en prosa y en verso constituyen una nueva estética de cuño neo-vanguardista. Más que irreverentes retratos de la sociedad española de la época, son caricaturas grotescas o «esperpénticas» de escenas de la vida diaria, que el autor distorsiona hasta reducirlas a una farsa monstruosa. Típicas de este tipo de producción son las piezas en prosa *Los cuernos de Don Friolera* (1921), de asunto farsesco, con incidentes brutales, y *La cabeza del Bautista* (1924), drama popular y moderno que representa a los personajes bíblicos Herodes, Salomé y San Juan Bautista como muñecos grotescos que luchan en vano contra sus más bajos instintos e inclinaciones materialistas.

GARCIA LORCA Y EL DRAMA DE LA GENERACION DEL 27

Figura cumbre de la poesía de dicha generación, Federico García Lorca se distingue asimismo como comediógrafo. El suyo es un teatro eminentemente poético cuya fuente de inspiración es sobre todo la tradición literaria y folklórica de su tierra. Sus obras de teatro se inscriben en dos vertientes: la vertiente puramente lírica y la dramática. En la primera categoría sobresalen *La zapatera prodigiosa* (1930) y *Amor de don Perlimplín con Belisa en su jardín* (1931). Con todo, sus mejores piezas hay que buscarlas en sus obras dramáticas: *Bodas de sangre* (1933), *Yerma* (1934) y *La casa de Bernarda Alba* (1936). En esa trilogía se encuentra el tema más caro a García Lorca, el del amor frustrado. Sirviéndose de una atmósfera poética, semi-real, el autor representa el amor como una fuerza instintiva, vital, mágica, en lucha constante contra la realidad cotidiana, o sea, contra el orden social y moral. Simbolizada por la mujer, dicha fuerza irónicamente encamina al hombre hacia una muerte trágica, particularmente dolorosa para el personaje femenino cuyo destino es un vivir frustrado en sus varios papeles de madre, amante y hermana.

Esta visión se podrá observar en *La casa de Bernarda Alba*—drama que figura en esta antología (p. 274)—en el cual, singularmente, la denuncia social de Lorca se impone a su consabido lirismo. En la pieza, la menor de cinco hijas solteras paga con su vida como resultado del choque de su pasión juvenil con el celo morboso de una vieja madre obsesionada por salvaguardar la honra familiar.

EL TEATRO ESPAÑOL ANTERIOR A LA CAIDA DEL GOBIERNO DE FRANCO

Al hablar del teatro moderno en España hay que considerar dos fases esenciales: la que precede a la muerte del dictador Francisco Franco, en 1975, y la que le sigue. Dentro de la primera, los dramaturgos de mayor resonancia son Alejandro Casona, Antonio Buero Vallejo y Alfonso Sastre. En *La dama del alba* (1940) y *La barca sin pescador* (1945) de Casona, obras que giran en torno al tema de la muerte y al encuentro de la realidad con la fantasía, se perfila la influencia del *teatro sicológico* de Benavente y del *mundo poético* de Lorca. En cambio, Buero Vallejo (*En la ardiente oscuridad*, 1950) usa como punto de partida la realidad física: los personajes y el ambiente de sus piezas. Estos son luego revestidos de significaciones simbólicas que representan el mundo metafísico, es decir, aquellos fenómenos que no se explican con la lógica o con los sentidos. La obra de Sastre representa lo mejor del *teatro sicológico y existencial* de esa primera generación. Típicas de la visión trágica de la vida que caracteriza a Sastre son *Escuadra hacia la muerte* (1953) y *La cornada* (1960). En éstas, como en sus otras obras, el personaje principal es perseguido por la muerte violenta.

En esta fase del teatro de la época franquista, hay que señalar el «Nuevo teatro español» encabezado por José Ruibal. Representativos de su arte son *El hombre y la mosca* (1968), *La máquina de pedir* (1970), así como las piezas cortas «El rabo», «El padre» y «Los ojos» (1968). Esta última ofrece un magnífico ejemplo del llamado *teatro de la crueldad*.

EL TEATRO PENINSULAR DE LAS ULTIMAS DECADAS

Tras la muerte de Franco (1975) ocurre en España una explosión cultural que comienza con las artes visuales y afecta a la postre el cine y la literatura. Eventos históricos como la promulgación de una nueva constitución (1978), la elección de un gobierno socialista (1982), la integración de España a la OTAN el mismo año y luego a la Comunidad Económica Europea en 1986, crean en los españoles un profundo sentido de orgullo nacional y, a la vez, una verdadera obsesión con la «europeización» del país. La época de transición entre el régimen totalitario y ultraconservador de Franco y el nuevo gobierno democrático que concede al pueblo inesperadas libertades, engendra dos fenómenos. En primer lugar, hace posible que ciertos escritores divulguen finalmente obras anteriormente censuradas o que expresen libremente sus ideas. En segundo, engendra toda una generación de jóvenes artistas dedicados a cuestionar el *status quo* y a experimentar nuevas alternativas. Tal es el caso de dramaturgos como Jaime Salom (*La piel del limón*, 1976), Rodolf Sirera (*El veneno del teatro*, 1978) y Fernando Fernán-Gómez (*Las bicicletas son para el verano*, 1978). Las piezas de dichos autores ponen en tela de juicio los patrones sociales y económicos de la España tradicionalista y católica de la época que siguió a la Guerra Civil. Otros dramaturgos—José Luis Alonso de Santos (*Bajarse al moro*, 1985), Paloma Pedrero

(*La llamada de Lauren*, 1985), Pilar Pombo (*Remedios*, 1986) (p. 265) y Antonio Buero Vallejo (*Lázaro en el laberinto*, 1986)—examinan una gran variedad de dilemas con los que se enfrentan hoy día España y el resto del mundo. Se trata de conflictos creados por la lucha entre los valores espirituales y los materiales, las diferencias de clase, los cambios en el papel del hombre y de la mujer, las relaciones entre sexos y entre generaciones. En la pieza de Pombo seleccionada para esta antología, la anciana Remedios toma conciencia de la indiferencia y del maltrato a que está sometida en la casa de sus hijos. En vez de darse por vencida y aceptar el destino reservado tradicionalmente a las viudas de su edad, la protagonista busca y encuentra una feliz solución.

EL ARTE DRAMATICO HISPANOAMERICANO DE LA ACTUALIDAD

El teatro contemporáneo de Hispanoamérica cuenta con una serie de autores que siguen en cierto sentido el camino trazado por Florencio Sánchez, con su énfasis en la problemática sicológica y moral de la nueva raza americana. Con todo, el impacto de las dos guerras mundiales, particularmente la segunda, da un ímpetu extraordinario al género dramático. Se abrevian como nunca las distancias intercontinentales. El teatro experimental europeo irrumpe en el Nuevo Mundo con aportes, primero del irlandés George Bernard Shaw (1856–1950) y del italiano Luigi Pirandello (1867–1936), luego del francés Jean Giraudoux (1882–1944) y de García Lorca.

En tiempos más recientes la dramaturgia hispanoamericana se enriquece con la contribución, entre otros, del alemán Bertolt Brecht (1898–1956) y de los norteamericanos Tennessee Williams (1911–1983) y Arthur Miller (1915–   ). Nace así un teatro híbrido donde se funden lo americano con lo universal, lo poético con lo filosófico e ideológico, lo real con lo irreal y así sucesivamente. La influencia de las obras existencialistas, del *teatro del absurdo* y *de concientización* (*consciousness-raising*) se hace patente en un número cada vez mayor de dramaturgos que utilizan temas y recursos propios para crear un teatro genuinamente autóctono, es decir, puramente hispanoamericano. Es éste en gran parte un teatro comprometido y de protesta, en el que además de asumir un compromiso político, el artista aborda temas existencialistas como la deshumanización del hombre moderno.

Entre los escritores más destacados del nuevo teatro hispanoamericano figuran los mexicanos Xavier Villaurrutia (*La hiedra*, 1941; *Invitación a la muerte*, 1944); Rodolfo Usigli (*El gesticulador*, 1947; *Corona de sombra*, 1947; *El niño y la niebla*, 1951) y Emilio Carballido (*Medusa*, 1958). Asimismo, hay que indicar el teatro del guatemalteco, naturalizado mexicano, Carlos Solórzano (*Las manos de Dios*, 1957; *Los fantoches*, 1958) y del peruano Sebastián Salazar Bondy (*El fabricante de deudas*, 1962). En la Argentina se distinguen Samuel Eichenbaum (*Un tal Servando Díaz*, 1942), Roberto Arlt (*El desierto*, 1942), Conrado Nalé Roxlo (*Una viuda difícil*, 1944), Osvaldo Dragún, (*Tupac Amarú, El hombre que se convirtió en perro*, 1957) Carlos Gorostiza (*Papi*, 1983; *Aeroplanos*, 1990), Griselda Gambaro (*Viejo matrimonio*, 1965; *Antígona furiosa*, 1986).

Un tipo de teatro eminentemente americano es el llamado *grotesco criollo*. Aquí la temática gira en torno a la angustia del inmigrante europeo—generalmente italiano—frustrado en su intento de integrarse a la sociedad argentina o «criolla». Según se nota en piezas como *Stéfano* (1928) de Armando Discépolo, iniciador de ese teatro, lo «grotesco» consiste en la discrepancia entre la vida trágica del personaje y la comicidad de las *situaciones* en las que participa involuntariamente. Lo cómico, e invariablemente patético y conmovedor, proviene también del *personaje* mismo y de su *habla*. Ese personaje, por mucho que se esfuerce por parecer criollo, no puede menos de ser torpe, a lo que contribuye considerablemente su extraña y, de ahí, ridícula, jerga ítalo-argentina.

Dentro de este mismo tipo de teatro se inscriben también algunos dramaturgos de la Generación argentina del 60—escritores que si por un lado denunciaron la política del ex-dictador Juan Domingo Perón (1946–1955), por otro, rechazaron los gobiernos caóticos e ineficientes que reemplazaron el peronismo. Entre los dramaturgos más distinguidos de este grupo hay que incluir a Roberto Cossa. En *La Nona* (1977) Cossa cuestiona uno de los falsos mitos del peronismo: la familia como núcleo social protector, custodio y única salvación del individuo.

En el presente libro se incluyen piezas que ponen de manifiesto la hermandad ideológica y la contribución individual de dos representantes de la nueva dramaturgia hispanoamericana. La una, *Historia del hombre que se convirtió en perro* (p. 249) del ya mencionado Osvaldo Dragún, ejemplifica el *teatro del absurdo* mostrando un aspecto patético de la vida actual. Combinando su postura existencialista con el compromiso político y con una técnica novedosa, el autor *satiriza* la problemática del hombre moderno, obligado a sacrificar su integridad personal y a deshumanizarse para sobrevivir en una sociedad tecnocrática e impersonal. La otra pieza, *1 × 1 = 1, pero 1 + 1 = 2* (p. 256) de la portorriqueña Lucía Quintero, ilustra el *teatro oblicuo*. En éste, las piezas son breves y no tienen principio ni fin. En ellas nada es convencional o directo y se caracterizan todas por su ambigüedad y por cierta idea que se repite indefinidamente en el diálogo. La mencionada obra de Quintero, que aparece en la sección antológica de este libro, se desarrolla en un sanatorio, especie de prisión para dementes peligrosos. Irónicamente, los únicos locos son los propios miembros del personal médico. Con el fin de poner de manifiesto la ironía implícita en el carácter absurdo y trágico de la condición humana, la autora se vale de un marcado humor negro, así como de circunstancias inesperadas y de diálogos espontáneos, pero irracionales.

PRACTICA

Cuestionario

1. ¿Qué significa literalmente el término «drama»? ¿Cuál es la diferencia básica entre el género dramático y la narrativa o la poesía?
2. ¿Qué papeles desempeñaron desde los orígenes de la tragedia los siguientes elementos: ¿el coro? ¿el protagonista? ¿el «personaje comodín»?

3. ¿En qué se diferencian la tragedia de la comedia y ésta de la farsa?

4. ¿Cuál es la primera obra dramática española y a qué siglo se remonta?

5. ¿Por qué se considera *La Celestina* una obra-clave en la evolución del teatro español? En otras palabras, ¿qué elementos *estructurales* y *conceptuales* hacen de ella una obra eminentemente dramática de tipo humanista, precursora de la «comedia» del Siglo de Oro y de las piezas románticas del siglo XIX?

6. ¿Qué importancia tiene el *Arte nuevo de hacer comedias* de Lope de Vega en la historia del teatro español? ¿Qué precedentes establece el libro respecto a lo siguiente: ¿el público? ¿la acción? ¿la caracterización? ¿el lenguaje? ¿la estructura dramática en lo que concierne a la división en actos y a los elementos cómicos y trágicos?

7. ¿A qué se debe la popularidad del personaje de Don Juan? ¿Quién fue su creador? ¿Quién fue otro de los grandes dramaturgos seguidores de Lope? ¿Cómo se caracterizó su teatro?

8. ¿En qué sentido se podría decir que Pedro Calderón de la Barca, al escribir su obra maestra, *La vida es sueño*, rompe con la tradición dramática española? ¿Qué elementos barrocos de la pieza muestran su carácter innovador?

9. En España, ¿qué características despliega el melodrama romántico del siglo XIX en cuanto a caracterización, ambiente, trama, tema, estructura de la pieza y efectos escénicos? Mencione tres dramaturgos españoles sobresalientes y sus respectivas obras maestras.

10. ¿Qué representa *La gringa* para el teatro hispanoamericano? ¿De qué trata el asunto?

11. ¿Dentro de qué grupo de escritores españoles cabe Jacinto Benavente? ¿A qué se debe su fama? ¿A qué categoría de su producción teatral pertenece la pieza *El nietecito*?

12. ¿Qué características temáticas y estilísticas sobresalen en el teatro de Federico García Lorca? ¿En qué sentido es típica del teatro lorquiano *La casa de Bernarda Alba* y en qué respecto se aleja de las demás obras?

13. ¿Qué debe el teatro del español Alejandro Casona al de Benavente y al de García Lorca? ¿Qué temas enfocan las piezas de Casona?

14. ¿En qué consiste la «hermandad» que une a los dramaturgos contemporáneos del «nuevo teatro» hispanoamericano? Es decir, ¿qué preocupaciones comparten?

Identificaciones

1. Dionisos y Baco
2. la comedia y la farsa
3. el *Auto de los Reyes Magos*
4. Calisto y Melibea
5. los entremeses
6. el «gracioso»
7. *El burlador de Sevilla*
8. la comedia de capa y espada
9. Ramón de la Cruz
10. *Ollántay*
11. José Echegaray
12. el teatro «criollista»
13. Alfonso Sastre
14. el «teatro del absurdo» y «de concientización»

EL DRAMA: GUIA GENERAL PARA EL LECTOR

1. ¿Cuál es el marco escénico de la obra? ¿Se explica en detalle o no?
2. ¿Quiénes son los personajes y cuáles son las relaciones entre ellos? ¿Cuáles son actores y cuáles son actantes?
3. ¿Qué situación dramática se presenta en la obra? ¿Cómo progresa la acción de la obra? ¿Cuáles son las etapas de esa acción?
4. ¿Cuáles son las divisiones formales del texto?
5. ¿Cómo se puede clasificar el diálogo de la obra? ¿Cuáles son los elementos lingüísticos más significativos? ¿Son breves o largas las oraciones? ¿Se identifican los personajes a través de lo que dicen?
6. ¿Qué importancia tienen las acotaciones escénicas?
7. ¿Cuál es el tema principal de la obra? ¿Cuáles son los temas secundarios? ¿Tiene la obra un fin didáctico o comprometido?
8. En la obra, ¿se pone más énfasis en la creación de una empatía entre actor y espectador (lector) o en una separación sentimental y un acercamiento intelectual a la situación dramática? ¿Hay ejemplos de metateatro?
9. ¿Cuáles son los aspectos visuales sobresalientes de la obra?
10. Si usted fuera director, ¿cómo montaría la obra en el escenario?

LECTURAS

MIGUEL DE CERVANTES SAAVEDRA

Miguel de Cervantes Saavedra (1547–1616), nació en Alcalá de Henares, ciudad universitaria cerca de Madrid. Su fecundidad literaria, su profundo don de observación, su hondo concepto de la vida, la riqueza de sus descripciones hacen de su obra una joya de la literatura de todos los tiempos y de todos los pueblos. Sería imposible dar una idea de su gigantesca obra. *Don Quijote,* su creación máxima, es el libro más leído y más traducido a otras lenguas después de la Biblia. Poeta, dramaturgo y novelista, escribió las *Novelas ejemplares* (1613), llenas de vida y color; *La Galatea* (1585), que es una especie de novela pastoril; y otras muchas obras. Entre sus comedias hay que mencionar *El cerco de Numancia* y *El trato de Argel,* además de sus *Entremeses,* en los que su arte cómico no tiene rival en todo el arte clásico español.

Entremés de El viejo celoso

(*Salen* DOÑA LORENZA *y* CRISTINA, *su criada, y* HORTIGOSA, *su vecina.*)

DOÑA LORENZA: Milagro ha sido éste, señora Hortigosa, el no haber dado la vuelta a la llave mi duelo, mi yugo y mi desesperación.[a] Este es el primer día, después que me casé con él, que hablo con persona fuera de casa. ¡Que
5 fuera le vea yo de esta vida a él y a quien con él me casó!

HORTIGOSA: Ande, mi señora doña Lorenza, no se queje tanto, que con una caldera vieja se compra otra nueva.[b]

DOÑA LORENZA: Y aun con esos y otros semejantes villancicos o refranes me engañaron a mí. ¡Que malditos sean sus dineros, fuera de las cruces;[1] malditas
10 sus joyas, malditas sus galas y maldito todo cuanto me da y promete! ¿De qué me sirve a mí todo aquesto,[2] si en mitad de la riqueza estoy pobre, y en medio de la abundancia con hambre?

CRISTINA: En verdad, señora tía, que tienes razón: que más quisiera yo andar con un trapo[3] atrás y otro adelante, y tener un marido mozo, que verme casada y
15 enlodada[4] con ese viejo podrido[5] que tomaste por esposo.

---

[1] fuera... excepto las cruces que llevaban grabadas las monedas
[2] forma arcaica de **esto**
[3] pedazo de tela
[4] *bogged down*
[5] *rotten*

---

[a] Milagro... Ha sido un milagro el que mi marido no haya cerrado la puerta. (La esposa se refiere al marido llamándolo duelo (*grief*), yugo (*yoke, oppressive authority*) y desesperación para indicar que es un viejo celoso.)
[b] con... Al morir el viejo, con su dinero ella podría conseguir un marido joven.

DOÑA LORENZA: ¿Yo lo tomé, sobrina? A la fe, diómele quien pudo y yo, como muchacha, fui más presta al obedecer que al contradecir. Pero si yo tuviera tanta experiencia de estas cosas, antes me tarazara la lengua con los dientes que pronunciar aquel sí,[c] que se pronuncia con dos letras y da por llorar dos mil años. Pero yo imagino que no fue otra cosa sino que había de ser ésta, y que las que han de suceder forzosamente no hay prevención ni diligencia humana que las prevenga.

CRISTINA: ¡Jesús y del mal viejo! Toda la noche: «Daca el orinal,[6] toma el orinal; levántate, Cristinica, y caliéntame unos paños, que me muero de la ijada;[7] dame aquellos juncos,[8] que me fatiga la piedra[9]». Con más ungüentos y medicinas en el aposento que si fuera una botica. Y yo, que apenas sé vestirme, tengo que servirle de enfermera. ¡Pux, pux, pux! ¡Viejo clueco,[d] tan potroso[10] como celoso, y el más celoso del mundo!

DOÑA LORENZA: Dice la verdad mi sobrina.

CRISTINA: ¡Pluguiera[11] a Dios que nunca yo la dijera en esto!

HORTIGOSA: Ahora bien, señora doña Lorenza: vuesa merced[12] haga lo que le tengo aconsejado, y verá cómo se halla muy bien con mi consejo. El mozo es como un jinjo[13] verde: quiere bien, sabe callar y agradecer lo que por él se hace; y pues los celos y el recato[14] del viejo no nos dan lugar a demandas ni a respuestas, resolución y buen ánimo, que, por la orden que hemos dado, yo le pondré al galán en su aposento de vuesa merced y le sacaré si bien[15] tuviese el viejo más ojos que Argos[e] y viese más que un zahorí,[f] que dicen que ve siete estados[g] debajo de la tierra.

DOÑA LORENZA: Como soy primeriza,[16] estoy temerosa, y no querría, a trueco del gusto, poner a riesgo la honra.

CRISTINA: Eso me parece, señora tía, a lo del cantar de Gómez Arias:[17]

> Señor Gómez Arias,
> doleos de mí:
> soy niña y muchacha;
> nunca en tal me vi.

DOÑA LORENZA: Algún espíritu malo debe de haber en ti, sobrina, según las cosas que dices.

CRISTINA: Yo no sé quién habla; pero yo sé que haría todo aquello que la señora Hortigosa ha dicho, sin faltar punto.

DOÑA LORENZA: ¿Y la honra, sobrina?

CRISTINA: ¿Y el holgarnos,[18] tía?

DOÑA LORENZA: ¿Y si se sabe?

CRISTINA: ¿Y si no se sabe?

DOÑA LORENZA: ¿Y quién me asegurará a mí que no se sepa?

HORTIGOSA: ¿Quién? La buena diligencia, la sagacidad, la industria y, sobre todo, el buen ánimo y mis trazas.[19]

CRISTINA: Mire, señora Hortigosa: tráyanosle[20] galán, limpio, desenvuelto, un poco atrevido y, sobre todo, mozo.

---

[c] antes... antes me mordiera la lengua para no pronunciar el sí en la boda
[d] Viejo... decrépito como una gallina clueca (*hatching hen*)
[e] gigante mitológico que tenía cien ojos y, por ello, símbolo de la vigilancia
[f] persona de la que se dice que ve lo oculto, incluso lo que está bajo tierra
[g] el **estado** es una medida equivalente a siete pies

[6] Daca... Dame el orinal (*chamberpot*)
[7] me... el costado me duele
[8] plantas medicinales
[9] *kidney stone*
[10] *afflicted with a hernia*
[11] Placiera, Quisiera (imperfecto de subjuntivo del verbo **placer**)
[12] vuesa... vuestra merced (usted)
[13] *jujube tree*
[14] circunspección
[15] si... aunque
[16] sin experiencia
[17] Gómez... personaje proverbial de un cantar popular
[18] divertirnos
[19] planes
[20] forma arcaica de **tráiganosle**

HORTIGOSA: Todas estas partes tiene el que he propuesto, y otras dos más: que es
60   rico y liberal.

DOÑA LORENZA: Que no quiero riquezas, señora Hortigosa; que me sobran las
joyas, y me ponen en confusión las diferencias de colores de mis muchos
vestidos. Hasta eso no tengo que desear, que Dios le dé salud a Cañizares:
más vestida me tiene que un palmito,[21] y con más joyas que la vidriera[22] de
65   un platero rico. No me clavara él las ventanas, cerrara las puertas, visitara a
todas horas la casa, desterrara de ella los gatos y los perros, solamente
porque tienen nombre de varón: que, a trueco[23] de que no hiciera esto y otras
cosas no vistas en materia de recato, yo le perdonara sus dádivas y mercedes.

70 HORTIGOSA: ¿Qué, tan celoso es?

DOÑA LORENZA: Digo que le vendían el otro día una tapicería[24] a bonísimo precio,
y por ser de figuras[25] no la quiso, y compró otra de verduras[26] por mayor precio, aunque no era tan buena. Siete puertas hay antes que se llegue a mi
aposento, fuera de la puerta de la calle, y todas se cierran con llave, y las
75   llaves no me ha sido posible averiguar dónde las esconde de noche.

CRISTINA: Tía, la llave de loba[27] creo que se la pone entre las faldas de la camisa.[28]

DOÑA LORENZA: No lo creas, sobrina: que yo duermo con él y jamás le he visto ni
sentido que tenga llave alguna.

CRISTINA: Y más, que toda la noche anda como trasgo[29] por toda la casa, y si
80   acaso dan alguna música en la calle, les tira de pedradas porque se vayan. Es
un malo, es un brujo, es un viejo: que no tengo más que decir.

DOÑA LORENZA: Señora Hortigosa, váyase, no venga el gruñidor[30] y la halle conmigo, que sería echarlo a perder todo. Y lo que ha de hacer, hágalo luego:
que estoy tan aburrida, que no me falta sino echarme una soga al cuello[31] por
85   salir de tan mala vida.

HORTIGOSA: Quizá con esta que ahora se comenzará se le quitará toda esa mala
gana y le vendrá otra más saludable y que más le contente.

CRISTINA: Así suceda, aunque me costase a mí un dedo de la mano: que quiero
mucho a mi señora tía, y me muero de verla tan pensativa y angustiada en
90   poder de este viejo y reviejo, y más que viejo, y no me puedo hartar de decirle viejo.

DOÑA LORENZA: Pues en verdad que te quiere bien, Cristina.

CRISTINA: ¿Deja por eso de ser viejo? Cuanto más que yo he oído decir que siempre los viejos son amigos de niñas.

95 HORTIGOSA: Así es la verdad, Cristina. Y adiós, que en acabando de comer doy la
vuelta.[32] Vuesa merced esté muy en lo que dejamos concertado, y verá cómo
salimos y entramos bien en ello.

CRISTINA: Señora Hortigosa, hágame merced de traerme a mí un frailecico pe-
queñico[33] con quien yo me huelgue.[34]

100 HORTIGOSA: Yo se lo traeré a la niña pintado.

CRISTINA: Que no lo quiero pintado, sino vivo, vivo, chiquito, como unas perlas.

DOÑA LORENZA: ¿Y si lo ve tío?

CRISTINA: Diréle yo que es un duende,[35] y tendrá dél miedo, y holgaréme[36] yo.

HORTIGOSA: Digo que yo le traeré, y adiós. (*Vase.*)

105 CRISTINA: Mira, tía: si Hortigosa trae al galán y a mi frailecico, y si señor[37] los
viere no tenemos más que hacer sino cogerle entre todos y ahogarle, y
echarle en el pozo o enterrarle en la caballeriza.

21 que... (*fig.*) como un palmito (*dwarf fan-palm*): bien vestido
22 vitrina
23 cambio
24 *tapestry*
25 personajes históricos o mitológicos
26 escenas de la natu-raleza
27 llave... *master key*
28 faldas... *folds of the nightshirt*
29 fantasma
30 *grumbler*
31 echarme... *to hang me*
32 doy... vuelvo
33 un... un fraile jovencito
34 divierta
35 diablillo
36 me divertiré
37 si... si el señor

DOÑA LORENZA: Tal eres tú, que creo lo harías mejor que lo dices.

CRISTINA: Pues no sea el viejo celoso, y déjenos vivir en paz, pues no le hacemos
110   mal alguno, y vivimos como unas santas. (*Entranse.*)

(*Salen* CAÑIZARES, *viejo, y un* COMPADRE *suyo*)

CAÑIZARES: Señor compadre, señor compadre: el setentón que se casa con
    quince,[h] o carece de entendimiento, o tiene gana de visitar el otro mundo lo
    más presto que le sea posible. Apenas me casé con doña Lorencica, pen-
115   sando tener en ella compañía y regalo y persona que se hallase en mi
    cabecera y me cerrase los ojos al tiempo de mi muerte, cuando me em-
    bistieron una turbamulta[38] de trabajos y desasosiegos: tenía casa, y busqué
    casar; estaba posado, y desposéme.[39]

COMPADRE: Compadre, error fue, pero no muy grande; porque, según el dicho del
120   Apóstol, mejor es casarse que abrasarse.[40]

CAÑIZARES: Que no había qué abrasar en mí, señor compadre, que con la menor
    llamarada quedara hecho ceniza. Compañía quise, compañía busqué, com-
    pañía hallé; pero Dios lo remedie, por quien El es.

COMPADRE: ¿Tiene celos, señor compadre?

125 CAÑIZARES: Del sol que mira a Lorencica, del aire que le toca, de las faldas que la
    vapulan.[41]

COMPADRE: ¿Dale ocasión?

CAÑIZARES: ¡Ni por pienso![42] No tiene por qué, ni cómo, ni cuándo, ni adónde.
    Las ventanas, amén de estar con llave, las guarnecen rejas y celosías;[43] las
130   puertas jamás se abren; vecina no atraviesa mis umbrales,[44] ni le atravesará
    mientras Dios me diere vida. Mirad, compadre: no les vienen los malos aires
    a las mujeres de ir a los jubileos,[45] ni a las procesiones, ni a todos los actos
    de regocijos públicos; donde ellas se mancan,[46] donde ellas se estropean y a
    donde ellas se dañan, es en casa de las vecinas y de las amigas. Más mal-
135   dades encubre una mala amiga que la capa de la noche; más conciertos se
    hacen en su casa y más se concluyen que en una asamblea.

COMPADRE: Yo así lo creo. Pero si la señora doña Lorenza no sale de casa, ni nadie
    entra en la suya, ¿de qué vive descontento mi compadre?

CAÑIZARES: De que no pasará mucho tiempo en que no caiga Lorencica en lo que
140   le falta, que será un mal caso, y tan malo, que en sólo pensarlo le temo, y de
    temerle me desespero, y de desesperarme vivo con disgusto.

COMPADRE: Y con razón se puede tener ese temor, porque las mujeres querrían
    gozar enteros los frutos del matrimonio.

CAÑIZARES: La mía los goza doblados.[47]

145 COMPADRE: Ahí está el daño, señor compadre.

CAÑIZARES: No, no, ni por pienso; porque es más simple Lorencica que una
    paloma, y hasta ahora no entiende nada de esas filaterías.[48] Y adiós, señor
    compadre, que me quiero entrar en casa.

COMPADRE: Yo quiero entrar allá y ver a mi señora Lorenza.

150 CAÑIZARES: Habéis de saber, compadre, que los antiguos latinos usaban de un re-
    frán que decía: *Amicus usque ad aras,* que quiere decir: «El amigo, hasta el
    altar»; infiriendo que el amigo ha de hacer por su amigo todo aquello que no
    fuere contra Dios. Y yo digo que mi amigo, *usque ad portam,* hasta la

---

[h]setentón... hombre de setenta años que se casa con una muchacha muy joven

38 multitud
39 estaba... estaba tranquilo y perdí mi tranquilidad
40 quemarse
41 golpean
42 ¡Ni... *Don't even think of it!*
43 las... *are surrounded by railings and lattices*
44 *thresholds*
45 *ecclesiastical solemnities*
46 se... pierden los escrúpulos
47 duplicados
48 verbosidad

49 door frames
50 Mejor
51 salga (futuro de sub-
   juntivo)
52 un... un pequeño favor

155 puerta: que ninguno ha de pasar mis quicios.[49] Y adiós, señor compadre, y
    perdóneme. (*Entrase.*)

COMPADRE: En mi vida he visto hombre más recatado, ni más celoso, ni más im-
    pertinente. Pero éste es de aquellos que traen la soga arrastrando[i] y de los
    que siempre vienen a morir del mal que temen. (*Entrase el* COMPADRE.)

DOÑA LORENZA *y* CRISTINA

160 CRISTINA: Tía, mucho tarda tío, y más tarda Hortigosa.

DOÑA LORENZA: Más[50] que nunca él acá viniese, ella tampoco; porque él me en-
    fada, y ella me tiene confusa.

CRISTINA: Todo es probar, señora tía, y cuando no saliere[51] bien, darle del codo.

DOÑA LORENZA: ¡Ay sobrina! Que estas cosas, o yo sé poco, o sé que todo el daño
165   está en probarlas.

CRISTINA: A fe, señora tía, que tiene poco ánimo, y que si yo fuera de su edad, que
    no me espantarían hombres armados.

DOÑA LORENZA: Otra vez torno a decir y diré cien mil veces, que Satanás habla en
    tu boca. Mas ¡ay!, ¿cómo se ha entrado señor?

170 CRISTINA: Debe de haber abierto con la llave maestra.

DOÑA LORENZA: ¡Encomiendo yo al diablo sus maestrías y sus llaves!

(*Sale* CAÑIZARES)

CAÑIZARES: ¿Con quién hablabais, doña Lorenza?

DOÑA LORENZA: Con Cristinica hablaba.

175 CAÑIZARES: Miradlo bien, doña Lorenza.

DOÑA LORENZA: Digo que hablaba con Cristinica. ¿Con quién había de hablar?
    ¿Tengo yo, por ventura, con quién?

CAÑIZARES: No querría que tuvieseis algún soliloquio con vos misma, que redun-
    dase en mi perjuicio.

180 DOÑA LORENZA: Ni entiendo esos circunloquios que decís, ni aun los quiero en-
    tender; y tengamos la fiesta en paz.[j]

CAÑIZARES: Ni aun las vísperas no querría yo tener una guerra con vos.[k] Pero
    ¿quién llama a aquella puerta con tanta prisa? Mira, Cristina, quién es, y si
    es pobre, dale limosna y despídele.

185 CRISTINA: ¿Quién está ahí?

HORTIGOSA: La vecina Hortigosa es, señora Cristina.

CAÑIZARES: ¿Hortigosa y vecina? ¡Dios sea conmigo! Pregúntale, Cristina, lo que
    quiere, y dáselo, con condición que no atraviese esos umbrales.

CRISTINA: Y ¿qué quiere, señora vecina?

190 CAÑIZARES: El nombre de vecina me turba y sobresalta. Llámala por su propio
    nombre, Cristina.

CRISTINA: Responda. Y ¿qué quiere, señora Hortigosa?

HORTIGOSA: Al señor Cañizares quiero suplicar un poco,[52] en que me va la honra,
    la vida y el alma.

195 CAÑIZARES: Decidle, sobrina, a esa señora que a mí me va todo eso y más en que
    no entre acá dentro.

---

[i] que... cuya misma preocupación será causa de su ruina
[j] tengamos... quedemos en paz
[k] Ni... Ni ayer ni hoy querría tener discusiones con vos.

DOÑA LORENZA: ¡Jesús, y qué condición tan extravagante! ¿Aquí no estoy delante de vos? ¿Hanme de comer de ojo?[1] ¿Hanme de llevar por los aires?

CAÑIZARES: ¡Entre con cien mil Bercebuyes,[53] pues vos lo queréis!

200 CRISTINA: Entre, señora vecina.

CAÑIZARES: ¡Nombre fatal para mí es el de vecina!

(Sale HORTIGOSA *y trae un guadamecí;[54] y en las pieles de las cuatro esquinas han de venir pintados Rodamonte, Mandricardo, Rugero y Gradoso,[55] y Rodamonte venga pintado como arrebozado.[56])*

205 HORTIGOSA: Señor mío de mi alma, movida e incitada de la buena fama de vuesa merced, de su gran caridad y de sus muchas limosnas, me he atrevido de venir a suplicar a vuesa merced me haga tanta merced, caridad y limosna y buena obra de comprarme este guadamecí, porque tengo un hijo preso por unas heridas que dio a un tundidor,[57] y ha mandado la Justicia que declare el
210 cirujano, y no tengo con qué pagarle, y corro peligro no le echen otros embargos,[58] que podrían ser muchos, a causa que es muy travieso mi hijo, y querría echarle hoy o mañana, si fuese posible, de la cárcel. La obra es buena; es guadamecí, nuevo, y, con todo eso, le daré por lo que vuesa merced quisiere darme por él: que en más está la monta,[59] y como esas
215 cosas[60] he perdido yo en esta vida. Tenga vuesa merced de esta punta,[61] señora mía, y descojámosle,[62] porque no vea el señor Cañizares que hay engaño en mis palabras. Alce más, señora mía, y mire cómo es bueno de caída.[63] Y las pinturas de los cuadros parecen que están vivas. *(Al alzar y mostrar el guadamecí entra por detrás de él un galán, y como* CAÑIZARES *ve*
220 *los retratos, dice:)*

CAÑIZARES: ¡Oh, qué lindo Rodamonte! Y ¿qué quiere el señor rebozadito[64] en mi casa? Aun si supiese que tan amigo soy yo de estas cosas y de estos rebocitos,[65] espantaríase.[66]

CRISTINA: Señor tío, yo no sé nada de rebozados, y si él ha entrado en casa, la
225 señora Hortigosa tiene la culpa: que a mí el diablo me lleve si dije ni hice nada para que él entrase. No, en mi conciencia; aun el diablo sería si mi señor tío me echase a mí la culpa de su entrada.

CAÑIZARES: Yo ya lo veo, sobrina, que la señora Hortigosa tiene la culpa; pero no hay de qué maravillarse, porque ella no sabe mi condición, ni cuán enemigo
230 soy de aquestas pinturas.

DOÑA LORENZA: Por las pinturas lo dice Cristinica, y no por otra cosa.

CRISTINA: Pues por ésas digo yo. ¡Ay, Dios sea conmigo! Vuelto se me ha el ánima al cuerpo, que ya andaba por los aires.[67]

DOÑA LORENZA: ¡Quemado vea yo ese pico de once varas! En fin: quien con
235 muchachos se acuesta,[m] etcétera, etcétera.

CRISTINA: ¡Ay desgraciada, y en qué peligro pudiera haber puesto toda la baraja[68]!

CAÑIZARES: Señora Hortigosa, yo no soy amigo de figuras rebozadas ni por rebozar. Tome este doblón,[69] con el cual podrá remediar su necesidad, y váyase de mi casa lo más presto que pudiere;[70] y ha de ser luego, y llévese su
240 guadamecí.

---

[1] ¿Hanme... ¿Me van a comer con sólo mirarme?
[m] quien... proverbio que quiere decir que no se debe confiar en gente de poca edad y seso

53 diablos
54 cuero adornado con pinturas
55 Rodamonte... personajes de la literatura caballeresca
56 cubierto para no ser visto
57 *shearer of cloth*
58 cargos
59 la... el valor
60 como... cosas como ésas
61 de... de este extremo
62 *let's spread it open*
63 de... *the effect of falling*
64 cubierto
65 hipocresías
66 se asustaría
67 Vuelto... *I have recovered.*
68 toda... todo este plan
69 moneda antigua de oro
70 pueda (futuro de subjuntivo)

HORTIGOSA: Viva vuesa merced más años que Matusalén, en vida de mi señora doña..., no sé cómo se llama, a quien suplico me mande, que la serviré de noche y de día, con la vida y con el alma, que la debe de tener ella como la de una tortolina simple.

245 CAÑIZARES: Señora Hortigosa, abrevie[71] y váyase, y no se esté ahora juzgando almas ajenas.

HORTIGOSA: Si vuesa merced hubiere menester algún pegadillo para la madre,[72] téngolos milagrosos, y si para mal de muelas, sé unas palabras que quitan el dolor como por la mano.

250 CAÑIZARES: Abrevie, Señora Hortigosa, que doña Lorenza ni tiene madre, ni dolor de muelas; que todas las tiene sanas y enteras, que en su vida se ha sacado muela alguna.

HORTIGOSA: Ella se las sacará, placiendo al Cielo, porque le dará muchos años de vida, y la vejez es la total destrucción de la dentadura.

255 CAÑIZARES: ¡Aquí de Dios, que no será posible que me deje esta vecina! ¡Hortigosa, o diablo, o vecina, o lo que eres, vete con Dios y déjame en mi casa!

HORTIGOSA: Justa es la demanda, y vuesa merced no se enoje, que ya me voy. (*Vase.*)

CAÑIZARES: ¡Oh vecinas, vecinas! Escaldado quedo aún de[73] las buenas palabras
260 de esta vecina, por haber salido por boca de vecina.

DOÑA LORENZA: Digo que tenéis condición de bárbaro y de salvaje. Y ¿qué ha dicho esta vecina para que quedéis con la ojeriza[74] contra ella? Todas vuestras buenas obras las hacéis en pecado mortal. Dístele dos docenas de reales, acompañados con otras dos docenas de injurias, ¡boca de lobo, lengua de es-
265 corpión y silo de malicias!

CAÑIZARES: No, no; a mal viento va esta parva.[75] No me parece bien que volváis[76] tanto por vuestra vecina.

CRISTINA: Señora tía, éntrese allá dentro y desenójese, y deja a tío, que parece que está enojado.

270 DOÑA LORENZA: Así lo haré, sobrina, y aun quizá no me verá la cara en estas dos horas; y a fe que yo se la dé a beber, por más que la rehuse. (*Entrase.*)

CRISTINA: Tío, ¿no ve cómo ha cerrado de golpe? Y creo que va a buscar una tranca para asegurar la puerta.[77]

DOÑA LORENZA: (*Dentro.*) ¡Cristinica, Cristinica!

275 CRISTINA: ¿Qué quiere, tía?

DOÑA LORENZA: ¡Si supieses qué galán me ha deparado[78] la buena suerte! Mozo, bien dispuesto, pelinegro, y que le huele la boca a mil azahares.[79]

CRISTINA: ¡Jesús, y qué locuras, y qué niñerías! ¿Está loca, tía?

DOÑA LORENZA: No estoy sino en todo mi juicio;[80] y en verdad que, si le vieses,
280 que se te alegrase el alma.

CRISTINA: ¡Jesús, y qué locuras, y qué niñerías! Ríñala,[81] tío, porque no se atreva, ni aun burlando, a decir deshonestidades.

CAÑIZARES: ¡Bobear, Lorenza! Pues ¡a fe que no estoy yo de gracia para sufrir esas burlas!

285 DOÑA LORENZA: Que no son sino veras, y tan veras, que en este género no pueden ser mayores.

CRISTINA: ¡Jesús, y qué locuras, y qué niñerías! ¡Y dígame, tía: ¿está ahí también mi frailecito?

71 resuma
72 Si... Si Ud. necesita algún emplasto (*plaster*) para el útero
73 Escaldado... Me torturan aún
74 *ill will*
75 a... esto se pone mal
76 defiendas
77 buscar... *bar a door to prevent entrance*
78 me... me ha dado
79 *orange blossoms*
80 No... *I am perfectly sound in mind*
81 *Scold her*

DOÑA LORENZA: No, sobrina; pero otra vez vendrá, si quiere Hortigosa, la vecina.

290 CAÑIZARES: Lorenza, di lo que quisieres; pero no tomes en tu boca el nombre de vecina, que me tiemblan las carnes en oírle.

DOÑA LORENZA: También me tiemblan a mi por amor de la vecina.

CRISTINA: ¡Jesús, y qué locuras, y qué niñerías!

DOÑA LORENZA: ¡Ahora echo de ver quién eres, viejo maldito; que hasta aquí he 295 vivido engañada contigo!

CRISTINA: ¡Ríñala, tío; ríñala, tío; que se desvergüenza mucho!

DOÑA LORENZA: Lavar quiero a un galán las pocas barbas que tiene en una bacía[82] llena de agua de ángeles, porque su cara es como la de un ángel pintado.

CRISTINA: ¡Jesús, y qué locuras, y qué niñerías! ¡Despedácela, tío!

300 CAÑIZARES: No la despedazaré yo a ella, sino a la puerta que la encubre.

DOÑA LORENZA: No hay para qué: vela aquí abierta. Entre, y verá cómo es verdad cuanto le he dicho.

CAÑIZARES: Aunque sé que te burlas, sí entraré, para desenojarte. (*Al entrar Cañizares, danle con una bacía de agua en los ojos; él vase a limpiar; acu-* 305 *den sobre él Cristina y Doña Lorenza, y en este ínterin sale el galán y vase.*) ¡Por Dios, que por poco me cegaras, Lorenza! ¡Al diablo se dan las burlas que se arremeten a los ojos!

DOÑA LORENZA: ¡Mirad con quién me casó mi suerte sino con el hombre más malicioso del mundo! ¡Mirad cómo dio crédito a mis mentiras, por su... fun- 310 dadas en materia de celos, que menoscaban,[83] y asendereada sea mi ventura[84]! ¡Pagad vosotros, cabellos, las deudas de este viejo! ¡Llorad vosotros, ojos, las culpas de este maldito! ¡Mirad en lo que tiene mi honra y mi crédito, pues de las sospechas hace certezas; de las mentiras, verdades; de las burlas, veras, y de los entretenimientos, maldiciones! ¡Ay, que se me 315 arranca el alma!

CRISTINA: Tía, no dé tantas voces, que se juntará la vecindad.

JUSTICIA: (*Dentro.*) ¡Abran esas puertas! ¡Abran luego! ¡Si no, echarélas en el suelo!

DOÑA LORENZA: Abre, Cristinica, y sepa todo el mundo mi inocencia y la maldad 320 de este viejo.

CAÑIZARES: ¡Vive Dios, que creí que te burlabas! ¡Lorenza, calla!

(*Entran el* ALGUACIL, *y los* MUSICOS, *y el* BAILARIN *y* HORTIGOSA.)

ALGUACIL: ¿Qué es esto? ¿Qué pendencia[85] es ésta? ¿Quién daba aquí voces?

CAÑIZARES: Señor, no es nada; pendencias son entre marido y mujer, que luego se 325 pasan.

MUSICOS: Por Dios, que estábamos mis compañeros y yo, que somos músicos, aquí, pared y medio,[86] en un desposorio,[87] y a las voces hemos acudido con no pequeño sobresalto, pensando que era otra cosa.

HORTIGOSA: Y yo también, en mi ánima pecadora.

330 CAÑIZARES: Pues, en verdad, señora Hortigosa, que si no fuera por ella que no hubiera sucedido nada de lo sucedido.

HORTIGOSA: Mis pecados lo habrán hecho: que soy tan desdichada, que, sin saber por dónde ni por dónde no, se me echan a mí las culpas que otros cometen.

CAÑIZARES: Señores, vuesas mercedes todos se vuelvan norabuena,[88] que yo les 335 agradezco su buen deseo; que ya yo y mi esposa quedamos en paz.

82 recipiente en donde ponen el agua los barberos
83 deterioran
84 asendereada... desgraciada sea mi suerte
85 *quarrel*
86 pared... en el vecindario
87 boda
88 en hora buena

DOÑA LORENZA: Sí quedaré, como le pida primero perdón a la vecina, si alguna
cosa mala pensó contra ella.

CAÑIZARES: Si a todas las vecinas de quien yo pienso mal hubiese de pedir
perdón, sería nunca acabar; pero, con todo eso, yo se lo pido a la señora Hor-
340 tigosa.

HORTIGOSA: Y yo le otorgo, para aquí y para delante de Pero García.[n]

MUSICOS: Pues en verdad que no habemos de haber venido en balde; toquen mis
compañeros, y baile el bailarín, y regocíjense las paces con esta canción.

CAÑIZARES: Señores, no quiero música; yo la doy por recibida.

345 MUSICOS: Pues aunque no la quiera (*Cantan.*)

El agua de por San Juan
quita vino y no da pan;[89]
las riñas de por San Juan
todo el año paz nos dan.

350 Llover el trigo en las eras,[90]
las viñas estando en cierne,[91]
no hay labrador que gobierne
bien sus cubas y paneras;[92]
mas las riñas más de veras
355 si suceden por San Juan
todo el año paz nos dan.
                          (*Baila.*)
Por la canícula ardiente[93]
está la cólera a punto;

360 pero pasado aquel punto
menos activa se siente.
Y así el que dice no miente
que las riñas por San Juan
todo el año paz nos dan.
365   (*Baila.*)
Las riñas de los casados
como aquésta siempre sean
para que después se vean
sin pensar regocijados.
370 Sol que sale tras nublados
es contento tras afán;
las riñas de por San Juan
todo el año paz nos dan.

CAÑIZARES: Porque vean vuesas mercedes las revueltas y vueltas en que me ha
375 puesto una vecina, y si tengo razón de estar mal con las vecinas.

DOÑA LORENZA: Aunque mi esposo está mal con las vecinas, yo beso a vuesas
mercedes las manos, señoras vecinas.

CRISTINA: Y yo también. Mas si mi vecina me hubiera traído mi frailecito, yo la
tuviera por mi mejor vecina. Y adiós, señoras vecinas.

380   FIN DEL ENTREMES

Cuestionario

1. ¿Qué tipo de matrimonio se presenta en «El viejo celoso»?
2. ¿Cuál es la situación de doña Lorenza?
3. ¿Cómo se podría caracterizar al celoso?
4. ¿De qué imágenes se sirve Cañizares para explicar al compadre sus celos?
5. ¿Qué significa el juego de palabras «tenía casa y busqué casar; estaba
   posado y deposéme» pronunciadas por Cañizares?
6. Según Cañizares, ¿de dónde les vienen los «malos aires», es decir, las
   malas costumbres a las mujeres?
7. ¿Por qué no quería Cañizares que Hortigosa entrara en su casa?
8. ¿Cuál es el motivo de la visita de Hortigosa?

[n]Y... Y yo se lo doy ahora y siempre. (Pero García es una figura del folklore español.)

[89] quita... no favorece las cosechas de la uva y del trigo
[90] *threshing floors*
[91] *las... the vines being in their infancy*
[92] cubas... recipientes para el vino y el pan
[93] la... el período del año en el que el calor es más fuerte

9. ¿Qué oculta la vecina detrás del guadamecí? ¿Cuál es la ironía de la frase dicha por Cañizares, «¡Oh, qué lindo Rodamonte!»?
10. ¿Compra Cañizares el guadamecí? ¿Cómo ayuda Cañizares a la vecina a remediar su situación?
11. ¿Tiene razón Cañizares para desconfiar de las vecinas?
12. ¿Cuál es el desenlace de «El viejo celoso»? ¿Por qué está Lorenza tan agradecida con su vecina?

Identificaciones

1. «Y yo, que apenas sé vestirme, tengo que servirle de enfermera»
2. la llave de loba
3. «frailecico»
4. Rodamonte, Mandricardo, Rugero y Gradoso
5. el galán
6. «Las riñas de por San Juan / todo el año paz nos dan»

Temas

1. Explicación de la validez de la cita siguiente, según se deduce de la lectura del entremés: «el setentón que se casa con quince, o carece de entendimiento, o tiene gana de visitar el otro mundo lo más presto que le sea posible»
2. La organización de la materia dramática en «El viejo celoso»
3. El ingenio de Cervantes a través de la obra: creación dramática, lingüística y satírica
4. Hacia una interpretación temática de «El viejo celoso»
5. «El viejo celoso», ¿tragedia o comedia?

JACINTO BENAVENTE

Jacinto Benavente (1866–1954) es uno de los escritores más trascendentes del teatro español de la primera mitad del siglo XX. Su obra ha sido objeto de crítica muy apasionada a favor y en contra. La verdad es que él, que poseía un ingenio muy fino, infundió nueva vida al drama español al crear una comedia de signo realista, casi costumbrista, en la que se satirizaba los defectos y los vicios de la alta burguesía española. Fue un escritor muy fecundo; entre lo mejor de su producción cabe citar *La noche del sábado* (1903), *Los malhechores del bien* (1905), *Los intereses creados* (1907), *Señora ama* (1908) y *La malquerida* (1913). Escribió también un teatro lírico formado en su mayor parte por cuentos fantásticos. Ganó el premio Nóbel de Literatura en 1922.

El nietecito
Comedia en un acto inspirada en un cuento de los hermanos Grimm

Reparto

Personajes: MARTINA, JUAN, EL ABUELO, TIO SATURIO, EL NIETO

ACTO UNICO

Casa pobre

5 ## ESCENA PRIMERA

MARTINA *y* JUAN

MARTINA: Te digo que no hay paciencia...

JUAN: Pero mujer... Y ¿qué quieres que yo le haga? Es mi padre...

MARTINA: ¡Tu padre! ¡Tu padre! Razón para que no anduviera murmurando[1] de
10   mí por todo el pueblo. Ayer tuve una muy gorda[2] en el arroyo[3] con la Patro,
    la de Matías el sordo..., hoy he tenido otra en la plaza con la del tío Piporro...
    Y es tu padre, que va diciendo por ahí[4] que aquí le tratamos como a un perro,
    después de haberle gastado la hacienda[5]... ¡Buena cuenta hubiera dado de
    todo![a] Ya veíamos el paso que llevaba[6]... Si nosotros no nos hubiéramos
15   hecho el cargo[7]... Y de mí, ¿qué motivos tiene para quejarse?... El es quien
    me trata como a una cualquier cosa, y siempre está gruñendo[8] por todo... Yo,
    ¿en qué le falto?[9] Dilo tú... ¿Le falto yo en algo a tu padre? Dilo, hombre...
    Que parece que le quieres dar la razón todavía... Esto me faltaba... Seré yo la
    que está de más en esta casa[10]... ¿No es eso?

20 JUAN: ¡Calla, mujer! Si yo no digo nada... Lo que te digo es que a las personas, en
    llegando a cierta edad, hay que dispensarlas[11] más de cuatro cosas. Padre va
    para los ochenta... Pero él quiere hacerse la ilusión de que todavía puede
    valerse[b] y de que es muy nuevo[12]... Y como está hecho[13] a mandar siempre
    en todos y a que todos le obedezcamos, no se hace a verse arrinconado[14]...

25 MARTINA: Para lo que le conviene ya sabe valerse, ya. En casa, mucho lloriquear y
    mucho quejarse de achaques[15]..., pero para andar por ahí de corro en corro[16]
    a despellejarnos[17] bien terne[18] está. Ahora mismo estará en la solana[19] con
    todos los holgazanes y cuchareteras[20] del pueblo, contándoles si le damos de
    comer en un rincón y si duerme en el suelo sobre un montón de paja... Como
30   si estuviera para dormir en una cama... Para caerse como la otra noche y que
    nos dé un susto, ni se le pudiera poner a la mesa, para romperlo todo, que me
    ha dejado sin platos y sin vasos... Hasta la cazuela de barro[21] me ha roto esta
    mañana... Así es que le tengo esta escudilla[22] de madera para que coma...

JUAN: ¡Mujer! ¡La del perro!

35 MARTINA: La he fregao[c] muy bien... Nos dejaría sin cazuelas... Está too[23] tem-
    blón... Y que yo creo que lo hace adrede[24] pa[25] desesperarme.

JUAN: ¡Mujer! Eso, no.

MARTINA: Todos los viejos tienen muy mala intención... Y tu padre la ha teni-
    do siempre conmigo pa ver de[26] que tú y yo tengamos cuestiones. Se goza
40   en eso.

---

[a] ¡Buena... *He would have blown the whole bundle.*

[b] puede... es capaz de hacer las cosas sin ayuda de otra persona

[c] fregado, lavado (El habla popular suprime la letra **d** intervocálica en las terminaciones *-ado* e *-ido*.)

1	*gossiping*
2	una... una gran pelea
3	río muy pequeño
4	por... por todas partes
5	haberle... haber gastado el dinero de él
6	el... lo rápido que iba gastando todo lo que tenía
7	hecho... encargado
8	*grumbling*
9	¿en... ¿qué daño le hago?
10	Seré... *I'm the fifth wheel around here.*
11	perdonarlas
12	joven
13	acostumbrado
14	no... *he doesn't like to be pushed into a corner*
15	*aches and pains from old age*
16	de... de grupo en grupo
17	hablar muy mal de nosotros
18	fuerte
19	lugar para tomar el sol y charlar con la gente
20	*busybodies*
21	cazuela... *earthenware pan*
22	plato para tomar sopa
23	todo (habla popular)
24	a propósito
25	para (habla popular)
26	pa... para hacer

JUAN: ¡Mujer!

MARTINA: Mira ande[27] viene Antolín... Se lleva el chico pa que le oiga hablar mal de nosotros... A bien que me lo cuenta too...

ESCENA II

45   DICHOS,[d] *el* ABUELO *y el* NIETO

ABUELO: No corras, demonio... Me trae a la rastra[28]... Condenao de[29] chico...

NIETO: Pa qué está usté[30] tan viejo...

ABUELO: ¡A ver si te doy! ¿Es éste el respeto que ties[31] a tu abuelo? Por supuesto, así te enseñan. No ties tú la culpa, no.

50 MARTINA: Eso, eso. Solivianté[32] usté también al chico.

ABUELO: ¿Os parece decente cómo me trata? Delante de todos me ha levantado la mano.[33]

JUAN: ¡Antolín!

ABUELO: Si uno de mis hijos se hubiera atrevío[34] a tanto con mi padre... la mano le

55   corto... Ya lo creo.

MARTINA: Como vuelvas a ir con el abuelo a parte ninguna... ¿Qué te tengo dicho?

NIETO: Si es él que quiere llevarme siempre consigo... y no quiere que me aparte de su lao[35]..., y yo me canso...; no quiere más que estar sentao.

ABUELO: Y él no quiere más que hacer barrabasadas[36]... Con todos tiene que me-

60   terse[37]... Anda, anda, que buena crianza[38] te están dando. Ya verás cuando tengas que ir a servir a un amo o servir al rey,[39] ya aprenderás, ya...

NIETO: ¡Ay madre!

MARTINA: ¿Qué te pasa?

NIETO: Que el abuelo siempre me está diciendo que me van a pegar mucho cuando

65   sea grande.

MARTINA: No sabe más que atemorizar al muchacho. ¡Se goza en eso!

ABUELO: Le digo lo que tie[40] que pasar, pa que lo sepa, que no es hijo de rico.

MARTINA: Pasará lo que pasamos toos..., pero no sé qué saca[41] usté con decírselo. Calla, mi rey... Que el abuelo no sabe lo que se dice...

70 ABUELO: Así, así..., pa que me respete... Anda, pégame, hijo..., pa dar gusto a tu madre..., que quisiera verme muerto...

JUAN: Vamos, padre.

ABUELO: Y hace bien. Si mi hijo se lo consiente... Pa que tu madre, que en gloria esté,[e] delante de mí le hubiera faltao a mi padre,[42] que Dios perdone... Pue

75   que del primer zurrío[f]...

MARTINA: Los viejos no se acuerdan ustedes de naa.[43] Siempre creen ustedes que en su tiempo eran otras cosas.

ABUELO: En mi tiempo había más respeto a los padres y más temor de Dios.

MARTINA: Tampoco los viejos serían tan casquivanos,[44] ni querrían presumir de

80   mozos.[45]

ABUELO: Mi padre murió de noventa años, y, mientras vivió, en nuestra casa no se oyó más voz que la suya...

MARTINA: Claro está. Como que le dejaron ustedes solo y así murió, con el perro al lao por toda compañía...

---

[d] Se refiere a los personajes que ya estaban en el escenario durante la Escena Primera.
[e] que... expresión que se usa al mencionar a una persona que ya murió (*May she rest in peace.*)
[f] Pue... Puede ser que de la primera paliza (*spanking*).

Marginal glosses:

[27] por donde (habla popular)
[28] Me... Me hace andar más de prisa de lo que puedo.
[29] Condenao... (Condenado) Maldito
[30] usted (habla popular)
[31] tienes (habla popular)
[32] Haga que tenga una actitud rebelde
[33] me... ha intentado pegarme
[34] atrevido
[35] lado (habla popular)
[36] acciones perversas
[37] Con... Molesta a todo el mundo
[38] educación
[39] servir... ser soldado
[40] tiene
[41] gana
[42] le... se hubiera portado mal con mi padre
[43] nada
[44] irresponsables
[45] presumir... querer pasar por jóvenes

85 ABUELO: ¡Mientes, deslenguada,[46] mientes!

MARTINA: El deslenguado y el escandaloso es usted, que nos anda desacreditando con too el pueblo... A mí y a su hijo...

ABUELO: Lo que hago es no decirle a nadie lo que yo paso..., cuando toos me dicen que no debiera pasar por ello.

90 MARTINA: Los que quisieran gobernar en la casa de uno, como si en la del que más y el que menos no hubiera que poner orden...

JUAN: Bueno. ¿Queréis dejarlo ya? Calla tú, y usté, padre... Vamos a comer, que es la hora...

MARTINA: Too está listo.

95 JUAN: Pues a comer.

ABUELO: Yo, a mi rincón.

MARTINA: Aquí tie usted.

NIETO: La cazuela del perro.

MARTINA: ¿Te pues[47] callar, condenao?

100 ABUELO: Esta no se rompe; ya pues estar tranquila.

MARTINA: Así nos quitamos de disgustos. ¿No te gusta?

JUAN: Es que no tengo gana. Almorcé mucho.

NIETO: Póngame usted más, madre.

MARTINA: Toma... ¿Lo ve usté? Si hubiera sío[48] de barro... Luego dirán...

105 ABUELO: Es que hoy estoy más temblón que nunca... No sé qué tengo.

MARTINA: ¿Qué ha de tener usté? Lo que tendremos todos si Dios no se acuerda antes de nosotros[49]... Años...

ABUELO: Años y penas..., que es lo mismo, cuando a la vejez no hay el consuelo de los hijos...

110 MARTINA: Quéjese usted. ¿Quiere usted más?

ABUELO: No..., no quiero más... Toma..., no se caiga otra vez...

JUAN: ¡Ea!..., yo voy pa la herrería,[50] que dejé un pico[51] a afilar[52]...

MARTINA: ¿No quieres la ensalada?

JUAN: No.

115 MARTINA: No has comío[53] nada. ¿Qué tienes?

JUAN: ¿Qué he de tener? (*Sale.*)

MARTINA: ¿Qué ha de tener? Que usté ha de desazonarnos[54] a todos...

ABUELO: Yo tenía que ser... ¡Ay, si los hombres supieran ser hombres! Cría hijos con las fatigas del mundo, pa que cualquier mujer los gobierne luego..., que

120 le pegarían a uno si ello se lo mandaran[55]...

MARTINA: Así me paga usté más de cuatro cuestiones que yo le evito con su hijo. A usté hay que dejarle...

ABUELO: Más dejao[56] que estoy...

NIETO: Déme usté otro cacho pan,[57] madre.

125 MARTINA: Toma... Y ahí te dejo con el abuelo... A ver si no tenemos pelea...

NIETO: Yo voy con usté, madre...

MARTINA: Que no vienes..., que voy a llegarme a casa[58] de una vecina que está muy mala[59] y no hacen falta chicos...

NIETO: Yo no me quedo con el abuelo.

130 MARTINA: ¡Mira que te doy![60]

NIETO: Ya le diré a padre que me ha pegao[61] usté por culpa del abuelo.

ABUELO: Sí, sí... Contra mí todos... Toda mi sangre...

MARTINA: Ahí se queda usté. (*Sale.*)

46 *bigmouth*
47 *puedes*
48 *sido*
49 *si... si no nos morimos antes*
50 *blacksmith shop*
51 *pick*
52 *to sharpen*
53 *comido*
54 *ponernos nerviosos*
55 *si... si les mandaran hacerlo*
56 *abandonado*
57 *cacho... pedazo de pan*
58 *llegarme... ir a casa*
59 *enferma*
60 *¡Mira... You're going to get it!*
61 *pegado*

62 Llega
63 Mismo... Ahora mismo
64 ¿Cómo... ¿Cómo te va?
65 al... *after all*
66 te... *you can look out for yourself*
67 ninguno (habla popular)
68 descarriados, perdidos (habla popular)
69 por... por si podía ayudarme un poco
70 vivo... vivo de caridad
71 de... cuando éramos muchachos
72 pedradas
73 capacidad (habla popular)
74 acabado
75 cuidarse
76 tienen

ESCENA III

135   *El* ABUELO *y el* NIETO

ABUELO: ¿No me das un cacho de pan?

NIETO: Si usté ya ha comío.

ABUELO: Anda, anda, que era por probarte la voluntad... y por si podía comer en esta casa un cacho de pan que no fuera amargo...

140 NIETO: Que no me haga usted miedos, abuelo.

ABUELO: ¿Yo?... ¡Pobre de mí! (*Asoma*[62] *a la puerta el* TIO SATURIO. *Sale el* NIETO.)

ESCENA IV

    El ABUELO *y el* TIO SATURIO

145 SATURIO: La paz de Dios. Ave María...

ABUELO: Sin pecado[g]... ¡Ah! Que eres tú, Saturio.

SATURIO: Yo mesmo.

ABUELO: ¿De ánde vienes?

SATURIO: De ande mismo siempre... ¡Qué! ¿No está la Martina?

150 ABUELO: Mismo ahora[63] salió... ¿Cómo te pinta?[64]

SATURIO: Viviendo vamos... ¿Y usté?

ABUELO: No tan bien como tú. Que tú al fin y a la postre[65]... te bandeas solo[66]...

SATURIO: ¡Tan solo!

ABUELO: ¿Supiste de tus hijos?

155 SATURIO: De denguno[67] de ellos sé, va pa tres años... ¡Siete hijos escarriados[68] por el mundo! De alguno sé que vive muy regularcitamente... Le escribí por si en algo quería valerme[69]...

ABUELO: Y no tuviste respuesta... ¿Y tus hijas?

SATURIO: Esas son peores..., que aún tienen valor para pedirme a mí..., sabiendo
160   cómo vivo, de las buenas almas[70]..., que van faltando más cada día...

ABUELO: Ese es el consuelo... Que a mí aún me dolería más hallar caridad en los extraños, cuando no la tienen mis hijos... No habiéndola en parte denguna, señal será de que no la hay en el mundo...

SATURIO: Mala cosa es llegar a viejo; pero nunca creí recibir este pago.

165 ABUELO: ¿De los hijos, dices? No esperes otro. Muchas veces, de mozuelos[71]..., andábamos a nidos,[h] y nos traíamos pa casa las nidadas de pájaros... y los poníamos en jaulas..., y era de ver cómo los padres venían de muy lejos para dar de comer a sus hijos... y no les asustaban nuestras voces ni nuestros cantazos[72]... Pero una vez que cazamos a los padres y dejamos en el nido a los
170   hijos que ya volaban... denguno vino a ver a los padres... Entonces no tenía uno capacidá[73]... Pero bien había que aprender..., bien... Que si en el mundo tuviera que ser que los hijos fueran los que cuidaran a los padres, y no los padres a los hijos, ya se hubiera acabao[74] el mundo, tío Saturio...

SATURIO: ¡Qué razón tie usté! Vaya..., conservarse,[75] que cuando Dios no se
175   acuerda de nosotros, por algo será... Luego daré la vuelta por si tien[76] voluntad de dejarme algo... que usté ya sé que no puede...

---

[g]Sin... respuesta a la salutación anterior «Ave María» y que se refiere a la Virgen María

[h]andábamos... íbamos a coger nidos (*nests*) de pájaros

ABUELO: ¿Qué voy a darte yo? Que te mires en mí, que peor que tú lo paso... en casa de mis hijos.

SATURIO: Con Dios, abuelo.

180 ABUELO: Anda con Dios, Saturio...

ESCENA V

El ABUELO, MARTINA *y* JUAN; *luego, el* NIETO

JUAN: Entra pa casa y no me sofoques[77]...

MARTINA: Pero ¿no lo ves tú? ¿No lo estás viendo? ¡Que en todas partes tengan
185 que decirme algo por culpa de tu padre!...

JUAN: Si no fueras ande no te llaman...

MARTINA: ¿Qué le ha ido usté contando a la de Críspulo[78]?

ABUELO: Yo, na.[79] ¿Tú crees que no se sabe too en el pueblo? Yo nada digo, no por
ti, por mi hijo..., que más vergüenza pasaría yo de contarlo que vosotros de
190 hacerlo y él de consentirlo...

MARTINA: Pero ¿tú oyes?...

JUAN: Calla, que... (*Entra el* NIETO *con unos pedazos de madera, un martillo y
clavos.*)

NIETO: Padre... Déme usté unos clavos pa apañar[80] esto.

195 JUAN: Déjame ahora... ¿Qué andas haciendo ahí?

NIETO: Esto...

JUAN: ¿Qué es eso?

NIETO: Una escudilla como la del perro...

JUAN: ¿Eh? Y ¿quién te ha mandao a ti...? ¿Pa qué haces eso?

200 NIETO: Pa daros de comer cuando seáis viejos, como el abuelo...

ABUELO: ¡Ah! ¡Los hijos!

JUAN: ¿Eh? ¿Qué dice este hijo?

MARTINA: ¡Jesús!...

JUAN: Ya lo oyes...

205 MARTINA: ¡Señor!

JUAN: Nos está merecío[81] nos está merecío... Ven acá... ¡Padre! ¡Perdóneme usté,
perdóneme usté!

MARTINA: Sí, señor... ¡Perdónenos usté!

ABUELO: Ya lo veis..., ya lo veis... Todo se paga. Hijo eres, padre serás; cual hi-
210 ciste, tal tendrás...

JUAN: Ven a pedir perdón al abuelo y a quererle mucho y a respetarle mucho...
como yo...

ABUELO: Como tú me respetes, eso es..., no como tú le digas...

MARTINA: Se sentará usted a la mesa... aunque lo rompa usté too, y tendrá usté su
215 buena cama; y tú..., ya estás tirando eso[82]...

JUAN: No... Aquí siempre..., siempre delante... como en un altar...

NIETO: Yo no creí hacer mal alguno.

ABUELO: No, hijo mío..., al contrario... Mucho bien, mucho bien has hecho... Ven
que te dé un beso. Ahora, sí; ahora eres mi nietecito... ¡Bendito seas!
220 (*Telón.*)

FIN

77 enojes
78 a... a la mujer de Críspulo
79 nada
80 hacer, arreglar
81 merecido
82 ya... tira eso inmediatamente

Cuestionario

1. ¿Quiénes son los personajes, y cómo afecta al espectador/lector la actitud de cada uno de dichos personajes?
2. ¿Cuál es la actitud de Martina hacia el abuelo? ¿la del nieto?
3. ¿Cuál es la filosofía del abuelo respecto al comportamiento del nieto?
4. ¿Cuál es la situación familiar del tío Saturio?
5. ¿Cuál es el ejemplo (la analogía) que presenta el abuelo al discutir con el tío Saturio la situación de los viejos?
6. ¿Cuál es el punto decisivo de la obra? ¿el desenlace?

Identificaciones

1. «En casa mucho lloriquear y mucho quejarse de achaques»
2. la escudilla
3. Antolín
4. «un cacho de pan»
5. la de Críspulo
6. «cual hiciste, tal tendrás»

Temas

1. La tensión dramática en «El nietecito»
2. El realismo dramático de la obra
3. El ambiente social de «El nietecito»
4. La universalidad temática de «El nietecito»
5. T. S. Eliot llama **correlato objetivo** (*objective correlative*) a un objeto, evento o situación que, a base de elementos impersonales u objetivos, produce—según el contexto específico—una reacción emotiva o subjetiva. Señálese el uso de un correlato objetivo en «*El nietecito*».

OSVALDO DRAGUN

Osvaldo Dragún (1929–   ) nació en Entre Ríos, Argentina. Es uno de los renovadores de la dramaturgia argentina. Estrenó su primera obra, *La Peste viene de Melos*, en 1956. Preocupado por la problemática de la deshumanización del hombre contemporáneo, en su obra Dragún manifiesta no sólo la influencia del existencialismo sino también el compromiso político. Además de las célebres *Historias para ser contadas*, es autor de *Heroica de Buenos Aires* (1956), obra ganadora del premio Casa de las Américas, *Tupac Amarú, Historia de mi esquina, El jardín del infierno, Nos dijeron que éramos inmortales, Milagro en el Mercado Viejo* y otras. Su producción dramática es conocida en toda la América Latina y Europa.

Historia del hombre que se convirtió en perro

Personajes: ACTRIZ, ACTOR 1.°, ACTOR 2.°, ACTOR 3.°

ACTOR 2.°: Amigos, la tercera historia vamos a contarla así...

ACTOR 3.°: Así como nos la contaron esta tarde a nosotros.

ACTRIZ: Es la «Historia del hombre que se convirtió en perro».

5 ACTOR 3.°: Empezó hace dos años, en el banco de una plaza. Allí, señor..., donde usted trataba hoy de adivinar[1] el secreto de una hoja.

ACTRIZ: Allí, donde extendiendo los brazos apretamos[2] al mundo por la cabeza y los pies y le decimos: «¡suena, acordeón, suena!»

ACTOR 2.°: Allí le conocimos. (*Entra el* ACTOR 1.°) Era... (*Lo señala.*) así como lo
10 ven, nada más. Y estaba muy triste.

ACTRIZ: Fue nuestro amigo. El buscaba trabajo, y nosotros éramos actores.

ACTOR 3.°: El debía mantener a su mujer, y nosotros éramos actores.

ACTOR 2.°: El soñaba con la vida, y despertaba gritando por la noche. Y nosotros éramos actores.

15 ACTRIZ: Fue nuestro gran amigo, claro. Así como lo ven... (*Lo señala.*) Nada más.

TODOS: ¡Y estaba muy triste!

ACTOR 3.°: Pasó el tiempo. El otoño...

ACTOR 2.°: El verano...

ACTRIZ: El invierno...

20 ACTOR 3.°: La primavera...

ACTOR 1.°: ¡Mentira! Nunca tuve primavera.

ACTOR 2.°: El otoño...

ACTRIZ: El invierno...

ACTOR 3.°: El verano. Y volvimos. Y fuimos a visitarlo, porque era nuestro
25 amigo.

ACTOR 2.°: Y preguntamos: «¿Está bien?» Y su mujer nos dijo...

ACTRIZ: No sé.

ACTOR 3.°: ¿Está mal?

ACTRIZ: No sé.

30 ACTORES 2.° Y 3.°: ¿Dónde está?

ACTRIZ: En la perrera.[3] (ACTOR 1.° *en cuatro patas.*)

ACTORES 2.° Y 3.°: ¡Uhhh!

ACTOR 3.°: (*Observándolo.*)
Soy el director de la perrera,
35 y esto me parece fenomenal.
Llegó ladrando[4] como un perro
(requisito principal);
y si bien[5] conserva el traje,[6]
es un perro, a no dudar.

40 ACTOR 2.°: (*Tartamudeando.[7]*)
S–s–soy el v–veter–r–inario.
y esto–to–to es c–claro p–para mí.
Aun–que p–parezca un ho–hombre,
es un p–pe–perro el q–que está aquí.

1 *to guess*
2 estrechamos con fuerza
3 casita para el perro
4 *barking*
5 si... aunque
6 conserva... va vestido como un hombre
7 *Stuttering*

ACTOR 1.°: (*Al público.*) Y yo, ¿qué les puedo decir? No sé si soy hombre o perro. Y creo que ni siquiera ustedes podrán decírmelo al final. Porque todo empezó de la manera más corriente.[8] Fui a una fábrica a buscar trabajo. Hacía tres meses que no conseguía nada, y fui a buscar trabajo.

ACTOR 3.°: ¿No leyó el letrero? «NO HAY VACANTES[9]».

ACTOR 1.°: Sí, lo leí. ¿No tiene nada para mí?

ACTOR 3.°: Si dice «No hay vacantes», no hay.

ACTOR 1.°: Claro. ¿No tiene nada para mí?

ACTOR 3.°: ¡Ni para usted, ni para el ministro!

ACTOR 1.°: ¡Ahá! ¿No tiene nada para mí?

ACTOR 3.°: ¡NO!

ACTOR 1.°: Tornero[10]...

ACTOR 3.°: ¡NO!

ACTOR 1.°: Mecánico...

ACTOR 3.°: ¡NO!

ACTOR 1.°: S[a]...

ACTOR 3.°: N[11]...

ACTOR 1.°: R...

ACTOR 3.°: N...

ACTOR 1.°: F...

ACTOR 3.°: N...

ACTOR 1.°: ¡Sereno![12] ¡Sereno! ¡Aunque sea de sereno!

ACTRIZ: (*Como si tocara un clarín.*[13]) ¡Tutú, tu-tu-tú! ¡El patrón[14]!

(LOS ACTORES 2.° y 3.° *hablan por señas.*[15])

ACTOR 3.°: (*Al público*) El perro del sereno, señores, había muerto la noche anterior, luego[16] de veinticinco años de lealtad.

ACTOR 2.°: Era un perro muy viejo.

ACTRIZ: Amén.

ACTOR 2.°: (*Al* ACTOR 1.°) ¿Sabe ladrar?

ACTOR 1.°: Tornero.

ACTOR 2.°: ¿Sabe ladrar?

ACTOR 1.°: Mecánico...

ACTOR 2.°: ¿Sabe ladrar?

ACTOR 1.°: Albañil[17]...

ACTORES 2.° Y 3.°: ¡NO HAY VACANTES!

ACTOR 1.°: (*Pausa.*) ¡Guau..., guau![18]...

ACTOR 2.°: Muy bien, lo felicito...

ACTOR 3.°: Le asignamos diez pesos diarios de sueldo, la casilla y la comida.

ACTOR 2.°: Como ven, ganaba diez pesos más que el perro verdadero.

ACTRIZ: Cuando volvió a casa me contó del empleo conseguido. Estaba borracho.

ACTOR 1.°: (*A su mujer.*) Pero me prometieron que apenas un obrero se jubilara,[19] muriera o fuera despedido me darían su puesto. ¡Divertite,[b] María, divertite! ¡Guau..., guau!... ¡Divertite, María, divertite!

---

[a] Se refiere a otros trabajos que no se mencionan; lo mismo las iniciales R y F.

[b] Diviértete (Modo peculiar llamado **voseo** prevalente en Centro América, la Argentina, Uruguay y Paraguay. Consiste en usar el antiguo pronombre **vos** y las terminaciones verbales correspondientes en lugar de **tú**.)

8 común
9 No... *No Vacancies*
10 *Lathe operator*
11 *No*
12 *Night watchman!*
13 *bugle*
14 dueño, jefe
15 por... por medio de signos
16 después
17 *Bricklayer*
18 ¡Guau... *Bow-wow!*
19 se... se retirara del trabajo

ACTORES 2.° Y 3.°: ¡Guau..., guau!... ¡Divertite, María, divertite!

ACTRIZ: Estaba borracho, pobre...

90 ACTOR 1.°: Y a la otra noche empecé a trabajar... (*Se agacha*[20] *en cuatro patas.*)

ACTOR 2.°: ¿Tan chica le queda la casilla?

ACTOR 1.°: No puedo agacharme tanto.

ACTOR 3.°: ¿Le aprieta aquí?[21]

ACTOR 1.°: Sí.

95 ACTOR 3.°: Bueno, pero vea, no me diga «sí». Tiene que empezar a acostumbrarse. Dígame: «¡Guau..., guau!»

ACTOR 2.°: ¿Le aprieta aquí? (*El* ACTOR 1.° *no responde.*) ¿Le aprieta aquí?

ACTOR 1.°: ¡Guau..., guau!...

ACTOR 2.°: Y bueno... (*Sale.*)

100 ACTOR 1.°: Pero esa noche llovió, y tuve que meterme en la casilla.

ACTOR 2.°: (*Al* ACTOR 3.°) Ya no le aprieta...

ACTOR 3.°: Y está en la casilla.

ACTOR 2.°: (*Al* ACTOR 1.°) ¿Vio cómo uno se acostumbra a todo?

ACTRIZ: Uno se acostumbra a todo...

105 ACTORES 2.° Y 3.°: Amén...

ACTRIZ: Y él empezó a acostumbrarse.

ACTOR 3.°: Entonces, cuando vea que alguien entra, me grita: «¡Guau..., guau!» A ver...

ACTOR 1.°: (*El* ACTOR 2.° *pasa corriendo.*) ¡Guau..., guau!... (*El* ACTOR 2.° *pasa*
110 *sigilosamente.*[22]) ¡Guau..., guau!... (*El* ACTOR 2.° *pasa agachado.*) ¡Guau..., guau..., guau!... (*Sale.*)

ACTOR 3.°: (*Al* ACTOR 2.°) Son diez pesos por día extras en nuestro presupuesto[23]...

ACTOR 2.°: ¡Mmm!

115 ACTOR 3.°: ... pero la aplicación que pone el pobre, los merece...

ACTOR 2.°: ¡Mmm!

ACTOR 3.°: Además, no come más que el muerto[24]...

ACTOR 2.°: ¡Mmm!

ACTOR 3.°: ¡Debemos ayudar a su familia!

120 ACTOR 2.°: ¡Mmm! ¡Mmm! ¡Mmm! (*Salen.*)

ACTRIZ: Sin embargo, yo lo veía muy triste, y trataba de consolarlo cuando él volvía a casa. (*Entra* ACTOR 1.°) ¡Hoy vinieron visitas!...

ACTOR 1.°: ¿Sí?

ACTRIZ: Y de los bailes en el club, ¿te acordás?[25]

125 ACTOR 1.°: Sí.

ACTRIZ: ¿Cuál era nuestro tango?

ACTOR 1.°: No sé.

ACTRIZ: ¡Cómo que no! «Percanta que me amuraste[26]...» (*El* ACTOR 1.° *está en cuatro patas.*) Y un día me trajiste un clavel... (*Lo mira, y queda horro-*
130 *rizada.*) ¿Qué estás haciendo?

ACTOR 1.°: ¿Qué?

ACTRIZ: Estás en cuatro patas... (*Sale.*)

ACTOR 1.°: ¡Esto no lo aguanto[27] más! ¡Voy a hablar con el patrón!

(*Entran los* ACTORES 2.° *y* 3.°)

135 ACTOR 3.°: Es que no hay otra cosa...

20 Se... he squats
21 ¿Le... ¿Siente presión aquí?
22 en silencio
23 budget
24 Se refiere al perro que se había muerto.
25 ¿te... ¿te acuerdas? (**voseo**)
26 «Percanta... «Mujer que me abandonaste...»
27 resisto

ACTOR 1.°: Me dijeron que un viejo se murió.

ACTOR 3.°: Sí, pero estamos de economía.[28] Espere un tiempo más, ¿eh?

ACTRIZ: Y esperó. Volvió a los tres meses.

ACTOR 1.°: (*Al* ACTOR 2.°) Me dijeron que uno se jubiló...

140 ACTOR 2.°: Sí, pero pensamos cerrar esa sección. Espere un tiempito más, ¿eh?

ACTRIZ: Y esperó. Volvió a los dos meses.

ACTOR 1.°: (*Al* ACTOR 3.°) Déme el empleo de uno de los que echaron[29] por la huelga[30]...

ACTOR 3.°: Imposible. Sus puestos quedarán vacantes...

145 ACTORES 2.° Y 3.°: ¡Como castigo! (*Salen.*)

ACTOR 1.°: Entonces no pude aguantar más... ¡y planté[31]!

ACTRIZ: ¡Fue nuestra noche más feliz en mucho tiempo! (*Lo toma del brazo.*) ¿Cómo se llama esta flor?

ACTOR 1.°: Flor...

150 ACTRIZ: ¿Y cómo se llama esa estrella?

ACTOR 1.°: María.

ACTRIZ: (*Ríe.*) ¡María me llamo yo!

ACTOR 1.°: ¡Ella también..., ella también! (*Le toma una mano y la besa.*)

ACTRIZ: (*Retira la mano.*) ¡No me muerdas[32]!

155 ACTOR 1.°: No te iba a morder... Te iba a besar, María...

ACTRIZ: ¡Ah!, yo creía que me ibas a morder... (*Sale. Entran los* ACTORES 2.° Y 3.°)

ACTOR 2.°: Por supuesto...

ACTOR 3.°: ... a la mañana siguiente...

ACTORES 2.° Y 3.°: Debió volver a buscar trabajo.

160 ACTOR 1.°: Recorrí varias partes, hasta que en una...

ACTOR 3.°: Vea, éste... No tenemos nada. Salvo que[33]...

ACTOR 1.°: ¿Qué?

ACTOR 3.°: Anoche murió el perro del sereno.

ACTOR 2.°: Tenía treinta y cinco años, el pobre...

165 ACTORES 2.° Y 3.°: ¡El pobre!...

ACTOR 1.°: Y tuve que volver a aceptar.

ACTOR 2.°: Eso sí, le pagábamos quince pesos por día. (*Los* ACTORES 2.° Y 3.° *dan vueltas.*) ¡Hmm!... ¡Hmmm!... ¡Hmmm!...

ACTORES 2.° Y 3.°: ¡Aceptado! ¡Que sean quince! (*Salen.*)

170 ACTRIZ: (*Entra.*) Claro que 450 pesos no nos alcanza[34] para pagar el alquiler[35]...

ACTOR 1.°: Mirá,[36] como yo tengo la casilla, mudáte vos[37] a una pieza[38] con cuatro o cinco muchachas más, ¿eh?

ACTRIZ: No hay otra solución. Y como no nos alcanza tampoco para comer...

ACTOR 1.°: Mirá, como yo me acostumbré al hueso, te voy a traer la carne a vos,[39]

175 ¿eh?

ACTORES 2.° Y 3.°: (*Entrando.*) ¡El directorio accedió!

ACTOR 1.° Y ACTRIZ: El directorio accedió... ¡Loado sea![40]

(*Salen los* ACTORES 2.° Y 3.°)

ACTOR 1.°: Yo ya me había acostumbrado. La casilla me parecía más grande.
180 Andar en cuatro patas no era muy diferente de andar en dos. Con María nos veíamos en la plaza... (*Va hacia ella.*) Porque vos no podéis entrar en mi casilla; y como yo no puedo entrar en tu pieza... Hasta que una noche...

ACTRIZ: Paseábamos. Y de repente me sentí mal...

28 estamos... tenemos que economizar
29 *you fired*
30 *strike*
31 abandoné el trabajo
32 *bite*
33 Salvo... Con la excepción de
34 no... no es suficiente
35 *rent*
36 Mira (**voseo**)
37 mudáte... múdate tú (**voseo**)
38 cuarto
39 ti
40 ¡Loado... *Blessed be!*

OSVALDO DRAGUN 253

ACTOR 1.°: ¿Qué te pasa?

185 ACTRIZ: Tengo mareos.

ACTOR 1.°: ¿Por qué?

ACTRIZ: (*Llorando.*) Me parece... que voy a tener, un hijo...

ACTOR 1.°: ¿Y por eso llorás[41]?

ACTRIZ: ¡Tengo miedo..., tengo miedo!

190 ACTOR 1.°: Pero ¿por qué?

ACTRIZ: ¡Tengo miedo..., tengo miedo! ¡No quiero tener un hijo!

ACTOR 1.°: ¿Por qué, María? ¿Por qué?

ACTRIZ: Tengo miedo... que sea... (*Musita[42] «perro». El* ACTOR 1.° *la mira aterrado,[43] y sale corriendo y ladrando. Cae al suelo. Ella se pone de pie.*) ¡Se
195 fue..., se fue corriendo! A veces se paraba, y a veces corría en cuatro patas...

ACTOR 1.°: ¡No es cierto, no me paraba! ¡No podía pararme! ¡Me dolía la cintura si me paraba! ¡Guau!... Los coches se me venían encima[44]... La gente me miraba... (*Entran los* ACTORES 2.° Y 3.°) ¡Váyanse! ¿Nunca vieron un perro?

ACTOR 2.°: ¡Está loco! ¡Llamen a un médico! (*Sale.*)

200 ACTOR 3.°: ¡Está borracho! ¡Llamen a un policía! (*Sale.*)

ACTRIZ: Después me dijeron que un hombre se apiadó[45] de él, y se le acercó cariñosamente.[46]

ACTOR 2.°: (*Entra.*) ¿Se siente mal, amigo? No puede quedarse en cuatro patas. ¿Sabe cuántas cosas hermosas hay para ver, de pie, con los ojos hacia
205 arriba? A ver, párese[47]... Yo lo ayudo... Vamos, párese...

ACTOR 1.°: (*Comienza a pararse, y de repente:*) ¡Guau..., guau!... (*Lo muerde.*) ¡Guau..., guau!... (*Sale.*)

ACTOR 3.°: (*Entra.*) En fin, que cuando, después de dos años sin verlo, le preguntamos a su mujer: «¿Cómo está?», nos contestó...

210 ACTRIZ: No sé.

ACTOR 2.°: ¿Está bien?

ACTRIZ: No sé.

ACTOR 3.°: ¿Está mal?

ACTRIZ: No sé.

215 ACTORES 2.° Y 3.°: ¿Dónde está?

ACTRIZ: En la perrera.

ACTOR 3.°: Y cuando veníamos para acá, pasó al lado nuestro un boxeador...

ACTOR 2.°: Y nos dijeron que no sabía leer, pero que eso no importaba porque era boxeador.

220 ACTOR 3.°: Y pasó un conscripto[48]...

ACTRIZ: Y pasó un policía...

ACTOR 2.°: Y pasaron..., y pasaron..., y pasaron ustedes. Y pensamos que tal vez podría importarles la historia de nuestro amigo...

ACTRIZ: Porque tal vez entre ustedes haya ahora una mujer que piense: «¿No tendré...,
225 no tendré...?» (*Musita: «perro».*)

ACTOR 3.°: O alguien a quien le hayan ofrecido el empleo del perro del sereno...

ACTRIZ: Si no es así, nos alegramos.

ACTOR 2.°: Pero si es así, si entre ustedes hay alguno a quien quieran convertir en perro, como a nuestro amigo, entonces... Pero, bueno, entonces esa..., ¡esa es
230 otra historia! (*Telón.*)

41 lloras (**voseo**)
42 *She mutters*
43 con terror
44 se... *were running over me*
45 se... tuvo compasión
46 con mucho afecto
47 póngase de pie
48 soldado

Cuestionario

1. ¿Cómo se presentan los personajes a sí mismos?
2. ¿Cuál es el conflicto del protagonista?
3. ¿Por qué razón no puede conseguir trabajo el protagonista?
4. ¿Qué tipo de trabajo consigue por fin?
5. ¿En qué sentido es el protagonista un «conformista»?
6. ¿Cuáles son las manifestaciones específicas de ese conformismo?
7. ¿Cómo reacciona la mujer frente al nuevo estado de su marido?
8. ¿Cómo se presenta el hombre convertido en perro al final de la obra?

Identificaciones

1. el perro del sereno
2. «¡No hay vacantes!»
3. María
4. «Percanta que me amuraste»
5. «No te iba a morder... te iba a besar»
6. el boxeador, el conscripto, el policía, usted, nosotros

Temas

1. Los personajes de la obra: actores, actantes, el personaje comodín
2. La transformación progresiva del protagonista
3. El tema de la sociedad frente al individuo: ¿integración o enajenación?
4. Los elementos humorísticos en la obra
5. La ironía y la parodia en esta pieza de Dragún
6. El lenguaje de la obra: función y variación
7. Los aspectos simbólicos de la «Historia del hombre que se convirtió en perro»

Lucía Quintero

Lucía Quintero nació en San Juan de Puerto Rico de padres venezolanos y cursó sus primeros estudios en los Estados Unidos; reside actualmente en Venezuela. Es conocida principalmente por su variada y singular producción dramática que ella ha denominado «teatro oblicuo». Efectivamente, en dicho teatro nada es convencional o directo. Las piezas son breves y giran en torno a una sola idea que se repite continuamente en el diálogo. Como no hay conclusión en ninguna de ellas, las piezas de Quintero se caracterizan por su ambigüedad. La acción se desarrolla en ambientes que varían desde la humilde tienda de una ciega hasta un misterioso convento, o según se ve en la obra escogida para esta antología, un sanatorio. En las obras teatrales de Quintero el lenguaje es muy particular y de intenso poder comunicativo. A través de este lenguaje, tan espontáneo e irracional como los personajes que lo usan, la escritora expresa, con una especie de humor negro, su visión absurda, trágica, de la vida. Entre sus obras publicadas figuran *La brea y las plumas* (1963), *Viejo con corbata colorada* (1963) y *Verde angustiario* (1968).

1 x 1 = 1, pero 1 + 1 = 2

Personajes: UN HOMBRE, UNA MUJER, ENFERMERA, DOCTOR

ESCENA I

(*Dividida por un tabique, que separa celdas contiguas de un sanatorio. Hay puertas con cerrojos; y ventanas altas con tela metálica. El mobiliario de las celdas es idéntico: camita de hierro, mesita y bacinilla.[1] En una celda, está un* HOMBRE *joven tocando la obertura de Guillermo Tell con los dedos sobre la mesita. La tararea[2] con alegría.*

La MUJER *entra cabizbaja con la* ENFERMERA. *Al oír el cerrojo, el* HOMBRE *deja de tocar y se arrima a la pared para oír lo que dicen.*)

10 ENFERMERA: (*Abriendo la puerta.*) Espero que esté cómoda aquí en su cuarto. Está elaborado para su comodidad y para la seguridad personal y comunal de los pacientes. Permanecerá cerrada hasta que se decida su estado de gravedad. Si algo necesita, me grita.

MUJER: ¿Gritar? ¡Qué primitivo!

15 ENFERMERA: No importa lo que le parezca. Es la costumbre.

MUJER: ¿Llaman cuarto a esta celda? (*Busca agua.*) ¡Ni hay agua! ¿Grito cuando tenga sed? ¿Y lo mismo para ir al baño? ¿Qué hago si usted está ocupada y no llega a tiempo?

ENFERMERA: Tiene una bacinilla. (*Se la muestra.*) Es la costumbre.

---

1 chamber pot
2 He hums

3 whistles
4 cartón... hard cardboard
5 molestar

20 MUJER: Una barbaridad. Nada de esto me dijo el Doctor. Quiero hablarle.

(*Va hacia la puerta y la* ENFERMERA *la impide.*)

ENFERMERA: Le aconsejo que si quiere estar bien, no se queje. Si quiere ir al baño, la llevaré ahora. Pero hay horas fijas para todo. Ya se acostumbrará. Usted está en reposo dirigido y hasta la comida se le servirá aquí. ¿Quiere ir al
25 baño o no?

MUJER: ¡No! Quiero salir de aquí.

ENFERMERA: Por ahora no puede. Pórtese bien y bien pronto saldrá. Los demás van al comedor y pasean y hacen sus vidas. (*Sale.*) ¡Hasta que me necesite!

MUJER: (*Se sienta en la camita, agotada.*) ¡Encarcelada! ¡Cómo me han en-
30 gañado!

HOMBRE: (*Se acerca a la pared y silba[3] la obertura.*) Espero que esté cómoda aquí porque aquí permanecerá hasta que se decida su estado de gravedad, si me necesita grite—y demás ¡blah! (*En tono jovial.*) ¡Bienvenida! Me alegra tener compañía otra vez. Hacía meses...

35 MUJER: (*Se levanta, asustada.*) ¡Enfermera! ¡Enfermera!

HOMBRE: No se asuste. Soy yo.

MUJER: ¿Quién es ese yo? Parece que estuviera en el cuarto, digo celda.

HOMBRE: Soy su vecino de la celda contigua. (*Silba.*)

MUJER: ¿Para qué silba?

40 HOMBRE: Para no aburrirme. También canto. (*Le canta.*)

MUJER: ¡Enfermera!

HOMBRE: No llame a esa burra. Va a creer que está usted peor de lo que está.

MUJER: ¿Qué sabe usted cómo estoy yo?

HOMBRE: Se le nota que está asustada; eso es todo. No vaya a dudar de sí misma.
45 Yo le ayudaré.

MUJER: ¿En qué puede usted ayudarme?

HOMBRE: En divertirla. La ayudaré a pasar el tiempo alegre.

MUJER: ¿Cómo es posible estar alegre en esto? Estará usted loco... Creía este era un sanatorio de mujeres...

50 HOMBRE: Es mixto; pero separan sexos. Sólo estas dos celdas están contiguas.

MUJER: (*Toca la pared que los separa.*) Pero la división es frágil ¡de cartón piedra[4]... tenía que tocarme a mí! ¿Es verdad que usted no grita?

HOMBRE: Hace bien en dudar. Dude de todo, menos de sí misma porque la pondrán en prueba. Todo es una hipocresía.

55 MUJER: Me doy cuenta que la celda no está de acuerdo con la entrada y el recibo lujoso...

HOMBRE: Para engañar a los familiares—a quienes se les prohibe la entrada a los llamados cuartos.

MUJER: ¡Ojalá usted fuera prohibido también!

60 HOMBRE: Estamos muy separados. Golpearé la pared para que se dé cuenta que no es tan frágil. Yo la llamo mi lienzo fuerte. Oiga. (*Da unos golpes fuertes con los puños.*)

MUJER: Se va a lastimar las manos.

HOMBRE: Ya no hay nada que me lastime.

65 MUJER: Me ha convencido. La pared no es frágil. Pero nuestra separación sí lo es. Me va a fastidiar[5] usted con esta... intimidad.

HOMBRE: Una vez intenté derribar la pared...

MUJER: ¿Con los puños? (*Asustada.*) ¿Le dan rabias a usted?[6]

HOMBRE: Me dio esa vez por el tratamiento que suministraban a su predecesora...
70 estaba enamorado de ella...

MUJER: Si estuviera usted cuerdo,[7] no le darían rabietas.[8]

HOMBRE: Cuando doy golpes es porque estoy fastidiado. El fastidio produce reacciones curiosas... ya verá. Prefiero conversar...

MUJER: La conversación cansa. Yo vine aquí y que a descansar.

75 HOMBRE: Con ese pretexto, nos encarcelan a todos.

MUJER: ¿Hay muchos?

HOMBRE: No los he contado.

MUJER: Estoy cansada de hablar.

HOMBRE: No tiene que contestarme. Al principio, todos preferimos estar solos con
80 nuestros pensamientos. Queremos disfrutar del uno por uno...

MUJER: ¿El uno por uno?

HOMBRE: El aislamiento[9] total... después es insoportable. También dibujo...

MUJER: ¿Con qué? Parece que se distrae...

HOMBRE: ¿No quería descansar? No tiene que contestarme. Estoy acostumbrado a
85 hablar solo...

MUJER: A hablar solo... ¿Con qué dibuja? ¿Lo permiten?

HOMBRE: Ni se dan cuenta. Lo único que limpian es el piso. Tengo un carboncillo[10] escondido. Lo encontré en la cocina.

MUJER: ¿Cuándo le dejaron entrar en la cocina?

90 HOMBRE: Yo ya tengo derecho a paseos y a comer afuera.

MUJER: ¿Cuándo dan ese derecho?

HOMBRE: Después de las dos semanas del encerramiento inicial.

MUJER: ¿Dos semanas de esto con usted a mi costado?

HOMBRE: Es el reglamento del sanatorio que debe servir (*En tono burlón*) de me-
95 dida[11] para ajustar las acciones y los pensamientos del paciente...

MUJER: ¡Se burla usted de ellos!...

HOMBRE: ¡Detesto la ineptitud e hipocresía encubierta!

MUJER: (*Reflexionando.*) Las celdas y cerrojos[12] no se usan en la práctica moderna...

100 HOMBRE: ¿Quién le dijo a usted que estábamos en ambiente moderno? ¡El que salga cuerdo después de este encerramiento, bien cuerdo está!

MUJER: ¡Calle! Si no me asusta con sus acciones, lo hará con sus palabras.

(*Callan los dos y se apartan de la pared.*)

ESCENA II

105 (*Después de una pausa silenciosa, la* MUJER *habla.*)

MUJER: Hay que hacer ruido para sentirse uno vivo...

(*El* HOMBRE *permanece silencioso, tarareando.*[13])

MUJER: ¡Dije que hay que hacer ruido para sentirse uno vivo! (*En voz alta.*) Que hay que hacer ruido...

110 HOMBRE: (*Sin dejar la tonada.*[14]) ¡Ya la oí!

MUJER: ¿Por qué no me contestaba?

HOMBRE: ¿No quería sentirse sola?

6 ¿Le... Do you get furious?
7 Si... If you were in your senses
8 temper tantrums
9 confinement
10 black crayon
11 servir... serve as a standard
12 bolts
13 humming a tune
14 tune

MUJER: ¡No se burle de mí... nunca he estado en una celda sola!

HOMBRE: Ya se acostumbrará. ¿Qué más puede hacer uno?

115 MUJER: No quiero llegar a silbar[15] y a cantar... ¿Cuánto tiempo hace que está usted aquí?

HOMBRE: Un año cumplido.

MUJER: ¡Qué horror! Un año en una celda como ésta. ¿Es igual?

HOMBRE: Igual. Y la prefiero al pelotón.[16] Dejan la luz encendida toda la noche...
120 entre luz, quejas y gritos no se puede dormir. Me trajeron por insomnio...

MUJER: ¿Lo trajeron?

HOMBRE: Mi familia quería deshacerse de mi presencia noctambular.[17]

MUJER: Lo dice sin rencor.

HOMBRE: Superé la etapa. La dibujaré si me describe sus rasgos. (*Dibuja largos*
125 *trazos en la pared.*) Imaginar es alucinante.[18] Quiero saber cómo es...

MUJER: ¿Cómo es que no se dan cuenta de sus dibujos? Eso de dibujar en paredes es anormal...

HOMBRE: Yo mismo borro lo que dibujo. Además es terapia...

MUJER: ¡Qué asco! Si mi ventana no estuviera tan alta, diría que está cubierta de
130 vómitos...

HOMBRE: La celda la han ocupado algunas desenfrenadas.[19] Cuando no les gustaba la comida, la tiraban. Fíjese en los golpes en la pared, y en la puerta...

MUJER: ¿Usted me ve por alguna rendija[20]? ¿O está acostumbrado a seguirle los
135 pasos a uno? ¡Qué inconveniente!

HOMBRE: No se preocupe. Uno oye lo que quiere y nada más. Ni las voces se oyen si uno no habla en voz alta. ¿No se ha dado cuenta de que hemos estado hablando en voz alta?

MUJER: (*En voz más baja.*) ¿Me oye ahora? He perdido todo el derecho a la vida
140 privada... me siento acorralada[21]... usted medirá mis pasos...

HOMBRE: Quítese los zapatos. ¿Le desagrada mi voz?

MUJER: Francamente no; es agradable; es... bueno, ¿qué importa?

HOMBRE: ¿Y sus rasgos?[22] Por su voz, diría es encantadora. Me alegro haya venido.

145 MUJER: ¡Pues yo no! ¿Cómo es usted?

HOMBRE: Soy joven, alto, delgado, rubio, de facciones finas.[23]

MUJER: Ajá, así soy yo.

HOMBRE: (*Deja de dibujar.*) ¡Mentira! Su voz es de morena.

MUJER: Me aburre su deseo de intimidad. ¿No puede respetar nuestra división?

150 HOMBRE: Yo la respeté. Estábamos callados. Uno por uno; usted allá y yo acá... y usted me habló.

MUJER: Si le hablo no me doy tanta cuenta del ambiente. Me agrada más sumar el uno y uno porque la suma es dos... dos seres distintos y separados.

HOMBRE: Al aburrirse, no existe la distinción entre suma y multiplicación...
155 (*Canta una canción disparatada.*[24])

MUJER: ¿Por qué canta? Me dijo hacía ruido cuando estaba aburrido. (*Canta al mismo son.*)

HOMBRE: ¡Qué voz más bella! (*Pausa en silencio.*)

MUJER: ¿Por qué el silencio repentino?

160 HOMBRE: ¿No lo dijo usted antes, que cansaba el hablar?

MUJER: Si deja de hablar, creo está haciendo algo...

15 whistle
16 firing squad
17 mi... my nocturnal wanderings
18 fascinante
19 muy locas
20 abertura estrecha y larga
21 cornered
22 ¿Y... And your features?
23 facciones... delicate features
24 absurda

HOMBRE: ¿Malo? Estoy dibujándola...

MUJER: Si no me ha visto...

HOMBRE: Tengo que imaginármela...

165 MUJER: Soy alta, esbelta, de piernas y brazos largos—de adolescente—como para inspirar una caricatura. ¿De veras que dibuja?

HOMBRE: ¿Por qué lo duda? ¿Y las facciones son regulares?

MUJER: Boca larga y nariz no tan larga; ojos largos y cejas...

HOMBRE: Largas también, sin duda. (*Murmura.*) ¿No quedó el dibujo que la
170   pincelada oscura de tu ceja escribió velozmente en la pared con su punto decisivo?

MUJER: ¿Qué murmura? ¿No me cree?

HOMBRE: Murmuro unas palabras del poeta alemán Rilke.[a] ¿No lo conoce?

MUJER: Sí, y me gusta mucho. ¿Puede recitar algo de él?

175 HOMBRE: Ahora no. Prefiero delinear su retrato.

MUJER: ¡Me imagino la pared llena de borrones[25] y una gran línea!

HOMBRE: ¡La ceja larga!

(*Ríen los dos.*)

ESCENA III

180   (*La* ENFERMERA *entra, cuaderno en mano.*)

ENFERMERA: Estoy de guardia. Al pasar, me pareció la oí hablando y cantando. ¿Acostumbra hablar sola? (*Sin esperar contestación.*) Mala señal. (*Escribe en el cuaderno.*) Habla y canta a solas.

MUJER: Hablaba con el vecino uno por uno.

185 ENFERMERA: (*La mira con angustia.*) Con él... (*Escribe.*) Se imagina tiene compañía en el cuarto...

MUJER: Escriba celda, no cuarto.

ENFERMERA: (*Dice en voz alta y escribe.*) Se imagina que está en una cárcel... no se ha dado cuenta en dónde está...

190 MUJER: ¡Yo no he dicho eso!

HOMBRE: (*En voz baja.*) No pierda su voz explicándole a la Enfermera; la atormentará... es una (*en voz alta*) ¡burra!

ENFERMERA: (*A la* MUJER.) ¿A quién ha llamado burra?

MUJER: Al vecino.

195 ENFERMERA: Su vecin–o es hombre, burr–o, por consiguiente; y yo oí que me llamaba burr–a. ¿Desde cuándo habla usted sola?

MUJER: (*Impaciente.*) Hablo con el vecino.

ENFERMERA: Nada me gustan esos ademanes[26] conmigo, señorita. (*Untuosa, con superioridad.*) Algunos se imaginan personas, otros animales... alucina-
200   ciones comunes (*escribe*)... lo suyo es una burra en femenino de vecino masculino...

MUJER: ¡Usted sí que está equivocada!

ENFERMERA: (*Oficiosa.*) Es común creerse que es la otra persona quien anda mal. Procure calmarse. Le traeré la receta que le dejó el Doctor... por si acaso...

---

[a]Rainer Maria Rilke (1875–1926), escritor austríaco nacido en Praga, escribió en alemán. Su poesía es lírica, casi mística, como se ve en su colección de poemas *Das Stundenbuch* (*El libro de las horas*). Otras de sus obras como *Neue Gedichte* (*Nuevos poemas*) se caracterizan por su corte impresionista y simbólico. El tema del aislamiento del individuo en la sociedad está presente en la obra de Rilke.

205
210
215
220
225
230
235
240
245
250

HOMBRE: (*En voz alta y fuerte.*) ...¡por si acaso no está uno tieso y mudo, que es lo normal aquí! ¡Burra!

ENFERMERA: No crea me va a asustar con esa voz de hombre...

MUJER: Soy ventrílocua.

ENFERMERA: (*Escribiendo.*) Tengo que darle un reporte completo al Doctor... dice usted que lo quieren a uno mudo y tieso...

MUJER: Y le piden a uno que grite para llamar...

HOMBRE: (*Ríe, divertido.*) Nada tiene sentido. ¡Es una abstracción de lo absurdo o un absurdo de abstracción!

ENFERMERA: ¿Cuántas voces tiene usted? Y se ríe como... La cosa se pone fea;[27] ya le noto la agresividad.

MUJER: (*Agresiva.*) ¿Qué agresividad?

HOMBRE: (*En tono más bajo.*) Hay que disimular toda emoción...

ENFERMERA: La palabra emoción la oí perfectamente. Su emoción es excitación que puede resultar en depresión con síntomas de agresividad peligrosa. Voy por la receta, hay que calmarla.

HOMBRE: ¡Aunque la maten para hacerlo... la van a desesperar!

ENFERMERA: Me dice en una de sus voces que cree la van a matar, que está desesperada...

MUJER: (*A la pared.*) Cállese para que esta mujer no crea que soy ventrílocua de veras... cree que estoy desesperada...

ENFERMERA: Desesperación y depresión son la misma cosa... ¡qué mal está! ¡Hablándole a la pared... se dará golpes contra ella!

MUJER: (*Se calma.*) Mire, apelo a su sentido común... soy actriz y me gusta cambiar de voz cuando ensayo... cambiar de voz no tiene nada de particular para una actriz, ¿comprende?

HOMBRE: ¿De veras que es actriz? Por eso tiene la voz... no le explique nada a la burra...

MUJER: ¡Por favor, cállese!

ENFERMERA: Si no he dicho palabra... voy a buscar al Doctor. (*Sale de prisa.*)

ESCENA IV

(*La* MUJER *se dirige a la pared.*)

MUJER: Le ruego, que no hable cuando regrese con el Doctor. Ya me ha comprometido como para no salirme de este lío.[28] Ojalá él tenga más sentido común... ¡Yo no quiero estar aquí un año junto a usted!

HOMBRE: ¡Seríamos tan felices!

MUJER: ¡Qué locura!

HOMBRE: ¡Una actriz! ¡Cómo nos divertiremos!

(*Entran la* ENFERMERA *y el* DOCTOR, *abriendo y cerrando el cerrojo.*)

ENFERMERA: (*Excitada.*) Ya ve, Doctor, está agresiva, excitada y depresiva.

DOCTOR: No le noto ningún síntoma. Exagera usted.

ENFERMERA: Doctor, ¿me desautoriza usted ante la enfermo, enferma? Ya no sé lo que digo...

DOCTOR: Me parece usted es la excitada. Hablaremos afuera.

HOMBRE: (*Entonando.*) La burra se excitó, la burra...

ENFERMERA: ¿Oye eso, Doctor? Me llama burra en otra voz y dice que es ventrílocua... cambia de voz para insultarme... ¿y usted no llama a eso excitación?

27 La... *The situation does not look good*
28 *mess*

DOCTOR: (*Atento.*) Efectivamente, oí otra voz... puede ser... (*A la* MUJER.) ¿Es o no es usted ventrílocua?

MUJER: (*Ríe.*) No lo soy.

255 ENFERMERA: Miente. Me lo dijo... y esas voces... usted mismo oyó el cambio cuando me llamó burra...

DOCTOR: (*A la* ENFERMERA.) Le dije que hablaríamos afuera...

HOMBRE: (*En voz más baja.*) ¿Está usted junto a la pared? ¿Se da cuenta por qué la quería derribar una vez? Son unos burros...

260   (*La* MUJER *ríe, el* HOMBRE *también.*)

DOCTOR: Oí claramente la palabra burros... y una doble risa...

ENFERMERA: Doctor, ¿traigo la inyectadora?

DOCTOR: (*A la* MUJER.) ¿Entonces es usted ventrílocua?

MUJER: (*Disimulando.*) Estaba bromeando... será el eco.

265 DOCTOR: El eco (*sonreído*) no va a decir cosas diferentes. Tenga la bondad de darme una demostración... en su caso es importante...

HOMBRE: ¿Por qué es importante en su caso?

MUJER: ¡Cállese!

DOCTOR: ¿Me dice que me calle? Um−m, esto es interesante.

270 HOMBRE: Interesante es ella...

DOCTOR: (*Fascinado.*) Sumamente interesante... lo que no comprendo es cómo puede emitir sonidos de la pared... parecen golpes... y no la ha tocado... podría ser...

HOMBRE: ¡Soy yo, burro, yo golpeo la pared!

275 ENFERMERA: Otra vez con el burro y la burra. ¿No oye, doctor?

DOCTOR: (*Ignorando la* ENFERMERA.) Ese yo a quien usted se refiere es su *id,* su *ego.* ¿Quién representa para usted?

HOMBRE: ¿Qué va a saber ella?

ENFERMERA: Me dice que no sé nada, doctor... ¡Supongo ya ha oído lo suficiente
280   para darse cuenta que se trata de un caso de agresión perturbadora!

HOMBRE: ¡Perturbadora!

MUJER: ¡Cállese!

DOCTOR: (*A la* ENFERMERA.) ¡Cállese!

ENFERMERA: Doctor, ¿me manda a callar? ¡Es el colmo de los colmos![29] Ya no so-
285   porto más... (*Sale y deja la puerta abierta.*)

MUJER: (*Se asoma.*) Hay un pasillo muy largo...

HOMBRE: ¿Esperaba encontrar salida?

DOCTOR: ¿Esperaba encontrar salida? Ahora me tiene usted repitiendo... Interesante su poder...

290 HOMBRE: (*Fingiendo agresividad.*[30]) ¡Voy a derribar[31] la pared! (*Da golpes.*)

DOCTOR: ¿Es su íntimo deseo... derribar la pared? ¿Qué espera encontrar al otro lado?

HOMBRE: ¡A mí!

DOCTOR: Está buscando su *alter ego...* quizás tenía razón la Enfermera... es un
295   caso... curioso... en dos semanas, ya veremos...

MUJER: (*A la pared, furiosa.*) ¡Es su culpa! ¡Dos semanas en esta celda asquerosa[32]!

29 ¡Es... *This is the last straw!*
30 Fingiendo... *Pretending aggressiveness*
31 destruir
32 que da náusea

33 un... entre dos
personas
34 fooling

HOMBRE: (*Silba la obertura y se acompaña con ritmo tamboril.*) No se desespere, tenemos confundido al doctor...

300 DOCTOR: Señorita, yo no estoy confundido, estoy intrigado...

(*Entra la* ENFERMERA *con una inyectadora.*)

ENFERMERA: ¿Se ha decidido, Doctor? Supongo que ya no le queden dudas.

DOCTOR: (*A la* ENFERMERA.) No me apresure... que usted está más excitada que la paciente.

305 ENFERMERA: ¿Yo excitada? (*Ríe exageradamente.*)

DOCTOR: (*Reflexionando.*) Estoy sospechando... es mucha ventriloquía cantar, silbar, hablar en doble voz y producir sonidos en la pared... ¡Vaya a ver (*a la* ENFERMERA) si el paciente del 545 está en su cuarto ahora mismo!

ENFERMERA: Eso le toca a un enfermero... yo no entro sola al cuarto de ese loco...

310 DOCTOR: ¡Ya le he dicho que esa apelación no se usa! Los pacientes son enfermos, no locos... ¡Vaya en seguida y traiga aquí al señor Márquez! (*Se acerca a la pared.*) Señor Márquez, ¿me oye?

ENFERMERA: ¡Ahora sí que he visto y oído todo! Ya no se sabe quién está enfermo o enferma... ¡Me voy a buscar al director! (*Sale*)

315 DOCTOR: (*A la* MUJER.) Tengo que seguirla. Creo está peor que usted... de paso, le abriré al señor Márquez—sospecho que la ventriloquía es un entredós[33]— (*Sale y deja la puerta abierta. Se oye el cerrojo de otra celda.*)

HOMBRE: Va a darse cuenta de todo...

MUJER: Dejó la puerta abierta.

320 HOMBRE: No se entusiasme, que el pasillo conduce al consultorio del director. Ciérrelo aquí conmigo, y no le hable en absoluto... todavía podemos vencerlo.

MUJER: (*Sale al pasillo y cierra la puerta del* HOMBRE.) ¡Que se diviertan!

DOCTOR: Señorita, ¿me oye? Abra la puerta, o le irá muy mal.

325 (*La* MUJER *no contesta.*)

HOMBRE: ¿A qué debo su visita, Doctor?

DOCTOR: Quería comprobar si ha estado usted hablando con la paciente del 546... si nos han estado engañando.[34] ¿Y ese dibujo en la pared? Bonita mujer... se parece a su vecina. ¿La ha visto usted ya?

330 HOMBRE: Jamás.

DOCTOR: ¿Y no la conoce?

HOMBRE: No.

DOCTOR: Es impresionante el parecido. Llámela usted, a ver si contesta...

HOMBRE: (*A la pared.*) Señorita... ¡Señorita!

335 (*La* MUJER *no contesta y sale por el pasillo.*)

DOCTOR: Entonces, ¿no se puede oír a través de la pared?

HOMBRE: Yo no sé, doctor.

DOCTOR: ¿Quién habrá cerrado este cuarto? Me parece que al salir del 546, pasé el cerrojo, ¿sería la burra de Enfermera? Ahora hay que esperar.

340 *Telón.*

Cuestionario

1. ¿A quién representan los personajes? ¿Por qué razón el autor no les ha dado un nombre determinado?
2. ¿Dónde tiene lugar la acción de esta obra dramática?
3. ¿Quién es el *yo* a quien la mujer oye hablar?
4. ¿Cómo podría ser descrito el Hombre?
5. ¿Qué se sabe acerca de la Mujer?
6. ¿Cuál es el ambiente de la obra? ¿De qué recursos se vale el autor para crear dicho ambiente?
7. ¿Quiénes son los personajes secundarios, y cuál es su papel en la obra?
8. ¿Cuál es el conflicto del drama, y cómo se desarrolla?
9. ¿Cuál es el desenlace de la obra?
10. ¿Cómo se divide la pieza estructuralmente? ¿Cómo se justifica técnicamente esa división?
11. ¿Cómo se podría explicar el título de la pieza?

Identificaciones

1. la pared
2. «su voz es de morena»
3. burra
4. ventrílocua

Temas

1. El valor temático de las citas siguientes:
   a. «Hay que disimular toda emoción»
   b. «Todo es una hipocresía»
   c. «Ya no se sabe quién está enfermo o enferma» (La Enfermera)
2. La obra de Lucía Quintero como ejemplo del tema del aislamiento en la vida humana
3. El diálogo entre el Hombre y la Mujer: lo que dicho diálogo pone de manifiesto
4. El simbolismo de esta obra

PILAR POMBO

Pilar Pombo nació y creció en Madrid. Tras algunos años de estudios académicos comenzó a dedicarse a actividades artísticas y técnicas relacionadas con el teatro, la radio y el vídeo. Su interés por la literatura se remonta al año 1975 cuando compuso sus primeros versos, llegando a publicar dos tomos de poesías. Sin embargo, sus mayores logros han sido sus obras teatrales, particularmente las piezas cortas que viene componiendo desde 1987. Según se puede constatar en *Remedios,* la cual se ha incluido en la presente antología, dichas obras representan monólogos que reflejan con fidelidad el habla popular, a veces un tanto atrevida pero siempre pintoresca. A través de dichos monólogos, las protagonistas—personas de condición humilde—confrontan valientemente la problemática de la mujer actual y reaccionan contra un papel tradicional que ya no les corresponde. Entre las otras obras de Pombo cabe señalar *Mientras llueve* (1986), *Amalia,* (1986), *Purificación* (1988), *Isabel y Sonia* (1989). Pombo se ha distinguido asimismo por sus contribuciones al teatro infantil (*No es un problema, es un problemón,* 1986) y por las adaptaciones radiofónicas de su propia narrativa («Celuloide rancio», 1981).

Remedios

Personaje: REMEDIOS

Remedios es pensionista. No es que sea gruñona;[1] es que está harta.[2] Una casa moderna, en un barrio moderno. Salón-comedor. Una mesa relativamente grande. Un aparador[3] con alacena incluida. Decorado absolutamente despersonalizado. Como este salón-comedor hay un millón más.

5

REMEDIOS (Está al teléfono. Asiente[4] con la cabeza con aburrimiento.)

Sí, hija, sí... (Pausa) Sí... Sí... Sí... (Pausa) Sí, hija, sí...
(En silencio vocaliza un bla-bla-bla a la vez que gesticula exageradamente. Se sabe de memoria lo que la están contando. De pronto, separa el auricular de su oreja y lo mira.)

10

(Encogiéndose[5] de hombros) ¡Vaya! Se la[a] han acabado los duros.[6]
(Cuelga con un deje[7] de desprecio. Fija la mirada en el jarrón lleno de claveles que está en el centro de la mesa.)
¿Y qué hago yo ahora con los jodíos[8] claveles? ¿Me los como?

[1] grumbler
[2] fed up
[3] sideboard
[4] She nods
[5] Shrugging
[6] moneda española que vale 5 pesetas
[7] gesto
[8] malditos

---

[a] The use of **la,** the direct object pronoun, for the indirect object pronoun **le** when referring to women is standard in Madrid and other parts of Spain.

15   (*Quita el jarrón del centro de la mesa y va de un lado para otro buscando un sitio donde dejarlo*) Todos los sábados me tienen que hacer lo mismo... pero más idiota soy yo, que todos los sábados pongo la mesa.... bajo a por el pan[9].... compro unos pastelitos para el postre... (*Enfadada*) ¡y todos los sábados pico[10] como una bendita!...

20   (*Imitando exageradamente a su hija*) «Madre, como no hemos terminado de hacer compras, nos vamos a quedar a comer por el centro, así aprovechamos...» (*En un arrebato*[11]) ¡Pues que les aproveche! Así revienten...[12]

    (*Por fin deja el jarrón en cualquier parte, arregla distraídamente los claveles y los huele*)

25   ¡Coño[13]! También podían avisar con un poco más de tiempo, así, una podría hacer sus planes...

    (*Pausa. Pasea de un lado para otro realmente fastidiada*[14])

    (*Imitando a su hija*) «Madre, mire usted en el congelador que debe quedar algo de estofado[15]»... ¡Pues se lo comen ellos! ¡No te joroba[16]!... (*Indignada*)

30 Encima, me endilgan[17] las sobras de la comida de toda la semana... (*Ofendida*) ¡Como si una no supiera guisar!... Porque, digo yo, que para hacerme una tortilla francesa, si me peta,[18] todavía sirvo, ¿no?... ¡Pues no señor!... Parece ser que mi hija se cree que soy tonta de baba[19] o algo parecido...

    (*Comienza a recoger los cubiertos con mucho coraje*) Pues ya que me han

35 partido el día[20], se van a enterar éstos... (*Con mucha mala idea*) ¡Les voy a dejar la despensa[21] tiritando!... En cuanto termine de recoger la mesa, me pienso dar un atracón.... ¡Van a saber esta panda de cretinos[22] quién es la Remedios!...

    (*Se enfrasca*[23] *en la recogida de cubiertos*)... Y encima pretenden que me coma las sobras, que deben estar ya mohosas,[24] cuando se pasan la semana entera

40 diciéndome... «Madre, no coma usted esto que le va mal para el colesterol»... «Madre, no coma usted lo otro que le perjudica a la vesícula»... Y con estos camelos[25] me tienen toda la semana a patata cocida y acelgas[26]... y cuando llega el sábado, ¡hala,[27] que se coma las sobras la abuela!... (*Quejosa*) que la debilidad que yo me noto es de tanta cosa sin sustancia que me dan... (*Reaccionando*) Pero

45 ¡leche![28] si yo, además, nunca he tenido nada ni en la vesícula, ni en el colesterol... y, encima, tienen la cara dura[29] de decir que lo hacen por mi bien... (*Rezonga*[30] *mientras abre y cierra los cajones del aparador.*)... por mi bien... por mi bien... (*Se pone en jarras*[31]) ¡Vaya! Ya me han cambiado otra vez los cajones de sitio... y luego dicen que estoy perdiendo facultades... ¡Lo que estoy perdiendo es

50 la paciencia!... (*Pausa*) No, si decirlo, no lo dicen, pero lo piensan, que es peor... (*Con rabia*) ¡Pero qué mala leche tienen![32]... Si sabré yo lo que pretenden... pues les va a salir el tiro por la culata[33]... ¡Vaya si les va a salir el tiro por la culata!

    (*Sale muy decidida hacia la cocina. Enseguida entra con una banqueta que deja junto al aparador y se dispone a subir en ella mientras sigue hablando*)

55 ¡Cómo no quieren que gruña, puñeta[34]! Si cada vez que ponen fabada[35] me tengo que ir a comer a la cocina, porque no me dejan ni olerla, y se me ponen los dientes así de largos... (*Imitando a su hija muy repipi*[36]) «Madre, esto es muy fuerte para usted, y ya sabe lo que la ha dicho el médico»... (*Se sube como puede en la banqueta*) y el médico, que es un alma de Dios, lo único que me ha dicho es que tengo

60 que hacer ejercicio por la artrosis esta, que hay que ver cómo muerde[37] la condenada con los cambios de tiempo... pero, claro, si hago ejercicio se me abre el apetito...

---

9 bajo... bajo por el pan (habla popular)
10 lo hago
11 En... Impulsivamente
12 ojalá se mueran (expresión de enojo)
13 muy enojada
14 fastidia
15 guiso de carne
16 fastidia
17 dan
18 me... quiero
19 tonta... muy tonta
20 partido... arruinado
21 casi vacío lugar donde se guardan las provisiones de comida
22 esta... esos estúpidos
23 Se... Se ocupa
24 descompuestas
25 excusas
26 verdura
27 okay!
28 (expresión de enojo)
29 cara... desvergüenza
30 Gruñe
31 Se... Con las manos en la cintura
32 ¡Pero... ¡Pero qué malos son!
33 les... *it is going to backfire on them* (expresión de enojo)
34 bean and bacon stew
35 *bean and bacon stew*
36 muy... con mucha afectación
37 duele

(*Cambia los platos de estantería en la alacena*) ¡A ver quién vuelve loco a quién!... para que luego diga el gilipuertas[38] de mi yerno que estoy chocha.[39]

65 (*Según dice esto se le escurre un plato estrellándose contra el suelo*) ¡Ay!... La primera en la frente[40]... me parece que estoy escuchando a la Rosa.... «Madre, ¿cuántas veces le tengo dicho que no toque nada?»... (*Se baja de la banqueta y se dirige a la cocina*)... me parece que la estoy oyendo... muy seria ella... (*Sale*).

(*Entra pensativa mirando a un lado y a otro*) ¿A qué he ido yo a la cocina?...
70 (*Repara en el plato roto, se da un golpe en la frente con la mano*) ¡Ah, ya! a por el cepillo y el cogedor... (*Suspira*) ¡Ay, Señor! ¿Dónde tendré yo la cabeza?... (*Se pone a recoger los cachos*[41] *mas grandes.*)

(*Cargada de razón*[42]) Estas cosas no pasarían si no me cambiaran, cada dos por tres, las cosas de sitio... (*Empieza a reírse*) como el otro día que por su culpa,
75 en vez de echarme desodorante, me eché laca del pelo en los sobacos, y tuve que estar todo el día como si tuviera golondrinos[43]... (*Se ríe con ganas*)... yo bien que me reí cuando me di cuenta, (*Saca un pañuelo de la boca de la manga y se limpia los ojos*) pero cualquiera se lo dice a mi hija... y es que esta chica no tiene ningún sentido del humor, en eso salió clavadita a mi difunto[44]... (*Inicia mutis*[45] *hacia la*
80 *cocina*)... y el Quique, que es un chivato...[46] «Mamá, mamá, ¿qué le pasa a la abuela que anda rara?»... (*Sale con los cachos del plato roto*).

(*Entra con el cepillo y el cogedor, se pone a barrer concienzudamente. Entra hablando*)... Pero la faena que me hacen todos los sábados es cosa del yerno, que no me puede ver ni en pintura... ¡Hala, que se chinche[47] la suegra!... (*Sigue ba-*
85 *rriendo*)... yo bien que lo dije anoche: «Mañana tengo que hablar con vosotros de una cosa muy importante».... ¡Pues ni puñetero caso[48]!... Como quien oye llover... (*Sale llevándose los últimos restos del plato*).

(*Entra hablando. Sigue recogiendo la mesa, pero sin dejar de cambiar de sitio el contenido de las estanterías y los cajones*) ¡Pero si es que me tienen
90 negra,[49] hombre!... ¡Es que vaya unas horitas de avisar, leche!... porque... ¿a ver cómo aviso yo al Esteban de que tengo la tarde libre, eh?... porque estos no aparecen hasta las ocho o las nueve, como poco... (*Pausa breve*) Esteban se habrá hecho su composición y se habrá ido a comer a casa del hijo... como si el hombre no tuviera otra que hacer que estar pendiente de los imprevistos[50] de mi hija... ¡Pues lo
95 único que le faltaba al hombre!... Bastante tiene ya con el merluzo[51] de su hijo... ¡Otro que tal anda!,[52] que desde que le han hecho director de una sucursal del banco, por lo visto, se le ha subido el pavo[53] de una manera... y se da unos aires... ¡Hasta se ha atrevido a decirle a su padre que se afeite la barba y se quite la boina,[54] porque con esa pinta, dicen, que no le pueden sacar a ninguna parte!...
100 ¡Claro, como han empezado a codearse con gente de alto copete[55]!... (*Pausa. En su rostro aparece una preocupación*) ¡Vamos, que el otro día me vino el hombre todo desmoronado[56]!... «Remedios, que si me quito la boina y la barba me constipo[57]»... (*Soñadora*) Con lo guapo que está con su barba blanca y su boina puesta, así, de medio lado, que parece un revolucionario... Pues como le dije yo:
105 Como hagas caso a tu hijo rompemos para siempre...

(*Remedios se enfrasca*[58] *en cambiar las ultimas cosas de sitio por unos momentos*) Y eso ha sido cosa de la nuera... y como el hijo es un calzonazos[59]... Y es que la nuera es de armas tomar[60]... ¡lo que la gusta mandar a la condenada!.... Tiene a toda la familia en un puño... pero con el Esteban no puede y eso la pone a
110 morir... por eso no para de meterse con él... pero el Esteban no se deja dominar...

38 idiota
39 senil
40 La... Causo el primer destrozo
41 pedazos
42 Cargada... Con mucha razón
43 tumores
44 clavadita... parecida a mi difunto esposo
45 Inicia... Se va
46 chiquillo que todo lo cuenta
47 fastidie
48 ni... ni me hicieron caso
49 indignada
50 los... las decisiones inesperadas
51 fresco
52 ¡Otro... ¡Otro igual!
53 se... se ha vuelto muy arrogante
54 especie de gorra sin visera
55 codearse... tener amistad con gente muy importante
56 destruido moralmente
57 resfrío
58 ocupa
59 un... una persona que se deja dominar por su mujer
60 de... decidida y dominante

cuando ya le tiene muy harto, va y la dice: «Calla, Foca»... y como es muy soca-rrón,[61] pues se troncha de la risa cuando me cuenta sus peripecias[62] con «La Foca»... (*Suspira*) ¡Si es que es más salao que las pesetas[63]!

(*Remedios da por terminada la operacion cambio, se baja de la banqueta*)
115 ¡Ea! Esto ya está... no me voy a reír ni nada viendo la cara de mi hija cuando venga a buscar algo...

(*Remedios se lleva la banqueta a la cocina y entra hablando*)... Claro, que si la nuera del Esteban es un bicho,[64] mi yerno no se queda manco[65]... aunque en el fondo es más infeliz que el asa de un cubo[66]... (*Dobla el mantel con cuidado*)...
120 Me acuerdo de cuando era novio de la Rosa, que parecía que se iba a comer el mundo... «Rosa, hija, que este chico te está sorbiendo el seso[67] de tanta fantasía que tiene», le decía yo con la mejor de mis intenciones... «Que a éste ya le he ca-lado yo[68]»... Y la Rosa muy ofendida.... «Madre, ni que fuera un melón»... Y no andaba yo muy lejos, no... «Rosa, hija, que éste es como las tracas[69] de las Fallas
125 de Valencia, mucho ruido y pocas nueces»... Y la idiota de la Rosa, ponía los ojos en blanco: «¡Ay, madre! que este hombre va a llegar muy alto»... Y ya lo creo que ha llegado... ¡A jefe de la planta de oportunidades, que siempre es la última!... (*Guarda el mantel, pero como ha cambiado todo de sitio no encuentra el cajón, pero al fin da con él[70]*). Y luego esas prisas por casarse de la noche a la mañana...
130 si habían aguantado[71] cinco años de noviazgo, bien podían aguantar un poco más... ¡Pues no señor!... «Rosa, hija, que a ti te han entrado unas ganas de hombre, que no sé yo...». Y la muy cínica se ponía colorada como un tomate... «Madre, qué cosas se la ocurren»... (*Sonríe picarona*) Si sabré yo lo que es eso, porque el Rosendo, que Dios guarde en su Gloria, (*Se santigua[72]*) era muy buen hombre,
135 pero de lo otro poco y a destiempo... (*Extiende el tapete de ganchillo[73] sobre la mesa*)... y la Rosa que no daba pie con bola... «Rosa, hija, no habrás hecho alguna tontería de las tuyas»... «Madre, desde luego es que no se puede con usted»... y se iba dando brincos[74] como una rana.... ¡¡Sietemesina[75] que nos nació Rosita!! ¡¡Tres kilos novecientos!!.....
140 ¡Y cómo se puso el yerno porque se me ocurrió decir que era el vivo retrato de su abuelo!... «¡Señora, que la chica todavía está como una uva pasa y no se puede parecer a nadie!»... y se largó dando un portazo... y todo porque no había sido chico que era lo que él quería... y la Rosa hecha un mar de lágrimas... «Madre, ¿qué has hecho?... he perdido a mi Enrique, ¡Enrique no me dejes sola!»... No la
145 cayó esa breva[76]... Enrique volvió oliendo a vino que apestaba...[77] Y es que este Enrique es muy suyo.

(*Va a por su labor y se sienta a tejer, calándose las gafas*) Primero se hace la gracia a la Rosa y luego tarda doce años en atinar como Dios manda... ¡Como una patada en los hígados le sentó el quedarse embarazada otra vez!... Tan felices que
150 se las habían prometido, con la Rosita ya criada, y la Rosa con un buen empleo... y es que este Enrique no hace nada a derechas[78]... (*Piensa un momento*) Fue en-tonces cuando nació Quique, que por cierto era una birria[79] de criatura, parecía un gusano peludo... Sí, que entonces cuando mi yerno empezó a hacerme caran-toñas[80] y a llamarme mamá en vez de suegra... Ya en el sanatorio cuando dije:
155 «Hay que ver, este chico es igualito a su padre»... Se echó a reír: «¡Qué ocurrente es usted, mamá!»... ¡Uy! qué mosqueo[81] me entró... Me dije.... «Ay, ay, ay, que aquí hay gato encerrado[82]»... Ni dos días tardaron... «Madre que está usted muy sola... que por qué no se viene con nosotros, que así estará más acompañada... fí-jese si la ocurre algo a usted, allí sola, en un piso[83] tan grande... buena gana de

61 *cunning*
62 *aventuras*
63 *más... una mujer per-versa*
64 *es... es una joya*
65 *no... is not as bad as she is*
66 *asa... bucket's handle*
67 *te... te está volviendo loca*
68 *ya... ya lo conozco*
69 *fireworks*
70 *da... lo encuentra pasado*
71 *Se... Hace la señal de la cruz*
72 (blank)
73 *tapete... crochet cover*
74 *dando... saltando*
75 *born in seven months*
76 *No... No tuvo esa buena suerte (expre-sión irónica)*
77 *a... muy mal*
78 *no... no hace nada bien*
79 *una... muy feíto*
80 *a... to butter me up*
81 *dudas*
82 *gato... something fishy*
83 *apartamento*

¹⁶⁰ tener que estar trajinando⁸⁴ todo el día....» ¡Bien que me calentaron los cascos⁸⁵!... y yo que me dejé convencer como una panoli⁸⁶... y ahora...

(*Deja la labor sobre el regazo,⁸⁷ saca su pañuelo de la boca de la manga y se suena los mocos⁸⁸*) Allí por lo menos tenía a mis amigas y podía charlar con ellas cuando me petara... (*Hace una pausa para recordar*) Sólo con bajar a la calle era

¹⁶⁵ una alegría... Mi cafetito en el bar de Paco por las tardes... y ¡anda que no echo yo de menos al Marcial!... mira que tenía gracia ese hombre para contar los chismes del barrio... cuando me encontraba algo decaída, me iba a la tienda del Marcial a comprar un bote de tomate, y cuando subía ya se me habían ido todas las pelusas⁸⁹... ¡y lo que me he podido yo reír con las verduscadas⁹⁰ de la Encarna!...

¹⁷⁰ (*Suspira*) ¡Ay! qué mujer esa... le iba más la juerga que a un tonto una tiza... (*Por Remedios trepa una tristeza*) Y lo que me querían en el barrio... porque se notaba que me querían, y que me tenían mucha confianza... todo el mundo estaba pendiente de mí... y es que, claro, eran muchos años de conocimiento... (*Hace un gesto de fastidio*) Eso no lo hay en estos barrios modernos, donde todo el mundo

¹⁷⁵ va que parece que les han puesto cohetes en el culo⁹¹...

(*Guarda la labor en su caja. Se pone en pie y pasea inquieta, triste, solitaria. Su rebeldía salta en una congoja⁹²*)

¡Maldita la hora en que me vine a vivir a esta casa, donde no soy más que un trasto viejo!... Porque... ¿a ver? ¿qué he hecho desde que me vine aquí?...

¹⁸⁰ ¡Limpiar culos!,⁹³ que para eso me llamaron los muy egoístas... ¡para limpiar culos! Si no hubieran tenido el despiste de Quique, ya me podía haber muerto de asco⁹⁴... y cuando se acabaron los culos, ¡nada!... porque no me dejan hacer nada.... me tratan como si fuera un niño de pecho... todo el día detrás de mí por si rompo algo, por si... (*Hace un gesto de rabia*) ¡Puñeta⁹⁵!, que no soy una inútil...

¹⁸⁵ (*Se mira las manos*) aunque mis manos estén un poco más torpes... aunque para limpiar culos no estaban torpes...

(*Se aguanta⁹⁶ un llanto o tal vez un montón de blasfemias. Repara en el jarrón con los claveles*) Y voy yo y como una... imbécil... hasta me gasto mis buenos duros en comprar unos claveles para adornar la mesa (*Coge el jarrón y lo pone en*

¹⁹⁰ *el centro de la mesa*) y ponerla bonita, como de Nochebuena, con mi vajilla... porque esta vajilla es mía, que me la regaló mi difunto, ¡y es mía!... y esto no me lo van a quitar... ¡antes la rompo! ¡por éstas⁹⁷!...

(*Decidida*) Pero de hoy no pasa... Remedios, esta noche, sin falta, los reúnes y les cuentas que, dentro de poco, te piensas casar... ¡También tengo derecho,

¹⁹⁵ ¿no?!... para el caso que se me hace en esta casa... ¡Sí, señor! que me pienso casar porque me da la real gana y porque tengo novio... ¡Mejor aún! que me pienso arrejuntar,⁹⁸ ¡hala!... A ver que se han creído estos modernos... Ni papeles, ni nada... ¡Hala, que se chinchen!. (*Después de una pausa se empieza a reír bajito*) Me estoy imaginando la cara de asombro de la Rosa: «¡¿Pero, madre, a su edad?!»

²⁰⁰ (*A partir de este momento Remedios situará a cada uno de sus parientes en puntos determinados*)

(*Pasota⁹⁹*) ¡Sí, a mi edad, ¿y qué pasa?!... Y Enrique, sin dejar de leer el Marca, y rezumando veneno,¹⁰⁰ para no perder la costumbre... «¡Déjala, Rosa!, ¿no ves que chochea¹⁰¹?»... (*Volviéndose hacia el lugar de Enrique*). Aquí el

²⁰⁵ único que chochea eres tú, que no das una como Dios manda... además, ¿quién te ha dado vela en este entierro?¹⁰² (*Acalorada*) Además estoy hablando con mi hija, y por si te interesa saberlo, tu opinión me importa un pito¹⁰³... mira, estoy de ti hasta la coronilla¹⁰⁴... desde el primer día que pisaste mi casa, y ¡anda que no ha

⁸⁴ trabajando
⁸⁵ los... la cabeza
⁸⁶ tonta
⁸⁷ el... *her lap*
⁸⁸ se... *blows her nose*
⁸⁹ tristezas
⁹⁰ chistes verdes
⁹¹ va... va muy deprisa
⁹² pena muy intensa
⁹³ ¡Limpiar... *Washing (babies') bottoms*
⁹⁴ sola
⁹⁵ (expresión de enojo)
⁹⁶ contiene
⁹⁷ (*swearing*)
⁹⁸ *to move in with him*
⁹⁹ Con aire de rebeldía
¹⁰⁰ rezumando... lleno de maldad
¹⁰¹ está senil
¹⁰² ¿quién... ¿quién te ha dicho que intervengas en este asunto?
¹⁰³ me... no me importa
¹⁰⁴ estoy... estoy harta de ti

llovido desde entonces!, supe que eras un infeliz con la cabeza a pájaros, que
pescaste a la Rosa porque es otra infeliz que... que... que... ¡no me hagas hablar, no
me hagas hablar!

    (*Pausa. Remedios muy digna se alisa*[105] *el vestido*) Y enseguida vendrán las
preguntas... «¿Y quién es él?»... (*Descarada*[106]) ¡¿Y a ti qué te importa?!...
«¿Dónde le conoció, madre?»... ¡En un burdel!, cada día estás más tonta, hija...
¡¡En el parque!! ¿A dónde pueden ir los viejos a nuestra edad y con la pensión que
nos dan?... ¡Pues al parque, al parque a echar de comer a las palomas! que para
eso creó Dios a las palomas... para que los viejos como Esteban, que así se llama
mi novio, y yo podamos entretener los días echándoles migas[107] de pan... porque
Dios, que es muy listo y que para eso es Dios, se temió lo de las pensiones, y otras
muchas cosas más que me callo, nos buscó una distracción baratita para que no hi-
ciéramos gasto, y nos llegara la pensión a fin de mes... (*Con cierto pudor*[108])
Bueno... pues fue en el parque dónde nos conocimos... un día, a él, se le acabaron
las migas de pan y me pidió prestado... como yo estaba en el banco de al lado y...
(*Ruborizándose*[109]) bueno.... una cosa lleva a la otra... empezamos a hablar... y a
fuerza de echar de comer a las palomas un día tras otro... pues nos hemos ido cogiendo cariño...

    (*Por unos momentos, Remedios se queda embelesada*[110]) Y otra vez mi hija...
«Pero, madre, ¿a su edad?»... ¡Y dale molino![111] ¡Qué le pasa a mi edad, ¿que es
mucha?!... Poca tenías tú cuando te enredaste con este memo[112] y yo no te dije
nada, ¿no?... pues entonces... ¡No querrás que a mi edad esté cinco años de relaciones con el Esteban!... Tú sí que estás chocha, hija... Ni el Esteban, ni yo, tenemos tiempo para andar con tonterías...

    Entonces, la Rosa, se echará a llorar... porque hay que ver lo que puede llorar
esta chica... ya desde que era un renacuajo[113] así, no hacía más que llorar por
cualquier cosa, y menos mal que se le ha quitado la costumbre de meterse bajo la
mesa camilla[114] para llorar a moco tendido[115]... así que, me temo, en estas circunstancias, también se echará a llorar... «¡Ay, si padre levantara la cabeza[116]!»

    (*Resuelta*) Pero no la va a levantar, que para eso está muerto y bien muerto
desde hace más de..... ¡bueno! ya he perdido la cuenta de los años, pero son muchos... (*Su tono ahora es mas conciliador*) Mira, hija, tu padre fue bueno, trabajador, honrado y pare usted de contar... porque de lo demás... (*Con intención*) y tú
ya me entiendes... de lo demás no voy a hablar...

    Entonces Rosita se pondrá de mi parte: «¡Jo, abuela, qué marcha llevas, es
que alucinas!»... y es que tiene un desparpajo[117] y una gracia esta chiquilla
hablando que no sé de quién lo ha heredado, pero, desde luego, de su padre o de
su madre no... (*Se reafirma*) no, no... porque, ¡anda, que no son sosos[118] ni nada el
Enrique y la Rosa!...

    Entonces, mi hija, mandará a los niños a la cama o a freír espárragos,[119] que
es lo que siempre hace cuando se caldea el ambiente, como si los chicos de ahora
fueran tan tontos como ellos... pues no están despabilados,[120] ni nada... ¡hala, hala,
niños a la cama que la abuela empieza a desbarrar[121]!

    (*Pausa larga. Remedios se prepara para decir algo que sale de muy adentro.
Habla despacio*) Mira, hija, yo aquí, en esta casa no hago nada porque no me dejáis y me siento más como un estorbo que otra cosa... (*Pausa*) Esteban es un buen
hombre que también está solo... como yo... (*Se sonríe.*) No... él vive solo porque
ha sido más listo que yo... él no se dejó vender el piso para que se lo comieran los
hijos... él se ha aferrado[122] a su independencia como se ha aferrado a su barba y a

105 se... *smooths*
106 Insolente
107 pedacitos
108 vergüenza
109 Poniéndose colorada
110 como hipnotizada
111 ¡Y... ¡Otra vez lo
    mismo!
112 te... te enamoraste
    de este tonto
113 un... muy pequeñita
114 mesa... mesa espe-
    cial para poner el
    brasero en el in-
    vierno
115 llorar... llorar sin
    tregua, sin parar
116 levantara... resuci-
    tara
117 facilidad de palabra
118 sin gracia
119 a freír... les echará
    con enfado del
    cuarto
120 despiertos
121 decir disparates
122 se... se ha obstinado
    en mantener

su boina... pero yo sé que está solo... como él sabe que yo estoy sola... hemos
pasado muchas horas juntos, contándonos nuestras cosas, echando de comer a las
260 palomas... (*Pausa*) Nos necesitamos... No vamos a hacer nada importante...
(*Irónica*) Ni es una gran pasión, como te puedes imaginar... sólo somos dos viejos
que nos necesitamos... saber que nos podemos ayudar... ser útiles el uno para el
otro, nos hace sentir... (*Busca la palabra*) contentos... y estar contentos a nuestra
edad y con la pensión que nos dan... ya es mucho estar... (*Pausa*)

265 No te apures,[123] hija, me gusta Esteban... (*Convincente*) nos necesitamos y
eso es todo... yo para vosotros no soy más que una carga... además, me paso la
mayor parte del día sola... Tú y Enrique os vais a trabajar... los niños todo el día en
el colegio... yo aquí sin poder hacer nada... y si no hubiera sido por Esteban...
porque en este barrio no conozco a casi nadie... y yo aquí sin poder hacer nada...
270 (*Se queda pensativa, casi soñando*) Me hace ilusión pensar que voy a tener a
alguien a quién cuidar... hacerle las comidas... plancharle las camisas... salir con
él, del brazo, a la hora que nos dé la gana... y el Esteban es bueno, cariñoso, paciente...

(*Busca nuevos argumentos con los que convencer a su hija*) Hija, tu no te
275 puedes imaginar lo que puede suponer para mí, y sobretodo a mi edad, a medianoche, encontrar el calor de un hombre a mi lado... y más ahora que cada vez
tengo más frío en los huesos... o que me hagan una caricia sin tener necesidad de
pedirlo, porque... y perdona que te lo diga, pero vosotros dais los besos, así, de
pasada, sin sentirlos ni nada... (*Pausa*) Tejer un jersey para mi hombre... mi hom-
280 bre... (*Se sonríe satisfecha*) mi hombre...

(*Brota[124] de nuevo su rebeldía*) Yo también tengo derecho a tener un hombre
a mi lado... para acurrucarme[125] junto a él en las noches de invierno... ¡Sí, señora!
Necesito un hombre que me quiera, y ese hombre es Esteban... (*Resuelta[126]*) Me
gusta, le quiero y ya está... (*Estalla[127]*) ¡¿O es que te piensas que un hombre sólo
285 se tiene para apagar las ansias de... de... ?! ¡Mira, mira, no me hagas decir barbaridades... no me hagas decir barbaridades!

(*Remedios pasea intranquila. Sigue con sus argumentos*) Tu padre fue bueno,
trabajador y honrado, pero se me fue demasiado pronto, y han sido muchos años
de sentir un vacío de cuerpo que... no sé cómo explicarte... (*Pausa*).
290 Mira, hija, lo que yo te quiero decir lo explicó muy bien un señor que salió un
día, no hace mucho, por la radio, en ese programa que a mí me gusta tanto y que
nunca me acuerdo como se llama... sí, mujer... ¡Ay! ¿cómo se llama?... Bueno, es
igual. Pues salió un señor hablando de otro que, por lo visto, había dicho que
cuando era joven y le tocaba la pierna a su señora, se estremecía, pero que cuando
295 era viejo ya no se estremecía si le tocaba la pierna a su señora, pero que si se la tu-
vieran que cortar, lo sentiría como si fuera la suya propia... (*Toma aire después de
contar esto de un tirón[128]*) Yo no sé si es un buen ejemplo, pero algo así quiero
decir... No sólo un hombre es importante... Lo importante es sentirse querido, útil,
necesario.
300 (*Remedios se está empezando a liar[129] con sus propios argumentos. Pausa.*)
Y como me temo que, cualquier día de estos, me volvéis a embaucar,[130] como la
otra vez, y me metéis en un asilo, como si lo estuviera viendo... y eso sí que no...
¡Pues menudo aburrimiento!... ¡Con lo que a mí me gusta ir a mi aire!... que no,
que no y que no... que yo no paso por lo del asilo... ¡Y menos ahora que...! (*De la
305 misma tristeza se la saltan las lágrimas. Saca el pañuelo de la boca de la manga
y se suena con fuerza. Suspira*) ¡Ay, Señor! (*Meneando la cabeza se guarda el*

123 No... No te preocu-
pes
124 Surge
125 *curl up*
126 Con decisión
127 Explota
128 de... sin interrup-
ciones
129 enredar, complicar
130 engañar

pañuelo. Pausa.) ¿Qué os creíais, que no me he dado cuenta de que, últimamente, cuando he entrado aquí mismo, y estábais hablando vosotros dos, en voz baja, habéis cortado la conversación, y os habéis puesto a hablar de otra cosa?... que
310 una será vieja, pero no tonta... y yo me decía... «Remedios, estos andan tramando algo»... y me entraba una cosa por aquí (*Se señala el pecho*), una angustia y unas ganas de llorar que para qué las prisas... ¡y vaya si estabais tramando algo!... y si no... ¿a ver qué hacían el otro día, encima del aparador, unos folletos del Asilo de Nuestra Señora de la Esperanza, eh?... No, hija, no... que una todavía se da cuenta
315 de muchas cosas... de que una ya no sirve para nada porque ya no hay culos que limpiar... una vez hecho el servicio, lo mejor será meter a la abuela en un asilo para que no estorbe...

(*Se queda pensando, rumiando*[131])

Así que una de dos... o te quedas otra vez preñada,[132] cosa que no creo que
320 suceda, pues no sé por qué me da que al inútil de tu marido, ya se le ha acabado el fuelle[133]... o me caso con el Esteban, con tu consentimiento o sin él...

(*Reacciona de golpe*) ¡Pero qué consentimiento, ni consentimiento!... Pero, ¿por qué tengo que pedir permiso a nadie para casarme o para hacer lo que me dé la real gana?... ¡Esto sí que tiene gracia!.... ¡Yo dando explicaciones de mi vida
325 privada!... ¡pero, bueno, esto es el colmo!

(*Se para a recapacitar*[134] *con tranquilidad*) Vamos a ver, Remedios, ¿no eres mayor de edad?.... ¿no tienes tu pensión... escasa, pero pensión a fin de cuentas?... ¿no quieres al Esteban?... ¡Pues que les den morcilla[135] a esta panda de cretinos[136] que tienes por familia!... ¡Bah!, pero si en el fondo se van a llevar un alegrón...
330 Eso sí, la única preocupación que van a tener es a ver cómo se lo explican a los vecinos...

(*Se echa a reír con ganas*) «Rosa, ¿y su madre?, hace días que no la veo. ¿No la habrá ocurrido algo? ¿Se encuentra bien?»... Y a la Rosa que se la descompone la cara y no sabe por donde salir... (*Va hacia el teléfono y marca un numero*)
335 «Pues, verá, es que mi madre se ha casado»... (*Muy exagerada*) «¿A su edad?» (*Se ríe con ganas*) ¡Ay, que me meo![137]

(*Espera unos momentos, pero tardan en contestar. Tamborilea*[138] *con los dedos y por fin contestan, justo cuando iba a colgar*) ¿Esteban?... Hijo, menos mal que te encuentro en casa... ¿No has ido a comer a casa de «La Foca»?... ¿Pero
340 no se lo ibas a decir hoy?... Pues has hecho muy requetebién, ¡que les zurzan[139] y que se enteren por la prensa!, que ya somos mayorcitos... ¿Qué?, es que te oigo muy mal... ¡Ah! sí, sí... Oye, ¿sabes qué te digo? que me voy a vivir contigo... sí, sí, así, por las bravas... ¿A mis hijos? ¡Que se vayan a freír espárragos... Ya tendremos tiempo de pasar por la parroquia... No, no estoy loca... Sí, estoy decidida...
345 Escúchame... escucha un momento. Mira, ni tú ni yo estamos para perder el tiempo con papeles y tonterías de ésas, cualquier día de éstos nos da un chasquido el corazón y ¡hala! todo a hacer puñetas,[140] pero si tú prefieres que arreglemos antes los papeles... (*Contentísima*) ¿Sí?, entonces espérame que voy para allá... ¿Mis cosas? Ya pasaremos a recogerlas, total para dos pingos[141]... Sí, no te pre-
350 ocupes, mañana mismo las recogemos, pero por lo pronto esta noche la paso contigo... ¿Estás contento?... (*Coqueta*[142]) Qué cosas me dices... A ver si me vas a resultar tú un viejo verde... (*Escucha y se ríe*) ¡Ya ves, a la vejez viruelas[143]!... Yo también te quiero mucho... Adiós (*Cuelga*).

131 pensando profundamente
132 embarazada
133 ya... él es ya impotente
134 reflexionar
135 veneno
136 esta... estos idiotas
137 ¡Ay... (exclamación vulgar)
138 Da golpes repetidos
139 les... se fastidien
140 todo... se acaba todo
141 cositas sin importancia
142 *Flirting*
143 a... hacer algo que no es ya propio de su edad

(*Remedios no cabe en sí de gozo*)

355 ¡Ay, Señor! ¡Qué alegría tengo en el cuerpo... !

(*Sale en dirección a los dormitorios. Se la oye cantar alguna coplilla propia de su juventud. Entra con el abrigo y el bolso. Deja el bolso encima de la mesa y se pone el abrigo.*)

¡Esta noche nos vamos al cine como dos novios!...

360 ¡Y que se mueran los feos!... Y cuando venga la primavera... ¡A los toros! ¡Faltaría más!

(*Remedios engancha el bolso y bien rumbosa[144] se dirige hacia la puerta de la calle y sale dando un portazo*).

Telón.

Cuestionario

1. ¿Cuántos personajes se mencionan en la obra?
2. ¿Cuántos personajes aparecen en escena? ¿Por qué?
3. ¿Qué sabe usted desde el principio de la obra? ¿Cómo y a través de quién lo sabe?
4. Teniendo en cuenta no sólo su monólogo sino también las direcciones de escena, ¿qué se sabe acerca de Remedios?
5. ¿Qué se sabe de su hija, de su yerno, de sus nietos? ¿Lo sabemos directa o indirectamente?
6. ¿De qué recursos se vale la autora para presentar la condición inferior de la mujer, sobre todo de la mujer ya entrada en años?
7. ¿Quién es Esteban? ¿Qué se sabe de él? ¿Tiene Esteban una función importante en la obra?
8. ¿Qué momento considera usted como el clímax del drama?
9. ¿Es el desenlace de la obra apropiado? ¿Es lógico o ilógico?
10. Comente el final de la obra, ¿le parece bueno? ¿Cree que el espectador considerará esta obra un éxito? Explique por qué sí o por qué no.

Identificaciones

1. Quique
2. «La Foca»
3. la boina y la barba
4. la Rosita
5. el parque y las palomas

Temas

1. Compare la condición de Remedios con la de las mujeres de esa misma edad en su cultura.
2. Hable del movimiento feminista.
3. ¿Cree usted que esta obra es una comedia? Mencione aquellos incidentes que considere divertidos.
4. ¿Se podría hablar del concepto de *catarsis* en este drama?
5. ¿Cuál sería el tema de la obra? ¿Cuál sería el mensaje de la dramaturga?

FEDERICO GARCIA LORCA[a]

La casa de Bernarda Alba
Drama de mujeres en los pueblos de España

Personajes

BERNARDA (60 años)
MARIA JOSEFA (madre de Bernarda, 80 años)
ANGUSTIAS (hija de Bernarda, 39 años)
5 MAGDALENA (hija de Bernarda, 30 años)
AMELIA (hija de Bernarda, 27 años)
MARTIRIO (hija de Bernarda, 24 años)
ADELA (hija de Bernarda, 20 años)
LA PONCIA (criada, 60 años)
10 CRIADA (50 años)
PRUDENCIA (50 años)
MENDIGA
MUJER 1ª
MUJER 2ª
15 MUJER 3ª
MUJER 4ª
MUCHACHA
MUJERES DE LUTO

El poeta advierte que estos tres actos tienen la intención de un documental
20 fotográfico.

ACTO PRIMERO

Habitación blanquísima del interior de la casa de Bernarda. Muros gruesos. Puertas en arco con cortinas de yute[1] rematadas[2] con madroños y volantes.[3] Silla de anea.[4] Cuadros con paisajes inverosímiles de ninfas o
25 *reyes de leyenda. Es verano. Un gran silencio umbroso[5] se extiende por la escena. Al levantarse el telón está la escena sola. Se oyen doblar[6] las campanas. Sale la* CRIADA.

CRIADA: Ya tengo el doble de esas campanas metido entre las sienes.[7]

---

[a] Véase la introducción a Lorca en las páginas 228–229.

1 jute (type of fabric)
2 trimmed
3 madroños... tassels and ruffles
4 wicker
5 gloomy
6 toll
7 temples

LA PONCIA: (*Sale comiendo chorizo y pan.*) Llevan ya más de dos horas de gori-
30 gori.[8] Han venido curas de todos los pueblos. La iglesia está hermosa. En el
primer responso se desmayó la Magdalena.

CRIADA: Es la que se queda más sola.

LA PONCIA: Era la única que quería al padre. ¡Ay! ¡Gracias a Dios que estamos
solas un poquito! Yo he venido a comer.

35 CRIADA: ¡Si te viera Bernarda!...

LA PONCIA: ¡Quisiera que ahora que no come ella, que todas nos muriéramos de
hambre! ¡Mandona![9] ¡Dominanta! ¡Pero se fastidia![10] Le he abierto la orza[11]
de los chorizos.[12]

CRIADA: (*Con tristeza, ansiosa.*) ¿Por qué no me das para mi niña, Poncia?

40 LA PONCIA: Entra y llévate también un puñado[13] de garbanzos.[14] ¡Hoy no se dará
cuenta!

VOZ: (*Dentro.*) ¡Bernarda!

LA PONCIA: La vieja. ¿Está bien cerrada?

CRIADA: Con dos vueltas de llave.

45 LA PONCIA: Pero debes poner también la tranca.[15] Tiene unos dedos como cinco
ganzúas.[16]

VOZ: ¡Bernarda!

LA PONCIA: (*A voces.*) ¡Ya viene! (*A la* CRIADA.) Limpia bien todo. Si Bernarda no
ve relucientes las cosas me arrancará[17] los pocos pelos que me quedan.

50 CRIADA: ¡Qué mujer!

LA PONCIA: Tirana de todos los que la rodean. Es capaz de sentarse encima de tu
corazón y ver cómo te mueres durante un año sin que se le cierre esa sonrisa
fría que lleva en su maldita cara. ¡Limpia, limpia ese vidriado!

CRIADA: Sangre en las manos tengo de fregarlo[18] todo.

55 LA PONCIA: Ella, la más aseada;[19] ella, la más decente; ella, la más alta. ¡Buen descanso ganó su pobre marido!

(*Cesan las campanas.*)

CRIADA: ¿Han venido todos sus parientes?

LA PONCIA: Los de ella. La gente de él la odia. Vinieron a verlo muerto y le
60 hicieron la cruz.

CRIADA: ¿Hay bastantes sillas?

LA PONCIA: Sobran.[20] Que se sienten en el suelo. Desde que murió el padre de
Bernarda no han vuelto a entrar las gentes bajo estos techos. Ella no quiere
que la vean en su dominio. ¡Maldita sea!

65 CRIADA: Contigo se portó bien.

LA PONCIA: Treinta años lavando sus sábanas; treinta años comiendo sus sobras;[21]
noches en vela cuando tose; días enteros mirando por la rendija[22] para espiar
a los vecinos y llevarle el cuento; vida sin secretos una con otra, y sin embargo, ¡maldita sea! ¡Mal dolor de clavo le pinche en los ojos![23]

70 CRIADA: ¡Mujer!

LA PONCIA: Pero yo soy buena perra; ladro cuando me lo dicen y muerdo los
talones[24] de los que piden limosna cuando ella me azuza;[25] mis hijos traba-
jan en sus tierras y ya están los dos casados, pero un día me hartaré.[26]

CRIADA: Y ese día...

8 (expresión usada vul-
garmente para refe-
rirse al canto lúgubre
de los funerales)
9 ¡Cómo le gusta man-
dar!
10 se... she'll get hers
11 earthen pot
12 type of sausage
13 fistful
14 chickpeas
15 bar
16 picklocks
17 me... she'll pull out
18 limpiarlo
19 neat
20 More than enough.
21 leftovers
22 crack (in the shutters)
23 ¡Mal... May she feel
the pain of a nail in
her eyes!
24 high heels
25 me... sets me on
them
26 cansaré

LA PONCIA: Ese día me encerraré con ella en un cuarto y le estaré escupiendo un año entero. «Bernarda, por esto, por aquello, por lo otro», hasta ponerla como un lagarto[27] machacado por los niños, que es lo que es ella y toda su parentela. Claro es que no la envidio la vida. Le quedan cinco mujeres, cinco hijas feas, que quitando Angustias, la mayor, que es la hija del primer marido y tiene dineros, las demás, mucha puntilla bordada,[28] muchas camisas de hilo,[29] pero pan y uvas por toda herencia.

CRIADA: ¡Ya quisiera tener yo lo que ellas!

LA PONCIA: Nosotras tenemos nuestras manos y un hoyo en la tierra[30] de la verdad.

CRIADA: Esa es la única tierra que nos dejan a las que no tenemos nada.

LA PONCIA: (*En la alacena.*[31]) Este cristal tiene unas motas.[32]

CRIADA: Ni con jabón ni con bayetas[33] se le quitan.

(*Suenan las campanas.*)

LA PONCIA: El último responso. Me voy a oírlo. A mí me gusta mucho cómo canta el párroco. En el «Pater Noster» subió la voz que parecía un cántaro[34] de agua llenándose poco a poco; claro es que al final dio un gallo,[35] pero da gloria oírlo. Ahora que nadie como el antiguo sacristán Tronchapinos. En la misa de mi madre, que esté en gloria,[36] cantó. Retumbaban las paredes, y cuando decía Amén era como si un lobo hubiese entrado en la iglesia. (*Imitándolo.*) ¡Améé-én! (*Se echa a toser.*)

CRIADA: Te vas a hacer el gaznate[37] polvo.

LA PONCIA: ¡Otra cosa hacía polvo yo! (*Sale riendo.*)

(*La* CRIADA *limpia. Suenan las campanas.*)

CRIADA: (*Llevando el canto.*) Tin, tin, tan. Tin, tin, tan. ¡Dios lo haya perdonado!

MENDIGA: (*Con una niña.*) ¡Alabado sea Dios![38]

CRIADA: Tin, tin, tan. ¡Que nos espere muchos años! Tin, tin, tan.

MENDIGA: (*Fuerte y con cierta irritación.*) ¡Alabado sea Dios!

CRIADA: (*Irritada.*) ¡Por siempre!

MENDIGA: Vengo por las sobras.

(*Cesan las campanas.*)

CRIADA: Por la puerta se va a la calle. Las sobras de hoy son para mí.

MENDIGA: Mujer, tú tienes quien te gane.[39] ¡Mi niña y yo estamos solas!

CRIADA: También están solos los perros y viven.

MENDIGA: Siempre me las dan.

CRIADA: Fuera de aquí. ¿Quién os dijo que entraseis? Ya me habéis dejado los pies señalados.[40] (*Se van. Limpia.*) Suelos barnizados con aceite, alacenas, pedestales, camas de acero, para que traguemos quina[41] las que vivimos en las chozas de tierra con un plato y una cuchara. Ojalá que un día no quedáramos ni uno para contarlo. (*Vuelven a sonar las campanas.*) Sí, sí, ¡vengan clamores! ¡Venga caja con filos dorados y toalla para llevarla! ¡Que lo mismo estarás tú que estaré yo! Fastídiate, Antonio María Benavides, tieso[42] con tu traje de paño y tus botas enterizas. ¡Fastídiate! ¡Ya no volverás a levantarme las enaguas detrás de la puerta de tu corral! (*Por el fondo, de dos en dos, empiezan a entrar* MUJERES DE LUTO, *con pañuelos grandes, faldas*

27 lizard
28 puntilla... *embroidered lace*
29 linen
30 un... (*fig.*) una tumba
31 kitchen cabinet
32 manchas
33 trapos para limpiar
34 earthenware container
35 un... una nota falsa
36 que... *may she rest in peace*
37 garganta
38 ¡Alabado... *Praise be to God!*
39 te... gane el pan para ti
40 dejado... ensuciado el suelo con los pies
41 traguemos... tengamos envidia
42 stiff

y abanicos negros. *Entran lentamente hasta llenar la escena. La* CRIADA, *rompiendo a gritar.*) ¡Ay Antonio María Benavides, que ya no verás estas paredes ni comerás el pan de esta casa! Yo fui la que más te quiso de las que te sirvieron. (*Tirándose del cabello.*) ¿Y he de vivir yo después de verte marchar? ¿Y he de vivir?

(*Terminan de entrar las doscientas* MUJERES *y aparece* BERNARDA *y sus cinco* HIJAS.)

BERNARDA: (*A la* CRIADA.) ¡Silencio!

CRIADA: (*Llorando.*) ¡Bernarda!

BERNARDA: Menos gritos y más obras. Debías haber procurado que todo esto estuviera más limpio para recibir al duelo.[43] Vete. No es este tu lugar. (*La* CRIADA *se va llorando.*) Los pobres son como los animales; parece como si estuvieran hechos de otras sustancias.

MUJER 1ª: Los pobres sienten también sus penas.

BERNARDA: Pero las olvidan delante de un plato de garbanzos.

MUCHACHA: (*Con timidez.*) Comer es necesario para vivir.

BERNARDA: A tu edad no se habla delante de las personas mayores.

MUJER 1ª: Niña, cállate.

BERNARDA: No he dejado que nadie me dé lecciones. Sentarse. (*Se sientan. Pausa. Fuerte.*) Magdalena, no llores; si quieres llorar te metes debajo de la cama. ¿Me has oído?

MUJER 2ª: (*A* BERNARDA.) ¿Habéis empezado los trabajos en la era[44]?

BERNARDA: Ayer.

MUJER 3ª: Cae el sol como plomo.[45]

MUJER 1ª: Hace años no he conocido calor igual.

(*Pausa. Se abanican todas.*)

BERNARDA: ¿Está hecha la limonada?

LA PONCIA: Sí, Bernarda. (*Sale con una gran bandeja llena de jarritas blancas que distribuye.*)

BERNARDA: Dale a los hombres.

LA PONCIA: Ya están tomando en el patio.

BERNARDA: Que salgan por donde han entrado. No quiero que pasen por aquí.

MUCHACHA: (*A* ANGUSTIAS.) Pepe el Romano estaba con los hombres del duelo.

ANGUSTIAS: Allí estaba.

BERNARDA: Estaba su madre. Ella ha visto a su madre. A Pepe no lo ha visto ella ni yo.

MUCHACHA: Me pareció...

BERNARDA: Quien sí estaba era el viudo de Darajalí. Muy cerca de tu tía. A ese lo vimos todas.

MUJER 2ª: (*Aparte, en voz baja.*) ¡Mala, más que mala!

MUJER 3ª: (*Lo mismo.*) ¡Lengua de cuchillo!

BERNARDA: Las mujeres en la iglesia no deben de mirar más hombre que al oficiante, y ese porque tiene faldas. Volver la cabeza es buscar el calor de la pana.[46]

MUJER 1ª: (*En voz baja.*) ¡Vieja lagarta recocida![47]

LA PONCIA: (*Entre dientes.*[48]) ¡Sarmentosa por calentura de varón![49]

43 funeral congregation
44 threshing floor
45 como... muy fuerte
46 el... (*fig.*) el calor de los hombres
47 ¡Vieja... *You old bag!*
48 Entre... *Under her breath*
49 ¡Sarmentosa... *Itching to have a man!*

BERNARDA: ¡Alabado sea Dios!

TODAS: (*Santiguándose.*[50]) Sea por siempre bendito y alabado.

BERNARDA: ¡Descansa en paz con la santa
    compaña de cabecera[51]!

170 TODAS: ¡Descansa en paz!

BERNARDA: Con el ángel San Miguel
    y su espada justiciera.

TODAS: ¡Descansa en paz!

BERNARDA: Con la llave que todo lo abre
175   y la mano que todo lo cierra.

TODAS: ¡Descansa en paz!

BERNARDA: Con los bienaventurados
    y las lucecitas del campo.

TODAS: ¡Descansa en paz!

180 BERNARDA: Con nuestra santa caridad
    y las almas de tierra y mar.

TODAS: ¡Descansa en paz!

BERNARDA: Concede el reposo a tu siervo Antonio María Benavides y dale la
    corona de tu santa gloria.

185 TODAS: Amén.

BERNARDA: (*Se pone en pie y canta.*) «Requiem aeternam donat eis Domine[52]».

TODAS: (*De pie y cantando al modo gregoriano.*) «Et lux perpetua luceat eis[53]».
    (*Se santiguan.*)

MUJER 1ª: Salud para rogar por su alma. (*Van desfilando.*)

190 MUJER 3ª: No te faltará la hogaza[54] de pan caliente.

MUJER 2ª: Ni el techo para tus hijas. (*Van desfilando[55] todas por delante de*
    BERNARDA *y saliendo.*)

(*Sale* ANGUSTIAS *por otra puerta que da al patio.*)

MUJER 4ª: El mismo trigo de tu casamiento lo sigas disfrutando.

195 LA PONCIA: (*Entrando con una bolsa.*) De parte de los hombres esta bolsa de
    dineros para responsos.[56]

BERNARDA: Dales las gracias y échales una copa de aguardiente.[57]

MUCHACHA: (*A* MAGDALENA.) Magdalena...

BERNARDA: (*A* MAGDALENA, *que inicia el llanto.*) Chiss. (*Salen todas. A las que se*
200   *han ido.*) ¡Andar[58] a vuestras casas a criticar todo lo que habéis visto! ¡Ojalá
    tardéis muchos años en pasar el arco de mi puerta!

LA PONCIA: No tendrás queja ninguna. Ha venido todo el pueblo.

BERNARDA: Sí; para llenar mi casa con el sudor de sus refajos[59] y el veneno de sus
    lenguas.

205 AMELIA: ¡Madre, no hable usted así!

BERNARDA: Es así como se tiene que hablar en este maldito pueblo sin río, pueblo
    de pozos,[60] donde siempre se bebe el agua con el miedo de que esté envene-
    nada.

LA PONCIA: ¡Cómo han puesto la solería[61]!

210 BERNARDA: Igual que si hubiese pasado por ella una manada de cabras.[62] (*La* PON-
    CIA *limpia el suelo.*) Niña, dame el abanico.

ADELA: Tome usted. (*Le da un abanico redondo con flores rojas y verdes.*)

50 Haciéndose la señal de la cruz
51 la... *God's presence at your head* (*in the coffin*)
52 Requiem... Dales, Señor, el descanso eterno. (*latín*)
53 Et... Y brille para ellos la luz eterna. (*latín*)
54 pan grande
55 pasando
56 oraciones por los muertos
57 licor muy fuerte
58 (*colloquial*) Andad
59 *underskirts*
60 *wells*
61 suelo
62 manada... *herd of goats*

BERNARDA: (*Arrojando el abanico al suelo.*) ¿Es este el abanico que se da a una viuda? Dame uno negro y aprende a respetar el luto de tu padre.

215 MARTIRIO: Tome usted el mío.

BERNARDA: ¿Y tú?

MARTIRIO: Yo no tengo calor.

BERNARDA: Pues busca otro, que te hará falta. En ocho años que dure el luto no ha de entrar en esta casa el viento de la calle. Hacemos cuenta que hemos ta-
220 piado[63] con ladrillos puertas y ventanas. Así pasó en casa de mi padre y en casa de mi abuelo. Mientras, podéis empezar a bordar[64] el ajuar.[65] En el arca tengo veinte piezas de hilo con el que podréis cortar sábanas y embozos.[66] Magdalena puede bordarlas.

MAGDALENA: Lo mismo me da.

225 ADELA: (*Agria.*) Si no quieres bordarlas, irán sin bordados. Así las tuyas lucirán más.

MAGDALENA: Ni las mías ni las vuestras. Sé que yo no me voy a casar. Prefiero lle-var sacos al molino.[67] Todo menos estar sentada días y días dentro de esta sala oscura.

230 BERNARDA: Eso tiene ser mujer.

MAGDALENA: Malditas sean las mujeres.

BERNARDA: Aquí se hace lo que yo mando. Ya no puedes ir con el cuento a tu padre. Hilo y aguja para las hembras.[68] Látigo[69] y mula para el varón. Eso tiene la gente que nace con posibles.[70]

235 (*Sale* ADELA.)

VOZ: ¡Bernarda! ¡Déjame salir!

BERNARDA: (*En voz alta.*) ¡Dejadla ya!

(*Sale la* CRIADA.)

CRIADA: Me ha costado mucho sujetarla. A pesar de sus ochenta años, tu madre es
240 fuerte como un roble.

BERNARDA: Tiene a quién parecerse. Mi abuelo fue igual.

CRIADA: Tuve durante el duelo que taparle varias veces la boca con un costal[71] vacío porque quería llamarte para que le dieras agua de fregar siquiera para beber, y carne de perro, que es lo que ella dice que tú le das.

245 MARTIRIO: ¡Tiene mala intención!

BERNARDA: (*A la* CRIADA.) Dejadla que se desahogue[72] en el patio.

CRIADA: Ha sacado del cofre[73] sus anillos[74] y los pendientes[75] de amatista;[76] se los ha puesto, y me ha dicho que se quiere casar.

(*Las* HIJAS *ríen.*)

250 BERNARDA: Ve con ella y ten cuidado que no se acerque al pozo.

CRIADA: No tengas miedo que se tire.

BERNARDA: No es por eso... Pero desde aquel sitio las vecinas pueden verla desde su ventana.

(*Sale la* CRIADA.)

255 MARTIRIO: Nos vamos a cambiar de ropa.

BERNARDA: Sí, pero no el pañuelo de la cabeza. (*Entra* ADELA.) ¿Y Angustias?

63 cerrado
64 embroider
65 trousseau
66 upper hem of a top sheet
67 mill
68 Hilo... Needle and thread for the fe-males.
69 Whip
70 con... con dinero
71 sack
72 se... alivie su pena
73 baúl
74 rings
75 earrings
76 amethyst

ADELA: (*Con intención.*) La he visto asomada a las rendijas del portón.[77] Los hombres se acaban de ir.

BERNARDA: ¿Y tú a qué fuiste también al portón?

260 ADELA: Me llegué a ver si habían puesto[78] las gallinas.

BERNARDA: ¡Pero el duelo de los hombres habría salido ya!

ADELA: (*Con intención.*) Todavía estaba un grupo parado por fuera.

BERNARDA: (*Furiosa.*) ¡Angustias! ¡Angustias!

ANGUSTIAS: (*Entrando.*) ¿Qué manda usted?

265 BERNARDA: ¿Qué mirabas y a quién?

ANGUSTIAS: A nadie.

BERNARDA: ¿Es decente que una mujer de tu clase vaya con el anzuelo[79] detrás de un hombre el día de la misa de su padre? ¡Contesta! ¿A quién mirabas?

(*Pausa.*)

270 ANGUSTIAS: Yo...

BERNARDA: ¡Tú!

ANGUSTIAS: ¡A nadie!

BERNARDA: (*Avanzando y golpeándola.*) ¡Suave! ¡Dulzarrona!

LA PONCIA: (*Corriendo.*) ¡Bernarda, cálmate! (*La sujeta.*)

275 (ANGUSTIAS *llora.*)

BERNARDA: ¡Fuera de aquí todas! (*Salen.*)

LA PONCIA: Ella lo ha hecho sin dar alcance a[80] lo que hacía, que está francamente mal. Ya me chocó[81] a mí verla escabullirse[82] hacia el patio. Luego estuvo detrás de una ventana oyendo la conversación que traían los hombres, que, 280 como siempre, no se puede oír.

BERNARDA: A eso vienen a los duelos. (*Con curiosidad.*) ¿De qué hablaban?

LA PONCIA: Hablaban de Paca la Roseta. Anoche ataron a su marido a un pesebre[83] y a ella se la llevaron en la grupa del caballo hasta lo alto del olivar.

BERNARDA: ¿Y ella?

285 LA PONCIA: Ella, tan conforme. Dicen que iba con los pechos fuera y Maximiliano la llevaba cogida como si tocara la guitarra. ¡Un horror!

BERNARDA: ¿Y qué pasó?

LA PONCIA: Lo que tenía que pasar. Volvieron casi de día. Paca la Roseta traía el pelo suelto y una corona de flores en la cabeza.

290 BERNARDA: Es la única mujer mala que tenemos en el pueblo.

LA PONCIA: Porque no es de aquí. Es de muy lejos. Y los que fueron con ella son también hijos de forasteros. Los hombres de aquí no son capaces de eso.

BERNARDA: No; pero les gusta verlo y comentarlo y se chupan los dedos de[84] que esto ocurra.

295 LA PONCIA: Contaban muchas cosas más.

BERNARDA: (*Mirando a un lado y otro con cierto temor.*) ¿Cuáles?

LA PONCIA: Me da vergüenza referirlas.

BERNARDA: ¿Y mi hija las oyó?

LA PONCIA: ¡Claro!

300 BERNARDA: Esa sale a[85] sus tías; blancas y untuosas[86] y que ponían los ojos de carnero[87] al piropo[88] de cualquier barberillo.[89] ¡Cuánto hay que sufrir y

77 puerta grande
78 habían... *had laid eggs*
79 *hook*
80 dar... *pensar en*
81 *sorprendió*
82 *sneak out*
83 *manger in a stable*
84 se... *a ellos les gusta*
85 sale... *takes after*
86 demasiado complacientes y afectadas
87 ojos... *sheep's eyes*
88 *compliment*
89 barbero; (*fig.*) hombre de poca importancia

luchar para hacer que las personas sean decentes y no tiren al monte[90] demasiado!

LA PONCIA: ¡Es que tus hijas están ya en edad de merecer[91]! Demasiado poca
305 guerra te dan. Angustias ya debe tener mucho más de los treinta.

BERNARDA: Treinta y nueve justos.

LA PONCIA: Figúrate. Y no ha tenido nunca novio...

BERNARDA: (*Furiosa.*) ¡No ha tenido novio ninguna ni les hace falta! Pueden
pasarse muy bien.

310 LA PONCIA: No he querido ofenderte.

BERNARDA: No hay en cien leguas a la redonda quien se pueda acercar a ellas. Los
hombres de aquí no son de su clase. ¿Es que quieres que las entregue a
cualquier gañán[92]?

LA PONCIA: Debías irte a otro pueblo.

315 BERNARDA: Eso. ¡A venderlas!

LA PONCIA: No, Bernarda, a cambiar... Claro que en otros sitios ellas resultan las
pobres.

BERNARDA: ¡Calla esa lengua atormentadora!

LA PONCIA: Contigo no se puede hablar. ¿Tenemos o no tenemos confianza?

320 BERNARDA: No tenemos. Me sirves y te pago. ¡Nada más!

CRIADA: (*Entrando.*) Ahí está don Arturo, que viene a arreglar las particiones.

BERNARDA: Vamos. (*A la* CRIADA.) Tú empieza a blanquear[93] el patio. (*A LA PON-
CIA.*) Y tú ve guardando en el arca grande toda la ropa del muerto.

LA PONCIA: Algunas cosas las podíamos dar.

325 BERNARDA: Nada, ¡ni un botón! Ni el pañuelo con que le hemos tapado la cara.
(*Sale lentamente y al salir vuelve la cabeza y mira a sus* CRIADAS.)

(*Las* CRIADAS *salen después. Entran* AMELIA *y* MARTIRIO.)

AMELIA: ¿Has tomado la medicina!

MARTIRIO: ¡Para lo que me va a servir!

330 AMELIA: Pero la has tomado.

MARTIRIO: Yo hago las cosas sin fe, pero como un reloj.

AMELIA: Desde que vino el médico nuevo estás más animada.

MARTIRIO: Yo me siento lo mismo.

AMELIA: ¿Te fijaste? Adelaida no estuvo en el duelo.

335 MARTIRIO: Ya lo sabía. Su novio no la deja salir ni al tranco[94] de la calle. Antes era
alegre; ahora ni polvos se echa en la cara.[95]

AMELIA: Ya no sabe una si es mejor tener novio o no.

MARTIRIO: Es lo mismo.

AMELIA: De todo tiene la culpa esta crítica que no nos deja vivir. Adelaida habrá
340 pasado mal rato.

MARTIRIO: Le tiene miedo a nuestra madre. Es la única que conoce la historia de
su padre y el origen de sus tierras. Siempre que viene le tira puñaladas en el
asunto. Su padre mató en Cuba al marido de su primera mujer para casarse
con ella. Luego aquí la abandonó y se fue con otra que tenía una hija y luego
345 tuvo relaciones con esta muchacha, la madre de Adelaida, y se casó con ella
después de haber muerto loca la segunda mujer.

AMELIA: Y ese infame, ¿por qué no está en la cárcel?

90 tiren... sigan sus
malos instintos
91 merecer marido
92 (*fig.*) campesino
tosco, hombre ordinario
93 pintar de blanco
(*whitewash*)
94 al... a la puerta
95 ni... no se arregla,
no cuida de su persona

MARTIRIO: Porque los hombres se tapan unos a otros las cosas de esta índole[96] y nadie es capaz de delatar.

350 AMELIA: Pero Adelaida no tiene culpa de esto.

MARTIRIO: No. Pero las cosas se repiten. Y veo que todo es una terrible repetición. Y ella tiene el mismo sino[97] de su madre y de su abuela, mujeres las dos del que la engendró.

AMELIA: ¡Qué cosa más grande!

355 MARTIRIO: Es preferible no ver a un hombre nunca. Desde niña les tuve miedo. Los veía en el corral uncir los bueyes[98] y levantar los costales de trigo entre voces y zapatazos y siempre tuve miedo de crecer por temor de encontrarme de pronto abrazada por ellos. Dios me ha hecho débil y fea y los ha apartado definitivamente de mí.

360 AMELIA: ¡Eso no digas! Enrique Humanas estuvo detrás de ti y le gustabas.

MARTIRIO: ¡Invenciones de la gente! Una vez estuve en camisa detrás de la ventana hasta que fue de día porque me avisó con la hija de su gañán que iba a venir y no vino. Fue todo cosa de lenguas. Luego se casó con otra que tenía más que yo.

365 AMELIA: ¡Y fea como un demonio!

MARTIRIO: ¡Qué les importa a ellos la fealdad! A ellos les importa la tierra, las yuntas,[99] y una perra sumisa[100] que les dé de comer.

AMELIA: ¡Ay! (*Entra* MAGDALENA.)

MAGDALENA: ¿Qué hacéis?

370 MARTIRIO: Aquí.

AMELIA: ¿Y tú?

MAGDALENA: Vengo de correr las cámaras. Por andar un poco. De ver los cuadros bordados de cañamazo[101] de nuestra abuela, el perrito de lanas y el negro luchando con el león, que tanto nos gustaba de niñas. Aquella era una época 375 más alegre. Una boda duraba diez días y no se usaban las malas lenguas. Hoy hay más finura, las novias se ponen de velo blanco como en las poblaciones y se bebe vino de botella, pero nos pudrimos por el qué dirán.[102]

MARTIRIO: ¡Sabe Dios lo que entonces pasaría!

AMELIA: (*A* MAGDALENA.) Llevas desabrochados[103] los cordones de un zapato.

380 MAGDALENA: ¡Qué más da!

AMELIA: Te los vas a pisar y te vas a caer.

MAGDALENA: ¡Una menos!

MARTIRIO: ¿Y Adela?

MAGDALENA: ¡Ah! Se ha puesto el traje verde que se hizo para estrenar[104] el día de 385 su cumpleaños, se ha ido al corral, y ha comenzado a voces: «¡Gallinas! ¡Gallinas, miradme!» ¡Me he tenido que reír!

AMELIA: ¡Si la hubiera visto madre!

MAGDALENA: ¡Pobrecilla! Es la más joven de nosotras y tiene ilusión. Daría algo por verla feliz.

390 (*Pausa.* ANGUSTIAS *cruza la escena con unas toallas en la mano.*)

ANGUSTIAS: ¿Qué hora es?

MAGDALENA: Ya deben ser las doce.

ANGUSTIAS: ¿Tanto?

AMELIA: Estarán al caer.

---

96 esta... este tipo
97 destino
98 uncir... *yoking the oxen*
99 *pair of oxen*
100 *obediente*
101 bordados... *embroidered with needle-point*
102 nos... nos preocupamos hasta consumirnos por la opinión de la gente
103 *untied*
104 *wear for the first time*

395

(*Sale* ANGUSTIAS.)

105 Imitándola
106 paseando alrede-
dor de
107 alrededores
108 *watermelons*
109 *draw-well*
110 picado (*bitten*)

MAGDALENA: (*Con intención.*) ¿Sabéis ya la cosa?

AMELIA: No.

MAGDALENA: ¡Vamos!

MARTIRIO: No sé a qué te refieres...

400 MAGDALENA: Mejor que yo lo sabéis las dos. Siempre cabeza con cabeza como dos ovejitas, pero sin desahogarse con nadie. ¡Lo de Pepe el Romano!

MARTIRIO: ¡Ah!

MAGDALENA: (*Remedándola.*[105]) ¡Ah! Ya se comenta por el pueblo. Pepe el Romano viene a casarse con Angustias. Anoche estuvo rondando[106] la casa y 405 creo que pronto va a mandar un emisario.

MARTIRIO: Yo me alegro. Es buen mozo.

AMELIA: Yo también. Angustias tiene buenas condiciones.

MAGDALENA: Ninguna de las dos os alegráis.

MARTIRIO: ¡Magdalena! ¡Mujer!

410 MAGDALENA: Si viniera por el tipo de Angustias, por Angustias como mujer, yo me alegraría; pero viene por el dinero. Aunque Angustias es nuestra hermana, aquí estamos en familia y reconocemos que está vieja, enfermiza, y que siempre ha sido la que ha tenido menos méritos de todas nosotras. Porque si con veinte años parecía un palo vestido, ¡qué será ahora que tiene 415 cuarenta!

MARTIRIO: No hables así. La suerte viene a quien menos la aguarda.

AMELIA: ¡Después de todo dice la verdad! ¡Angustias tiene todo el dinero de su padre, es la única rica de la casa y por eso ahora que nuestro padre ha muerto y ya se harán particiones viene por ella!

420 MAGDALENA: Pepe el Romano tiene veinticinco años y es el mejor tipo de todos estos contornos.[107] Lo natural sería que te pretendiera a ti, Amelia, o a nuestra Adela, que tiene veinte años, pero no que venga a buscar lo más oscuro de esta casa, a una mujer que, como su padre, habla con las narices.

MARTIRIO: ¡Puede que a él le guste!

425 MAGDALENA: ¡Nunca he podido resistir tu hipocresía!

MARTIRIO: ¡Dios me valga!

(*Entra* ADELA.)

MAGDALENA: ¿Te han visto ya las gallinas?

ADELA: ¿Y qué queríais que hiciera?

430 AMELIA: ¡Si te ve nuestra madre te arrastra del pelo!

ADELA: Tenía mucha ilusión con el vestido. Pensaba ponérmelo el día que vamos a comer sandías[108] a la noria.[109] No hubiera habido otro igual.

MARTIRIO: Es un vestido precioso.

ADELA: Y que me está muy bien. Es lo mejor que ha cortado Magdalena.

435 MAGDALENA: ¿Y las gallinas qué te han dicho?

ADELA: Regalarme unas cuantas pulgas que me han acribillado[110] las piernas.
(*Ríen.*)

MARTIRIO: Lo que puedes hacer es teñirlo de negro.

MAGDALENA: Lo mejor que puedes hacer es regalárselo a Angustias para la boda 440 con Pepe el Romano.

ADELA: (*Con emoción contenida.*) Pero Pepe el Romano...

AMELIA: ¿No lo has oído decir?

ADELA: No.

MAGDALENA: ¡Pues ya lo sabes!

445 ADELA: ¡Pero si no puede ser!

MAGDALENA: ¡El dinero lo puede todo!

ADELA: ¿Por eso ha salido detrás del duelo y estuvo mirando por el portón? (*Pausa.*) Y ese hombre es capaz de...

MAGDALENA: Es capaz de todo.

450 (*Pausa.*)

MARTIRIO: ¿Qué piensas, Adela?

ADELA: Pienso que este luto me ha cogido en la peor época de mi vida para pasarlo.

MAGDALENA: Ya te acostumbrarás.

455 ADELA: (*Rompiendo a llorar con ira.*) No me acostumbraré. Yo no puedo estar encerrada. No quiero que se me pongan las carnes como a vosotras; no quiero perder mi blancura en estas habitaciones; mañana me pondré mi vestido verde y me echaré a pasear por la calle. ¡Yo quiero salir!

(*Entra la* CRIADA.)

460 MAGDALENA: (*Autoritaria.*) ¡Adela!

CRIADA: ¡La pobre! Cuánto ha sentido a su padre... (*Sale.*)

MARTIRIO: ¡Calla!

AMELIA: Lo que sea de una será de todas.

(ADELA *se calma.*)

465 MAGDALENA: Ha estado a punto de oírte la criada.

(*Aparece la* CRIADA.)

CRIADA: Pepe el Romano viene por lo alto de la calle.

(AMELIA, MARTIRIO *y* MAGDALENA *corren presurosas.*)

MAGDALENA: ¡Vamos a verlo! (*Salen rápidas.*)

470 CRIADA: (*A* ADELA.) ¿Tú no vas?

ADELA: No me importa.

CRIADA: Como dará la vuelta a la esquina, desde la ventana de tu cuarto se verá mejor. (*Sale.*)

(ADELA *queda en escena dudando; después de un instante se va también rápida hasta su habitación. Salen* BERNARDA *y* LA PONCIA.)

475

BERNARDA: ¡Malditas particiones!

LA PONCIA: ¡Cuánto dinero le queda a Angustias!

BERNARDA: Sí.

LA PONCIA: Y a las otras, bastante menos.

480 BERNARDA: Ya me lo has dicho tres veces y no te he querido replicar. Bastante menos, mucho menos. No me lo recuerdes más.

(*Sale* ANGUSTIAS *muy compuesta de cara.*)

BERNARDA: ¡Angustias!

ANGUSTIAS: Madre.

485 BERNARDA: ¿Pero has tenido valor de echarte polvos en la cara? ¿Has tenido valor de lavarte la cara el día de la muerte de tu padre?

ANGUSTIAS: No era mi padre. El mío murió hace tiempo. ¿Es que ya no lo recuerda usted?

BERNARDA: Más debes a este hombre, padre de tus hermanas, que al tuyo. Gracias
490 a este hombre tienes colmada[111] tu fortuna.

ANGUSTIAS: ¡Eso lo teníamos que ver!

BERNARDA: Aunque fuera por decencia. ¡Por respeto!

ANGUSTIAS: Madre, déjeme usted salir.

BERNARDA: ¿Salir? Después que te hayas quitado esos polvos de la cara.
495 ¡Suavona! ¡Yeyo![112] ¡Espejo de tus tías! (*Le quita violentamente con un pañuelo los polvos.*) ¡Ahora, vete!

LA PONCIA: ¡Bernarda, no seas tan inquisitiva!

BERNARDA: Aunque mi madre esté loca, yo estoy en mis cinco sentidos y sé perfectamente lo que hago.

500 (*Entran todas.*)

MAGDALENA: ¿Qué pasa?

BERNARDA: No pasa nada.

MAGDALENA: (*A* ANGUSTIAS.) Si es que discuten por las particiones, tú que eres la más rica te puedes quedar con todo.

505 ANGUSTIAS: Guárdate la lengua en la madriguera.[113]

BERNARDA: (*Golpeando en el suelo.*) No os hagáis ilusiones de que vais a poder conmigo. ¡Hasta que salga de esta casa con los pies adelante[114] mandaré en lo mío y en lo vuestro!

(*Se oyen unas voces y entra en escena* MARIA JOSEFA, *la madre de*
510 BERNARDA, *viejísima, ataviada*[115] *con flores en la cabeza y en el pecho.*)

MARIA JOSEFA: Bernarda, ¿dónde está mi mantilla? Nada de lo que tengo quiero que sea para vosotras. Ni mis anillos ni mi traje negro de «moaré[116]». Porque ninguna de vosotras se va a casar. ¡Ninguna! Bernarda, dame mi gargantilla[117] de perlas.

515 BERNARDA: (*A la* CRIADA.) ¿Por qué la habéis dejado entrar?

CRIADA: (*Temblando.*) ¡Se me escapó!

MARIA JOSEFA: Me escapé porque me quiero casar, porque quiero casarme con un varón hermoso de la orilla del mar, ya que aquí los hombres huyen de las mujeres.

520 BERNARDA: ¡Calle usted, madre!

MARIA JOSEFA: No, no me callo. No quiero ver a estas mujeres solteras rabiando por la boda, haciéndose polvo el corazón,[118] y yo me quiero ir a mi pueblo. Bernarda, yo quiero un varón para casarme y para tener alegría.

BERNARDA: ¡Encerradla!

525 MARIA JOSEFA: ¡Déjame salir, Bernarda!

111 abundante
112 ¡Suavona... (expresiones insultantes)
113 Guárdate... Cállate
114 con... muerta
115 adornada
116 tela de seda
117 collar
118 haciéndose... *eating their hearts out*

(*La* CRIADA *coge a* MARIA JOSEFA.)

BERNARDA: ¡Ayudarla vosotras! (*Todas arrastran a la vieja.*)

MARIA JOSEFA: ¡Quiero irme de aquí! ¡Bernarda! ¡A casarme a la orilla del mar, a la orilla del mar!

530 ## ACTO SEGUNDO

Habitación blanca del interior de la casa de BERNARDA. *Las puertas de la izquierda dan a los dormitorios. Las* HIJAS *de* BERNARDA *están sentadas en sillas bajas cosiendo.* MAGDALENA *borda. Con ellas está* LA PONCIA.

ANGUSTIAS: Ya he cortado la tercer sábana.

535 MARTIRIO: Le corresponde a Amelia.

MAGDALENA: Angustias. ¿Pongo también las iniciales de Pepe?

ANGUSTIAS: (*Seca.*) No.

MAGDALENA: (*A voces.*) Adela, ¿no vienes?

AMELIA: Estará echada en la cama.

540 LA PONCIA: Esta tiene algo. La encuentro sin sosiego, temblona, asustada, como si tuviese una lagartija entre los pechos.[119]

MARTIRIO: No tiene ni más ni menos que lo que tenemos todas.

MAGDALENA: Todas, menos Angustias.

ANGUSTIAS: Yo me encuentro bien, y al que le duela, que reviente.[120]

545 MAGDALENA: Desde luego que hay que reconocer que lo mejor que has tenido siempre es el talle y la delicadeza.

ANGUSTIAS: Afortunadamente, pronto voy a salir de este infierno.

MAGDALENA: ¡A lo mejor no sales!

MARTIRIO: Dejar esa conversación.

550 ANGUSTIAS: Y, además, ¡más vale onza en el arca que ojos negros en la cara![121]

MAGDALENA: Por un oído me entra y por otro me sale.

AMELIA: (*A* LA PONCIA.) Abre la puerta del patio a ver si nos entra un poco de fresco.

(*La* CRIADA *lo hace.*)

MARTIRIO: Esta noche pasada no me podía quedar dormida por el calor.

555 AMELIA: Yo tampoco.

MAGDALENA: Yo me levanté a refrescarme. Había un nublo[122] negro de tormenta y hasta cayeron algunas gotas.

LA PONCIA: Era la una de la madrugada y subía fuego de la tierra. También me levanté yo. Todavía estaba Angustias con Pepe en la ventana.

560 MAGDALENA: (*Con ironía.*) ¿Tan tarde? ¿A qué hora se fue?

ANGUSTIAS: Magdalena, ¿a qué preguntas, si lo viste?

AMELIA: Se iría a eso de la una y media.

ANGUSTIAS: ¿Sí? ¿Tú por qué lo sabes?

AMELIA: Lo sentí toser y oí los pasos de su jaca.[123]

565 LA PONCIA: Pero si yo lo sentí marchar a eso de las cuatro.

ANGUSTIAS: No sería él.

LA PONCIA: Estoy segura.

AMELIA: A mí también me pareció.

MAGDALENA: ¡Qué cosa más rara!

570 (*Pausa.*)

---

119 tuviese … (*fig.*) ocultase algo muy importante

120 (inf.: reventar) *drop dead*

121 ¡más… *money is worth more than beauty*

122 un… *una nube*

123 *caballo pequeño*

LA PONCIA: Oye, Angustias: ¿qué fue lo que te dijo la primera vez que se acercó a la ventana?

ANGUSTIAS: Nada. ¡Qué me iba a decir! Cosas de conversación.

MARTIRIO: Verdaderamente es raro que dos personas que no se conocen se vean de pronto en una reja[124] y ya novios.

ANGUSTIAS: Pues a mí no me chocó.[125]

AMELIA: A mí me daría no sé qué.

ANGUSTIAS: No, porque cuando un hombre se acerca a una reja ya sabe por los que van y vienen, llevan y traen, que se le va a decir que sí.

MARTIRIO: Bueno; pero él te lo tendría que decir.

ANGUSTIAS: ¡Claro!

AMELIA: (*Curiosa.*) ¿Y cómo te lo dijo?

ANGUSTIAS: Pues nada: «Ya sabes que ando detrás de ti, necesito una mujer buena, modosa, y esa eres tú si me das la conformidad[126]».

AMELIA: ¡A mí me da vergüenza de estas cosas!

ANGUSTIAS: Y a mí, pero hay que pasarlas.

LA PONCIA: ¿Y habló más?

ANGUSTIAS: Sí, siempre habló él.

MARTIRIO: ¿Y tú?

ANGUSTIAS: Yo no hubiera podido. Casi se me salió el corazón por la boca.[127] Era la primera vez que estaba sola de noche con un hombre.

MAGDALENA: Y un hombre tan guapo.

ANGUSTIAS: No tiene mal tipo.

LA PONCIA: Esas cosas pasan entre personas ya un poco instruidas que hablan y dicen y mueven la mano... La primera vez que mi marido Evaristo el Colín vino a mi ventana... Ja, ja, ja.

AMELIA: ¿Qué pasó?

LA PONCIA: Era muy oscuro. Lo vi acercarse y al llegar me dijo: «Buenas noches». «Buenas noches», le dije yo, y nos quedamos callados más de media hora. Me corría el sudor[128] por todo el cuerpo. Entonces Evaristo se acercó, se acercó que se quería meter por los hierros, y dijo con voz muy baja: «¡Ven que te tiente![129]» (*Ríen todas.*)

(AMELIA *se levanta corriendo y espía por una puerta.*)

AMELIA: ¡Ay!, creí que llegaba nuestra madre.

MAGDALENA: ¡Buenas nos hubiera puesto! (*Siguen riendo.*)

AMELIA: Chissss... ¡Que nos van a oír!

LA PONCIA: Luego se portó bien. En vez de darle por otra cosa le dio por criar colorines[130] hasta que se murió. A vosotras que sois solteras, os conviene saber de todos modos que el hombre, a los quince días de boda, deja la cama por la mesa y luego la mesa por la tabernilla, y la que no se conforma se pudre[131] llorando en un rincón.

AMELIA: Tú te conformaste.

LA PONCIA: ¡Yo pude con él!

MARTIRIO: ¿Es verdad que le pegaste algunas veces?

LA PONCIA: Sí, y por poco si le dejo tuerto.[132]

MAGDALENA: ¡Así debían ser todas las mujeres!

LA PONCIA: Yo tengo la escuela de tu madre. Un día me dijo no sé qué cosa y le maté todos los colorines con la mano del almirez.[133] (*Ríen.*)

124 iron grate of a window
125 sorprendió
126 das... dices que sí
127 se... I had my heart in my mouth
128 sweat
129 ¡Ven... Come here and let me touch you!
130 goldfinches
131 se... rots
132 blind in one eye
133 mano... pestle

MAGDALENA: Adela, niña, no te pierdas esto.

620 AMELIA: Adela.

(*Pausa.*)

MAGDALENA: Voy a ver. (*Entra.*)

LA PONCIA: Esa niña está mala.

MARTIRIO: Claro, no duerme apenas.

625 LA PONCIA: ¿Pues qué hace?

MARTIRIO: ¡Yo qué sé lo que hace!

LA PONCIA: Mejor lo sabrás tú que yo, que duermes pared por medio.[134]

ANGUSTIAS: La envidia la come.

AMELIA: No exageres.

630 ANGUSTIAS: Se lo noto en los ojos. Se le está poniendo mirar de loca.

MARTIRIO: No habléis de locos. Aquí es el único sitio donde no se puede pronunciar esta palabra.

(*Sale* MAGDALENA *con* ADELA.)

MAGDALENA: Pues ¿no estabas dormida?

635 ADELA: Tengo mal cuerpo.

MARTIRIO: (*Con intención.*) ¿Es que no has dormido bien esta noche?

ADELA: Sí.

MARTIRIO: ¿Entonces?

ADELA: (*Fuerte.*) ¡Déjame ya! ¡Durmiendo o velando,[135] no tienes por qué meterte
640 en lo mío! ¡Yo hago con mi cuerpo lo que me parece!

MARTIRIO: ¡Sólo es interés por ti!

ADELA: Interés o inquisición. ¿No estabais cosiendo? Pues seguir. ¡Quisiera ser
invisible, pasar por las habitaciones sin que me preguntarais dónde voy!

CRIADA: (*Entra.*) Bernarda os llama. Está el hombre de los encajes.[136] (*Salen.*)

645 (*Al salir,* MARTIRIO *mira fijamente a* ADELA.)

ADELA: ¡No me mires más! Si quieres te daré mis ojos, que son frescos, y mis espaldas para que te compongas la joroba que tienes,[137] pero vuelve la cabeza
cuando yo paso.

(*Se va* MARTIRIO.)

650 LA PONCIA: ¡Que es tu hermana y además la que más te quiere!

ADELA: Me sigue a todos lados. A veces se asoma a mi cuarto para ver si duermo.
No me deja respirar. Y siempre: «¡Qué lástima de cara!», «¡Qué lástima de
cuerpo que no vaya a ser para nadie!» ¡Y eso no! Mi cuerpo será de quien yo
quiera.

655 LA PONCIA: (*Con intención y en voz baja.*) De Pepe el Romano. ¿No es eso?

ADELA: (*Sobrecogida.*) ¿Qué dices?

LA PONCIA: Lo que digo, Adela.

ADELA: ¡Calla!

LA PONCIA: (*Alto.*) ¿Crees que no me he fijado?

660 ADELA: ¡Baja la voz!

LA PONCIA: ¡Mata esos pensamientos!

ADELA: ¿Qué sabes tú?

134 pared... en la habitación de al lado
135 despierta
136 hombre... *lace ped-
dler*
137 para... *to fix your
hump*

LA PONCIA: Las viejas vemos a través de las paredes. ¿Dónde vas de noche cuando te levantas?

665 ADELA: ¡Ciega debías estar!

LA PONCIA: Con la cabeza y las manos llenas de ojos cuando se trata de lo que se trata. Por mucho que pienso no sé lo que te propones. ¿Por qué te pusiste casi desnuda con la luz encendida y la ventana abierta al pasar Pepe el segundo día que vino a hablar con tu hermana?

670 ADELA: ¡Eso no es verdad!

LA PONCIA: No seas como los niños chicos. ¡Deja en paz a tu hermana, y si Pepe el Romano te gusta, te aguantas[138]! (ADELA *llora*.) Además, ¿quién dice que no te puedas casar con él? Tu hermana Angustias es una enferma. Esa no resiste el primer parto. Es estrecha de cintura, vieja, y con mi conocimiento te digo que se morirá. Entonces Pepe hará lo que hacen todos los viudos de esta tierra: se casará con la más joven, la más hermosa, y esa serás tú. Alimenta esa esperanza, olvídalo, lo que quieras, pero no vayas contra la ley de Dios.

ADELA: ¡Calla!

680 LA PONCIA: ¡No callo!

ADELA: Métete en tus cosas, ¡oledora!, ¡pérfida!

LA PONCIA: Sombra tuya he de ser.

ADELA: En vez de limpiar la casa y acostarte para rezar a tus muertos, buscas como una vieja marrana[139] asuntos de hombres y mujeres para babosear[140] 685 en ellos.

LA PONCIA: ¡Velo![141] Para que las gentes no escupan al pasar por esta puerta.

ADELA: ¡Qué cariño tan grande te ha entrado de pronto por mi hermana!

LA PONCIA: No os tengo ley a ninguna, pero quiero vivir en casa decente. ¡No quiero mancharme de vieja!

690 ADELA: Es inútil tu consejo. Ya es tarde. No por encima de ti, que eres una criada; por encima de mi madre saltaría para apagarme este fuego que tengo levantado por piernas y boca. ¿Qué puedes decir de mí? ¿Que me encierro en mi cuarto y no abro la puerta? ¿Que no duermo? ¡Soy más lista que tú! Mira a ver si puedes agarrar la liebre con tus manos.

695 LA PONCIA: No me desafíes,[142] Adela, no me desafíes. Porque yo puedo dar voces, encender luces y hacer que toquen las campanas.

ADELA: Trae cuatro mil bengalas[143] amarillas y ponlas en las bardas[144] del corral. Nadie podrá evitar que suceda lo que tiene que suceder.

LA PONCIA: ¡Tanto te gusta ese hombre!

700 ADELA: ¡Tanto! Mirando sus ojos me parece que bebo su sangre lentamente.

LA PONCIA: Yo no te puedo oír.

ADELA: ¡Pues me oirás! Te he tenido miedo. ¡Pero ya soy más fuerte que tú!

(*Entra* ANGUSTIAS.)

ANGUSTIAS: ¡Siempre discutiendo!

705 LA PONCIA: Claro. Se empeña[145] que con el calor que hace vaya a traerle no sé qué de la tienda.

ANGUSTIAS: ¿Me compraste el bote de esencia?

LA PONCIA: El más caro. Y los polvos. En la mesa de tu cuarto los he puesto.

(*Sale* ANGUSTIAS.)

138 te... *you swallow (bear) it*
139 *swine*
140 *slobber*
141 ¡Cuido! (el honor de la familia)
142 *defy*
143 *candles*
144 *cercas*
145 Se... Insiste en

710 ADELA: ¡Y chitón!

LA PONCIA: ¡Lo veremos!

(*Entran* MARTIRIO, AMELIA *y* MAGDALENA.)

MAGDALENA: (*A* ADELA.) ¿Has visto los encajes?

AMELIA: Los de Angustias para sus sábanas de novia son preciosos.

715 ADELA: (*A* MARTIRIO, *que trae unos encajes.*) ¿Y éstos?

MARTIRIO: Son para mí. Para una camisa.

ADELA: (*Con sarcasmo.*) Se necesita buen humor.

MARTIRIO: (*Con intención.*) Para verlo yo. No necesito lucirme ante nadie.

LA PONCIA: Nadie le ve a una en camisa.

720 MARTIRIO: (*Con intención y mirando a* ADELA.) ¡A veces! Pero me encanta la ropa interior. Si fuera rica la tendría de holanda. Es uno de los pocos gustos que me quedan.

LA PONCIA: Estos encajes son preciosos para las gorras[146] de niños, para mante-huelos de cristianar.[147] Yo nunca pude usarlos en los míos. A ver si ahora

725 Angustias los usa en los suyos. Como le dé por tener crías, vais a estar cosiendo mañana y tarde.

MAGDALENA: Yo no pienso dar una puntada.[148]

AMELIA: Y mucho menos criar niños ajenos. Mira tú cómo están las vecinas del callejón, sacrificadas por cuatro monigotes.[149]

730 LA PONCIA: Esas están mejor que vosotras. ¡Siquiera allí se ríe y se oyen porra-zos[150]!

MARTIRIO: Pues vete a servir con ellas.

LA PONCIA: No. Ya me ha tocado en suerte este convento.

(*Se oyen unos campanillos lejanos, como a través de varios muros.*)

735 MAGDALENA: Son los hombres que vuelven del trabajo.

LA PONCIA: Hace un minuto dieron las tres.

MARTIRIO: ¡Con este sol!

ADELA: (*Sentándose.*) ¡Ay, quién pudiera salir también a los campos!

MAGDALENA: (*Sentándose.*) ¡Cada clase tiene que hacer lo suyo!

740 MARTIRIO: (*Sentándose.*) ¡Así es!

AMELIA: (*Sentándose.*) ¡Ay!

LA PONCIA: No hay alegría como la de los campos en esta época. Ayer de mañana llegaron los segadores. Cuarenta o cincuenta buenos mozos.

MAGDALENA: ¿De dónde son este año?

745 LA PONCIA: De muy lejos. Vinieron de los montes. ¡Alegres! ¡Como árboles que-mados! ¡Dando voces y arrojando piedras! Anoche llegó al pueblo una mujer vestida de lentejuelas[151] y que bailaba con un acordeón, y quince de ellos la contrataron para llevársela al olivar. Yo los vi de lejos. El que la con-trataba era un muchacho de ojos verdes, apretado como una gavilla de

750 trigo.[152]

AMELIA: ¿Es eso cierto?

ADELA: ¡Pero es posible!

LA PONCIA: Hace años vino otra de éstas y yo misma di dinero a mi hijo mayor para que fuera. Los hombres necesitan estas cosas.

755 ADELA: Se les perdona todo.

AMELIA: Nacer mujer es el mayor castigo.

MAGDALENA: Y ni nuestros ojos siquiera nos pertenecen.

(*Se oye un cantar lejano que se va acercando.*)

LA PONCIA: Son ellos. Traen unos cantos preciosos.

760 AMELIA: Ahora salen a segar.[153]

CORO: Ya salen los segadores
      en busca de las espigas;[154]
      se llevan los corazones
      de las muchachas que miran.

765 (*Se oyen panderos[155] y carrañacas.[156] Pausa. Todas oyen en un silencio traspasado por el sol.*)

AMELIA: ¡Y no les importa el calor!

MARTIRIO: Siegan entre llamaradas.[157]

ADELA: Me gustaría segar para ir y venir. Así se olvida lo que nos muerde.[158]

770 MARTIRIO: ¿Qué tienes tú que olvidar?

ADELA: Cada una sabe sus cosas.

MARTIRIO: (*Profunda.*) ¡Cada una!

LA PONCIA: ¡Callar! ¡Callar!

CORO: (*Muy lejano.*)

775   Abrir puertas y ventanas
      las que vivís en el pueblo,
      el segador[159] pide rosas
      para adornar su sombrero.

LA PONCIA: ¡Qué canto!

780 MARTIRIO: (*Con nostalgia.*)
      Abrir puertas y ventanas
      las que vivís en el pueblo...

ADELA: (*Con pasión.*)
      ... el segador pide rosas
785   para adornar su sombrero.

(*Se va alejando el cantar.*)

LA PONCIA: Ahora dan vuelta a la esquina.

ADELA: Vamos a verlos por la ventana de mi cuarto.

LA PONCIA: Tened cuidado con no entreabrirla[160] mucho, porque son capaces de
790   dar un empujón[161] para ver quién mira.

(*Se van las tres.* MARTIRIO *queda sentada en la silla baja con la cabeza entre las manos.*)

AMELIA: (*Acercándose.*) ¿Qué te pasa?

MARTIRIO: Me sienta mal el calor.

795 AMELIA: ¿No es más que eso?

MARTIRIO: Estoy deseando que llegue noviembre, los días de lluvias, las escarchas,[162] todo lo que no sea este verano interminable.

AMELIA: Ya pasará y volverá otra vez.

MARTIRIO: ¡Claro! (*Pausa.*) ¿A qué hora te dormiste anoche?

153 to harvest
154 heads of wheat
155 tambourines
156 instrumento musical
    de madera
157 (*fig.*) mucho calor
158 (*fig.*) preocupa
    mucho
159 harvester
160 partly open it
161 strong push
162 frost

800 AMELIA: No sé. Yo duermo como un tronco.[163] ¿Por qué?

MARTIRIO: Por nada, pero me pareció oír gente en el corral.

AMELIA: ¿Sí?

MARTIRIO: Muy tarde.

AMELIA: ¿Y no tuviste miedo?

805 MARTIRIO: No. Ya lo he oído otras noches.

AMELIA: Debiéramos tener cuidado. ¿No serían los gañanes?

MARTIRIO: Los gañanes llegan a las seis.

AMELIA: Quizá una mulilla sin desbravar.[164]

MARTIRIO: (*Entre dientes y llena de segunda intención.*) Eso, ¡eso!, una mulilla sin
810   desbravar.

AMELIA: ¡Hay que prevenir!

MARTIRIO: No. No. No digas nada, puede ser un barrunto[165] mío.

AMELIA: Quizá. (*Pausa.* AMELIA *inicia el mutis.*[166])

MARTIRIO: Amelia.

815 AMELIA: (*En la puerta.*) ¿Qué?

(*Pausa.*)

MARTIRIO: Nada.

(*Pausa.*)

AMELIA: ¿Por qué me llamaste?

820 (*Pausa.*)

MARTIRIO: Se me escapó. Fue sin darme cuenta.

(*Pausa.*)

AMELIA: Acuéstate un poco.

ANGUSTIAS: (*Entrando furiosa en escena, de modo que haya un gran contraste
825   con los silencios anteriores.*) ¿Dónde está el retrato de Pepe que tenía yo debajo de mi almohada? ¿Quién de vosotras lo tiene?

MARTIRIO: Ninguna.

AMELIA: Ni que Pepe fuera un San Bartolomé de plata.

ANGUSTIAS: ¿Dónde está el retrato?

830 (*Entran* LA PONCIA, MAGDALENA *y* ADELA.)

ADELA: ¿Qué retrato?

ANGUSTIAS: Una de vosotras me lo ha escondido.

MAGDALENA: ¿Tienes la desvergüenza de decir esto?

ANGUSTIAS: Estaba en mi cuarto y ya no está.

835 MARTIRIO: ¿Y no se habrá escapado a medianoche al corral? A Pepe le gusta
andar con la luna.

ANGUSTIAS: ¡No me gastes bromas! Cuando venga se lo contaré.

LA PONCIA: ¡Eso no, porque aparecerá! (*Mirando a* ADELA.)

ANGUSTIAS: ¡Me gustaría saber cuál de vosotras lo tiene!

840 ADELA: (*Mirando a* MARTIRIO.) ¡Alguna! ¡Todas menos yo!

MARTIRIO: (*Con intención.*) ¡Desde luego!

BERNARDA: (*Entrando.*) ¡Qué escándalo es este en mi casa y en el silencio del
peso del calor! Estarán las vecinas con el oído pegado a los tabiques.[167]

ANGUSTIAS: Me han quitado el retrato de mi novio.

845 BERNARDA: (*Fiera.*) ¿Quién? ¿Quién?

ANGUSTIAS: ¡Estas!

BERNARDA: ¿Cuál de vosotras? (*Silencio.*) ¡Contestarme! (*Silencio. A* PONCIA.) Registra los cuartos, mira por las camas. ¡Esto tiene no ataros más cortas![168] ¡Pero me vais a soñar![169] (*A* ANGUSTIAS.) ¿Estás segura?

850 ANGUSTIAS: Sí.

BERNARDA: ¿Lo has buscado bien?

ANGUSTIAS: Sí, madre.

(*Todas están de pie en medio de un embarazoso silencio.*)

BERNARDA: Me hacéis al final de mi vida beber el veneno más amargo que una
855 madre puede resistir. (*A* PONCIA.) ¿No lo encuentras?

LA PONCIA: (*Saliendo.*) Aquí está.

BERNARDA: ¿Dónde lo has encontrado?

LA PONCIA: Estaba...

BERNARDA: Dilo sin temor.

860 LA PONCIA: (*Extrañada.*) Entre las sábanas de la cama de Martirio.

BERNARDA: (*A* MARTIRIO.) ¿Es verdad?

MARTIRIO: ¡Es verdad!

BERNARDA: (*Avanzando y golpeándola.*) Mala puñalada te den, ¡mosca muerta!
¡Sembradura de vidrios![170]

865 MARTIRIO: (*Fiera.*) ¡No me pegue usted, madre!

BERNARDA: ¡Todo lo que quiera!

MARTIRIO: ¡Si yo la dejo! ¿Lo oye? ¡Retírese usted!

LA PONCIA: No faltes a tu madre.

ANGUSTIAS: (*Cogiendo a* BERNARDA.) Déjela. ¡Por favor!

870 BERNARDA: Ni lágrimas te quedan en esos ojos.

MARTIRIO: No voy a llorar para darle gusto.

BERNARDA: ¿Por qué has cogido el retrato?

MARTIRIO: ¿Es que yo no puedo gastar una broma a mi hermana? ¿Para qué lo iba
a querer?

875 ADELA: (*Saltando llena de celos.*) No ha sido broma, que tú nunca has gustado
jamás de juegos. Ha sido otra cosa que te reventaba en el pecho por querer
salir. Dilo ya claramente.

MARTIRIO: ¡Calla y no me hagas hablar, que si hablo se van a juntar las paredes
unas con otras de vergüenza!

880 ADELA: ¡La mala lengua no tiene fin para inventar!

BERNARDA: ¡Adela!

MAGDALENA: Estáis locas.

AMELIA: Y nos apedreáis con malos pensamientos.

MARTIRIO: Otras hacen cosas más malas.

885 ADELA: Hasta que se pongan en cueros de una vez y se las lleve el río.

BERNARDA: ¡Perversa!

ANGUSTIAS: Yo no tengo la culpa de que Pepe el Romano se haya fijado en mí.

ADELA: ¡Por tus dineros!

ANGUSTIAS: ¡Madre!

890 BERNARDA: ¡Silencio!

MARTIRIO: Por tus marjales[171] y tus arboledas.

168 ¡Esto... ¡Este es el resultado de daros demasiada libertad!

169 ¡Pero... *You'll live to regret it!* (lit.: *You'll dream about me.*)

170 (expresiones insultantes)

171 *marshes*

MAGDALENA: ¡Eso es lo justo!

BERNARDA: ¡Silencio digo! Yo veía la tormenta[172] venir, pero no creía que esta-
llara tan pronto. ¡Ay, qué pedrisco[173] de odio habéis echado sobre mi cora-
895 zón! Pero todavía no soy anciana y tengo cinco cadenas para vosotras y esta
casa levantada por mi padre para que ni las hierbas se enteren de mi desolación. ¡Fuera de aquí! (*Salen.* BERNARDA *se sienta desolada.* LA PONCIA
está de pie arrimada a los muros. BERNARDA *reacciona, da un golpe en el
suelo y dice:*) ¡Tendré que sentarles la mano[174]! Bernarda: acuérdate que ésta
900 es tu obligación.

LA PONCIA: ¿Puedo hablar?

BERNARDA: Habla. Siento que hayas oído. Nunca está bien una extraña en el centro de la familia.

LA PONCIA: Lo visto, visto está.

905 BERNARDA: Angustias tiene que casarse en seguida.

LA PONCIA: Claro; hay que retirarla de aquí.

BERNARDA: No a ella. ¡A él!

LA PONCIA: Claro. A él hay que alejarlo de aquí. Piensas bien.

BERNARDA: No pienso. Hay cosas que no se pueden ni se deben pensar. Yo or-
910 deno.

LA PONCIA: ¿Y tú crees que él querrá marcharse?

BERNARDA: (*Levantándose.*) ¿Qué imagina tu cabeza?

LA PONCIA: El, ¡claro!, se casará con Angustias.

BERNARDA: Habla, te conozco demasiado para saber que ya me tienes preparada
915 la cuchilla.

LA PONCIA: Nunca pensé que se llamara asesinato al aviso.

BERNARDA: ¿Me tienes que prevenir de algo?

LA PONCIA: Yo no acuso, Bernarda. Yo sólo te digo: abre los ojos y verás.

BERNARDA: ¿Y verás qué?

920 LA PONCIA: Siempre has sido lista. Has visto lo malo de las gentes a cien leguas;[175] muchas veces creí que adivinabas los pensamientos. Pero los hijos
son los hijos. Ahora estás ciega.

BERNARDA: ¿Te refieres a Martirio?

LA PONCIA: Bueno, a Martirio... (*Con curiosidad.*) ¿Por qué habrá escondido el re-
925 trato?

BERNARDA: (*Queriendo ocultar a su hija.*) Después de todo, ella dice que ha sido
una broma. ¿Qué otra cosa puede ser?

LA PONCIA: ¿Tú crees así? (*Con sorna.*[176])

BERNARDA: (*Enérgica.*) No lo creo. ¡Es así!

930 LA PONCIA: Basta. Se trata de lo tuyo. Pero si fuera la vecina de enfrente, ¿qué
sería?

BERNARDA: Ya empiezas a sacar la punta del cuchillo.

LA PONCIA: (*Siempre con crueldad.*) Bernarda: aquí pasa una cosa muy grande.
Yo no te quiero echar la culpa, pero tú no has dejado a tus hijas libres. Mar-
935 tirio es enamoradiza, digas lo que tú quieras. ¿Por qué no la dejaste casar
con Enrique Humanas? ¿Por qué el mismo día que iba a venir a la ventana le
mandaste recado que no viniera?

BERNARDA: ¡Y lo haría mil veces! ¡Mi sangre no se junta con la de los Humanas
mientras yo viva! Su padre fue gañán.

---

172 tempestad
173 hailstorm
174 sentarles... castigar-
las
175 Has... *You have al-
ways looked for the
worst in people*
176 sarcasmo

940 LA PONCIA: ¡Y así te va a ti con esos humos!

BERNARDA: Los tengo porque puedo tenerlos. Y tú no los tienes porque sabes muy bien cuál es tu origen.

LA PONCIA: (*Con odio.*) No me lo recuerdes. Estoy ya vieja. Siempre agradecí tu protección.

945 BERNARDA: (*Crecida.*[177]) ¡No lo parece!

LA PONCIA: (*Con odio envuelto en suavidad.*) A Martirio se le olvidará esto.

BERNARDA: Y si no lo olvida peor para ella. No creo que ésta sea la «cosa muy grande» que aquí pasa. Aquí no pasa nada. ¡Eso quisieras tú! Y si pasa algún día, estate segura que no traspasará las paredes.

950 LA PONCIA: Eso no lo sé yo. En el pueblo hay gentes que leen también de lejos los pensamientos escondidos.

BERNARDA: ¡Cómo gozarías de vernos a mí y a mis hijas camino del lupanar[178]!

LA PONCIA: ¡Nadie puede conocer su fin!

BERNARDA: ¡Yo sí sé mi fin! ¡Y el de mis hijas! El lupanar se queda para alguna
955 mujer ya difunta.

LA PONCIA: ¡Bernarda, respeta la memoria de mi madre!

BERNARDA: ¡No me persigas tú con tus malos pensamientos!

(*Pausa.*)

LA PONCIA: Mejor será que no me meta en nada.

960 BERNARDA: Eso es lo que debías hacer. Obrar y callar a todo. Es la obligación de los que viven a sueldo.

LA PONCIA: Pero no se puede. ¿A ti no te parece que Pepe estaría mejor casado con Martirio o..., ¡sí!, con Adela?

BERNARDA: No me parece.

965 LA PONCIA: Adela. ¡Esa es la verdadera novia del Romano!

BERNARDA: Las cosas no son nunca a gusto nuestro.

LA PONCIA: Pero les cuesta mucho trabajo desviarse de la verdadera inclinación. A mí me parece mal que Pepe esté con Angustias, y a las gentes, y hasta al aire. ¡Quién sabe si saldrán con la suya!

970 BERNARDA: ¡Ya estamos otra vez!... Te deslizas para llenarme de malos sueños.[179] Y no quiero entenderte, porque si llegara al alcance de[180] todo lo que dices te tendría que arañar.[181]

LA PONCIA: ¡No llegará la sangre al río!

BERNARDA: Afortunadamente mis hijas me respetan y jamás torcieron mi volun-
975 tad.[182]

LA PONCIA: ¡Eso sí! Pero en cuanto las dejes sueltas se te subirán al tejado.[183]

BERNARDA: ¡Ya las bajaré tirándoles cantos[184]!

LA PONCIA: ¡Desde luego eres la más valiente!

BERNARDA: ¡Siempre gasté sabrosa pimienta[185]!

980 LA PONCIA: ¡Pero lo que son las cosas! A su edad. ¡Hay que ver el entusiasmo de Angustias con su novio! ¡Y él también parece muy picado[186]! Ayer me contó mi hijo mayor que a las cuatro y media de la madrugada, que pasó por la calle con la yunta, estaban hablando todavía.

BERNARDA: ¡A las cuatro y media!

985 ANGUSTIAS: (*Saliendo.*) ¡Mentira!

LA PONCIA: Eso me contaron.

177 Con arrogancia
178 *brothel*
179 Te... *You go out of your way to give me a bad time.*
180 al... *a entender*
181 *scratch, claw*
182 torcieron... *me desobedecieron*
183 en... *as soon as you let them loose they'll fly the coop (lit.: go up to the rooftop)*
184 *piedras*
185 gasté... *me he salido con la mía (I've gotten my way, put up a good fight)*
186 *enamorado*

BERNARDA: (*A* ANGUSTIAS.) ¡Habla!

ANGUSTIAS: Pepe lleva más de una semana marchándose a la una. Que Dios me mate si miento.

990 MARTIRIO: (*Saliendo.*) Yo también lo sentí marcharse a las cuatro.

BERNARDA: Pero ¿lo viste con tus ojos?

MARTIRIO: No quise asomarme. ¿No habláis ahora por la ventana del callejón?

ANGUSTIAS: Yo hablo por la ventana de mi dormitorio.

(*Aparece* ADELA *en la puerta.*)

995 MARTIRIO: Entonces...

BERNARDA: ¿Qué es lo que pasa aquí?

LA PONCIA: ¡Cuida de enterarte! Pero, desde luego, Pepe estaba a las cuatro de la madrugada en una reja de tu casa.

BERNARDA: ¿Lo sabes seguro?

1000 LA PONCIA: Seguro no se sabe nada en esta vida.

ADELA: Madre, no oiga usted a quien nos quiere perder a todas.

BERNARDA: ¡Yo sabré enterarme! Si las gentes del pueblo quieren levantar falsos testimonios, se encontrarán con mi pedernal.[187] No se hable de este asunto. Hay a veces una ola de fango[188] que levantan los demás para perdernos.

1005 MARTIRIO: A mí no me gusta mentir.

LA PONCIA: Y algo habrá.

BERNARDA: No habrá nada. Nací para tener los ojos abiertos. Ahora vigilaré sin cerrarlos ya hasta que me muera.

ANGUSTIAS: Yo tengo derecho de enterarme.

1010 BERNARDA: Tú no tienes derecho más que a obedecer. Nadie me traiga ni me lleve.[189] (*A LA* PONCIA.) Y tú te metes en los asuntos de tu casa. ¡Aquí no se vuelve a dar un paso sin que yo lo sienta!

CRIADA: (*Entrando.*) En lo alto de la calle hay un gran gentío y todos los vecinos están en sus puertas.

1015 BERNARDA: (*A LA* PONCIA.) ¡Corre a enterarte de lo que pasa! (*Las* MUJERES *corren para salir.*) ¿Dónde vais? Siempre os supe mujeres ventaneras y rompedoras de su luto. ¡Vosotras, al patio!

(*Salen y sale* BERNARDA. *Se oyen rumores lejanos. Entran* MARTIRIO *y* ADELA, *que se quedan escuchando y sin atreverse a dar un paso más de* 1020 *la puerta de salida.*)

MARTIRIO: Agradece a la casualidad que no desaté mi lengua.

ADELA: También hubiera hablado yo.

MARTIRIO: ¿Y qué ibas a decir? ¡Querer no es hacer!

ADELA: Hace la que puede y la que se adelanta. Tú querías, pero no has podido.

1025 MARTIRIO: No seguirás mucho tiempo.

ADELA: ¡Lo tendré todo!

MARTIRIO: Yo romperé tus abrazos.

ADELA: (*Suplicante.*) ¡Martirio, déjame!

MARTIRIO: ¡De ninguna!

1030 ADELA: ¡El me quiere para su casa!

MARTIRIO: ¡He visto cómo te abrazaba!

ADELA: Yo no quería. He sido como arrastrada por una maroma.[190]

MARTIRIO: ¡Primero muerta!

187 se... they'll come up against my wrath (lit.: flint)
188 lodo
189 me... should carry tales back and forth
190 rope

(Se asoman MAGDALENA *y* ANGUSTIAS. *Se siente crecer el tumulto.)*

191 threshold
192 caminos estrechos
193 mangos... pickax handles
194 arch
195 ¡Carbón... Hot coals on the site of her sin!
196 delicado
197 lámpara
198 llamada (con la campana)
199 cercas (*walls*)

1035 LA PONCIA: (*Entrando con* BERNARDA.) ¡Bernarda!

BERNARDA: ¿Qué ocurre?

LA PONCIA: La hija de la Librada, la soltera, tuvo un hijo no se sabe con quién.

ADELA: ¿Un hijo?

1040 LA PONCIA: Y para ocultar su vergüenza lo mató y lo metió debajo de unas piedras, pero unos perros con más corazón que muchas criaturas lo sacaron, y como llevados por la mano de Dios lo han puesto en el tranco[191] de su puerta. Ahora la quieren matar. La traen arrastrando por la calle abajo, y por las trochas[192] y los terrenos del olivar vienen los hombres corriendo, dando unas voces que estremecen los campos.

1045 BERNARDA: Sí, que vengan todos con varas de olivo y mangos de azadones,[193] que vengan todos para matarla.

ADELA: No, no. Para matarla, no.

MARTIRIO: Sí, y vamos a salir también nosotras.

BERNARDA: Y que pague la que pisotea la decencia.

1050 *(Fuera se oye un grito de mujer y un gran rumor.)*

ADELA: ¡Que la dejen escapar! ¡No salgáis vosotras!

MARTIRIO: (*Mirando a* ADELA.) ¡Que pague lo que debe!

BERNARDA: (*Bajo el arco.*[194]) ¡Acabad con ella antes que lleguen los guardias! ¡Carbón ardiendo en el sitio de su pecado![195]

1055 ADELA: (*Cogiéndose el vientre.*) ¡No! ¡No!

BERNARDA: ¡Matadla! ¡Matadla!

Telón.

ACTO TERCERO

1060 *Cuatro paredes blancas ligeramente azuladas del patio interior de la casa de* BERNARDA. *Es de noche. El decorado ha de ser de una perfecta simplicidad. Las puertas iluminadas por la luz de los interiores dan un tenue*[196] *fulgor a la escena. En el centro, una mesa con un quinqué,*[197] *donde están comiendo* BERNARDA *y sus* HIJAS. LA PONCIA *las sirve.* PRUDENCIA *está sentada aparte. Al levantarse el telón hay un gran silencio, interrumpido*
1065 *por el ruido de platos y cubiertos.*

PRUDENCIA: Ya me voy. Os he hecho una visita larga. (*Se levanta.*)

BERNARDA: Espérate, mujer. No nos vemos nunca.

PRUDENCIA: ¿Han dado el último toque[198] para el rosario?

LA PONCIA: Todavía no. (PRUDENCIA *se sienta.*)

1070 BERNARDA: ¿Y tu marido cómo sigue?

PRUDENCIA: Igual.

BERNARDA: Tampoco lo vemos.

PRUDENCIA: Ya sabes sus costumbres. Desde que se peleó con sus hermanos por la herencia no ha salido por la puerta de la calle. Pone una escalera y salta las
1075 tapias[199] y el corral.

BERNARDA: Es un verdadero hombre. ¿Y con tu hija?

PRUDENCIA: No la ha perdonado.

BERNARDA: Hace bien.

PRUDENCIA: No sé qué te diga. Yo sufro por esto.

1080 BERNARDA: Una hija que desobedece deja de ser hija para convertirse en una enemiga.

PRUDENCIA: Yo dejo que el agua corra. No me queda más consuelo que refugiarme en la iglesia, pero como me estoy quedando sin vista tendré que dejar de venir para que no jueguen con una los chiquillos. (*Se oye un gran golpe*
1085 *dado en los muros.*[200])

BERNARDA: El caballo garañón,[201] que está encerrado y da coces[202] contra el muro. (*A voces.*) ¡Trabadlo[203] y que salga al corral! (*En voz baja.*) Debe tener calor.

PRUDENCIA: ¿Vais a echarle las potras nuevas?

1090 BERNARDA: Al amanecer.

PRUDENCIA: Has sabido acrecentar[204] tu ganado.

BERNARDA: A fuerza de dinero y sinsabores.[205]

LA PONCIA: (*Interrumpiendo.*) Pero tiene la mejor manada[206] de estos contornos. Es una lástima que esté bajo de precio.

1095 BERNARDA: ¿Quieres un poco de queso y miel?

PRUDENCIA: Estoy desganada.[207]

(*Se oye otra vez el golpe.*)

LA PONCIA: ¡Por Dios!

PRUDENCIA: Me ha retemblado dentro del pecho.

1100 BERNARDA: (*Levantándose furiosa.*) ¿Hay que decir las cosas dos veces? ¡Echadlo que se revuelque[208] en los montones de paja! (*Pausa, y como hablando con los gañanes.*) Pues cerrad las potras[209] en la cuadra, pero dejadlo libre, no sea que nos eche abajo las paredes. (*Se dirige a la mesa y se sienta otra vez.*) ¡Ay, qué vida!

1105 PRUDENCIA: Bregando[210] como un hombre.

BERNARDA: Así es. (ADELA *se levanta de la mesa.*) ¿Dónde vas?

ADELA: A beber agua.

BERNARDA: (*En voz alta.*) Trae un jarro de agua fresca. (*A* ADELA.) Puedes sentarte. (ADELA *se sienta.*)

1110 PRUDENCIA: Y Angustias, ¿cuándo se casa?

BERNARDA: Vienen a pedirla dentro de tres días.

PRUDENCIA: ¡Estarás contenta!

ANGUSTIAS: ¡Claro!

AMELIA: (*A* MAGDALENA.) Ya has derramado[211] la sal.[b]

1115 MAGDALENA: Peor suerte que tienes no vas a tener.

AMELIA: Siempre trae mala sombra.[212]

BERNARDA: ¡Vamos!

PRUDENCIA: (*A* ANGUSTIAS.) ¿Te ha regalado ya el anillo?

ANGUSTIAS: Mírelo usted. (*Se lo alarga.*)

1120 PRUDENCIA: Es precioso. Tres perlas. En mi tiempo las perlas significaban lágrimas.

ANGUSTIAS: Pero ya las cosas han cambiado.

ADELA: Yo creo que no. Las cosas significan siempre lo mismo. Los anillos de pedida[213] deben ser de diamantes.

---

[b]Spilling salt is considered a bad omen in some cultures.

200 *walls*
201 caballo... *stud*
202 patadas
203 Atadlo
204 aumentar
205 problemas
206 *herd*
207 Estoy... No tengo hambre.
208 ¡Echadlo... *Let him* (el caballo) *wallow*
209 caballos jóvenes (hembras)
210 Trabajando duramente
211 *spilled*
212 suerte
213 anillos... *engagement rings*

214 armario… *clothes closet with a mirror*
215 hope chest
216 apoyada
217 antes… *tan pronto como te cases*

1125 PRUDENCIA: Es más propio.

BERNARDA: Con perlas o sin ellas, las cosas son como uno se las propone.

MARTIRIO: O como Dios dispone.

PRUDENCIA: Los muebles me han dicho que son preciosos.

BERNARDA: Dieciséis mil reales he gastado.

1130 LA PONCIA: (*Interviniendo.*) Lo mejor es el armario de luna.[214]

PRUDENCIA: Nunca vi un mueble de éstos.

BERNARDA: Nosotras tuvimos arca.[215]

PRUDENCIA: Lo preciso es que todo sea para bien.

ADELA: Que nunca se sabe.

1135 BERNARDA: No hay motivo para que no lo sea.

(*Se oyen lejanísimas unas campanas.*)

PRUDENCIA: El último toque. (*A* ANGUSTIAS.) Ya vendré a que me enseñes la ropa.

ANGUSTIAS: Cuando usted quiera.

PRUDENCIA: Buenas noches nos dé Dios.

1140 BERNARDA: Adiós, Prudencia.

LAS CINCO A LA VEZ: Vaya usted con Dios.

(*Pausa. Sale* PRUDENCIA.)

BERNARDA: Ya hemos comido. (*Se levantan.*)

ADELA: Voy a llegarme hasta el portón para estirar las piernas y tomar un poco de
1145   fresco.

(MAGDALENA *se sienta en una silla baja retrepada*[216] *contra la pared.*)

AMELIA: Yo voy contigo.

MARTIRIO: Y yo.

ADELA: (*Con odio contenido.*) No me voy a perder.

1150 AMELIA: La noche quiere compaña. (*Salen.*)

(BERNARDA *se sienta y* ANGUSTIAS *está arreglando la mesa.*)

BERNARDA: Ya te he dicho que quiero que hables con tu hermana Martirio. Lo que
    pasó del retrato fue una broma y lo debes olvidar.

ANGUSTIAS: Usted sabe que ella no me quiere.

1155 BERNARDA: Cada uno sabe lo que piensa por dentro. Yo no me meto en los cora-
    zones, pero quiero buena fachada y armonía familiar. ¿Lo entiendes?

ANGUSTIAS: Sí.

BERNARDA: Pues ya está.

MAGDALENA: (*Casi dormida.*) Además, ¡si te vas a ir antes de nada[217]! (*Se
1160   duerme.*)

ANGUSTIAS: Tarde me parece.

BERNARDA: ¿A qué hora terminaste anoche de hablar?

ANGUSTIAS: A las doce y media.

BERNARDA: ¿Qué cuenta Pepe?

1165 ANGUSTIAS: Yo lo encuentro distinto. Me habla siempre como pensando en otra
    cosa. Si le pregunto qué le pasa, me contesta: «Los hombres tenemos nues-
    tras preocupaciones».

BERNARDA: No le debes preguntar. Y cuando te cases, menos. Habla si él habla y
    míralo cuando te mire. Así no tendrás disgustos.

218 se... *his image vanishes from my eyes*
219 *window bars*
220 *flocks of sheep*
221 *lugar para ocultarse o esconderse*
222 *lightning*

1170 ANGUSTIAS: Yo creo, madre, que él me oculta muchas cosas.

BERNARDA: No procures descubrirlas, no le preguntes y, desde luego, que no te vea llorar jamás.

ANGUSTIAS: Debía estar contenta y no lo estoy.

BERNARDA: Eso es lo mismo.

1175 ANGUSTIAS: Muchas veces miro a Pepe con mucha fijeza y se me borra[218] a través de los hierros,[219] como si lo tapara una nube de polvo de las que levantan los rebaños.[220]

BERNARDA: Esas son cosas de debilidad.

ANGUSTIAS: ¡Ojalá!

1180 BERNARDA: ¿Viene esta noche?

ANGUSTIAS: No. Fue con su madre a la capital.

BERNARDA: Así nos acostaremos antes. ¡Magdalena!

ANGUSTIAS: Está dormida.

(*Entran* ADELA, MARTIRIO *y* AMELIA.)

1185 AMELIA: ¡Qué noche más oscura!

ADELA: No se ve a dos pasos de distancia.

MARTIRIO: Una buena noche para ladrones, para el que necesita escondrijo.[221]

ADELA: El caballo garañón estaba en el centro del corral ¡blanco! Doble de grande, llenando todo lo oscuro.

1190 AMELIA: Es verdad. Daba miedo. Parecía una aparición.

ADELA: Tiene el cielo unas estrellas como puños.

MARTIRIO: Esta se puso a mirarlas de modo que se iba a tronchar el cuello.

ADELA: ¿Es que no te gustan a ti?

MARTIRIO: A mí las cosas de tejas arriba no me importan nada. Con lo que pasa
1195 dentro de las habitaciones tengo bastante.

ADELA: Así te va a ti.

BERNARDA: A ella le va en lo suyo como a ti en lo tuyo.

ANGUSTIAS: Buenas noches.

ADELA: ¿Ya te acuestas?

1200 ANGUSTIAS: Sí. Esta noche no viene Pepe. (*Sale.*)

ADELA: Madre, ¿por qué cuando se corre una estrella o luce un relámpago[222] se dice:

Santa Bárbara bendita,
que en el cielo estás escrita
1205 con papel y agua bendita?

BERNARDA: Los antiguos sabían muchas cosas que hemos olvidado.

AMELIA: Yo cierro los ojos para no verlas.

ADELA: Yo, no. A mí me gusta ver correr lleno de lumbre lo que está quieto y quieto años enteros.

1210 MARTIRIO: Pero estas cosas nada tienen que ver con nosotros.

BERNARDA: Y es mejor no pensar en ellas.

ADELA: ¡Qué noche más hermosa! Me gustaría quedarme hasta muy tarde para disfrutar el fresco del campo.

BERNARDA: Pero hay que acostarse. ¡Magdalena!

1215 AMELIA: Está en el primer sueño.

BERNARDA: ¡Magdalena!

MAGDALENA: (*Disgustada.*) ¡Déjame en paz!

BERNARDA: ¡A la cama!

MAGDALENA: (*Levantándose malhumorada.*) ¡No la dejáis a una tranquila! (*Se va refunfuñando.*[223])

AMELIA: Buenas noches. (*Se va.*)

BERNARDA: Andar vosotras también.

MARTIRIO: ¿Cómo es que esta noche no viene el novio de Angustias?

BERNARDA: Fue de viaje.

MARTIRIO: (*Mirando a* ADELA.) ¡Ah!

ADELA: Hasta mañana. (*Sale.*)

(MARTIRIO *bebe agua y sale lentamente, mirando hacia la puerta del corral.*)

LA PONCIA: (*Saliendo.*) ¿Estás todavía aquí?

BERNARDA: Disfrutando este silencio y sin lograr ver por parte alguna «la cosa tan grande» que aquí pasa, según tú.

LA PONCIA: Bernarda, dejemos esa conversación.

BERNARDA: En esta casa no hay ni un sí ni un no.[224] Mi vigilancia lo puede todo.

LA PONCIA: No pasa nada por fuera. Eso es verdad. Tus hijas están y viven como metidas en alacenas.[225] Pero ni tú ni nadie puede vigilar por el interior de los pechos.

BERNARDA: Mis hijas tienen la respiración tranquila.

LA PONCIA: Eso te importa a ti, que eres su madre. A mí, con servir tu casa tengo bastante.

BERNARDA: Ahora te has vuelto callada.

LA PONCIA: Me estoy en mi sitio, y en paz.

BERNARDA: Lo que pasa es que no tienes nada que decir. Si en esta casa hubiera hierbas ya te encargarías de traer a pastar las ovejas del vecindario.[226]

LA PONCIA: Yo tapo[227] más de lo que te figuras.

BERNARDA: ¿Sigue tu hijo viendo a Pepe a las cuatro de la mañana? ¿Siguen diciendo todavía la mala letanía de esta casa?

LA PONCIA: No dicen nada.

BERNARDA: Porque no pueden. Porque no hay carne donde morder.[228] A la vigilancia de mis ojos se debe esto.

LA PONCIA: Bernarda, yo no quiero hablar porque temo tus intenciones. Pero no estés segura.

BERNARDA: ¡Segurísima!

LA PONCIA: A lo mejor, de pronto, cae un rayo.[229] A lo mejor, de pronto, un golpe te para el corazón.

BERNARDA: Aquí no pasa nada. Ya estoy alerta contra tus suposiciones.

LA PONCIA: Pues mejor para ti.

BERNARDA: ¡No faltaba más!

CRIADA: (*Entrando.*) Ya terminé de fregar los platos. ¿Manda usted algo, Bernarda?

BERNARDA: (*Levantándose.*) Nada. Voy a descansar.

LA PONCIA: ¿A qué hora quieres que te llame?

BERNARDA: A ninguna. Esta noche voy a dormir bien. (*Se va.*)

---

223 *growling*
224 no... no pasa nada
225 *kitchen cabinets*
226 hubiera... pasara algo lo comentarías con todos los vecinos
227 *oculto*
228 carne... nada que criticar
229 *thunderbolt*

LA PONCIA: Cuando una no puede con el mar lo más fácil es volver las espaldas para no verlo.

1265 CRIADA: Es tan orgullosa que ella misma se pone una venda[230] en los ojos.

LA PONCIA: Yo no puedo hacer nada. Quise atajar las cosas, pero ya me asustan demasiado. ¿Tú ves este silencio? Pues hay una tormenta en cada cuarto. El día que estallen[231] nos barrerán a todos.[232] Yo he dicho lo que tenía que decir.

1270 CRIADA: Bernarda cree que nadie puede con ella y no sabe la fuerza que tiene un hombre entre mujeres solas.

LA PONCIA: No es toda la culpa de Pepe el Romano. Es verdad que el año pasado anduvo detrás de Adela y ésta está loca por él, pero ella debió estarse en su sitio y no provocarlo. Un hombre es un hombre.

1275 CRIADA: Hay quien cree que habló muchas veces con Adela.

LA PONCIA: Es verdad. (*En voz baja.*) Y otras cosas.

CRIADA: No sé lo que va a pasar aquí.

LA PONCIA: A mí me gustaría cruzar el mar y dejar esta casa de guerra.

CRIADA: Bernarda está aligerando la boda y es posible que nada pase.

1280 LA PONCIA: Las cosas se han puesto ya demasiado maduras. Adela está decidida a lo que sea y las demás vigilan sin descanso.

CRIADA: ¿Y Martirio también?

LA PONCIA: Esa es la peor. Es un pozo de veneno. Ve que el Romano no es para ella y hundiría el mundo si estuviera en su mano.

1285 CRIADA: ¡Es que son malas!

LA PONCIA: Son mujeres sin hombre, nada más. En estas cuestiones se olvida hasta la sangre. ¡Chisss! (*Escucha.*)

CRIADA: ¿Qué pasa?

LA PONCIA: (*Se levanta.*) Están ladrando los perros.

1290 CRIADA: Debe haber pasado alguien por el portón.

(*Sale* ADELA *en enaguas*[233] *blancas y corpiño.*[234])

LA PONCIA: ¿No te habías acostado?

ADELA: Voy a beber agua. (*Bebe en un vaso de la mesa.*)

LA PONCIA: Yo te suponía dormida.

1295 ADELA: Me despertó la sed. Y vosotras, ¿no descansáis?

CRIADA: Ahora.

(*Sale* ADELA.)

LA PONCIA: Vámonos.

CRIADA: Ganado tenemos el sueño. Bernarda no me deja descansar en todo el día.

1300 LA PONCIA: Llévate la luz.

CRIADA: Los perros están como locos.

LA PONCIA: No nos van a dejar dormir. (*Salen.*)

(*La escena queda casi a oscuras. Sale* MARIA JOSEFA *con una oveja en los brazos.*)

1305 MARIA JOSEFA:
Ovejita, niño mío,
vámonos a la orilla del mar.

230 *blindfold*
231 *exploten*
232 *nos... they'll sweep us all away*
233 *petticoats*
234 *short blouse*

La hormiguita[235] estará en su puerta,
yo te daré la teta[236] y el pan.

1310 Bernarda,
cara de leoparda.
Magdalena,
cara de hiena.
¡Ovejita!
1315 Meee, meeee.
Vamos a los ramos del portal de Belén.

Ni tú ni yo queremos dormir;
la puerta sola se abrirá
y en la playa nos meteremos
1320 en una choza de coral.

Bernarda,
cara de leoparda.
Magdalena,
cara de hiena.
1325 ¡Ovejita!
Meee, meeee.
Vamos a los ramos del portal de Belén. (*Se va cantando.*)

(*Entra* ADELA. *Mira a un lado y otro con sigilo[237] y desaparece por la puerta del corral. Sale* MARTIRIO *por otra puerta y queda en angustioso*
1330 *acecho[238] en el centro de la escena. También va en enaguas. Se cubre con un pequeño mantón[239] negro de talle. Sale por enfrente de ella* MARIA JOSEFA.)

MARTIRIO: Abuela, ¿dónde va usted?

MARIA JOSEFA: ¿Vas a abrirme la puerta? ¿Quién eres tú?

1335 MARTIRIO: ¿Cómo está aquí?

MARIA JOSEFA: Me escapé. ¿Tú quién eres?

MARTIRIO: Vaya a acostarse.

MARIA JOSEFA: Tú eres Martirio, ya te veo. Martirio, cara de Martirio. ¿Y cuándo vas a tener un niño? Yo he tenido éste.

1340 MARTIRIO: ¿Dónde cogió esa oveja?

MARIA JOSEFA: Ya sé que es una oveja. Pero ¿por qué una oveja no va a ser un niño? Mejor es tener una oveja que no tener nada. Bernarda, cara de leoparda. Magdalena, cara de hiena.

MARTIRIO: No dé voces.

1345 MARIA JOSEFA: Es verdad. Está todo muy oscuro. Como tengo el pelo blanco crees que no puedo tener crías, y sí, crías y crías y crías. Este niño tendrá el pelo blanco y tendrá otro niño y éste otro, y todos con el pelo de nieve, seremos como las olas, una y otra y otra. Luego nos sentaremos todos y todos tendremos el cabello blanco y seremos espuma. ¿Por qué aquí no hay espumas?
1350 Aquí no hay más que mantos de luto.

MARTIRIO: Calle, calle.

MARIA JOSEFA: Cuando mi vecina tenía un niño yo le llevaba chocolate y luego ella me lo traía a mí y así siempre, siempre, siempre. Tú tendrás el pelo

235 *little ant*
236 *breast*
237 *cuidado*
238 *watch*
239 *shawl*

240 valor
241 lo... se lo quites

blanco, pero no vendrán las vecinas. Yo tengo que marcharme, pero tengo miedo que los perros me muerdan. ¿Me acompañarás tú a salir al campo? Yo quiero campo. Yo quiero casas, pero casas abiertas y las vecinas acostadas en sus camas con sus niños chiquitos y los hombres fuera sentados en sus sillas. Pepe el Romano es un gigante. Todas lo queréis. Pero él os va a devorar porque vosotras sois granos de trigo. No granos de trigo. ¡Ranas sin lengua!

MARTIRIO: Vamos. Váyase a la cama. (*La empuja.*)

MARIA JOSEFA: Sí, pero luego tú me abrirás, ¿verdad?

MARTIRIO: De seguro.

MARIA JOSEFA: (*Llorando.*)

Ovejita, niño mío,
vámonos a la orilla del mar.
La hormiguita estará en su puerta,
yo te daré la teta y el pan.

(MARTIRIO *cierra la puerta por donde ha salido* MARIA JOSEFA *y se dirige a la puerta del corral. Allí vacila, pero avanza dos pasos más.*)

MARTIRIO: (*En voz baja.*) Adela. (*Pausa. Avanza hasta la misma puerta. En voz alta.*) ¡Adela!

(*Aparece* ADELA. *Viene un poco despeinada.*)

ADELA: ¿Por qué me buscas?

MARTIRIO: ¡Deja a ese hombre!

ADELA: ¿Quién eres tú para decírmelo?

MARTIRIO: No es ése el sitio de una mujer honrada.

ADELA: ¡Con qué ganas te has quedado de ocuparlo!

MARTIRIO: (*En voz alta.*) Ha llegado el momento de que yo hable. Esto no puede seguir así.

ADELA: Esto no es más que el comienzo. He tenido fuerza para adelantarme. El brío[240] y el mérito que tú no tienes. He visto la muerte debajo de estos techos y he salido a buscar lo que era mío, lo que me pertenecía.

MARTIRIO: Ese hombre sin alma vino por otra. Tú te has atravesado.

ADELA: Vino por el dinero, pero sus ojos los puso siempre en mí.

MARTIRIO: Yo no permitiré que lo arrebates.[241] El se casará con Angustias.

ADELA: Sabes mejor que yo que no la quiere.

MARTIRIO: Lo sé.

ADELA: Sabes, porque lo has visto, que me quiere a mí.

MARTIRIO: (*Despechada.*) Sí.

ADELA: (*Acercándose.*) Me quiere a mí. Me quiere a mí.

MARTIRIO: Clávame un cuchillo si es tu gusto, pero no me lo digas más.

ADELA: Por eso procuras que no vaya con él. No te importa que abrace a la que no quiere; a mí, tampoco. Ya puede estar cien años con Angustias, pero que me abrace a mí se te hace terrible, porque tú lo quieres también, lo quieres.

MARTIRIO: (*Dramática.*) ¡Sí! Déjame decirlo con la cabeza fuera de los embozos. ¡Sí! Déjame que el pecho se me rompa como una granada de amargura. ¡Le quiero!

ADELA: (*En un arranque*[242] *y abrazándola.*) Martirio, Martirio, yo no tengo la culpa.

MARTIRIO: ¡No me abraces! No quieras ablandar mis ojos. Mi sangre ya no es tuya. Aunque quisiera verte como hermana, no te miro ya más que como mujer. (*La rechaza.*)

ADELA: Aquí no hay ningún remedio. La que tenga que ahogarse que se ahogue. Pepe el Romano es mío. El me lleva a los juncos[243] de la orilla.

MARTIRIO: ¡No será!

ADELA: Ya no aguanto el horror de estos techos después de haber probado el sabor de su boca. Seré lo que él quiera que sea. Todo el pueblo contra mí, quemándome con sus dedos de lumbre, perseguida por los que dicen que son decentes, y me pondré la corona de espinas que tienen las que son queridas de algún hombre casado.

MARTIRIO: ¡Calla!

ADELA: Sí. Sí. (*En voz baja.*) Vamos a dormir, vamos a dejar que se case con Angustias, ya no me importa, pero yo me iré a una casita sola donde él me verá cuando quiera, cuando le venga en gana.

MARTIRIO: Eso no pasará mientras yo tenga una gota de sangre en el cuerpo.

ADELA: No a ti, que eres débil; a un caballo encabritado[244] soy capaz de poner de rodillas con la fuerza de mi dedo meñique.[245]

MARTIRIO: No levantes esa voz que me irrita. Tengo el corazón lleno de una fuerza tan mala, que, sin quererlo yo, a mí misma me ahoga.

ADELA: Nos enseñan a querer a las hermanas. Dios me ha debido dejar sola en medio de la oscuridad, porque te veo como si no te hubiera visto nunca.

(*Se oye un silbido*[246] *y* ADELA *corre a la puerta, pero* MARTIRIO *se le pone delante.*)

MARTIRIO: ¿Dónde vas?

ADELA: ¡Quítate de la puerta!

MARTIRIO: ¡Pasa si puedes!

ADELA: ¡Aparta! (*Lucha.*)

MARTIRIO: (*A voces.*) ¡Madre, madre!

(*Aparece* BERNARDA. *Sale en enaguas, con un mantón negro.*)

BERNARDA: Quietas, quietas. ¡Qué pobreza la mía, no poder tener un rayo entre los dedos!

MARTIRIO: (*Señalando a* ADELA.) ¡Estaba con él! ¡Mira esas enaguas llenas de paja de trigo!

BERNARDA: ¡Esa es la cama de las mal nacidas! (*Se dirige furiosa hacia* ADELA.)

ADELA: (*Haciéndole frente.*[247]) ¡Aquí se acabaron las voces de presidio! (ADELA *arrebata un bastón*[248] *a su madre y lo parte en dos.*) Esto hago yo con la vara[249] de la dominadora. No dé usted un paso más. En mí no manda nadie más que Pepe.

MAGDALENA: (*Saliendo.*) ¡Adela!

(*Salen* LA PONCIA *y* ANGUSTIAS.)

ADELA: Yo soy su mujer. (*A* ANGUSTIAS.) Entérate tú y ve al corral a decírselo. El dominará toda esta casa. Ahí fuera está, respirando como si fuera un león.

242 En... Impulsivamente
243 rushes
244 wild
245 pequeño
246 whistle
247 Haciéndole... Confronting her
248 cane
249 stick

ANGUSTIAS: ¡Dios mío!

1445 BERNARDA: ¡La escopeta[250]! ¿Dónde está la escopeta? (*Sale corriendo.*)

(*Sale detrás* MARTIRIO. *Aparece* AMELIA *por el fondo, que mira aterrada[251] con la cabeza sobre la pared.*)

ADELA: ¡Nadie podrá conmigo! (*Va a salir.*)

ANGUSTIAS: (*Sujetándola.[252]*) De aquí no sales tú con tu cuerpo en triunfo.
1450   ¡Ladrona! ¡Deshonra de nuestra casa!

MAGDALENA: ¡Déjala que se vaya donde no la veamos nunca más!

(*Suena un disparo.[253]*)

BERNARDA: (*Entrando.*) Atrévete a buscarlo ahora.

MARTIRIO: (*Entrando.*) Se acabó Pepe el Romano.

1455 ADELA: ¡Pepe! ¡Dios mío! ¡Pepe! (*Sale corriendo.*)

LA PONCIA: ¿Pero lo habéis matado?

MARTIRIO: No. Salió corriendo en su jaca.

BERNARDA: No fue culpa mía. Una mujer no sabe apuntar.[254]

MAGDALENA: ¿Por qué lo has dicho entonces?

1460 MARTIRIO: ¡Por ella! Hubiera volcado un río de sangre sobre su cabeza.

LA PONCIA: Maldita.

MAGDALENA: ¡Endemoniada!

BERNARDA: Aunque es mejor así. (*Suena un golpe.*) ¡Adela, Adela!

LA PONCIA: (*En la puerta.*) ¡Abre!

1465 BERNARDA: Abre. No creas que los muros defienden de la vergüenza.

CRIADA: (*Entrando.*) ¡Se han levantado los vecinos!

BERNARDA: (*En voz baja como un rugido.[255]*) ¡Abre, porque echaré abajo la
    puerta! (*Pausa. Todo queda en silencio.*) ¡Adela! (*Se retira de la puerta.*)
    ¡Trae un martillo[256]! (*La* PONCIA *da un empujón y entra. Al entrar da un*
1470   *grito y sale.*) ¿Qué?

LA PONCIA: (*Se lleva las manos al cuello.*) ¡Nunca tengamos ese fin!

(*Las* HERMANAS *se echan hacia atrás. La* CRIADA *se santigua.* BERNARDA
da un grito y avanza.)

LA PONCIA: ¡No entres!

1475 BERNARDA: No. ¡Yo no! Pepe, tú irás corriendo vivo por lo oscuro de las
    alamedas, pero otro día caerás. ¡Descolgarla![257] ¡Mi hija ha muerto virgen!
    Llevadla a su cuarto y vestirla como una doncella. ¡Nadie diga nada! Ella ha
    muerto virgen. Avisad que al amanecer den dos clamores las campanas.

MARTIRIO: Dichosa ella mil veces que lo pudo tener.

1480 BERNARDA: Y no quiero llantos. La muerte hay que mirarla cara a cara. ¡Silencio!
    (*A otra* HIJA.) ¡A callar he dicho! (*A otro* HIJA.) ¡Las lágrimas cuando estés
    sola! Nos hundiremos todas en un mar de luto. Ella, la hija menor de
    Bernarda Alba, ha muerto virgen. ¿Me habéis oído? ¡Silencio, silencio he
    dicho! ¡Silencio!

1485   *Telón.*

250 gun
251 horrorizada
252 Deteniéndola
253 shot
254 to aim
255 roaring of a lion
256 hammer
257 Bring her down!

Cuestionario

1. ¿Por qué están de luto las mujeres al iniciarse el drama?
2. ¿Cuántos personajes hay en el drama? ¿Hay sólo mujeres o hay hombres y mujeres?
3. ¿Quién es Bernarda Alba? ¿Cómo es? Descríbala extensamente dando todos los detalles que pueda.
4. ¿Quiénes son las otras mujeres que aparecen en la obra? Dé una descripción detallada de cada una de ellas.
5. ¿Quién es Pepe el Romano? ¿A quién visita por las noches?
6. ¿Quién es María Josefa? ¿Cuál es su papel en la obra? ¿Es un papel importante? ¿Por qué?
7. ¿Quién es la Poncia? ¿Qué función dramática desempeña?
8. ¿Cuál es el conflicto del drama?
9. ¿Hay algún actante en esta obra? ¿Por qué se puede considerar como *actante?*
10. ¿Hay alguna historia intercalada en el drama? Si la hay, ¿cuál es su función?
11. Comente un poco el papel de la hermana menor. ¿Por qué se suicida?
12. ¿Qué dice la madre al descubrir que su hija se ha suicidado?

Identificaciones

1. Antonio María Benavides
2. el retrato
3. el caballo garañón
4. el doblar de las campanas
5. la oveja

Temas

1. La tradición del luto en los países hispanos
2. Comente la frase: «Hilo y aguja para las hembras. Látigo y mula para el varón».
3. El tema de la honra—el honor de la familia—tal como se ve en esta obra
4. La condición de la mujer en los pueblos pequeños durante las primeras décadas del siglo XX
5. Teniendo en cuenta la definición de tragedia, comente si esta obra es una tragedia. Defienda su opinión con ejemplos.
6. ¿Cuál es el mensaje de la obra? ¿Tiene el tema valor normativo?
7. ¿Le parece que el dramaturgo toma partido o simplemente presenta un caso?

EL ENSAYO

I El ensayo como género literario

A diferencia de otro tipo de escritos con metas prácticas—manuales, libros de texto, etcétera—que en términos generales, sólo hacen reflexionar, la obra literaria, al igual que cualquier otra creación de valor estético, conduce a la *contemplación.* En este sentido, se podría decir que el poema es el escrito literario cuyo propósito es más obvio, ya que su forma revela explícitamente su finalidad artística o estética. Sin embargo, existen ciertas obras de arte cuyo fin es utilitario. En las bellas artes, la arquitectura proporciona un buen ejemplo: el hecho de que un edificio tenga que ser cómodo y funcional no impide al arquitecto la creación de una obra de gran valor artístico. El mismo criterio se puede aplicar a aquellas obras creadas con un fin docente, es decir, para mejorar la condición humana mediante una *enseñanza:* moral, filosófica, religiosa, política, o de cualquier otra clase, o a través de la «*invitación a la acción*», el arte comprometido.

En la literatura el género que mejor corresponde a esta categoría es el ensayo. En verdad, éste se presenta a menudo más como obra práctica, utilitaria, que bella o estética. No obstante dicha característica, el ensayista es capaz, como el arquitecto, de trascender la finalidad inmediata de su composición para hacer de ella una obra de suma belleza.

Por consiguiente, existen dentro del género ensayístico dos especies de composiciones: 1) las que, aunque posean valor estético, son meras transformaciones del escrito utilitario, y 2) aquéllas que deliberadamente se alejan de la forma ensayística, docente, e imitan las otras modalidades literarias: la narrativa, el teatro, la poesía. Ambas serán estudiadas siguiendo en parte el modelo que presentan Robert Scholes y Carl M. Klaus en *Elements of the Essay* (1969).

II El ensayo: definición y categorías fundamentales

El ensayo es una composición literaria generalmente breve y en prosa discursiva, es decir, en lenguaje lógico, directo, el empleado en el habla diaria. El ensayista en su composición expone ideas con el fin de persuadir al lector a aceptar su criterio acerca de un asunto importante para él mismo y que refleje, además, el «*Zeitgeist*», o sea, la actitud intelectual, moral y cultural de una determinada época. Aunque se pudiera decir que, comparado con otras modalidades literarias, el ensayo es la forma más directamente interesada en buscar la verdad, es muy importante considerar que el ensayista, por genial que sea, es un individuo como cualquier otro. Por consiguiente, lo que se percibe en su obra es su propia versión de la realidad, que puede o no puede estar de acuerdo con la del lector. De ahí que la capacidad del ensayista de inducir a ese lector a compartir su opinión depende en gran parte de sus habilidades de escritor. Es decir, que el ensayista, al igual que el poeta, el novelista o el dramaturgo, debe estructurar su obra de tal manera que presente para quien la lea una verdadera experiencia artística.

EL ENSAYO EN RELACION CON LAS DEMAS FORMAS LITERARIAS

Al tratar de relacionar el ensayo con las demás expresiones del arte literario es necesario señalar cuatro puntos importantes dentro de una línea que represente un continuo de posibilidades:

Según se ha podido ver a lo largo de este libro, lo que distingue una modalidad de otra son sus características referenciales, o sea, el modo en que cada forma se dirige al lector. De acuerdo con dichas características, el esquema anterior demuestra que el continuo de posibilidades comienza con el ensayo—la forma literaria más directa y pragmática—y termina con la composición poética, la más indirecta y estética de todas. No obstante, hay que tener presente que en cada una de las cuatro modalidades o formas literarias se pueden encontrar las técnicas o los rasgos distintivos de las otras formas: un poema puede ser narrativo, poético o dramático; una pieza teatral es capaz de ser poética, narrativa y así sucesivamente. Por lo tanto, conviene que aquí se analicen brevemente las diversas posibilidades que se presentan en el escrito ensayístico.

EL ENSAYO: SU CLASIFICACION

Se dice que un ensayo es *poético* si en vez de dirigirse a otros, el autor da la impresión de estar hablándose a sí mismo, como si meditara. En este caso, el lector hace el papel de quien oye una meditación como *por casualidad.* En el escrito ensayístico de tipo *dramático* el autor participa implícitamente en la composición; se sabe que está en ella porque desempeña el papel de director de escena, es decir, dirige lo que ocurre en ella e identifica a los personajes que dan vida a la misma. En otros casos asume una personalidad ficticia, convirtiéndose él mismo en «*dramatis persona*». En un ensayo *narrativo* el ensayista concibe su asunto en términos de un determinado período temporal y estructura su mensaje de acuerdo con una historia. La cuarta y última categoría, la más propia del ensayo, es aquélla en la que la tesis se presenta en forma de argumento. O sea, el ensayo es más *ensayístico* cuando representa un intento explícito de persuadir al lector a aceptar la tesis propuesta hablándole directamente como lo haría un orador al dirigirse a su auditorio.

A pesar de estas consideraciones que pudieran llevar a la falsa conclusión de que sólo la última categoría, la ensayística, es persuasiva, hay que señalar que todo tipo de ensayo tiene como meta final el *persuadir.* La razón es que el ensayo es un escrito que no resuelve ninguna cuestión por sí mismo, sino que presenta diversos criterios o modos de juzgar las cuestiones que trata. Por eso y teniendo en cuenta que lo que más importa es inducir al lector a aceptar el punto de vista del ensayista acerca de cierto asunto, éste pone de relieve tan sólo lo que *él mismo* ve desde su propia perspectiva espacial y temporal. Esto se debe a que un autor puede describir los hechos solamente conforme a su criterio personal y no al de otros. Sin embargo, todo ensayista exige que el lector acepte esta subjetividad en la presentación de un determinado asunto o de una escena. Lo mismo ocurre cuando el autor desempeña el papel de cronista o comentarista de acontecimientos o eventos; su intención es hacer que el lector confíe en lo que él le dice. No obstante, en los ensayos *persuasivos* o *ensayísticos,* el autor intenta llevar a cabo su plan directa y explícitamente. En otras clases de composición, el autor esconde o, mejor dicho, disfraza sus métodos de persuasión. Es el caso de los ensayos compuestos según otras formas literarias—el drama, la narrativa y la poesía.

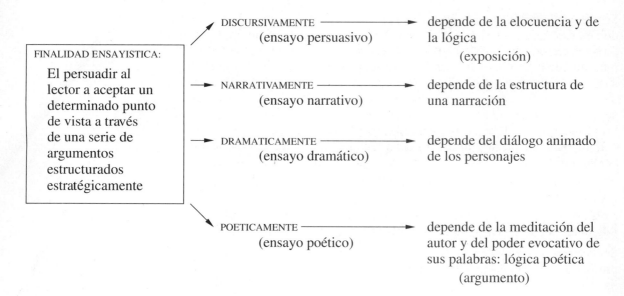

FINALIDAD ENSAYISTICA:

El persuadir al lector a aceptar un determinado punto de vista a través de una serie de argumentos estructurados estratégicamente

DISCURSIVAMENTE
(ensayo persuasivo)
→ depende de la elocuencia y de la lógica
(exposición)

NARRATIVAMENTE
(ensayo narrativo)
→ depende de la estructura de una narración

DRAMATICAMENTE
(ensayo dramático)
→ depende del diálogo animado de los personajes

POETICAMENTE
(ensayo poético)
→ depende de la meditación del autor y del poder evocativo de sus palabras: lógica poética
(argumento)

III La oratoria como ensayo: sus características

Al igual que los demás escritos literarios, el ensayo tiene sus raíces en la *oratoria* o arte de hablar en público con el propósito de persuadir o convencer a los oyentes o mover su ánimo. Sin embargo, en la lectura del ensayo, el receptor del discurso ya no es el oyente pasivo que escuchaba en silencio al orador, sino un lector que contempla el texto y, por consiguiente, que participa de la experiencia estética con el autor en un proceso de interacción. De este último factor se deduce que el ensayo, en calidad de obra de arte, seguirá estimulando al lector indefinidamente por medio de los valores estéticos que hacen resaltar a su vez los valores éticos, morales, filosóficos y políticos del mismo. Si se examina el caso de algunos grandes discursos que han llegado a ser memorables ensayos literarios, se verá que el «Gettysburg Address» de Abraham Lincoln, el «Discurso en el Politeama» de Manuel González Prada o el más reciente, «I Have A Dream» de Martin Luther King, Jr., comparten ciertos denominadores comunes. Ante todo, cada uno es un ejemplo del arte de la persuasión, pues los tres lograron en su respectiva época exaltar los ánimos e incitar a la acción a un pueblo.

No obstante, como textos, dichos discursos son fuentes de significación que trascienden el mensaje central entendido por su autor: Lincoln subrayó la urgencia de unificar y consolidar la República Federal estadounidense frente a la fragmentación ocasionada por la Guerra Civil; González Prada abogó por la reivindicación de la juventud peruana reprimida por una decrépita e inútil estructura social; finalmente, King grabó en el espíritu de sus oyentes la idea fundamental de su «sueño dorado»: el rescate de la raza negra en los Estados Unidos.

Esos discursos, aunque pronunciados hace tiempo, producen todavía y seguirán produciendo, con cada lectura, nuevas experiencias estéticas. Su mensaje originariamente limitado a una circunstancia y a un pueblo, se revestirá de nuevas significaciones para el lector de otras épocas y otros países. Esto se debe principalmente a la estructura lingüística del texto—al poder evocativo de las palabras, a su cuidadosa selección y organización. Gracias a esa misma estructura lingüística, el momento y el lugar adquieren *permanencia* y *universalidad* en la forma literaria del ensayo.

IV Estrategias de persuasión: la lógica formal y la informal

Un ensayista puede presentar un mensaje de dos maneras: en forma de *exposición* o en forma de *argumento*. En el primer caso—la exposición—el autor se vale de la lógica formal (lógica del pensamiento, discursiva o simbólica); en el segundo—el argumento—utiliza la lógica informal (lógica de la sensibilidad, no-discursiva o poética).

En la exposición el ensayista se limita a proporcionar al lector determinada información, pidiendo sólo que éste, en base de los *razonamientos* expuestos, comprenda lo que le dice. Por lo tanto, el ensayista se esfuerza por exponer los hechos con *claridad, exactitud* y *organización cuidadosa*. Para apreciar el análisis lógico o *razonamiento* mediante el cual el autor del ensayo apela al raciocinio de sus lectores, se deben distinguir dos elementos: el punto de partida que es la *hipótesis* y la conclusión que es la *tesis* o proposición que se quería demostrar. Hay que entender también que los razonamientos o *proposiciones* se pueden descomponer, a su vez, en otros razonamientos más simples llamados silogismos, como el siguiente:

$$
\begin{array}{lll}
 & \mathbf{a} \quad\quad \mathbf{b} & \\
\textit{Hipótesis o premisas:} & \text{(a) Todos los hombres son mortales.} & \mathbf{a = b} \\
 & \quad \mathbf{c} \quad\quad \mathbf{a} & \\
 & \text{(b) Juan es hombre.} & \mathbf{c = a} \\
 & \quad \mathbf{c} \quad\quad \mathbf{b} & \\
\textit{Tesis o conclusión:} & \text{(c) Juan es mortal.} & \mathbf{c = b}
\end{array}
$$

Además de los silogismos, un ensayista puede servirse, entre los muchos procesos de la lógica simbólica, de los *teoremas* y de los *axiomas*. Los teoremas son expresiones que encierran una verdad que tiene que ser demostrada. A saber, se dice en geometría que la suma de los tres ángulos de un triángulo vale 180°. Esto no es por sí mismo evidente hasta que se demuestra. Por el contrario, los axiomas expresan un concepto claro que no necesita demostración. Volviendo nuevamente a la geometría, se verá que cuando se dice que por un punto exterior a una línea recta puede pasar solamente una línea paralela a ella, se expresa una verdad axiomática, evidente. En ambos casos, el autor cuenta con la inteligencia del lector a fin de que éste comprenda la tesis planteada.

En cambio, si la intención del ensayista es persuadir al lector a que adopte su punto de vista y, además, a que tome determinadas medidas frente a cierta cuestión, el autor apelará a las emociones de ese lector. En este caso el mensaje será presentado en forma de *argumento*—forma en la que se contará con las facultades intuitivas del receptor del discurso y en la que el ensayista se valdrá de la lógica informal, haciendo uso del lenguaje literario o figurado.

Ahora bien, teniendo presente las dos categorías fundamentales del género ensayístico—el ensayo personal o informal y el ensayo impersonal o desapasionado—se verá que aquél, el personal y *subjetivo,* es presentado en forma *argumentativa,* mientras que éste, el ensayo desapasionado y *objetivo,* se destaca por su forma *expositiva.* Sin embargo, en los mejores ensayos el hábil autor no vacila en emplear armoniosamente exposición y argumento, así como cualquier otro recurso no-literario—datos historiográficos y estadísticos, testimonios oculares, cálculos matemáticos y otros elementos similares.

V *Diferentes tipos de ensayo*

EL ENSAYO PERSUASIVO

Desde el punto de vista formal, el ensayo denominado «persuasivo» es el más sencillo. Plantea una cuestión o tesis y presenta en seguida unos cuantos argumentos que la apoyan. Este es, por lo general, el orden en que se estructura ese tipo de escrito donde el autor intenta explícitamente persuadir al lector a compartir con él cierto punto de vista.

Surge de ahí la importancia de leer el texto analíticamente para determinar si este intento persuasivo nace de la genuina comprensión del ensayista respecto al tema que trata o si por el contrario se ha valido de métodos fraudulentos para inducir al lector a adoptar sus ideas.

La analogía proporciona al lector la pauta a emplearse en la lectura de este tipo de ensayo. Por ser la analogía una forma de razonamiento en la que una cosa se compara con otra basándose en una semejanza implícita, es el recurso clave de todo ensayo, especialmente el de tipo persuasivo. Mediante la persuasión se apela a la experiencia del lector, experiencia que luego se usa para establecer una especie de puente mental que relaciona el tópico que se discute con circunstancias similares experimentadas por el lector. «La educación del indio» (p. 346) de Manuel González Prada ilustrará este tipo de ensayo.

EL ENSAYO NARRATIVO

Dentro de esta categoría de escrito que obviamente imita la narración ficticia, el ensayista se convierte en narrador. Como tal, adquiere las mismas características que el narrador de un cuento o de una novela. Mejor dicho, el narrador del ensayo asume el derecho de ser fidedigno o indigno de confianza, en cuyo caso le costará más trabajo al lector fijar bien la perspectiva autorial. Efectivamente, el autor de un ensayo narrativo desempeña una función parecida a la del *periodista* o del *historiador.* Obrando, entonces, como narrador cronista, el ensayista va interpretando lo que narra. Esta interpretación editorial es precisamente el elemento persuasivo del ensayo estructurado al estilo de una obra de ficción, pues su autor se vale de los personajes y de la circunstancia de su historia para presentar valores que él considera positivos o negativos. Analizando esos personajes y esa circunstancia a través de la *historia* y su *forma* o *discurso,* el ensayista comunica el deseado mensaje—su perspectiva autorial—intentando convencer al lector de la verdad que encierra dicha perspectiva.

Existe, no obstante, una diferencia básica entre la ficción propiamente dicha y la ensayística de tipo narrativo. En efecto, mientras que un cuento es una creación original, una invención de su autor, el ensayo narrativo, en cambio, representa por lo general una especie de documento de una circunstancia específica— posiblemente un acontecimiento que ocurrió alguna vez en uno que otro lugar.

Examinando la estructura del típico ensayo narrativo, se notará que la historia que se cuenta presenta dos posibilidades para el narrador: éste puede efectuar dicha narración en forma personal o autobiográfica (lo que conferiría más intimidad y de ahí credibilidad, a sus argumentos); o puede mantenerse neutral, objetivo, para que la narración adquiera la impersonalidad de un relato periodístico.

«El castellano viejo» de Mariano José de Larra (p. 337) representa un artículo de costumbres. La ventaja de leer críticamente esta obra consiste en que, además de analizar un escrito que ilustra los rasgos distintivos del ensayo de tipo narrativo, le permite al lector observar muy de cerca un género típicamente español que manifiesta características propias.

EL ENSAYO DRAMATICO O DIALOGADO

Se ha dicho que todo ensayo contiene ciertos elementos del debate. Esto ocurre porque el ensayista entabla una especie de diálogo con el lector sobre un tema en el que los dos no están perfectamente de acuerdo.

Se hace necesario así que el ensayista imponga su punto de vista de la manera más sutil—más indirecta—que se le ocurra. Como consecuencia, ciertos ensayos se alejan deliberadamente de la forma ensayística, doctrinal, para adoptar, en cambio, las de otros géneros literarios. El modo dramático, o más específicamente, el ensayo dialogado, representa uno de los primeros intentos de disfrazar la figura autorial del ensayista.

De hecho, en el ensayo dialogado, cuyos orígenes se remontan a la antigüedad greco-romana, las ideas no vienen expuestas por el ensayista mismo, sino por dos o más portavoces—personajes que, como se verá a continuación en «Diálogo sobre el arte nuevo» de José Ortega y Gasset, funcionan dentro de una situación ficticia. Sin embargo, hay que precisar una cosa: a diferencia de la obra teatral que utiliza el diálogo mayormente con el fin de caracterizar a los personajes y adelantar la acción dramática, el ensayo en forma de diálogo se vale casi exclusivamente del discurso para expresar una determinada tesis propuesta por su autor.

EL ENSAYO POETICO O MEDITATIVO

El autor de un ensayo poético *medita* y, por lo tanto, no pretende que el lector extraiga de sus meditaciones alguna declaración conclusiva. Si bien parece, por otra parte, que el ensayista enfatiza algo, es más por casualidad que de propósito. Asimismo, aunque el autor se sirva abundantemente de las imágenes, como podría hacerlo el de cualquier ensayo que tenga como meta fundamental persuadir, el ensayista meditativo no abusa de su profusa imaginería con fines doctrinales limitados. Por el contrario, las imágenes del ensayo poético son creadas para que autor y lector participen juntos en una especie de juego particular en el que los dos construyen sobre esas imágenes muchísimas otras, gracias al poder creativo de su mente.

En consecuencia, el placer que ocasiona la lectura de un texto ensayístico donde prevalezca la poética, se deriva no tanto de la estructura total, sino de la *textura* de la composición, es decir, de los detalles particulares de la misma. En otra palabras, da gusto observar cómo las imágenes del texto meditativo se unen para determinar la estructura del ensayo. Por consiguiente, si se lee dicho ensayo teniendo en cuenta el efecto emotivo engendrado por el juego que su autor mantiene con el lector y consigo mismo mediante el discurso, si se capta su lógica poética, no será notoria la falta de un fuerte mensaje político, filosófico o social. Como se podrá ver en «Estaciones de descanso» de Ezequiel Martínez Estrada (p. 351), la reacción del lector será positiva, puesto que la experiencia estética producida por la estructura lingüística del texto, por sus propios méritos, le enriquecerá.

PRACTICA

1. Indique la estrategia de persuasión empleada en los fragmentos siguientes, identificando la forma, *expositiva* o *argumentativa,* en que cada ensayista presenta su mensaje.

   a. It is rather for us to be here dedicated to the great task remaining before us—that from these honored dead we take increased devotion to that cause for which they gave the last full measure of devotion—that we here highly resolve that the dead shall not have died in vain—that this nation, under God, shall have a new birth of freedom—and that government of the people, by the people, for the people, shall not perish from the earth.

   (Abraham Lincoln, «The Gettysburg Address», 1863)

   b. La población del Imperio, conforme a cálculos prudentes, no era menor de diez millones. La Conquista fue, ante todo, una tremenda carnicería. Los conquistadores españoles, por su escaso número, no podían imponer su dominio, sino aterrorizando a la población indígena, en la cual produjeron una impresión supersticiosa, las armas y los caballos de los invasores mirados como seres sobrenaturales.

(José Carlos Mariátegui,
Siete ensayos de interpretación de la realidad peruana, 1928)

c. Presumption is our natural and original malady. The most vulnerable and frail of all creatures is man, and at the same time the most arrogant. He feels and sees himself lodged here, amid the mire and dung of the world, nailed and riveted to the worst, the deadest, and the most stagnant part of the universe, on the lowest story of the house and the farthest from the vault of heaven with the animals of the worst condition of the tree; and in his imagination he goes planting himself above the circle of the moon, and bringing the sky down beneath his feet. It is by the vanity of this same imagination that he equals himself to God, attributes to himself divine characteristics, picks himself out and separates himself from the horde of other creatures, carves out their shares to his fellows and companions the animals, and distributes among them such portions of faculties and powers as he sees fit.

(Michel de Montaigne, «Apology for Raymond Sebond», 1580)

d. Unmarried men are best friends, best masters, best servants; but not always best subjects; for they are light to run away and almost all fugitives are of that condition. A single life doth well with churchmen; for charity will hardly water the ground, where it must first fill a pool. It is indifferent for judges and magistrates; for if they be facile and corrupt, you shall have a servant, five times worse than your wife.

(Francis Bacon, «Of Marriage and Single Life», 1597)

e. La inmensa mayoría de las mujeres de América ha dejado escritos sus nombres en los repliegues íntimos de la vida, que el viento de la muerte va borrando. Palabras escritas en el agua... Pero las doce mujeres, que surgen aquí como ejemplo, tuvieron virtudes y pasiones que son comunes a todas las demás. Sólo que el heroísmo de la mujer no ha sido siempre de plaza pública. Quizá la historia, cuando calla sus nombres, los calla, si es noble, por pudor. Es demasiada hermosura la de ciertos espíritus selectos para ser arrollada por la corriente tumultuosa de los anales políticos, para ser llevada a la gran representación de la publicidad. Hasta hoy, la vida de la mujer se ha recordado en sordina. Nada de clarines. Nada de flamante biografía.

(Germán Arciniegas, *América mágica,* 1961)

f. —Acabo de leer en el tren —dijo Baroja— su artículo «El campo del arte», donde define usted su actitud frente al arte nuevo.
   —Y qué, ¿no está usted de acuerdo?
   —No puedo decir que no esté de acuerdo. Lo que pasa es que no lo entiendo.
   —¿No está claro lo que digo?
   —Claro es usted siempre, Azorín. Mejor dicho, es usted la claridad misma. Pero éste es el inconveniente. Cuando no se trata de cosas y personas concretas, cuando plantea usted temas generales y en vez de manejar imágenes, sentimientos, camina usted entre ideas, envuelve usted las cuestiones en una claridad tal que quedan ocultas por ella. Vemos la claridad de usted; pero no conseguimos ver claras las cosas. Es usted pura luz, y para que se vea algo hace falta siempre alguna sombra.

(José Ortega y Gasset, «Diálogo sobre el arte nuevo», *Artículos,* 1924)

g. Las escaleras se suben de frente, pues hacia atrás o de costado resultan particularmente incómodas. La actitud natural consiste en mantenerse en pie, los brazos colgando sin esfuerzo, la cabeza erguida aunque no tanto que los ojos dejen de ver los peldaños inmediatamente superiores al que se pisa, y respirando lenta y regularmente. Para subir una escalera se comienza por levantar esa parte del cuerpo situada a la derecha abajo, envuelta casi siempre en cuero o gamuza, y que salvo excepciones cabe exactamente en el escalón.

(Julio Cortázar, «Manual de instrucciones»,
de *Historias de cronopios y famas,* 1962)

2. Señale los varios recursos de la lógica simbólica o formal (silogismos, analogías, axiomas, aforismos y otros medios no puramente literarios) empleados en los siguientes fragmentos para convencer al lector de la validez del tema expuesto.

a. *Aestimes judicia, non numeres,* decía Séneca. El valor de las opiniones se ha de computar por el peso, no por el número de las almas. Los ignorantes, por ser muchos, no dejan de ser ignorantes. ¿Qué acierto, pues, se puede esperar de sus resoluciones? ...Siempre alcanzará más un discreto solo que una gran turba de necios; como verá mejor al sol un águila sola que un ejército de lechuzas.

(Fray Benito Jerónimo Feijoo, *Teatro crítico universal,* 1726–1739)

b. Alguien podrá ver un fondo de contradicción en todo cuanto voy diciendo, anhelando unas veces la vida inacabable, y diciendo otras que esta vida no tiene el valor que se la da. ¿Contradicción? ¡Ya lo creo! ¡La de mi corazón, que dice sí, y mi cabeza, que dice no! Contradicción naturalmente. ¿Quién no recuerda aquellas palabras del Evangelio: «¡Señor, creo; ayuda a mi incredulidad!» ¡Contradicción!, ¡naturalmente! Como que sólo vivimos de contradicciones, y por ellas; como que la vida es tragedia, y la tragedia es perpetua lucha, sin victoria ni esperanza de ella; es contradicción...

(Miguel de Unamuno, *Del sentimiento trágico de la vida,* 1913)

c. El hecho más importante de la historia es el mismo de la biología, es que el hombre se muere como todos los demás seres vivos.

(Arturo Uslar Pietri, *Veinticinco ensayos,* 1945)

d. Mientras la prosa española peninsular es romántica, costumbrista o académica, la prosa española continental (la nuestra) deja ver, en Sarmiento, la innovación constante, espoleada por «el ritmo urgente del pensamiento» (P. Henríquez Ureña); y en Montalvo, recuerda el tono de Quevedo, entonces insólito en España. Llegando ya a los modernistas, aparecen, en Martí, la sentencia corta y eléctrica al modo de Gracián; en Gutiérrez Nájera, la sentencia etérea y saltarina, cuyo secreto murió con él. Ambas contrastan con el fraseo largo y movedizo del español Valera, o con los amplios períodos oratorios del español Castelar.

(Alfonso Reyes, «De poesía hispanoamericana», 1941)

e. Meanwhile B.A.'s grow so common that employers who once demanded them now demand M.A.'s, and the Master's requirement in some fields (not just the academic) has been upgraded to the Ph.D. In the years since Robert M. Hutchins sardonically proposed that we achieve our desires with less trouble by granting every American citizen a B.A. at birth, we have moved closer and closer to a utopia in which everyone receives it at 21, in return for doing classroom time. One already hears talk of attendance being compulsory through age 20. In California, where problems tend to surface before New England need worry about them, the state population rose 50 percent in one decade, and the college population 82 percent. It grows easy to foresee the day when 50 percent of the population of California (and, after a suitable time lag, of Massachusetts, of New York, of Illinois and, yes, of Montana) will be employed at teaching the other 50 percent, perhaps changing ends at the half.

(Hugh Kenner, «Don't Send Johnny to College», 1964)

3. Muestre los recursos de la lógica informal o poética en los textos que siguen.

a. Por eso el libro importado ha sido vencido en América por el hombre natural. Los hombres naturales han vencido a los letrados artificiales. El mestizo autóctono ha vencido al criollo exótico. No hay batalla entre la civilización y la barbarie, sino entre la falsa erudición y la naturaleza.

(José Martí, «Nuestra América», 1891)

b. Es así como, no bien la eficacia de un ideal ha muerto, la humanidad viste otra vez sus galas nupciales para esperar la realidad del ideal soñado con nueva fe, con tenaz y conmovedora locura. Provocar esa renovación, inalterable como un ritmo de la Naturaleza, es en todos los tiempos la función y la obra de la juventud. De las almas de cada primavera humana está tejido aquel tocado de novia.

(José Enrique Rodó, *Ariel,* 1900)

c. In that mysterious dimension where the body meets the soul the stereotype is born and has her being. She is more body than soul, more soul than mind. To her belongs all that is beautiful, even the very word beauty itself. All that exists, exists to beautify her . . . The sun shines only to burnish her skin and gild her hair; the wind blows only to whip up the color in her cheeks; the sea strives to bathe her; flowers die gladly so that her skin may luxuriate in their essence. She is the crown of creation, the masterpiece.

(Germaine Greer, *The Female Eunuch,* 1970)

d. ¿Hemos de cerrar voluntariamente la puerta a la inmigración europea, que llama con golpes repetidos para poblar nuestros desiertos y hacernos, a la sombra de nuestro pabellón, pueblo innumerable como arenas del mar? ¿Hemos de dejar ilusorios y vanos los sueños de desenvolvimiento, de poder y de gloria, con que nos han mecido desde la infancia los pronósticos que con envidia nos dirigen los que en Europa estudian las necesidades de la humanidad?

(Domingo Faustino Sarmiento,
«Introducción» de *Vida de Juan Facundo Quiroga,* 1845)

PANORAMA HISTORICO Y CATEGORIAS FUNDAMENTALES

Cronología de obras ensayísticas españolas e hispanoamericanas

Siglo XIII
Alfonso X, el Sabio, *Las siete partidas*

Siglo XV
Alfonso Martínez de Toledo, Arcipreste de Talavera, *El Corbacho o Reprobación del amor mundano* (1438)

Antonio de Nebrija, *El arte de la lengua castellana* (1492)

Siglo XVI
Hernán Cortés, *Cartas de relación* (1519–1526)

Juan de Valdés, *Diálogo de la lengua* (c. 1535)

Fray Bartolomé de las Casas, *Brevísima relación de la destrucción de las Indias* (1552)

Alvar Núñez Cabeza de Vaca, *Naufragios* (1541–1555)

Bernal Díaz del Castillo, *Verdadera historia de la conquista de la Nueva España* (1568)

Fray Luis de León, *De los nombres de Cristo* (1583)

Siglo XVII

El Inca Garcilaso de la Vega, *Comentarios reales* (1609)

Baltasar Gracián, *Agudeza y arte de ingenio* (1642)

Sor Juana Inés de la Cruz, *Respuesta a Sor Filotea de la Cruz* (1691)

Siglo XVIII

Ignacio Luzán, *Poética* (1733)

Benito Jerónimo Feijoo, *Teatro crítico universal* (1726–1739)
Cartas eruditas (1742–1760)

José Cadalso, *Cartas marruecas* (1789)

Siglo XIX

Simón Bolívar, *Carta de Jamaica* (1815)

Fray Servando Teresa de Mier, *Apología y relación de su vida* (1817)

Andrés Bello, *Gramática de la lengua castellana* (1835)

Domingo Faustino Sarmiento, *Facundo o Civilización y barbarie* (1835)

Mariano José de Larra, «El castellano viejo» (*Artículos de costumbres,* 1832–1837)*

Ramón de Mesonero Romanos, *Escenas matritenses* (1832–1842)

Serafín Estébanez Calderón, *Escenas andaluzas* (1847)

Marcelino Menéndez y Pelayo, *Historia de las ideas estéticas en España* (1882)

Eugenio María de Hostos, *Moral social* (1888)

Manuel González Prada, *Pájinas libres* (1894)

Angel Ganivet, *Idearium español* (1897)

Siglo XX

José Enrique Rodó, *Ariel* (1900)

José Martínez Ruiz («Azorín»), *Los pueblos* (1905)
La ruta de Don Quijote (1905)
Castilla (1912)
Al margen de los clásicos (1915)

Marcelino Menéndez y Pelayo, *Orígenes de la novela* (1905–1910)

Manuel González Prada, «La educación del indio» («Mis indios», de *Horas de lucha,* 1908)*

Miguel de Unamuno, *Del sentimiento trágico de la vida* (1913)

Alfonso Reyes, *Visión de Anáhuac* (1917)

---

*obras que aparecen en esta antología

José Ortega y Gasset, *El tema de nuestro tiempo* (1923)
                Artículos (1924)
                La deshumanización del arte (1925)

José Vasconcelos, *La raza cósmica* (1925)

José Carlos Mariátegui, *Siete ensayos de interpretación de la realidad peruana*
              (1927)

José Ortega y Gasset, *La rebelión de las masas* (1930)

Eduardo Mallea, *Historia de una pasión argentina* (1932)

Ezequiel Martínez Estrada, *Radiografía de la pampa* (1933)
           «Estaciones de descanso» (*La cabeza de Goliat,* 1940)*

Alfonso Reyes, *Ultima Tule* (1942)

Julián Marías, *Miguel de Unamuno* (1942)

Alfonso Reyes, *El deslinde* (1944)

Pedro Laín Entralgo, *La generación del 98* (1945)

María Zambrano, *Pensamiento y poesía en la vida española* (1945)

Octavio Paz, *El laberinto de la soledad* (1950)

José Ferrater Mora, *El hombre en la encrucijada* (1952)

Jorge Luis Borges, *Otras inquisiciones* (1952)
           Historia de la eternidad (1953)

Arturo Uslar Pietri, *Las nubes* (1956)

José Ferrater Mora, *La filosofía en el mundo de hoy* (1959)

Jorge Luis Borges, *El hacedor* (1960)

Julián Marías, *Ortega, circunstancia y vocación* (1960)

Pedro Laín Entralgo, *Teoría y realidad del otro* (1961)

Germán Arciniegas, *América mágica* (1961)

Julián Marías, *Los españoles* (1962)

Sebastián Salazar Bondy, *Lima la horrible* (1964)

Germán Arciniegas, *El continente de siete colores* (1965)

Julio Cortázar, *La vuelta al día en ochenta mundos* (1967)

Arturo Uslar Pietri, *En busca del nuevo mundo* (1969)

Ariel Dorfman, *Imaginación y violencia en América* (1970)

Fernando Alegría, *Literatura y revolución* (1971)

Elena Poniatowska, *La noche de Tlalteloco-Testimonios* (1971)

Octavio Paz, *El mono gramático* (1974)

Rosario Castellanos, «La liberación del amor» (*El uso de la palabra,* 1974)*

Gabriel Zaid, *Cómo leer en bicicleta* (1975)

Ernesto Sábato, *La cultura en la encrucijada nacional* (1976)

Lydia Cabrera, *Francisco y Francisca: chascarrillos de negros viejos* (1976)

Victoria Ocampo, *Testimonios* (1935–1977)

Octavio Paz, *El ogro filantrópico* (1979)

Elena Poniatowska, *Fuerte es el silencio* (1980)

Carlos Monsiváis, *A ustedes les consta* (1980)

Octavio Paz, *Sor Juana Inés de la Cruz o Las trampas de la fe* (1982)

Lydia Cabrera, *Vocabulario Congo. El Bantú que se habla en Cuba* (1984)

Héctor Libertella, *¡Cavernícolas!* (1985)

Rosario Ferré, «La autenticidad de la mujer en el arte» (*Sitio a Eros*, 1986)*

Octavio Paz, *Pequeñas crónicas de grandes países* (1990)

EL ENSAYO: ORIGENES, ETIMOLOGIA, EVOLUCION Y OBJETIVOS

Aunque el género ensayístico ha existido en diversas formas desde la antigüedad grecolatina (la *Poética* de Aristóteles, los *Diálogos de Platón,* las *Epístolas* de Plinio y muchos otros), el término *ensayo* se debe exclusivamente al humanista francés Michel de Montaigne. Este lo usó por primera vez en sus *Essais* (1580). El término *essais* asignado por Montaigne a sus escritos, explica la característica básica que tradicionalmente ha diferenciado el ensayo de otras formas o modalidades literarias. En efecto, la palabra proviene del latín *exagium,* o acción de pesar y, más directamente, del francés *essayer* (en español *ensayar*) que significa intentar o experimentar. De ahí se deduce que el ensayo se creó originalmente no para demostrar una verdad con la que todo el mundo estaría de acuerdo, sino como una composición tentativa, abierta a la polémica y, por consiguiente, incompleta.

El término volvió a aparecer unos años más tarde en los *Essays* (1597) del inglés Francis Bacon, quien lo aplicó a sus escritos del mismo tipo. A pesar de sus diferencias de estilo y de temática, las respectivas obras de Montaigne y Bacon ayudan a entender las dos categorías o vertientes del ensayo moderno.

LOS «ESSAIS» DE MONTAIGNE: LA VERTIENTE PERSONAL E INTIMISTA

Los escritos de Montaigne—comentarios de tipo íntimo, al estilo de una confesión y con tono de conversación—representan el modelo original o prototipo del cual se deriva hoy día el ensayo *personal* e *informal.* Aquí es donde se encontrará el escrito subjetivo bajo la forma de *artículo humorístico, esbozo* o *sketch, caricatura, artículo impresionista* o cualquier otro artículo de tipo *imaginativo.*

FRANCIS BACON Y EL ENSAYO IMPERSONAL Y MORALIZANTE

Los *Essays* de Bacon constituyen el prototipo del ensayo *desapasionado* e *impersonal,* que como su nombre lo indica, no pretende transmitir impresión o emoción alguna. Breves, moralizantes, dogmáticos y aforísticos—es decir que expresan pensamientos generalmente aceptados como verdades—los *essays* no se dirigen a nadie en particular. En la época moderna, cabrían dentro de esta categoría el *tratado* o la *monografía,* tal como el estudio erudito y profundo de un determinado asunto, el ensayo biográfico, histórico o científico, el artículo crítico, el de fondo o editorial y otros tantos de carácter *objetivo.*

FINALIDAD FUNDAMENTAL: EL PERSUADIR A TRAVES DE LA LOGICA

Aunque algunos ensayos entretienen más por su valor estético o expresivo que por la información que proporcionan, según lo muestran los ensayos de esta antología, el denominador común a todos es sin duda el procedimiento lógico mediante el cual los respectivos autores presentan su punto de vista o argumento invitando al lector a aceptarlo.

ORATORIA Y RETORICA: LAS RAICES DEL ENSAYO

Ya que en el fondo del ensayo existe, de una manera u otra, la intención de persuadir, conviene repasar brevemente la tradición de la *oratoria* y del debate de donde el ensayo proviene. Los antiguos oradores griegos y romanos—políticos en su mayor parte—estaban conscientes de la importancia de la opinión pública y de la necesidad de influir en ella modificándola a su voluntad mediante sus discursos y debates. Nació así la *retórica* (del griego ῥήτωρ, rétor u orador), parte integrante de la oratoria o arte de dirigirse a las masas. Aristóteles la define como «el poder de ver todas las posibilidades de persuadir a la gente acerca de cualquier asunto». Efectivamente, los oradores de la antigüedad maniobraron varios recursos que los convirtieron en verdaderos maestros del arte de la persuasión. Sabían cuándo y cómo usar la lógica y cuándo apelar a su propia autoridad o a las emociones de los oyentes. Para ser aún más eficaces acompañaban la oratoria con gestos y timbre de voz apropiados y hasta desarrollaron ciertas técnicas para memorizar los discursos largos. Además, estudiaron escrupulosamente la estructura de las oraciones (*speeches/orations*) y manejaron con maestría la elocución (del latín *elocutio* que significa *estilo*).

EL ENSAYO IMPERSONAL EN LA ESPAÑA MEDIEVAL Y RENACENTISTA

En España la vertiente desapasionada e impersonal del ensayo tomó originalmente la forma de prosa didáctica, o sea, prosa con un fin docente y moralizador. Este tipo de escrito produce en la Edad Media las *crónicas* e *historias* de los varios reinados, así como los *tratados* que prescriben leyes sobre la conducta del ciudadano ante su rey, ante la sociedad y ante Dios. Dentro de esta última categoría figura la obra más importante del Medioevo español: *Las siete partidas* (siglo XIII), colección de leyes y costumbres de gran importancia histórica, compilada por orden del rey Alfonso X, el Sabio.

De esta misma rama nacen en los siglos XV y XVI obras de valor tanto educativo como artístico. Cabe indicar aquí dos escritos importantes: el *Corbacho,* o *Reprobación del amor mundano* (1438), tratado de moral, satírico, compuesto en un estilo pintoresco por Alfonso Martínez de Toledo, Arcipreste de Talavera, y el *Arte de la lengua castellana* (1492) de Antonio de Nebrija. Este último es de transcendencia particular, ya que es la primera obra preceptiva sobre un idioma moderno y, en análisis final, el prototipo de las actuales gramáticas.

LA DIDACTICA Y LA MISTICA EN EL ENSAYO DEL SIGLO DE ORO

En la ensayística renacentista de carácter informal y personal se inscriben varias obras de mérito artístico. Entre ellas está el ingenioso y entretenido *Diálogo de la lengua* (c. 1535) de Juan de Valdés. En este ensayo dramático, el autor discute con dos interlocutores italianos y dos españoles el origen de la lengua castellana, su vocabulario y las obras principales escritas en este idioma. Al lado de dicho escrito secular, figura en el Siglo de Oro la prosa ensayística de tipo religioso. Las obras más destacadas del género son *De los nombres de Cristo* (1583), de Fray Luis de León—explicación del sentido místico de las varias maneras empleadas en la Biblia para referirse a Jesús—y *Las moradas* (1588), de Santa Teresa de Jesús. En este escrito eminentemente místico, la autora compara el alma a un castillo cuyas siete habitaciones conducen a Dios.

LA «CRONICA DE INDIAS»: GERMEN DEL FUTURO ENSAYO AMERICANO

Uno de los fenómenos más significativos en el desarrollo del ensayo hispánico es la conquista del Nuevo Mundo, acontecimiento que da principio al género de la *carta de relación* o *crónica de Indias*. Esta nueva forma, debido a las circunstancias extraordinarias en que brota y al carácter mismo del escritor, es una combinación de documento histórico, experiencia personal y fantasía. Las más destacadas incluyen: las *Cartas de relación* (1519–1526) del conquistador Hernán Cortés, modelo original del género; la cruda pero franca y vívida *Verdadera historia de la conquista de la Nueva España* (1632) del capitán Bernal Díaz del Castillo y *Naufragios* (1555) del conquistador Alvar Núñez Cabeza de Vaca. Esta obra, de tipo autobiográfico y llena de valiosa información acerca de los indígenas americanos, relata las peripecias del autor al recorrer por unos diez años (1544–1555) el territorio que va desde el golfo de México hasta el de California.

Cronista de singular relieve es el Padre Fray Bartolomé de las Casas. Autor de la *Historia de las Indias* (1527) y de la *Brevísima relación de la destrucción de las Indias* (1552), las Casas planteó varios de los graves problemas que enfrentaron los españoles al colonizar el Nuevo Mundo. Desafortunadamente sus palabras en defensa del indígena, inspiradas por la pasión y el celo cristiano, acabaron por engendrar una mala reputación para el conquistador español. Esto eventualmente dio origen a la consabida «leyenda negra», según la cual la crueldad y la codicia de los conquistadores habían ocasionado la exterminación de los indios del Caribe. De mayor trascendencia para el estudioso o investigador actual resultan los *Comentarios reales* (1609) del Inca Garcilaso de la Vega. En esta obra el arte ensayístico produce una visión más real que fantástica del indígena
—los incas—y de su pintoresca civilización.

EL ENSAYO ESPAÑOL E HISPANOAMERICANO DEL BARROCO

La figura cumbre de la prosa filosófica y didáctica del Barroco hispánico es Baltasar Gracián. Su obra maestra dentro del género ensayístico es *Agudeza y arte de ingenio* (1642), tratado en el que el autor expone sus ideas sobre las técnicas estilísticas a seguir en la época.

Entre lo mejor de la ensayística barroca de Hispanoamérica hay que señalar, por su singularidad, la *Respuesta a Sor Filotea de la Cruz* (1691) de Sor Juana Inés de la Cruz. La importancia de este escrito radica en la multitud de detalles biográficos y en la genial prosa conceptista a través de la cual la monja mexicana defiende sus derechos de mujer y de intelectual.

LAS DOS VERTIENTES DEL ENSAYO EN EL SIGLO DE LAS LUCES

Según se observó previamente, el espíritu racionalista de la Ilustración creó en Europa una nueva mentalidad que renovó las ciencias y desarrolló el pensamiento crítico. Con eso, se comenzó a desconfiar seriamente de todas las instituciones tradicionales: las sociales, las políticas, las religiosas, etcétera. Según era de esperarse, la postura de los «iluminados» (*the «enlightened»*)—los proponentes de la Ilustración—produce en Europa y en América el florecimiento de obras con fin docente o didáctico. El escrito ensayístico es la modalidad literaria más usada por ellos y se desarrolla de acuerdo con sus dos ramas—el ensayo desapasionado, impersonal y objetivo y el ensayo informal, intimista y subjetivo.

EL ENSAYO IMPERSONAL Y OBJETIVO EN LA PENINSULA

En España este tipo de escrito es ejemplificado por la *Poética* (1733) de Ignacio Luzán, obra didáctica que se limita a exponer una serie de normas basadas en la tradición clásica de Aristóteles y Horacio. Según Luzán, sólo la vuelta a los preceptos clásicos podía salvar el arte literario de los excesos del Barroco.

En esta misma categoría de ensayo hay que incluir el importante *Teatro crítico universal* (1726–1739) del monje benedictino Benito Jerónimo Feijoo. En este libro controvertido, Feijoo se sirve de su gran erudición para denunciar las supersticiones, prejuicios e ignorancia de sus compatriotas, exhortándolos a combatir dichos males con la razón y la experiencia.

EL ENSAYO PENINSULAR DE TIPO PERSONAL E INFORMAL

Esta categoría es representada en la España del siglo XVIII por la prosa *epistolar*, o sea, por escritos compuestos en forma de correspondencia. La ensayística española epistolar cuenta con las *Cartas eruditas* (1742–1760) de Feijoo y las

Cartas marruecas (1789) de José Cadalso. En sus *Cartas eruditas* Feijoo se defiende apasionadamente de la polémica de sus enemigos, tanto con razonamientos puramente objetivos como con argumentos emotivos. Por otro lado, Cadalso emplea personajes ficticios—dos africanos y un español—para debatir y criticar, a través de las cartas que se intercambian entre los tres, las condiciones políticas y sociales del país.

LA ENSAYISTICA HISPANOAMERICANA DURANTE EL SIGLO XVIII

Guiado por el espíritu crítico de la Ilustración que ya había motivado en Europa la Revolución Francesa y la reivindicación de los derechos humanos, el hispanoamericano cuestiona su propia condición de ente subordinado a la voluntad de la madre patria con sus instituciones obsoletas y dañinas. Dos escritos ilustran el descontento general y las ideas revolucionarias de las colonias. Trátase de *Apología y relación de su vida* (1817), obra autobiográfica de carácter picaresco del mexicano Fray Servando Teresa de Mier, y «Carta de Jamaica» (1815) del venezolano Simón Bolívar. Este último ensayo es particularmente significativo por su valor histórico y por la figura misma de su autor. A saber, el héroe de la independencia de las colonias—«el Libertador de América»—traza los antecedentes de la guerra, ofreciendo a la postre su visión de un futuro político para el continente: el sueño dorado de una confederación latinoamericana.

Un lugar especial le corresponde a Andrés Bello, humanista venezolano considerado como el padre de la independencia política y cultural de la América Hispana. Su contribución a la ensayística incluye numerosos artículos y tratados sobre leyes, política, filosofía, historia, literatura y lenguaje (*Gramática de la lengua castellana,* 1835). Uno de sus ensayos más famosos por su valor profético, es «La independencia cultural de América», publicado como muchos otros en el prestigioso periódico chileno *El Arauco.*

EL COSTUMBRISMO, LARRA Y EL ENSAYO ROMANTICO EN ESPAÑA

A principios del siglo XIX el género ensayístico español produce el Costumbrismo. Este término se aplica a la tendencia de un grupo de escritores de presentar cuadros de la vida y de las costumbres de la época. Los mayores representantes de la corriente costumbrista son Ramón de Mesonero Romanos (*Escenas matritenses,* 1832–1842), Serafín Estébanez Calderón (*Escenas andaluzas,* 1847) y Mariano José de Larra (*Artículos de costumbres,* 1832–1837).

Larra, el periodista más destacado de su tiempo, es también el más singular de los *costumbristas.* De hecho, en contraste con Mesonero Romanos que retrata de una manera pintoresca la vida madrileña y con Estébanez Calderón, cuyo mérito se debe especialmente a los artículos donde capta con colorido y nostalgia el folklore de Andalucía, Larra penetra en la mente y en el alma de sus compatriotas para buscar las raíces de la crisis social y política del país. Artículos como «El castellano viejo» (*Artículos de costumbres*) muestran el carácter romántico—inconformista y temperamental—del autor, así como la punzante ironía que ejemplifica su sátira.

EL ENSAYO DEL ROMANTICISMO HISPANOAMERICANO

Si en España el Romanticismo de Larra encuentra en la forma del *artículo de costumbres* un vehículo ideal para manifestar el descontento personal ante la vida—el llamado «mal del siglo»—en Hispanoamérica el movimiento romántico logra mucho más. Proporciona a un gran número de pensadores la ocasión ideal de difundir, a través de la polémica literaria, sus ideas respecto a los complejos problemas de todo un continente en estado de formación y en busca de una identidad propia.

SARMIENTO Y LA PROBLEMATICA DE LA DOBLE HERENCIA

Entre los ensayistas más significativos de la primera mitad del siglo XIX se destaca la figura del argentino Domingo Faustino Sarmiento, autor del célebre y singular *Facundo o Civilización y barbarie* (1845). Parte ensayo geográfico-político-histórico-sociológico, parte biografía estilizada del despótico *caudillo* argentino Juan Facundo Quiroga, el libro de Sarmiento plantea una tesis todavía válida. Esta enfoca el conflicto del habitante del Nuevo Mundo hispánico dividido entre su doble herencia, la nativa o americana, y la ancestral o europea. Al parecer de Sarmiento, dicho dilema se debía resolver combatiendo la naturaleza salvaje, simbolizada por la pampa—la inmensa llanura desierta de Suramérica—y asimilando los mejores elementos culturales extranjeros.

LOS SEGUIDORES DE SARMIENTO Y EL ENSAYO PATRIOTICO DE MARTI

Toda una serie de ensayistas, encabezada por el ecuatoriano Juan Montalvo (*Siete tratados,* 1882), sigue las huellas de Sarmiento y lucha por los derechos del hombre hispanoamericano violados por un creciente número de caudillos. A esta misma vertiente pertenecen aquellos escritores que temen la tiranía de las superpotencias extranjeras. Portavoces imponentes de esta postura son el portorriqueño Eugenio María de Hostos (*Moral social,* 1888) y el cubano José Martí.

EL ENSAYO MARTIANO Y EL PRE-MODERNISMO

Igual que Hostos, Martí quiere independizarse de España pero teme la posible intervención y subsecuente dominación política y cultural de los Estados Unidos—el llamado «Coloso del Norte». Dichas inquietudes están puestas de manifiesto, con la lógica pasional del romántico y con el fervor del patriota, en sus discursos «Nuestra América» (1891) y «Mi raza» (1893). Ambos escritos resultan eminentemente persuasivos gracias a la profundidad de sus ideas y a la extraordinaria riqueza de imágenes—rasgos que anuncian la nueva prosa modernista. El cosmopolitismo de Martí, es decir, su temática universal, destinada a caracterizar la primera fase del Modernismo, se hace patente en la preocupación del ensayista por defender no sólo la libertad de su patria, sino los inalienables derechos de todo ser humano.

EL ENSAYO AMERICANO FINISECULAR Y LA LITERATURA «REACCIONARIA»

Uno de los fenómenos más trascendentes de la literatura hispanoamericana de fines del siglo XIX es la aparición de obras que proponen soluciones drásticas a los antiguos y graves problemas políticos y sociales de las distintas repúblicas. La figura cumbre del ensayo hispanoamericano de la época es el peruano Manuel González Prada (p. 346) considerado como el precursor de los movimientos reaccionarios de tipo socialista o marxista. En *Pájinas libres* (1894) y *Horas de lucha* (1908), escritos caracterizados por una prosa combativa, directa—convincente—resalta la defensa de los valores locales. Estos son: el indio, según se podrá apreciar en «La educación del indio» (p. 346) y la juventud americana. En cambio, valiéndose, entre otros recursos, de lemas o *slogans* acuñados por él mismo («Los viejos a la tumba, los jóvenes a la obra»), González Prada ataca con audacia y violencia las instituciones «arcaicas» de su país—la Iglesia y las clases conservadoras gobernantes que se derivan del sistema colonial español.

LA PRODUCCION ENSAYISTICA DE LA GENERACION DEL 98

Era lógico que un movimiento dedicado a debatir los temas más polémicos de la época, como lo fue el llamado Generación del 98, diera máxima importancia al ensayo. Angel Ganivet, posiblemente el precursor más destacado de dicho movimiento, demuestra la eficacia de la modalidad ensayística en su obra maestra *Idearium español* (1897). En lo que constituye un excelente ejemplo de presentación *expositiva* y *argumentativa*, el autor examina, ya con profundidad y cuidadosa organización, ya con agudeza verbal, la tradición histórica y cultural de España. Al final, Ganivet propone la modernización del país, conservando intacto, frente al influjo extranjero, el carácter distintivo de su raza.

Del sentimiento trágico de la vida (1913) es uno de los ensayos filosóficos más importantes de la literatura española y la obra más famosa de Miguel de Unamuno, figura cumbre de la Generación del 98. La tesis central del libro es el conflicto entre la razón y el deseo de ser inmortal. Según Unamuno, la voluntad debe ayudar al hombre a luchar contra la lógica para ser feliz, lo que implica creer en Dios y en la vida eterna. Esta actitud filosófica se percibe también en otras de sus obras no ensayísticas, sobre todo en la novela *San Manuel Bueno, mártir* (1933) (p. 74).

Otra gran figura del ensayo de la Generación del 98 es José Martínez Ruiz («Azorín»). Al igual que otros miembros de la Generación, Azorín aboga por modernizar a España e integrarla al resto de Europa, valorando más que nunca la belleza del país y lo mejor del pasado nacional. Sin embargo, rechaza las consideraciones de orden religioso o metafísico, tan caras a la tradición católica, y anima a sus compatriotas a adoptar, en su lugar, una moral basada en la sensibilidad individual. Por lo tanto, para rescatar a su país, la nueva generación de españoles deberá practicar la bondad, la comprensión y la tolerancia. Estas son esencialmente las ideas que expresan, con la sensibilidad del poeta, *Los pueblos* (1905), *La ruta de Don Quijote* (1905), *Castilla* (1912) y *Al margen de los clásicos* (1915).

MENENDEZ Y PELAYO Y LA MODERNA ERUDICION EN ESPAÑA

Figura de suma importancia en la ensayística peninsular es Marcelino Menéndez y Pelayo (1856–1912). Hombre de prodigiosa erudición y de inmensa capacidad de trabajo, logró conciliar armoniosamente el amor por la tradición histórica y cultural de España y el pensamiento moderno europeo. Resaltan en su obra *Historia de las ideas estéticas en España* (1882), *Estudios de crítica literaria* (1884–1908), *Antología de poetas líricos* (1890–1908) y *Orígenes de la novela* (1905–1910).

EL ENSAYO FRENTE A LA AMENAZA DEL «COLOSO DEL NORTE»

A raíz de la Guerra Hispanoamericana de 1898, se realizan las más temidas profecías de pensadores como Hostos y Martí. Efectivamente, después de derrotar a España, los Estados Unidos invaden a Cuba y anexan a Puerto Rico y a las Islas Filipinas. A continuación, gracias a una serie de tratados y concesiones realizados con el apoyo de las pequeñas oligarquías gobernantes, los «yanquis» establecen su predominio económico y político en la América Central, Suramérica y México. Ante estos sucesos surge un sentimiento de solidaridad entre los países hispanoamericanos y se busca un denominador común que los aúne espiritualmente contra la amenaza estadounidense.

RODO Y VASCONCELOS: «ARIELISMO» E «INDOLOGIA»

Dos ensayos responden con gran resonancia a las exigencias del momento: *Ariel* (1900) del uruguayo José Enrique Rodó y *La raza cósmica* (1925) del mexicano José Vasconcelos. La obra de Rodó ejemplifica el ensayo modernista por la feliz combinación de cultura, sensibilidad, elegancia de expresión y agudeza de pensamiento. La tesis de *Ariel* sostiene que la raza sajona, representada por los yanquis, dio al mundo el sentido de *libertad,* mientras que la civilización grecorromana, heredada de España, produjo la *cultura.* Ariel—personaje que simboliza aquí, como en el drama *The Tempest* de Shakespeare, la parte espiritual del ser humano—propone como solución al dilema de la identidad del hispanoamericano la reconciliación de los valores europeos y americanos. Según el «arielismo» de Rodó, dichos valores—el anhelo de libertad y la valoración de la cultura clásica—han sido perjudicados por el materialismo de los Estados Unidos («Calibán») y por la falta de orden en Hispanoamérica.

El postmodernista Vasconcelos, por otra parte, pone toda su confianza en el desarrollo de un nuevo tipo de gente. Se trataría de una «quinta raza»—impura, totalmente *mestiza,* al estilo de aquélla creada en el Brasil («indología»). La misión histórica de esta raza global o «cósmica» sería crear una estirpe más fuerte que la de sangre pura—gente capaz de enfrentarse a la estirpe sajona y desafiarla.

En esta misma clase de ensayo que busca una solución, a la vez humanística y americana, al dilema de un continente en proceso de autodefinición, destacan el dominicano Pedro Henríquez Ureña (*Seis ensayos en busca de nuestra expresión,* 1928) y el mexicano Alfonos Reyes. Este último es tal vez la figura sobresaliente de la ensayística hispánica del siglo XX. Su fama se debe por una parte a la alta calidad estilística de su prosa y por otra al hecho de que sus ensayos comprenden todas las categorías del género. En realidad, Reyes combina magistralmente, en las obras más variadas, los temas nacionales con los universales y la erudición con la meditación poética. Esto se nota en su visión evocativa del paisaje mexicano (*Visión de Anáhac,* 1917) así como en su detenido tratado de teoría literaria (*El deslinde,* 1944). El genio y la versatilidad de Reyes se perfilan asimismo en sus consideraciones históricas y filosóficas en torno al fenómeno que es América (*Ultima Tule,* 1942), y en sus divagaciones líricas en obras como *El cazador* (1921).

MARIATEGUI Y EL ENSAYO AMERICANO COMPROMETIDO DE CUÑO MARXISTA

Durante la década de los años veinte, tras la Revolución Soviética (1917), los intelectuales de Hispanoamérica se unen a los europeos para buscar una solución radical a los problemas políticos, económicos y sociales de la época. El artista siente más que nunca la urgencia de poner su obra al servicio de una causa. En consecuencia, el ensayo se presenta de nuevo como el género más apropiado para exaltar los ánimos y promover cambios drásticos e inmediatos en las anticuadas pero poderosas instituciones nacionales. Las ideas revolucionarias del marxismo leninista que prometía una sociedad homogénea y progresiva (ver Apéndice 3) seducen fácilmente a una América Latina en manos de una pequeña minoría de ricos terratenientes y de prepotentes caudillos.

Entre los que más entusiásticamente asimilaron las ideas reaccionarias europeas se encuentra José Carlos Mariátegui. Fundador del partido socialista peruano, Mariátegui es uno de los primeros y más distinguidos escritores comprometidos de la América Hispana. *Siete ensayos de interpretación de la realidad peruana* (1927), su obra maestra, continúa la tradición de González Prada, en el sentido de que representa la defensa del indio y de la cultura autóctona o nativa. La tesis del libro que tanto influyó en la formación y divulgación del pensamiento revolucionario de tipo marxista en Hispanoamérica, sostiene que el indígena perdió su identidad cuando los conquistadores españoles le quitaron una parte vital de su modo de ser: el sistema de gobierno «colectivista» o comunista.

ORTEGA Y GASSET: PROFETA Y DEFENSOR DEL INDIVIDUALISMO

España produce en José Ortega y Gasset a uno de los grandes pensadores del siglo XX. Su fama internacional se debe en gran parte a obras como *El tema de nuestro tiempo* (1923). En ella, Ortega rechaza la teoría según la cual hay una lógica pura que lleva a todos los seres humanos a ver la realidad del mismo modo o desde el mismo ángulo. Por el contrario, afirma la tesis del libro, cada individuo es guiado por una lógica personal que el autor llama «razón vital».

De tal teoría este filósofo español deriva que dos personas verán la misma cosa desde una perspectiva distinta—desde un punto de vista determinado por sus circunstancias particulares. Dicha actitud individualista se perfila en otro de sus escritos de resonancia internacional: *La deshumanización del arte* (1925). En esta obra Ortega propone un arte de minorías que sea un juego de la imaginación y que no retrate la realidad humana de acuerdo con un criterio que todos acepten. La misma actitud multiperspectivista e inconformista ante la vida y ante el arte se refleja en otra obra suya de considerable impacto, *La rebelión de las masas* (1930). Ortega critica en este libro la cultura burguesa por ser utilitaria y, de ahí, mediocre.

EL ENSAYO ARGENTINO DE LOS AÑOS TREINTA: DESCONFIANZA Y «PARRICIDIO»

En Hispanoamérica, el optimismo «arielista» que había caracterizado al ensayo en las primeras dos décadas del siglo XX—optimismo fundado en la tradición hispánica y en las soluciones culturales que ésta ofrecía a los pueblos americanos—cede el paso a una nueva actitud. El hispanoamericano se vuelve escéptico, es decir, deja de confiar en dicha tradición. Surge entonces toda una nueva generación de pensadores—los llamados «parricidas»—que rechaza el pasado ancestral y que mira con recelo hacia un futuro incierto. Sus obras se distinguen por su carácter meditativo, crítico y por una temática marcadamente existencialista. Esta gira en torno a la angustia del hombre moderno, víctima de un progreso material que le ha quitado su identidad y todo sentido de dirección. La producción ensayística más representativa de la época es la de la Argentina y resalta por cierta constante fundamental: la negación de la «versión oficial» o española de la historia de Latinoamérica. A saber, el autor identifica su propia vida y sus inquietudes espirituales con la historia infeliz de su país para luego determinar los males que afligen a su sociedad y a su cultura. Los representantes más lúcidos de esta tendencia son Ezequiel Martínez Estrada, *Radiografía de la pampa* (1933); *La cabeza de Goliat* (1940), Eduardo Mallea, *Historia de una pasión argentina* (1932); *La guerra interior* (1963), Victoria Ocampo, *Testimonios* (1935–1977), Ernesto Sábato, *La cultura en la encrucijada nacional* (1976) y Jorge Luis Borges. En esta misma vertiente se inscribe el peruano Sebastián Salazar Bondy. Su obra más notable, *Lima la horrible* (1964), representa, al estilo del «parricidio» argentino, la denuncia del ambiente socio-político de la capital peruana, ambiente en el que persiste la mentalidad devastadora de la época colonial.

BORGES Y LA DESMITIFICACION DE LA REALIDAD

Un lugar de relieve le corresponde a Jorge Luis Borges. Su bien merecida fama internacional se debe sea a la singularidad de su visión del mundo sea a la forma genial—una especie de juego intelectual—con la que expresa dicha visión. Borges opina que la realidad material no tiene ninguna importancia: la vida es un espejo en el que se reflejan hasta lo infinito las imágenes de los seres y de las cosas. Por consiguiente, los hombres y sus acciones son apenas la repetición de otros hombres y de otras acciones. En cambio, sostiene la tesis fundamental borgiana, la única realidad tangible es la verdad inventada por la fantasía humana.

De acuerdo con este principio, el autor crea en obras como *Otras inquisiciones* (1952), *Historia de la eternidad* (1953) y en *El hacedor* (1960) un nuevo tipo de escrito, parte relato o ficción, parte ensayo. El valor literario de los ensayos borgianos consiste en su eminente capacidad de falsificar la historia, las ciencias, las matemáticas y las demás convenciones humanas—incluso la propia estructura del escrito ensayístico. De hecho, Borges inventa en sus ensayos una realidad autónoma que convierte lo imposible en algo verosímil y, por eso mismo, creíble.

EL ENSAYO COMO RECONSTRUCCION MITICA DE LA HISTORIA

Una tendencia parecida a la de Borges, en el sentido de que el ensayo se aleja de la forma doctrinaria para convertirse en una visión poética de la historia, la constituyen los escritos del colombiano Germán Arciniegas (*América mágica,* 1961; *El continente de siete colores,* 1965) y los del venezolano Arturo Uslar Pietri (*Las nubes,* 1956; *En busca del nuevo mundo,* 1969).

OCTAVIO PAZ: SINTESIS DEL MODERNO ENSAYO HISPANICO

De singular mérito, por su extenso número y por su gran versatilidad, son los ensayos del mexicano Octavio Paz (p. 187). Ellos cubren con asombrosa originalidad temas que van desde el lenguaje y la teoría poética hasta la antropología, la cultura hindú (*El mono gramático,* 1974), la pintura, la crítica literaria y la biografía (*Sor Juana Inés de la Cruz o Las trampas de la fe,* 1982).

Dos de sus obras más representativas, *El laberinto de la soledad* (1950) y *El arco y la lira* (1956), proponen que el individuo vive alienado de sus semejantes y en constante lucha con ellos desde que la filosofía y la historia dictaron su conducta y trazaron su camino. Por lo tanto, deduce Paz, le toca ahora al poeta reemplazar al filósofo y al historiador en interpretar y revitalizar los mitos de la antigüedad. Esto hará posible que el ser humano reconstruya su pasado, redescubra el amor y recupere su identidad cultural e individual.

A raíz de eventos históricos como el lamentablemente célebre movimiento estudiantil mexicano y la masacre de Tlalteloco (1968), y ante la contundente crisis del comunismo soviético, Paz asume el papel de analista y polemista histórico-político. El resultado son tres ensayos de gran trascendencia. En los primeros dos, *Posdata* (1970) y *El ogro filantrópico* (1979), Paz descifra y critica la historia de México, denunciando severamente los «errores y horrores» cometidos por el gobierno en los últimos años. Para evitar la repetición de dichos fallos y sanar a México, Paz propone una solución drástica. Cada mexicano debe hacerse un examen de conciencia y cuestionar seriamente todos los mitos e ídolos en los que antes había confiado a ciegas. Izquierdista por largos años, Paz admite finalmente en *Pequeñas crónicas de grandes países* (1990) los defectos del totalitarismo ruso y los identifica con sus propias debilidades humanas, de las cuales, sin embargo, no se arrepiente.

EL ENSAYO FORMAL Y LA BUSQUEDA DE UNA IDENTIDAD LITERARIA

El mismo afán del hispanoamericano por identificar sus raíces humanas y culturales, que se manifiesta en el ensayo personal o informal, afecta también la ensayística formal de tipo docente. En realidad, aparece en el Nuevo Mundo hispánico un gran número de críticos, los cuales, guiados por un profundo conocimiento de la literatura universal y de las nuevas teorías literarias europeas y norteamericanas, emprenden el estudio analítico de las letras de su propio continente. Su intención fundamental es buscar los valores intrínsecos de las mismas. Entre los mayores representantes de la crítica literaria de los últimos cincuenta años, se podría señalar al peruano Luis Alberto Sánchez, al chileno Arturo Torres Rioseco, al uruguayo Emir Rodríguez Monegal, a los argentinos Ernesto Sábato, Raimundo Lida y Enrique Anderson Imbert, a los cubanos José Arrom, Raimundo Lazo y Alejo Carpentier y a los mexicanos Carlos Fuentes, Ramón Xirau, Luis Leal y Octavio Paz.

Otra tendencia del ensayo de tipo interpretativo es aquélla que, adoptando posturas psicológicas e ideológicas—particularmente la marxista—intenta: (1) trazar la evolución temática de la literatura hispanoamericana, (2) identificar sus constantes y (3) definir su carácter. A esta categoría pertenecen dos obras muy significativas, ambas de autores chilenos. Trátase de *Imaginación y violencia en América* (1970) de Ariel Dorfman y *Literatura y revolución* (1971) de Fernando Alegría. En la primera, Dorfman plantea la tesis de que los temas más frecuentes en las letras de la América española son la violencia y la muerte—elementos relacionados con la historia del continente y con las obsesiones del pueblo mismo. Alegría, en cambio, sostiene en su libro que la actividad literaria representa en sí misma un acto, que dado las ideas y la estructura lingüística de la obra literaria en Hispanoamérica, es una acción revolucionaria que revela el papel comprometido del autor.

LA ENSAYISTICA ESPAÑOLA DE LA POSGUERRA CIVIL

En España, después de la Guerra Civil, el ensayo sigue dos caminos. Por una parte, surge un grupo de escritores que busca en el pasado cultural una respuesta a las preguntas que plantea el futuro del país. Por otro lado hay quien intenta integrar la tradición católica nativa con las varias corrientes vigentes en los demás países de Europa. En esta segunda vertiente conciliadora se inscriben figuras como Pedro Laín Entralgo (*La generación del 98,* 1945; *Teoría y realidad del otro,* 1961), Julián Marías (*Miguel de Unamuno,* 1942; *Ortega, circunstancia y vocación,* 1960; *Los españoles,* 1962), José Ferrater Mora (*El hombre en la encrucijada,* 1952; *La filosofía en el mundo de hoy,* 1959), y María Zambrano (*Pensamiento y poesía en la vida española,* 1945). Son dignos de mención por su labor en el campo de la crítica e historia literaria: Dámaso Alonso, Carlos Bousoño, José María Castellet, Eugenio de Nora, Gonzalo Torrente Ballester, Juan Marichal y Fernando Savater.

LA ACTUALIDAD: INDIVIDUALISMO Y REIVINDICACION

Las más recientes promociones ensayísticas de Hispanoamérica muestran a un escritor más consciente que nunca de sus responsabilidades de ciudadano y de activista. Sin embargo, lo que salta a la vista en sus obras no son tanto sus convicciones políticas, sociales y personales—el marxismo, el feminismo y el individualismo—como lo es la singularidad de su estilo en el que se ha notado la frecuente presencia de la ironía, de la sátira y de los temas más variados e ingeniosos. Dentro de esta categoría sobresalen, en la Argentina, Julio Cortázar (p. 51), con su proverbial visión heterodoxa—desacostumbrada—e irreverente de la realidad (*Vuelta al día en ochenta mundos,* 1967) y el controvertible Héctor Libertella (*¡Cavernícolas!,* 1985). Importante también es el papel de feministas e iconoclastas mexicanos como Rosario Castellanos (*Mujer que sabe latín,* 1973), Gabriel Zaid (*Cómo leer en bicicleta,* 1975), Carlos Monsiváis (*A ustedes les consta,* 1980) y Elena Poniatowska (p. 72) (*La noche de Tlatelolco-Testimonios,* 1971; *Fuerte es el silencio,* 1980). De gran valor etnográfico, lingüístico y antropológico son los ensayos de la cubana Lydia Cabrera. Entre sus obras más recientes figuran *Francisco y Francisca: chascarrillos de negros viejos* (1976), obra humorística llena de anécdotas, a veces un poco verdes, que sin embargo revelan el carácter del cubano. La importancia de *Vocabulario Congo. El Bantú que se habla en Cuba* (1984) y de otros trabajos semejantes de la autora consiste en la valiosísima recopilación de vocabulario transmitido oralmente—vocabulario esencial para entender aquellos dialectos africanos hablados todavía por ciertos sectores de la población.

En la antología de este libro se ha incluido a una de las figuras más recientes y distinguidas del feminismo literario, la puertorriqueña Rosario Ferré. El ensayo «La autencidad de la mujer en el arte» (*Sitio a Eros,* 1980) que aquí se reproduce examina los enormes obstáculos que toda escritora sigue confrontando a causa del hecho de ser mujer. Al final, la obra propone algunas soluciones posibles destinadas a rescatar a través de su creación artística a la propia mujer.

PRACTICA

Cuestionario

1. ¿De dónde proviene la palabra «ensayo» y qué quiere decir literalmente? ¿A quién se atribuye el término?
2. En oposición a los otros géneros literarios, ¿qué tipo de composición es una obra ensayística? ¿Con qué fin o propósito se creó originalmente?
3. ¿Qué diferencia hay entre el ensayo «personal» y el «impersonal»? ¿Qué tipos de escritos pertenecen a la primera categoría y cuáles a la segunda?
4. ¿Qué importancia histórica tiene para España y para Europa el *Arte de la lengua castellana* de Antonio de Nebrija? ¿En qué sentido se puede decir que esta obra establece un precedente de gran relieve no sólo para su época sino también para nuestros días?
5. ¿Por qué razones constituye la «crónica de Indias» un fenómeno literario novedoso, del cual puede justamente jactarse la cultura hispánica? ¿Cuál es el modelo original del género? ¿Quién es su autor?

6. ¿Qué lugar ocupa en la historia literaria y social de Hispanoamérica la «Respuesta a Sor Filotea de la Cruz» de Sor Juana Inés de la Cruz?

7. ¿A qué categorías de ensayo pertenecen el *Teatro crítico universal* de Benito Jerónimo Feijoo y las *Cartas marruecas* de José Cadalso? ¿Qué importancia tienen dichas obras dentro del espíritu de la época?

8. ¿Qué características hacen de los *Artículos de costumbres* un vehículo ideal para el romántico español? En este sentido, ¿de qué manera expresan los escritos costumbristas de Mariano José de Larra el llamado «mal del siglo»?

9. ¿Por qué tiene tanto éxito en Hispanoamérica el ensayo?

10. ¿Qué tesis plantea *Facundo* del argentino Domingo Faustino Sarmiento? ¿A qué se debe su importancia como obra ensayística?

11. ¿Qué inquietudes comparten los siguientes ensayistas: Juan Montalvo, Eugenio María de Hostos y José Martí? ¿Encuentra usted proféticos o injustificados sus recelos, a juzgar por los eventos políticos que se sucedieron?

12. ¿Qué ideas introduce en Hispanoamérica Manuel González Prada? ¿De qué manera refleja su prosa las ideas del autor, a juzgar por el contenido y el estilo de sus ensayos?

13. ¿Qué efecto produce en España y en el Nuevo Mundo la Guerra Hispano-americana de 1898 desde el punto de vista (a) político, (b) espiritual y (c) artístico? Por ejemplo, ¿cómo reaccionan y qué soluciones proponen escritores españoles como Angel Ganivet y José Martínez Ruiz («Azorín»)? Por otra parte, ¿qué tesis plantean y qué soluciones sugieren el mexicano José Vasconcelos y el uruguayo José Enrique Rodó?

14. Miguel de Unamuno y José Ortega y Gasset son los dos grandes pensadores de la Generación del 98. ¿Qué se entiende por «el sentimiento trágico de la vida» de Unamuno, y por «la razón vital» de Ortega y Gasset? ¿En qué obras ensayísticas introducen dichas tesis y de qué manera reflejan estas dos teorías el espíritu renovador de la Generación?

15. En Hispanoamérica, ¿qué actitud prevalece entre los pensadores de los años treinta, en oposición a la visión del mundo de sus contrafiguras de las dos primeras décadas del siglo XX? ¿Qué constante fundamental exhibe, como escritor argentino, la obra ensayística de Ezequiel Martínez Estrada?

16. ¿Qué teoría sostiene la tesis fundamental de Jorge Luis Borges? ¿En qué consiste el valor literario de sus ensayos?

17. ¿Qué características del ensayo de Germán Arciniegas, Octavio Paz y Arturo Uslar Pietri muestran la influencia *mágico-realista* derivada de la obra narrativa del escritor venezolano? O sea, ¿qué postura adopta cada ensayista frente a la historia y con respecto al papel que desempeña el ser humano dentro de ella?

18. ¿Qué influencia tiene, en la evolución del ensayo español, la Guerra Civil (1936–39)? Mencione dos o tres exponentes de esa generación.

19. ¿Qué tendencias conceptuales (ideológicas, filosóficas, sociales, etcétera) y artísticas (temáticas, estilísticas y estructurales) resaltan en las dos vertientes del ensayo hispanoamericano contemporáneo, según lo demuestran los escritos de Rosario Castellanos, Julio Cortázar, Fernando Alegría y Ariel Dorfman? ¿En qué sentido se puede decir que el suyo es un ensayo «comprometido»?

20. ¿Qué influencia han ejercido en el ensayo de la América española la reciente caída del comunismo soviético y el fin de la «Guerra Fría»? En vista de los recientes acontecimientos mundiales de tipo político y social, ¿qué formas adoptará y qué causas abrazará, a su parecer, el nuevo ensayo hispánico?

Identificaciones

1. Francis Bacon
2. retórica
3. *Las siete partidas*
4. Juan de Valdés
5. *De los nombres de Cristo*
6. la «Carta de Jamaica»
7. *Escenas andaluzas*
8. Ramón de Mesonero Romanos
9. Juan Facundo Quiroga
10. «Los viejos a la tumba, los jóvenes a la obra»
11. 1898
12. Pedro Henríquez Ureña
13. *Siete ensayos de interpretación de la realidad peruana*
14. *La deshumanización del arte*
15. *El laberinto de la soledad*

EL ENSAYO: GUIA GENERAL PARA EL LECTOR

1. ¿Cuál es la forma del ensayo? ¿A qué época pertenece? ¿Cuál es el papel del ensayista en su obra?
2. ¿Cuáles son las tesis o premisas principales del ensayo? ¿Se presentan desde el principio dichas tesis? ¿Hay casos de premisas falsas, o sea, hay contradicciones intencionales a través del ensayo?
3. ¿Cuáles son las estrategias empleadas por el ensayista para intensificar las tesis? ¿Se nota énfasis en la persuasión? ¿De qué manera intenta el ensayista convencer al lector de la validez de su tesis?
4. ¿Cuál es el tono del ensayo?
5. ¿Cuáles son los elementos lingüísticos más significativos del ensayo? ¿De qué recursos de la lógica formal se sirve el ensayista para *razonar* con el lector? ¿Hay figuras retóricas y tropos?
6. ¿Refleja el ensayo un determinado *Zeitgeist?* ¿Tiene además una significación comprensiva o universal?
7. Si usted tuviera que escribir sobre el mismo tema, ¿usaría el mismo tipo de presentación o adoptaría otra forma del ensayo?

LECTURAS

MARIANO JOSE DE LARRA

Mariano José de Larra (1809–1837) nació y se suicidó en Madrid, ciudad que a veces retrató con fina observación e ironía, y a veces criticó con amargura. Su obra más significativa consiste en sus *escenas* y *artículos* sobre la vida y las costumbres de su época, que escribió para varios periódicos madrileños, la mayoría de ellos con el pseudónimo de «Fígaro». Larra es considerado un escritor *costumbrista*, y es la figura más representativa de las primeras décadas del siglo XIX, lo que ponen de manifiesto su temperamento romántico y su visión crítica de la vida española. Fue también dramaturgo (*Macías,* 1834) y novelista (*El doncel de don Enrique el doliente,* 1834) de importancia secundaria.

El castellano viejo[a]

Ya en mi edad pocas veces gusto de alterar[1] el orden que en mi manera de vivir tengo hace tiempo establecido, y fundo esta repugnancia en que[2] no he abandonado mis lares[3] ni un solo día para quebrantar[4] mi sistema, sin que haya sucedido[5] el arrepentimiento más sincero al desvanecimiento[6] de mis engañadas esperanzas.

5   Un resto,[7] con todo eso, del antiguo ceremonial que en su trato[8] tenían adoptado nuestros padres, me obliga a aceptar a veces ciertos convites[9] a que parecería el negarse grosería[10] o, por lo menos, ridícula afectación de delicadeza.

Andábame días pasados[11] por esas calles a buscar materiales para mis artículos. Embebido[12] en mis pensamientos, me sorprendí varias veces a mí mismo
10   riendo como un pobre hombre de mis propias ideas y moviendo maquinalmente los labios; algún tropezón[13] me recordaba de cuando en cuando que para andar por el empedrado[14] de Madrid no es la mejor circunstancia la de ser poeta ni filósofo; más de una sonrisa maligna, más de un gesto de admiración de los que a mi lado pasaban, me hacía reflexionar que los soliloquios no se deben hacer en público;
15   y no pocos encontrones que al volver las esquinas di con quien[15] tan distraída y rápidamente como yo las doblaba,[16] me hicieron conocer que los distraídos no entran en el número de los cuerpos elásticos, y mucho menos de los seres gloriosos

1   gusto... me gusta cambiar
2   fundo... mi disgusto se debe a que
3   hogar
4   romper
5   seguido
6   pérdida
7   residuo
8   conducta social
9   invitaciones a comer
10   descortesía
11   días... hace algunos días
12   Absorto
13   (del verbo *tropezar* *to stumble*)
14   pavimento de piedra de una calle
15   di... choqué con una persona que
16   las... *turned them*

---

[a] El título, «*The Old-Fashioned Castilian*», alude a cierto tipo de español, superconservador, fiel a las antiguas costumbres del país.

e impasibles. En semejante situación de espíritu, ¿qué sensación no debería producirme una horrible palmada[b] que una gran mano, pegada (a lo que por entonces
20 entendí) a un grandísimo brazo, vino a descargar sobre uno de mis dos hombros, que por desgracia no tienen punto alguno de semejanza con los de Atlante[17]?

No queriendo dar a entender que desconocía este enérgico modo de anunciarse, ni desairar el agasajo de quien[c] sin duda había creído hacérmele más que mediano, dejándome torcido para todo el día, traté sólo de volverme por conocer
25 quién fuese[18] tan mi amigo para tratarme tan mal; pero mi castellano viejo es hombre que cuando está de gracias no se ha de dejar ninguna en el tintero.[d] ¿Cómo dirá el lector que siguió dándome pruebas de confianza y cariño? Echóme[19] las manos a los ojos, y sujetándome[20] por detrás: «¿Quién soy?», gritaba, alborozado[21] con el buen éxito de su delicada travesura.[22] «¿Quién soy?» «Un animal»,
30 iba a responderle; pero me acordé de repente de quién podría ser, y sustituyendo cantidades iguales:[23] «Braulio eres», le dije.

Al oírme, suelta sus manos,[24] ríe, se aprieta los ijares,[25] alborota la calle, y pónenos a entrambos en escena.[e]

—¡Bien, mi amigo! ¿Pues en qué me has conocido?
35 —¿Quién pudiera si no tú...?

—¿Has venido ya de tu Vizcaya[f]?

—No, Braulio, no he venido.

—Siempre el mismo genio. ¿Qué quieres?[g] —es la pregunta del español—. ¡Cuánto me alegro de que estés aquí! ¿Sabes que mañana son mis días[26]?
40 —Te los deseo muy felices.

—Déjate de cumplimientos[27] entre nosotros; ya sabes que yo soy franco y castellano viejo: el pan pan y el vino vino,[28] por consiguiente, exijo[29] de ti que no vayas a dármelos,[30] pero estás convidado.

—¿A qué?
45 —A comer conmigo.

—No es posible.

—No hay remedio.

—No puedo —insisto temblando.

—¿No puedes?
50 —Gracias.

—¿Gracias? Vete a paseo,[31] amigo, como no soy el duque de F., ni el conde de P.[h]

¿Quién se resiste a una sorpresa de esta especie? ¿Quién quiere parecer vano?

—No es eso, sino que...
55 —Pues si no es eso —me interrumpe—, te espero a las dos: en casa se come a la española:[i] temprano. Tengo mucha gente; tendremos al famoso X., que nos improvisará de lo lindo;[32] T. nos cantará de sobremesa[33] una rondeña[34] con su gracia natural, y por la noche J. cantará y tocará alguna cosilla.

---

[b] ¿qué... imagínese Ud. lo que sentí al recibir un horrible golpe dado con la palma de la mano
[c] ni... ni rechazar la muestra de afecto de la persona que
[d] cuando... *when he is in a joking mood, he doesn't know when to stop*
[e] pónenos... *makes a spectacle of both of us*
[f] provincia de España (El autor probablemente acaba de regresar de un viaje a esa provincia.)
[g] Siempre... Sigues siendo el mismo bromista. ¿No es cierto?
[h] como... no quieres aceptar mi invitación porque no soy aristócrata
[i] a... tradicional costumbre de tomar las principales comidas del día a mediodía y al anochecer

---

[17] *Atlas*
[18] era
[19] Me echó
[20] cogiéndome con fuerza
[21] *exhilarated*
[22] broma de mal gusto
[23] sustituyendo... *substituting one term for its equivalent (i.e., Braulio = animal)*
[24] suelta... *he lets go of me*
[25] se... *holds his sides*
[26] son... es mi cumpleaños
[27] Déjate... *No need to offer congratulations*
[28] pan... *I call a spade a spade*
[29] demando
[30] que... que no vengas a felicitarme si no quieres
[31] Vete... *Get out of here*
[32] de... maravillosamente
[33] de... después de la comida
[34] música popular de la ciudad de Ronda, Andalucía

Esto me consoló algún tanto, y fue preciso ceder; un día malo, dije para mí,
cualquiera lo pasa;[35] en este mundo para conservar amigos es preciso tener el
valor de aguantar sus obsequios.[36]

—No faltarás,[37] si no quieres que riñamos.[38]

—No faltaré —dije con voz exánime[39] y ánimo decaído, como el zorro[40] que
se revuelve inútilmente dentro de la trampa donde se ha dejado coger.

—Pues hasta mañana —y me dio un torniscón[41] por despedida.

Vile[42] marchar como el labrador ve alejarse la nube de su sembrado,[43] y quedéme discurriendo[44] cómo podían entenderse estas amistades tan hostiles y tan funestas.

Ya habrá conocido el lector, siendo tan perspicaz como yo le imagino, que mi
amigo Braulio está muy lejos de pertenecer a lo que se llama gran mundo y sociedad de buen tono;[45] pero no es tampoco un hombre de la clase inferior, puesto
que es un empleado de los de segundo orden[46] que reúne entre su sueldo[47] y su hacienda[48] cuarenta mil reales[j] de renta,[49] que tiene una cintita atada al ojal,[50] y una
crucecita a la sombra de la solapa;[k] que es persona, en fin, cuya clase, familia y
comodidades de ninguna manera se oponen a que tuviese una educación más escogida y modales más suaves e insinuantes. Mas la vanidad le ha sorprendido por
donde ha sorprendido casi siempre a toda o a la mayor parte de nuestra clase
media, y a toda nuestra clase baja. Es tal su patriotismo, que dará todas las lindezas del extranjero[51] por un dedo de su país. Esta ceguedad le hace adoptar todas
las responsabilidades de tan inconsiderado cariño; de paso que[52] defiende que no
hay vinos como los españoles, en lo cual bien puede tener razón, defiende que no
hay educación como la española, en lo cual bien pudiera no tenerla; a trueque de[53]
defender que el cielo de Madrid es purísimo, defenderá que nuestras manolas[54]
son las más encantadoras de todas las mujeres; es un hombre, en fin, que vive de
exclusivas,[55] a quien le sucede poco más o menos lo que a una parienta mía, que
se muere por las jorobas[56] sólo porque tuvo un querido[57] que llevaba una excrecencia[58] bastante visible sobre entrambos omoplatos.[59]

No hay que hablarle, pues, de estos usos sociales, de estos respetos mutuos, de
estas reticencias urbanas, de esa delicadeza de trato que establece entre los hombres una preciosa armonía, diciendo sólo lo que debe agradar y callando siempre
lo que puede ofender. El se muere por plantarle una fresca al lucero del alba,[l]
como suele decir, y cuando tiene un resentimiento, se lo espeta a uno cara a cara.[60]
Como tiene trocados todos los frenos, dice de los cumplimientos que ya se sabe lo
que quiere decir cumplo y miento;[m] llama a la urbanidad hipocresía, y a la decencia, monadas;[61] a toda cosa buena le aplica un mal apodo; el lenguaje de la finura
es para él poco más que griego: cree que toda la crianza[62] está reducida a decir
Dios guarde a ustedes al entrar en una sala, y añadir con permiso de usted cada
vez que se mueve; a preguntar a cada uno por toda su familia, y a despedirse de
todo el mundo; cosas todas que así se guardará él de olvidarlas como de tener
pacto con franceses.[n] En conclusión, hombres de estos que no saben levantarse

35	un... anybody, I said to myself, can get through one bad day
36	atenciones
37	No... You will make it
38	(del verbo **reñir**) disputemos
39	sumamente débil
40	fox
41	hard pinch
42	Le vi
43	sown land
44	pensando
45	gran... alta y refinada sociedad
46	de... de segunda clase
47	salario
48	estate
49	income
50	buttonhole
51	lindezas... cosas lindas de otras naciones
52	de... de modo que
53	a... en vez de
54	moza del pueblo bajo de Madrid
55	vive... goes from one extreme to the other
56	se... is crazy about humps
57	lover
58	growth
59	shoulder blades
60	se... se lo dice directamente
61	afectaciones ridículas
62	buena educación

---

[j] antigua moneda española equivalente a unos cinco centavos

[k] *lapel* (La cinta y la cruz indican que Braulio había sido condecorado por alguna orden menor de las muchas que había en España en aquel entonces.)

[l] plantarle... decirle la verdad más humillante al individuo más orgulloso

[m] Como... *Since he has thrown aside all restraints, he says that, as everyone knows, formalities are just what the word itself means: I fulfill my social obligations* (**cumplo**) *but I am not sincere about it* (**miento**).

[n] cosas... *all of which he would no more forget than he would a pact with the (treacherous) French*

para despedirse sino en corporación con alguno o algunos otros, que han de dejar humildemente debajo de una mesa su sombrero, que llaman *su cabeza,* y que cuando se hallan en sociedad, por desgracia, sin un socorrido bastón, darían cualquier cosa por no tener manos ni brazos, porque en realidad no saben dónde
105 ponerlos ni qué cosa se puede hacer con los brazos en una sociedad.

Llegaron las dos, y como yo conocía ya a mi Braulio, no me pareció conveniente acicalarme[63] demasiado para ir a comer; estoy seguro de que se hubiera picado:[64] no quise, sin embargo, excusar un frac[65] de color y un pañuelo blanco, cosa indispensable en un día de días y en semejantes casas. Vestíme sobre todo lo
110 más despacio que me fué posible, como se reconcilia al pie del suplicio el infeliz reo,[o] que quisiera tener cien pecados más cometidos que contar para ganar tiempo; era citado[66] a las dos, y entré en la sala a las dos y media.

No quiero hablar de las infinitas visitas[67] ceremoniosas que antes de la hora de comer entraron y salieron en aquella casa, entre las cuales no eran de despreciar[68]
115 todos los empleados de su oficina, con sus señoras y sus niños, y sus capas, y sus paraguas, y sus chanclos,[69] y sus perritos; déjome en blanco[70] los necios cumplimientos que dijeron al señor de los días; no hablo del inmenso círculo con que guarnecía[71] la sala el concurso[72] de tantas personas heterogéneas, que hablaron de que el tiempo iba a mudar y de que en invierno suele hacer más frío que en verano.
120 Vengamos al caso: dieron las cuatro, y nos hallamos solos los convidados.[73] Desgraciadamente para mí, el señor de X., que debía divertirnos tanto, gran conocedor de esta clase de convites, había tenido la habilidad de ponerse malo aquella mañana; el famoso T. se hallaba oportunamente comprometido para otro convite; y la señorita que tan bien había de cantar y tocar estaba ronca[74] en tal disposición,
125 que se asombraba ella misma de que se le entendiese una sola palabra,[p] y tenía un panadizo[75] en un dedo. ¡Cuántas esperanzas desvanecidas[76]!

—Supuesto que estamos los que hemos de comer —exclamó don Braulio—, vamos a la mesa, querida mía.

—Espera un momento —le contestó su esposa casi al oído—; con tanta visita
130 yo he faltado algunos momentos de allá dentro, y...

—Bien, pero mira que son las cuatro...

—Al instante comeremos.

Las cinco eran cuando nos sentábamos a la mesa.

—Señores —dijo el anfitrión[q] al vernos titubear[77] en nuestras respectivas colo-
135 caciones[78]—, exijo la mayor franqueza; en mi casa no se usan cumplimientos. ¡Ah, Fígaro!, quiero que estés con toda comodidad; eres poeta, y además estos señores, que saben nuestras íntimas relaciones, no se ofenderán si te prefiero; quítate el frac, no sea que le manches.[79]

—¿Qué tengo de manchar?[80] —le respondí, mordiéndome los labios.
140 —No importa; te daré una chaqueta mía; siento que no haya para todos.

—No hay necesidad.

—¡Oh, sí, sí! ¡Mi chaqueta! Toma, mírala; un poco ancha te vendrá.[81]

—Pero, Braulio...

—No hay remedio; no te andes con etiquetas.[82]

---

[o] como... despacio, como se confiesa un pobre condenado a muerte antes de ser ejecutado
[p] que... que se le pudiera comprender una sola palabra de lo que decía
[q] persona que tiene convidados a su mesa (*host*). Larra usa aquí la palabra irónicamente.

63 vestirme con elegancia
64 ofendido
65 excusar... dejar de ponerme un frac [*tails (coat)*]
66 era... tenía que ir
67 visitantes
68 no... no eran pocos
69 zapatos de goma para protegerse de la lluvia
70 déjome... *I won't go into; I won't even mention*
71 adornaba
72 reunión de diferentes personas
73 invitados a comer
74 *hoarse*
75 inflamación
76 disipadas
77 vacilar, dudar
78 asientos
79 no... puedes ensuciarlo
80 ¿Qué... ¿Por qué voy a mancharlo?
81 un... *it's probably going to be too big for you*
82 no... *no need to stand on ceremony*

Y en esto me quita él mismo el frac, *velis, nolis,*[83] y quedo sepultado en una cumplida chaqueta rayada,[84] por la cual sólo asomaba los pies y la cabeza, y cuyas mangas no me permitirían comer, probablemente. Dile las gracias: ¡al fin el hombre creía hacerme un obsequio!

Los días en que mi amigo no tiene convidados se contenta con una mesa baja, poco más que banqueta de zapatero, porque él y su mujer, como dice, ¿para qué quieren más? Desde la tal mesita, y como se sube el agua del pozo, hace subir la comida hasta la boca, adonde llega goteando después de una larga travesía;[85] porque pensar que estas gentes han de tener una mesa regular, y estar cómodas todos los días del año, es pensar en lo excusado.[86] Ya se concibe, pues, que la instalación de una gran mesa de convite era un acontecimiento en aquella casa; así que se había creído capaz de contener catorce personas que éramos una mesa donde apenas podrían comer ocho cómodamente. Hubimos de sentarnos de medio lado,[87] como quien va a arrimar[88] el hombro a la comida, y entablaron[89] los codos de los convidados íntimas relaciones entre sí con la más fraternal inteligencia del mundo. Colocáronme, por mucha distinción, entre un niño de cinco años, encaramado[90] en unas almohadas[91] que era preciso enderezar[92] a cada momento porque las ladeaba[93] la natural turbulencia de mi joven *adlátere,*[94] y entre uno de esos hombres que ocupan en el mundo el espacio y sitio de tres, cuya corpulencia por todos lados se salía de madre[95] de la única silla en que se hallaba sentado, digámoslo así, como en la punta de una aguja. Desdobláronse[96] silenciosamente las servilletas, nuevas a la verdad, porque tampoco eran muebles en uso para todos los días, y fueron izadas[97] por todos aquellos buenos señores a los ojales de sus fraques como cuerpos intermedios entre las salsas y las solapas.

—Ustedes harán penitencia,[98] señores —exclamó el anfitrión una vez sentado—; pero hay que hacerse cargo[99] que no estamos en Genieys[r]— frase que creyó preciso decir. Necia[100] afectación es ésta, si es mentira dije yo para mí; y si verdad, gran torpeza[101] convidar a los amigos a hacer penitencia.

Desgraciadamente no tardé mucho en conocer que había en aquella expresión más verdad de la que mi buen Braulio se figuraba. Interminables y de mal gusto fueron los cumplimientos con que, para dar y recibir cada plato, nos aburrimos unos a otros.

—Sírvase usted.

—Hágame usted el favor.

—De ninguna manera.

—No lo recibiré.

—Páselo usted a la señora.

—Está bien ahí.

—Perdone usted.

—Gracias.

—Sin etiqueta, señores —exclamó Braulio.

Y se echó el primero[102] con su propia cuchara. Sucedió a la sopa un cocido[s] surtido[103] de todas las sabrosas impertinencias[104] de este engorrosísimo,[105] aunque buen plato: cruza[106] por aquí la carne; por allá la verdura; acá los garbanzos; allá el jamón; la gallina por derecha; por medio el tocino; por izquierda los embuchados

[83] quieras o no quieras (*latín*)
[84] *striped*
[85] viaje (con ironía)
[86] imposible
[87] de... *sideways*
[88] *to lean over*
[89] establecieron
[90] *propped up*
[91] *pillows*
[92] poner derechas
[93] movía o inclinaba hacia un lado
[94] vecino (*latín*)
[95] se... *overflowed*
[96] *Were unfolded*
[97] levantadas
[98] harán... (frase que expresa modestia sugiriendo que el invitado comerá muy poco)
[99] hacerse... recordar
[100] Tonta
[101] *clumsiness*
[102] se... *he dipped in first*
[103] *supplied*
[104] sabrosas... ingredientes deliciosos
[105] *troublesome*
[106] (se) pasa

---

[r] el restaurante madrileño más elegante de la época
[s] guiso (plato) típico de España que sigue siendo aún en muchas partes de ese país la comida diaria

de Extremadura.[t] Siguióle un plato de ternera mechada,[107] que Dios maldiga, y a éste otro, y otros, y otros, mitad traídos de la fonda,[108] que esto basta para que excusemos hacer su elogio, mitad hechos en casa por la criada de todos los días, por una vizcaína auxiliar tomada al intento para aquella festividad y por el ama de la casa, que en semejantes ocasiones debe estar en todo, y por consiguiente suele no estar en nada.

—Este plato hay que disimularlo[109] —decía ésta de unos pichones[110]—; están un poco quemados.

—Pero, mujer...

—Hombre, me aparté un momento, y ya sabes lo que son las criadas.

—¡Qué lástima que este pavo no haya estado media hora más al fuego! Se puso algo tarde.

—¿No les parece a ustedes que está algo ahumado[111] este estofado[112]?

—¿Qué quieres? Una no puede estar en todo.

—¡Oh, está excelente! —exclamábamos todos dejándonoslo en el plato— ¡excelente!

—Este pescado está pasado.[113]

—Pues en el despacho de la diligencia del fresco[114] dijeron que acababa de llegar; ¡el criado es tan bruto!

—¿De dónde se ha traído este vino?

—En eso no tienes razón, porque es...

—Es malísimo.

Estos diálogos cortos iban exornados[115] con una infinidad de miradas furtivas del marido para advertirle continuamente a su mujer alguna negligencia, queriendo darnos a entender entrambos a dos que estaban muy al corriente[116] de todas las fórmulas que en semejantes casos se reputan en finura,[117] y que todas las torpezas eran hijas de los criados, que nunca han de aprender a servir. Pero estas negligencias se repetían tan a menudo, servían tan poco ya las miradas, que le fue preciso al marido recurrir a los pellizcos y a los pisotones;[118] y ya la señora, que a duras penas había podido hacerse superior hasta entonces a las persecuciones de su esposo, tenía la faz encendida y los ojos llorosos.

—Señora, no se incomode usted por eso —le dijo el que a su lado tenía.

—¡Ah! Les aseguro a ustedes que no vuelvo a hacer estas cosas en casa; ustedes no saben lo que es esto: otra vez, Braulio, iremos a la fonda y no tendrás...

—Usted, señora mía, hará lo que...

—¡Braulio! ¡Braulio!

Una tormenta espantosa estaba a punto de estallar;[119] empero[120] todos los convidados a porfía[121] probamos a aplacar[122] aquellas disputas, hijas del deseo de dar a entender la mayor delicadeza, para lo cual no fue poca parte la manía de Braulio y la expresión concluyente que dirigió de nuevo a la concurrencia acerca de la inutilidad de los cumplimientos, que así llama él al estar bien servido y al saber comer. ¿Hay nada más ridículo que estas gentes que quieren pasar por finas en medio de la más crasa[123] ignorancia de los usos sociales, que para obsequiarle le obligan a usted a comer y beber por fuerza y no le dejan medio de hacer su gusto?

107 ternera... ternera (*veal*) preparada con lonjillas (*thin strips*) de tocino
108 *inn*
109 *overlook it*
110 *pigeons*
111 tiene sabor de humo
112 *stew*
113 *spoiled*
114 despacho... la oficina de las diligencias (*stagecoaches*) que traían el pescado fresco
115 acompañados
116 al... informados
117 se... se consideran refinados
118 recurrir... *to resort to pinching and stepping on people's feet*
119 *break out*
120 aunque
121 a... compitiendo con otro
122 calmar
123 gruesa

---

[t] embuchados... chorizos (*sausages*) hechos en Extremadura, provincia de España

¿Por qué habrá gentes que sólo quieren comer con alguna más limpieza[124] los días
de días[125]?

A todo esto[u] el niño que a mi izquierda tenía hacía saltar las aceitunas a un
plato de magras[126] con tomate, y una vino a parar[127] a uno de mis ojos, que no
volvió a ver claro[128] en todo el día; y el señor gordo de mi derecha había tenido la
precaución de ir dejando en el mantel,[129] al lado de mi pan, los huesos de las
suyas,[130] y los de las aves que había roído;[131] el convidado de enfrente, que se pre-
ciaba de trinchador,[132] se había encargado de hacer la autopsia de un capón, o sea
gallo, que esto nunca se supo: fuese por la edad avanzada de la víctima, fuese por
los ningunos conocimientos anatómicos del victimario,[133] jamás parecieron las
coyunturas.[134] «Este capón no tiene coyunturas», exclamaba el infeliz sudando y
forcejeando, más como quien cava[135] que como quien trincha. «¡Cosa más rara!»
En una de las embestidas[136] resbaló[137] el tenedor sobre el animal como si tuviera
escama,[138] y el capón, violentamente despedido, pareció querer tomar su vuelo
como en sus tiempos más felices, y se posó[139] en el mantel tranquilamente como
pudiera en un palo[140] de un gallinero.[141]

El susto fue general y la alarma llegó a su colmo[142] cuando un surtidor de
caldo,[143] impulsado por el animal furioso, saltó a inundar mi limpísima camisa:
levántase rápidamente a este punto el trinchador con ánimo de cazar el ave pró-
fuga,[v] y al precipitarse sobre ella, una botella que tiene a la derecha, con la que
tropieza su brazo, abandonando su posición perpendicular, derrama un abundante
caño[144] de Valdepeñas sobre el capón y el mantel; corre el vino, auméntase la al-
gazara,[145] llueve la sal[w] sobre el vino para salvar el mantel; para salvar la mesa se
ingiere[146] por debajo de él una servilleta, y una eminencia se levanta sobre el
teatro[147] de tantas ruinas. Una criada toda azorada[148] retira el capón en el plato de
su salsa; al pasar sobre mí hace una pequeña inclinación, y una lluvia maléfica de
grasa desciende, como el rocío[149] sobre los prados, a dejar eternas huellas en mi
pantalón color de perla; la angustia y el aturdimiento[150] de la criada no conocen
término; retírase atolondrada[151] sin acertar con las excusas;[x] al volverse tropieza
con el criado que traía una docena de platos limpios y una salvilla[152] con las copas
para los vinos generosos, y toda aquella máquina viene al suelo con el más horroroso estruendo[153] y confusión.

—¡Por San Pedro! —exclama dando una voz[154] Braulio, difundida ya sobre
sus facciones[155] una palidez mortal, al paso que brota fuego el rostro de su esposa[y]—. Pero sigamos, señores; no ha sido nada —añade volviendo en sí.[156]

¡Oh honradas casas donde un modesto cocido y un principio final constituyen
la felicidad diaria de una familia; huid del tumulto de un convite de día de días!
Sólo la costumbre de comer y servirse bien diariamente puede evitar semejantes
destrozos.[157]

¿Hay más desgracias[158]? ¡Santo cielo! Sí, las hay para mí, ¡infeliz! Doña
Juana, la de los dientes negros y amarillos, me alarga de su plato y con su propio

---

124 con... más decente-
mente
125 los... *on their birth-
days*
126 lonjas (*slices*) de
jamón
127 vino... *landed*
128 no... *couldn't see a
thing*
129 *tablecloth*
130 las... sus propias
aceitunas
131 *gnawed*
132 se... decía con
orgullo que sabía
trinchar (*to carve*)
133 matador, asesino
134 *joints*
135 *digs*
136 ataques
137 se deslizó (*slipped*)
138 *scales*
139 se... vino a des-
cansar
140 *perch*
141 *henhouse*
142 *peak*
143 surtidor... recipiente
de donde se sirve el
caldo (*broth*)
144 chorro (*spurt*) de
vino
145 ruido de muchas
voces juntas
146 se... se inserta
147 lugar
148 alarmada
149 *dew*
150 *bewilderment*
151 conturbada
152 *tray*
153 *crash*
154 dando... gritando
155 *features*
156 volviendo... reco-
brando su postura
157 *havoc*
158 desastres, disgustos

---

[u] A... Como si esto no fuera suficiente para crear un desastre
[v] con... determinado a dar caza (*hunt down*) al pollo fugitivo
[w] llueve... Se refiere a la sal que se derrama sobre el vino para impedir que se manche el mantel.
[x] acertar... encontrar un medio apropiado para disculparse
[y] al... mientras que la cara de su esposa se pone tan roja que parece estar en llamas

tenedor una fineza,[159] que es indispensable aceptar y tragar; el niño se divierte en despedir a los ojos de los concurrentes los huesos disparados de las cerezas; don Leandro me hace probar el manzanilla[160] exquisito, que he rehusado, en su misma copa, que conserva las indelebles señales de sus labios grasientos;[161] mi gordo[162] fuma ya sin cesar y me hace cañón de su chimenea[z]; por fin ¡oh última de las desgracias! crece el alboroto[163] y la conversación; roncas ya las voces, piden versos y décimas[164] y no hay más poeta que Fígaro.

—Es preciso. Tiene usted que decir algo —claman[165] todos.

—Désele pie forzado;[aa] que diga una copla[166] a cada uno.

—Yo le daré el pie: A don Braulio en este día.

—¡Señores, por Dios!

—No hay remedio.

—En mi vida[167] he improvisado.

—No se haga usted el chiquito.[168]

—Me marcharé.

—Cerrar[169] la puerta.

—No se sale de aquí sin decir algo.

Y digo versos por fin, y vomito disparates, y los celebran,[170] y crece la bulla,[171] y el humo, y el infierno.

A Dios gracias, logro escaparme de aquel nuevo *pandemonio*. Por fin, ya respiro el aire fresco y desembarazado de la calle, ya no hay necios, ya no hay castellanos viejos a mi alrededor.

—¡Santo Dios, yo te doy gracias! —exclamo respirando, como el ciervo[172] que acaba de escaparse de una docena de perros y que oye ya apenas sus ladridos—; para de aquí en adelante no te pido riquezas, no te pido empleos, no honores; líbrame de los convites caseros y de días de días; líbrame de estas casas en que es un convite un acontecimiento, en que sólo se pone la mesa decentemente para los convidados, en que creen hacer obsequios cuando dan mortificaciones, en que se hacen finezas, en que se dicen versos, en que hay niños, en que hay gordos, en que reina, en fin, la brutal franqueza de los castellanos viejos. Quiero que, si caigo de nuevo en tentaciones semejantes, me falte un rosbif,[bb] desaparezca del mundo el bistec, se anonaden[173] los timbales de macarrones,[174] no haya pavos en Perigueux[cc] ni pasteles en Perigord, se sequen los viñedos de Burdeos, y beban, en fin, todos menos yo la deliciosa espuma[175] del champaña.

Concluida mi deprecación[176] mental, corro a mi habitación a despojarme de mi camisa y de mi pantalón, reflexionando en mi interior que no son unos todos[177] los hombres, puesto que los de un mismo país, acaso de un mismo entendimiento, no tienen las mismas costumbres, ni la misma delicadeza, cuando ven las cosas de tan distinta manera. Vístome y vuelo a olvidar tan funesto día entre el corto número de gentes que piensan, que viven sujetas al provechoso[178] yugo[179] de una buena educación libre y desembarazada,[180] y que fingen acaso estimarse y respetarse mutuamente para no incomodarse, al paso que las otras hacen ostentación de incomodarse, y se ofenden y se maltratan, queriéndose y estimándose tal vez verdaderamente.

---

[z] me... me usa como cañón (*flue*) para su chimenea
[aa]Désele... Désele un verso que le ayude a comenzar
[bb]me... ojalá nunca vuelva yo a comer otro *roast beef*
[cc]ciudad de Francia conocida por sus trufas (*truffles*) y pasteles

Cuestionario

1. ¿Quién es el narrador del ensayo?
2. ¿Qué llega a saber el lector acerca de la ocupación, aspecto físico y carácter del narrador?
3. ¿Presenta el autor esa información directa o indirectamente?
4. ¿Cuál es el tono que emplea el narrador para retratarse a sí mismo, comentar las costumbres de sus padres y describir las calles de Madrid?
5. ¿Qué actitud hacia la vida en general y hacia la sociedad en particular expresan las palabras siguientes: «traté sólo de volverme por conocer quién fuese tan mi amigo para tratarme tan mal»?
6. ¿Cuál es la función estructural de la escena en la que el narrador y Braulio se encuentran por primera vez?
7. ¿Qué simboliza Braulio y qué simboliza Fígaro?
8. En esta historia, ¿en qué consiste el conflicto entre el narrador y su antagonista?
9. ¿Por qué razón identifica el narrador a ciertos personajes por medio de una sola inicial?
10. ¿Qué aspecto simbólico cobra la imagen del capón queriendo «tomar su vuelo como en sus tiempos más felices»?
11. ¿De qué recursos narrativos se sirve el autor para crear el suspenso?
12. ¿Cuál es el clímax del ensayo?
13. ¿Qué aspectos de la conclusión completan los argumentos y la técnica narrativa de la introducción?

Identificaciones

1. «el pan pan y el vino vino»
2. «Vile marchar como el labrador ve alejarse la nube de su sembrado».
3. el señor de X
4. anfitrión
5. «mi joven *adlátere*»
6. «llueve la sal»

Temas

1. La estructura narrativa de este artículo de costumbres de Larra: organización de la materia e ideas principales
2. El uso de la caricatura en el ensayo
3. El elemento del humor en el ensayo: tipos, tono, efectos
4. La figura del «castellano viejo» como símbolo
5. El autorretrato de Fígaro

MANUEL GONZÁLEZ PRADA

Manuel González Prada (1848–1918), poeta y prosista peruano, nació y falleció en Lima. Se le ha definido como el precursor del socialismo latinoamericano, lo que está comprobado en gran parte por el hecho de haber sido toda su vida un *escritor comprometido*. De acuerdo con su ideología neo-marxista, González Prada se sintió obligado a abandonar la postura tradicional no-militante del artista y a llevar, en cambio, a la literatura y al lenguaje, la lucha por las reformas socio-políticas. Sus libros de ensayos más notorios, *Pájinas libres* (1894) y *Horas de lucha* (1908), dan testimonio de su inveterado activismo en pro de los derechos civiles y muestran a la vez cómo ese activismo se traduce en una prosa combativa y didáctica. De su producción poética cabe señalar, por sus innovaciones métricas en particular, *Minúsculas* (1901) y *Exóticas* (1911).

La educación del indio

Para cohonestar[1] la incuria[2] del Gobierno y la inhumanidad de los expoliadores,[3] algunos pesimistas a lo[4] Le Bon[a] marcan en la frente del indio un estigma infamatorio: le acusan de refractario[5] a la civilización. Cualquiera se imaginaría que en todas nuestras poblaciones se levantan[6] espléndidas escuelas, donde bullen[7] exi-
5 mios[8] profesores muy bien rentados[9] y que las aulas[10] permanecen vacías porque los niños, obedeciendo las órdenes de sus padres, no acuden[11] a recibir educación. Se imaginaría también que los indígenas no siguen los moralizadores ejemplos de las clases dirigentes o crucifican sin el menor escrúpulo a todos los predicadores de ideas levantadas[12] y generosas. El indio recibió lo que le dieron: fanatismo y
10 aguardiente.[13]

Veamos ¿qué se entiende por civilización? Sobre la industria y el arte, sobre la erudición y la ciencia, brilla la moral como punto luminoso en el vértice de una gran pirámide. No la moral teológica fundada en una sanción póstuma,[b] sino la moral humana, que no busca sanción ni la buscaría lejos de la Tierra. El *sum-*
15 *mum*[14] de la moralidad, tanto para los individuos como para las sociedades, consiste en haber transformado la lucha de hombre contra hombre en el acuerdo mutuo para la vida. Donde no hay justicia, misericordia ni benevolencia, no hay

1 hacer pasar por buena una acción mala; racionalizar
2 negligencia
3 los... los que le quitan a uno con violencia lo que tiene
4 a... al estilo de
5 rebelde
6 se... se construyen
7 abundan
8 ilustres
9 pagados
10 salas de clase
11 van
12 sublimes
13 bebida alcohólica muy fuerte (*firewater*)
14 el máximo (*latín*)

---

[a] Gustave Le Bon (1841–1931), psicólogo social francés, autor de *Lois psychologiques de l'évolution des peuples* (*Psicología de las multitudes,* 1894). Según su tesis, muy popular en esa época, la humanidad se dividiría en una jerarquía de razas superiores, encabezadas por los europeos, y de inferiores, a las que pertenecerían los demás pueblos. Lo que determina la «superioridad» o «inferioridad» de un pueblo, según Le Bon, es «el alma nacional», o sea, una cantidad de características psicológicas comunes que se transmiten por la herencia, igual que las anatómicas.
[b] sanción... premio o castigo divino que se recibe después de morir

civilización; donde se proclama ley social la *struggle for life,* reina la barbarie.
¿Qué vale adquirir el saber de un Aristóteles cuando se guarda el corazón de un
20 tigre? ¿Qué importa poseer el don artístico de un Miguel Angel cuando se lleva el
alma de un cerdo? Más que pasar por el mundo derramando la luz del arte o
de la ciencia, vale ir destilando la miel de la bondad.[c] Sociedades altamente civilizadas merecerían llamarse aquellas donde practicar el bien ha pasado de obligación a costumbre, donde el acto bondadoso se ha convertido en arranque[15]
25 instintivo. Los dominadores del Perú ¿han adquirido ese grado de moralización?
¿Tienen derecho de considerar al indio como un ser incapaz de civilizarse?

La organización política y social del antiguo imperio incaico admira hoy a
reformadores y revolucionarios europeos. Verdad, Atahualpa[d] no sabía el Padrenuestro ni Calcuchima[e] pensaba en el misterio de la Trinidad; pero el culto del Sol
30 era quizá menos absurdo que la Religión católica, y el gran Sacerdote de Pachaca-
mac[f] no vencía tal vez en ferocidad al padre Valverde.[g] Si el súbdito[16] de Huaina-
Cápac[h] admitía la civilización, no encontramos motivo para que el indio de la
República la rechace, salvo que toda la raza hubiera sufrido una irremediable
decadencia fisiológica. Moralmente hablando, el indígena de la República se
35 muestra inferior al indígena hallado por los conquistadores; mas depresión moral
a causa de servidumbre política no equivale a imposibilidad absoluta para civilizarse por constitución orgánica. En todo caso ¿sobre quién gravitaría la culpa?

Los hechos desmienten[17] a los pesimistas. Siempre que el indio se instruye
en colegios o se educa por el simple roce[18] con personas civilizadas, adquiere el
40 mismo grado de moral y cultura que el descendiente del español. A cada momento
nos rozamos con amarillos que visten, comen, viven y piensan como los meli-
fluos[19] caballeros de Lima. Indios vemos en Cámaras, municipios,[20] magistra-
turas,[21] universidades y ateneos,[22] donde se manifiestan ni más venales[23] ni más
ignorantes que los de otras razas. Imposible deslindar[24] responsabilidades en el
45 *totum revolutis*[25] de la política nacional para decir qué mal ocasionaron[26] los
mestizos, los mulatos y los blancos. Hay tal promiscuidad de sangres y colores,
representa cada individuo tantas mezclas lícitas o ilícitas, que en presencia de
muchísimos peruanos quedaríamos perplejos para determinar la dosis de negro
y amarillo que encierran en sus organismos: nadie merece el calificativo[27] de
50 blanco puro, aunque lleve azules los ojos y rubio el cabello. Sólo debemos recordar que el mandatario[28] con mayor amplitud de miras[29] perteneció a la raza indígena, se llamaba Santa Cruz. Lo fueron cien más, ya valientes hasta el heroísmo
como Cahuide;[i] ya fieles hasta el martirio como Olaya.[j]

---

[c] Más... *Rather than going around the world spilling the light of the arts and the sciences, it is better to distill the honey of kindness.*

[d] emperador del Perú a quien hizo dar muerte el conquistador Francisco Pizarro

[e] general del antiguo reino de Quito que en el siglo XVI luchó valientemente y obtuvo varias victorias sobre el inca Tupac Yupanqui

[f] dios de la mitología inca, creador y sustentador del universo, encargado de castigar al ser humano por sus transgresiones

[g] Fray Vicente de Valverde, capellán de Pizarro, culpable de la masacre de numerosos indios acusados de sacrilegio, incluso de la del mismo emperador Atahualpa

[h] emperador del Perú, conocido como «el Hijo del Sol»

[i] el último gran capitán de los incas. Pereció en el sitio de Cuzco. Viendo que sus soldados morían de sed y miedo, incapaces de luchar, mató a muchos de ellos por cobardes y luego se suicidó.

[j] José Olaya (1782–1823), mártir patriota torturado y fusilado por los españoles durante la Guerra de la Independencia

[15] impulso
[16] *subject*
[17] (*inf.:* **desmentir**) contradicen
[18] trato
[19] afectadamente amables
[20] *town councils or halls*
[21] cuerpo de magistrados
[22] sociedades literarias o científicas
[23] sobornables
[24] separar
[25] *totum...* (*latín*) *revolving door*
[26] causaron
[27] denominación
[28] gobernante
[29] con... con las más grandes aspiraciones

30 ilusiones
31 bárbaros y crueles
32 casa de juego clandestina
33 *brothel*
34 humillación
35 *tributaries*

Tiene razón Novikov[k] al afirmar que las pretendidas incapacidades de los
amarillos y los negros son quimeras[30] de espíritus enfermos. Efectivamente, no
hay acción generosa que no pueda ser realizada por algún negro ni por algún
amarillo, como no hay acto infame que no pueda ser cometido por algún blanco.
Durante la invasión de China en 1900[l] los amarillos del Japón dieron lecciones de
humanidad a los blancos de Rusia y Alemania. No recordamos si los negros de
Africa las dieron alguna vez a los boers del Transvaal o a los ingleses del Cabo:
sabemos sí que el anglosajón Kitchener[m] se muestra tan feroz en el Sudán como
Behanzin[n] en el Dahomey. Si en vez de comparar una muchedumbre de piel
blanca con otras muchedumbres de piel oscura, comparamos un individuo con
otro individuo, veremos que en medio de la civilización blanca abundan cafres[31] y
pieles rojas por dentro. Como flores de raza u hombres representativos, nombremos
al Rey de Inglaterra y al Emperador de Alemania: Eduardo VII y Guillermo
II[o] ¿merecen compararse con el indio Benito Juárez[p] y con el negro Booker Washington[q]? Los que antes de ocupar un trono vivieron en la taberna, el garito[32] y la
mancebía,[33] los que desde la cima de un imperio ordenan la matanza sin perdonar
a niños, ancianos ni mujeres llevan lo blanco en la piel mas esconden lo negro en
el alma.

¿De sólo la ignorancia depende el abatimiento[34] de la raza indígena? Cierto, la
ignorancia nacional parece una fábula cuando se piensa que en muchos pueblos
del interior no existe un solo hombre capaz de leer ni de escribir, que durante la
Guerra del Pacífico[r] los indígenas miraban la lucha de las dos naciones como una
contienda civil entre el general Chile y el general Perú, que no hace mucho los
emisarios de Chucuito[s] se dirigieron a Tacna[t] figurándose encontrar ahí al Presidente de la República.

Algunos pedagogos (rivalizando con los vendedores de panaceas) se imaginan
que sabiendo un hombre los afluentes[35] del Amazonas y la temperatura media de
Berlín, ha recorrido la mitad del camino para resolver todas las cuestiones sociales. Si por un fenómeno sobrehumano, los analfabetos nacionales amanecieran
mañana, no sólo sabiendo leer y escribir, sino con diplomas universitarios, el

---

[k] Nicolai I. Novikov (1744–1818), editor y crítico social ruso. Sus ideas sobre reformas sociales en su tierra tuvieron gran repercusión durante el siglo XVIII. Dedicó su vida a luchar contra la esclavitud, la ignorancia y el fanatismo.

[l] El autor se refiere a la expedición internacional de tropas alemanas, japonesas, inglesas, italianas y norte-americanas enviadas a China para quebrar el sitio de Tien-Tsin y rescatar a los miembros de las legaciones extranjeras durante la rebelión de los «Boxers».

[m] Horatio H. Kitchener (1850–1916), ilustre líder militar inglés a quien se atribuyen las mayores victorias de las guerras de Sudán, Africa del Sur (Guerra de los Boers, 1899–1902) y Primera Guerra Mundial

[n] Monarca del reino de Dahomey (hoy República Popular de Benín, en el Africa Occidental) conocido por sus violentos asaltos contra los franceses en defensa de sus propios dominios

[o] Eduardo... El autor se vale de estos célebres monarcas para simbolizar el tipo de nobleza que se adquiere por herencia y no por esfuerzo y mérito propios.

[p] presidente y patriota mexicano (1806–1872) de sangre india, líder de la resistencia que liberó el país de los franceses. Estos habían convertido México (1863) en un imperio confiado a Maximiliano de Austria.

[q] Booker T. Washington (1856–1915), reformador y educador norteamericano, hijo de padre blanco y de una esclava mulata. Fundó en 1881 la primera escuela normal para los negros (Tuskegee Institute).

[r] Guerra... Después de esta guerra (1879–1883), en la que el Perú fue derrotado por Chile, González Prada, que había peleado valientemente en ella, se encerró en su casa. Sólo salió a la calle cuando supo que los in-vasores chilenos se habían marchado.

[s] punto del lago Titicaca, cerca de la frontera de Bolivia

[t] ciudad y provincia que Perú tuvo que ceder a Chile tras la Guerra del Pacífico

problema del indio no habría quedado resuelto: al proletariado de los ignorantes,
85 sucedería el de los bachilleres y doctores. Médicos sin enfermos, abogados sin
clientela, ingenieros sin obras, escritores sin público, artistas sin parroquianos,
profesores sin discípulos, abundan en las naciones más civilizadas formando el
innumerable ejército de cerebros con luz y estómagos sin pan. Donde las haciendas de las costas suman cuatro o cinco mil fanegadas,[36] donde las estancias[37] de la
90 sierra miden treinta y hasta cincuenta leguas, la nación tiene que dividirse en
señores y siervos.

Si la educación suele[38] convertir al bruto impulsivo en un ser razonable y mag-
nánimo, la instrucción le enseña y le ilumina el sendero[39] que debe seguir para no
extraviarse[40] en las encrucijadas[41] de la vida. Mas divisar[42] una senda no equivale
95 a seguirla hasta el fin; se necesita firmeza en la voluntad y vigor en los pies. Se requiere también poseer un ánimo de altivez[43] y rebeldía, no de sumisión y respeto
como el soldado y el monje.[44] La instrucción puede mantener al hombre en la ba-
jeza y la servidumbre: instruidos fueron los eunucos y gramáticos de Bizancio.[u]
Ocupar en la Tierra el puesto que le corresponde en vez de aceptar el que le desig-
100 nan: pedir y tomar su bocado;[45] reclamar[46] su techo y su pedazo de terruño,[47] es el
derecho de todo ser racional.

Nada cambia más pronto ni más radicalmente la psicología del hombre que la
propiedad: al sacudir[48] la esclavitud del vientre,[49] crece en cien palmos.[50] Con
sólo adquirir algo, el individuo asciende algunos peldaños[51] en la escala social,
105 porque las clases se reducen a grupos clasificados por el monto de la riqueza. A la
inversa del globo aerostático[52] sube más el que más pesa. Al que diga: *la escuela,*
respóndasele: *la escuela y el pan.*

La cuestión del indio, más que pedagógica, es económica, es social. ¿Cómo
resolverla? No hace mucho que un alemán concibió la idea de restaurar el Imperio
110 de los Incas:[v] aprendió el quechua,[w] se introdujo en las indiadas[53] del Cuzco,
empezó a granjearse partidarios,[54] y tal vez habría intentado una sublevación,[55]
si la muerte no le hubiera sorprendido al regreso de un viaje por Europa. Pero
¿cabe[56] hoy semejante restauración? Al intentarla, al querer realizarla, no se obtendría más que el empequeñecido remedo[57] de una grandeza pasada.

115 La condición del indígena puede mejorar de dos maneras: o el corazón de los
opresores se conduele al extremo de reconocer el derecho de los oprimidos, o el
ánimo de los oprimidos adquiere la virilidad suficiente para escarmentar[58] a los
opresores. Si el indio aprovechara en rifles y cápsulas[59] todo el dinero que des-
perdicia[60] en alcohol y fiestas, si en un rincón de su choza[61] o en el agujero de una
120 peña[62] escondiera un arma, cambiaría de condición, haría respetar su propiedad y
su vida. A la violencia respondería con la violencia, escarmentando al patrón que
le arrebata[63] las lanas, al soldado que le recluta en nombre del Gobierno, al mon-
tonero[x] que le roba ganado y bestias de carga.[64]

[u] eunucos... referencia a los esclavos castrados (*eunuchs*) y a los entendidos en gramática (*grammarians*) que
en la época del imperio otomano vivieron en lo que hoy es Constantinopla (Byzantium)
[v] alemán... Probablemente el autor alude a Ernst Wilhelm Middendorf (1830–1908), uno de los muchos extranjeros que dejaron su impronta en el Perú. Este escribió la notable monografía *El Perú,* e hizo estudios
sobre las lenguas aborígenes.
[w] idioma de los quechuas o quichuas, indios que habitaban en la región norte y oeste de Cuzco
[x] miembro de una «montonera» (grupo de gente de a caballo que guerreaba contra el gobierno)

36 (Una fanegada
corresponde a 1.59
acres de tierra.)
37 haciendas desti-
nadas al cultivo y a
la ganadería
38 acostumbra a
39 (*fig.*) camino o
medio
40 perder el camino
41 (*fig.*) situaciones difí-
ciles
42 ver a lo lejos
43 arrogancia
44 *monk*
45 *morsel*
46 *claim*
47 tierra
48 *shaking off*
49 (*fig.*) hambre
50 (*fig.*) crece... au-
menta en importan-
cia y valor
51 *steps*
52 globo... *hot air bal-
loon*
53 muchedumbre de
indios
54 granjearse... ga-
narse seguidores
55 rebelión contra la
autoridad constituida
56 es posible
57 mala imitación
58 *chastise*
59 *ammunition*
60 *wastes*
61 cabaña
62 *rock*
63 quita con violencia
64 bestias... *beasts of
burden*

Al indio no se le predique humildad y resignación, sino orgullo y rebeldía.
125 ¿Qué ha ganado con trescientos o cuatrocientos años de conformidad y paciencia? Mientras menos autoridades sufra, de mayores daños se liberta. Hay un hecho revelador: reina mayor bienestar en las comarcas[65] más distantes de las grandes haciendas, se disfruta[66] de más orden y tranquilidad en los pueblos menos frecuentados por las autoridades.

130 En resumen: el indio se redimirá[67] merced a[68] su esfuerzo propio, no por la humanización de sus opresores. Todo blanco es, más o menos, un Pizarro, un Valverde o un Areche.[y]

(*Horas de Lucha,* Lima, 1908)

65 territorios
66 se... se goza
67 se... se salvará de la esclavitud
68 merced... gracias a

Cuestionario

1. ¿Cuál es la tesis o idea central propuesta por el ensayista?
2. Según el primer párrafo, ¿qué reputación tiene el indio en el Perú? ¿Quién ha creado esa reputación y con qué objeto?
3. Al leer ese primer párrafo, ¿qué falsas conclusiones es posible sacar del sistema de educación peruano—las escuelas, el profesorado, la administración—y de las familias de los alumnos indígenas?
4. ¿Qué replica González Prada a los razonamientos de los que sostienen que el indio ha sido educado debidamente?
5. El segundo párrafo hubiera podido comenzar simplemente con «Por civilización se entiende...» Sin embargo, se lee: «Veamos ¿qué se entiende por civilización?» ¿Cuál es el propósito del autor al formular la pregunta? ¿Qué relación quiere establecer con el lector?
6. ¿Qué entienden por civilización las clases dirigentes peruanas? ¿Por qué rechaza el ensayista la definición de esas clases, y qué evidencias históricas presenta para justificar su propio punto de vista?
7. El poder de persuasión de un ensayo depende en gran parte de su valor estético. ¿Qué artificios literarios representan los siguientes ejemplos y qué efecto desea lograr el autor: (1) «Donde no hay justicia, misericordia ni benevolencia, no hay civilización; donde se proclama ley social la *struggle for life,* reina la barbarie»; (2) «¿Qué vale adquirir el saber de un Aristóteles cuando se guarda el corazón de un tigre?»; y (3) «Más que pasar por el mundo derramando la luz del arte o de la ciencia, vale ir destilando la miel de la bondad»?
8. ¿Qué revela este ensayo sobre la estructura ética del Perú? ¿Muestra cierta parcialidad por alguna raza el autor?
9. ¿De qué manera se vale el autor del ejemplo de la Guerra del Pacífico para reforzar la tesis fundamental?
10. ¿Qué distinción se hace entre «educación» e «instrucción»? Por consiguiente, ¿qué implica el aforismo «Al que diga: *la escuela,* respóndasele: *la escuela y el pan*»?

---

[y] José de Areche, visitador (*inspector*) oficial español enviado al Perú por el rey Carlos III para inspeccionar el Virreinato y proponer reformas. (A pesar de la buena voluntad del rey y de sus emisarios, sus reformas o no se efectuaron o no alcanzaron a mejorar las condiciones del indio.)

Identificaciones

1. «fanatismo y aguardiente»
2. Atahualpa
3. «a la inversa del globo aerostático, sube más el que más pesa»
4. Benito Juárez
5. quechua
6. «vendedores de panaceas»

Temas

1. Los temas principales de «La educación del indio»
2. Las estrategias persuasivas de González Prada: la técnica retórica o la relación entre el ensayista y su público
3. Los elementos lingüísticos más significativos del ensayo
4. El uso de los ejemplos en el ensayo de González Prada: tipos y función

EZEQUIEL MARTINEZ ESTRADA

Ezequiel Martínez Estrada (1895–1964), pensador, ensayista, novelista y poeta argentino, alcanzó su mayor éxito en el género ensayístico, en el que se distinguió por sus extraordinarias dotes de intérprete y profeta de la realidad argentina. En sus ensayos literarios, compuestos apasionada y poéticamente, se perfila un ser introvertido, pesimista, agobiado por la angustia espiritual que caracteriza al existencialista moderno. *La cabeza de Goliat,* de donde proviene el presente ensayo, es uno de sus escritos más representativos. En él, el autor realiza una microscopía, o sea, un profundo y detallado análisis de Buenos Aires que completa con *Radiografía de la pampa* (1933), tal vez su obra maestra. Otras grandes obras de la ensayística de Martínez Estrada son *Muerte y transfiguración de Martín Fierro* (1948) y *Exhortaciones* (1957). Dentro de su poética y novelística sobresalen, respectivamente, *Oro y piedra* (1918) y *María Riquelme* (1956).

Estaciones de descanso

Muchas familias prefieren la vida de pensión a la vida de hogar. Centenares de ellas viven en hoteles. Eluden[1] las molestias del menaje[2] y esquivan[3] al mismo tiempo enfrentarse con la responsabilidad de su existencia. Un pensionista[4] ha resuelto casi todos los problemas familiares. Ingresa[5] en una comunidad más amplia, donde la familia estricta es absorbida por la vida colectiva, como la vida de la pensión por la ciudad.

Esos son los habitantes lógicos de las ciudades. Pues una ciudad es el lugar donde se refugia el hombre mientras dispara del cumplimiento de sus deberes para con Dios,[6] la naturaleza y sus semejantes.

[1] Evaden
[2] cuidado de una casa
[3] evitan
[4] persona que vive en una pensión o casa de huéspedes
[5] Entra
[6] dispara... *he flees from his duties to God*

Los hoteles son indispensables en las ciudades, tanto como las mujeres públi-cas,[7] a las que se parecen también por múltiples analogías. El hombre necesita del hogar[8] y de la compañía; pero no siempre ni a todas horas. El hotel es el simu-lacro[9] del hogar, como la mujer pública es el simulacro de la esposa. Una esposa sin menaje. Los amantes que se suicidan en un hotel realizan un ciclo perfecto y completo de la vida de la ciudad. Se requiere un esfuerzo para no ver que el habi-tante de la ciudad es un transeúnte; que está de paso.[10] Morir en un hotel es lo más absurdo, dentro del orden natural de las cosas, pero lo más natural dentro del orden absurdo.

En Nueva York que es la ciudad por antonomasia,[11] donde el estilo de edifi-cación ha hecho indispensable el divorcio, la vida de hotel ha reemplazado a la vida de hogar. Nosotros gustamos de vivir en el hotel como en nuestra casa; pero el neoyorquino[12] gusta de vivir en su casa como en el hotel. Para decirlo con mayor propiedad,[13] ha invertido las funciones: come, se divierte y procrea en los hoteles y duerme en la casa.

También vamos en camino de esa vida, porque vamos en camino de gober-narnos por el sentido de la economía y la comodidad. Puede ser muy arraigado[14] el sentimiento del hogar, del «sweet home», en el norteamericano; pero entre el norteamericano y el inglés hay el abismo[15] que entre el retrato y la caricatura. A veces la caricatura se parece más al ser viviente que él mismo, pero es otra cosa. Ese sentimiento nostálgico del hogar es propio del que ha renunciado a él (siquiera sea en su subsconsciencia) y caracteriza a los pueblos de navegantes.[16] Asimismo[17] el amor a la patria lejana es típico del que la ha abandonado.

Nosotros tenemos ya bares automáticos y restaurantes que nos economizan las molestias de la servidumbre cara y descortés. Se construyen departamentos[18] en previsión de evitar el servicio doméstico y esto es una resta[19] que al hogar hace el restaurante, porque el hogar se ha instituido también para templar[20] a los hombres. Poco a poco vamos acostumbrándonos a comer fuera de casa, a divertirnos fuera de casa, a encontrar hecho lo que se hacía personalmente o se presenciaba que se hacía. Es el camino del adulterio.

Hoteles, restaurantes, bares automáticos, casa de hospedaje[21] y de pensión, modifican nuestro sentido de la vida; porque ellos nacieron según los planes de la ciudad y nosotros según los planes de la embriología. Son comodidades de la ciu-dad que reemplazan a las incomodidades creadas por la ciudad. Primero nos aparece una incomodidad por la fricción de la vida con la ciudad, como una llaga en el pie por el roce[22] del zapato; después la ciudad nos ofrece una comodidad como una tira emplástica.[23] Más tarde nos acostumbramos y la costumbre es el callo.[24] Al final la comodidad nos roza y nos forma otra llaga.[25] Entonces la ciu-dad nos inventa otro lenitivo[26] y así, a medida que[27] nosotros nos hacemos más huéspedes, ella se hace más hospitalaria.[28]

7 mujeres... prostitutas
8 casa
9 mala imitación
10 está... está en un lugar temporalmente
11 excelencia
12 habitante de Nueva York
13 exactitud
14 firme
15 *abyss*
16 marineros
17 Del mismo modo
18 apartamentos
19 daño
20 formar
21 huéspedes
22 *rubbing*
23 tira... *Band-Aid*
24 *corn, callus*
25 *sore*
26 remedio para calmar un dolor
27 a... al mismo tiempo que
28 se... acoge en su casa a quien lo nece-site

Cuestionario

1. El autor utiliza la primera persona plural, *nosotros,* como voz narrativa. ¿Por qué es más apropiada para este ensayo esa perspectiva que la primera o tercera persona singular?
2. ¿Cuál es la tesis o mensaje fundamental del ensayo?
3. ¿Cómo concibe el autor el problema del hombre moderno, a juzgar por su alusión a «las molestias del menaje» y «la responsabilidad de su existencia»?

4. Según el autor, ¿a quién debe dar cuenta de sus acciones el ser humano?
5. ¿De qué analogías se vale el autor en el párrafo tres para poner de relieve su tesis, y cuál es la importancia de esas analogías en el desarrollo del tema?
6. ¿Cuáles son los retruécanos o juegos de palabras (*puns*) que aparecen en este ensayo y cuál es su función?
7. ¿Por qué usa el autor la ciudad de Nueva York como símbolo?
8. ¿En qué consiste la analogía del retrato y de la caricatura, y cuál es su función en la estructura del ensayo?
9. ¿Se puede considerar apropiado el título «Estaciones de descanso» a las ideas expresadas en el párrafo final del ensayo? Explique.

Identificaciones

1. el «orden absurdo»
2. neoyorquino
3. «comodidades de la ciudad»

Temas

1. Las tesis principales de Martínez Estrada en este ensayo
2. La imagen del hombre moderno en «Estaciones de descanso»
3. El tono y el humor del ensayo

ROSARIO CASTELLANOS

Rosario Castellanos (1925–1974), poeta, novelista, cuentista, dramaturga, ensayista y crítica mexicana, pereció trágicamente en Israel donde desempeñaba el cargo de embajadora. Como poeta es una de las más destacadas de México. Sus versos se caracterizan tanto por su profundidad como por su lirismo (*Poemas*, 1957; *Al pie de la letra*, 1959). La protesta social que atraviesa sus obras en prosa se hace sentir de modo particular en sus novelas (*Balún-Canán*, 1957; *Oficio de tinieblas*, 1962; y *Rito de iniciación*, 1965). En estas novelas Castellanos retrata el mundo fantástico lleno de supersticiones y brujerías en que el indio ha sido obligado a vivir por el blanco—mundo que todavía le impide integrarse a la sociedad moderna. Los ensayos de Castellanos, publicados en su mayor parte en suplementos literarios y en revistas (*Excelsior, Novedades*, y otros) y recogidos en obras como *Juicios sumarios* (1966), *Mujer que sabe latín* (1973) y *El uso de la palabra* (1974), establecen a la escritora como una de las voces más fuertes y elocuentes en la defensa de los derechos humanos, entre ellos los de la mujer. Según lo muestra «La liberación del amor», la autora se vale de un lenguaje expresivo, marcadamente irónico, para combatir el conformismo que impide a las minorías mexicanas progresar y realizar su potencial.

La liberación del amor

Usted, señora, abnegada[1] mujercita mexicana; o usted, abnegada mujercita mexicana en vías de emancipación: ¿qué ha hecho por su causa en los últimos meses? Me imagino la respuesta obvia: repasar el texto ya clásico de Simone de Beauvoir,[a] ya sea para disentir o para apoyar sus propios argumentos o simple y
5 sencillamente para estar enterada. Mantenerse al tanto[2] de los libros que aparecen, uno tras otro, en los Estados Unidos: las exhaustivas descripciones de Betty Friedan, la agresividad de Kate Millet, la lúcida erudición de Germaine Greer.[b]

Y, claro, usted sigue de cerca los acontecimientos con los que manifiesta su existencia el Women's Lib. Se hizo la desentendida,[3] seguramente, cuando supo lo
10 del acto simbólico de arrojar al fuego las prendas íntimas[4] porque eso se prestaba a muchos y muy buenos chistes. Se ajustó bien las suyas[5] recordando vagamente aquel grito de los españoles bajo el régimen de Fernando VII,[c] «¡Vivan las cadenas!», y no le pareció, en lo más mínimo, aplicable al caso que nos ocupa.

Quizá se sintió cómplice de las que secuestraron[6] al director de una revista
15 pornográfica porque mostraba a las mujeres como un mero objeto sexual. Pero, de todas maneras, lamentó que el ejemplo de las norteamericanas sea imposible de seguir en México. ¡Nuestra idiosincrasia es tan diferente! Y también nuestra historia y nuestras tradiciones. El temor al ridículo nos paraliza y entendemos muy bien al poeta francés cuando confiesa que «por delicadeza, ha perdido su vida».

20 Por lo que le pueda servir (a veces es bueno entrar en la casa de la risa[7] y mirar nuestra imagen reflejada en los espejos deformantes) voy a pasarle al costo[8] una información que acaso usted ya posee pero que, para mí, fue una verdadera sorpresa: la actitud que han adoptado en Japón para enfrentarse al problema de la situación de la mujer en la sociedad y de los papeles que tiene que desempeñar.
25 Esa actitud que cristaliza en un Movimiento de Women's Love para oponerse al Women's Lib.

Usted pudo enterarse porque a propósito del viaje presidencial al Lejano Oriente, las páginas de los periódicos y revistas mexicanas estuvieron llenas de datos sobre los diferentes aspectos de la vida en aquellas latitudes. Yo me enteré
30 gracias a la visita que hizo a Israel[d] la señora Yachiyo Kasagi que es periodista, maestra, conferenciante, experta en la rehabilitación de los sordomudos y, en sus ratos de ocio, apasionada lideresa del Women's Love.

La señora Kasagi hizo la siguiente revelación: que una mujer graciosa, amable y, aparentemente, sumisa, puede conquistar al hombre, y, sin que él se entere, im-
35 ponerle sus propios puntos de vista. Recuerde usted que las moscas se cazan con miel, no con vinagre, y que una mujer histérica y furiosa no alcanza a producir más que repugnancia entre los miembros del sexo opuesto y lástima o risa despiadada entre los miembros de su propio sexo.

---

[a] escritora contemporánea francesa conocida por su activismo en favor de los derechos de la mujer. La autora se refiere aquí al libro *Le Deuxième Sexe* (*El segundo sexo,* 1947), que colocó a Beauvoir a la vanguardia del feminismo del siglo XX.
[b] Betty... feministas contemporáneas, autoras respectivamente de *The Feminine Mystique* (1963), *Sexual Politics* (1970) y *The Female Eunuch* (1970)
[c] Monarca absolutista español (1784–1833)
[d] La autora se refiere a su estancia en este país en donde desempeñó el cargo de embajadora de México.

1 que se sacrifica por los otros
2 al... informada
3 Se... Fingió que no entendía
4 prendas... *underclothes*
5 Se... *She tightened her own*
6 *kidnapped*
7 casa... *funhouse*
8 pasarle... *free*

Cedo la palabra a la señora Kasagi, quien afirma que el hecho de enarbolar[9] la
bandera del amor y rechazar la militancia de las exigentes y violentas no hace más
que reflejar su propia filosofía de la vida. Eso no quiere decir que no trabaje, y
muy activamente, en la emancipación de la mujer japonesa, sólo que sus métodos
son diferentes, más de acuerdo con la imagen femenina oriental en la que la mujer
encarna los valores de la delicadeza y del encanto.

¿Por qué rechazar esta imagen para adoptar otra que les es profundamente extraña, como la que propone la actual cultura de occidente? Al contrario; la actividad de la señora Kasagi se dirige al rescate[10] de una serie de técnicas que estuvieron a punto de perderse a raíz de[11] la derrota japonesa al término de la Segunda
Guerra Mundial.

En la familia japonesa de antaño[12] la madre transmitía a la hija los elementos
para ser considerada una verdadera mujer. Es decir, le enseñaba a inclinarse de
una manera correcta y graciosa en las reverencias debidas a sus mayores y superiores (que eran prácticamente todos); le mostraba la manera adecuada de lucir[13]
el quimono y de arreglar flores. Así también no deja de instruirla sobre la manera
de comportarse en la mesa (y en otros muebles más privados) y de llevar al cabo
la refinada ceremonia del té.

¿Qué ocurrió al final de la Segunda Guerra? Que las mujeres se echaron a la
calle a trabajar y a ganar dinero y ya no tuvieron tiempo ni para practicar lo que
habían aprendido ni mucho menos para enseñar a sus hijas a comportarse como
damas. Como es natural, las hijas fueron incapaces de transmitir a sus propias
hijas una serie de conocimientos que ya no constituían su patrimonio.

La señora Kasagi se lanzó al rescate de tan importantes materias y ha abierto
en Tokio algo que podría considerarse el equivalente de lo que entre nosotros es
una «escuela de personalidad». Allí ese diamante en bruto[14] que es una muchacha
adolescente se pule hasta convertirlo en un objeto de lujo: muestra la riqueza y el
gusto refinado de quien lo posee y constituye una inversión segura y que no cesa
nunca de rendir dividendos.

La formación que se adquiere en el plantel[15] de la señora Kasagi es de tal manera completa que una mujer educada allí puede ser inteligente sin dar el menor
signo de ello; puede ser ambiciosa sin que ahuyente[16] a los hombres; puede, incluso, llegar a desempeñar puestos importantes, tanto privados como públicos, sin
despertar ni el espíritu competitivo de sus oponentes sino más bien apelando a su
espíritu caballeresco que ayuda y protege.

En estos asuntos, ya usted lo sabe, el hombre japonés (a semejanza de algunos
congéneres suyos de origen latino) es muy quisquilloso.[17] Exige una subordi-
nación absoluta y cuando algo se opone a su voluntad sabe castigar con mano
dura. ¿No recuerda usted, por ejemplo, la confidencia hecha por la esposa del ex
primer ministro Sato a un periodista en el sentido de que su marido acostumbraba
pegarle? Esa confidencia no provocó ninguna crisis gubernamental ni deterioró la
imagen pública del gobernante. Más bien habría que pensar lo contrario.

Hay, pues que reconocer los hechos dados y comportarse de la manera más
conveniente. La señora Kasagi puede servir de ejemplo a sus discípulas. Ella ha
obtenido el permiso de actuar y aun de viajar sola, como lo prueba su estancia en
Israel. Tal hazaña habrá que atribuirla no a su técnica, sino, según ella misma confiesa, a la circunstancia de que su marido es un hombre muy progresista y de criterio amplio.

9 levantar
10 *rescue*
11 a... inmediatamente
después
12 de... antigua
13 vestir bien
14 diamante... *diamond
in the rough*
15 institución educa-
cional
16 espante
17 *touchy*

Tan amplio que la aguardaría hasta su regreso de una ausencia de cinco días en los que aprovechó una invitación de una compañía aérea para conocer un país del Medio Oriente. Y en cuanto a su hijo, que actualmente tiene 20 años, puede escoger entre las discípulas de su madre a la que obtenga la mejor calificación.

(Tel Aviv, 20 de julio, 1972)

Cuestionario

1. ¿A quién está dirigido este ensayo?
2. ¿Cómo es el tono del ensayo?
3. ¿Cuáles son las premisas principales de este escrito, según los tres primeros párrafos? ¿A qué conclusión llega la ensayista en el tercer párrafo?
4. ¿Qué significa la frase siguiente dentro del tema fundamental del ensayo: «a veces es bueno entrar en la casa de la risa y mirar nuestra imagen reflejada en los espejos deformantes»?
5. En la familia japonesa, ¿cuál era el papel tradicional de la madre con respecto a la hija?
6. Según el ensayo, ¿qué concepto axiomático o verdad indiscutible acerca de la mujer destruyó la Segunda Guerra Mundial?
7. ¿Cómo está descrito el hombre japonés?
8. ¿En qué consiste la ironía del último párrafo?

Identificaciones

1. «Vivan las cadenas»
2. «entendemos muy bien al poeta francés cuando confiesa que ‹por delicadeza, ha perdido su vida›»
3. Movimiento de Women's Love
4. el plantel de la señora Kasagi
5. Sato

Temas

1. Las ideas feministas de Rosario Castellanos
2. Los elementos *expositivos* y *argumentativos* del ensayo
3. El uso de ejemplos en el ensayo
4. El uso de la ironía en el ensayo
5. Las características lingüísticas más significativas del texto

ROSARIO FERRE

Rosario Ferré nació en Ponce, Puerto Rico en 1942. Estudió inglés, francés y literatura latinoamericana en Puerto Rico y los Estados Unidos, entrando en contacto con varios escritores y críticos literarios que la animaron a escribir. Sus primeros cuentos y ensayos aparecieron en la revista *Zona de Carga y dezcarga* que dirigió entre 1971 y 1975. Esta fue la plataforma desde la cual Ferré lanzó una ardiente y exitosa campaña en pro del desarrollo literario y artístico de su isla, así como de los derechos de la mujer puertorriqueña. Ferré se ha distinguido como cuentista (*Papeles de Pandora,* 1976), novelista (*Maldito amor,* 1986), ensayista (*Sitio a Eros: siete ensayos literarios,* 1986), crítica literaria y periodista. Lo que caracteriza la obra de Ferré es su inveterado feminismo y el activismo social. El cuidado lingüístico y la fusión de lo real con lo fantástico revelan en su ficción la influencia de notables autores latinoamericanos, como Julio Cortázar. Las protagonistas de Ferré, víctimas del machismo y del prejuicio racial, se refugian en un mundo en el que la realidad objetiva se funde con lo irreal y lo grotesco. El ensayo *La autenticidad de la mujer en el arte* que aparece en esta antología consituye la base teórica de una obra que se propone demostrar la eminente capacidad creadora femenina.

La autenticidad de la mujer en el arte

Dice Virginia Woolf,[a] en *Una habitación propia,* que si una mujer con vocación literaria en el siglo XVI (la hermana de Shakespeare por ejemplo) hubiese intentado realizar[1] su vocación, o se hubiese vuelto loca, o se hubiese suicidado, o hubiese acabado sus días en alguna casa solitaria a las afueras del pueblo, medio
5 bruja, medio hechicera, objeto del temor y de la burla. La mujer con vocación literaria no llegará hoy acaso a estos extremos, pero sigue estando muy lejos de tener una suerte tranquila: su vida se vuelve una vorágine[2] de conflictos que intentan destrozarla,[3] en la medida en que persiste en realizar la voz de su corazón, o sea, su vocación.
10 A diferencia del siglo XVI, la mujer escritora hoy puede ejercer su vocación con relativa libertad; pero se le sigue haciendo mucho más difícil que al hombre llegar a ser un buen artista, y esto por una razón sencilla: le es más difícil llegar a ser una persona completa.

1 poner en práctica, efectuar
2 vortex
3 destruirla

---

[a] Pseudónimo de la novelista inglesa Adeline Virginia Stephen (1882–1941). En obras como *Mrs. Dalloway* (1925), *To the Lighthouse* (1927), *The Waves* (1931) y *The Moment* (1948), publicada póstumamente, intriga y acción desempañan un papel secundario. La mayor preocupación de la escritora es el conflicto interior de sus personajes, que ella revela a través de la técnica del fluir de la conciencia.

En primer lugar, su libertad se encuentra considerablemente coartada,[4] lo que
limita las experiencias de las cuales puede valerse para enriquecer su obra. La
mujer desconoce, por ejemplo, los mecanismos del poder político y económico; y
en cierta forma este limitado acceso a los mismos resulta una situación afortu-
nada, ya que su deber consiste en oponerse a ellos. En segundo lugar, su rol de esposa y madre tiende a hacerla un ser dependiente, tanto en su supervivencia
económica como en su sentido de identidad.

El problema inicial, el problema de su libertad material, es un problema externo, relativamente de fácil solución, al que se ha enfrentado enérgicamente a
lo largo de los últimos diez años el movimiento feminista. Los logros[5] de este
movimiento son un indicio de que, al menos en el nivel de las leyes y de los con-
tratos de trabajo, de las oportunidades que la sociedad le ofrece, el dilema de la
mujer se encuentra en camino de resolverse.

El segundo problema, el de su libertad interior, cala[6] mucho más hondo y es de
más difícil solución. Podría dividirse en dos vertientes: las sanciones emocionales
y psicológicas que, al nivel de las costumbres, la sociedad sigue imponiendo a la
mujer y las sanciones que ella suele imponerse a sí misma.

La mujer que tiene éxito hoy en su profesión, sea ésta cual sea, se está aprovechando de esas oportunidades que, al nivel público o retórico, la sociedad le
concede. Pero una cosa es el derecho de la mujer a la igualdad de oportunidades
en el nivel público, y otra en el nivel privado. La verdad es que toda mujer que
tiene éxito en su profesión es vista de inmediato con desconfianza por la mayoría
de los hombres. Existe una especie de juicio tácito según el cual una mujer que
triunfa con su mente será necesariamente un fracaso en la cama y en el hogar. El
éxito suele ser para ella un motivo de conflicto, y sólo llega a lograrse plenamente
en circunstancias muy excepcionales.

La mayoría de las veces la mujer se ve forzada a escoger entre su príncipe azul
o su vocación. Es por esto que tantas mujeres, cuando están a punto de lograr el
éxito, sea éste de orden económico, intelectual o científico, encuentran una excusa
para darse de baja y dejar las cosas a medias. La soledad es un dilema angustioso
al cual la mujer que ha escogido una profesión tiene a menudo que enfrentarse.

Pero el problema de la libertad interior de la mujer tiene una segunda vertiente,[7] mucho más dolorosa que la primera: la mujer que intenta romper con los
patrones de comportamiento convencionales no necesita, por lo general, ser casti-
gada ni por la ley ni por los mecanismos sociales. Ella se ocupa, mucho más efi-
cientemente que ningún tribunal, de castigarse a sí misma: se siente aterradora-
mente culpable. Esto se debe en parte a su educación; al hombre se le educa con
miras a la realización propia,[8] mientras que a ella se la educa con miras a la realización ajena;[9] al hombre se le educa para que se desenvuelva en el mundo, para
que tenga éxito y se realice a sí mismo como profesional o artista; y a ella, en
cambio, se la educa para que enseñe a los hijos cómo lograr ese éxito y a las hijas
cómo sacrificarse para que sus hermanos lo alcancen. La soledad y el anonimato
del hogar han sido tradicionalmente el destino de la mujer, mientras el hombre
sale a conquistar el mundo.

Pero es necesario reconocer que esta educación no es la única causa de la falta
de coherencia que a menudo define la personalidad femenina: la función de esposa y madre es a veces adoptada por ella con intolerancia, para justificar el vacío
de su vida y darse a sí misma un sentido. Otras veces es adoptada con alivio, por

4 restringida
5 éxitos obtenidos
6 penetra
7 aspecto
8 con... pensando en
   su vida profesional
9 de otros

aquellas mujeres para quienes la responsabilidad de ser independientes y de enfrentar las consecuencias de sus propios actos resultaría, luego de tantos años de dependencia, un trauma aterrador. Cuando la mujer asume la función de esposa y
65 madre como auténtica vocación, resulta un bien deseable. Lo que es imperdonable es que se la condene a conocer el amor únicamente en estas circunstancias, cuando éste puede ser mucho más. El amor es también el trabajo profesional hecho con amor, la posibilidad de desarrollar hasta el máximo las capacidades humanas.

70 Para la mayoría de las mujeres, ser las artesanas de ese paraíso imprescindible[10] del hogar resulta hoy un pobre sustituto de la compleja maravilla del mundo. La educación les ha probado que cambiar pañales[11] y velar[12] por el bienestar físico de la familia no es una alternativa equiparable al cultivo de las artes, de la política, o de las ciencias.

75 No cabe duda de que el problema fundamental de la mujer es hoy la integración de su personalidad, con todas las satisfacciones y sufrimientos que la madurez y la independencia conllevan.[13] No me refiero a esa actitud imitativa del hombre que, en ocasiones, adopta la mujer, apropiándose las actividades mentales masculinas de lucro[14] y poder despreciando, con mucho más ahínco[15] que los
80 hombres mismos, todo lo concerniente a la visión femenina. La función de la mujer debería consistir precisamente en cuestionar el ejercicio de ese poder[16] (moral, religioso o político) tanto en los países donde prevalece el capitalismo estatal, como en los que prevalece el capitalismo privado, mientras profundiza paralelamente en su identidad, en la búsqueda de saber quién es, cómo es.

85 La mujer con vocación de escritora goza hoy de mayores oportunidades para llegar a serlo, porque su lucha por entenderse a sí misma la ayuda a lograrlo. Como dijo Rilke[b] en su *Carta a un Joven Poeta,* no hay cosa más desastrosa para un escritor que el que la voz le suene falsa. ¿Cómo entonces podrá la escritora sonar auténtica si aún no sabe quién es ni cómo es? Las escritoras de hoy saben
90 que si desean llegar a ser buenas escritoras, tendrán que ser mujeres antes que nada, porque en el arte la autenticidad lo es todo. Tendrán que aprender a conocer los secretos más íntimos de su cuerpo y a hablar sin eufemismos de él. Tendrán que aprender a examinar su propio erotismo y a derivar de su sexualidad toda una vitalidad latente y pocas veces explotada. Tendrán que aprender a explorar su ira
95 y su frustración así como sus satisfacciones ante el hecho de ser mujer. Tendrán que purificarse y ayudar a purificar a quienes las leen, de esa culpabilidad que en secreto las tortura. Tendrán que escribir, en fin, para comprender mejor y para enseñarle a sus lectoras a comprenderse mejor.

Su autenticidad implicará también un reexamen de la naturaleza del amor,
100 porque en el amor se encuentra la raíz de su culpabilidad. ¿Qué es el amor, en fin, para la mujer? ¿Qué es ese enorme bien por el cual se le ha exigido renunciar al mundo durante siglos? ¿Es el amor el único fin de su vida? ¿Tiene que ser irremplazable, tiene que estar bendecido por la respetabilidad de la procreación y de la propiedad?[c] ¿No tiene acaso la mujer, al igual que el hombre, derecho al amor

[b] Poeta austríaco (1875–1926) nacido en Praga. Su verso se caracteriza por un marcado lirismo de tipo místico. Sus colecciones de poemas incluyen *El libro de las horas* (1905), *Sonetos a Orfeo* (1923) y *Elegías de Duino* (1923).
[c] bendecido... aprobado por la moral eclesiástica y social, como la única manera de multiplicar la especie humana

10 esencial
11 *diapers*
12 cuidar
13 llevan consigo
14 ganacia financiera
15 intensidad
16 ejercicio... manera en la que el poder es usado

17 tempted
18 convendría
19 unirse inseparable-
     mente
20 desvanecer (dissi-
     pate)

105 profano, al amor pasajero, incluso al amor endemoniado, a la pasión por la pasión misma?

Creo, como Anaïs Nin,[d] que la pasión es la naturaleza definitoria de la mujer, pero esa pasión suele ser al mismo tiempo, su mayor fuerza y su mayor flaqueza. La educación a que ha sido expuesta, el anonimato, la pobreza, el renunciamiento
110 a sí misma, el espíritu de sacrificio, le han dado una profundidad, una capacidad para soñar y conmoverse, una fe en los valores fundamentales de la vida que el hombre, por lo general, desconoce. Y paradójicamente, es esa misma pasión la que la convence de la existencia de un príncipe azul que nunca llega.

La responsabilidad actual de toda escritora es precisamente convencer a sus
115 lectoras de ese precepto fundamental: el príncipe azul no existe, no tiene materiali-dad alguna fuera de la imaginación, de la propia capacidad creadora. Y si vacilara en su convencimiento y se sintiera tentada[17] a creer lo contrario, más le valdría[18] recordar las palabras de Diotima, la sabia de Mantinea, cuando afirma en el *Ban-quete*[e] de Platón, que el amor es siempre plurivalente y jamás se limita a un solo
120 cuerpo: «Si hay que buscar la belleza, dice Diotima, sería una verdadera locura no creer que la belleza que reside en todos los cuerpos es una e idéntica. Una vez penetrado de este pensamiento, el hombre deberá mostrarse amante de todos los cuerpos bellos y despojarse, como de una menospreciada futesa,[f] de toda pasión que se encontrara en uno solo». Y aun cuando, una vez en mil, el príncipe azul se per-
125 sonificara ante ella implacable y aterrador en su perfección, le sería necesario con-vencerse de que también a él lo ha inventado, porque el precio que tendría que pagar por su sustantividad resulta sencillamente demasiado alto.

En *Una habitación propia* Virginia Woolf señala que la perturbadora situación de la mujer ha sido la razón principal por la cual no ha habido grandes mujeres es-
130 critoras en la historia universal. No ha habido una sola mujer que haya escrito como Shakespeare, dice Virginia Woolf (excepto quizá Jane Austen[g]), porque su situación le impide escribir objetivamente, con todos los obstáculos quemados, con esa absoluta transparencia que adquiere la obra literaria cuando el autor está totalmente distanciado de lo que escribe, a la vez que ha logrado fundirse[19] con su
135 escritura. Esto puede ser cierto, y puede ser, en efecto, que no existan escritoras comparables a Shakespeare o a Cervantes por múltiples razones (algunas de las cuales ya han sido mencionadas aquí), pero resulta inverosímil afirmar que la causa de ese hecho ha sido su falta de objetividad.

En el caso de la pasión, de la ira, de la risa, de la subjetividad arbitraria, difiero
140 radicalmente de esta opinión de Virginia Woolf y me inclino más a pensar como Anaïs Nin. Creo, como ella, que la mujer debe escribir para reinventarse, para disipar[20] su temor a la pérdida y a la muerte, para enfrentarse cada día al esfuerzo que representa vivir. Para ella, tanto las buenas como las malas pasiones caben en la literatura: «Me refiero también a la tierra mala, a los demonios, a los instintos,

---

[d] escritora norteamericana de ascendencia española, nacida en París. Su obra narrativa (*Seducción del Mino-tauro,* 1961) y autobiográfica (*Diarios,* 1919–1975) es un análisis continuo de una personalidad dividida entre dos culturas y pasiones.

[e] en el Banquete... referencia al *Simposio* (que significa «banquete») de Platón. En uno de sus famosos diálo-gos dramáticos, el personaje de Sócrates, que dirige la discusión, inventa y cita a Diotima—sabia de la que finge haber adquirido todos sus conocimientos.

[f] despojarse... eliminar de su vida el amor carnal, como se eliminaría una cosa inútil

[g] escritora inglesa (1775–1817), conocida por su mordaz sátira social y por el penetrante estudio de las cos-tumbres y moralidad de su época. Entre sus obras más significativas figuran *Sense and Sensibility* (1811), *Pride and Prejudice* (1813), *Mansfield Park* (1814) y *Emma* (1816).

145 a las tormentas de la naturaleza. Las tragedias, los conflictos, los misterios, son siempre personales. Fue el hombre el que inventó la indiferencia, y ésta se convirtió en fatalidad.»

Como todo artista, en fin, la mujer escribe como puede, no como quiere ni debe. Si le es necesario hacerlo rabiando y amando, riendo y llorando, con resen-
150 timiento e irracionalidad, al borde mismo de la locura y de la estridencia estética, lo importante es que lo haga, lo importante es que siga escribiendo. Es de esa manera como ella más puede ayudar a configurar a la mujer como ser completo. A lo que debe dedicarse en cuerpo y alma es a la persistencia y no a la objetividad; a no dejarse derrotar por los enormes obstáculos que la confrontan. Seguir escri-
155 biendo aunque no sea más que para allanarles el camino a las que vengan después, a esas escritoras que quizá algún día puedan escribir con calma en vez de con ira, como quería Virginia Woolf. Al igual que Anaïs Nin pienso que la pasión tiene un inmenso poder de transformar, de transfigurar al ser humano, de una criatura limitada, pequeña y atemorizada, en una figura magnífica, que puede alcanzar a veces
160 la estatura del mito. «Todos mis momentos de pasión y videncia nacieron de la pasión, —dice Anaïs Nin—, los desiertos que les siguieron no me interesan.»

Cuestionario

1. Segun el primer párrafo, ¿qué le habría pasado en el siglo XVI a la mujer que hubiera querido dedicarse a escribir? ¿Qué le sucede hoy día a una mujer con vocación literaria?

2. ¿Cuál es la premisa fundamental de este ensayo a juzgar por la analogía de la «hermana de Shakespeare» y de la mujer contemporánea?

3. A pesar de que la mujer goza actualmente de bastante libertad de expresión, ¿por qué le cuesta más trabajo a ella que al hombre llegar a ser un buen artista?

4. ¿Cuáles son los dos factores-clave que en general le han impedido a la escritora producir obras realmente interesantes por la riqueza de las experiencias que ofrecen al lector?

5. ¿A qué se debe el hecho de que la mujer que logra el éxito suele sentirse culpable y se castiga a sí misma?

6. ¿Con qué propósito se educa al hombre? ¿Y a la mujer?

7. ¿Qué debiera hacer la mujer moderna en vez de imitar al hombre en lo que se refiere al poder económico, político, etcétera?

8. ¿Qué principio(s) feminista(s) destacan las seis preguntas retóricas en el párrafo décimocuarto?

9. ¿Qué aspecto del tema o mensaje central se perfila en el párrafo décimoquinto: «...la pasión es la naturaleza definitoria de la mujer, pero esa pasión suele ser al mismo tiempo, su mayor fuerza y su mayor flaqueza»?

10. Según Virgina Woolf, no ha habido hasta la fecha ninguna escritora que se pueda comparar con Shakespeare o Cervantes. ¿A qué factores culturales y artísticos se puede atribuir esa falta? ¿Concuerda la ensayista con la opinión de la autora inglesa? Coméntelo.

11. En la conclusión, ¿qué solución al problema de la identidad personal y artística de la mujer propone el ensayo? ¿De qué recurso(s) innato(s) ha de valerse la mujer para realizarse como ser humano y como artista?

Identificaciones

1. «juicio tácito»
2. *Carta a un joven poeta*
3. Diotima
4. *Pride and Prejudice*
5. «Fue el hombre el que inventó la indiferencia, y ésta se convirtió en fatalidad»
6. «...la mujer escribe como puede, no como quiere ni debe».

Temas

1. Las imágenes simbólicas en el ensayo
2. La realidad, el arte y la nueva mujer
3. Las técnicas persuasivas del ensayo
4. La visión dualista y conciliadora del ensayo
5. El feminismo de Rosario Ferré, según este ensayo

EL ENSAYO CRITICO

Los ensayos críticos pueden ayudarnos a comprender un texto literario. Cada ensayo tendrá un punto de enfoque, sea analítico, estructural, histórico o ideológico. A veces la crítica busca una manera de explicar una ambigüedad textual, mientras que otras veces pone énfasis precisamente en los elementos más problemáticos del texto, no para resolverlos sino para iluminarlos. La crítica más reciente—de base estructuralista y semiológica—se dedica a elaborar los factores que producen la significación textual y las múltiples posibilidades interpretativas. El lector del artículo crítico debe considerar de una manera *abierta* las ideas representadas y debe juzgar de una manera *crítica* estas ideas. Cualquier ensayo tiene el poder de hacernos ver más claramente un determinado texto. Tenemos que leer la crítica como *metacríticos,* es decir, con la visión de un crítico. Esto es necesario porque hace falta examinar no sólo el contenido sino también la validez del método empleado por el crítico. Así, el artículo puede revelarnos algo nuevo sobre una obra literaria, acentuando un aspecto del texto ignorado por el lector o provocando una confrontación entre las ideas del crítico y las nuestras.

Se presentan a continuación resúmenes breves de seis estudios críticos sobre selecciones de la antología. El estudiante puede encontrar referencias a otras obras críticas en las bibliografías anuales de la MLA (Modern Language Association) y en otras fuentes bibliográficas.

El ensayo crítico: Guía general para el lector

1. ¿Cuál es la tesis o el punto de enfoque central del artículo?
2. ¿Cuál es la aproximación del crítico? ¿Es una aproximación formalista o extratextual? ¿Define o explica el crítico su manera de acercarse al texto?
3. ¿Se puede defender la postura del crítico?
4. ¿Está Ud., como lector del texto, de acuerdo con la interpretación o análisis del crítico? ¿Tiene Ud. las mismas ideas o una visión crítica diferente o quizás contradictoria?
5. El artículo crítico presenta una perspectiva determinada sobre una obra literaria. ¿Cuáles serían otras maneras de estudiar esa obra?

1. **OBRA:** Miguel de Unamuno,
   San Manuel Bueno, mártir

ARTICULO: Colbert I. Nepaulsingh, «In Search of a Tradition, not a Source, for *San Manuel Bueno, mártir*», *Revista Canadiense de Estudios Hispánicos* 11.2 (1987): pp. 315–330

En vez de buscar las fuentes de *San Manuel Bueno, mártir,* Nepaulsingh enfatiza la presencia de una «tradición» literaria en el texto unamuniano. En el artículo, el crítico destaca tres obras que tienen puntos de contacto con la novela de Unamuno: *Cárcel de amor* (1492), una novela sentimental de Diego de San Pedro; *La Celestina* (1499, 1502) de Fernando de Rojas, una obra maestra de la literatura española sobre el amor trágico entre dos jóvenes, Calisto y Melibea; y *Don Quijote* (1605, 1615) de Miguel de Cervantes. Para Nepaulsingh, el denominador común de las obras es la tradición evangélica y el concepto del sacrificio.

2. **OBRA:** *La casa de Bernarda Alba*

ARTICULO: Michele Frucht Levy. «Of Time and the River: Lorca's *La casa de Bernarda Alba* and Chekhov's *Try sestry*,» *La Chispa '85: Selected Proceedings,* ed. Gilbert Paolini (New Orleans: Tulane University, 1985), pp. 203–212.

Este es un estudio comparativo en el que se señalan similitudes importantes entre la obra de Lorca (1936) y la de Chekhov (1901), tales como la afinidad temática, la acción circular, el carácter intolerante de una mujer, así como el código social contra el que chocan los sueños de las hermanas. El río como arquetipo del paso del tiempo y de la vida representa la fuerza que arrastra a las mujeres, mientras que el futuro esperanzador se transforma en un desesperado presente.

3. **OBRA:** Juan Rulfo, «No oyes ladrar los perros»

ARTICULO: Donald K. Gordon, «No oyes ladrar los perros», de *Los cuentos de Juan Rulfo* (Madrid: Playor, 1976), pp. 123–128

El crítico utiliza el diálogo de «No oyes ladrar los perros» como punto de enfoque para el análisis del cuento. Por su forma, el diálogo presenta cierta separación entre los dos personajes, la cual Gordon relaciona con el uso general de contrastes en el cuento. El énfasis en la forma dialogada lleva al crítico a una interpretación del desenlace del cuento.

4. **OBRA:** Juan Ramón Jiménez, «¡Intelijencia, dame!»

ARTICULO: Howard T. Young, «The Exact Names», *MLN* 96 (1981): pp. 312–323

«¡Intelijencia, dame!» es metapoema, o sea, un poema sobre la creación de la poesía misma. En «The Exact Names», Howard T. Young pretende ubicar este poema dentro del contexto de los movimientos y tendencias poéticas de su época. El ensayo crítico de Young examina, pues, no sólo un poema sino el arte de la creación poética, no sólo el producto final sino el proceso literario y personal, no sólo un poeta sino las metas de la poesía.

5. **OBRA:** Miguel de Cervantes, *El viejo celoso*

ARTICULO: Patricia Kenworthy, «The Character of Lorenza and the Moral of Cervantes' *El viejo celoso*», *Bulletin of the Comediantes* 31 (1979): pp. 103–108

El artículo de Patricia Kenworthy presenta un análisis de la manifestación específica de la infidelidad matrimonial—tema predilecto de Cervantes—en el entremés de *El viejo celoso*. El punto de enfoque del ensayo es la caracterización de Lorenza, figura clave para una interpretación de la obra. Kenworthy pone énfasis en el desarrollo del personaje y en el aspecto comparado (la relación entre Lorenza y otras protagonistas cervantinas) al buscar los motivos literarios y conceptuales de Cervantes.

6. **OBRA:** Mariano José de Larra, «El castellano viejo»

ARTICULO: Vicente Cabrera, «El arte satírico de Larra», *Hispanófila* 59 (1977): pp. 9–17

El artículo de Vicente Cabrera sigue un patrón formalista para examinar la estructura del texto (el modo de presentación de las ideas) y los recursos retóricos empleados por Larra. Según Cabrera, es un error clasificar a Larra como costumbrista; el autor de «El castellano viejo» no pinta de manera objetiva la realidad social, sino que la distorsiona, produciendo una creación máxima del arte satírico.

APENDICE 2: CLASIFICACION DE LOS VERSOS SEGUN EL NUMERO DE SILABAS

De 2 sílabas (bisílabos):
```
 1   2
```
No-che
tris-te
vis-te
ya,
ai-re
cie-lo
sue-lo
mar.
>   (Gertrudis Gómez de Avellaneda,
>   «La noche de insomnio y el alba»)

De 3 sílabas (trisílabo):
```
 1   2   3
```
De-rra-man
los sue-ños
be-le-ños
de paz.
>   (Gertrudis Gómez de Avellaneda,
>   «La noche de insomnio y el alba»)

De 4 sílabas (tetrasílabo):
```
 1   2   3   4
```
Los ma-de-ros
de San Juan
pi-den que-so
pi-den pan.
>   (José Asunción Silva,
>   «Los maderos de San Juan»)

De 5 sílabas (pentasílabo):
```
 1   2   3   4   5
```
La se-ño-ri-ta
del a-ba-ni-co
va por el puen-te
del fres-co rí-o.
>   (Federico García Lorca,
>   «Canción china en Europa»)

De 6 sílabas (hexasílabo):
```
 1   2   3   4   5   6
```
Los o-li-vos gri-ses,
los ca-mi-nos blan-cos.
El sol ha sor-bi-do
la co-lor del cam-po;
y has-ta tu re-cuer-do
me lo va se-can-do
es-ta al-ma de pol-vo
de los dí-as ma-los.
>   (Antonio Machado,
>   *Nuevas canciones*)

De 7 sílabas (heptasílabo):
```
 1   2   3   4   5   6   7
```
Llé-va-me so-li-ta-ria,
llé-va-me en-tre los sue-ños,
llé-va-me ma-dre mí-a,
des-piér-ta-me del to-do.
haz-me so-ñar tu sue-ño.
>   (Octavio Paz, *A la orilla del mundo*)

De 8 sílabas (octosílabo):
```
 1   2   3   4   5   6   7   8
```
Yo soy un hom-bre sin-ce-ro
de don-de cre-ce la pal-ma
y an-tes de mo-rir-me quie-ro
e-char mis ver-sos del al-ma.
>   (José Martí, *Versos sencillos*)

De 9 sílabas (eneasílabo):
```
 1   2   3   4   5   6   7   8   9
```
Ju-ven-tud di-vi-no te-so-ro,
¡ya te vas pa-ra no vol-ver!
Cuan-do quie-ro llo-rar, no llo-ro...
y a ve-ces llo-ro sin que-rer...
>   (Rubén Darío,
>   «Canción de otoño en primavera»)

De 10 sílabas (decasílabo):
```
 1   2   3   4   5   6   7   8     9  10
```
Del sa-lón en el án-gu-lo os-cu-ro,
de su due-ño tal vez ol-vi-da-da
si-len-cio-sa y cu-bier-ta de pol-vo
veí-ase el arpa.
>   (Gustavo Adolfo Bécquer,
>   «Rima VII»)

De 11 sílabas (endecasílabo):
```
 1   2   3   4   5     6    7   8   9  10  11
```
Cor-ta las flo-res, mien-tras ha-ya flo-res,
per-do-na las es-pi-nas a las ro-sas...
¡Tam-bién se van y vuel-ven los do-lo-res
co-mo tur-bas de ne-gras ma-ri-po-sas!
>   (Manuel Gutiérrez Nájera, «Pax animae»)

De 12 sílabas (dodecasílabo):
```
 1   2   3    4    5   6   7   8   9  10   11 12
```
Cru-ce-mos nues-tra ca-lle de la a-mar-gu-ra,
le-van-ta-das las fren-tes, jun-tas las ma-nos...
¡Ven tú con-mi-go, rei-na de la her-mo-su-ra;
he-tai-ras y po-e-tas so-mos her-ma-nos!
>   (Manuel Machado, «Antífona»)

De 13 sílabas (trecisílabo):

   1 2 3 4 5 6 7 8 9 10 11 12 13
Yo pal-pi-to, tu glo-ria mi-ran-do su-bli-me,
¡No-ble Au-tor de los vi-vos y va-rios co-lo-res!
¡Te sa-lu-do si pu-ro ma-ti-zas las flo-res,
te sa-lu-do si es-mal-tas ful-gen-te la mar!
     (Gertrudis Gómez de Avellaneda,
     «La noche de insomnio y el alba»)

De 14 sílabas (alejandrino):

   1   2   3 4 5 6   7   8   9 10 11 12 13 14
Pue-do es-cri-bir los ver-sos más tris-tes es-ta no-che
Yo la qui-se, y a ve-ces e-lla tam-bién me qui-so.

En las no-ches co-mo és-ta la tu-ve en-tre mis bra-zos.
La be-sé tan-tas ve-ces ba-jo el cie-lo in-fi-ni-to.
     (Pablo Neruda, «Poema 20»)

APENDICE 3: TERMINOS LITERARIOS Y PARALITERARIOS RELACIONADOS CON EL TEXTO

Actantes (*actants*): Personajes o cosas que desarrollan una función en un proceso determinado.

Actores (*actors*): Personajes en los cuales converge un papel actancial y al menos una significación temática.

Aforismo (*aphorism*): Sentencia breve que expresa una doctrina o verdad. Sinónimo: máxima (*maxim*).

Alegoría (*allegory*): Es una metáfora continuada a lo largo de una composición o de una parte de ella.

Alejandrino (*Alexandrine*): Verso de catorce sílabas, generalmente dividido en dos hemistiquios. El alejandrino francés consta de doce sílabas solamente.

Aliteración (*alliteration*): Repetición del mismo sonido o grupo de sonidos.

Anáfora (*anaphora*): Repetición de una palabra o frase al principio de dos o más versos u oraciones.

Analogía (*analogy*): Relación de semejanza entre dos cosas distintas.

Anglicismo (*Anglicism*): Uso de vocablos, o expresiones inglesas en otro idioma.

Antítesis (*antithesis*): Expresión de ideas contrarias en frases semejantes.

Aparte (*aside*): Técnica teatral que sirve para comunicar al público ciertas cosas que los otros personajes no deben saber.

Apóstrofe (*apostrophe*): Figura retórica que consiste en interrumpir improvisadamente el discurso para dirigirlo con vehemencia a seres presentes, ausentes o abstractos, así como a sí mismo o a cosas inanimadas.

Argumento o historia (*story/story line*): En una obra narrativa el término se refiere a la narración de los acontecimientos según el orden en que ocurren. El argumento (*argument*) de un ensayo es el razonamiento que se emplea para demostrar una proposición o un teorema.

Arquetipo (*archetype*): Literalmente, «modelo original» o símbolo universal. Según el psicólogo Carl G. Jung, el arquetipo viene a representar el inconsciente colectivo del hombre, es decir, las ideas que éste comparte con sus antepasados.

Arte mayor: Los versos de más de ocho sílabas.

Arte menor: Los versos de ocho sílabas o menos.

Artículo de costumbres (*article of manners or customs*): Composición anecdótica, descriptiva e interpretativa de tono humorístico, a veces satírico, en torno a algún aspecto de la vida española del siglo XIX.

Asíndeton (*asyndeton*): Supresión de conjunciones.

Axioma (*axiom*): Una verdad aceptada universalmente y, de ahí, que no necesite ser demostrada.

Barroco (*baroque*): Movimiento cultural que en España abarca más de un siglo (1580–1700). Conceptualmente, está asociado con la inquietud espiritual y el pesimismo ocasionados por la Contrarreforma y el subsecuente período de celo religioso. Esta actitud se refleja en las obras literarias de carácter metafísico, moralizador o satírico. Estilísticamente, el Barroco—palabra que significa «perla tosca» (*rough pearl*) en portugués—se caracteriza por su complejidad y por su extravagante ornamentación, rasgos destinados a crear asombro e introspección. En la literatura el *culteranismo* y el *conceptismo* son las dos grandes expresiones del arte barroco hispánico.

Beatus ille: Motivo poético creado por Horacio (65–8 a. de C.) en el que se ensalza la vida del campo como lugar en el que se logra la perfecta paz del espíritu.

Característica referencial (*referential characteristic*): Rasgo mediante el cual se puede observar de qué modo cierta forma literaria se dirige al lector.

Caricatura (*caricature*): Retrato o esbozo satírico de una persona.

Carpe diem: (*lit.*, Aprovecha el día presente) es un tópico literario. Con estas palabras, su creador, Horacio (65–8 a. de C.), en sus *Odas*, nos recuerda que la vida es corta y debemos apresurarnos a gozar de ella.

Catarsis (*catharsis*): Purificación que opera la tragedia en el espectador por medio de la compasión y el miedo.

Cesura (*caesura*): Pausa que se hace en el interior de un verso.

Clímax (*climax*): Intensificación. En una composición literaria es el punto culminante de la acción. En el lenguaje literario equivale a la *gradación*.

Comedia (*comedy, play*): Obra dramática de ambiente divertido con un final feliz; también una obra dramática en general.

Comodín (personaje): En el teatro es el personaje que hace diversos papeles en una misma obra.

Conceptismo (*conceptism*): Tendencia literaria asociada especialmente con los escritores barrocos Gracián y Quevedo (siglo XVII). Empleado particularmente en la prosa, el conceptismo consiste en emplear conceptos rebuscados (*unnatural, pedantic*) de extravagante originalidad. Aunque el culteranismo y el conceptismo se parecen en virtud de sus metáforas atrevidas, los retruécanos incomprensibles y el hipérbaton exagerado, el conceptismo se diferencia por ser no tanto un preciosismo (*preciosity*) lingüístico, como un preciosismo de ideas.

Contrarreforma (*Counter-Reformation*): Nombre dado por los protestantes a la acción promovida por la Iglesia católica en los siglos XVI–XVII a fin de combatir la Reforma protestante. Como resultado del Concilio de Trento (1545–1563), se reafirmaron el principio de la unidad indisoluble de la Iglesia, la supremacía absoluta del Papa sobre el concilio (junta o congreso de obispos y otras autoridades eclesiásticas) y la integridad del dogma católico. Este movimiento inspiró el estilo barroco que manifiesta elocuentemente el desequilibrio espiritual de la época.

Copla: Estrofa de cuatro versos de arte mayor o de arte menor. Hay ciertas variantes de coplas.

Cosmopolitismo (*cosmopolitanism*): En directa oposición al criollismo o regionalismo, que en la literatura realista y naturalista destaca lo *local* y *actual,* esta corriente asociada con la primera fase del Modernismo valoriza únicamente los aspectos *estáticos* y *universales* de la obra literaria.

Cosmovisión (*world-view*): Actitud de un autor ante la vida, según se puede determinar mediante la lectura de sus obras; a menudo se designa con la palabra alemana «*Weltanschauung*».

Costumbrismo: Tendencia literaria española cimentada en el siglo XIX que consiste en retratar e interpretar, por lo general con sentimiento y nostalgia, las costumbres del país.

Creacionismo (*Creationism*): Movimiento literario de cuño vanguardista iniciado por el poeta chileno Vicente Huidobro. Resumido en los versos de «Arte poética» (p. 170), el postulado creacionista destaca la necesidad de crear obras de la misma manera que la naturaleza crea árboles. Por consiguiente, la poesía debía dejar de imitar la naturaleza o el «mundo real». Según Huidobro, el poeta es un «pequeño dios», capacitado para inventar o «crear» nuevas realidades que debía expresar por medio de un discurso totalmente original y antilógico. El término «creacionismo» se refiere asimismo a la doctrina que atribuye a Dios el origen de todos los varios y distintos actos de creación.

Criollismo: Corriente o tendencia regionalista de Hispanoamérica que afecta principalmente a la novela y al cuento. Sus características fundamentales son la crítica de las condiciones sociales, políticas y económicas del país en cuestión. El autor criollista muestra una actitud pesimista y militante que se refleja en la descripción casi científica de la lucha desigual del ser humano contra las fuerzas hostiles de la naturaleza y contra la injusticia social.

Crónica (*chronicle*): En un sentido amplio, colección de acontecimientos históricos o artículo periodístico sobre temas de la actualidad. Relato a veces rudo y de escaso mérito literario—pero siempre espontáneo y pintoresco—que aventureros, prisioneros y viajeros españoles utilizaron en los siglos XV–XVII para describir, al estilo de la antigua crónica medieval y de la épica, la conquista y colonización de América.

Cuadro de costumbres (*portrait of manners or customs*): En la literatura española de los siglos XVIII y XIX, boceto (*sketch*) colorido de una escena o de un lugar característicos de la vida española contemporánea.

Culteranismo (*euphuism*): Tendencia literaria introducida por el poeta barroco Luis de Góngora (siglo XVII). Se caracteriza por la falta de naturalidad en el estilo, por la abundancia de latinismos y otros vocablos raros y particularmente por las construcciones sintácticas rebuscadas y oscuras.

Cultismo (*learned word*): Toda palabra procedente de una lengua clásica, especialmente del latín, que entra por vía culta en el idioma, y que, al contrario de las voces populares, no ha experimentado transformación fonética.

Deus ex machina: Deidad (*deity*) que en el teatro clásico grecorromano era traída al palco escénico (*stage*) por medio de alguna máquina con el propósito de resolver una situación difícil. Desde entonces, el término ha venido a significar cualquier personaje, ocurrencia o recurso artifical o improbable destinado a intervenir improvisadamente en una obra literaria para solucionar una situación dada o para desenredar la trama.

Diéresis (*diaeresis*): Licencia poética que consiste en separar dos vocales que forman diptongo.

Drama (*drama*): Una presentación en la cual unos personajes imitan un hecho de la vida ante unos espectadores.

Efecto V (*alienation effect*): En el teatro épico, distanciamiento que se crea entre la acción y el espectador.

Elipsis (*ellipsis*): Omisión de elementos de una oración.

Encabalgamiento (*enjambement*): En poesía, cuando el final de un verso tiene que unirse al verso siguiente para completar el significado.

Ensayística (*essay writing*): El arte que se refiere al ensayo. Términos correspondientes a otras formas: la novelística, la cuentística, la dramaturgia, la poética.

Ensayo (*essay*): Composición literaria generalmente breve y en prosa que versa sobre un determinado tópico o tema y es por la mayor parte de carácter analítico, especulativo o interpretativo.

Épica (*epic poetry*): La poesía épica («la epopeya») cuenta, en un estilo elevado, las hazañas de héroes históricos o legendarios, como, por ejemplo, Ulises (de *La Ilíada* y de *La Odisea,* de Homero) o El Cid. La poesía épica representa una visión histórica, así como la exaltación de los valores e ideales de una nación.

Epíteto (*epithet*): Adición de adjetivos con un fin estético solamente, ya que su uso no es necesario.

Epopeya (*epic*): Poema épico o heroico.

Esbozo (*sketch*): Ensayo corto y descriptivo que gira en torno a un solo personaje, una sola escena o un solo acontecimiento. Sinónimo: boceto.

Estribillo (*refrain*): Una línea o líneas que se repiten a intervalos a lo largo de un poema y muy frecuentemente al final de una estrofa.

Estrofa (*stanza*): Secuencia de versos sometidos a un orden para formar la unidad estructural del poema.

Estructura (*structure*): La armazón (*framework*) de una composición literaria planificada de una manera particular. Dícese que la estructura de un drama se basa en sus divisiones en actos y escenas; la de un ensayo depende de una serie de tópicos en el orden de su presentación; la estructura de un *soneto* es determinada por el número de cuartetos (dos) y tercetos (dos), la utilización del verso endecasílabo, la rima consonante, etcétera.

Eufemismo (*euphemism*): Es una perífrasis que se usa para evitar el empleo de palabras malsonantes, groseras o que no se quieren mencionar por considerarse tabú.

Existencialismo (*existentialism*): Corriente filosófica radicada en las doctrinas del teólogo danés Sören Kierkegaard (1813–1855) y del filósofo alemán Edmund Husserl (1859–1938). La doctrina existencialista postula que el ser humano, por ser racional, se ve obligado a explicarse de una forma coherente y plausible su existencia en relación con la sociedad, con el mundo y con Dios. De dicha explicación depende la solución de todos los problemas—desde la esencia (¿Quién soy?) hasta el significado de la vida misma (¿Por qué vine al mundo? ¿Qué será de mí después de morir?). Sin embargo, los existencialistas sostienen que la propia conciencia le quita al ser humano la posibilidad de resolver lógicamente un enigma tan complejo, y esto produce una gran angustia (*anguish*). El existencialismo fue divulgado principalmente por los alemanes Karl Jaspers (1883–1969) y Martin Heidegger (1889–1976) y por los franceses Jean-Paul Sartre (1905–1980) y Gabriel Marcel (1889–1973). En la literatura hispánica, escritores como Miguel de Unamuno (1863–1937) han subrayado la necesidad de mitigar a través de la fe cristiana el sufrimiento que nace de la lucha entre la voluntad—el querer creer en la inmortalidad—y la razón, es decir, el no estar seguro de que exista otra vida después de la muerte. Por otro lado, en novelas, dramas y ensayos, los existencialistas ateos (*atheistic*) como los franceses Sartre y Albert Camus (1913–1960) proponen otra alternativa a la desesperación. Es el llamado «engagement», o sea, el compromiso (*commitment*) moral y humanitario del individuo para con sus semejantes (*fellow man*) en general y con la sociedad en particular. De allí que se denomina «engagé» o «comprometido» al escritor que pone su obra al servicio de una causa social o política.

Exposición (*exposition*): Parte de la trama de una obra narrativa en la que se le informa al lector acerca de los personajes y su circunstancia particular. En el ensayo, la exposición es la forma del discurso que explica, define e interpreta, en contraste con las otras formas—la descripción, la narración y la argumentación.

Extranjerismo (*foreignism*): Palabra o giro que proviene de algún idioma extranjero (anglicismo del inglés; germanismo del alemán; galicismo del francés, etcétera).

Fábula (*plot, fable*): El asunto de una obra literaria. También una historia en verso o en prosa, que encierra una enseñanza o lección moral.

Figuras retóricas (*rhetorical figures*): Convenciones lingüísticas—procedentes de la tradición retórica (el arte de la persuasión)—que tienen como fin la creación de imágenes bellas y conmovedoras.

Fluir de la conciencia (**Corriente de conciencia**) (*stream of consciousness*): Técnica que describe la actividad mental de un individuo desde la experiencia consciente a la inconsciente.

Fondo (*content*): Lo que dice una obra. El fondo es el asunto, el tema, el contenido, las ideas, los pensamientos y los sentimientos dentro de una composición; uno de los dos elementos principales del estilo. El otro es la *forma*.

Fonema (*phoneme*): Es la más pequeña unidad fonológica de una lengua, como lo demuestran los sonidos diferenciales en las palabras *cara* y *cada*.

Forma (*form*): Modo o estilo de arreglar y coordinar las varias y distintas partes de una composición. La forma corresponde a la estructura externa de una obra y sirve como «vestido» del mensaje o *fondo*. Los elementos formales son: el léxico—las palabras—las frases, las figuras estilísticas, las imágenes y los tropos, y la concepción misma de la obra.

Galicismo (*Gallicism*): Empleo en otra lengua de palabras o expresiones francesas.

Generación del 98 (*Generation of 98*): Período de renovación de las letras españolas iniciado por un grupo de escritores pre-ocupados por la atmósfera de desaliento—la llamada «abulia»—que resultó de la derrota nacional tras la Guerra Hispanoamericana (1898). La literatura de dicho período renueva el amor por la patria y su tradición, particularmente la espiritual y artística.

Glosa (*gloss*): Poema al fin del cual o al de cada una de sus estrofas se introducen uno o más versos anticipadamente propuestos.

Gradación o clímax (*climax*): Cuando varias palabras aparecen en escala ascendente o descendente.

Hamartia (*tragic flaw*): Punto débil del héroe trágico que lo conduce a la catástrofe.

Hemistiquio (*hemistich*): La mitad de un verso separada de la otra mitad por la cesura.

Hiato (*hiatus*): Pronunciación separada de dos vocales que deberían pronunciarse juntas por sinalefa. Si las vocales forman diptongo se llama *diéresis*.

Hipérbaton (*hyperbaton*): Alteración del orden acostumbrado de las palabras en la oración.

Hipérbole (*hyperbole*): Exageración. El aumentar o disminuir desproporcionadamente acciones, cualidades, etcétera.

Humanismo (*humanism*): Corriente que en la época del Renacimiento emprendió y difundió en Europa el estudio de las culturas clásicas de Grecia y Roma, y que anteponía a toda otra consideración los intereses, los valores y la dignidad personal de cada individuo.

Ilustración (*Enlightenment*): Movimiento del siglo XVIII que se distingue por su confianza en el poder ilimitado de la razón humana y en la bondad natural del hombre. Algunos filósofos de la Ilustración como Rousseau, Voltaire y Paine, propusieron que se utilizara al máximo las facultades racionales para llevar a cabo innovaciones en todos los campos—política, religión, educación, ciencias, etcétera—con el fin de mejorar las condiciones humanas.

Imagen (*image*): La representación—literal o figurada—de un objeto o de una experiencia sensorial. La relación poética establecida entre elementos reales e irreales. La impresión mental—de un objeto o de una sensación—evocada por una palabra o una frase.

In medias res: Frase latina que significa «en medio de las cosas». El término se refiere al recurso literario mediante el cual se comienza una obra literaria «a medio camino» en la sucesión de eventos de su historia, en vez de empezarla desde el principio.

Indianismo: Tendencia asociada con ciertas obras del romanticismo hispanoamericano. En los escritos indianistas el nativo de América es idealizado al estilo del típico héroe romántico europeo, perdiendo como resultado su verdadera identidad.

Indigenismo: Tendencia relacionada fundamentalmente con la novela hispanoamericana realista. En contraste con la idealización del nativo del Nuevo Mundo, típico del indianismo, el indigenismo se caracteriza por el retrato vivo y verosímil del nativo y por la fuerte protesta social que el autor hace en favor del indígena.

Ironía circunstancial (*situational irony*): Situación en la que el lector (o espectador) se entera de la ironía sólo en el momento culminante de la obra, así que su experiencia se parece a la del personaje.

Ironía dramática o trágica (*dramatic or tragic irony*): Situación en la que el lector (o espectador) sabe lo que va a pasar en la obra antes de que lo sepa el personaje; la posición del lector es la llamada distanciación irónica (*ironic distance*).

Justicia poética (*poetic justice*): Término introducido por el inglés Thomas Rymer en el siglo XVII para expresar que, mientras que en la vida real no siempre los buenos son premiados y los malos castigados, en la obra artística el autor puede hacer que esto suceda.

Latinismo (*Latinism*): Palabra o giro sacados directamente del latín.

Leitmotivo (*leitmotif or «leading motive»*): La repetición, en una obra literaria, de una palabra, frase, situación o idea, con el fin de dar un sentido de unidad al conjunto.

Letrilla: Poema estrófico de versos cortos, que con frecuencia tiene un estribillo.

Lira: Estrofa de cinco versos heptasílabos y endecasílabos cuyo esquema es: *aBabB*.

Lógica formal (*formal logic*): Lógica del pensamiento que se sirve de procedimientos parecidos a los que se utilizan en las matemáticas para apelar a la *razón* o a las facultades mentales del ser humano. Sinónimo: *lógica simbólica* o *discursiva* (*symbolic or discursive logic*).

Lógica informal (*informal logic*): Lógica de la sensibilidad que apela a las facultades intuitivas del hombre y cuyo fin es *emocionar*. Sinónimo: *lógica no-discursiva* (*nondiscursive logic*).

Marxismo (*Marxism*): Doctrina socialista basada principalmente en las ideas del filósofo y economista alemán Karl Marx (1818–1883). De acuerdo con el marxismo, las masas han sido tradicionalmente explotadas por el Estado. Por lo tanto, los marxistas abogan por la lucha de clases y la revolución con el fin de acabar con el capitalismo y crear en su lugar un nuevo orden social: una sociedad sin clases. Estas ideas se reflejan en cierto tipo de arte comprometido.

Metáfora (*metaphor*): Es una translación de sentido; es decir que el significado de una palabra se emplea en un sentido que no le corresponde lógicamente.

Metateatro (*metatheater*): El teatro dentro del teatro (*play within a play*).

Metonimia (*metonymy*): Occurre cuando una palabra se sustituye por otra con la cual guarda una relación de causa u origen.

Métrica (*metrics*): El estudio de la versificación.

Metro (*meter*): Medida aplicada a cierto número de palabras para formar un verso.

Mimesis (*mimesis*): Imitación.

Mito (*myth*): Historias universales inventadas por los hombres de todas las épocas para expresar, o simbolizar, ciertos aspectos profundos de la existencia humana.

Modernismo (*Modernism*): Tendencia literaria hispánica con raíces en América. Representa un esfuerzo colectivo de renovación de todos los géneros literarios. Sus elementos constitutivos provienen de tres corrientes francesas de la época: (1) el *Parnasianismo,* exquisito cuidado por la forma—el arte por el arte—devoción por las culturas clásicas, exotismo, imágenes plásticas, impersonales, frías; (2) *Simbolismo,* efectos musicales, amor por el color, la vaguedad, el ritmo; y (3) el *Romanticismo,* intimidad, sentimiento. En el desenvolvimiento histórico del Modernismo se destacan tres fases: la *esteticista,* la *metafísica y humana,* y la *declinación modernista.*

Narratario (*narratee*): El receptor del mensaje dentro de una obra narrativa. En algunos textos narrativos, el narrador dirige sus palabras a otro personaje, también ficticio. A este receptor se le denomina *narratario,* y la relación entre narrador y narratario se puede comparar, en términos analógicos, con la de autor y lector.

Naturalismo (*Naturalism*): Diametralmente opuesto a la idealización de la realidad, el Naturalismo—tendencia o corriente literaria de la segunda mitad del siglo XIX—retrata al ser humano y su circunstancia con una fidelidad científica. Por eso, y creyendo que la vida del hombre es determinada por la herencia y el medio ambiente, el escritor naturalista, ejemplificado por el francés Emile Zola (1840–1902), exagera los aspectos feos y bestiales del ser humano que lucha inútilmente por sobrevivir.

Neoclasicismo (*Neoclassicism*): Movimiento artístico asociado con el siglo XVIII. En la literatura, sus representantes abogan por la imitación de los clásicos y el predominio de la razón, la serenidad y la moderación como reacción contra los excesos de violencia y desequilibrio del barroco. Por consiguiente, el Neoclasicismo favorece un arte sencillo, verosímil, universal, de buen gusto y con un fin docente que sostenga los ideales éticos, morales y estéticos de la antigüedad grecorromana.

Neologismo (*neologism*): Palabra o expresión nueva introducida en una lengua.

Nihilismo (*nihilism*): Término derivado del latín *nihil* (en español «nada»), que se refiere filosóficamente a una forma extremada de escepticismo (*skepticism*). En la literatura se encuentra el nihilismo principalmente dentro de aquellas obras existencialistas de tipo ateo (*atheistic*).

Octava (*octave*): Estrofa de ocho versos.

Onomatopeya (*onomatopoeia*): Uso de las palabras que imitan el sonido de las cosas nombradas por ellas.

Oratoria (*oratory*): El arte de hablar con elocuencia; de deleitar, persuadir y conmover por medio de la palabra.

Oxímoron (*oxymoron*): Unión sintáctica de conceptos que se contradicen.

Panteísmo (*pantheism*): Doctrina filosófica que identifica a Dios con el universo. Los panteístas creen que la presencia o el cuerpo de Dios se manifiesta a través de la naturaleza o los fenómenos naturales.

Parábola (*parable*): Cuando todos los elementos de una acción narrada se refieren, al mismo tiempo, a otra situación. Es una especie de comparación y siempre tiene intención didáctica.

Paradoja (*paradox*): Frase que parece contradecir las leyes de la lógica, pero que posee una verdad interna; la unión de dos ideas en apariencia irreconciliables.

Paráfrasis (*paraphrase*): Interpretación o traducción libre de un texto literario.

Pareado (*couplet*): Estrofa de dos versos. (No debe traducirse la palabra inglesa *couplet* por la palabra española **copla**—estrofa de cuatro versos—sino por la palabra **pareado.**)

Parnasianismo (*Parnassianism*): Escuela de poetas franceses (siglo XIX) que practicaban el arte por el arte y construían sus poemas con gran cuidado por la forma. La poesía parnasiana se caracteriza por su objetividad e impersonalidad. Sus temas favoritos son las culturas clásicas y los paisajes y objetos exóticos que los parnasianos representan a través de imágenes plásticas, frías (estatuas de mármol, cisnes, marfil, etcétera). Dado que la intención del poeta es exclusivamente estética, dicha tendencia suele llamarse *esteticismo*.

Parodia (*parody*): Imitación de una obra literaria o musical con fin satírico o humorístico. En un sentido más amplio, cualquier imitación burlesca de una cosa seria.

Patético (*pathetic*): Lo que conmueve infundiendo dolor, tristeza, melancolía o un sentimiento muy intenso.

Perífrasis (*periphrasis*): Sirve para decir con muchas palabras lo que se podría decir con sencillez.

Peripecia (*peripeteia or peripety*): El momento decisivo en la obra dramática, o sea, un cambio repentino de situación.

Personificación (*personification*): Atribución de cualidades o actos propios de los seres humanos a otros seres.

Polisíndeton (*polysyndeton*): La repetición de conjunciones.

Positivismo (*Positivism*): Doctrina filosófica sistematizada por el francés Auguste Comte (1798–1857), fundador de la sociología. El término se deriva de su *Curso de filosofía positiva* (1830–1842) en el que Comte sostiene que al conocimiento se llega a través de tres fases o etapas. De las tres—la teológica, la metafísica y la positiva—sólo la última es válida. Apoyándose en el Racionalismo, el Positivismo postula que el ser humano debe renunciar a conocer la naturaleza o esencia de las cosas, contentándose en cambio con aquellas verdades que se pueden obtener mediante la experimentación. En la literatura el impacto de los conceptos positivistas, con su énfasis en la detallada y cuidadosa observación de la realidad objetiva, engendró el Realismo y su derivado, el Naturalismo.

Prefiguración (*foreshadowing*): Representación anticipada o indicio de lo que va a ocurrir más tarde.

Pregunta retórica (*rhetorical question*): Pregunta hecha solamente para producir un efecto y no para ser contestada, ya que su respuesta es obvia.

Proposición (*proposition*): Enunciación de una verdad demostrada o que se trata de demostrar.

Prosa discursiva (*discursive prose*): Forma de expresarse que emplea un lenguaje directo, denotativo, lógico, asociado comúnmente con el habla diaria y con los escritos de tipo analítico o docente.

Prosa no-discursiva (*nondiscursive prose*): Forma de expresarse que utiliza un lenguaje indirecto, connotativo, figurado o literario.

Prosopopeya (*prosopopoeia*): Personificación.

Racionalismo (*rationalism*): Teoría filosófica según la cual se llega al conocimiento sólo por medio de la razón, que ha de considerarse independiente de las facultades intuitivas o sensitivas del hombre y superior a ellas. Por lo tanto dicha doctrina rechaza toda consideración metafísica y especulativa.

Realismo (*Realism*): Teoría o actitud literaria según la cual los aspectos ordinarios de la vida son retratados con la mayor fidelidad. Corriente literaria difundida en Europa y en América a partir de la segunda mitad del siglo XIX. Afectó en particular la novela y se distingue por su énfasis en la descripción detallada de la vida diaria, particularmente la de las clases media y baja.

Realismo mágico (*magical realism*): Término atribuido al crítico alemán Franz Roh quien lo usó para definir cierto tipo de arte plástico. Aplicado a la literatura por el escritor venezolano Arturo Uslar Pietri, el nombre se refiere modernamente a aquellos escritos en los que la realidad objetiva se confunde con la fantasía, creando un ambiente vago, extraño, algo parecido a los sueños.

Redondilla: Estrofa de cuatro versos de arte menor cuyo esquema es *abba*.

Reforma protestante (*Reformation*): Movimiento religioso y político iniciado en Alemania en 1517. Su principal teórico, el monje alemán Martín Lutero (1483–1546), sostenía que la salvación se alcanza esencialmente a través de la fe y de la unión íntima, personal, del individuo con Dios—sin intervención de ningún intermediario. Dicha doctrina se oponía a algunos dogmas de la Iglesia católica, siendo uno de los más controvertidos la remisión o perdón de las penas debidas por los pecados (la venta de las llamadas «indulgencias»). El movimiento reformista encontró un clima favorable debido a ciertos factores como la corrupción en el ambiente eclesiástico, la gran agitación económica y social de la época y, finalmente, a la visión individualista propia del espíritu humanístico.

Renacimiento (*Renaissance*): Período histórico que sucede a la Edad Media (*Middle Ages*) y precede al Barroco (*Baroque*). En España el Renacimiento comprende el siglo XVI. La cosmovisión renacentista concibe el mundo no como un «valle de lágrimas» que se debe apenas aguantar rumbo a la vida eterna (ideología medieval), sino como algo valioso que Dios ha dado al hombre para que éste disfrute de él al máximo, desarrollándose en todas sus capacidades—físicas, intelectuales, artísticas, etcétera—y adquiriendo la fama destinada a inmortalizarle. En la literatura el Renacimiento se caracteriza por las corrientes *profana* o secular, y la *mística*, de temática exclusivamente religiosa.

Retórica (*rhetoric*): Teoría y principios tocantes a los varios y distintos modos de comunicarse eficazmente (*effectively*). Hoy día el término se aplica al arte o a la ciencia relacionados con la utilización del lenguaje en el discurso literario.

Retruécano (*pun*): Juego de palabras producido por la semejanza de los sonidos y la disparidad de los significados.

Rima (*rhyme*): Semejanza o igualdad entre los sonidos finales del verso a partir de la última vocal tónica.

Rima asonante (*assonance, vocalic rhyme*): Rima entre dos palabras cuyas vocales son iguales a contar desde la última vocal tónica.

Rima consonante (*consonance*): Rima entre dos palabras cuyos últimos sonidos, tanto vocales como consonantes, son iguales a contar desde la última vocal tónica.

Ritmo (*rhythm*): La cadencia de un verso determinada por la distribución de los acentos principales.

Romance (*Spanish ballad*): Composición poética formada por versos octosílabos, en número indeterminado, con rima asonante en los versos pares, quedando sueltos los impares.

Romanticismo (*Romanticism*): Doctrina adoptada en Europa al principio del siglo XIX. El Romanticismo se caracteriza sobre todo por el predominio de la sensibilidad y la imaginación sobre la razón. Asimismo, se distingue por la visión eminentemente individualista y, de ahí, subjetiva de la realidad. Los románticos padecieron del llamado «mal du siècle» [mal de siglo] o desaliento resultante del choque entre su extremado idealismo—anhelo de completa libertad, búsqueda de la inmortalidad, la perfección, el amor puro—y la realidad cotidiana.

Sátira (*satire*): Composición escrita cuyo objeto es censurar o poner en ridículo.

Serventesio (*quatrain*): Estrofa de cuatro versos de arte mayor cuya rima es *ABAB*.

Siglo de Oro (*Golden Age*): Epoca en que la literatura, las artes y la cultura en general alcanzaron su mayor esplendor. En España comienza cuando el país llega a la cumbre de su influencia política, durante el reinado del emperador Carlos V (1515–1556) y acaba al mismo tiempo que España—a raíz del fracaso de la «Armada Invencible» de Felipe II (1588)—empieza a decaer política y económicamente. En la literatura, el fin del Siglo de Oro suele asociarse con la muerte de Pedro Calderón de la Barca (1704), el último gran representante del Barroco.

Significado (*signified*): Lo señalado—el concepto, la idea—por un signo lingüístico; el signo mismo se llama *significante* (*signifier*).

Significante (*signifier*): Signo lingüístico utilizado para nombrar algo; lo señalado se llama *significado* (*signified*).

Silogismo (*syllogism*): Fórmula empleada para presentar lógicamente un argumento. En el silogismo el argumento se compone de tres proposiciones, la última de las cuales se deduce de las otras dos.

Silva: Poema no estrófico formado por versos heptasílabos y endecasílabos combinados libremente.

Simbolismo (*symbolism*): Tendencia poética francesa de fines del siglo XIX. Sus principales representantes—Verlaine, Rimbaud y Mallarmé—cultivaron una poesía que se caracteriza por su vaguedad, el verso libre y, de modo particular, los efectos musicales.

Símbolo (*symbol*): Es la relación entre dos elementos, uno concreto y otro abstracto, de tal manera que lo concreto explique lo abstracto.

Símil (*simile*): Comparación de una cosa con otra para dar una idea más viva de una de ellas.

Sinalefa (*synalepha*): Elemento de cómputo silábico que une dos vocales: cuando una palabra termina con vocal y la siguiente empieza también con una vocal se unen y se cuenta como una sola sílaba.

Sinécdoque (*synecdoche*): Dar a una cosa el nombre de otra porque hay una relación de coexistencia. La más usada es la que designa el todo por la parte.

Sinéresis (*synaeresis*): En poesía, cuando se unen dos vocales adyacentes que generalmente se pronuncian separadas.

Sinestesia (*synaesthesia*): Descripción de una sensación en términos de otra.

Soneto (*sonnet*): Composición poética de catorce versos de arte mayor distribuidos en dos cuartetos y dos tercetos.

Superrealismo (*surrealism*): Corriente artística que surgió en Francia a principios de la segunda década del siglo XX. Influenciados por las teorías de Freud y horrorizados por el caótico espectáculo de la Primera Guerra mundial, los superrealistas propusieron un arte que «superara» la realidad objetiva y exteriorizara los aspectos subconscientes, irracionales de la existencia humana. El resultado, en la pintura y en la literatura, son composiciones que destacan imágenes imprevistas, desordenadas y aparentemente incongruentes, al estilo de la casual sucesión de hechos y memorias propia de los sueños.

Tema (*theme*): La significación de lo que pasa (asunto) en una obra literaria: la idea central o el mensaje del texto.

Teorema (*theorem*): Proposición que afirma una verdad demostrable.

Terceto (*tercet*): Estrofa de tres versos.

Tono (*tone*): La actitud que muestra un autor ante la materia tratada en el texto.

Tragedia (*tragedy*): Imitación de una acción grave que provoca terror y compasión.

Tropo (*trope*): Empleo de las palabras con un sentido distinto al que les corresponde, llamado sentido figurado.

Vanguardismo (*avant-garde*): Término que quiere decir literalmente «vanguardia» o la parte de una fuerza armada que va delante del cuerpo principal. Se aplica a la doctrina estética que aboga por experimentar con nuevos temas y nuevas técnicas a fin de innovar la expresión literaria, generalmente valiéndose de procedimientos poco ortodoxos.

Versificación (*versification*): Estudio de los principios estructurales del verso.

Verso (*verse*): La unidad de la versificación. Palabra o conjunto de palabras sometidas a cierta medida y ritmo. Cada una de las líneas de un poema.

Verso blanco o suelto (*blank verse*): El que no tiene rima.

Verso libre (*free verse*): El que no tiene ni rima ni medida.

Vulgarismo (*vulgarism*): Palabra o expresión empleada por el vulgo y no por las personas cultas.

Weltanschauung: Ver **Cosmovisión**

Zeitgeist (*zeitgeist*): El espíritu del tiempo, o sea, la actitud general—intelectual, moral, social, etcétera—característica de una época.

ÍNDICE CRONOLÓGICO DE OBRAS LITERARIAS HISPÁNICAS COMPARADO CON CUADROS SINÓPTICOS

SIGLO	EVENTOS	NARRATIVA	POESIA	DRAMA	ENSAYO
X	Discordia entre los califas que gobiernan las veintitrés "taifas" (reinos moros) creadas en la Península Ibérica desde la invasión musulmana en el año 711.		*Jarchas* (estrofas finales con palabras árabes, en romances primitivos)		
XI	Las luchas faccionarias de los moros facilitan la caída de las ciudades de Toledo y Valencia (1094). Esta última es tomada por Rodrigo Díaz de Vivar—*el Cid*, en nombre de Alfonso VI, Rey de Castilla y León.				
	c.1070 Se compone en Francia la *Canción de Roldán*, prototipo de la epopeya medieval neo-latina.				
	1099 Muere *el Cid*, el héroe más celebrado de la Reconquista.				
	Crece el poderío de la Iglesia en virtud de las victorias contra los infieles.				
	Toledo se convierte en el centro cultural de Europa, debido en gran parte a su renombrada Escuela de Traductores, en la que sabios judíos, árabes y cristianos colaboran conjuntamente en verter al latín obras científicas, filosóficas y teológicas escritas en árabe.				
XII	Fundación de la monarquía portuguesa por obra del Conde Enrique de Lorena, yerno de Alfonso VI.		**c.1140** Anónimo *Cantar de mio Cid*		
	1145 Alfonso Enriques, hijo del Conde de Lorena, es coronado rey de Portugal.				
	1148 Conquista de la ciudad de Lisboa.				

SIGLO	EVENTOS	NARRATIVA	POESIA	DRAMA	ENSAYO
XII	**1188** Primera asamblea nacional e inauguración de las "Cortes" en León.				
XIII	**1212** Victoria de las Navas de Tolosa; los cristianos extienden su territorio hasta el norte de Andalucía.		Gonzalo de Berceo *Milagros de Nuestra Señora*	Anónimo *Auto de los Reyes Magos*	Alfonso el Sabio *Las siete partidas*
	1229 Jaime I *el Conquistador* rey de Aragón, conquista las islas de Mallorca y Menorca (1235).				
	1236 Caen las ciudades andaluzas de Córdoba y Sevilla (1248) en manos de los cristianos. Fernando III *el Santo* establece de forma definitiva los reinos de León y Castilla.				
	1238 Reconquista de la ciudad de Valencia, invadida por los moros en 1099 tras la muerte de *el Cid*.				
	1282 Alfonso X *el Sabio* es destronado por las Cortes y muere después de dos años de lucha por conservar el trono (1284).				
	Fundación de las primeras universidades españolas, entre las que destaca la de Salamanca, contemporánea de las de París, Bologna y Oxford.				
XIV		**1300** Anónimo *Historia del caballero Cifar*	**1343** Juan Ruiz, Arcipreste de Hita *El libro de buen amor*		
		1335 Don Juan Manuel *El Conde Lucanor o Libro de Patronio*			

SIGLO	EVENTOS	NARRATIVA	POESIA	DRAMA	ENSAYO
XIV	**1353** Giovanni Boccaccio publica en Italia *Il Decamerone*. En esta colección de relatos, que abre caminos para la futura narrativa realista, el hombre se retrata como un ser licencioso, opuesto a la concepción que éste tiene de sí de un ser moralmente elevado. **1369** Muerte de Pedro I *el Justiciero* o *el Cruel*, conquistador de la mayor parte de Castilla. Francesco Petrarca compone el *Canzoniere* (*Cancionero*), donde aparecen los primeros sonetos endecasílabos italianos que serán adoptados con gran éxito en España. **1390** Enrique III *el Doliente* refuerza el poder de la monarquía frente a los nobles y los pueblos. La autoridad judicial de los alcaldes pasa a los regidores, representantes del rey.				
XV	Recopilación en Egipto de la colección anónima de relatos en árabe *Las mil y una noches*. Estas y otras historias de origen hindú-iraní, divulgadas a partir del siglo IX, influyen decisivamente en el desarrollo de la narrativa europea. **1440** Invención de la imprenta en Alemania. **1448** Se imprime la primera obra: *La Biblia de Gutenberg*. **1469** Matrimonio de Isabel de Castilla *la Católica* con Fernando de Aragón: unión de los reinos más poderosos de España. **1478** Los Reyes Católicos, Fernando e Isabel, instituyen el Santo Oficio—la Inquisición.		**c.1440** Romances novelescos "Doña Alda," "El Conde Arnaldos" **c.1476** Jorge Manrique *Coplas por la muerte de su padre* Íñigo López de Mendoza, Marqués de Santillana *Sonetos*	Gómez Manrique *Representación del nacimiento de Nuestro Señor*	**1438** Alfonso Martínez de Toledo, Arcipreste de Talavera *el Corbacho o Reprobación del amor mundano*

SIGLO	EVENTOS	NARRATIVA	POESIA	DRAMA	ENSAYO
XV	**1492** Caída del reino moro de Granada y fin de la Reconquista comenzada en el año 718. Unificación política y religiosa de España.				**1492** Antonio de Nebrija *El arte de la lengua castellana*
	Expulsión de los judíos.			**1499** Fernando de Rojas *La Celestina o Tragicomedia de Calixto y Melibea*	
	Descubrimiento de América.				
XVI	**1502** Expulsión de los moros.				
	1508 Fundación de la Universidad de Alcalá de Henares: integración de los estudios humanísticos con la doctrina cristiana.	**c.1508** Anónimo *Amadís de Gaula*			
	1509 El holandés Erasmo de Rotterdam denuncia en su libro *Elogio de la locura* la inmoralidad del clero y propone una religión del espíritu—antidogmática y conciliadora. Luis Vives (1442–1540) es el máximo exponente del cristianismo humanístico erasmista en España.				
	1514 Publicación de la *Biblia políglota complutense* en Alcalá de Henares.				
	1517 Inicio de la Reforma (protestante) en Alemania.				
	1518 Empieza en Cuba y Suramérica el tráfico de negros.				
	1519 Hernán Cortés llega con su expedición a México.				**1519–1526** Hernán Cortés *Cartas de relación*
	1533 Francisco Pizarro conquista el Perú.				
	En Inglaterra, Enrique VIII abjura de la religión católica y establece la anglicana para divorciarse de Catalina de Aragón, su legítima esposa, y casarse con Ana Bolena.				**c.1535** Juan de Valdés *Diálogo de la lengua*

SIGLO	EVENTOS	NARRATIVA	POESIA	DRAMA	ENSAYO
XVI	1536 Aparición de la imprenta en las colonias españolas (México). 1538 Se funda en Santo Domingo la primera universidad hispanoamericana. 1539 Ignacio de Loyola organiza la Compañía de Jesús (la orden de los Jesuitas). 1545–1563 Concilio de Trento, que da inicio a la Contrarreforma, a pedido del Emperador español Carlos V, primer gran monarca de la Casa austriaca de los Habsburgos. 1553 Se inaugura la Universidad de México, la primera institución de su tipo en América. 1564 Batalla naval de Lepanto. Miguel de Cervantes pierde la mano derecha luchando contra los turcos. 1573 Inauguración de la Universidad de San Marcos de Lima, Perú. 1580 El Emperador Felipe II anexa Portugal a España. En sus *Ensayos*, el humanista Michel de Montaigne propone el examen de conciencia (*self-examination*) y la tolerancia de las creencias de los otros. 1588 Derrota de la *Armada Invencible* de Felipe II. Pérdida del poderío marítimo y colonial de España.	1554 Anónimo *Vida de Lazarillo de Tormes* 1559 Jorge de Montemayor *Diana* 1565 Anónimo *Historia del Abencerraje y de la hermosa Jarifa*	¿1543? Garcilaso de la Vega "Sonetos XI, XIX" (*Sonetos*) *Eglogas, Canciones, Epistola* (a Juan Boscán) 1569–1589 Alonso de Ercilla y Zúñiga *La Araucana* ¿1588? Santa Teresa de Jesús "Vivo sin vivir en mí",		1541–1555 Alvar Núñez Cabeza de Vaca *Naufragios* 1552 Fray Bartolomé de las Casas *Brevísima relación de la destrucción de las Indias* 1568 Bernal Díaz del Castillo *Verdadera historia de la conquista de la Nueva España* 1583 Fray Luis de León *De los nombres de Cristo* 1588 Santa Teresa de Jesús *Las moradas*

SIGLO	EVENTOS	NARRATIVA	POESIA	DRAMA	ENSAYO
XVI	**1597** Francis Bacon publica los *Ensayos*, donde refuta la rígida doctrina aristotélica en la que se basa el dogma de la Iglesia. Bacon propone que no se confíe ciegamente en las enseñanzas tradicionales. **1598** Muerte de Felipe II: decadencia y desintegración del Imperio español.		**¿1588?** Fray Luis de León "La vida retirada", "Noche serena" (*Odas*)		
XVII	Felipe III, Felipe IV y Carlos II *el Hechizado* dejan el gobierno en manos de "favoritos" ineptos y sin escrúpulos: profunda crisis económica interna y desprestigio de España en el extranjero.	**1605, 1615** Miguel de Cervantes *El ingenioso hidalgo Don Quijote de la Mancha* **1613** Miguel de Cervantes *Novelas ejemplares* **1617** Miguel de Cervantes *Los trabajos de Persiles y Sigismunda* **1626** Francisco de Quevedo *La vida del Buscón*	**1605** El Inca Garcilaso de la Vega *La Florida del Inca* **c.1612** Luis de Góngora "Sonetos CIII, CLXVI" (*Sonetos*)	**1613** Lope de Vega *Peribáñez y el comendador de Ocaña* **1614** Lope de Vega *El mejor alcalde el Rey* **1615** Miguel de Cervantes *El viejo celoso* (*Ocho comedias y ocho entremeses*) **1617** Juan Ruiz de Alarcón *Las paredes oyen*	**1609–1615** El Inca Garcilaso de la Vega *Comentarios reales*

SIGLO	EVENTOS	NARRATIVA	POESIA	DRAMA	ENSAYO
XVII				**1630** Lope de Vega *Amar sin saber a quién* Tirso de Molina *El burlador de Sevilla* Juan Ruiz de Alarcón *La verdad sospechosa*	
	1637 En Francia, René Descartes propone en el *Discurso sobre el método* que, salvo por los conceptos de Dios y del alma, toda verdad ha de ser demostrada científicamente (*Pienso, luego existo*). Nace así la doctrina del racionalismo.			**1635** Pedro Calderón de la Barca *La vida es sueño,* *El médico de su honra*	
	1640 Portugal recupera la independencia.				
	1648 Holanda se independiza del Imperio español.		**1648** Francisco de Quevedo *El Parnaso español*	**c.1642** Pedro Calderón de la Barca *El alcalde de Zalamea*	**1642** Baltasar Gracián *Agudeza y arte de ingenio*
	1659 Matrimonio de María Teresa, hija de Felipe IV de la casa de Austria, con Luis XIV de los Borbones franceses.	**1651–1657** Baltasar Gracián *El Criticón*			
	Paz de los Pirineos y fin de las guerras entre España y Francia por la dominación de Europa.				
	1660 Declinación definitiva del comercio español con América.		**1670** Francisco de Quevedo *Las últimas tres musas*		
	1680 Agotados el oro y la plata, empleados para pagar las deudas externas, España sufre una desastrosa depresión económica.		**¿ ?** Sor Juana Inés de la Cruz ("A su retrato", "A una rosa") *Sonetos, Romances, Villancicos, Primero sueño*	**1683** Sor Juana Inés de la Cruz *Los empeños de una casa* **1689** Sor Juana Inés de la Cruz *El Divino Narciso*	

SIGLO	EVENTOS	NARRATIVA	POESIA	DRAMA	ENSAYO
XVII	**1690** El inglés John Locke da paso al estudio de las condiciones sociales con su *Ensayo sobre el entendimiento humano*, refutando la doctrina platónica según la cual el ser humano nace con ideas fundamentales que determinarán su vida.	**1690** Carlos de Sigüenza y Góngora *Los infortunios de Alonso Ramírez*			**1691** Sor Juana Inés de la Cruz *Respuesta a Sor Filotea de la Cruz*
XVIII	**1700** Sucesión de Felipe V (1700–1746), de la Casa de los Borbones. Entra en España la influencia política y cultural de Francia.				
	1712 Fundación de la Biblioteca Nacional en Madrid.				
	1713 Paz de Utrecht. Fin de las Guerras de Sucesión de España contra Inglaterra, Holanda y Austria.				
	1714 Se funda, según el modelo francés, la Real Academia Española de la Lengua.				
	1717 Nace en Inglaterra la Masonería o Francmasonería, sociedad secreta sostenedora de los ideales de la Ilustración: tolerancia religiosa, librepensamiento y justicia social.				**1726–1739** Benito Jerónimo Feijoo *Teatro crítico universal*
	1738 Se inaugura en España la Academia de la Historia.				**1733** Ignacio Luzán *Poética*
	1748 España reconquista los territorios italianos de Sicilia y Nápoles—el llamado Reino español de las "Dos Sicilias".				**1742–1760** Benito Jerónimo Feijoo *Cartas eruditas*
	Se inicia la revolución industrial en el Occidente. Transformación social. Crecen las distancias entre dos nuevas clases: los operarios y los capitalistas.	**1758** Francisco de Isla *Fray Gerundio de Campazas*			

SIGLO	EVENTOS	NARRATIVA	POESIA	DRAMA	ENSAYO
XVIII	**1759** Ascenso de Carlos III al trono de España. Reformas agrarias, industriales y educacionales: notable progreso en la economía doméstica y énfasis en los estudios científicos.				
	1767 Expulsión de los jesuitas bajo acusación de desobediencia a la monarquía.				
	1774 El alemán Johann Wolfgang Goethe escribe *Las cuitas del joven Werther*. Traducida al español en 1803, dicha novela crea una generación de jóvenes rebeldes, adictos al llamado *Sturm und Drang* (resentimiento contra la sociedad convencional). Estos serán los futuros "románticos".	**1773** Calixto Bustamante Carlos Inca ("Concolorcorvo") *El Lazarillo de ciegos caminantes*		**1778** Vicente García de la Huerta *Raquel*	
			1781–1784 Félix M. Samaniego *Fábulas morales*		
			1782 Tomás de Iriarte *Fábulas literarias*	**1786–1791** Ramón de la Cruz *Sainetes*	**1789** José Cadalso *Cartas marruecas*
	1789–1799 Revolución Francesa, concluida por el general Napoleón Bonaparte. Los países europeos e hispanoamericanos perseguirán los ideales de la Revolución: libertad, igualdad y fraternidad.				
XIX	**1803** Francia cede a los Estados Unidos el territorio de Luisiana, prometido anteriormente a España.				
	1805 Batalla de Trafalgar: España y Francia son derrotadas por la fuerza naval inglesa al mando del almirante Horacio Nelson.				
	1806 Primer intento de lanzar la Revolución Hispanoamericana. Fracaso de la expedición militar del venezolano Francisco Miranda, desde los Estados Unidos.			**1806** Leandro F. de Moratín *El sí de las niñas*	

SIGLO	EVENTOS	NARRATIVA	POESIA	DRAMA	ENSAYO
XIX	**1808** Carlos IV, dominado por el favorito Manuel Godoy y por Napoleón, abdica el trono en favor de su hijo Fernando VII.				
	Invasión napoleónica de España y principio de la Guerra de la Independencia en ese país.				
	Napoleón encomienda el trono de España a su hermano José y destierra a Francia a Fernando VII junto con la reina María Luisa y Manuel Godoy.				
	Francisco Goya y Lucientes (1746–1828) se convierte en el pintor y crítico por excelencia de la realidad española del siglo XVIII.				
	1810 Principio de la Revolución Hispanoamericana por la independencia.				
	El general Simón Bolívar (1783–1830)—el "Libertador de América"—participa en las primeras luchas por la emancipación de Hispanoamérica.				
	Revolución de mayo en la Argentina.				
	16 de septiembre: la Revolución por la independencia llega al pueblo mexicano de Dolores por obra del cura patriota Miguel Hidalgo (*Grito de Dolores*).			**1813** Angel de Saavedra, Duque de Rivas *Don Alvaro o La fuerza del sino*	
	1812 España: Constitución de Cádiz. La Junta Central Suprema de Gobierno reforma las antiguas Cortes y éstas proclaman un gobierno democrático de acuerdo a los ideales de la Revolución Francesa.				
	1814 Los españoles expulsan al ejército francés con el limitado apoyo de Inglaterra.				

SIGLO	EVENTOS	NARRATIVA	POESÍA	DRAMA	ENSAYO
XIX	**1814** Vuelta a España del rey Fernando VII *el Deseado*: revocación de la Constitución de 1812 y retorno a la monarquía absoluta.				**1815** Simón Bolívar *Carta de Jamaica*
		1816 José Fernández de Lizardi *El periquillo sarniento*			**1817** Fray Servando Teresa de Mier *Apología y relación de su vida*
	1821 Fin de la Inquisición en Europa y en América.		**1820** José María Heredia "En el Teocalli de Cholula" (*Poesías*)		
	1823 Proclamación en los Estados Unidos de la Doctrina Monroe, que rechaza toda intervención de Europa en los asuntos del continente americano.				
	1824 Batalla de Junín (Perú, 6 de agosto): primera gran victoria de los revolucionarios hispanoamericanos, al mando del general Bolívar.		**1824** José María Heredia "Niágara" (*Poesías*) José Joaquín Olmedo "La victoria de Junín: canto a Bolívar" (*Odas*)		
	Batalla de Ayacucho (Perú, 8 de diciembre): el general Antonio José de Sucre pone fin a las guerras de la Independencia de Hispanoamérica.		**1826** Andrés Bello "Silva a la agricultura de la Zona Tórrida" (*Repertorio americano*)		
	En oposición al ideal de Bolívar —una confederación panamericana democrática— surge en las nuevas repúblicas el "caudillismo", gobiernos en manos de tiranos que profesan representar a las provincias conservadoras y a la raza americana de sangre mixta.				
	Con el apoyo de las clases marginadas, los caudillos (*men of destiny*) fomentan el odio contra los criollos de la ciudad, individuos descendientes de españoles y de ideas liberales.				
	1832–1842 El francés Auguste Comte divulga *Curso de filosofía positiva*, germen de la moderna sociología y de la literatura de concientización (*consciousness-raising*) y de protesta social.				**1832–1837** Mariano José de Larra "El castellano viejo" (*Artículos de costumbres*)

SIGLO	EVENTOS	NARRATIVA	POESIA	DRAMA	ENSAYO
XIX	**1833** Fin de las guerras civiles instigadas por el caudillismo en Chile; Constitución democrática. Muerte de Fernando VII y vuelta a España de los liberales desterrados. Disputa por el trono de España entre Isabel, hija de Fernando VII, y Don Carlos, hermano del rey. Guerras Carlistas entre conservadores, leales a Don Carlos, y liberales, partidarios de Isabel.	**1849** Fernán Caballero (Cecilia Böhl de Faber) *La Gaviota* **1851** José Mármol *Amalia*	**1837** Esteban Echeverría *La cautiva* **1840** José de Espronceda "Soledad del alma", "Canción del pirata" (*Poesías líricas*), "Canto a Teresa" *El estudiante de Salamanca* **1841** Angel de Saavedra, Duque de Rivas *Romances históricos* **1841–1871** Gertrudis Gómez de Avellaneda "Al partir", "A Él" (*Poesías*) **1842** José Zorrilla *Los cantos del trovador* (*Leyendas y tradiciones históricas*)	**1836** Antonio García Gutiérrez *El trovador* **1844** José Zorrilla *Don Juan Tenorio*	**1832–1842** Ramón de Mesonero Romanos *Escenas matritenses* **1835** Andrés Bello *Gramática de la lengua castellana* **1845** Domingo Faustino Sarmiento *Facundo o Civilización y barbarie* **1847** Serafín Estébanez Calderón *Escenas andaluzas*

SIGLO	EVENTOS	NARRATIVA	POESIA	DRAMA	ENSAYO
XIX	**1852** Cae en la Argentina el gobierno del caudillo Juan Manuel de Rosas.				
	1853 Es aprobada la Constitución liberal federativa en la Argentina.				
	1861 El presidente Benito Juárez comienza en México la gran Reforma liberal, tras la caída del caudillo Antonio López de Santa Anna (1853–1857).	**1862** Alberto Blest Gana *Martín Rivas*			
		1864 José María Pereda *Escenas montañesas*			
	1867 El alemán Karl Marx publica *El capital*, manifesto oficial del *socialismo científico* o marxismo.	**1867** Jorge Isaacs *María*	**1866** Estanislao del Campo *Fausto*	**1867** Manuel Tamayo y Baus *Un drama nuevo*	
	1868 La reina Isabel II de España es destronada por las Cortes.				
	Se inicia con Domingo Faustino Sarmiento—escritor, maestro y diplomático—una de las presidencias más progresistas de la Argentina (1868–1874).		**1871** Gustavo Adolfo Bécquer "Rimas XXI", "LCIII" (*Rimas*)	**1872** Hilario Ascasubi *Santos Vega*	
	1873 Proclamación de la Primera República en España.	**1872–1912** Benito Pérez Galdós *Espisodios nacionales*			
	1874 Restauración de la monarquía, bajo el Borbón Alfonso XII, hijo de Isabel II.	**1874** Pedro Antonio de Alarcón *El sombrero de tres picos* Juan Valera *Pepita Jiménez*			
		1875–1883 Ricardo Palma "La camisa de Margarita" (*Tradiciones peruanas*)	**1875–1887** José Martí "Dos patrias" (*Flores del destierro*)		
	1876 Promulgación de la Monarquía Constitucional, que durará hasta 1931.	**1876** Benito Pérez Galdós *Doña Perfecta*			

SIGLO	EVENTOS	NARRATIVA	POESIA	DRAMA	ENSAYO
XIX	**1876** Caudillaje de Porfirio Díaz en México: gran progreso industrial, económico y cultural en pro de las clases privilegiadas y de los inversionistas extranjeros. Reformas agrarias en beneficio de los latifundistas nacionales y extranjeros a costa de las masas, en su mayor parte campesinos indios.	**1877** Benito Pérez Galdós *Gloria*			
		1878 Benito Pérez Galdós *Marianela*			
		1878–1882 Manuel Jesús Galván *Enriquillo*			
	1879 Fundación del Partido Socialista en España.	**1879** Juan León Mera *Cumandá o un drama entre salvajes*			
	1879–1883 Guerra del Pacífico. Chile derrota a Bolivia y al Perú. Ocupa por dos años a Lima, apoderándose de gran parte del litoral peruano y boliviano rico en minerales.			**1881** José Echegaray *El Gran Galeoto*	
			1882 José Zorrilla *La leyenda del Cid* José Martí "Sobre mi hombro" (*Ismaelillo*)		**1882** Juan Montalvo *Siete tratados* Marcelino Menéndez y Pelayo *Historia de las ideas estéticas en España*
			1884 Rosalía de Castro *En las orillas del Sar*		**1884–1908** Marcelino Menéndez y Pelayo *Estudios de crítica literaria*
		1884–1885 Leopoldo Alas ("Clarín") *La Regenta*			
	1886 Nace en España Alfonso XIII. La reina madre, María Cristina, asume la Regencia.	**1886** Emilia Pardo Bazán *Los Pazos de Ulloa*			
		1886–1887 Benito Pérez Galdós *Fortunata y Jacinta*			
		1887 Emilia Pardo Bazán *La Madre Naturaleza*			
		1888 Rubén Darío *Azul*	**1888** José Zorrilla de San Martín *Tabaré*		**1888** Eugenio María de Hostos *Moral social*

SIGLO	EVENTOS	NARRATIVA	POESIA	DRAMA	ENSAYO
XIX		**1889** José Martí *La edad de oro* Clorinda Matto de Turner *Aves sin nido*			**1891** José Martí *Nuestra América*
		1892 Cirilo Villaverde *Cecilia Valdés*			**1893** José Martí *Mi raza*
		1895 José María de Pereda *Peñas arriba*			
		1896 Javier de Viana *Escenas de la vida del campo*	**1896** Manuel Gutiérrez Nájera "Para entonces", "Non omnis moriar" (*Poesías*)		**1897** Angel Ganivet *Idearium español*
		1897 Benito Pérez Galdós *Misericordia*			
	1898 Guerra Hispanoamericana. España cede a los Estados Unidos sus últimas colonias ultramarinas: Puerto Rico, Cuba y las Islas Filipinas. Ocupación militar de Cuba por los Estados Unidos que dirigirán el gobierno de la isla hasta 1903. Las intervenciones militares estadounidenses cesarán sólo en 1922.	**1898** Vicente Blasco Ibáñez *La barraca*			
	1899 Nicaragua se convierte en una especie de "protectorado" de los Estados Unidos, cuyas fuerzas armadas ocuparán su territorio por más de veinte años.				**1900** José Enrique Rodó *Ariel*
XX	**1901** Alfonso XIII llega a la mayoría de edad y sube al trono de España.	**1902** José Martínez Ruiz ("Azorín") *La voluntad*		**1901** Serafín y Joaquín Alvarez Quintero *El patio*	

SIGLO	EVENTOS	NARRATIVA	POESIA	DRAMA	ENSAYO
XX		**1902–1905** Ramón del Valle Inclán *Sonatas*			
		1903 José Martínez Ruiz ("Azorín") *Antonio Azorín*	**1903** Antonio Machado *Soledades*		
		1903–1928 Pío Baroja *Memorias de un hombre de acción*			
	1904 El dramaturgo español José Echegaray recibe el primer Premio Nobel de Literatura otorgado a un escritor hispánico.	**1904** Baldomero Lillo *Sub terra*	**1904** Juan Ramón Jiménez *Jardines lejanos*	**1904** Florencio Sánchez *La gringa*	**1904** José Martínez Ruiz ("Azorín") *Las confesiones de un pequeño filósofo* Ramón Menéndez Pidal *Gramática histórica*
			1905 Rubén Darío *Cantos de vida y esperanza*	**1905** Serafín y Joaquín Alvarez Quintero *Mañana de sol*	**1905** José Martínez Ruiz ("Azorín") *Los pueblos, La ruta de Don Quijote*
		1906 Leopoldo Lugones *Las fuerzas extrañas*			**1905–1910** Marcelino Menéndez y Pelayo *Orígenes de la novela, Historia de la poesía hispanoamericana*
		1907 Baldomero Lillo *Sub sole*	**1907** Miguel de Unamuno *Poesías*	**1907** Jacinto Benavente *Los intereses creados*	
		1908 Enrique Larreta *La gloria de Don Ramiro* Jorge Payró *Pago chico*		**1908** Jacinto Benavente *El nietecito*	
	1910 Se inicia la Revolución Mexicana como reacción contra la dictadura de Porfirio Díaz. Postulaba la justicia social y agraria.	**1909** Pío Baroja *Zalacaín el aventurero*			
		1911 Pío Baroja *El árbol de la ciencia*			

SIGLO	EVENTOS	NARRATIVA	POESIA	DRAMA	ENSAYO
XX					**1912** José Martínez Ruiz ("Azorín") *Castilla*
		1913 Miguel de Unamuno *El espejo de la muerte* Federico Gamboa *Niebla*	**1912** Antonio Machado *Campos de Castilla*		**1913** Miguel de Unamuno *Del sentimiento trágico de la vida*
			1913 Delmira Agustini *Los cálices vacíos*	**1913** Jacinto Benavente *La Malquerida*	
	1914 Comienza la Primera Guerra Mundial. España se mantiene neutral.	**1914** Federico Gamboa *La maestra normal* Juan Ramón Jiménez *Platero y yo*	**1915** Gabriela Mistral *Los sonetos de la muerte*		
		1916 Vicente Blasco Ibáñez *Los cuatro jinetes del Apocalipsis* Mariano Azuela *Los de abajo*	**1916** Juan Ramón Jiménez *Diario de un poeta recién casado*, "Intelijencia, dame", "Vino, primero, pura" (*Eternidades*) Vicente Huidobro "Arte poética", "La capilla aldeana" (*El espejo de agua*)		**1917** Alfonso Reyes *Visión de Anáhuac*
	1917 Revolución soviética que resulta en la fundación de la Unión de Repúblicas Socialistas Soviéticas y la propagación del comunismo a nivel global.	**1917** Miguel de Unamuno *Abel Sánchez*	**1917** Antonio Machado "Proverbios y cantares" (*Poesías completas*) Amado Nervo "La pregunta", "Si tú me dices '¡Ven!'" (*Elevación*)		
	1918 Fin de la Primera Guerra Mundial.		**1919** Juana de Ibarbourou "La higuera", "Rebelde" (*Las lenguas de diamante*)		
	1920 Fin de la Revolución Mexicana.	**1921** Miguel de Unamuno *La tía Tula*		**1921** Ramón del Valle Inclán *Los cuernos de Don Friolera*	

SIGLO	EVENTOS	NARRATIVA	POESIA	DRAMA	ENSAYO
XX					
	1923 España. Tras un golpe militar, Alfonso XIII concede al general Primo de Rivera poderes dictatoriales. André Breton publica en Francia el *Manifiesto del surrealismo*, obra destinada a revolucionar la visión de la realidad que caracteriza el arte vanguardista.	**1923** Emilia Pardo Bazán "Las medias rojas" (*Cuentos de la tierra*)	**1922** Federico García Lorca "Canción del jinete" (*Canciones*) Gabriela Mistral *Desolación* **1923** Pablo Neruda *Crepusculario*		**1923** José Ortega y Gasset *El tema de nuestro tiempo*
	1924 El escritor peruano Haya de la Torre funda en México el A.P.R.A. (Alianza Popular Revolucionaria Americana), cimiento de los movimientos reaccionarios continentales de tipo marxista.	**1924** Rómulo Gallegos *Doña Bárbara* José Eustasio Rivera *La vorágine*	**1924** Pablo Neruda "Me gustas cuando callas" (*Veinte poemas de amor y una canción desesperada*) **1925** Pablo Neruda *Tentativa del hombre infinito* Gabriela Mistral "Meciendo", "Yo no tengo soledad" (*Ternura*)	**1924** Ramón del Valle Inclán *La cabeza del Bautista*	**1924** Salvador de Madariaga *Semblanzas literarias y contemporáneas* **1925** José Ortega y Gasset *La deshumanización del arte* José Vasconcelos *La raza cósmica* **1927** José Carlos Mariátegui *Siete ensayos de interpretación de la realidad peruana*
		1928 Arturo Uslar Pietri *Barrabás y otros relatos*		**1928** Armando Discépolo *Stéfano*	
	1931 Dimisión de Primo de Rivera, en España, caída de la monarquía e inauguración de la Segunda República. Insurrección comunista en El Salvador liderada por Agustín Farabundo Martí.	**1931** Gregorio López y Fuentes *El indio*	**1932** Federico García Lorca "Romance sonámbulo" (*Romancero gitano*)	**1931** Federico García Lorca *La zapatera prodigiosa, Amor de don Perlimplín con Belisa en su jardín*	**1932** Eduardo Mallea *Historia de una pasión argentina*

SIGLO	EVENTOS	NARRATIVA	POESIA	DRAMA	ENSAYO
XX	**1933–1934** Surge en Alemania el partido nacional-socialista de Adolf Hitler: exordio del nazismo.	**1933** Miguel de Unamuno *San Manuel Bueno, mártir*		**1933** Federico García Lorca *Bodas de sangre*	**1933** Ezequiel Martínez Estrada *Radiografía de la pampa*
	1934 La intervención de los Estados Unidos en Cuba pone fin a la Revolución social liderada por Ramón Grau San Martín. Inicio de la tiranía de Fulgencio Batista, quién gobernará la isla, directa o indirectamente, por más de dos décadas.		**1934** Nicolás Guillén "Sensemayá" (*West Indies, Ltd.*)	**1934** Federico García Lorca *Yerma*	
			1935 Pablo Neruda *Residencia en la tierra*		**1935–1977** Victoria Ocampo *Testimonios*
	1936–1939 Guerra Civil Española entre los republicanos, partidarios de un nuevo orden "reformista, igualitaria y seculizador", y los nacionalistas, apegados al orden tradicional que favorecía la autoridad monárquica y la eclesiástica. Triunfan los nacionalistas, que instalan la dictadura neofascista del generalísimo Francisco Franco.		**1935–1958** Octavio Paz "El sediento" (*Libertad bajo palabra*)	**1936** Federico García Lorca *La casa de Bernarda Alba*	
	Franco restaura el Código Civil de 1889, el cual enfatiza el patriarcado. Dicha ley es revocada en 1958.				
	1937 En Nicaragua, la Guardia Nacional depone al presidente democrático Juan Batista Sacasa e instala al general Anastasio *Tacho* Somoza García, responsable del asesinato del activista liberal Augusto César Sandino.	**1938** María Luisa Bombal *La amortajada*	**1938** Gabriela Mistral *Tala*		
	1939–1945 Segunda Guerra Mundial. España permanece neutral.		**1939** César Vallejo "Yuntas", "El momento más grave de la vida" (*Poemas humanos*)		**1940** Ezequiel Martínez Estrada "Estaciones de descanso" (*La cabeza de Goliat*) Gregorio Marañón *Don Juan*
	La chilena Gabriela Mistral gana el primer Premio Nobel de Literatura en Latinoamérica.	**1941** Ciro Alegría *El mundo es ancho y ajeno*			

SIGLO	EVENTOS	NARRATIVA	POESIA	DRAMA	ENSAYO
XX		**1942** Ramón Sender *Crónica del alba* Camilo José Cela *La familia de Pascual Duarte*		**1942** Roberto Arlt *El desierto* Samuel Eichenbaum *Un tal Servando Díaz*	**1942** Alfonso Reyes *Ultima Tule* Julián Marías *Miguel de Unamuno*
		1944 Carmen Laforet *Nada*	**1944** Dámaso Alonso "Insomnio", "La vida del hombre" (*Hijos de la ira*)	**1944** Xavier Villaurrutia *Invitación a la muerte* Alejandro Casona *La dama del alba*	**1944** Alfonso Reyes *El deslinde*
				1945 Alejandro Casona *La barca sin pescador*	**1945** Pedro Laín Entralgo *La generación del 98* María Zambrano *Pensamiento y poesía en la vida española*
	1946 Juan Domingo Perón es elegido presidente de la República Argentina.	**1946** Miguel Angel Asturias *El señor presidente* Adalberto Ortiz *Juyungo*			**1946** Gregorio Marañón *Ensayos liberales*
	1947 Simone de Beauvoir publica en Francia *El segundo sexo*, tratado que influye en el futuro movimiento de liberación de la mujer y el feminismo.	**1947** Juan Antonio Zunzunegui *La quiebra*	**1947** Pablo Neruda *Tercera residencia en la tierra*	**1947** Rodolfo Usigli *El gesticulador, Corona de sombra*	
		1948 Ernesto Sábato *El túnel*			**1948** Américo Castro *España en su historia: cristianos, árabes y judiós*
	1949 Perón revoca la Constitución democrática de 1853. Con la colaboración de su esposa Eva (*Evita*) Perón se gana el apoyo de las clases marginadas.	**1949** Jorge Luis Borges *El Aleph*			
		1950 Gabriel García Márquez "La mujer que llegaba a las seis" (*Ojos del perro azul*)	**1950** Pablo Neruda *Canto general*	**1950** Antonio Buero Vallejo *En la ardiente oscuridad*	**1950** Octavio Paz *El laberinto de la soledad*

SIGLO	EVENTOS	NARRATIVA	POESIA	DRAMA	ENSAYO
XX	**1952** Muerte prematura de Eva Perón; disminuye considerablemente la popularidad de Juan Domingo.	**1951** Julio Cortázar *Bestiario* Camilo José Cela *La colmena*		**1951** Rodolfo Usigli *El niño y la niebla*	**1952** Jorge Luis Borges *Otras inquisiciones*
		1953 José María Gironella *Los cipreses creen en Dios* Juan Rulfo "No oyes ladrar los perros" (*El llano en llamas*)	**1954** Gabriela Mistral *Lagar* Vicente Aleixandre *Historia del corazón*	**1953** Alfonso Sastre *Escuadra hacia la muerte*	**1953** Jorge Luis Borges *Historia de la eternidad*
	1955 Caída y destierro de Perón a España.	**1955** Juan Rulfo *Pedro Páramo*			**1956** Arturo Uslar Pietri *Las nubes*
		1956 Julio Cortázar "La noche boca arriba" (*Final del juego*)			
		1957 Rosario Castellanos *Balún Canán*		**1957** Osvaldo Dragún *Tupac Amarú, El hombre que se convirtió en perro* Carlos Solórzano *Las manos de Dios*	
				1958 Carlos Solórgano *Los fantoches* Emilio Carballido *Medusa*	**1959** José Ferrater Mora *El hombre en la encrucijada*
		1960 Ramón Sender *Réquiem por un campesino español*		**1960** Alfonso Sastre *La cornada*	**1960** Jorge Luis Borges *El hacedor*
		1961 Ana María Matute "Pecado de omisión" (*Historias de la Artámila*) Gabriel García Márquez *El coronel no tiene quien le escriba*	**1961** Ernesto Cardenal *Epigramas: poemas*		**1961** Pedro Laín Entralgo *Teoría y realidad del otro* Germán Arciniegas *América mágica*

SIGLO	EVENTOS	NARRATIVA	POESIA	DRAMA	ENSAYO
XX		**1962** Gabriel García Márquez *Los funerales de la Mamá Grande* Rosario Castellanos *Oficio de tinieblas*	**1962** Pablo Neruda "Verbo" (*Poeta de guardia*) Bertalicia Peralta "La libertad", "El silencio" (*Sendas fugitivas*) Vicente Aleixandre *En un vasto dominio*	**1962** Sebastián Salazar Bondy *El fabricante de deudas* Emilio Carballido *El censo* (D.F.)	**1962** Julián Marías *Los españoles*
	1963 Betty Friedan publica en los Estados Unidos *The Feminine Mystique*, obra seminal del feminismo.	**1963** Elena Garro *Los recuerdos del porvenir* Julio Cortázar *Rayuela*			**1964** Sebastián Salazar Bondy *Lima la horrible*
				1965 Griselda Gámbaro *Viejo matrimonio*	**1965** Germán Arciniegas *El continente de siete colores*
		1967 Juan Benet *Volverás a región* Gabriel García Márquez *Cien años de soledad*			**1967** Julio Cortázar *La vuelta al día en ochenta mundos*
	1968 Tropas gubernamentales masacran a cientos de disidentes estudiantiles y otros ciudadanos desarmados en la Plaza de Tlatelolco, Ciudad de México.		**1968** Vicente Aleixandre *Poemas de consumación*	**1968** Lucía Quintero $1 \times 1 = 1$, pero $1 + 1 = 2$ (*Verde angustiario*)	
		1969 Elena Poniatowska *Hasta no verte, Jesús mío*	**1969** Octavio Paz *Ladera este* Gloria Fuertes "Sale caro ser poeta", "Mis mejores poemas" (*Cómo atar los bigotes al tigre*)		**1969** Arturo Uslar Pietri *En busca del nuevo mundo*
	1970 En Nicaragua, el gobierno sandinista asume el poder tras una revolución que pone fin a la dictadura de Luis Somoza Debayle quien gobernaba desde 1957.	**1970** Juan Goytisolo *La reivindicación del Conde don Julián* Rosario Ferré *Papeles de Pandora*			**1970** Ariel Dorfman *Imaginación y violencia en América*
		1971 Rosario Castellanos *Album de familia*	**1971** Octavio Paz *Topoemas*		**1971** Fernando Alegría *Literatura y revolución* Elena Poniatowska *La noche de Tlatelolco-Testimonios*
	1972 En El Salvador, José Napoleón Duarte, fundador del Partido Demócrata Cristiano, es elegido presidente y es luego depuesto por los militares.				

SIGLO	EVENTOS	NARRATIVA	POESIA	DRAMA	ENSAYO
XX					**1974** Octavio Paz *El mono gramático* Rosario Castellanos "La liberación del amor" (*El uso de la palabra*)
	1975 Golpe militar en Chile y trágica muerte del presidente social-democrático Salvador Allende. El general Augusto Pinochet asume el poder absoluto que no soltará hasta 1989. Progreso económico a expensas de los derechos humanos.				**1975** Gabriel Zaid *Cómo leer en bicicleta*
	Muere en España el caudillo Francisco Franco. Sube al trono Juan Carlos de Borbón, quien restaura las primeras elecciones democráticas desde el fin de la Guerra Civil.			**1976** Jaime Salom *La piel del limón*	**1976** Lydia Cabrera *Francisco y Francisca: chascarrillos de negros viejos* Ernesto Sábato *La cultura en la encrucijada nacional*
				1977 Roberto Cossa *La nona*	
	1978 Nueva Constitución Democrática en España.			**1978** Rodolfo Sirera *El veneno del teatro* Fernando Fernán-Gómez *Las bicicletas son para el verano*	**1978** Fernando Sánchez Dragó *Gargoris y Habidis. Una historia mágica de España*
	1979 Napoleón Duarte vuelve al poder en El Salvador, con el apoyo del presidente Jimmy Carter. Se esfuerza por restaurar los derechos humanos, pero sucumbe al poder de los militares y tolera la represión política.	**1979** Elena Poniatowska "El recado" (*De noche vienes*)			**1979** Octavio Paz *El ogro filantrópico*
	1980 Asesinato de todo un grupo de dirigentes políticos salvadoreños reformistas, y masacre de tres religiosas y una empleada estadounidenses.	**1980** Elena Garro *Andamos huyendo Lola*			**1980** Elena Poniatowska *Fuerte es el silencio* Carlos Monsiváis *A ustedes les consta*
	1981 Fracasa en España el golpe militar del general Torres Rojas y se acaba el poder judicial de las fuerzas armadas.				

SIGLO	EVENTOS	NARRATIVA	POESIA	DRAMA	ENSAYO
XX	**1981** España: Los partidos centro-derechistas son derrotados por los socialistas moderados, dirigidos por el primer ministro Felipe González.				
	1982 Guerra de las Malvinas (*Falkland Islands*). Argentina es derrotada por los ingleses, precipitando la caída de los militares que gobernaban el país opresivamente desde 1976.	**1982** Rima de Vallbona "En el reino de la basura" (*Mujeres y agonías*)		**1983** Carlos Gorostiza *Papi*	**1982** Octavio Paz *Sor Juana Inés de la Cruz o Las trampas de la fe*
			1984 Ana María Fagundo "Casi un poema", "Trinos" (*Como quien no dice voz alguna al viento*)		**1984** Lydia Cabrera *Vocabulario Congo. El Bantú que se habla en Cuba*
	1985 El líder soviético Mikhail Gorbachev pone fin a la Guerra Fría, instituyendo la política de *glasnost* (*franqueza*) y de *perestroika* (*reconstrucción*).	**1985** José María Merino *La orilla oscura* Mercedes Ballesteros "Angelita o el gozo de vivir" (*Pasaron por aquí*)		**1985** José Luis A. de Santos *Bajarse al moro* Paloma Pedrero *La llamada de Lauren*	**1985** Héctor Libertella *¡Cavernícolas!*
	1986 Debido en gran parte al gobierno progresista de F. González, España se une a la OTAN (Organización del Tratado del Atlántico Norte) y a la CEE (Comunidad Económica Europea).	**1986** Rosario Ferré *Maldito amor*	**1986** Nancy Morejón *Piedra pulida*	**1986** Pilar Pombo *Remedios* Antonio Buero Vallejo *Lázaro en el laberinto* Griselda Gámbaro *Antígona furiosa*	**1986** Rosario Ferré "La autenticidad de la mujer en el arte" (*Sitio a Eros*)
	1989 Los socialistas españoles ganan la tercera elección consecutiva.	**1989** Antonio Muñoz Molina *Beltenebros*			
	El presidente norteamericano George Bush despacha a Panamá un contingente de soldados y captura al dictador Manuel Noriega, bajo acusación de complicidad en el tráfico de drogas.				
	Reunificación de Alemania y desintegración de la Unión Soviética. Cesa, a partir de ese momento, la amenaza comunista a Latinoamérica y a los demás países del Tercer Mundo.				

SIGLO	EVENTOS	NARRATIVA	POESIA	DRAMA	ENSAYO
XX	**1989** Los Estados Unidos, a pesar del fin de la amenaza del comunismo soviético en Latinoamérica, siguen respaldando en El Salvador, la lucha del gobierno derechista contra los rebeldes. En el Perú los guerrilleros del "Sendero Luminoso", igual que los partidarios de Fidel Castro en Cuba, siguen abrazando el comunismo. Elecciones democráticas en Nicaragua. Violeta Barrios de Chamorro derrota a Daniel Ortega del partido sandinista. Su gobierno resulta ineficaz por los obstáculos que le presentan tanto las organizaciones izquierdistas como los Contras, guerrilleros de derecha desilusionados con las promesas incumplidas. **1991** Guerra del Golfo Pérsico: se manifiesta la necesidad de utilizar los recursos petrolíferos de México. El creciente número de inmigrantes ilegales en los Estados Unidos es parte importante de la controversia sobre un acuerdo para el libre comercio entre los Estados Unidos, México y Canadá. **1992** Por medio de la intervención de las Naciones Unidas, el presidente Alfredo Cristiani firma un tratado de paz en El Salvador, con los guerrilleros del Frente Nacional Farabundo Martí.	**1990** Carlos Gorostiza *Aeroplanos* **1992** Javier Marías *Corazón tan blanco*			**1990** Octavio Paz *Pequeñas crónicas de grandes países*

LITERARY CREDITS

Arthur Miller, excerpt from *Death of a Salesman.* Copyright 1949, renewed © 1977 by Arthur Miller. Used by permission of Viking Penguin, a division of Penguin Books USA Inc.

Tennessee Williams, excerpt from *A Streetcar Named Desire.* (New York: New Directions Publishing Corporation).

Antonio Buero Vallejo, excerpt from "En la ardiente oscuridad." Reprinted with permission of Antonio Buero Vallejo.

Edward Albee, excerpt from *Who's Afraid of Virginia Woolf?* (New York: Macmillan/Atheneum).

José Ruibal, excerpt from "El padre." (Madrid: Ediciones Cátedra, 1969).

Jacinto Benavente, "El nietecito." (Madrid: Aguilar, S.A. de Ediciones).

Osvaldo Dragún, "Historia del hombre que se convirtió en perro." Reprinted with permission of Osvaldo Dragún.

Lucía Quintero, "1 × 1 = 1, pero 1 + 1 = 2." (Caracas: Monte Avila Editores).

Pilar Pombo, "Remedios." Reprinted with permission of Pilar Pombo.

Federico García Lorca, "La casa de Bernarda Alba." © Herederos de García Lorca.

Julio Cortázar, "Manual de instrucciones." © Julio Cortázar, 1962, and Heirs of Julio Cortázar.

Ezequiel Martínez Estrada, "Estaciones de descanso." (Buenos Aires: Centro Editor de América Latina).

Rosario Castellanos, "La liberación del amor." (México, D.F.: Editorial Joaquín Mortiz).

Rosario Ferré, "La autenticidad de la mujer en el arte." From *Sitio a Eros* by Rosario Ferré (México, D.F.: Editorial Joaquín Mortiz, 1980).

Grateful acknowledgment is made for use of the following photographs:

page 34 Portrait from *Santa Lucía*, by Bernabe de Módena, Cathedral of Murcia, published in *El Conde Lucanor*, by Don Juan Manuel, Clásicos Castalia, 1982;   **38** Courtesy of Columbus Memorial Library, OAS;   **42** Portrait of Countess of Pardo Bazán, by Joaquín Sorolla y Bastida / Courtesy of the Hispanic Society of America;   **45** © Layle Silbert;   **47** Courtesy of Ediciones Destino, Barcelona;   **51** © Layle Silbert;   **57** Courtesy of Luis Romero;   **61** © Layle Silbert;   **65** Editorial Crea, Buenos Aires;   **66** Courtesy of Ediciones Destino, Barcelona;   **70** Courtesy of Arte Público Press, Houston;   **72** © Layle Silbert;   **74** Portrait by Ignacio Zuloaga y Zamora / Courtesy of the Hispanic Society of America;   **138** Illustration published in *Historia de la literatura española*, by José García López, Editorial Vicens-Vives, Barcelona;   **140** Ampliaciones y reproducciones / MAS;   **141** Ampliaciones y reproducciones / MAS;   **144** Portrait by Diego Rodríguez de Silva y Velázquez / Courtesy of Museum of Fine Arts, Boston, Maria Antoinette Evans Fund;   **145** Ampliaciones y reproducciones / MAS;   **147** Museo de América, Madrid / Ampliaciones y reproducciones / MAS;   **149** Ampliaciones y reproducciones / MAS;   **152** Ampliaciones y reproducciones / MAS;   **156** Ampliaciones y reproducciones / MAS;   **157** Ampliaciones y reproducciones / MAS;   **159** Courtesy of Columbus Memorial Library, OAS;   **162** Ampliaciones y reproducciones / MAS;   **164** Portrait by Joaquín Sorolla y Bastida / Courtesy of the Hispanic Society of America;   **165** Courtesy of the Hispanic Society of America;   **167** AP / Wide World Photos;   **168** Juan Larrea / Courtesy of the Literature Department, Americas Society;   **170** Courtesy of David Bary;   **172** Aguilar, S. A. de Ediciones, Madrid;   **174** Ampliaciones y reproducciones / MAS;   **177** Courtesy of Editorial de la Universidad de Puerto Rico;   **179** Courtesy of the Hispanic Society of America;   **181** Courtesy of Columbus Memorial Library, OAS;   **183** © Alain Dejean / Sygma;   **185** Ediciones Cátedra, Madrid;   **187** © Jeffrey Clapper / Courtesy of New Directions;   **189** Reuters / Bettmann Newsphotos;   **191** Courtesy of Bertalicia Peralta;   **193** © Donna Smart / Courtesy of Ana Maria Fagundo;   **234** Inst. Valencia D. Juan, Madrid / Ampliaciones y reproducciones / MAS;   **243** Ampliaciones y reproducciones / MAS;   **249** Courtesy of *Primer Acto*;   **256** Monte Avila Editores, Caracas;   **265** Courtesy of Pilar Pombo;   **337** Museo Romántico, Madrid / Ampliaciones y reproducciones / MAS;   **346** Courtesy of Columbus Memorial Library, OAS;   **351** Ediciones Culturales Argentina, Buenos Aires;   **353** Courtesy of Gray Wolf Press;   **357** Courtesy of Rosario Ferré

ABOUT THE AUTHORS

Carmelo Virgillo (Ph.D., Indiana University, Bloomington) is Professor Emeritus of Romance Languages at Arizona State University, Tempe, where he taught Spanish, Portuguese, and Italian at the undergraduate and graduate levels. In addition to serving as coordinator of Portuguese and undergraduate Spanish literature courses, he directed Arizona State University's programs in Florence and Siena, Italy. He also served as book review editor of *Latin American Digest*. His publications include *Correspondência de Machado de Assis com Magalhães de Azeredo, Woman as Myth and Metaphor in Latin American Literature* (with Naomi E. Lindstrom), *Bibliografia analítico-descritiva de Henriqueta Lisboa,* and *Italiano per stranieri: Nuovo Metodo Panton* (with Franco Biotti and Manuela Cohen Spavieri). He is also the author of many articles and reviews on nineteenth- and twentieth-century Spanish, Latin American, and Brazilian literature, as well as of translations. He was a contributor to the *Suplemento Literário do Minas Gerais.* The recipient of several nominations for excellence in teaching, he has been cited by the Italian Ministry of Education for his contributions to the promotion of Italian studies in the United States.

Edward H. Friedman (Ph.D., Johns Hopkins University) is Professor of Spanish and Adjunct Professor of Comparative Literature at Indiana University, Bloomington. His primary field of research is Golden Age literature. He is the author of *The Unifying Concept: Approaches to the Structure of Cervantes' Comedias* and *The Antiheroine's Voice: Narrative Discourse and Transformations of the Picaresque,* as well as of numerous articles and reviews. He serves as editor of the *Indiana Journal of Hispanic Literatures* and as book review editor of *Cervantes.* In addition, he serves as a member of the editorial board of *Bulletin of the Comediantes, Cervantes, Chasqui, Confluencia, Rocky Mountain Review, Romance Languages Annual,* the Hispanic Issues series, and the Purdue University Monographs in Romance Languages and Literatures. He was also elected to the executive council of the Cervantes Society of America. Formerly director of graduate studies in the Department of Spanish and Portuguese at Indiana University, he has been awarded several national grants as well as a Burlington Northern foundation award for excellence in teaching.

L. Teresa Valdivieso (Ph.D., Arizona State University), Professor of Spanish at Arizona State University, Tempe, is Coordinator of the Spanish section in the Department of Foreign Languages and is also Interim Director of the Center for

Latin American Studies. She has served as Chair of the Arizona State University Education Abroad Committee, as visiting professor at Middlebury College, and as lecturer at the Universidad Autónoma de Guadalajara, Mexico. She is the author of *España: Bibliografía de un teatro silenciado* and *Negocios y comunicaciones* (with Jorge Valdivieso). She has also authored numerous articles on twentieth-century Spanish narrative and drama as well as Catalan literature. She is also co-editor of *Studia Hispanica Medievalia* and *Estudios en homenaje a Enrique Ruiz-Fornells*. In addition, she serves as book review editor for *Dieciocho* and *Letras peninsulares*. At present she is President of the Asociación de Literatura Femenina Hispánica. In 1980 she was the recipient of the Dean's Award for excellence in teaching.